钱塘江学 严州文化全书

钱塘江学

严州文化全书

严州文献集成

第4册

光绪淳安县志

缪承潮 总主编

徐吉军 主编

杭州出版社

钱塘江学·严州文化全书

总序

公元 1963 年，是杭州行政区域版图有着特殊记忆的年份。

因为这一年的 3 月，有着 1300 多年州府历史的“千年古府”严州，正式划归杭州市。从此，杭州开始承载起两个州府历史文化共同前行的责任。

由于历史的原因，在“千年古府”严州划入杭州的半个多世纪里，曾经“商贾云集、文化繁盛”的严州府治、州治和建德县治所在地——梅城镇，却日渐式微，在历史的进程中被边缘化，成了被世人遗忘的角落。这种状况的出现，是与杭州建设国际化大都市进程很不相称的。如何补上这一短板，重振严州古城雄风，是摆在我们面前的新时代新课题。

遵循以习近平同志为核心的党中央的战略部署，杭州市扎实推进“美丽城镇”“美丽乡村”建设，取得了明显成效。如何延伸这一以美丽中国建设为主题的新内容？杭州市美丽城镇建设如何破题？美丽城镇建设示范点怎么选择？在这样一个新时代的节点上，中共浙江省委车俊书记，先后三次对严州古城梅城的建设和发展作出重要批示，提出要“再现‘千年古府’新面貌”的重要构想，为杭州市打造美丽城镇建设的新样板找到了突破口。为落实车俊书记的批示精神，杭州市委、市政府正式确定，把杭州市打造美丽城镇建设的示范点，选在了“千年古府”梅城镇。从 2018 年夏天开始，梅城镇“再现‘千年古府’新面貌”的建设也随之全面启动，古城的保护与修复工程全面展开。通过近一年的努力，目前初战告捷，正在向纵深发展。

历史的经验告诉我们，古城的保护与修复，不仅是一项非常复杂而又艰巨的城市建设工程，也是一项铸就城市灵魂、泽被后世的文化工程，是体现“文化自信”的重要载体。没有文化的支撑，特别是缺失独特的地域历史文化的丰姿风韵，古城修复得再好，也只能是徒具漂亮的外表，是经不起历史检验的。没有文化内涵的古城，是不能行稳致远的，“再现‘千年古府’新面貌”的目标就会缺少贯穿始终的文化指引，彰显古城个性的地域文化特色也就无从谈起。为避免这一现象的发生，我们从做“千年古府”梅城修复工程的第一天开始，就紧紧抓住地域文化复兴这个主题，把严州文化的发掘与建设，作为杭州古都文化和国际城市学内容的重要补充，进行全面部署。这当中，分阶段实施整理和出版“钱塘江学·严州文化全书”，就是抢救严州文化的具体行动，也是一项文化传世、惠及子孙的工程。

严州历史悠久，文化灿烂。习近平总书记当年在《与时俱进的浙江精神》（载《浙江日报》2006 年 2 月 5 日）一文中提到：“远在数万年前，浙江大地就已经出现了‘建德人’的足迹。”因此可以说，严州是浙江省境内最早有人类活动的地区。严州在浙江的地位摆在那里，是毋庸置疑的。严州的前身称睦州，隋仁寿三年（603）置，州治在今淳安县。唐万岁通天二年（697）迁州治至建德县，建德改为州治自此始。宋宣和四年（1122）改睦州为严州。咸淳元年（1265）升严州为建德府，辖建德、寿昌、桐庐、分水、淳安、遂安六县。元改建德路。明初改建德府，洪武八年（1375）改严州府，沿袭至民国初年。严州，作为州府建制，存在近 1300 年，一府六县，地域面积是杭州的三倍。划归杭州市之后，杭州市经济社会发展的战略纵深有了新领域和“后花园”。这是一笔宝贵的财富，我们应该倍加珍惜。

严州地处浙、皖、赣和钱塘江流域之要冲，襟三江，控五州，有“江浙锁钥”之称，自古是兵家必争之地，战略地位十分重要，是省城杭州西北方向的重要军事屏障，自古有“严州不保，临安必危”之说。古往今来，严州经历的战事数不胜数。明初，朱元璋争天下，在经营长江以南、开辟大明江山的时候，第一步就是兵出皖南，占领严州。以严州为中心，经闽、浙、赣，为扫平诸侯和大明王朝的建立奠定了基础。太平天国四进四出严州，历经三年之久，与清军反复争夺，战况空前惨烈。抗日战争初期，严州作为杭州笕桥机场的支援和备降基地，发挥了重要的保障作用。渡江战役之后，人民解放军实施包抄战术，首先占领严州，然后进军解放杭州。可见严州与杭州的战略关联度十分密切。

严州山清水秀，风景旅游资源十分丰富，是历代文人骚客壮游吴越的必经之地。从谢灵运、沈约开始，到孟浩然、刘长卿、杜牧、范仲淹、陆游、黄公望、唐伯虎、纪晓岚等等，多少文人墨客在严州留下了不朽的诗篇。这些华丽的词章，不仅数量宏富，而且精彩佳作千年传唱，余音袅袅，不绝于耳。这些都是中华民族的文化瑰宝，需要充分发掘和开发利用。

严州，昔日的天下名州，有“龙兴之州，潜藩之地”之称，有宋一代，就有太宗、高宗、度宗，在登基之前，都领过睦州或严州的刺史、防御使或节度使。除此之外，高士名臣在严州为官，更是不胜枚举。宋代严州人、状元方逢辰有云：“严之所以为望郡而得名者，不以田，不以赋，不以户口，而独以‘云山苍苍，江水泱泱’，有子陵之风在也。”因此，严州也被称为“清虚之地”，特别是这里有国内罕见的街巷肌理保存非常完整、具有 650 多年历史的“一府双城”格局的州府古城。在目前的中国大地上，州府古城保护完整的已经是凤毛麟角了，严州古城的保护与修复，正好可以填补我国州府古城文化的空白，是丰富杭州都城文化的重要内容，也是对浙江省 11 个州府文化的重要抢救和发掘工程之一，其意义是十分深远的。严州古府的保护与修复，是贯彻落实市委、市政府拥江发展行动部署和要求，打造钱塘江国际滨水花园的文化节点和样板工程。这项泽被后世的工程做好了，杭州“旅游西进”就大有可为。

历经 1300 多年的风雨，严州这一方热土，孕育出独特的文化基因，从而诞生了严州诗学、严陵理学、严州刻本学、严州牌坊学、严州方言学、严州史学等地域文化遗产，这些都是中国地域文化百花园中的奇葩，需要我们去发掘和传承。这些极具严州个性的文化遗存，也是我们杭州地域文化的标志之一，需要我们去抢救和呵护。因为一座古城的淹没，首先是文化基因的衰落。严州古城是一座远去的州城，在当代中国的地域版图上已经找不到“严州”这个名字。在城市化进程的滚滚洪流中，它已经奄奄一息，如不及时拯救，这座千年古府，会成为历史长河中的匆匆过客，很快就会被世人所遗忘。

这次由杭州市钱江新城管委会（市拥江办）牵头，以原严州府治首县建德为主，杭州运河集团配合的“钱塘江学・严州文化全书”整理出版工作，是一项功在当代、利在千秋的严州文化复兴工程。我们希望这一工程的实施，有助于寻找严州古府修复的正确路径，真正实现“再现千年古府新面貌”的宏伟蓝图。

“钱塘江学・严州文化全书”的整理出版，得到各级领导的关心指导和有关单位的大力支持，承担整理编写工作的多位专家学者付出了辛勤劳动，在此一并表示深深的感谢。

杭州市拥江发展领导小组办公室

2019 年 9 月

新縣界陸拾里
東至杭州府富陽縣界壹伯伍拾里
嚴州府
桐廬縣
分水縣
桐江
拾里

〔清〕严州府全图（出自《浙江全图》）

严州文献集成

（第四册）

光绪淳安县志

徐吉军　主编
方　韦　余利归　副主编

光绪淳安县志

〔清〕刘世宁　原本
〔清〕李　诗　续修
〔清〕陈中元　竺士彦　续纂
余利归　整理点校

整理说明

淳安县建置于东汉建安十三年（208）。时东吴孙权遣威武中郎将贺齐击山越，平黟、歙，分歙县东乡（叶乡）新定里置始新县。隋开皇九年（589）改为新安县。大业三年（607）改为雉山县。唐文明元年（684），复改为新安县。开元二十年（732）改为还淳县。永贞元年（805），避宪宗李纯名讳，改为青溪县。北宋宣和三年（1121），改为淳化县。南宋绍兴元年（1131），改为淳安县。1958 年 10 月，淳安、遂安两县合并为淳安县。据《光绪淳安县志》记载，始新县治在新定里（去贺城六十里）。隋大业元年，徙雉山下（去贺城西南二里），县名雉山。唐神功元年，徙县治于贺城，县名新安。1958 年，新安江水电站水库开始蓄水，县治迁至排岭重建，始迁时为城镇公社，1965 年设排岭镇，1991 年 9 月改千岛湖镇。

淳安县从建置始，即为郡、州治所。东汉时，东吴置新都郡，以始新县为郡治。晋太康元年（280），易新都郡为新安郡，县仍为郡治。隋开皇九年（589），平陈废新安郡，县属婺州。仁寿三年（603）置睦州。大业元年，改遂安郡。唐武德四年，复为睦州。县为州治。神功元年（697），睦州治所始迁建德梅城。

淳安县纂修县志盖起于宋，此后元、明、清至民国，历代相承，有据可考的即有十一次，包括：南宋《淳安县志》、元至治《淳安县志》、明成化十二年《淳安县志》、明嘉靖三年《淳安县志》、明万历二十六年《淳安县志》、清顺治十五年《淳安县志》、清康熙十三年《淳安县志》、康熙二十二年《淳安县志》、清乾隆十八年《淳安县志》、清光绪八年《淳安县志》、民国《淳安县志》初稿。

民国三十五年（1946），淳安县参议会决议设立修志馆，次年二月十六日正式成立。县长潘震球聘任徐熙为修志馆馆长，方敏夫、徐斗生为编纂。除各乡、镇聘请一名采访员外，还聘请当时社会名流共二十人担任特约撰述。民国《淳安县志》编纂大纲列有大事记、疆域、地理、土地、物产、建置、古迹、艺文、人物、氏族、政党、议会、选举题名、宗教、教育、实业、交通、财务、粮政、警察、地政、户政、司法、救济、卫生、劳役、地方自治行政、军事、职官及杂记等门类。1948 年 10 月开始初编。1949 年 1 月，奉省令将修志馆改为文献委员会。5 月 2 日，淳安解放，县志未能成书。初稿现存县志办。

本书为光绪续纂《淳安县志》。清光绪八年夏，李诗调任淳安知县。李诗在续纂淳安县志序中写道："甫下车，即广为搜罗，阅数月，得十余本，合成一册"，"明年冬……遂将此册付之手民，翻刻一过，并谕城乡绅耆，举所见知闻，知者悉为备录，以附各门之后，及期而书成，题曰《续纂淳安县志》"。此即光绪十年甲申（1884）本，共八册。包括方舆志一、方舆志二、方舆志三、方舆志四、食货志、职官志、选举志一、选举志二、人物志一、人物志二、人物志三、艺文志一、艺文志二、艺文志三、艺文志四、杂撰志，共十六卷，前有卷首。淳安县档案馆有藏本。

本书初以台北成文出版社有限公司印行《中国方志丛书》影印光绪《淳安县志》为底本，因有页码、文字残缺，后又以淳安县图书馆藏上海书店出版《中国地方志集成》浙江府县志辑影印本、国家图书馆藏本、淳安县图书馆摄拍乾隆志参照校对补充。为便于阅读，续纂内容均调整到相应条目之后。

续纂淳安县志序

淳邑旧有志，国朝凡四修，而乾隆志为最。乾隆志，乡先达方朴山先生所手辑也。军兴以来，板毁矣，而书之存者亦复鲜有完本。壬午夏，余调任此邦，甫下车，即广为搜罗，阅数月，得十余本，合成一册。嗟乎！此硕果之仅存也。脱并此而失之，则淳无志矣。后之君子欲参稽掌故，阐扬前烈，夫孰从而考订之，且胡以备圣世輶轩之采也？于是急思所以修之，而淳地贫瘠，苦无资，迟之又久，而志终未逮。明年冬，严州志告成。严州志续也，非修也。以旧本付梓而于采访所得者续其后也，为费既省而成功又易。余曰此可以刻淳安志矣。遂将此册付之手民翻刻一过，并谕城乡绅耆举所见知闻知者为备录，以附各门之后，及期而书成，题曰《续纂淳安县志》，非敢云修也。夫事当绝续之交，苟有可为则为之而已，使必求美善而坐失机宜，恐过此以往，虽欲为之而无从者，则何如未尽美善者之犹得存其故实也。淳为文献之邦，今则文与献俱不足征，仅得父老所传闻者，笔之于书，而不知者仍复缺如。虽曰续之，而实有未备者，以是而附于乾隆志之后，续貂之讥，知所不免。然亦既续之，后之君子据事而考订之，笔则笔，削则削，焕然成章，自可与乾隆志后先辉映也。则续之者亦将与有功矣。是为序。

光绪十年十二月，赏戴花翎补用知府候补同知知淳安县事岳阳李诗撰

旧序

刘世宁

岁癸酉，余备员淳邑。甫浃月，郡伯大兴吴公整饬纲纪，创修郡乘，而郡以邑为权舆，取材咸具，然后合五鲭、萃千腋，以成一郡全书，为不朽盛事。爰檄各属咨访采撷，次第录稿以进。余既稽于有众，汇集至县，择其言有可征、事非无据者，开具特报。因念志书之体，郡简邑详，邑有不得俪诸郡者，遂听其暗汶矣乎？顾初任仕，鞅掌政事，一埤相遗，未遑以文章饰吏治也。甲戌秋，心力稍暇，取旧志翻阅，计其编纂距今四百余甲子，若绛人所纪之年，恐迟之久而湮没滋甚，欲闻其略而故老皆无在者，斯柳州之论史，致慨于今人让后人，而刘知几有汗青头白之诮也。乃购求前后诸志，而宋元以前书缺有间，入故明凡三修。我朝顺治时，关东张公一魁、三韩张公三让因前志附益之。康熙癸丑，玉沙胡公就臣复因张志刊定之。而胡志之在当时，邑人方锡公已有遗憾，谓其迫于期会，匆匆以应矣。因索戊戌本以待增修，俾邑之绅士各分一牍，共为铨次。乃偕袁、吴两学博讨论校阅之。朴山方先生，邑之袁伯业也，遂属之撰著，董厥成焉。维时宿老操觚，群英汇帙，惨淡经营，不遗余力，井然秩然，以遗余。余乃于簿领稍暇，手自编摩，损益去存之间，只字不肯潦草，悬日既博，粗称就绪矣。夫古今异治，而道不与为迁流。古者，九州之书是谓“九邱”。《禹贡》所载山川、物产、贡赋、土田，班班可考。《周礼》有大、小史，内、外史，掌之春官；又有职方、怀方、合方、训方氏，掌之夏官。治法皆道统之垂，故曰识大识小，莫不有文武之道。后世相沿，郡县亦有志，为出治临民者之所取资，若鉴貌之有镜，而指南之有车也。假令自公退食，于山川之阨塞、水土之肥硗、学校之盛衰、闾阎之丰瘁、户口庸调之增减盈绌、仓库亭障之出纳圮修，不求其端，不讯其末，非但无以备遗忘、昭典守，即欲见之行事，而轻重布之，又苦踠鳖。况昔之志也起其衰，而今之志也鸣其盛。当本朝定鼎之初，犹以邻封变动，失守者再，嗣是集鸿起创，日进于久道之成，百里之内嬉游化日。邑人徐敏庵所记剿抚实迹，目为逋逃薮者，不复忆为何时事。我皇上加惠元元，治益思治，礼乐兵农具举，工虞水火兼修，宜其见于志者，未易殚述，略而不书，何以绘郅隆于有象，表盛事于无穷？是以矢其虚公，慎其彰瘅，芟其傅会，订其舛讹，必不可缺者补之，有不容略者详之，如设险以守，击柝以待，乡轨里连，实维藩维翰之善制，则防圉宜补志方舆。藏富于民，博施于众，家赐人给，费逾千逾万之帑金，则蠲恤宜补志食货。选举一志，辟召列科贡之前，以其未远夫古初，而侠士好行其德，小道必有可观，则义风、方伎宜补志人物。艺文一志，对策冠记序之前，以其有关于治体，而阴雨可惕绸缪，网罗兼收放失，则寇盗、遗闻宜补志佚事。此旧志之当增者。李青莲之咏青溪，原指宣城，即以为指淳境，亦飞鸿踏雪，未便是鷦鹩之巢。况裴晋公、韩昌黎曷尝以蘧庐暂寄？风尘偶縶，则谓之流寓，尤属荒唐。此旧志之当削者。他如洪探花之高第，童驸马之佳城，王智仰之位峻大农，王仁宥、仁鄂之权参棘寺，选重词垣，皆可攟摭。其甲科补遗者，尚未易枚举。其未确可据者，不敢参胸臆也。挈以七纲，区为众目，事类无凌杂之虞，是非泯爱憎之口，一展卷而“无疆惟休，无疆惟恤”之意油然生焉。是可知有异治，无异道矣。

尝闻之老氏有言“其政闷闷，其民淳淳”，谓其风之庞厚也。淳僻在一隅，土俗贵世家，尚诗书，安俭朴，比屋诵弦不辍，无纨绮、珠贝、钱帛之饶，奇技淫巧，亦罕业者。惟一二嚚讼之民，诪张为幻，则惟时其教告之；其弱肉强食，则小惩而大诫之。俾优柔驯扰，而肇锡以嘉名者不虚，所望于淳者一也。左氏有言“书土田、度山林、表淳卤”，谓其地之堉薄也。前志称淳为望县，然处万山间，为岭嶒者十之七，为亩浍者十之三，谷食不给，惟恃栽培山木以邀懋迁之利。乃频年剪伐肆行，野林山翠，仅可从畴昔尝美中想见其蓊蔚。抑或从乎召佃，以山谷之利让之远方之流民，爰为之厉禁，警其私受赃木，棚民非编甲不容，俾蜿蟺磅礴而取材于瘠土者无旷，所望于淳者又一也。而况人文之振起，又弗若前贤之星灿云兴，卓冠严陵诸邑，岂地之灵不能以常旺，抑人之杰未足以复古乎？书院之建，匪为具文，跂予望之，后先可辉映耳。顾或者谓国家幅员远届，典册日新，上而金匮石室，下入海志山经，罔弗纂集成书，焕然大备。今兹武功耆定，准噶尔之遐荒，悉归版图而奉正朔，蕞尔弹丸之志，似无与重轻，曷为是亟亟乎？然泰山不让土壤，故能成其高，河海不择细流，故能成其大。以天下视一邑，则一邑藐矣。合众邑而后能大天下，则安得以百里而小之？来岁，圣天子巡守浙省，陈诗纳价，观民风，验好恶，幸藉是编备一隅述职，以坐甲乙之观，而副省方询俗之至意，虽管窥蠡测，其有当于太平之鼓吹、区舆之敷奏矣乎？第恭膺简命，量移黄岩，将以三年簿书检集交代，凡事之稍须通变，抑尚宜求莫者，不能无望于新猷之补，故因序是志，而惓惓有余思云。

旧　序

马文炳

甲戌岁，余奉天子命来浙试为吏。于时摄官承乏，旋被宪檄，使权知淳安县事，时乙亥冬十一月也。阅四月，而《淳安县志》蒇成事，为纲者七，为目者六十有一，都为十六卷。邑之人以余参订校雠，亦颇费日力于兹也，来问序。嗟乎！余何敢言序？是役也，前令新淦斡斋刘君实主之，学博鄞县惺嵒袁君、景宁鹤溪吴君共襄之，而其乡朴山方老先生绪正之也。经营于癸酉刘君敷政之始，断手于乙亥刘君化洽之余也。余来时，则已杀青，可缮写付之梓人矣。无能役，序何有焉？若夫此志所为，标地灵，表人杰，识草木，说山川，起例发凡，征文考献，则笔则削，传信传疑。归丽则而翦稊稗，不贻讥于吹剑一吷之缺；拾遗文而葺故事，无留憾于学山一篑之亏。刘君序之，盖已原原本本，井井翼翼，择焉精而语焉详，而余复置喙，是架屋叠床也。且自有都邑以来，识大识小，即莫不有志，志必冠以序，序且不一而足也，而为之一概量之，大率寻滥觞则《禹贡》《周官》，赞笔语则盲左腐史。或致叹于史才之难，以益显其详核；或太息于伧父之陋，以反谬其章程。今以抄赠此志，陈陈相因，览者生厌，饰羽而画，亦奚以为？矧夫才乏三长，笔非五色，如余者尚何敢擘纸驱烟，尘秽简首？虽然，抑有足以附书者。前志之修，自康熙癸亥于今七十余年，即事用希，欻尔而造，可谓事与时并。而余会逢其适，遹观厥成，非直以得附诸君子后，挂名于不腐已也。语有之：不习为吏，视已成事。一邑中土地、人民、政事，至纤至悉，志具之矣。遂使知县事者伐柯取则，能试有长，以无负圣天子命吏之至意。而七十年来，为政者访遗训，咨故实，不出户而可知，盖自今以始。维余实秕糠之先也，此则宜足以书。若云序也，夫何敢？

目　录

卷之一

卷之二

卷之三

卷之四

卷之五

卷之六

卷之七

卷之八

卷之九

卷之十

卷之十一

卷之十二

卷之十三

卷之十四

卷之十五

卷之十六

《续纂淳安县志》姓氏

总　纂

花翎补用知府候补同知淳安县知县　李　诗

协　纂

淳安县学教谕	陈中元	淳安县学训导	竺士彦

参　订

拣发知县举人	陈　諨	举　人	杨廷燮

校　对

廪　生	卢丙曜	廪　生	何源昌
附　生	曹曾培	监　生	杨翊廷
附　生	杜辅元		

采　访

新昌县训导	洪炳炜	瑞安县教谕	邵秀亭
拔贡生	洪钟元	试用训导	胡述祖
六品衔监生	程化金	廪　生	邵培金
廪　生	应麟彩	监　生	应　鏻
岁贡生	吴炳燠	廪　生	徐秉诗
廪　生	商　廉	廪　生	方题金

廪	生	方鹤清	附	生	童冠英
附	生	邵云翔	附	生	徐振钊
附	生	胡　棨	附	生	程建章

凡例

淳志之旷不修也，盖自癸亥以来，阅年则余七十载，御宇则历三圣人。上之所以仁渐义摩者，精而益详。下之所以食利服教者，久而成化。掇遗葺故，州系部居，或增于前，或改厥旧，皆随事例，非骋胸怀。

旧志类门二十三，而类之中又类焉，可谓详矣。然宫室列为一门，事义何取？人物附及眉寿，轻重何关？所宜并削，与流寓之乌有妄扳者等也。今列为七纲，纲别以目，如井之有眉，如裘之有领，差免丛陋，亦鲜缺遗。

人物一门最宜慎别。即如同是宦迹，而大小难易，文武经权，事异势殊，张弛随用，不容一概量也。今省去统名，析为四目，仿李氏藏书之遗，亦前史隐寓之例，善善从长，略远详近，史例也。唯志亦然。故邑志之书人物，较省志、郡志加详，然必其人寸有所长，可观可取，虽复才如袜线，亦姑假之羽毛。若乃凡士常流，却车连斗，徇子孙之请，滥姓氏之登，事属子虚，言皆杜撰，此正方锡公先生序前志所云“邑士统谱耳”，不敢妄效。亦遵先生“身其事者，弗以谱视之”之遗训也。知我罪我，听之何辞？

人地须核。吴少微之新安，此秦中新安也，故史称与武功富嘉谟、魏郡谷倚同号“北京三杰”，而旧志误为邑人。李白诗之青溪，其集中题下明注宣城青溪，故曰“青溪胜桐庐”，又曰“借问新安江，见底何如此”，而旧志误为邑地。又如邑之程氏率祖灵洗，然史于灵洗明书新安海宁人，但称新安犹可混冒，系以海宁则为徽之休宁矣，岂可因后人而移其先贯。正如朱子后裔亦有家淳者，而朱子自系婺源（即建安），不得没所自生，何况淳邑？而旧志妄假，即先辈成德，亦勿深考，可怪也。今悉正之。

艺文一门，投迹者众。然必于邑有涉，于志有关，固有炎炎大言而无涉于邑者矣，略之可也。固有詹詹小言而无关于志者矣，略之可也。即涉于邑，关于志，连篇累牍中必择其尤雅者著之。言之无文，行而不远也。雅且文矣，古老相传来远矣，而委委蛇蛇，原原本本，或如马首之络，或如买驴之券，字里行间，浮文妨要，稍为之芟夷剪截，径省其词，使足达意而止，不敢改也。例在乎叠山先生之《文章轨范》也，以节剡藤，并宽梨枣。

已上六条略见编纂大意，其他细别自具各目引言中，不赘及。

续纂凡例

一、淳志修于乾隆丙子，迄今百二十余年，官师人物，卓卓可传，代不乏人。惟兵燹后，民困于财，措费固难，故老遗文，复属晨星，虽悉心采访，什不获一，挂漏之讥，知所不免。阅者谅之。

一、旧志凡例，贡、例监，乡饮，农官俱附选举。按贡监非正途者，究与选举无关。乡饮、农官尤属无谓。今一概删之。惟已登仕籍者仍载于后，用昭简慎。

一、旧志，凡年逾七八十者，无论有无事迹，一概采录，甚至连篇累牍，冗杂不堪。今仅录已蒙旌典诸人，其余不敢滥入。

一、殉难、绅民、妇女已邀恤典者，俱照《浙江忠义录》摘录，其由采访得者亦复不少，爰以已旌、未旌别之，以彰潜德。

一、旧志悉遵原本付梓，除选举、眉寿外，不加笔削。所得采访，标以“续纂”字样，附于各门，庶不至后先相混。

一、旧志每卷各门俱蝉联而下，无从分续，今于每卷末再分各门，标曰“续纂某某”，以醒眉目。

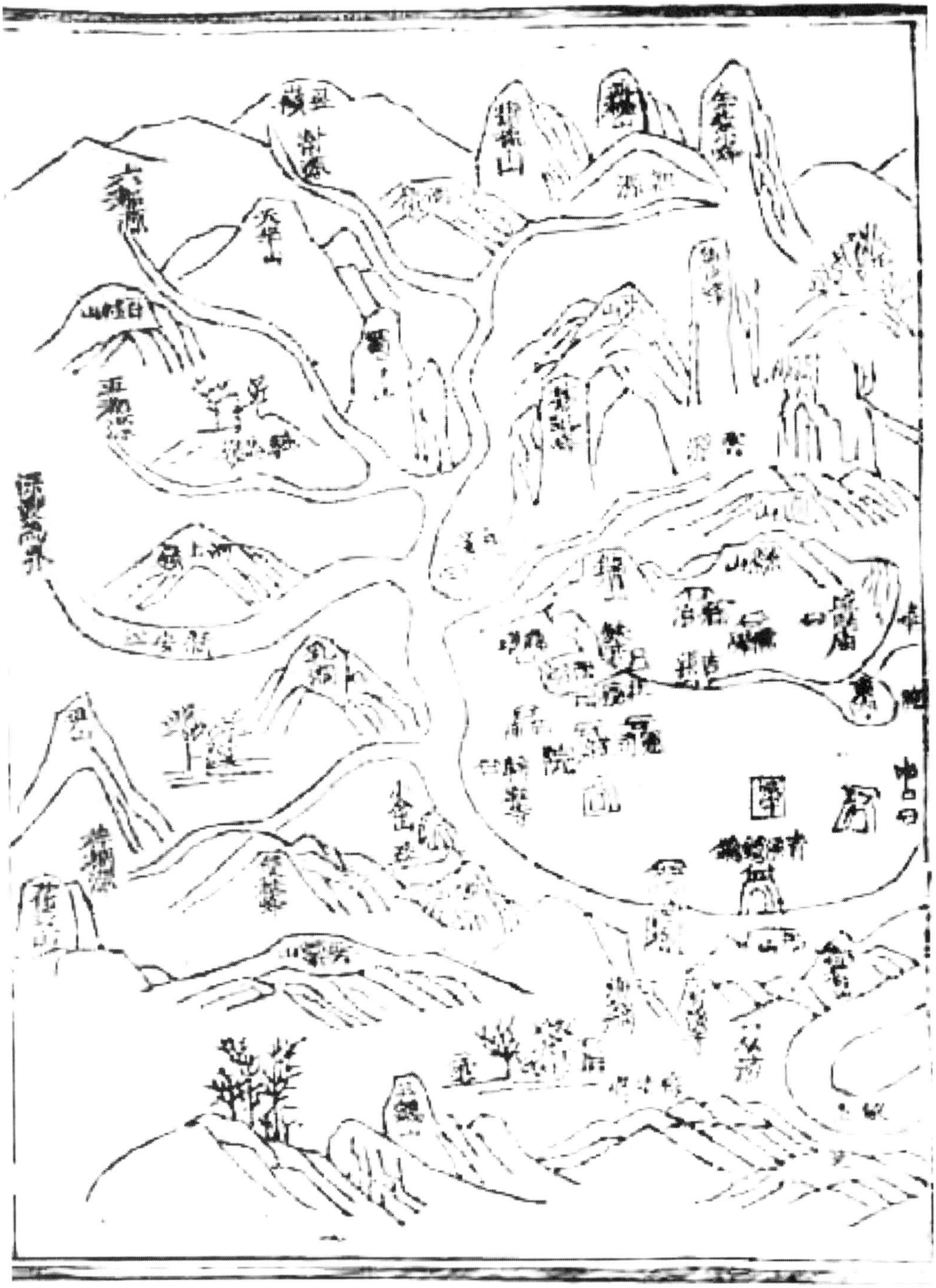

淳安縣志

卷首 圖凡例

山川圖

淳安縣志　卷首　圖

三

安縣志
鄉都圖
卷首
圖
西

縣治圖
卷首
圖
三
學宮
城隍廟

淳安縣志
卷首
圖
縣治
泮宮
大成殿

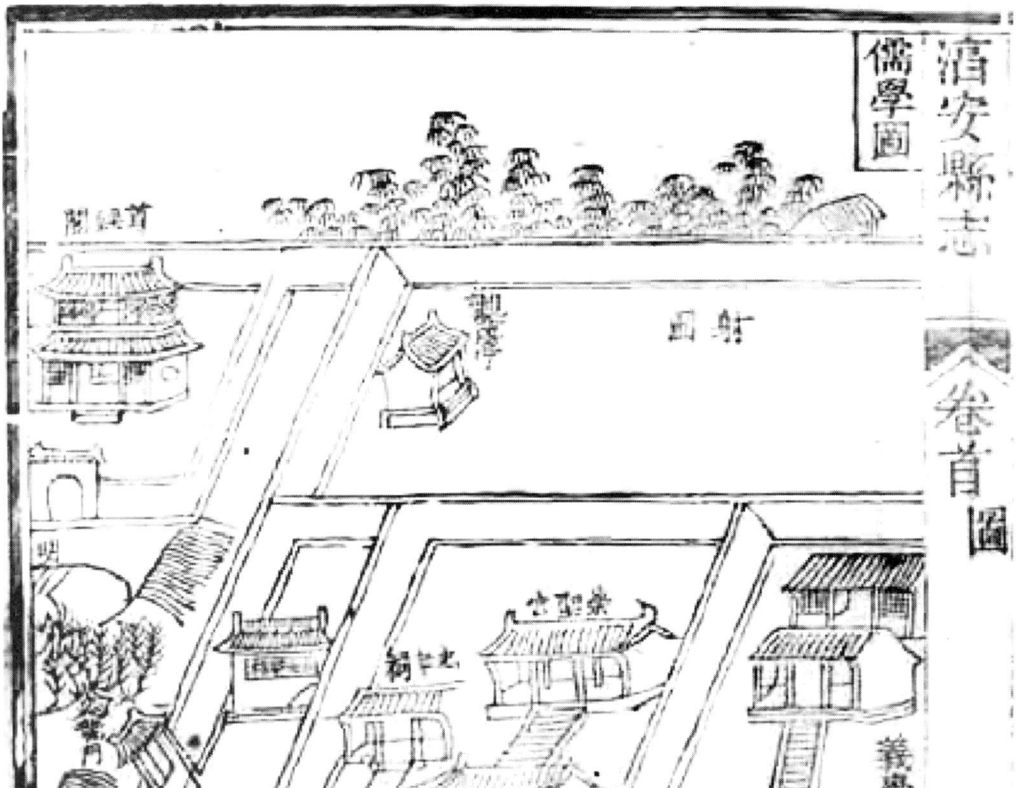
儒學圖
卷首圖
四
射圃
義學

宫墻萬仞

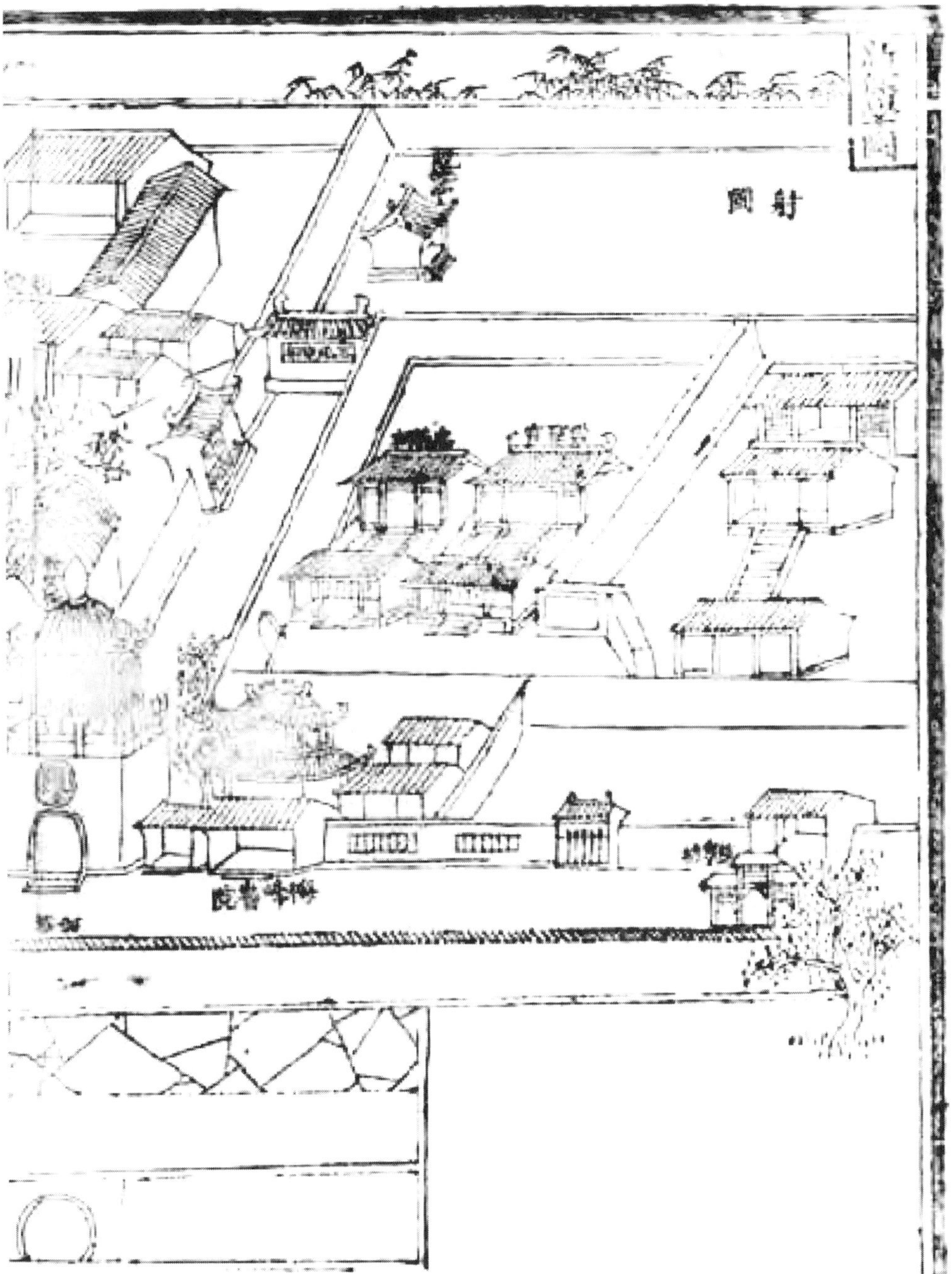
射圃

光绪淳安县志卷之一

方舆志一 分野　建置表　疆域　山川　乡都　风俗

分　野

郑康成注《周礼·保章氏》云，大界则曰九州，州中诸国中之分域，于星亦有分焉。其书亡矣。堪舆家虽有郡国所入度，非古数也。今之存可言者，十二次之分也。星纪，吴越也。然则分野之详，自郑氏不可得闻，而况其凡乎，而况其后乎？吴越属扬州，然广矣大矣。严州在其间，如黑子之着面，不及百分之一。淳为属邑，于不及百分之一之中又六之一焉。分野亦言其崖略耳。其确指为尚未入牛，谓当如《宋史》所云“南斗、须女”之说，亦疑也。疑以传疑，姑仍其旧。志分野。

旧志，邑令戴公廷槐论云：淳安去会稽六百余里，而范蠡、鬼谷诸人以会稽入牛一度，临淮入牛四度，广陵入牛八度，则淳安尚未入牛，当如《宋史》所云“南斗、须女之分”，似为近之。不然，淳在隋唐属新安，今新安曰斗女分野，淳可迥异耶？

建置表

淳安肇造厥邑，断自季汉，嗣是分并袭易，事绪亦纷繁矣。爰稽往牒，据通志义例，钦遵圣祖仁皇帝御纂皇舆表式，编建置表一通，首列统辖，次隶属，而邑之因革次第条举于下，年为经，事为纬，发凡起例，按部就班，循省而旁观之，庶得其要领云。表建置。

表年	统辖	隶属	因革
唐	扬州之域		
虞	扬州		
夏	扬州		
商	扬州		
周	扬州	吴（春秋属吴）	
		越（后属越）	
		楚（战国属楚）	
秦	扬州	会稽郡	
		鄣郡	
	汉	扬州部	丹阳郡
吴（建安十三年）	扬州部	新都郡（孙权置新都郡，治于始新县）	始新县（孙权遣威武中郎将贺齐击定山越，分丹阳郡歙叶乡新定里置始新县，令齐守之，去今治六十里，县之建置自此始。）
晋（太康元年）	扬州	新安郡（改新都为新安）	始新县
宋	东扬州部	新安郡	始新县
齐	扬州部	新安郡	始新县
梁	东扬州部	新安郡	始新县
陈	扬州部	新安郡	始新县
隋　开皇九年	扬州部	婺州（废新安郡，县属婺州）	新安县（平陈废郡，改县为新安）
隋　仁寿三年	扬州部	睦州（置睦州于县治，县复隶焉）	新安县

续　表

表年		统辖	隶属	因革
隋	大业元年	扬州部	遂安郡（改睦州为遂安郡）	雉山县（改徙县治于雉山下，即名之曰雉山县，去今治西南二里。）
唐	武德四年	江南道	睦州（复为睦州）	雉山县
	文明元年	江南道	睦州	新安县（复名县曰新安）
	神功元年	江南道	睦州（移睦州治建德，新安县仍隶焉）	新安县（徙县治于今治，仍名新安）
	开元二十年	江南东道	新定郡（改睦州为新定）	还淳县（改新安为还淳）
	乾元元年	浙江东道节度	睦州（复新定为睦州）	还淳县
	永贞元年	浙江东道节度	睦州	青溪县（避宪宗讳，改还淳为青溪，以县治前有青溪名，《旧唐书》作清溪）
五代		吴越	睦州	青溪县
宋	宋	两浙路，亦曰遂安军节度	睦州	青溪县
	宣和元年	建德军	睦州	青溪县
	三年	建德军	严州（改睦州为严州）	淳化县（平方腊改名）
	绍兴年	建德军	严州	淳安县（改淳化为淳安，今县名自此始）
	咸淳元年	浙西路	建德府（升州为府）	淳安县
元	至元十四年	江浙行中书省	建德路（改府为路）	淳安县
	至正十八年	江浙行中书省	建安府（明兵取建德路，谢玺等以城降，改为建安府）	淳安县
明	洪武元年	行中书省	严州府（改建安为严州）	淳安县
	八年	浙江布政使司（罢中书省）	严州府	淳安县
国朝		浙江布政使司	严州府	淳安县

疆　域

盛朝陈常时夏，无此疆尔界，大一统也。然无分民，有分土，故周礼封人造都邑之域，封其四疆，盖使各专其境内，以抚柔此民。如农之有畔，行无越思，齐其政而不易其宜，所以齐鲁接壤而崇义急功若截焉。淳之四际，靡所不通，然当杂居齐齿，而邑人一望而可知，非独天性，亦地气使然也。志疆域。

境以内东西广一百七十里，南北袤一百五十里。

东至建德县界八十里，以铜官岭为界，自界至建德县八十六里。

东南至寿昌县界七十五里，以辽岭为界，自界至寿昌县五十里。

南至遂安县界四十三里，以安硎岭为界，自界至遂安县四十里。西南至遂安县界二十里，以界首为界，自界至遂安县四十三里。

西至遂安县界七十三里，以杨岭为界，自界至遂安县四十五里。

西北至徽州府歙县界九十七里，以深渡为界，自界至歙县一百一十里。

北至杭州府昌化界一百六十里，以审岭为界，自界至昌化县七十五里。

东北至分水县界八十六里，以塔岭为界，自界至分水县六十里。

自县至严州府，陆路一百四十里，水路一百六十里。至杭州府省城，四百六十里。至京师四千五百八十里。

山　川

山，土之聚也。川，气之导也。天地成而聚于高，归于下，疏为川谷、陂塘、污庳，使气不沉滞而亦不散越，于是乃建国焉。故曰“国主山川”。今之邑，古之国也。吾淳始曰雉山，则既以山名。及唐永贞间，而更曰青溪，或作清溪，则又以川名矣。唯山嶫巍以嵯峨，唯水浬渫而扬波，以故钟为人文，磊砢英多，往往应之，而风俗淳厚，民物阜安，亦于是乎在，非独景物流连，可以俯仰宴乐为也。志山川。

山

县　山　古名安定山。由迈山曲折南行，更起更伏，端秀停峙，政治堂建于其巅，谯楼外岐为二翼，右延左缩，皆濒江而尽。

仙坛山 在县北三里，下为汪氏书林。

迈　山 在县北六里，磅礴展舒，秀迈诸山。或传有许迈者采药过此，后仙去，故名。

玉带山 在巩安门外，环映村居，平纡如带，山前为金坂。

石　峡 在县北五里，山棱棱多石，方逢辰、黄蜕、何梦桂读书于此。

余光远石峡诗：

峡里泉声咽，跳珠溅客裳。徘徊先哲地，漱石有书香。

灵岩山 在县北六里，横嶂排空，不附群峦。旧名龙山。吴永安五年，黄龙见于此。唐元和元年，观察使牒改今名。宋儒方逢辰舍其下，更名蛟峰。

顾汝绅游龙山诗：

蹑屐龙山上，游观此日奇。断山青借树，沪水绿成溪。

风软香生袖，云飞岭欲移。黄鹂似相迓，隔叶两三啼。

徐应簧龙山诗：

龙山何崒嵂，奕奕凌高秋。蜿蜒紫气重，百里相绸缪。

蓊翳云霞生，怪松舞苍虬。我来访支遁，直探洞天幽。

扪萝蹑石磴，诘出羊肠虬。攀跻陟其巅，乃在天际头。

摩挲杳霭间，上有神仙楼。金碧曜日月，爽籁鸣琳球。

山僧供雀舌，润我卢仝喉。主人自高情，列宴罗芳羞。

吴姬侍歌筵，玉指弹箜篌。一醉风泠泠，焉知天地愁。

诗成白日暮，乱山翠欲收。归路明月生，江水空悠悠。

百照山 在县北三十里，由金紫峰中出，横列如屏，崖下石井若凿成然，碧水幽深，莫知其底。相传宋进士江公望居之。

周上治百照山赋：

山名百照，粤自开古。伊胙胎于无极兮，式降宅于兹宇。标雄长于萃岫兮，作仙灵之奥府。北金紫而南限武强，东茶园而西临鱼口。环百里而巍峙兮，比九州之岱阜。亶蚁视夫群峦，抑吏趋乎培嵝。若乃时违阻难，道直畴伍，如前贤之遁荒兮，思扫迹而长杜。爰栖岩其畏浅兮，愿入谷而营堵。契天心以永祥兮，席垂裕之片坞。仍阅代而蠡振兮，抗名区之翙羽。于是鸣弦在室，有路寻源。陟高山而至止，托渔父之良缘。对红林以滃茗兮，宛花洞其在前。路高下以樵讴兮，叶萧瑟而鸟怜。维时家酿盈壶，畦蔬在筵。既言归而就酌，旋举履以袂连。直明月之高朗兮，光烛柴门以娟娟。夫宁别有蛾眉兮，超越凡尘而自妍。待仰瞻夫照山兮，胥已风化而随烟。爰拔火以展翰兮，山中人兮犹未眠。

金紫峰　在县北八十里，高二千余丈，中峰圆石耸峭，光莹无草木，其旁两峰若俯，每旭日照灼则金紫闪烁，其色不可捉搦。上有九泷瀑布。

洪震老诗：

白波九道汩流雪，青玉双峰长拄天。

担盐山　在县西北一百一十里，岩下有拄杖泉。相传钱镠微时贩盐经此，因苦渴以拄杖触崖，泉忽涌出。

南来山　在县西北一百一十里，山势自北来南。一名静峰。

佛　岭　在县西北九十里，高数百丈，堆翠排螺如佛顶。或传，昔有大佛现相，乡民因于岭头建庵。

道士尖　佛岭前一峰，石壁千寻，下瞰溪涧清泚隐映，最幽绝。

箭竹山　在佛岭外，怪石斗绝，中有石柱，危悬霄际，瀑布飞泻其傍，冬夏不竭，名曰流湘。盘磴而登，入谷口山腹敞豁，田数顷，桑麻鸡犬，疑别有天地也。

凤　山　有二：一在西北永平乡，吕人龙居其下，为世名儒；一在东北安乐乡。皆以似凤得名。

并桃山　在县西北六十里，跨常乐、永平两乡。登绝顶，杭、歙、衢、婺之山依约在目，望之如二桃然。

西　山　在县西八十里，远瞻嵬峛，由湖头而上，鸟道险仄，及巅乃复迤平。晴霄烟霁，彻见百余里。山腰为云水庵，徐士讷读书其中。

肥潭岩　在西山下，巉怪嵌空，古松蟠屈其上，俯视万绿，茫然欲眩。

天半山　在县西一百里，石壁介立，孤意刺天。

威平洞　一名帮源洞，一名青溪洞。在县西八十里。宋宣和中，方腊反，韩世忠击败之。贼深据岩屋为三窟，诸将莫知所入。世忠潜行溪谷间，问野妇得径，捣其穴。或曰擒腊者解元，世忠之游卒也。贼平，改今名。

百桂山　在县西七十里。香桂丛生，王氏世居其下。

李东阳桂峰耸日诗：

海门红日隐曈昽，晴彩光浮海上峰。怪底朝阳双紫凤，夜深飞上玉芙蓉。

方壶岭 在县西七十里，御史王宾出入于此，更名骢马岭。

乌石峰 在县西六十五里，蜀阜山顶一石形如乌立。

任球乌石峰诗：

峰顶闲云飞欲尽，盈盈两翅寒光润。自来化石知何年，犹望银潢天远近。

蜀阜山 在县西六十五里，屼嵂排募，山下流水如三峡。宋儒钱融堂时始居之。今徐氏族居其地。

钱时蜀阜诗：

无竞心源妥，幽居气象生。相呼林鸟下，穿隙野狐行。

且复从吾好，初非避世荣。向来莘野地，知有几人耕。

照　山 在蜀阜之前。钱时尝游咏其上。明徐楚营水西别业三峡楼台、涧松亭于山之浒。

桃屏山 形若桃实，与照山连。

樊阜诗：

千年花结瑶池春，一颗幻作山嶙峋。

登云岭 旧名黄泥岭，又名岙岭。在蜀阜山外。吴郎中福以门人徐氏相继登第，故易之。

河上岭 俗名和尚岭，又名赤石岭。在县西六十五里，巨石崩颓江岸，碎者可以砺刀。

筊杯石 在县西七十里黄光潭上，其石上锐下广，中开一缝，故名。

云塔山 在县西六十里。

鱼口峰 在县西五十里，冲举天表，与儒学棂星门对望，又名状元峰。

汪若濬鱼口峰诗：

孤峰宛鱼口，遥耸乱山头。暮吸残霞落，朝嘘细雾浮。

追风如出浪，倒影欲吞舟。仿佛飞腾势，朝天几万秋。

方士颖鱼口峰诗：

几对龙山远，昂霄势欲翻。鲲飞从海窟，鲤跃向津门。

怪吐云光冷，雄吞日气昏。文明时启秀，赖尔一峰尊。

宋勋状元峰诗：

状元之峰高莫偶，儿孙罗列群山走。支筇百尺踞其巅，东望金紫如拱手。

夕阳斜处晚霞明，金乌戢翼当鱼口。莫笑此峰在穷坞，春雷奋起鲸鳌吼。

东　山　在县西五十五里，圆整雄秀，绝顶有僧庵。

陈勃诗：

一山秀拔万山宗，遥镇东南第一峰。

苍虬峰　东山之子峰也，古松蟠翠高削，亦非恒境。

徐楚苍虬峰诗：

清晓蹑苍虬，摩挲云松顶。遥见东山岑，适与兹峰并。

珠丛献宝花，丹崖呈古鼎。巾舄云霞生，衣裳风露迥。

玄秘抉神藏，划然心目醒。俯首山下人，悲哉尘冥冥。

云屯石　在县西四十里云溪上，石如云之屯驻，又以藤萝蟠结，名悬藤石。

童梦龙云屯石诗：

何年星陨赛伊磻，焕若春云水际攒。石本云根云作石，青溪江上障回湍。

虎石岩　在县西三十里，为石二，一如虎踞，一如鹰扬。崖下潭深不测。顶上为太子城，迹尚存。

童梦龙虎石岩诗：

巉石谽谺踞溆湾，居然哮虎独当关。江清月白宵无警，便是驺虞露一斑。

牛　石　在县西二十里，偃伏沙洲，如卧牛然。

徐楚牛石歌：

牛石生何时，下饮青溪水。风餐露宿秋复春，芳草及头常见尔。叩角者谁能复骑，秦皇有鞭鞭不起。溪流一道引长绳，滩雨时时吼作声。生来重负千钧力，凝然不动如有情。君不见瞿塘滟滪三峡泻，忽为象兮忽为马。贾客舟师缩颈看，万艘艅艎戒上下。岂知石牛心坦平，水没头角无狰狞。闲时露头还露脊，身濯濯兮耳脂脂。日饮青溪彻骨清，不向上流饮亦得。

长　岭　在牛坑，距牛石五里。

洪鼐长岭诗：

长岭头，倦行役。鹧鸪啼，秋烟湿。断碑无字生土花，青松落阴满苔石。

节节级级如登梯，凭高一览青天低。笑随猿鸟不知远，但见日落西山西。

陌　岭　在牛坑内十里，山径荦确，行者苦之。

响　山　在县西十五里，石壁下有沉潭，舟人呼之，其响相应。

燕石崖　在县西十五里，穹然如石屋，可坐数人。俗呼积甲山。

戴庭槐易名仙人洞诗：

仙家洞府白云深，千载几经傲吏临。控鹤谁当寻胜迹，飞凫我欲抽华簪。

召　石　在县西十里，下有舟渡，为往来通津。

小金山　与召石隔江对峙，似镇江之金山而小。

郑玉小金山记：

新安江东流三百里为淳安县，未至县十里，江心兹山在焉。古树薰然，出烟苍水黄间。石色崚嶒，苔藓如绣。上有佛寺，岁久颓圮。傍一石出滩中，如龟形。溯流而上，号龟石滩，去锦沙村才一二里，燕石崖相对峙，若楼阁飞甍出临水上，盖一县之胜聚会于此。

洪扬祖小金山记：

余既作《锦溪赋》，略及小金山之胜，未悉也。山居水中象金山，故以是名，逊其大而自处以小，谦也。拳然块石偃仰波涛，吞吐烟云，四面临波，一面稍狭可济，溢则航焉，幸而涸则揭若厉。跻攀以升，余百步乃及巅，梵宇岿然，修竹环之，半隐半现，独钟楼佛阁层出其杪。屋虽古，轩楹曲折，皆幽回可爱。檐之外，崎岖二百步，汇于重渊，可以登舟。水石之际，怪奇万状，非舟莫见也。渔者言其下嵚岩甚，莫测其极，盖龙宫云。余家万山窟，未及过京口，不知金山之胜果何如。僧住鉴光，人行鳌背，此固与彼等矣。若曰长江浩浩，惊涛拍天，彼虽以旷达自诧，决不如此清且丽也。矧夫输奇敷秀，拱一山于泓澄万顷，顾盼皆伟观乎？盖其东则环西洲也，洲附邑郭，平坦如掌，环列诸峰若揖，市廛错落，仿佛出瓮栋。其西则锦溪也，溪当上流，一派如蓝，儒家仕族聚居江上，岩峰千仞，奕奕助秀特。北有茂林崇峦，气雄势止，冷泉泠泠，直其面而淙焉。其背则负大麓，苍崖巉然，脉理略与山相协，宛然快剑斫而殊之。缘麓有磴以登石峒，峒有三，其一高不可到，二皆可到，胡床十数，憩者当暑，凛入神骨。右旋十数步，号龟石滩，滩有大石如龟，类游而将升于岸者。步屧翩翩，探寻略饫，返乎楼阁而休焉，则千里之景萃于一览。时当仲春，锦江对镜，梨白胜雪，西洲一株红桃敌绣，左璀右璨，与游者衣冠相照映。乃若林峦之幽，泉之洁，麓之高，崖之瘦，洞之邃，龟石之怪，则四时等一，清古荣悴不变，如我心事。试以是诧于金山，彼将窅然丧其有矣，而容可以自小乎？故悉记之。他日掀髯而起，击楫中流，绝杨子而北首，将持此记一较其大小乃去。

胡朝颖小金山诗：

天光岚影碧相涵，百顷玻璃一望间。绿水绕门迷客渡，白云终日伴僧闲。

疏钟破晓潜虬动，老木成阴倦鸟还。唤取头陀摩石壁，为渠题作小金山。

龟　石　在小金山东，形若龟曳尾溯流而上，下有棋石布列溪中，如棋局。

谯忠棋石诗：

一石横江上，何年开凿成。

西　洲　在小金山东。

双桂峰　在小金山后，当奎楼之前，双峰矗秀，为人文之瑞。

橘　山　在县西二里。

孟士模橘山记：

山在邑西北坞，平岗如环。相传唐宋间有古寺，寺外有洞，若侧瓮，洞下即湖，韬涵云树，隔溪之山蔚然来照。自湖抵寺，远不数百步，而幽深纡僻之致，若游穷源邃谷焉。前此有无量者，同徒子曙宿草中，不避虎，因辟地成殿宇，种茶满山，未几殁，其徒散去。邑人迎淳庵和尚至。淳庵有道人也，心圆应敏，开示卓绝。既来兹，履湖山之胜，括旧事，得前贤劝橘一诗，戏谓山曰："汝不可以无名，名汝橘山可也。"其实山无橘，淳庵亦未种橘，名之以橘山不辞，而淳庵亦默焉。盖自是名橘山。

藏冰洞　在西湖上，或名藏兵洞。

赤坡山　在西湖上。

石　山　在县东三里，为邑治之下关，石势党连队引，如群马下饮于溪，构精舍其上，静夜鱼磬与滩声相杂，飞越数里。

余光远石山诗：

小山据顶结茆庵，弥勒同谁卧一龛。落照红拖峰外雨，西风青卷树头岚。

神仙有石堪留坐，樵叟忘机可接谈。此日清游邀素侣，梨花满贯共沉酣。

金钩山　一名象鼻山。在县东八里，形如金钩。宋方有开游此，有"风散烟霏张翠幕，月移山影挂金钩"之句。

双柏岭 一名真坞岭。在县东十里，绵亘接施岭，邑治之门户也。施岭上有庵。

凤凰山 在县东十里，员秀矗立。相传为任昉寓居。今巅有凤鸣书舍。

牌　岭 在县东十五里。

清风洞 在牌岭下，旧名风穴。石间有窍，围一尺，风从中出，凛不可御。洞泉极清冽，盛暑时行者憩此取凉。

火炉尖 在县东十五里，峰锐起如火焰。下有留侯后裔张姓居之。

鹿　山 在县东西坡。

姥　山 有县东二十里。

北梢山 一名夏山。在县东二十五里。宋进士王仁宥后裔居此。山前为富康里。

月　山 在县东二十五里。山南明训导任友松建书舍其上。

金亘尖 在县东二十五里，高百余丈，有员石，夕阳返照作金色。

狼踏岭 在县东二十五里，上为虎岩。相传群狼追虎至此，俱化为石。

丰家山 在县东三十里，山半平敞，有田余二十亩。或传丰太守隐此。

茂树岭 在县东三十里。

寨　山 在县东三十里赤源，叠石如营垒然。

小嵩山 在县东云峰，似嵩岳之状，麓有泰伯祠。

玉屏山 在云峰，方正如屏，石角峭立。昔太守任过此，疑为人工琢成。

下凰山 一名鼓山。在云峰下，有仪凤书屋，侍御吴祚建。

乌堂山 在云峰，上有天池。

石岩山 在云峰水口，石壁峻拔，中有石室，镌佛像，祈祷多应。

帐门岗 在县东三十里，高嶂横展如城。半山有王氏居，名富城。

燕　山 在县东三十二里，乱山簀密，中一峰峭卓，远与蔗山朋立。宋氏居其巅。有龙湫三叠，冬夏不涸。

如　山 在石村，距云峰十里。二山相连，高插千仞，上有水田十余亩。

花山尖 在石村，岿嵲攒秀，灿若春花。

静　山 在县东四十里。咸淳间，邵炎发、桂发、槐发读书於此，后家焉。

羡　山 在县东三十五里。鸿峻峭峭，有数洞相连，昀外一洞石势蟠屈如龙，水自龙口下注，石盆常满不溢，名仙居洞。石壁有桃树隐起，花红叶绿，真仙迹也。

现凰岭　在县东三十五里。其南为乌龙王庙，相传昔有凤凰飞止其地。

凰山尖　在县东合洋，四面望之，皆尖员秀起。黄氏世居其下。

金鸡石　在县东四十里，如金鸡状矗立平田，峭拔五六丈。

荡云尖　在县东三十五里求坑口，三峰高耸，一小峰下为吴氏先茔。

地矗尖　在求坑，矗立如笔，最奇秀。

峡　岭　在县东五十里，有招提为憩息之所。邑人方尚恂、吴希哲各有记。

石门山　在县东清平乡，峭壁天铲，望之若门阙，下有深潭不测。

双门尖　在县东七十里淡竹源，高三千余丈，绵亘二十里，石笋戛云，上生石衣。

雁门尖　与双门连，高亦相埒，望之秀色如画。

甘　山　在县东七十里徐村，水皆从洞壑暗出。

狼狈山　在县东七十里浪源里。

湖山洞　在县东龙亨，洞石巉岩，玲珑宛曲，游者疑为仙境。

天井岩　在县东七十里，清平、太平二源诸山之脉起于此。

马岩山　在县东六十五里，巨石崛起，如马首昂然，旁有银屏石，下有聚星楼，方逢辰与弟逢振读书处。

安乐山　又名东岩。在县东七十五里，迤逦接塔岭而来，挥斥众山，削立如笔，何华于此飞升，石桌棋盘至今犹存。

张景修宿安乐山下诗：

映窗犹有雪余痕，瓶里梅花枕上闻。一盏灯寒听夜雨，半床毯暖卧春云。

诗成渐觉茶消睡，香烬翻然酒带醺。我是挂冠林下客，山中安乐合平分。

易庵峰　在文昌，何梦桂建易庵书院其上。

何令范诗：

高处营庵胜乐窝，此间不独白云多。籁声一派空中发，涧底龙吟谷自波。

文屏山　在文屏里，方正如屏，清流环带，王氏居其下。

铜　岭　在县东七十里，石洞出泉可灌田，曰仙人田。

晡　山　在县东七十五里文昌。

重坑山 在县东八十里，山有二坑，故名。

塔　岭 在县东一百里，接分水界。

西　岩 在县东北七十五里，高千仞，顶有石，平广亩许，旁有一洞，深百余丈。天将雨，吐气如雾，投石于洞，声如扣钟，与东岩对峙。

审　岭 在县东北一百里，接昌化界，童氏居其下。

千丘田 在县东北一百五十里，天目山之支蜿蜒入淳，为诸山之祖。上有龙池，祈祷立应。明太祖驻兵于此，因建大明寺，赐与国同休额，今圮。

东泉山 在县东北一百三十里。旧名覆船。南一峰名紫瑞，当龙池之上，望之如青芙蓉，出泉三派并东注。

洪震老东泉山诗：

青莲浴秋水，浮出龙王宫。平生阅山亦多矣，未有如此奇哉峰。金蕉灵鹫等培塿，词客夸谈不容口。恨君不上千仞岗，一见天台与庐阜。通都大邑人争驰，一泉一石小亦奇。云深路绝无人处，大有佳山谁得知。

岩翁洞 在县东北一百三十里，洞深广，四壁如云，常有道人居之。

狮冈山 在县东北一百一十里，怪石狰狞，猛如狮搏，巅有崇真观。吴氏居于山麓。

吴　山 在县东北一百里上，有仙姑洞、子胥祠、三宝石、五莲峰，彷彿武林之吴山焉。

白鹤岭 在县东北一百里，方仙翁储尝乘白鹤驻此，鹤啄出泉自饮，名仙鹤泉，今名仙翁泉。

华盖山 在县东北九十五里，形若宝盖，对峙曰寒山，苍壁绝援，秀莹可挹。

岐　山 在县东北九十里，下有鲁姓，以派出岐周，故名。

石门径 在岐山外一里，云览庵在焉。峡束岩排，选胜者尝集于此。

云峰山 在县东北九十里，岿然直接云霄。

石泉洞 在县东北八十里，泉自石罅涌出，露起辄雨。

仙女洞 在县东北六十里，洞口有仙女祠，岁旱祷之则环山皆雨，不及他境。

保安岩 一名玉笋峰。在县东北六十里，侧视如圭，正视如笔。五季末，里人避寇于此。

富　山　在县东北六十五里，诗人方一夔居其下。

堂　山　在县东北六十里，峦嶂层叠若堂阶，山麓洪氏居焉。

奎星石　在堂山下，石卷然浮水面，俗传星陨所化，或又谓钱王秤锤石。

单钰过奎星石赠洪氏昆季诗：

怪石嶙峋立水滨，疑从奎斗落星辰。梅村书屋牙签满，席上分明尽国珍。

湖　山　在县东北四十五里，小阜濒湖，山光水色相漾。吴氏沿湖居之。

蔗　山　在县东北四十里，山分八面，水注十派。昔人植蔗于此，中有宋齐邱读书石室。

九龙山　在县东北三十五里，山湾多小田可耕，宜晚秋。

丫　山　在九龙山南，双峰如鸦髻。

屏风岩　在县东北二十五里，石崖削注，千仞如刀背，岩下有泉滃然仰出，色莹白如玉，味甘美，溉田数顷，曰玉泉。

程夔游屏风岩记：

屏风岩为一邑最高处，余往来东源六七年，常遥瞩之。癸卯九月望日，天高气爽，秋光远映，拉馆生由贤溪而北，逾回岭，濯井塘，约二十里许，至岭下，盘屈而登半岭，得小庵，憩息者久之。更上数层，望见刀背，险绝异常。乃沿岩下西向行，复折而东，为玉虚宫。宫外有巨石夹道，少西复南行，步步有石，层秀可玩。余蜡屐方熟而前行者忽却立，告曰此刀背山顶也。危磴仅容侧履，两傍临深谷，峭壁如削。余冒险过之。下此又有棋盘石云，更奇特。本无阶可寻，好事者累石甃路，尤险仄，萝无可援，葛无可攀，非惟举足难，举目亦难，不知造物者何故作此奇险，咀人冥搜乎？已而斜日返景，山色晻暧，转坐玉虚宫前，见圆月东升，皎如红日，相顾惊异，以为得未曾有。斋罢，月已当头，万籁俱寂，惟闻秋风旋转落叶而已。诘旦，凭阁瞰下方，万山都成培塿，疏烟缭绕，村落远近，若隐若见。陟庵后绝顶，初日映射。余往来遥瞩，俨如画屏者，至此则一峰插霄，森然改观，始叹山灵变幻，不可执定相求之也。下岩，从河坑归，将近村舍，忽一石悬两崖间，崚嶒不减刀背，使人振慄。此所谓龙门墈也。既至馆，书以示诸生之未从行者。

周上臣屏风岩诗：

山尊杜人影，群石乃如活。崩剥苔藓苍，软草亦生骨。幽从后湾起，险向岩前出。摩空布小径，陟下攀援绝。且绕千万峰，似海波涛发。远漾心目虚，近怖崖堑没。山僧示我奇，眼光不敢越。相牵伯与仲，两形如一质。线折青天杪，恍惚踏初月。过此虽渐平，胸中无长物。

方叔元屏风岩诗：

巉岩千百状，领略二三归。日起犹云雾，人行疑是非。

幽花名莫辨，险磴陟应稀。抛石悬崖上，纷纷似鸟飞。

贯　山　一名藕丝山。在县东北二十五里东湖，五峰连若贯珠。

虎　峰　在县东北二十五里，方储与弟俨常隐峰下。

合　山　在虎峰对涧，四合皆山，故名。

狮子山　在合山下，形似狻猊，雄踞如生。

鹤迹石　在狮子山趾，高五丈许，上有鹤迹，长径尺余，傍有马虎迹。相传方储兄弟三人各乘一物游此。其迹天然，非镌刻所及。

是　峰　在县东北十五里，峰下建夏禹王庙。

南　山　一名青山。在县南，为邑治几案，蟠亘数里，或峰而锐，或冈而平，或阿而曲。旧志所谓五星拱案者也。山顶有亭，曰“物外”，今圮。

钱时月夜游南山记：

渡浮梁而西，岿然峭崒乎江渚曰南山，贺城之奇观也。而月夜尤奇。丙戌辜月望前三日，宿舟其下，嘉禾许正甫、槱樵二子从予往游焉。濒沙嘴，沿陂陀，缭山腰，历嵚崟，礫卓斩刻，为岩为窦，千态万状，层累而起，首闯肩差，螺叠云拥，若抱瓮，若垂瓠，若頳领断颚，吁然乎路隅，寒影零乱，月在林杪，风湍合还，流波跃金，老木樛枝，岸江离立，龙蛇夭矫，攫攫欲飞。又西溯转，岖嶬峭壁，仞径侧立，苔藓斑驳，如雪洒空。有缺中断，容两柱许，肖象其间，缟衣青巾，如世相传所谓吕仙者。益迤逦而上，景益胜，相顾叹赏。跻攀力两股不暇疲。少折而东，有亭四柱，曰物外。俯瞰城邑低横江面，灯火溟濛出冥霭中，市声沓眇，与渔歌相杂，鼓吹上下，乍有乍无。从亭隅复折而西，两山相束如盘，有犬吠声，有香肃然，随谷风出。路益险绝，老兵推之乃得进。夜既久，不复叩扃问何如人矣。明日命樵作图，槱诗，正甫序，而老者为之记。

周上如暮秋登南山诗：

半里桥南岫，一溪水面鳞。探幽摩绝壁，眺远见遥津。

雉堞苍烟聚，楼台古木新。最宜高望处，长啸出风尘。

都督山　在县南，西接南山，下瞰新安江。汉方俨为都督，常驻兵于此。

头巾石　在县南十里余姓水口，形似头巾，故名。

云濛山　在县南三十里，高五百丈，周回七十里，突出众山之上，天欲雨则云雾迷蒙顶上。

裴度云濛山诗：

岚翠凝烟雾，登天化作云。遥瞻越观景，寓县遍氤氲。

梅花峰　在县南三十里，岞崿五出，秀列天表，隐隐如梅花，邑治之外朝也。

方士颖望梅花峰诗：

秀拔群峰萃，峨然托杳冥。名曾标志集，胜可续图经。

近倚江村绿，遥迎邑署青。游筇全未历，翘首愧山灵。

徐士讷梅花峰诗：

二片青螺万仞峥，梅花千载著芳名。每从天外瞻孤韵，忽向云边见秀英。

人拟楼头增笛弄，客来江上谱琴声。使君肠绣心如铁，愿徙奇峰就广平。

三鹤山　在县南三十五里，昔有潘氏兄弟三人乘鹤上升，故名。今桥西潘氏即其族云。

深洞岭　在县南四十里，山顶嵌石为洞，极深邃。

辽　岭　在县南七十里淳、寿交界处，山高溪峻，悬崖绝壁，无路可通。成化间，知府朱皑、通判刘永宽修筑成坦途，有不可椎凿者，为桥以济之。

芝　山　在辽源下，为商文毅公故居。

西　岭　在县南八十里，与寿昌接境。绝顶平夷，石笋森列如人立，洞口因水为碓，所谓“云碓无人水自舂”者也。

乌　山　在县南七十里，由西岭右折而东，突兀峥嵘，为东南诸村落雄镇。

塔　山　在县南六十里，乌山右出，延袤数十里，远如浮图矗立。赋溪《皆山楼十二景》所谓塔峰残照者指此。

字　山　在县南六十里，自塔山右分而东，回又南翔，赋溪出于其麓。

邋遢石　在县南五十里，山骨撑空，势骎骎欲落，过客望之洞心骇目，殊不敢迫视。

龟鹤山 在县南五十里，两峰相值，一低小如龟，一高耸若鹤。自邋遢石至此数里许，皆有石矿，采之无尽，藏色微青，其质洁以贞。盖上穷黟歙，下彻吴会，凡饰观台榭，焜耀坊表者，悉取材焉。

金石峰 在县南六十里，峰腰有龙华寺。

方士颖金石峰诗：

崎岖微径通，别具一丘壑。林树郁葱森，幽藏古僧刹。豁然堂宇深，左石翠微匝。远岫矗芙蓉，排空青似削。登峰历崔嵬，萧远秋气飒。乱石攒其巅，颇疑巨灵凿。低昂状各殊，一一见锋锷。中惟片石危，兀立最雄拔。有如仙群擎，穿云承碧落。忆昔有生公，行高能说法。环聚石为徒，点头胥悟觉。想曾飞锡来，谈空于此讫。此峰与寺邻，日暮疏钟戛。金石互为声，渊渊散林薄。峰以是得名，取义亦云确。

千仞峰 在县南六十里，有洞深邃，其腹可穿。昔邵晃读书于此。其子炳复筑室洞侧隐居焉。元祐中，通判殿中丞杨备因行县访之，为名其洞曰霖岩，炳以诗谢之。

邵炳诗：

云峰千仞对吾庐，洞古名新通守书。须信神灵知受赐，故兴霖雨远随车。

龙泓洞 在千仞峰腰，水若龙喷，虽大旱不竭。

雉　山 在县西南一里，左拱南山，襟安溪水，蹲如雉形，隋时取以名县。

方道睿白雉山诗：

一棹何人弄碧流，离离霜树见西洲。新安江水清无底，白雉山高万仞秋。

鹰　岩 在县西南八里，奇峰突出，俯瞰似鹰味然。

成廷楫鹰岩诗：

晓渡溪南路入云，春融岚气尚氤氲。三层楼阁群峰绕，两岸松篁一涧分。

啁呖山窝传鸟语，萧清月影弄溪纹。斋厨冷落无蔬笋，茶话僧雏意颇殷。

古刹何年占此峰，溪山奇僻几曾逢。苍鹰展翅森危石，翠鹫昂头戴老松。

隔竹杏花红袖掩，遥天云叶白衣重。篮舆懒上归途晚，不觉前村已下舂。

乳　洞 在县西南六十里，洞极深，泉凝结乳。

周上治乳洞记：

由南村向源行可八里许，得洪家泉水，根从下上，波文若花，浮游鱼数头出石间可玩。其上则乾壑，有桥。过乳洞庵，庵前后皆艺竹，有桃烨然。房宇几榻，洁幽可憩，而僧偶出，悄无人声。因启旁扉，外二十余步，即乳洞在焉。片石横亘，缕缕作青玉色，水乳垂滴人衣，凉透肌骨。此洞所由名也。而其中大石下頳如柱，旁有龟宛然。右行丈许，则大岩坳。挹烛照之，作诸体光相而竟不可名。左有泉一区，可供僧茗汲。仰视穹窿奥辟，益奇怪可探，而地滑湿难进，遂止。相传昔有僧秉火深入洞门七日，闻有篙楫声乃返。又某年水涨，有漆瓯器浮出。或见之碑记，传之故老，亦不知果否也。然此洞实清冷创辟，有天然之异，而以境过邃，来人少，故名不大彰，毋亦有高隐之旨与？于是同人揭榼序饮，复度桥憩洪家泉，久之乃去。

胡子澄乳洞诗：

古洞幽深处，萦回路几重。门开空寂寂，地辟暗蒙蒙。

寒暑春秋似，昏冥日夜同。桥横一溪水，石挂百年龙。

鹤驾应重列，龟田必再逢。碧沙间错落，怪石自玲珑。

乳结银为榭，浆凝雪作峰。仙人何处去，应想子乔风。

朱倬乳洞诗：

云气空蒙乳洞开，松风吹雨石崔嵬。龙公昨夜应相语，明日题诗远客来。

龙眼山　在县西南七十里，石壁对裂，二眼黑如点漆，有微泉渗出。蜀阜岙岭内有龙眼石。

徐尊生龙眼山记：

淳安之西梓桐之源，有山曰龙眼，支脉自黄山来，蜿蜒夭矫数百里，至此则却顾蟠伏，若龙之俯首下饮于溪者。溪水潴而为潭，潭上有石穴二，穴中有石膛，努圆而小，黝碧光莹，撼之微动，水泠从中出，是为龙眼。盖穴者眶而动者其睛云。天将雨，云气滃然，上薄林木，翕然变化，不可端倪，殆造物故示神功如此。夫山，静物也，然其蒸而出云，则有时而动。龙，动物也，然其潜而勿用，则有时而静。山静而能动，又肖其形于龙。龙动而能静，又托其似于山，以理以象，所谓动静互根者，非耶？君子之处斯世，亦犹是矣。

吕人龙龙眼石诗：

久矣泥蟠向此申，羞将头角骇儿童。不知巨眼谁能识，一勺寒波有卧龙。

尹　山　在县西南七十里，两峰南耸，跨石如桥，倚石如人，中有石室石棋，皆天然之胜。

郑玉同徐大年、俞士渊游尹山诗：

白发萧萧老郑虔，相邀同上尹山巅。新秋昨夜过微雨，古树空岩生翠烟。

山佛倚天形耸瘦，仙桥驾壑影空圆。欲题姓氏留山骨，藓滑苔深不可镌。

木瓜峰　在县东南十里，三峰耸峭，中峰尤为卓杰，嶷然孤踞如瓜。

高　岭　又名赉爵岭。距木瓜峰数里，古亭畔苍松偃盖，往来憩息之所，皆邑治之锁钥也。

圣姥山　在县东南二十五里，山巅平地余一顷，洞泉冬夏不竭，祈祷辄应。

鳌　山　在县东南四十里。

紫盖峰　在县东南七十里，山腰微瘦，上乃旁拓，形如拥盖，其麓有法照寺。

项文曜紫盖峰诗：

老去投闲紫盖峰，此身应与白云同。九霄已遂从龙愿，千里曾施泽物功。

去就有时依石壁，飞扬无意逐天风。于今谢却功名事，拄杖遥看兴不穷。

方士颖紫盖峰诗：

领作诸村镇，他山未许连。孤根青拔地，峭顶碧支天。

窟饮飞流注，岩空倒石悬。禅栖僧结宇，记历五朝前。

密　山　在县东南茶坡。

程嘉燧发淳安记：

密山诸岩、自淳安县而下，溪阔可四五里，两岩若颓岸高一二丈，或时有小山。临岸，远者去数里，盖东平水纡，旷如也，凡若干里，而见两山如关，溪回入其间，舟行狭中，其右一山，崖石嶙峋，苔绣丹碧如霞，峰首甚崒嵂，其后数峰溯流拥之，从绝顶堕。一峰俯溪涘，有庙居其上，下为澄潭，曰罗山潭，马石庙在焉。庙前有石如马，藤萝罥其上，不知为何神也。又若干里而为合溪浦，有山壁立，绵亘如城，石半作铁色。其将尽，一峰皴文具五采。时方昼，铺坐舱间，观潭水如展镜，浸濯峰趾，倒影沉碧，菖蒲藤树披拂涯涘，悠然历之，疑非人间。溪稍折而右，其左一峰，高数仞，皴理如前埒，而多草树丰丛石罅间，形正圆如月，半出水上，最奇。下复有密山岩，岩崭然嵌空，其高可数百仞，山形亚缺如朽株，其理皆衡旋。舟徐移其下，山势侧出，凹凸亦异状，中稍断为狭。按山形如堂者曰密，岂窪缺处形肖堂室与？其石大都瓦裂冰折，参错骨立，或琐碎攒累如鸟兽器物之形者，不可胜计。时微雨，自远至过乳香潭，潭壁亦奇丽，晦冥不可辨矣。

小溪岩　在茶坡下十里。怪石嵯峨，与密山对峙新安江上。嘉靖间，知县洪英明设锦溪关于此，以御矿寇。东数里接建德界。

川

新安江　源发浉岭，至黄光潭为淳西界，凡百五十里，东入建德。众派双环，左右襟带，故为淳之经流焉。

童天采新安江赋：

郡号天都，邑名歙浦。山崔嵬而崒嵂，水滃泱而沮洳。浚源于黄山之蒙泉，经始于紫阳之渊渚。潭澄鲜而如练，滩激湍而见碱。入还淳而溪名青，过富春而流渐巨。吞百川与潆洄，障两岸为险阻。汇于钱唐以收潮汐，趋于海门以广积贮。原夫清流细漪，色映平沙。茂林丰草，彩绚晴霞。凫鹥浴罢，荇藻牵斜。谢泌门前，石滑滑而可数；吕公滩上，丘累累其如髽。夹村村之烟火，揽处处之桑麻。宛武林之多桃树，似沅湘之毓兰芽。歌笛横吹，江上谱月明之曲；渔灯夕照，矶头回曦驭之车。尔乃霪雨非时，阴霾不霁，地欲裂兮天复昏，雷交响兮电忽激。潜蛟挟石而奔驰，蛰龙兴云而作祟。千山漭沆兮喷飞泉，万壑滮湃兮溃广遂。冯夷鸷悍而不驯，天吴佯狂其如醉。怅长波之澶漫，骇巨浪之洋溢。撼城郭，则并惊忠介之祠；驾村墟，则欲标越公之帜。桑田瀄淚而不完，园廛氾没而靡次。此则黄河之险，莫逾其汹涌；巨浸之雄，难方其涬溔者也。然而芳春明媚，长夏骄阳，秋风淅沥，冬雪飘扬。挂布帆兮，溯洄而溯游；牵锦缆兮，可泳而可方。屡改树兮江之浒，频移岫兮江之旁。酌春醽兮抽锦字，评夏云兮佐绣肠。草木黄落兮悲宋玉，玑珠点辍兮感谢郎。程灵洗诸人宁无翰藻，吴少微数子应有篇章。或披云而奇兴，或载月而迎凉，或赋金风之萧瑟，或描玉屑之琳琅。才士高张，将与波光同荡漾；名流竞唱，亦随云影共翱翔。然则过斯江也，未尝问派于嶓山，何自经行于汉沔。有高山峻岭以为堤防，无洞庭彭蠡以为舒展。漫比泾渭之分流，远逊淮沂之浩衍。郑交甫之解佩，仙女难逢；杜元凯之沉碑，军功莫阐。湘灵鼓瑟，此地不闻；川后凌波，兹途遂殄。青芝赤箭，产既不同于日南；紫漆丹砂，物犹不钟于云巘。特以百灵效顺，四渎安恬，澹灾有政，润下无愆。百折而遥，美负舟之有力；千里以内，识取鉴之尚便。经过小姑渡口，来往大障山边。崇先则寻轩皇之丹灶，问政则拂朱子之讲筵。此在贤刺史激浊扬清，行见珠回合浦；亦惟良令长居宽济猛，试观虎渡深渊。燃温峤之犀，以驱怪物；载邓攸之米，莫饮贪泉。庶使一水交流，澄清见底；且令两邦接壤，沾溉常绵也。夫赋终，乃为之歌曰：歙州名胜处，开郡白云间。随地村烟奥，接天象纬环。水从千嶂出，舟向百盘攀。终古清江去，东流到海关。

黄光潭　在县西七十五里深渡下。

王宥黄光潭诗：

水落黄江石，孤舟倚棹看。浪花浮岛屿，日影动纶竿。

合沓千峰集，萧森万木寒。狂歌对烟景，遥接子陵滩。

长　潭　在黄光潭下，万花谷口。

徐楚长潭诗：

云满滩头月满船，一江虚碧浸遥天。夜深云净月移渚，相对渔翁山下眠。

鸠　坑　在黄光潭对涧，二坑分绕鸠岭，地产茶，以其水蒸之，色香味俱臻妙境。见《翰墨全书》。

鸠　滩　在鸠坑口。

查　滩　在鸠滩下。

河上滩　俗名和尚滩。在县西六十五里，河上岭下。

程敏政宿和尚滩入夜风大作诗：

辞家已三日，夜宿苍山矶。遥看月印瓦，星斗何依稀。

玄云忽四合，黯尔灯无辉。孤眠觉有异，起坐披裳衣。

长风挟雷电，雨若天瓢挥。万响凛不测，势恐孤蓬飞。

船头屡低昂，知是江波肥。移床避罅漏，客心转凄危。

古云行路难，此语良不非。悄然百忧集，君父两难违。

裁诗寄所遣，胡宁不怀归？

蜀　溪　在县西六十五里，为源三，一由七都昱岭流八十里，一由六都水碓山流五十里至圻岭下，一接五都环水十里，而并泻于蜀阜之三峡。三涧合注，形似三峡。

三　潭　在七都源。

钱时三潭记：

淳安之西百里，有三潭焉。在崇冈僻峤极深处，源出昱岭，至是始折而东，泻瀑垂斗，绝渚而为潭，连三垂瀑。而三潭高下相比，上者可一亩，居中者尤大，而其下则又差小。傍崖石圆拱，口收而腹衍，如釜势，束乎两山之间，倾注澒洞，声振林麓。路临其上，撼撼欲浮，然而寒碧渊澄，波纹不动。闻之故老，尝有轮麻缕垂石下测之者，尽一轮莫竟其底。中潭之涯，则小山孤起，有古祠出苍烟老木间。下有岩穴，容数十辈，水溢东出，淙淙从乱石中流去。道左，片石侧立，过者飕飕作松风声，曰响石。又数十百步，两崖对峙如堵墙，水流其间，宛若门阙。上多怪石，其掣然作手形者，曰仙人掌。三潭之别源当合富、流浆二水之冲，有石柱尤奇，方广三丈许，从涧底挺然拔起者，几七十寻，上下相直不偏倚，蟠松寿蔓，夭矫石斜。呜呼，异哉！

肥　潭　在七都源。

帮源滩　在蜀溪口。

富至源　在县西南六十里，内水出乳洞，经洪家泉至河口。

塔山潭　在县西六十里，因云塔山得名。

阳城滩　在富至滩下五里。

悬藤滩　在云屯石下。

汪广洋云屯滩诗：

萝月纷纷星斗高，云屯滩上听飞涛。莫伤蜀鸟多啼血，且喜吴侬惯刺篙。

风逆溪声悬碧树，雨深崖气入青袍。夜长把烛频看镜，只恐年来变二毛。

徐鉴悬藤滩诗：

浪花逐水荡风回，屹石潜惊万壑雷。一片秋光山色里，喜随明月上滩来。

云　溪　在县西四十五里，源出老竹岭，至双溪口受九龙山支流，西流百余里，南注新安江。

云　滩　在云溪口。

息　滩　在县西四十里。

虎石潭　在息滩下。

双桂源　在县西南五十里。旧名梓桐源。宋有胡果者五世义居，曾孙汝砺尤以文行著，其弟一之，侄南逢，同登进士，改今名。

慈　滩　在双桂源口。

九里湾潭　在慈滩下，潭上有瀑布。

王辅九里潭诗：

绿树阴阴九里湾，水光山色出尘寰。黄鹂谷口声偏好，白鸟沙头意自闲。

徐大成九里湾瀑布诗：

曲渚玉龙浮，悬崖喷碧流。雪飞寒欲堕，珠溅雨还收。

清映山头月，光摇树影秋。那逢庄叟侣，纵步与神游。

牛　坑　在县西二十里。

牛石滩　在牛坑源口。

养材滩　在牛石滩下，溪上为锦沙村。

响山潭　在响山下，往来舟行歌呼与响声相答。

崔颢诗：

轻舟去何疾，已到云林境。起坐鱼鸟间，动摇山水影。

岩中响自答，溪里言弥静。事事令人幽，停桡向余景。

锦　坑　在县西十里。

龟石滩　在小金山东龟石下。

徐楚龟滩诗：

倚棹临龟屿，遥峰晓日晴。波光摇石壁，岚气卷滩声。

小憩心初定，徐看眼倍明。江山图画影，河洛古今情。

四面风尘绝，中流宝镜清。悠哉江上叹，元化混流行。

羊须滩　在县西二里西洲下。

安　溪　在县西南五里，源出双桂峰。

雉　潭　在县溪口雉山下。

张复雉山潭诗：

谁将短棹泛中流，烟树遥连杜若洲。最爱雉山潭上趣，一泓空碧浸清秋。

汪若濬安溪晓行诗：

秋露坠征衣，残星逐马飞。竹喧栖鸟散，草冷候虫稀。

辨壑朝光淡，分林远色微。乱山葱蒨里，几处启荆扉。

南山潭　在南山下，岸阔波平，澄碧如镜，环于县治之前。

徐楚南山潭诗：

青溪碧沄沄，彻底无纤尘。下有严陵濑，遥连新安津。休文寄游好，白忆同怀人。高蹈每如此，清风谁与邻。予亦耽山水，抱膝青溪滨。爱此青溪水，濯缨却垢纷。兴来驾扁舟，长啸弄烟云。予持一竿竹，直钩钓游鳞。白鹭随我立，沙鸥为我群。明月东山上，皎皎来相亲。一叶凌太虚，万景浑无垠。满江落星斗，银海浮昆仑。

星　水　在县治东，源出石峡，汇于东湖。

古诗滩　在县东一里，南为漏港滩，中起为鱼袋沙。

东　溪　一名桃花源。在县东五里，溪上为赤洲，源多出于东北。

马石潭　在县东北九都涧，巨石隐隐奔蹶潭底，如众马驰骤，潭上有润生亭。

并山潭　在县东北八十里，二潭相并如瓮缶。

栅　源　在昌期乡。相传贺齐与山越战，树栅于此。

伏虎潭　在县东北六十五里，潭上山如伏虎，故名。

锦　潭　在文昌里，又名为状元潭，何梦桂建状元坊其上。

何令范诗：

碧流旋绕沁诗肠，仿佛乌号月下张。岂是秦川饶织锦，千回寄与窦襄阳。

龙　源　一名回源。在县东北五十五里，内有洪震老故居。

曹　潭　在县东北三十五里，纳十八都涧。

贤　溪　在县东北二十五里虎峰下。

合山潭　在合山下，纳十九都涧，二十五里至东溪入新安江。

横　滩　在鱼袋沙下。

风　潭　在横滩下，潭上为方山房故居。宋郡守方回访方逢辰，有“朝窥石峡峡中石，暮宿风潭潭上风”之句。

徐楚风潭夜月诗：

缅想高人韵，风潭潭上风。月华开霁景，潭影浸遥空。

弦漾帘钩动，圆浮玉镜融。扁舟可乘兴，移棹碧溪东。

赉爵滩　在县南十里。

三望潭　在赉爵滩下，曲折三回，故名。

吕人龙三望潭诗：

归怀却似雨思晴，自昔何曾报得春。三望潭中空着眼，如今无复倚门人。

遂安港　在县南二十里，源出遂安，至港口纳文源涧。

文　源　旧名辽源。在县南二十里，商文毅三元及第，故以文名。

兰谷滩　在县南二十里，遂安港入新安江处。

洪渐舟泊港口诗：

月浸芦花水浸天，渔翁醉后正堪眠。夜深何处孤猿咽，不管江边有客船。

塔航滩　在县南二十五里。

孙家滩　在塔航滩下。

卢湾滩　在县南三十里，上有元孝子姜兼思台。

藻河滩　在县东南三十五里。

翮翅滩　在藻河滩下。

鳌山潭　在县东南四十里，由兰谷滩南行，溪驶滩仄，奔迸瀺灂，往往潴汇少而湍激多，至此始易号怒为渊渟焉。

浮石潭　在县东四十里，封主事吴士才幼从姑家归，洪水暴涨，得水牛渡至潭中员石，牛随水去，视之乃蛟也。水长石浮，因以名潭。

合洋滩　在县东四十五里，纳太平源诸小涧。

赋　溪　在县东南六十里字山下。

木樨滩　在赋溪口。

轩驻溪　在木樨滩下茶坡，相传方仙翁储乘鹤至此登舟，故名。

密山潭　在密山下，石壁空青，倒影千尺。

渡渎滩　在密山潭下，纳灵岩源水。

石门潭　在清平源石门山下，潭清可鉴毛发。

漠　川　在清平源。

方思温诗：

玉川浮出碧山头，烟树重重翠欲流。间把云和弹一曲，浑疑此地即瀛洲。

小　溪　在县东南七十里，自密山岩下濒江，小阜错踞如门阙，溪回入其中，疑才通舟行者，又名锦溪。

小溪滩　在小溪下，纳清平源诸水，五里至岭坑入建德境矣。

续纂山川

仙　洞　在县北五十五里银塘庄。

拔贡生洪锺元记：

银塘自奎市入境半里许，溪石多奇异，成象形，有石鱼二，长数十尺，高丈许，首注岸中，鬐鬣欲动，仰视则石山岿然，森竦端立，高跨云表。俨如真武象，此奎星桥所由得名，而形家称北辰星者也。缘溪行，两岸山排衙，左右环峙，牙相错无惰容，延麓水清石瘦，青林红树间，时闻画眉鹧鸪声。有二亭可憩。蜿蜒五六里至庄口，则山舒水缓，豁然开朗，别有天地，瓦鳞罩如。庄坐山突出平地，如唐巾，如覆釜，古树参天，四山重叠环拱，夸奇竞秀，芙蓉面面，隐见云霞中，尽朝坐山。堪舆家谓之莲花心。坐山后，一望无际，远混天碧，横嶂如屏拔地起，左开山，右回坑，尖遥对，夹如马耳，千霄插汉，降雨出云，象天乙、太乙。屏上一石屋，凭空挺立，色青黝，间斑白文，葵首若圭，莫可名状。里人曰此神仙洞也。四面壁立，有圆窦，可蛇行入，内分三座，光明平正，容四五十人坐。内壁竖二三寻，上则渐次仰出，高数百尺，如天井，故日月可入而雨露不侵。前石栏如檐，高六尺，阔四尺，皆浑然天成，无堆砌迹。登栏俯窥，绝壁岩归，离地八九仞，岩下亦可容数十人避雨洞中。小洞数十，皆口小腹宽，可藏物，经久无潮湿虑。冬温夏凉，高朗幽雅，可以习静，可以弦诵。洞顶平，善缘者可上。上有方平石几，纵横四尺许，方围有石座堪坐，奕几面理作棋盘纹。噫！造物者之设是久矣，将为慕安期羡门之徒预作精舍耶？抑清淑所钟，必富著述，将使藉是以藏秘要，与嫏嬛，委宛，大、小酉山媲美耶？元进士震老公有诗载观光集中。咸丰庚辛间，予家数十口避寇，曾偕里人同居之。予足迹半天下，问所谓仙都石室者，大率皆险远，未见如此洞之奇近在庄后者。其水口三台峰，中高而左右相揖，尊严凌虚，关锁天成。上应台宿，珠树规连，玉泉矩抱，里人名之为笔架峰，与仙洞恰相配云。

乡 都

今之乡都，非古之乡都也。《周礼》：五州为乡，凡万二千五百家。下邑曰都。王子弟公卿大夫采地之界曰都。都所居曰鄙。今之名乡，乃指四方村居者。当之于乡中又析为都。于都中又析为啚。啚，即古鄙字也，今乃读如图，而编之以数十十五五，各以远近大小多少为差，去古法益不可为道里矣。然所从来久，于《王制》度地居民、参相得之遗意尚有存焉。而天子省方观民，亦可按之以问俗。志乡都。

梓桐乡 在县西。旧辖里十，曰西郭，曰仙坛，曰召石，曰慈口，曰云源(原系失落三都，后改十三都，内二图)，曰富皇，曰龙潭，曰普慈，曰养材，曰锦溪。今辖都四，曰一都，曰二都，曰三都，原领图各二，今减为一，曰四都，领图三。

永平乡 在县西北。旧辖里十，曰卿云，曰永平（今改十三都外二图），曰富财，曰佘叶，曰始新，曰湖头，曰德教，曰埸村，曰横塘，曰招贤。今辖都三，曰五都，原领图三，今减为二，曰六都，曰七都，原领图各五，今减为三。

长乐乡 在县北。旧辖里八，曰官田，曰云潭，曰喻口，曰上韩，曰桐山，曰青源，曰龙村，曰合浦。今辖都四，曰八都，原领图五，今减为二，曰九都，曰十都，原领图各一，今各增为二，曰十一都，领图二。

常乐乡 在县北。旧辖里十，曰高明，曰高贵，曰上贵，曰林兰，曰下诸，曰杨岸，曰龙源，曰山下，曰市山，曰富贤。今辖都二，曰十二都，原领图二，今增为三，曰十三都，领图二。

安乐乡 在县东北。旧辖里六，曰安定，曰塔头，曰丰源，曰大有，曰文昌，曰郎洞。今辖都三，曰十四都，十五都，十六都，领图各一。

昌期乡 在县东北。旧辖里十二，曰青善，曰遵孝，曰招仁，曰栅源，曰鹤鸣，曰富过，曰显后，曰三会，曰西阳，曰伊源，曰厌口，曰富息。今辖都二，曰十七都，领图二，曰十八都，原领图三，今减为二。

进贤乡 在县东北。旧辖里九，曰宣化，曰进贤，曰东湖，曰小沙，曰富康，曰公山，曰兴贤，曰里湖，曰仁孝。今辖都二，曰十九都，原领图三，今增为四，曰二十都，原领图二，今减为一。

太平乡　在县东。旧辖里七，曰安平，曰云烛，曰丰家，曰荡云，曰现凤，曰石村，曰汪村。今辖都二，曰二十一都，原领图二，后增为五，今仍二，曰二十二都，原领图一，今增为二。

清平乡　在县东。旧辖里九，曰寻凤，曰舞珠，曰临池，曰富硎，曰漠川，曰聚璧（旧名槐岭），曰口积，曰岭北，曰重硎。今辖都二，曰二十三都，二十四都，各领图一。

安福乡　在县东。旧辖里八，曰感化，曰布政，曰完珠，曰大明，曰顺正，曰轩驻，曰马头，曰小溪。今辖都二，曰二十五都，原领图一，今增为二。曰二十六都，原领图二，今增为三。

和义乡　在县东南。旧辖里七，曰归善，曰赋溪（旧名观停），曰清义，曰安顺，曰孤滕，曰羽化，曰富量。今辖都二，曰二十七都，原领图三，今增为四，曰二十八都，原领图三，今减为一。

龙山乡　在县东。旧辖里六，曰永辉，曰临津，曰永宁，曰合洋，曰皎镜，曰成山。今辖都二，曰二十九都，原领图二，今增为四，曰三十都，领图一。

仁寿乡　在县东。旧辖里十一，曰云濛，曰义合，曰云程，曰新期，曰登云，曰雁塔，曰普首，曰凌佑，曰辽源，曰崇贵，曰桐桥。今辖都三，曰三十一都，原领图四，今减为二，曰三十二都，领图二，曰三十三都，领图一。

开化乡　在县东附郭。旧辖里九，曰存凤，曰中节，曰慈书，曰龙亭，曰五龙，曰风潭，曰富至，曰赉爵，曰凤凰。今辖都二，并在坊，曰三十四都，原领图一，今无，曰三十五都，原领图四，今减为三。在城旧以坊名，县治前曰钦明、惠安、抚宁，东曰迎恩，东南曰登云、延桂、崇文、阜民、还淳、熙春，南曰毓英，西南曰时雍、振德、固业、固本、丛桂、延寿、澄清、擢桂、萃英，西曰佐理。今统名坊都，原领图十，今减为九。其南河附郭，今辖坊外图四（一、二、五、九）。

凡十四乡，百二十有二里，三十五都。旧图隶坊者十，隶乡者七十有七。国朝康熙十年，奉文减去坊一图，乡六图，分立宦一图，儒十图。雍正六年奉文，减去乡二图，裁去宦一图，儒十图。今存坊图九，乡图六十九，凡七十有八图。

风 俗

百里不同风，千里不同俗。邑虽百里治，环而计之，千里不啻也。以故东西家，前后家，其吉凶、宾嘉、岁时、伏腊，往往各自为一种风气。然从其概言之，大率园桃莒屦，朴而不文，去吴会间则大有径庭矣。近俗颇媮，渐趋靡丽。长民者，原其始则因势而利导之，防其终则教化而整齐之，亦必有道矣。志风俗。

前志云：淳安环万山中，地僻而民众，讼烦而赋广，固难为理乎？然土硗产薄，民贫俗愿，镇之以无事，则易治也。

郡志云：山多地瘠，民贫而啬，谷食不足，尝仰给他州，故勤于本业，而更蒸茶割漆，栽培山木，以要懋迁之利。

又云：文学彬彬，代有其人。观诸唐有皇甫湜，宋有钱时、方逢辰，明有商辂诸公，皆以文行取重一时，由是人文兴起日滋盛矣。

郡志云：男子既长，择日而冠，拜天地、祖宗、父母，三加请戒之礼不行久矣。女子于归始为加笄，婚必择门第相当者，以媒通之。女家即以女之年庚书帖付之为允，嗣方纳聘于女家，临娶先数日仍送饔饭礼，以便女家告祖。娶之日，必亲迎，盛张鼓乐、杂用、传席、交杯诸仪，有即日出拜公姑，亦有三朝拜者。丧大率用文公家礼，惟不行敛，不用布绫，墓多砌砖为椁，不甚用浮屠，皆于旬日之内举殡。元日必拜墓，清明则扫墓，中元则祭于家，多用蔬食，下元亦墓祭，皆习简朴，不尚华靡。

郡志云：元旦昧爽而兴设香烛，拜天地祖宗。男女成礼毕，亲友互相贺岁。立春前一日，县令迎青帝土牛于东郊，散春花，撒春豆、春米，茹春饼，妆露台。元宵，各张灯结彩，放花爆，和面团荐先，各相贺食。新妇之家设醴祭床。社日，各乡为牲醴，祭社神，以祈报，毕则饮福。清明则插柳于门寝、灶陉，人簪柳叶，展墓祀祖。立夏日，煮夏粥，亦有馈送者。四月八日，作乌饭。端午，包角黍，馈节悬艾虎，小儿佩寿源道符、贴符箓，饮菖蒲雄黄酒。六月六日，晒衣曝书。七夕，妇女设祭于庭，穿针乞巧。中元，祭享祖先，亦有倩僧作焰口法事者。社日各乡设牲醴，迎社神阅苗。中秋，设尊罍以观月华，燕饮至夜分乃止。重阳，炊糍饼荐先，饮茱萸酒。下元展墓，冬至祭祖于家庙，相见称贺，如元旦礼。腊月二十四夜，设果送灶，傩戏于街。除夕，悬祖父遗像，奉祀馈节，悬桃符，祀灶，骨肉团圞而饮，坐以守岁。

邑依崇峦峻岭中，延袤各几二百里，民鲜逐末，惟勤穑事，因地高卑而丘塍之，虽叠巘岖嵝，泉可引溉。时或愁旱，其滨水污邪，每苦冯夷之汹。凡百树艺随洚洞而逝。嗟嗟，民天沦胥，曷其有所，是在设法以赈助之为亟。采旧志。

旧志云：淳俗婚姻重媒，婿家求婚，必托女家属尊分厚者为媒，敬礼隆重，惟欲媒得其人，不铢量于礼币。然嫁女赀奁，俗尚过厚，故生女多不举。前令姚公鸣鸾有劝民举女歌。

姚鸣鸾劝民举女歌：

虎狼性至恶，犹知有父子。人为万物灵，何独不如彼。生男与生女，怀抱一而已。生男既收养，生女顾不举。我闻杀女时，其状苦难比。胞血尚淋漓，有口不能语。伊嘤盆水中，良久乃得死。吁嗟父子心，残忍一至此。我因训吾民，无为杀其女。荆钗与布裙，未必能贫汝。随分而嫁娶，男女得其所。此歌散民间，吾民当记取。

兄弟争财多相告讦。邑令张公三让又为歌以劝之。

张三让劝歌：

五常万古有，兄弟岂非伦。世风何不古，偏伤手足情。父母生兄弟，赋性本同根。长成及婚配，妯娌更宜亲。或听妇人言，或为财产争。渐至仇莫解，讦告两家倾。我今劝吾民，须念同根生。同根相煎急，恐伤父母心。张公九世居，忍字可调停。兄弟如手足，古语岂不闻。万勿操戈矛，有如禽兽行。况奉朝廷谕，朔望讲读频。天理与王法，提命何谆谆。勿视泛常语，勖哉永相遵。

元夕，在市迎灯，在乡迎烛，各乡赛鼓乐，以傩神先人日坊东西两厢，家迎贺神，设祭丰腆，扮露台，极工巧，以送神归庙，虽社蜡之遗，亦见功德在人，久而勿谖，章神绩也，觉民报也。

淳俗多种蹲鸱，一名芋，其大者为芋魁。乡民课子夜读，每以煨芋魁为度，芋魁熟，大约漏下二鼓矣。盖小儿意有所属，则精神振厉，不倦于勤，啖之可以疗饥，犹熊丸劝读之一助也。

淳民多倚薪炭为业，一不得岁则取于山，弗售于市，真穷之穷矣。邑人方苿如为作二谣以悯之。

方莱如《负薪谣》：

雨淫淫，泥滑滑。负薪者，谁泣幽咽。薪不去，米不归，嗟我妇子时啼饥。郁郁南山松，森森东岭柏。古墓多积薪，焉敢肆戕贼？不辞翦伐向层峦，采薪犹易卖薪难。中心摇摇苦行迈，倚市谁能怜我疲。短衣露肘断晨炊，减值从人易稊稗。易稊稗，日已晡，薪不如桂米如珠。得米薪易求，无米薪焉用？使我受饥宁受冻，受冻何足云。狐鸣鼠窃非良民，但愿山中常负薪。

方莱如《卖炭谣》：

岁云暮，多朔风。愁杀人，卖炭翁。食粟数升，烧炭一斛。卖炭一斛，未饱空腹。亦知糊口四方难，差胜饥来束手看。炭值难增祝飞雪，雪深又若人踪灭。闭门谁问价高低，踏雪肩回徒泣血。翁泣血，儿号寒。语儿勿围炉，忍此衣裳单。雪消明日天逾冷，炭在行装好重整。

光绪淳安县志卷之二

方舆志二　学校　公署　防圉　坊表

学　校

化民成俗，其必由学乎？以是遍州邑皆有学，崇奉先圣，配以先贤先儒，然惟春秋释奠，士子始一与于祭，而四远复不能偕来。盖乡学无多屋宇可以为讲肄之位，而学之士岁积而多，故家塾党庠各从所近而遥以名隶焉，亦其势然也。我朝重道尊儒，所颁者有帝训，所藏者有赐书，礼有度，乐有容，俎豆尊彝有其器，黍稷牲牢有其物，息焉游焉，可以知古，可以知今，尊王法圣，肃然起敬，是即化民成俗之大端也。志学校。

学　宫　在县治东南，中为大成殿，旁为两庑，前为戟门。戟门之左为菁莪祠，右为土地祠，为省牲所。前为崇台，台下故有泮池，今平之，而环其南以石栏。栏外宫墙数仞。东为云路，西为蛟腾凤起坊，棂星门，则折而西向临街。街之西为泮池，前邑令杨公所改作也。棂星之旁，曰义路，曰礼门。殿后为明伦堂。其东为龙门，西为斋房，为谕宅。龙门北为诸生学舍。舍之外三元宰相旧额在焉。堂后为尊经阁。云路北为黉门。临于黉门之东者魁星楼。楼东北为崇圣宫。宫之左为忠义孝悌祠。楼后为训宅。又东为三祠堂。堂后为义学，为射圃。

附：钦定文庙位次

大成殿：至圣先师神位南向。

四配：复圣颜子、宗圣曾子、述圣子思子、亚圣孟子。

十二哲：先贤闵子损、先贤冉子耕、先贤冉子雍、先贤宰子予、先贤端木子赐、先贤冉子求、先贤仲子由、先贤言子偃、先贤卜子商、先贤颛孙子师、先贤有子若、先贤朱子熹。

东庑从祀六十二人：先贤蘧瑗、先贤澹台灭明、先贤原宪、先贤南宫适、先贤商瞿、先贤漆雕开、先贤司马耕、先贤梁鳣、先贤冉孺、先贤伯虔、先贤冉季、先贤漆雕徒父、先贤漆雕哆、先贤公西赤、先贤任不齐、先贤公良孺、先贤公肩定、先贤鄡单（古本作邬）、先贤罕父黑、先贤荣旂、先贤左人郢、先贤郑国、先贤原亢、先贤廉洁、先贤叔仲会、先贤公西舆如、先贤邽巽、先贤陈亢、先贤琴张、先贤步叔乘、先贤秦非、先贤颜哙、先贤颜何、先贤县亶、先贤乐正克、先贤万章、先贤周敦颐、先贤程颢、先贤邵雍、先儒公羊高、先儒伏胜、先儒董仲舒、先儒后仓、先儒杜子春、先儒诸葛亮、先儒王通、先儒范仲淹、先儒欧阳修、先儒杨时、先儒罗从彦、先儒李侗、先儒吕祖谦、先儒蔡沈、先儒陈淳、先儒魏了翁、先儒王柏、先儒赵复、先儒许谦、先儒吴澄、先儒胡居仁、先儒王守仁、先儒罗钦顺。

西庑从祀六十一人：先贤林放、先贤宓不齐、先贤公冶长、先贤公皙哀、先贤高柴、先贤樊须、先贤商泽、先贤巫马施、先贤颜辛、先贤曹恤、先贤公孙龙、先贤秦商、先贤颜高、先贤壤驷赤、先贤石作蜀、先贤公夏首、先贤后处、先贤奚容蒧、先贤颜祖、先贤句井疆、先贤秦祖、先贤县成、先贤公祖句兹、先贤燕伋、先贤乐欬、先贤狄黑、先贤孔忠、先贤公西蒧、先贤颜之仆、先贤施之常、先贤申枨、先贤左邱明、先贤秦冉、先贤牧皮、先贤公都子、先贤公孙丑、先贤张载、先贤程颐、先儒穀梁赤、先儒高堂生、先儒孔安国、先儒毛苌、先儒郑康成、先儒范宁、先儒韩愈、先儒胡瑗、先儒司马光、先儒尹焞、先儒胡安国、先儒张栻、先儒陆九渊、先儒黄榦、先儒真德秀、先儒何基、先儒陈澔、先儒金履祥、先儒许衡、先儒薛瑄、先儒陈献章、先儒蔡清、先儒陆陇其。

按：明洪武初，释奠孔子，称大成至圣文宣王。正统间，判定各爵位次。嘉靖九年，准大学士张孚敬议，改大成殿为先师庙，孔子称先师，以四圣十哲配。上丁先祭启圣祠而后祭孔子及从祀。孔门弟子称先贤。左邱明以下称先儒。悉罢封爵，俱用木主。祀典至是始正。其从祀则洪武二十九年罢扬雄，进董仲舒。正统二年，进胡安国、蔡沈、真德秀。弘治八年，罢吴澄。成化八年，进杨时。嘉靖九年，以申党、申枨本一人，存枨去党。其公伯寮、秦冉、颜何、荀况、戴圣、刘向、贾逵、何休、马融、王肃、王弼、杜预十一人罢从祀。林放、蘧瑗、郑玄、郑众、卢植、服虔、范宁七人各祀于其乡。进后仓、王通、胡瑗、欧阳修、陆九渊五人从祀。以颜无繇、鲁点、孔鲤配享启圣祠，彻从祀之主。隆庆六年，进薛瑄。万历十二年，复进胡居仁、陈献章、王守仁从祀。国朝康熙二十三年，颁“万世师表”匾额悬大成殿，端木子配享，次十哲下。五十五年，以范仲淹从祀。雍正元年，追封孔子五代加王爵。御书“生民未有”匾额，颁悬大成殿。二年，复进林放、蘧瑗、秦冉、颜何、郑康成、范宁六人从祀。增县亶、牧皮、乐正子、公都子、万章、公孙丑、诸葛亮、尹焞、魏了翁、黄幹、陈淳、何基、王柏、赵复、金履祥、许谦、陈澔、罗钦顺、蔡清、陆陇其二十人从祀。增入崇圣宫张迪从祀。乾隆三年，颁御书“与天地参”匾额，悬戟门。十五年，升有若于哲位，复吴澄从祀。并考订东西庑贤儒位次及陈设祭品图式，通行各州县，而文庙祀典秩然矣。

宋至道三年，县令孙公说鼎建文庙学宫。绍兴九年县丞汪仔重修。

方闻记：

天下事有可为而终不得为者，非其时也。时有可成而终不得成者，无其人也。是故事之兴废在时，时之得失在人。学校之在天下，常与治乱相为盛衰。至于因时作辍，顾其人何如耳。淳安剧邑，乃睦之旧治也。风俗淳厚，士类滋多。当时县学比他邑为壮。无何腊寇啸聚，一夕煨烬。因循不作十有九年，兔葵燕麦弥满其址，殆将鞠为园蔬矣。居民频议修复，或谓时方军兴，此非急务。过者视之，不啻如弁髦土梗，恬不之恤。更五县令，竟不克成。吁！可惜哉！岂其人狃于流俗而所见有不同耶？抑亦兴废在时，若有待而然耶？记曰：受成于学。诗曰：在泮献馘。汉光武披荆棘间，投戈讲艺，息马论道。唐太宗为天策上将，开馆延聘文学之士。用武之时，谓此非急务，得乎？文翁起官舍，招下学子弟。卫飒下车，修庠序之教。其政绩之美，遂为两汉循吏最。谓州县之学弥年不修，得乎？淳丞汪公伃，淳尉周公操，皆以文雅饰治，慨然有志于斯。适郡倅孙公行邑，悯其废圮已久，遂以诸生言力请于太守董公。公，儒之真者，既乐从之。二公乃相与辟地抡材，必躬必亲。若士与民，欣然资助。故官不妄费，下无横敛。经始于戊午之十一月，告成于己未之正月。堂庑深邃，殿宇崇丽。俨圣像而一新之，瞻之如在。祠宿祭器，各有其所，斋舍庖湢，罔不完善，规模形胜过旧远甚。所谓得其人则成之易也。虽然，学所以养士，士所以事道。育学而不养士，士而不事道，与无学同。然则今日重建之意，岂徒然哉？夫尧舜文王为正道，非尧舜文王为觭道，君子正而不觭，亦返诸经而已。六经贯道文也，载之以传后世。孔子之道乃尧舜文王之道。举而措之，则敬敷五典，惇笃三物，皆是道也。教者教此者也，学者学此者也。周设学校，是道以兴。秦废学校，是道以湮。汉晋以下，迄于梁隋，清谈诡道，卑者溺申韩，高者佞佛老。是道又为天下裂，而学者伥伥然不知所守，安所得正经而兴之？今天子励精图治，留神学校，且与三代并隆。绍兴圣训曰：士大夫之学，宜以孔孟为师，庶几言行相称，可济时用。岂道之将兴也欤？韩愈请置乡校，曰刺史县令不躬为之师，闾里后生无所从学。二公兴建之勤，敦劝之笃，文学政事卓有可观，既得其人矣。诸生弦歌讲习有其时，宜何若哉。昔梁边亭人种瓜，劳于灌溉，其瓜美于楚。边亭长梧封人为禾，耕而卤莽，耘而灭裂，其实亦卤莽灭裂而报。今学者能为梁边亭人之种瓜，无若长梧封人之为禾，则业精行成，不特事科举为青紫计而已，又将深造圣人之域，庶几上副明天子之诏，中不负贤有司之意，是学之成也，乃不为虚文。诸公属予记，因书于丽牲之碑。

淳熙六年，县令陈公晔构讲堂斋舍。庆元五年，县令郑公擢重修。嘉定七年，县令应公与权市地，创外门，筑杏坛。十五年，县令黄公山成塑大成殿圣贤像。淳祐四年，县令赵公崇嶓辟务本、循理二斋，揭御书大成殿额，建七十二贤祠。宝祐二年，县令石公孝闻增置东西斋厅。

方逢辰记：

孔门教人惟曰学道。子游得之为宰邑法。盖君子学道，决不肯于仇其民，小人学道，必不忍于尤其上。上不仇下，下不尤上，虽治国平天下，可也。于一邑乎何有？严濑一丝，凛凛有生气。淳溯严上流，治万山窟，其民蠢愚而坚苦，富者不盈百甲，邑版者几十室，而岁收斛不满数百。甚矣！民之穷也。习于穷，故惯于忍。穷以忍，贫贱不能移。苦以坚，富贵不能夺。教之人也，莫易乎兹。迩年来，上下以茧丝为功，守迫之令，令迫之民，而胥吏最黠，足以颠倒其长。令之峻也火以熬，政之怪也湍以惊。噫！仇矣。朝三暮四，狙其不诈乎？弱者买吏以为安，强者伍吏以为市。畏征者逃其田，怖役者窜其户，鸱鸟舞而不下矣。为令者又相与诋兹邑，曰难治。噫！斯民也，三代之所以直道而行也。民之尤乎上者，其无辞乎？淳祐辛亥四月，石君孝闻来尹兹土。越明年夏，大水祸半天下，而严尤甚。城郭坏，陵谷迁，室庐十荡八九。赖尹颠顿扶服而登之岸，淳之赤子一饭必曰："微尹，吾其鱼乎？"越明年，又灾以旱，尹扶伤救灾日不给。虽大贤处此，亦有未暇礼义之叹。一日，会邑之寓公秀民，慨然以修教为急。尹之心，子游之心也，抑将以礼义救人心之溺矣。虽然，土木谈何容易？尹曰："费当自公出，吾将请于郡。"民曰："费当自百姓出，吾将率以助。"尹戚曰："是厉民也。"民悦曰："以佚道使民，民忘劳也。"尹捐俸以倡，乡之秀民闻风兴起，咸户相裒，愿翼斯役而无尤其上之心。群乐而筑之，不日而成。由殿而堂，堂而庑，庑而门，此经营之序也。大成殿规模，旧虽壮，屋老，风雨摧压，兹上覆悉改作，余则撤腐易新，四隅翼以游楹，面殿设朱绿槛，天井悉易甃，先圣贤像加绘，先圣座上下四傍设帐加帷，仍几而丹之。庑下从祀七十二像，升之殿东西两夹室。殿北有堂三间，曰化成，旧梁栋微弱，今易以壮，榱桷重复之，气势弘敞。东西各一室，再整刷亦如之，仍长谕馆焉。长东谕西。堂之北，明室三，仍扁兑轩。轩外逼通衢，旧甃颓塌，来往者攀而入，今易垒以峻之。东庑入首，创屋三间，朱扉明牖，扁曰东斋厅。西庑如之，扁曰西斋厅。厅相联分两斋，扁仍之。斋相联有室四，东则仍令尹祠，土祠，创五先生祠。西则仍融堂祠。学廪两庑，旧无甃，今甃之，门三间及左右翼室并撤新所，仍者无几，并门戟易之。左翼室仍扁直学位，又旁室，创为祭器库并图经在焉。右翼室扁曰斋馆。封土崇三十尺，种杏，扁曰杏坛。在西庑北斋隶室两间，在东偏垣墉，旧圮成熟路，今厚筑而巩登凭。丽牲洁其庖，斋宿庀其舍。谨其关钥，以时启阖。规弘于前，制经于久。落成而为之记。盖学以养士。学新矣，士因而新其德，师因而新其教。夫石以琢砻为础为墀，木以准绳为栋为梁，士以范型希贤希圣，由学以致其道也。学道将。令曰乐只，民曰孔迩，胥与以有成。畴其仇诸，恩斯勤斯。畴其尤诸，弦斯诵斯。思乐泮水，翚斯跂斯。

元至元元年，县令杜公明显重建礼殿。至正十一年，达鲁花赤亦不剌金建两庑、戟门、棂星门。

明洪武三年，县令和公鼎改建居仁、由义二斋。十一年，县令韩公钝重修大成殿，加以重檐栏楯。

徐尊生记：

洪武十年，河南韩侯鲁伯来宰淳安，思维率民莫先于教。旧夫子庙，岁久弗治，弛慢倾颓，无以称塞国家兴崇养育之意。明年，谋于县丞刘君思学、主簿张君士廉，首葺正殿而增饰之，列楹外附于堂庑，复檐仰继于榱题，丹涂奂明，廓如翼如。斋庑戟门，靡坠不支。又明年，敞授业之轩于明堂之北，修佑文阁，改作棂星门。增创学舍正室三，两掖之室六，门房五，凡十有四间。启侧门以便出入，置别室以祠中霤。复于县治东拓射圃，筑周垣，构堂曰观德，为师生游息之所。工既讫，训导张君明善、卢君行仲，致书尊生征文，以识其成。夫学校，王政之本也。古者国学、遂序、党庠、家塾之制至矣。而两汉莫能兼备。隋唐以来，州县皆有学，置学官生员，立孔子庙。其后学废而庙存。宋之盛时，复即庙立学。至于近代，规制甚完，而设教之实浸以陵替。今天子以神武定四方，遂敷文治，学制大备，不为虚文。生有定员，业有定习。慎选师儒，以久其任。民之俊秀由乡学升州县学，由州县学升胄监，由胄监列王宫，岁闻而日见之也。盖取才之方，用人之途，于是焉出。将使学古入官，无非成德达则之秀；修己治人，必致移风易俗之隆。三代之教曷以加焉。然世或不察上意之所急，而以簿书期会为先。淳安之学，自国初至今，更邑宰几人，往往视其弊陋而未暇恤。韩侯独于县政丛沓之际，从容注措，以成弘伟之功，可谓知本矣。虽然，淳安多产秀民，易教易治，以其淳而能安，故昔人以之名县。邑宰，民之父也。学官，民之师也。诚得岂弟子父、贤明之师，子惠而诱掖之，左右夹持，交尽其道，不特诸生业精行成，皆可以任公卿，庶民亦且务本力田，尊君亲上，然后兴崇养育之实得以下究而无穷，益信其为淳而能安之俗，不亦善夫。故为之记，以著其善，且劝夫后之君子云。

正统六年，县丞王永建谕导官廨及诸生号舍。成化八年，县令张公纯重修两庑。九年，通判刘公永宽重修大成殿、两庑、戟门、斋堂而甃以石。二十四年，县令刘公篪重修殿宇门楼，甃泮池，铸释奠铜爵百八十及铜炉烛台。

程敏政记：

予南归抵淳安，值江涨不能去，乃取道入谒夫子庙于学官，学宫皆经新饰，焕然于江诸之上，心甚异之。教谕许君仁，训导黄君奎、王君普，揖而进曰："初，庙学久弗治，而棂星门、泮池偏于西，非制之宜。今刘侯篪来知县事之始，即慨然与县丞黄君福协议鸠工，迁正棂星门，俾泮池与戟门相值南向，而池之方广视昔倍之。作泮宫石表于西。改廪饩仓房于东，建观德亭于射圃。至于殿庑斋舍，或易其栋梁，或加之丹垩，或益以砖甓，次第兴修，无弗完者。皆刘侯之力也。"明日，燕尊经阁。又明日，燕魁星楼。坐客咸指其临观之美，兴其虔奉之严，啧啧叹曰："非刘侯，则日加敝漏，而后来者益不可为矣。"三君子固请记其成。诺之而未暇也。予归两月，王君来休宁，申其说，因为之检旧志及诸先正之记，而言曰："淳安本歙东乡，自隋唐以来隶新安，其后割以畀睦，而东西往来者犹怃然有桑梓眷眷之意。况得贤侯以新兹学宫，与有远耀，庸可以无言？"夫学以至圣人之道，而道岂顿悟之可得，钻研之足尽耶？盖闻此邦有融堂钱氏，实得慈湖之传，其言渊以悫，其行硕以颛，真可为百世范矣。然朱陆之辨，学者持之。至今予尝诵两家之书而窃惧夫人之不深考也。自艾于粗浮之习，而追病夫支离之过，其言具在，炳若日星。今究其晚年之同，而取决于早岁之异。其流至于尊德性、道问学为两途。或沦于空虚，或溺于训诂，卒无以得真是以归。此道所以不明不行。而师之教弟子之学，渊源所承，宜有据焉可也。矧今天子更化之初，学宫鼎新，适逢其会，则凡游于斯者，岂可不敬以心学为勉。勉之何如？以钱氏为先容，上求圣门道一之统，而致夫体用之极，功不负贤侯祗承德意，作新学者之盛举，岂非伟然杰丈夫之所为哉。予不佞生朱子之乡，敢辄书其所闻为记。刘侯，永新人，文献旧家，知所先务，而余政及民尤多，属郡吏治可当首选。庙学之修，肇工于成化丁未十一月，竣事于弘治己酉七月。相其事者，主簿某，典史某，董其役者，耆宿生员某某，皆能体侯之意，有劳于斯学，事得附书。

正德十三年，巡按御史吴公华重修大成殿。嘉靖三十八年，县令海公瑞改建棂星等门，增号舍。万历五年，县令戴公庭槐大修学宫。九年，县令萧公元冈改树黉门，筑泮宫屏墙。

茅坤记：

淳安有两生，周生宗文，郑生良弼，抱其令萧公改辟学宫状，并予同年友徐吾溪翁所为书，请曰：淳安者，故隶歙州，以文献称。宋以前，由制科及第者颇众，姑置不论。即如国朝，商文毅公由博士弟子首浙江省试，首礼部，首大廷，其以文章气节侍从明天子者垂四十年，海以内屈指，隋唐来仅一再见也。其他后先附离者不可胜数。及正、嘉之际，而科第之士稍稍不竞矣。堪舆家或谓，学宫故并县南向，而棂星门则以山自西来，峰独昂然峙，碧落而起，若儒硕卿垂绅正笏而飞且跃于其前也，故里人呼之名曰状元峰。又其状颇类鱼跃天门故一名鱼口峰。成化间，稍厌棂星门，不当独西也。于是转而雁次隶学宫，久之孔庙而下，寻并颓圮，而故所称峰之西峙，不复览睹。甚且里闾之间，所棼错井干而屏蔽之者。嘻！甚矣！其为湫隘也。即如故中丞海公，尝令兹邑，稍复西向。然以人烟杂沓，卒中寝。顷者，泰和萧公来，始下车，问民利害，大者斧断，小者锥画，间过释奠，与诸生雠经校艺，一日按故牒而曰："由文毅公而前，邑之文献若日星，彬彬齐鲁矣。百余年，何其稍稍陵夷湮废至此也?"于是，诸弟子膝席口画前状。公闻之，嗟咨低徊不自已，乃大为倾橐中所积俸若干金，并他括罚赎若干金，若孔庙，若明伦堂，若尊经阁，若聚奎楼，若训导廨，既以饬材犖石，涂丹垩黝，而棂星门间其屏蔽于里闬、杂沓于人烟者，公乃别捐数千百万缗以偿左右绾带者之家，而撤去之，辟为甬道，合纵与横，凡百余武。仍屏于前，而颜之曰泮宫。于是时，峰巘之西来者，向且云霾雾翳，一旦烟消日出，洋洋乎古者冠带圜桥之风也。记不云乎：山川出云，有开必先。岂天之不丧斯文？而萧公俨然过焉，特耻曩时所为，浮沉簿书间，而划然措画之，至于此也。文翁兴学宫而蜀之人歌之，至今韩延寿首皮弁俎豆，而颍川之上祠春秋不辍。君得无为予记之，以待来世乎？予颔其言，嘉其行事。且按吾溪翁书亦欲得不腆之词，以垂不朽也。然则邑人士表章公功之意亦勤矣。于是，次而缀之以复两生。公名元冈，字希高，前令龙门，令东安，于南粤间，多卓荦声。今天子常赐玺书宠之。然非淳安县事，不以及。

揭"三元宰相"四大字于龙门外，并勒壁记其下。十九年，署令危公以平、县令蔡公模相继修学。二十三年，县令吴公天洪重修大成殿。四十一年，县令李公光德，四十五年，县令帅公众，四十七年，县令耿公进明，相继整修殿庑。崇祯十年，县令萧公鸣美重修大成殿。

国朝顺治元年，教谕曹三仕，训导杜朱佐、汤有望大兴工鼎新堂构。八年，署令张公配乾绘饰圣贤像及殿宇。康熙十四年，县令刘公可仕易殿宇栋梁，加丹雘。十九年，县令于公栋如重建两庑，备木主。三十二年，署令路公坦修文庙。四十七年，署令严同知徐公益哲重修。五十一年，县令杨公廷杰重修文庙两庑，徙泮池于棂星门外，增义路礼门两砖坊，饰宫墙而榜以石曰云路。雍正八年，郡守张公芳、县令杨公克慧、教谕成廷楫、训导沈绍淇重修文庙。乾隆十五年，县令周公挺、教谕沈廷桂、训导汪昌举重修文庙，绘圣贤像。乾隆十九年，县令刘公世宁、教谕袁维熊、训导吴大藻整新文庙并两庑。

明伦堂　在大成殿后。明洪武三年，颁朱子所书明伦堂于学宫。六年，县令陈公又新重整。正德六年，县令杨公缙修之。七年，县令史公华继修。

国朝顺治八年，教谕冯绍元重建。

闵圻申记：

物之成毁因乎时，毁而成也存乎人。夫有时而毁，亦有时而成，则物之毁而复成者，宁必不有时而毁而有不与物俱毁者，必藉人记序而竟其功。吾于淳前师冯君遗事，若不能无憾焉。尝考淳学明伦堂，鼎建于顺治辛卯，而淳之邑志新修于戊戌，顾缺焉未有记序者。岂当年无作兴学校之人，抑修志者未尝加之意耶？余惟堂之创建固难，在鼎革兵燹之余，尤莫难于首宿点金之术。尝览历代以来，或修或建，大都长吏捐金，诸儒乐助，运水担泥，晨夜屑屑，罔不济以官差，佐以赎锾，是以咄嗟立办。维冯君赋性刚毅，独力支持，莅任初年，慨然肇举。当时所为捐金无闻也，所为官差赎锾无闻也，出诸己橐，以成轮奂，爰莫助之，厥功以显。窃意一时盛举，长吏为斯学表率，宜有记。荐绅由宫墙发轫，宜有记。即不然，后来之学师有修志之责，亦宜有记。而乃寂寂无闻，迄今尚缺，则洵乎当年无作兴学校之人，而修志之未尝加之意也。余今者享有成业，而临莅于斯，讲肄于斯，笑语于斯，与诸生藏修游息于斯，皆冯君之赐。韩昌黎有曰：“事有旷世而相感者，余不知其何心。”余于冯君之建堂亦云。

乾隆十九年，县令刘公世宁、教谕袁维熊、训导吴大藻整新之。

尊经阁　在明伦堂后。明正统八年，县令洪公渊市地建。景泰四年，县令刘公著落成。成化三年，县令王公衡重修。

商辂记：

淳安县儒学明伦堂北，景泰间，肇建尊经阁，以贮圣朝颁降大诰、五经四书、性理大全、五伦诸书。落成且久，说者谓是阁基构偏西，与堂之中弗相直，非制之善。盖阁东旧迫民居，势使之然。欲斥其地迁正之。事在为邑者，率因循弗果。已而，督学宪副刘公釪按县，因典教彭君英及诸生之言，属意迁改。适新令王君衡下车，欣然任为己责，捐俸倡义，众皆乐助，遂市阁东民地，辟而广之，垒之使高，筑之使坚，石其傍使固。卜日迁正，俾与堂等，修葺藻饰，视旧有加。偏东得隙地，复建楼三间，以资游息。直前建两厢，以便肄业。于是杰栋峥嵘，层檐翚飞，重门轩豁，八窗明朗。阁之中，典坟盈几，牙签满目。阁之外，峰峦环拱，如屏如障。风晨月夕，衣冠登临，可以涤烦襟，消尘虑，使人神闲气定，心静性恬。诚学宫之伟观也。佥谓不可无述，典教走书征记。予闻孟轲氏云：居天下之广居，立天下之正位，行天下之大道。又曰：周道如砥，其直如矢，君子所履，小人所视。夫士之所学者，正心也，修身也。推而行之，正家也，正君子也。是固跬步不离于正也。况藏焉修焉之所，而可使弗归于正乎？是宜宪副主之，贤令成之，舍其故而新是图，易其偏而中是适。于是观者有所感发，学者有所兴起。虽欲弗归于正，不可得矣。虽然，此士之得于外者也。若乃阁之所尊，经也。经之所载者，道也。尊经，所以尊道也。是故道以修身，非经则道无由明，何以为修身之本乎？道以治人，非经则道无由显，何以为治人之本乎？古昔圣贤之道弗行于当时，而幸传于后世者，删述训释之功，经所由以成也。我朝列圣之道披冒于当时，而垂裕于来世者，阐明表章之功，经所由盛也。士生文明之世，沐教育之恩，固宜朝此经而暮此经，佩服此经，力行此经，使正心正身之功无不尽，而正君正家之要有所资。夫如是，则道不在经而在我矣。然则尊经之为阁也，岂徒然哉！今兹迁建之功，岂小补哉！用书以为记。王君，稷山人，由甲申进士来为令，勤敏清慎，其所造未可量云。

国朝乾隆十九年，县令刘公世宁、教谕袁维熊、训导吴太藻重整。内藏弆钦颁书籍及祭器乐器。

泮　池　故在戟门前。

国朝康熙五十一年，县令杨公廷杰徙置棂星门外。按：泮池居戟门崇台下，此定式也。徙之西偏，或曰于地理为宜。但查旧志，宋明以前，邑之人物科名何如，殆不无今昔之感矣。且棂星临衢，此外初无尺土，而藉市地以浚泮池，童孺妇女日得过而狎之，甚非所以肃观瞻、滋化育也。后之君子幸留意焉。

崇圣宫　在大成殿东，故名启圣祠。明嘉靖九年，县令林公罃建。万历四十三年，县令李公光德重建。

吴一栻记：

邑父母李侯之初政也，谋新文庙，乃环步四围，见尊经阁下，文昌启圣司俎豆者鼎据之，然皆数楹可仰，类架鹳之巢，四壁无存，惟编苇之障。立召诸父老宿儒，尔前何以至此。对曰：县治之南边于青溪，县治之堑于山麓，惟东西可二里，如带如幅，司署寺院杂以民居，计庙庑号舍墓址不满二十步，是以栖掌教于阁下，栖两训于二祠，燕亵神圣所从来矣。然启圣祠前尚有隙地四丈许，旧为园圃，苜蓿其中。往父母兹土者，亦尝心非之而心计之。顾束于上人之操切，稍兴作则疑其劳民，稍申请则疑其箕敛，不敢不传舍听之。侯耸然而惧己，慨然而论列，曰：吾闻重修文庙，前来署篆者已经申详，谛视之，栋宇榱桷，罔非蠹余，此宜建而不宜修也。旧祠启圣杂以斋居，且檐压眉端，卑陋陈朽，此宜改而不宜仍也。盍裒所卸殿材，可十之五，益新者半之。遂卜其定向，辟地于苜蓿之场，妥启圣者南面三楹，高爽倍昔。东西两翼各构小厢，以憩斋戒更衣之所。其庶乎不伤不害而庙貌俨然矣。吴子曰：凡治民者先获上，而洁己者能奉公。侯以单骑来自昭武，内庭无馈寝之颐，外署厉素丝之节。间有兴作皆属大纲，而必捐俸率先，绝未尝假此以开锾例，民孔信矣，谁复疑之？因为之号于众曰：劝新西寺，肃将銮舆，旌侯之敬。改祠启圣，仰体孝思，旌侯之仁。鼎建文庙，重道尊师，旌侯之义。人生于三，事之如一，乐只君子，实兼之矣。

国朝雍正元年，奉旨改今名。崇祀肇圣王木金父、裕圣王辛夷父、诒圣王防叔、昌圣王伯夏、启圣王叔梁纥。配以先贤颜氏无繇、先贤曾氏点、先贤孔氏鲤、先贤孟氏激。东庑从祀三人：先儒周辅臣、先儒程珦、先儒蔡元定。西庑从祀二人：先儒张迪（雍正二年增祀）、先儒朱松。雍正十三年，县令查公世柱、教谕成廷楫、训导沈绍淇捐俸重整。

魁星阁　在大成殿东。南宋淳祐四年，邑人汪自明建。元大德三年，达鲁花赤线荣重建。明宣德二年，教谕王瑞重整。成化六年，县令王公衡新之，即其下为会馔堂。正德十三年，巡按御史吴公华重修，并建育英坊。

国朝康熙二十三年，县令胡公就臣重建。乾隆十九年，县令刘公世宁、教谕袁维熊、训导吴大藻鼎新之。

朱文公祠 在学宫之东。元延祐六年，县令郑千龄建。明嘉靖间，县令姚公鸣鸾重修，以钱融堂、方蛟峰、黄謦斋、商素庵四先生配享。

名宦祠 在文公祠左。祀名宦十六人：贺齐、陈晔、张栖筠、应与权、杨恕、曾子良、虞铣、王衡、邓廷瓒、陈渭、张羽、姚鸣鸾、金选、海瑞、林罍、蔡方平。

乡贤祠 在文公祠左。故在文庙庑下。明成化十二年，县令汪公贵改建于此。

国朝康熙二年，县令赵公之鼎、教谕谢鼎元修之。祀乡贤四十二人：

方　操　皇甫湜　邵　炳　胡一之　方有开　钱　时　洪梦炎　汪自强

汪自明　吕人龙　方逢辰　吴季子　黄宗仁　黄　蜕　陆震发　徐　陟

邵桂子　何梦桂　胡应玑　方一夔　吴　暾　姜　兼　鲁　渊　方道睿

汪汝懋　徐尊生　商　辂　胡拱辰　应　颢　方　汉　徐　贯　商良臣

吴　倬　程　愈　何绍正　徐　楚　方学龙　吴一栻　吴一栋　吴希哲

徐士讷　吴　贯（续纂）方粲如

菁莪祠 在戟门东。为教谕曹三仕、训导杜朱佐、汤有望立。后之谕导有教泽者祔焉。

忠义孝弟祠 在崇圣宫右。国朝雍正四年，县令姚公永先奉文建。祀二十九人：程灵洗、鲁倩、钱岀、方庚、吴洪德、吴雄飞、鲁渊、钱鬵（忠义）；唐时泽、应君遴、方彝、姜兼、汪以兴、邵景新、汪士臣、邵焜、方汝成、方贯、陈沧沧、应詧、程汝明、周世衍、吴朝容、钱必应、吴希敏、汪逵、吴达观、吴家骏、阮骏（以上孝友）。

土地祠 在戟门西。

射　圃 在学宫东北。明洪武间，县令韩公钝置地为之，筑周垣并建观德堂。成化元年，县令邓公廷瓒重修观德堂。今废。

学　田 宋绍兴十一年，孔公括置田百亩。元至元二年，达鲁花赤爱祖丁增至百二十亩。至正十一年，达鲁花赤亦不剌金增至二百余亩。明洪武三年，始罢学田，给官廪。隆庆三年，县令郑公应龄置田三十三亩陆分。万历四年，县令戴公廷槐置田九亩八分九厘。七年，推官署县令宋行可置田二十一亩九分一厘九毫。十九年，同知署县令危以平置田三亩五分。三十年，学道饶景缀置田陆亩，又灌水塘田二分三厘。三十一年，县令刘公体元置田一十一亩五分。

闵圻申补述现在学田记：

淳庠之有学田，其所由来旧矣。考诸前志，南宋绍兴十三年，有左承政即陈汝舟为之记，而不载其田之额。元有邑人进士徐唐佐亦为之记，则称助田一百二十亩，刻之碑阴，在明伦堂庑之右。嘉靖志内随记儒人义助田一百一十八亩五分，基地二十四间，数之相去不远。倘即所称元时达鲁花赤爱祖丁承事开坐移关本县发付本学者是耶？第查应治志，则云元承宋制增置学田。然不知宋時之田安在也。又云有明洪武三年，罢学田，给宜廪。后隆平日久，人文茂盛，廪饩不足以均沾。治隆万间，有贤令增田陆十肆亩九分一厘，塘一亩二分三厘。不知元时所传之旧又安在也。康熙壬子冬，余承乏补铎于斯，适当编审之会。按县册可藉而存若仅得现在田塘之数，大抵所谓隆、万总额近是。呜乎！前人义助之心，欲与斯文并传不朽。后世罢复之县，遂与东流同其逝波，岂长于斯者，或视官业为蘧庐，而掌斯籍者又因交接为弊薮耶？夫昔之学田，所以养士。而今之学租，尽以解官。近来谷价颇贱，县则有课，道则有租，丰凶借贷，为掌教者往往有赔累之苦矣。余恐后之视今，亦犹今之视昔，久而为累愈重，因思不纪古述，不知前人之美也。载今额，又虑将来之误也。故即简旧志列于前，又据现编表于后。后之摄篆者庶几查考，无有失焉。

国朝康熙二十三年，县令胡公就臣置文庙香灯田柴田九分一厘四毫一丝。按：碑载一拾亩。

学　基　共基地二十四间，内周孙梅基地柒间，在学西墙。内任应炎基地二间，在惠安坊口学墙。内汪逢璠少卿户基地二间，在学西偏。余荧基地二间，在学西偏。任一飞基地四间，在学东偏。洪尚干基地七间，内二间在惠安坊南学墙左，五间在学东。俱义助在学。

教谕署　在明伦堂西。

训导署　在魁星楼后。

附录：旧志学舍

待问堂　谨教堂　正心堂　观德堂　谦光斋　育德堂　养心斋　致远斋
博文斋　敏行斋　思忠斋　笃信斋　志道斋　据德斋　依仁斋　游艺斋
兑　轩　授业轩　主善轩　成德轩　古桂轩　儒学仓　祭器库
以上俱详故迹

释　奠

古者四时释奠于学，仅祭先师。唯天子视学，乃祭先圣。自唐开元及宋大中祥符，专祀孔子，始以春秋上丁日行释奠礼。历代所议，仿佛古制，而我朝尤精详焉。

先师正位陈设一坛

俎三（牛一、羊一、豕一），登一（太羹），铏二（和羹），笾十（形盐、薨鱼、枣、栗、榛、菱、芡、鹿脯、白饼、黑饼），豆十（菁菹、芹菹、鹿醢、韭菹、兔醢、醓醢、笋菹、鱼醢、脾析、豚拍），簠二（黍、稷），簋二（稻、粱）、篚一（盛制帛，设于堂之东南西向），爵三，坫二，酒樽一，祝版（有案，设于堂西），罍一勺（大小十一），杅一，盥盘二（架设于露台下，东西向并帨），洗一，沙池三，香鼎二（庙内、庙门各一），烛台四，烛架四（庙内、庙外各二），挂灯四（庙门），庙燎八（阶下、庙门各四），馔盘一。

四配陈设四坛

每坛：俎二（羊一、豕一），铏一，簠二，簋二，笾八，豆八，帛篚一，爵三，坫一，沙池一，炉二，烛台二，馔盘二。

十二哲陈设东西各一坛。

每坛：俎二（羊一、豕一），帛篚一，献爵三，坫一，沙池一，炉一，烛台二每位，坐爵一，铏一，簠一，簋一，笾四、豆四。两庑陈设（四位一坛，二位一案）每庑：俎六（羊三、豕三，各以羊一、豕一设，三位分列），帛篚二，炉二，烛台四，献爵六（设两案分列），酒樽一（设于庑南），馔盘一，勺三，禁一，沙池二，洗一，挂灯十二盥盘一（架并帨设于庑门外）。

每案：簠一，簋一，笾四，豆四，坐爵二。

崇圣宫正位陈设五坛

每坛：爵三，铏三，簠三，簋三，笾八，豆八，俎二，篚一，祝版一，坫一，酒樽一，勺一，盥一，杅一，洗一，沙池一，帨一，香鼎一，炉台四，檠四，挂灯四，庭燎四。

四配陈设四坛

爵三，铏二，簠一，簋一，笾四，豆四，牲盘一，篚帛一，坫三，沙池一，炉一，烛台二。

两庑从祀东西各一坛。

每位：爵一（执事者注酒于坐爵，分献官以三爵酌酒总献），簠一，簋一，笾四，豆四，牲盘二，篚一，坫三，洗一，沙池一，盥一，帨一，炉一，烛台二。

献　官

先师位

正献官一员（县长官）。

四配位

正献官（县长官）。

十二哲位

分献官各一员（学官如阙，则以应充贡生代）。

两　庑

分献官各二员。

执事（俱用生员）

通赞二人，引赞二人，陈设乐器舞位二人，省牲引赞二人，监宰煮及造羹醢二人，监馔二人，提调瘗坎二人，正殿陈彻并司香烛二人，哲位陈设司香烛各一人，进胙受胙一人，进爵受爵一人，司乐器祭器洗涤并彻一人。

先师位

进帛及捧帛诣瘗坎一人，执爵三献捧馔彻馔诣瘗坎一人，读祝捧祝诣瘗坎一人。

四配位

进帛及捧帛诣瘗坎各一人，执爵三献及彻馔捧馔诣瘗坎各一人。

十二哲位

东西引赞各一人，进帛及捧帛诣瘗坎各一人，执爵三献及彻馔诣瘗坎各一人。

两　庑

引赞各二人，司樽罍洗各一人，进帛及捧帛诣瘗坎各一人，执爵三献及彻馔捧馔诣瘗坎各一人。

乐舞生（以民间后秀子弟充之）

堂上二十一人，司麾一，歌工六，司琴六，司瑟四，司钟一，司磬一，搏拊二。

堂下六十五人，司楹鼓一，司笙六，司埙二，司篪二，司凤箫二，司箫六，司笛六，司柷一，司敔一，司节二，舞佾三十六。

乐　章

迎神奏咸和之曲：大哉孔圣，道德尊崇。维持王化，斯民是宗。祀典有常，精纯并隆。神其来格，於昭圣容。

初献奏宁和之曲（有舞即以曲为节）：自生民来，谁底其盛？惟师神明，度越前圣。粢帛具成，礼容斯称。黍稷非馨，惟神之听。

亚献奏安和之曲（有舞）：大哉圣师，实天生德。作乐以崇，时祀无斁。清酤惟馨，嘉牲孔硕。羞荐神明，庶几昭格。

终献奏景和之曲（有舞）：百王之师，生民物轨。瞻之洋洋，神其宁止。酌彼金罍，惟清且旨。登献惟三，于嘻成礼。

彻馔奏咸和之曲（无舞）：牺象在前，豆笾在列。以享以荐，既芬既洁。礼成乐备，人和神悦。祭则受福，率遵无越。

送神奏咸和之曲（无舞）：有严学宫，四方来崇。恪共祀事，威仪雝雝。歆兹惟馨，神驭还复。明禋斯毕，咸膺百福。

望瘗奏咸和之曲（无舞）：肃肃庠序，祀事孔明。大哉孔圣，天纵多能。歆馨肸蠁，回驭肃清。奠瘗既毕，百福是膺。

礼器　旧器多用木。

国朝雍正十年，学院李公清植于凡登铏豆笾之属皆易以锡。

铜爵一百二十八，铜鼎炉一座，锡登一，锡簠簋各一十六，锡云雷樽一，中锡香炉五，锡花瓶一对，大锡烛盘一对，小锡烛台十二对，锡豆八十四，锡铏二十四，锡壶尊五，锡烛台五对，小锡香炉十二，锡笾八十四，木牺尊一，木象尊一，木牲盘二十二，木帛篚八祝文版二座，祭器箱七只。

乐器　旧多阙。

国朝雍正十年，学院李公清植新置颁发。

舞杆并龙首雉尾龠二十四个，琴四张（樟四张箱一只）瑟二张（架二副箱二只），箫四枝，笛四枝，笙四枝，凤箫二排，篪二枝，埙二枝，穿心大楹鼓一面，大成殿镛钟一口，绛绫金龙麾幡一首（并金龙首朱竿一枝），柷一座，敔一座，搏拊二面，竿二面（彩绣）节二枝（并金龙首硃竿二枝），铜钟十六口（架一），石磬十六片（架一），乐器箱二只。

附录：旧志各祠庙祭品

文　庙

牛一，豕六（六百斤），羊二（一百斤），鹿一，兔（无兔，鸡代），豕肉（二十五斤），醓醢肉（二斤），和羹肉（十斤），大羹牛肉（二斤），薧鱼（六斤），鲜鱼（六斤），黍稷（各一斗五升），稻粱（各五升），酒米（并曲计银七钱），造醢红曲（一斤），花椒（一斤），香油（五斤），莳萝、茴香（各四两），砂仁（一两），醋（七斤），酱（五斤），盐（三十斤），韭（三斤），菁芹（各二十斤），笋干（五斤），火柴（二十束），炭（一百斤），枣（三十五斤），栗（三十五斤），榛（二斤），芡（二斤），菱（八斤），通宵烛（十一枝共七斤），备烛（共七十斤），帛（九段），降真香（一柱），柏香（十柱），牙香（二斤），末香（五斤），榜纸（二十张），贴红签纸（三张），颁胙笺纸（四十张），糊窗纸（二百张），执事簿杂纸（一百张），写榜笔（一枝），写榜墨（一笏），祝榜纸（一张）。

崇圣宫

豕二（二百斤），羊一（四十斤），鹿脯（无鹿羊代），鹿醢（羊代），兔（无兔，鸡代），藁鱼（一斤），鲜鱼（一斤），酰醢（一斤），和羹肉（二斤），笋（一斤），韭（一斤），榛（一斤），芡（一斤），菱（一斤），枣、栗（各四斤），盐（四斤），菁、芹（各三斤），酱、醋（各一斤），黍稷稻粱（各二斤），花椒（三两），莳萝、茴香（各一两），砂仁（五钱），酒（一埕），烛（三斤），末香（五斤），降真香（一柱），火柴（三束），榜纸（二张），帛（三段）。

文公祠

豕一（三十斤），羊一（十五斤），肉、鸡（各三斤），干鱼（二斤），芹菜（一束），枣、栗（各三斤），火柴（三束），祝榜纸（一张）。

魁星楼

豕首一（六斤），鹅一（五斤），鸡一（三斤），面包（四豆），枣、栗（四豆），酒（二瓶）。

已上俱出海公《政事录》。

师　训

经制教谕一员：雍正五年定正八品

复设训导一员：雍正五年定从八品

按：唐开元初，州县之学皆择师教授。宋元祐后，始有教官。其官则有管勾学事之名。凡县之令佐皆得兼之。景定间，始置主学。咸淳又置学正、学录、直学、学谕、长谕等官。元及明初，皆教谕二员，训导二员，后乃裁去教谕一。

国朝初，裁去训导一。康熙三年并裁去训导。十七年，奉复官，虽复而两官合支一俸。雍正八年，乃每官加俸至四十两。

学必有师，为经师亦为人师，实兼司徒宾兴，三物之教而掌之。于古名博士官，又名广文先生。师严而道尊，非刀笔筐箧之可等埒也。相传海忠介公初任校官，偕二人晋谒台司，二人蛇行蒲伏，而公独长揖，三肃而退，人目为笔架峰。台司不罪也。且曰官清骨自高，有学海而至于海者乎？赠予以不拜亦无懵焉。

生　徒

廪膳生员二十名（每季颁给廪粮膳夫银一两三钱，每岁五两二钱，膳夫遇闰加银一钱六分零。）

增广生员二十名

岁科两试，各取入附学生员二十五名（旧额二十名，雍正四年加五名。）

岁试取入武生十五名

“秀才”二字，始见“贾谊传”后，遂以之设举在明经进士之右。隋杜正伦兄弟三人皆举秀才，时叹为希有。杨素试之曰：“诚是一个好秀才”。而《宋史》称范希文做秀才时，便以天下为己任。然则秀才大名也，犹杜樊川之方处士也。而今概以止诸生。诸生有其名，必思践其实。子衿刺，学校废也，思乐颂，泮宫修也。其必有以处此矣。敢为诸生锌于申之。

典　籍

《圣朝训士典谟》

《平定清海碑文》

《文武相见仪注》

《上谕定例》

《上谕讲解》

《钦定训饬州县规条》

《御制朋党论》

《圣谕万言广训》

《圣谕合律讲义》

《礼乐图考》

《上谕十本》

《学宫仪物》

《圣朝训士》

《学政全书》

《御制盛京赋》

《御纂周易折衷》

《御纂书经传说汇纂》

《御纂诗经传说汇纂》

《御纂春秋》

《御纂性理精义》

《朱子全书》

《十三经注疏》

《十七史》

《弘简录》

《明史》

《钦定四书文》

惠子五车，茂先三十乘，邺侯三万签，抚州三百编，夥矣。要之，不离甲乙丙丁四部者近是。此四部中，经刮根本，史阅兴亡，尤为切要。所以吴宫詹问何异书可读，钱宗伯以《十三经注疏》对之。而昔人有言读得汉书，穷儿暴富。今则古人大全烂焉在目，而复宠以内颁，兼之圣有谟训，士游乡校，无借书一类之苦，一日一纸，一月一箱，得如樊川所云，会当有名人魁士震发其间者矣。

义　学　在学宫射圃。

国朝康熙四十九年，县令杨公廷杰始建讲堂三间，左右厢房各三间，延名师，萃俊秀，师生支给，皆实心捐俸为之，一时多所造就。嗣后，继之者多不久任。又值水旱多故，未遑整理，岁久四壁皆摧，仅存间架。每岁集市童六七人，延师于各祠宇，草率报成事而已。乾隆十九年，县令刘公世宁、教谕袁维熊、训导吴大藻，奉宪檄兴工整理颓垣，又于讲堂后构造斋舍，中为厅事，两傍四间，左右厢房各三间，统前后共二十二间，并厨圊无不备具。

黉序备矣，复设义学，所以为童冠单寒无力延师者，地而居近城市及有志观国光者，亦间造焉。其先生施教一切贽币膳羞笔札膏火之资，皆公家为之。诗不云乎：古之人无斁，誉髦斯士。是在始之终之者。

义学田　共五十四亩五分

宋瑾捐田五亩。方和正捐田三十五亩。汪基捐田六亩一分三厘。聂凯捐田五亩三分。邵敦纯捐田三亩零。

书　院

石峡书院　在县东北三里龙山麓。方蛟峰先生讲学之所也。堂二，曰知行，曰颜乐。斋四，曰居仁，曰由义，曰复礼，曰近知。院后为周、程、张、朱四先生祠。咸淳七年，先生复侍讲闱，度宗赐御书“石峡书院”额。宋末，寇焚宫舍民居，惟书院独存。元至元间，从按察司佥事夹谷之奇请，敕先生长子梁为山长。至大二年，达鲁花赤爱祖丁重修堂斋及祠，又别为二祠，东祠以奉先生，以先生之弟山房先生配。西祠以奉黄警斋、何潜斋二先生。梁以平江田二百一十亩为赡。远莫时致，爱祖丁复率田九十二亩，立养贤仓，以赡来学。明初，田入于官，士养于学，而书院遂废。正统四年，县令洪公渊即旧址重建祠堂。成化十三年，县令汪公贵修之。正德间，县令高公鹏重修。

高鹏记：

淳安县治东去十里许，有石峡书院，乃宋蛟峰方先生、警斋黄先生、潜斋何先生、山房方先生讲道之所，迄今百有余年，垣宇尽废，故址犹存。正德庚辰首夏，正郎蒋公以公事来，与余寻胜于此。第见残碑遗像偃然于荒烟草野间，不能不起思贤之叹。乃召方氏子孙，询其遗事。出所藏宋札，予始知诸公继作，钟一时山岳之胜，固不容泯其迹也。呜乎！浮屠尚得多其金碧，况诸君子倡明正学，障川回澜，顾乃丘墟榛莽，出浮屠下！窃为邑之人耻之。考之蛟峰，讳逢辰，有宋庚戌状元，官至礼部尚书。尝叩关言时事，与权贵忤。抱周程之学，以私淑其徒。石峡书院之额，则度宗御书也。警斋，讳蜕，先蛟峰一科榜眼，学博而正。潜斋，讳梦桂，咸淳廷唱第三，于易有究天之蕴，任御史，尝抗言攻守之计，士议伟之。山房，讳逢振，举进士，历官国史，宋亡退隐于家，元以礼聘不仕，讲学于书院以终身焉无悔。益知诸公合之以正者也。乃上请于文宗，下谋及士论，佥谓是宜。爰辟草莱，起仆石，一鎸洗而新之。鸠工于九月既望，落成于辛巳春三月，高其垣墉，其中为祠堂，堂之外有门，丹垩不施，翼然规模宏远。余每乘公暇，辄往谒焉。挹芳馨于百代之下，而神交于百代之上。或托之咏歌，或形诸像赞，宛乎光霁在目。甚矣，人心之天不泯也。余尝愧无惠政以及斯民，而愿挥洒诸君子丽泽以波及斯世，则高山仰止之下，风化宁无小补与？乃裔方俌请余书以记岁，庶几将来有同志者相与增修而续成之，俾勿坏，则诸君子幸甚，余亦幸甚。

嘉靖间，县令姚公鸣鸾重整。万历间，裔孙善信、善道、善孚、守伦重修。

方士颖诗：

堂斋迹废久为墟，懿躅瑰然炳未渝。雁塔科名居上第，鹅湖理学继先儒。

云寒屋倚秋松茂，石冷碑横暮草芜。独有前朝书赐额，沧桑不改旧规模。

柘山书院　在县东合洋。黄警斋创立为讲授之所。

五峰书院 宋黄蜕、徐梦高、徐唐佐、吕人龙读书于此。张敬夫栻题额，徐廷绶重修。

易峰书院 在县北文昌，何潜斋建。

翰峰书院 在县东云峰。宋进士吴攀龙建，明进士吴钦重整。

蜀阜书院 在县西招贤里。宋儒钱融堂聚徒讲学之所。

仙居书院 在县南辽源深洞岭畔。商文毅以其去人境远，即中峰构堂，命子侄诸生读书其中。

南山书院 在县南南山下，按察副使应颞建。

吾溪书院 在县西永平乡，藩参徐楚致仕归老，于钱融堂故址东建为诸子侄肄业所。

雉峰书院 在县西隅，藩参徐楚建，后改为雉峰社学。

蛟池书院 在县西环水，左布政使王子言建。

梅村书院 在县北奎峰，宋进士洪应高建。云起书院在县东云峰，明进士吏科经事吴希哲建。

琼林书院 在县东玉带山左，明进士方学龙建。

龙山书院 在县东二里，进士方学龙建。

凤山书院 一在县北八十里凤山下，明进士何淳建；一在县东富溪，吴至善建；一在县西，洪扬祖为陆震发题。

洪扬祖记：

锦沙村北约行六七里，境幽而奇，外锁石门，涧水泻其中，缘涧而入不数百步，一山特起，登山之半则豁然开朗，形若凤之飞翔，故名凤山。绍兴间，秘书公之子以明先生，创别业于此。迨嘉定己巳，陆子德甫爱其山水清幽，重构书屋数楹，讲道其中。春秋之暇，纠里中子弟会讲五经，环皋比而听者不下百余人。凡执卷问难于前，陆子依方辨对，咸出意表。古来匡鼎之解颐，戴凭之夺席，不是过也。使陆子见用于时，比之汉儒，不当作五经博士耶？惜乎沦落不偶，徒然枕经藉书，寄食于江湖寂寞之滨，亦足感也。虽然，君子用则相，不用则师。师者，所以传道授业解惑也，与坐而论道者何异？然则纵有好爵，吾知陆子终不以彼易此也。吾向爱凤山之景之奇，今见陆子又出一奇矣。因书凤山书院额赠之，而复为之记。

青溪书院　在县东城隍庙之东南。成化十一年，通判刘永宽建。弘治四年，县令刘公篪重修。嘉靖三十九年，县令海公瑞改建。

宾兴书院　在县西西湖上。明县令萧公元冈建。旧名鹿鸣书院。

高山书院　在县城隍庙左。县令高公秉衡为明进士吴希哲立。

高秉衡碑记略：

前司谏嵩轮吴公，盖所称贤而有功德者，会督饷旋里，邑人相与醵金建祠以闻，公不许所请。复法柘山、石峡故事，即社学旧址为建书院。后遂因以祀公。余顾瞻祠下，爰解俸以佐丹垩，事竣而颜之曰高山。

怀棠书院　国朝顺治十四年，合邑士民为县令张一魁建。

东山书院　在茶坡，进士方瑞合读书讲学处。

续纂学校

文　庙　兵燹之后，学宫俱为灰烬，惟大成殿尚存而倾颓殆甚。同治甲子，邑人邵润清重修。丁卯，知县姜卓筹款再修。光绪癸未，知县李诗复为修葺。因查县志，其棂星门由来西向，棂星门外又有黉门正对云源之鱼口峰，俗名状元峰，为邑中人文之瑞征。惟门临县署前直街，县令经过不便。前明两改南向而科第即替，改复，即应手而兴至。今戟门旁犹有记事碑存焉。不意道光癸未，又徙南向，且棂星门外即亘以高墙，不复辟门。墙外悉为民房所拥塞，是以迄今六十年间，科名之盛衰不啻天渊也。诗故为辟南向正门，门外民房概行拆去，改造围墙，前筑万仞宫墙，并于昔时黉门旧址辟为便门，以挹西峰之秀，颜曰古黉，门内建游廊，更就废棂门石柱改作牌坊，颜曰古棂星门。其旧泮宫业为瓦砾，堆积成阜，亦为重浚，围以石栏，葺其照墙，存其旧也。

明伦堂　光绪癸未，知县李诗筹捐重建。

学　署　光绪癸未，知县李诗筹捐重建，其仪门旧曰龙门，今移北丈余地，改其额曰“桃李公门”。旧时学师宅为东西向，今悉改为南向。

书　院

梅峰书院　旧与朱子祠毗连，军兴以来毁于发逆，惟存外首平房数间。光绪癸未，知县李诗修葺魁楼，并旧存平房改作书院。上奉文昌帝君神位。复捐廉聘请山长，并筹捐膏火，以垂久远。

琴山书院 在邑西威坪镇。明知县萧元冈建，名曰宾兴。鼎革时，旋遭毁坏。乾隆六十年，孝廉胡源凯倡捐修复，易名琴山，以地名也。道光戊子，洪水冲决，讲舍又坏。咸丰辛亥，生员程炳等倡议捐资重建，而旧观顿复。

茶山书院 在蜀阜茶山之麓，系徐氏家塾。

静乐书院 在邑西招贤里，徐士威建，今改为静乐义塾。

附载梅峰书院旧管产业

赋溪田二亩，前山弯脚田一亩六会五厘，官山岭田三亩又田一亩二分又田一亩八分前岸坂田一亩七分，邵家坂田一亩五分又田一亩一分，十亩丘田一亩，社下坂八亩丘田一亩一分，社下坂田二亩，荷岭后坞田二亩七分五厘，乌石湾里田一亩七分，夏家口田一亩六分，岭脚小庙底田二亩一分，万字排中央碓后田八分，塔里山脚田八分，鹭莺岭脚田八分，宋村里首田二亩六分，坑口田一亩三分，宋村里首田一亩二分又田九分七厘五毫八丝，前岸坂田八分，前岸里首田一亩六分，乌龙坂田三分三厘，枳坞田三亩，纲塘底田二亩，朝佛丘底卸葛丘田一亩七分慈塘源头高塘弯田七分慈塘源田六分，庄坞里未山后田一亩二分红坭枧头田五分五厘以上七号在二十一都三图，金家门前田六分六厘，控源五塘下田一亩七分又七亩丘田一亩六分又塔石丘田一亩六分，以上四号在二十二都二图金家庄，富舟坂田四分六厘，在二十二都一图宋家庄。以上田十二号，系东乡云峰吴邦瑞等捐助。塔庵后田一亩五分，万家排中央碓后田一亩二分，岭脚田一亩五分，社下坂田二亩，前山坂田一亩八分，坂田一亩，乌龙坂田四亩，富得坂田三分，前岸坂田一亩四分，又田一亩，宋村田一亩二分，以上十二号在二十七都四图、五都一图。南村河口庄大坑口沙滩地二亩五分四厘，官园里田一亩，桃树弯田一亩八分，田坂脚田一亩三分，半源田四分，田坂脚田一亩八分，又田一亩，半源田四亩，以上七号在二十五都一图。

地六分，五亩丘塘租七斗。

前郑村、后郑村：卸乌口田一亩五分，柏树底田一亩二分，马架丘田二亩三分五厘，丁香树底田一亩六分，留子丘田一亩一分，官塘边田六分五厘，徐家前田二亩，驮郑塘边田八分四厘，墩边塘田一亩四分，六亩丘田一亩六分，乌公墓田一亩六分，卸弯脚田一亩二分，早水坂田一亩二分，乌公墓田一亩六分，坪山垄田一亩八分，早水坂垄里田一亩二分，邵氏墓地一亩，半月塘边田四分五厘，宗富原曲五分五厘，留子丘塘一分三厘。

闻家庄：塘丘墓田一亩五分，里坞田二亩，过水丘田六分，沙丘田八分，牛角丘一亩一分，坂上田七分，杨树丘田一亩，张坞田一亩七分，高三亩田七分，山底田四分，曲丘田四分，横丘田四分，六分里田五分，张坞口田一亩，芝芽丘田一亩五分，张坞口田一亩二分，高三亩田一亩，青草塘田五亩，张家边田二亩五分，青田里田八分，山底田一亩，洞下坞田六分，下秧田田二分五厘，门口地一亩。

汤家庄：黄家源口柏树底田一亩，庙门口秧田田一亩，桥头里地一亩二分，门口路外地一亩，下方庄程山脚田七分，程山脚田三分五厘，金钩形田五分，横坑里田三分，串串鸣口田一亩八分，以上共田一百四十六亩六分八厘五毫，地十七亩一分，塘一分三厘，系附生方秉柏捐助，统系力字号。

串串坞口田一亩八分，亭子前秧田田八分，乌塘坂田一亩四分，秤钩形后田□亩六分，李家垄里田九分，李家垄里田八分，泮宫形田二亩七分，大角丘田一亩二分，了塘坞田一亩三分，下余庄横田丘田八分，白月庄枣树坞田一亩二，白月庄殿前田八分，泮宫形田二亩七分。以上田十八亩，系余阶应捐助。

附载新捐明伦堂产业

长丘田七分七厘，旱丘田二亩三厘七毫，神林后田三亩二分，大井上田一亩二分，神林后田七分九厘七毫，前山墓田四分，金家坞田一亩一分七厘八毫，次弯田二亩九分九厘六毫，水甽里田一亩三分五厘三毫，高长丘田一亩二分，新田里田六分，金钗形田一亩八分五丝，半褂丘田六分八厘六毫，半褂丘田一亩三分五厘，郑家排田六分，梓坞田七分三厘五毫，大坞里田一亩三分二厘，缷坞里田八分，柿树坪田一亩四分，新田里田二亩五厘三毫，文章坞田二亩，石墙里田四分，洞口田七分三厘七毫，子坞田一亩八厘二丝，方家坞田一亩，方家坞田一亩，井塝弯田三分，低池田三亩二分，低神林田七分二厘四毫，高神林田一亩六分八厘四毫，井塝弯田七分，岭干田三分六厘五毫，低池田四分，岭干田三分五厘，五茶前田一亩二分，棉花田一亩四分五厘三毫，梧桐丘田一亩三分八厘，马石桥田二亩，方塘边田一亩二分，湖田口田一亩二分，三亩里田二亩四分，横坞田一亩二分，横坞田一亩八分，黄家墓田一亩四分，井塝弯田三分，西湖坑田五分五厘，黄坭坑田一亩八分一毫，扼丘田一亩五分五厘，赤坭丘田一亩二分七厘二毫，十亩里田一亩，十亩里田一亩二分五毫，凤凰里田六分，外十亩田一亩二分五厘，驮鱼敦田六分一厘三毫，川责丘田一亩一分四厘四毫，上坑头田四分七厘三毫，塘边田四分二厘，驮秧田田八分二厘，沙丘田八分九厘五毫，沙丘田六分三厘二毫，驮秧田田六分，沙丘田二亩二分，黄坭丘田八分五厘，凿口里里八分二毛，前山墓田九厘六毛六毫，蚕窠丘田一亩二分，破田里田二亩七分七厘九毛，各朋丘田六分三厘，神林后田一亩三分七厘，岭干田八分二厘七毛，禾责丘田一亩五厘，上坑头田一亩六分七厘六毛，张家边田六分，大井边田三分，大井边田一亩六分，轭丘田八分四厘五毛，里十亩里田七分五厘，晚田里田一亩八分，六毛前山墓田一亩二毛，文章坞田九分九厘八毫，上坑头田六分，四亩丘田一亩八分，上坑头田六分一厘，神林后田一亩四分，十亩里男一亩，破田里田四分，遂后田一亩三分，黄坭凸后田一亩，下湖田田八分，低新田田一亩一分，五茶前田八分三厘三毫，下湖塘田六分二厘，黄乐凸田一亩一分，晚田里田一亩五分，晚田里田五分，岭于鲫鱼丘田七分，七亩田田一亩一分，方家坞田一亩一分，湖男里田八分，姜家边田八分，七亩田田一亩二分，晚田里田五分五厘七毫，杷子树底田七分，棉花田田五分，新田里田九分，三亩丘田一亩五分，井边田二分五厘，井塝变田三分，凸头后田九分二毫，上坑头田四分七厘，子茶前田七分一厘，上神林田二亩一分，井塝弯田五分，杨树丘田一亩五厘九毫，上坑头地五分，上坑头地二亩，前山墓地七分，榛园里地九分，黄乐凸后地一亩一分，清潭弯地一亩六分，后山坪地二亩五分八厘，桑园里地八分，上坑头地六分柏树底地一亩三分，枫树丘地六分，麻园路口地四分，张家门口地四分，桑园里地一亩，里巷地七分九厘六毛，桑园里地八分，鱼形地四分，清潭弯地五分，黄荆坪地九分五厘，七亩田头地五分，九分鏉头地三分四厘，桑园里地九分，东渚上地一亩五分，上坑头地一亩四分九厘五毫，麻园路口地六分，枯木坪地一亩一分一厘，下村元地二分，下桑园地地一亩一分，九分鏉头地九分，石墙里地一亩，上桑园地一亩五分，黄家墓地六分，下村地八分，东渚上地三分，塔塝头地四分，桑园里地五分五厘，桑园里地六分，沙丘地三分五厘九毫，庙前地五分，下村园地二分，搭塝头地八分，碓边地八分，以上先田一百二十四亩七分二厘八毫。七照地三十四亩九分八厘，塘三分。系附生方秉柏捐助，统系严字号。

题塔坂文昌阁边田二亩初字号，程自垚助。

附载新捐梅峰书院产业

卢㘭庄　叶家坞口田一亩　湖塍底田六分　姥弄源湖塍下田五分　大水田草坦底田一亩二分　小塆脚田一亩四分　棉花地里田一亩　五亩坵田二亩　姥弄源湖塍下田五分　牛角坵田一亩二分　牌楼脚田一亩　新开坵田七分　破屋边田八分　牛栏坞口田四分　李家凸田一亩五分　旱水坵田一亩三分　行塘底田一亩六分　小塆脚田二亩四分　姥弄源田六分　乌石塘下田七分　姥弄源田三分　五亩坵田一亩五分　宗富源田五分　高坞朝山脚田一亩八分　铺后油车基田一亩二分　乌公墓长三亩田六分　青塘底黄泥坞口田一亩五分

底石塍田一亩二分　宗富源田八分　马架坵田二亩　麻车门口田一亩五分　殿山脚田六分　姥弄源田九分　宋修塘底田八分　宋修塘底田六分　石牌楼脚田三分　蒲塘底田五分　金坞陇里田九分　宋青陇田五分　金坞陇田一亩五分　金坞陇田一亩七分　施岭铺长三亩田二亩二分　三角坵田一亩二分　挑水埠头上四亩田一亩八分　小塆脚田一亩二分　门口塘底田四分　泽树下田五分　门口塘底田四分　牌楼边即高板田九分二厘　下四亩田一亩一分　宋青陇田二亩四分　盂树坞口桃树坵田一亩二分　五亩坵田二亩　宋富源曲坵田六分五厘　宋富源曲坵田三分五厘　碓岩坵梨树碣头田一亩　宋青陇下四亩田八分　菖蒲塘下田二分八厘　叶家坞口田中分　麻车门口田四分　菖蒲塘底田三分三厘　黄家源挑水塘边田一亩五分　卸坞口田一亩　秧田垅新开坵田六分　三亩坵田二亩八分　石桥头田一亩八分四厘　蜘蛛形田二亩　八亩坵田二亩三厘　石桥头田一亩八分四厘五毫　竹园坵田二亩六分　屋里首秧田田一亩七分　长三亩田三亩

窑门口行塘底田一亩六分　四亩坵田一亩六分

光音墓田一亩七分　光音墓田一亩七分　门上田四分　门上田一亩四分　姥弄源田六分　琵琶形方坵田六分　大水田地七分　大方坵地二亩　小方坵地八分　乌龙庙边地一亩　湖碣头地一亩八分　鲤鱼桥头地一亩　湖碣头地一亩　又坑沿地一亩四分　乌龙庙边地五分　乌龙庙边地六分

青显墓边地一亩　乌龙庙边地五分　乌龙庙边地六分　五亩坵塘租七斗

前郑村　后郑村　御乌口田一亩五分　柏树底田一亩二分　马架坵田二亩三分五厘　丁香树底田一亩六分　留子坵田一亩一分　官塘边田六分五厘　徐家前

田二亩　驮郑塘边田八分四厘　墩边塘田一亩四分　六亩坵田一亩六分　乌公墓田一亩六分　卸弯脚田一亩二分　早水坂田一亩二分　乌公墓田一亩六分　坪山垅田一亩八分　早水坂垅里田一亩二分　邵氏墓地一亩　半月塘边田四分五厘　宗富原曲五分五厘　留子坵塘一分三厘

闻家庄　塘坵墓田一亩五分　里坞田二亩　过水坵田六分　沙坵田八分　牛角坵一亩一分　坂上田七分　杨树坵田一亩　张坞田一亩七分　高三亩田七分　山底田四分　曲坵田四分　横坵田四分　六分里田五分　张坞口田一亩　芝芽坵田一亩五分　张坞口田一亩二分　高三亩田一亩　青草塘田五亩　张家边田二亩五分　青田里田八分　山底田一亩　洞下坞田六分　下秧田田二分五厘　门口地一亩

汤家庄　黄家源口柏树底田一亩　庙门口秧田田一亩　桥头里地一亩二分　门口路外地一亩　下方庄　程山脚田七分　程山脚田三分五厘　金钩形田五分　横坑里田三分　串串坞口田一亩八分

以上共田一百四十六亩六分八厘五毫，地十七亩一分，塘一分三厘，系附生方秉柏捐助，统系力字号。

串串坞口田一亩八分　亭子前秧田田八分　乌塘坂田一亩四分秤钩形后田一亩六分　李家垅里田九分　李家垅里田八分　泮宫形田二亩七分　大角坵田一亩二分　了塘坞田一亩三分　下余庄横田坵田八分　白月庄枣树坞田一亩　白月庄殿前田八分　泮宫形田二亩七分

以上田十八亩，系余阶应捐助。

公　署

县邑之长，朝考夜庇有其居，县法布象有其所，而民待于下流，临观之义系焉。卫文作官，召伯相宅，载于诗书。而圬人以时塓馆宫室，见称子产。惟淳初基，作新邑于歙叶乡，唐神功元年徙今治，尚矣。而公署兴废之故，旧志独载明以来，盖元末一炬，不能纪远也。今辑其踵事以增，并部署之系于公者附之。志公署。

县　治　在城正北，依山阜为之。吴时新都郡治故址也。元末，毁于兵。明洪武二年，邑令和公鼎经始之，堂构一新。自时厥后，主簿陈福建川堂，则正统六年也。邑令汪公贵建后堂，并于月台甬道增置石栏，则成化十二年也。邑令刘公篪建狱房，则弘治四年也。邑令姚公鸣鸾次第修葺，则嘉靖三年也。

姚鸣鸾修县治记：

淳自汉分歙叶乡为县始新，实山阴侯贺公齐平山越有功，郡守兹土，由是易而为新安，为雉山，为还淳，为青溪，为淳化，历代沿革不同。至宋绍兴间而淳安之名始定，迄今因之。洪武二年，知县和君鼎始即新安旧址而肯构之，若厅若室若门若楼台，莫不次第修举，厥功伟矣。成化十二年，知县汪君贵因而重修之。弘治四年，知县刘君篪又修之。但阅时既久，宁能勿坏？矧夫庙宇并列，神人混处，前有南山之秀隐而不见，后有北山之胜偏而不中，甚非所以厚下安宅、居中出治之体也。嘉靖癸未岁，余莅治之三年，悉毁庙祠，乃相山川之精淑，耸士庶之观瞻，洞开门户，徙宅于中央，命之曰中正堂。室之东曰寅宾堂，盖仍其旧也。堂曰攸跻，曰忠爱，曰幞厅。吏兵六房以次列于东西廊。谯楼、门屏、仓库、甬道亦因而修葺之。山岳秀丽，拱揖于庭，伟然一奇观也。于是乎书。

县丞何天启修谯楼之坏而更大成焉，则十五年也。邑令戴公庭槐改建寅宾馆，则万历五年也。

戴庭槐改建寅宾馆记：

县之治必有署，署必有馆以延宾，制之不可以已也。淳安旧有馆曰亲仁，其堂曰喜拜，前令莆田郑公所颜，第即署内土神之祠为之，堂制庳隘，神人杂扰，阖门而坐客，则于神也为不虔，启扉而事神，则于客也为慭礼。幽明胥失之矣。余甚病焉。会谯楼之左有总铺一区，霖沥垣坏。余往视之，前为屋三楹，有门有房，足以栖邮卒，后有堂五楹，荒秽不治，则叹曰："此非前人所遗以待馆舍乎？"于是更其向背，易其腐蚀，堵截其后，垣缭其前，负邮而面署，黝地而垩墉，规门而西出之。门之匾曰"寅宾"，堂之匾曰"集思广益"，馆既虚明爽垲，可居宾客。旧馆复专祠神云。客噱曰："令吏无长子孙者矣，宾馆亦传舍耳。改作之谓何？"余莞尔曰："我人皆逆旅，宇宙皆蘧庐，奚独斯馆为然？夫古诸侯之国皆有庐馆以待宾客，夫岂养交而要誉也？诚以揖逊可以观礼，交际可以明义，咨诹可以考俗，延访可以闻过，夹辅可以长善，兹五美者非客之功邪？淳居浙上游，远方豪杰时有造焉，而兹邦之彦辱而过存之，则固昔日名公硕士之后人也。余不类欲得人而多贤，以收五美之功，窃于客有厚望与？虽然，余闻之徐公云

‘吾弗邹忌若而美者数，至，则言者，爱我也，畏我也，有所有求于我也，夫三者之情在此，匪之宵人竿牍之鄙，夫信有之非所望于客也。不以美而以规，斯无负余改馆寅宾之心哉。不则日具衣冠，接过客，所闻率多面谩语，即旧馆可也，何必改作。”是为记。

盖修举废坠，前事可按者大略如此。

国朝制置鼎新，规模式廓。亡何穷寇从天目来，复毁其署。顺治七年，邑令谢公良琦乃始庀材鸠工，创建厥治。

谢良琦鼎建县治记略：

余谒选铨曹，分青溪一席。入其境，青山锁翠，碧水潆流，雨足青畦，秀环绿野，则怅然喜。问其民，病骨乍苏，疮痍未起，流亡可绘，琐尾堪怜，则愀然悲。谓此蚩蚩者流，所谓跻之仁寿而登之春台者，繄吾责也。及受事登堂，则向之所为画栋连云者，已付祖龙一炬。茆舍半间，蠨蛸在场，瓦砾满地。辰出酉入，仆仆雨雪泥淖中。公余吏散，花落乌啼，茅茨土阶，当不殊是，余亦安之。惟邑之父老子弟则进而请曰：“维县有堂，所以肃观瞻，崇政体也。公盍鼎诸?”余是其言。乃庀材鸠工，于八月二十一之吉经始焉，越十一月五日，而前后堂成，越十八日而川堂成，规模较昔倍丽。至是父老子弟之心始大慰，而余之辰出酉入，亦庶几不仆仆雨雪泥淖中也。后之登斯堂者，思创始之艰难，念民生之疾苦，当必有跻之仁寿而登之春台者，斯则余之所祷祀而求者也。乃叙建竖之始末，而并志之。其督理应泰运等老成干练，列于碑阴。

为大堂，为后堂，名曰学海，为川堂，为幕厅，为内宅，为圃为亭。大堂之前为月台，为甬道，中立亭以贮戒石。南为仪门，又南为谯楼，有耳房库，有架阁库，列大堂之东西，有承发房，有吏舍六房，分翼两廊。仪门外尉司署之东，又南环为仓，有寅宾馆，有土地祠，在谯楼东。其西则狱也。楼之前，树屏，以文献名邦坊为之。坊之左右旌善、申明二亭在焉。九年，邑令罗公汉章重修学海堂。十一年，邑令张公一魁修县治。

吴希哲张侯鼎新县治碑记：

自淳治烬于萑苻，莅兹土者咸蘧庐是视。迨稍稍营建，以无税驾民居，然自堂皇而外悉瓦砾荆莽，其仅存者又圮于风雨而摇摇就陨也。癸巳冬杪，邑父母张君初视事，风烈挺然，声名藉甚。诸耆老瞻其发硎与为迎刃，慈父戴而神君颁也。间以始事请。侯曰："吾政之未举，何工作是遑？"于是定章程，崇教化，课文学，礼高年，逾月而政有章矣。耆老复间以请。侯曰："吾民之未康，何经营是暇？"于是询疾苦，审利弊，申令甲，均徭役，肺石平，钩距息，逾月而政大行。耆老请如故。侯曰："微若言，吾将念之。"乃择董事之勤而才而廉者，授以月俸，戒毋侵毋滥，工毋窳，必良程，材毋楛，必取坚，量工命日维毖，木屑栟头必稽。首庭轩，次赞政，次筦库，以贮仪仗，以藏板籍。若两庑，若仪门，夹两阶戺，缭以周垣。轩如翼如也。颜其堂曰"刚峰挺立"，署其亭曰"虬松复古"，轩曰"琢句"。侯之克己驭下，及洁志芳韵，概见于此。既落成，董事请余纪诸石。以为是役也，一木一甓，皆捐自侯俸。先是。数年经始而弗就，今三阅月而告竣，洵惟侯孔迩子来而擘画周敏也。余曰："若知侯之新淳治，而不知侯之所以治淳者，宏且远者。曩者貐窃发，震惊骚驿若而年。侯下车而挺鹿戢矣，嗸鸿集矣，鹏翼搏矣。方以贞白为基，挺劲为楹，高朗为堂，缜密为墉，廉平为城，文采声名为丹雘。史不云乎：使得宰天下亦如是矣。是役也，特陈丞相之小试于社者乎？"因纪之以为征。

尉司署　在县治仪门东。

布政分司署　在县治东南馆驿旧基。明正统七年，邑令洪公渊建。成化十三年，邑令汪公贵议徙于治西不果。十八年，邑令丁公炼重拓旧基聿新焉。

商辂重建布政分司记略：

淳安布政分司旧在县治东南，青溪之滨，比因居民弗戒于火，延毁无遗。议者欲改造县西闲旷之地，因循未就。大尹丁公，成化戊戌进士，出宰是邑，励清苦，其淡泊轻赋之外，纤毫不以扰民。尤于分司之建，惓惓注意。盖谓兴废举坠，在古人有不能已者，此类是也。乃节缩日用，积累羡余，重拓旧基，聿新厥制。中后厅堂各三间，左右厢房各六间，前门五间。门之前建驻节坊牌一座，夹以申明、旌善二亭，瞰临青溪。材皆取其壮，工必务于精，饰以丹漆，加以彩绘，非欲以为观美，盖敬事奉公之意寓焉。始事于壬寅夏五月，至冬十一月落成。士庶环观，皆啧啧称叹。以为费自公出，役不及众，尹之功伟矣。宜有纪述，以示后来。爰因其事状以为记。

后废，今改为驻防营。

按察分司署 旧在县治西南，即旧尉司基地也。时洪武二年，邑令和公鼎建。弘治十六年，邑令陈公渭移徙城西南隅。

国朝顺治十一年，邑令张公一魁重修。

商民宗重修宪司记：

淳安宪司隶邑治西隅，面南阜而环雉溪，盖一邑秀区也。明季，戎马生郊，锦溪馆舍，风雨漂摇，会新朝御宇，疮痍未复，山寇震惊。县治罹丙丁之厄。宰是邑者，议及光复旧物，戛戛其难之。癸巳冬，梅庵张侯莅兹土，甫下车，以兴废举坠为己任，首建政事堂，庭台廊舍焕然庚新。其次修浮梁以利济，设仓廒以备荒，种种建树，悉救时硕画伦洽治。政成，天子下玺书褒劳，擢治平第一，陟侯守三晋，典方州计莅淳六年来，文案杂沓，钱谷浩繁，他人拮据旁午，犹恐束装不及，何暇复问并州故乡事。侯心闲手敏，积件顿清，终不欲使襜帷露处，贻东里讥。为躬胥营，度宪司旧址，辟草莱，鸠僝功，经始于八月初三日，落成于本月二十八日。都人士若不知有兴作之役者，抑何遇纷纠不动容而咄嗟立办乎？后之登斯堂者，观峰峦之壁立，则思敕法于山岳，观涟漪之盘绕，则宜比德于黄流。是役也，维无疆之休与？人亦有言，为政知作室。然今日者，缔造艰难，勿使榱崩栋折，规模经纬，备极苦心矣。若夫踵其事而增华，塈茨丹雘，后之君子实厚望焉。

后圮。康熙五十年，邑令杨公廷杰改建为万寿宫，中供龙牌，凡圣诞及元旦、冬至，邑令长率同城官弁诣前行，嵩呼礼，以朔望读法其中，故又名讲约所。

汪滜淳安县乡约所碑记：

乡约，国家著令也。盖即古者司徒修六礼以节民性，明七教以兴民德之遗意与？我皇上颁乡约于天下，历有年所。自通都大邑，以迄海澨山陬，无不兢兢奉行。然而视为具文，或举或废。淳安县背负山，前为新安江，发源于徽而下通二浙，其地无珍产杂货，以来四方游贩之人，土风素朴，耕稼之利有以自给。邑令杨君至，敷和于民，赋敛以时，刑罚以慎，念宣讲圣谕奉行无地，非所以敦教化也。勘有城西宪司旧址，急捐俸起建。前悬万寿无疆匾额，后为关圣行宫，尊所事也。中为讲堂，周回廊署十许楹，朴斫丹雘之一新，朔望必宣讲其中。邑之父老子弟，咸奔走欢忻，拱手而听。于条约中以义征辞，反复开导，使实有所颁受，不徒视为宪令具文，而以诚心格物，故其民亦踊跃服教，而以诚心应之。在易蛊之象云：君子以振民育德。盖德必待鼓舞而后兴也。明道语刘安礼曰：临民者，使各得输其情。盖欲下之情通于上，而后上无不顺之治，下无不化之民也。噫！以君之所以宣约合于其所以为政，可谓有道者欤？君以名孝廉起家为令，其文章早重于世。予祖籍天都，密迩君治，故悉其治行甚详。今又奉命视学来兹土，淳之人士欲镌石于乡约之所，以志不朽，而请记于余。余作而叹曰：司牧者，亲民之官。乡约者，亲民之政。欲宣上德，达下情，莫善于此。而特患奉行者无至情恻怛之意耳。夫子曰：吾君子学道则爱人，小人学道则易使。安在邑小，不可为政，而古治之不可行于今也。今君善教其民，民乐奉其教。其事既有征矣。予故闻而乐之，且幸其政成，将羽仪于天朝，而忧来者之不能继也。于是慰请者之意以告来者。

乾隆九年，圮于大水，未及修葺云。

公　馆　在县治西南，即旧税课局基也。明正统七年，邑令洪公渊建。今废。

阴阳学　医学　俱在县治外。明永乐年间建，万历年改建。

戴庭槐改建阴阳医学记：

淳安自唐宋以来皆称上县著望云。余承乏初，瞻顾县治公署，规制稍稍备，独无阴阳、医二学。考旧志，在县门外，历成化、嘉靖间，令王衡、姚鸣鸾俱重修之。岁久而弊，不知废于何时。询其故址，则谓改建申明、旌善二亭。予曰："嗟乎！二亭之设，固制也。乃两学设官授记，独非制乎？毁此兴彼，谓之不备。圣天子不以槐不肖，俾槐南面百里，乃使治不备物，制不导时，学废员缺，而篆记授之宵人，如为政何？"遂自捐俸，鸠工庀材，即东西二亭之南，各截其址之半以为学。经始于十月朔之昒昕，盈旬而讫工，则大书颜其楣之东西。嗟乎！余因是而有感于我圣祖仁民之至，经制之周也。尝读《周官》，既有冯相氏以叙日月星辰之位矣，而又有保章氏以志其变，挈壶氏以司其守。既有医师掌医之政令矣，而又有疾医、疡医以分其治，而稽其全失以制食，先王岂故为是冗员琐职，而不切于民义哉？诚欲以辨妖祥、访叙事、验晷刻、授人时，养疗万民之疾病疕疡而致之于全愈也。今之为阴阳学者，即古冯相、保章、挈壶氏之遗也。为医学者，即古医师、疾医、疡医之遗也。虽其天文之位变，茫渺而莫之能辨，然守壶伐鼓以节昼夜，差时择日以别吉凶，日月雨阳风雷之迁，皆阴阳家所有事。虽其养眡、考疗、祝药、劀杀、参两之术未必尽精，然按方脉，治药饵，肿溃金折之品别，烹煎咬咀之剂量，皆医家所有事。昔太史公论六家，首列阴阳而曰：“序四时之大顺，不可失也。”至于仓扁，则次之列传，而多状其效验，岂不以是二家者有关于生人之义乎哉！今也学不存址，官不备员，即有习为两家学者，皆无所统摄，而其藉空名以应上者，率市井庸流尔。无惑乎祲祥之懵然，而疾疡之多于世也。余鄙且拙而漫然补之，诚不敢忽乎其细也。并著其说，以告后之为政者。

今废。

养济院 在环翠门外。明弘治元年，邑令刘公篪迁县治东。嘉靖元年，邑令姚公鸣鸾复迁于西门外。

姚鸣鸾重建养济院记：

嘉靖壬午春二月既望，余始莅于淳。越三日，来省旧院，见其基址窄隘，房舍颓毁殆尽。老者幼者无为之所，恻然于中者久之。遂偕山川、坛宇、关隘，并上其事于府。府万公曰：安民事神，诚为政首务。然余议以养济之义为重且先也。在《易》有之曰：“井收勿幕，有孚元吉。”盖谓井养而不穷也，施博而能济也，如是则为有孚元吉之道矣。在昔先王大同之世，老有终，幼有长，鳏寡孤独废疾者皆有养，故其盖之如天，容之如地，驭之者得其道，处之者无不当。是谓大同。舜文称为善治，然语其仁政之先，则曰“不侮鳏寡”也，曰发政施仁必先鳏寡孤独也。我太祖高皇帝诏谕多方各州府县各立养济院。今天子御极之元年，明诏天下，曰“凡在外鳏寡孤独废疾不能生业者，即使收入养济院，照例给与衣粮，毋令失所。有司毋虚应故事。”於戏大哉！王言一哉！王心真天地父母为量，与舜文合德者矣。淳为严府属，僻居山隅，而养济院之设也，旧在城东，今特迁于西门外，买地一所，建屋数十间，可容民居，界其男女之别，无使混居杂处。鼎建于夏，落成于秋。凡诸木植工食，皆随宜量为之处。赞理力成之者余同寅李君才、胡君琬、吴子鸣凤，鸠工董事则乡老鲁文德、义民方凤之，责是虽仁政之一事，亦举行明诏之所当先者也。居民咸请立石为记。噫！以圣天子之明诏，万明府之盛德，及余新政恳切之初心，犹不免夫流俗之议，况其暧暧者耶？是为记。

康熙十一年，邑令张公三让重修。

育婴堂 在环翠门外。国朝雍正年，邑令钱公学洙建。今废。

僧会司　在县治西转教寺。今废。

道会司　在县治南岸上善观。

续纂公署

县　治　咸丰辛酉，毁于发逆。同治壬申，知县白瑛请帑重建，其不足者就地筹款以济之。光绪癸未，知县李诗捐廉一律修整，复于花厅之左增建留客处四间，并于二堂后建游廊八间，川堂一间，周围墙垣增高数尺。

万寿宫　光绪辛巳，知县倪望重筹款重建。

防　圉置邮附

《周官》之伍两卒旅师军，即比闾族党州乡也。管氏因之而小变，作内政以寄军令，故有五人为伍，轨长帅之，五十人为小戎，里有司帅之。等而上之，有连长以帅卒，有乡良人以帅旅，有乡帅以帅军，大小相维，法垂于后。但后世兵农既分，卒伍不尽以家人子充耳。实则今之分汛，即所谓轨长。今之驻防，即所谓里有司也。重门击柝，以待暴客。盖取诸豫，亦政之大者。而旧志略之，何也？拾遗补缺，存其大凡。而置邮传命，于羽书之驰有关焉，因并附之。志防圉。

宋军制大概有三，曰禁军，曰厢军，其选于户籍。或应募者，使之团结训练，以为在所防守，曰乡兵。又有建炎寨兵，浙江西路严州五寨，淳安县属威平一寨，港口一寨。元制，诸路府所辖州县，设有县尉司、巡检司、捕盗司，皆为立巡军。明制，浙江七卫，曰钱唐，曰海宁，曰杭州，曰德清，曰金华，曰衢州，曰严州，具设守御千户所。淳安隶严州卫。

国朝严协分防，淳安县汛左营千总一员，马步战守兵丁五十五名。威平汛左营把总一员，马步战守兵丁一十三名。

县于古故有城，周回二里二百二十五步。今县坊隅，其内城。县西古城基，其外城也。自元毁，城不复修筑。遂依闾闬为雉堞，使民家自为堡。嘉靖己未，邑令海公瑞建城门六，南曰澄清，东南曰振德，东曰还淳，西曰环翠，东北曰孝义，北曰巩安。各建城楼，以时启闭，以严瞭望。

驻防营 在县治东南，故布政分司署改为之。

县汛炮 旧于城南澄清门设发熕炮一位，重一百六十斤，长二尺七寸。乾隆十四年，奉文于城东还淳门、城西环翠门、城北巩安门添设百子炮各一位，重二十四斤，长三尺，把长一尺五寸。

教　场 旧在东庙左。嘉靖四十年，邑令海公瑞迁于东寺前，置地一十八亩零，建阅武堂，旁建二小堂。令杨公鸿重修。今废。

乡镇四 曰茶园，在县东五十里。曰港口，在县南二十里。曰威平，在县西六十里。曰渡市，在县北二十五里。

巡检司二 一在港口镇，宋宝元二年置，管土军百人。一在威平镇，宋宣和三年，讨平方腊后置，管土军三百人。既又省为百五十人。今俱裁。

水汛十五 曰小溪，曰百步街，曰藻河，曰茶园，曰塔航，曰港口，曰赉爵，曰城南门，曰金山，曰牛石，曰上涯，曰息航，曰云头，曰威平，曰河上岭。俱设有司兵瞭楼墩台。百步街一汛，今裁。

陆汛三 曰合洋，曰卢墈，曰桥西。俱于乾隆七年奉裁。

锦溪关 在县东七十里。嘉靖间，邑令洪公英明设关于此，以御矿寇。

新安驿 在城西，旧名青溪驿，后更名锦溪馆。今裁。

县前铺 在县治谯楼左，旧名青溪铺。由县前铺东十里至双柏铺，又东十里至施岭铺，又东十里到合洋铺，又东十里至驮岭铺，又东十里至芝畴铺，又东十里至蛇岭铺，以达建德县界。合洋铺，今裁。由县前铺南十里至桐桥铺，又南十里至界首铺，以达遂安县界。遂安县由界首十里至青山铺，又十里至港口铺，又十里至塔航铺，又十里会施岭铺，达建德县界。由县前铺西十里至召石铺，又西十里至养材铺，又西十里至源口铺，又西十里至云头铺，又西十里至塔山铺，又西十里至威平铺，又西十里至梯股铺，以达徽州歙县界。

驻防题名

闰飞虎　易廷秀　任天福　张　奇　严大谟　张大选

王得功　高如龙　傅　云　周　文　蒋　志　邵光弼

白　虎　王鼎铉　王国用　陆　元　李怀德　倪国标

韩嗣利　周起彦　姜光祖　周起秀　王世伟　杨　隆

王廷祥　刘　龙　李天培　姜　光　耳文亮　叶宗岱
赵　凯　张守仁　阮　章　朱廷佐　杨名俊　程日华
张　豹　刘国标　张　宗　朱良辅　马土德　宋冠军
李遇奇　张　学　张渭龙　许　亮

驻防官守，每岁践更，视他署题名应十倍，而营伍中无用毛锥司版籍者，各有司存又难越俎而代，官如传舍，不常厥居，日远日忘，多不详其姓氏。今所存者什一于千百耳。大抵国初，入其在前代暨康熙以来无闻者，不止缺有间已也。聊复录之，以志旧制。

续纂驻防题名

叶应熊　字星周，衢州人，同治三年正月任。
应君荣　本县武举，光绪四年正月署。
金万舆　字仕阶，衢州人，光绪四年六月任。
龚意和　湖南人，威坪汛，同治五年六月署。
袁金富　衢州人，威坪汛，同治七年九月署。
刘鸿祥　衢州人，威坪汛，同治八年正月任。
周凤高　衢州人，威坪汛，同治八年九月任。
徐俊良　字甫臣，衢州人，威坪汛，光绪五年任。
吴殿标　字益轩，衢州人，威坪汛，光绪七年七月任。
龚士高　字殿臣，衢州人，威坪汛，光绪十年五月任。
叶继缀　衢州人，茶园汛。
叶　清　衢州人，茶园汛。
钱家驹　字鸿洲，衢州人，茶园汛。

坊　表

《荀子》云："行有坊表"。此坊表二字所始也，而其义实本于《书·毕命》之"表厥宅里"，非以为荣而已。盖将树之风声，使道边观者胥克用劝，故多立于五达之衢，照人耳目焉。淳邑先达，其发名成业，悬之日月，致足楷模。而圣朝关雎化行，渐渍成教，所以继咏柏舟，宠邀旌格者，复前后相望，亦大邦之有子也。志坊表。

文献名邦坊 在县治前。旧额严陵首邑。明邑令萧公元冈高广其制，下为三门，以代屏树，改题今名。国朝乾隆十九年，邑令刘公世宁重建，广为二十柱。

承流坊 **宣化坊** 在县治门外之东西隅。

蛟腾凤起坊 在学宫棂星门左。明邑令萧公元冈题名。

三元宰相坊 在文献名邦坊之前。明邑令萧公元冈为商文毅辂立。

三元坊二 一在县治南，为榜眼黄蜕、状元方逢辰、探花何梦桂立。（相传宋度宗询知三人为同堂肄业者，普赐状元，故有此称。）一在学宫前，为商辂立。

状元坊五 一在学宫前，为宋黄蜕立。一在新桥，为宋方逢辰立。一在文昌，为宋何梦桂立。一在县治前，一在仁寿乡芝山下，皆为明商辂立。

大司马坊 在进贤里，为晋尚书方操，明太仆卿方汉立。

勋阶极品坊 在蜀阜，为明太保徐贯立。

青宫少保坊 在蜀阜，为明赠太子少保工部尚书徐震立。

尚书坊二 一在梓桐，为明胡拱辰立。一在蜀阜，为明徐贯立。

同朝尚书坊 在县治中街。邑令萧公元冈为胡庄懿拱辰、徐康懿贯立。

晚节重恩坊 在县西隅。明巡按御史陈公铨、布政孙公需为尚书胡拱辰立。

父子公卿坊 在县治前，故名三元。明邑令萧公元冈崇饰三元宰相坊矣，乃改题今名，并题其南曰“父子翰林”，为商文毅辂及其子侍讲良臣、少卿良辅立。

都宪坊二 一在桃源凤山，为宋旻立。一在蜀阜，为徐贯立。

春官藩参坊 在县治前。邑令萧公元冈为少参程愈立，以其子文楷继擢贤科，并题北面曰乔梓传芳。

外台秉宪坊 在文明桥内，为宪副周瑄立。

总宪坊 在凤山，为何淳立。

世荣坊 在县西南，为礼部主事商良辅及从子尚宝、司丞汝谦、举人汝颐立。

太仆坊 在县东，为寺丞邵瓛立。

大夫坊 在县西，为知州汪绅立。

兄弟大夫坊 在文昌，为知州何荣善、知府何敦善立。

凤鸣坊　在西源，为推官方昆立。

百里侯坊　在赋溪，为知县方鼎立。

兄弟花封坊　在赋溪，为知县方鼎、县丞方鼐立。

花县拜封坊　在县东南，为封知县余璧立。

三楚福星坊　在赋溪，为分守湖北道按察司副使方尚恂立。

簪缨奕世坊　在官贤里，为知县应与权、封御史应惟善、封光禄署丞应惟贤、参政应颢、知县应项、应颙立。

龙光载锡坊　在赋溪，为累封知府方应箕立。

百岁坊　在藻河，为知县邵玺立。

达尊坊　在蜀阜，为徐楚九十寿立。

会魁坊　在云峰，为吴福立。

进士坊三十　在县治西隅者三，为应颢、王实、卢鸿立。在县治南者二，为周瑄、吴诚立。在县治东者二，为胡桀、方学龙立。在安福乡者二，为项文曜、项文泰立。在梓桐乡者一，为胡拱辰立。在文昌者二，为何升、何礼立。在茶坡者二，为方辅、许訚立。在燕山者一，为宋旻立。在云峰者六，为吴福、吴祚、吴倬、吴希哲、吴璋、吴秉和立。在小溪者一，为洪弼立。在蜀阜者三，为徐贯、徐鉴、徐楚立。在富山者一，为方中立。在芝山者一，为商良臣立。在凤山者一，为何淳立。在永平乡者一，为邵猷立。在石溪者一，为邵新立。在河溪者一，为徐廷绶立。在赋溪者三，为方尚恂、方棨如、王企立。在渡渎者一，为张羽飏立。在山南者二，为任体仁、任桂发立。

双翰坊　在云峰，为吴祚、吴璋立。

世进士坊　在云峰，为吴涟、吴才、吴诚、吴诩、吴语、吴详、吴琏、吴仁、吴大贤、吴攀龙、吴桂子、吴福、吴祚、吴倬、吴新、吴钦、吴一栻、吴希哲、吴贯、吴秉和、吴璋立。

世科坊五　一在县治西，为进士王宾、王宥、王子言、王子谟，举人王子谨立。一在凤山，为举人何璇、何楷立。一在文昌，为进士何礼、何绍正立。一在富山，为进士方中、方天雨立。一在芝山，为进士商民宗、商显仁立。

贤书坊　在云峰，为举人吴颖芳、吴达和、吴骏显、吴宏、吴宾、吴翀、吴憬、吴容、吴超葰、吴敦矩、吴作霖、吴毓芝、吴受中、吴谡立。

科甲世承坊 在县治前。邑令萧公元冈为进士徐贯、徐鉴、徐汝圭、徐楚，乡进士徐宪、徐淑立。更题其北曰“父子大夫”，谓宪知州、子汝圭副使也。

三代联芳坊 在蜀阜，为进士徐楚、子进士应篢、孙举人鹏程立。

乔梓联芳坊 在蜀阜，为举人徐宪、进士徐汝圭立。

黄甲题名坊 在东湖，为进士胡檠立。

世英坊二 一在燕山，为布政使宋兴立。一在县治西，为举人应颙立。

文魁坊四 一在西阳，为汪廷贵立。一在凤山，为何璇立。一在县治东，为余初立。一在县治西，为汪琦立。

经魁坊八 在县治前者三，一为项文曜、何淳、王宾等立，一为程愈立，一为方际泰立。在县东隅者二，一为方世德立，一为方学龙立。在五龙源者一，为吴明彦立。在方村者一，为方昶立。在进贤里者一，为方汉立。

天府名魁坊 在东湖堤上，为方世德立。

登科坊四 一在泉亭，为邵广立。一在太平乡，为方璇立。一在茶坡，为方夔立。一在谏坡，为邵逵立。

联芳坊二 一在县西隅，为应颢、应项立。一在梓桐乡，为徐濂、徐滐立。

传桂坊 在进贤里，为方元升立。

攀桂坊三 一在进贤里，为方恪立。一在官山，为卢廷俊立。一在安溪，为张雄立。

折桂坊 在梓桐乡，为方才立。

双桂坊 在县治前，为周恬、周忭立。

世芳坊 在县治西，为汪昱立。

世美坊 在县治前，为周恬立。

世选坊 在太平乡，为方朝卿立。

步蟾坊 在港口，为周纶立。

跃龙门坊 在蜀阜，为徐淑立。

文瑞坊 在县治南，为程文楷立。

科贡传芳坊 在城西，为汪一源、汪一淳立。

遗经继志坊 在县东南，为余初立。

昼锦坊 在凤山，为工部主事何璇立。

祥源永濬坊　在县治西，为铁泉汪氏立。

承恩坊　在云溪，为巡检宋有淳立。

武进士坊　四一在县治西郭，为黄功成立。一在赋溪，为方士鼎立。一在小溪，为洪灿立。一在文源，为叶萃春立。

武解元坊　在县西郭，为黄功成立。

父子纯孝坊　在云峰，为吴达观、吴家骏立。

母节子孝坊　在县治西南，为节妇汪严氏、孝子汪逵立。

纯孝坊　在县南桂里庄，为阮骏立。

节孝坊　在城隍庙右节孝祠前，为合邑节妇立。凡某人妻某氏奉旨旌表者俱镌于坊。（各氏具载烈女传中，兹不复见，其本妇各家所建坊亦不备载。）

科甲名门坊　在县西梓桐源口，为进士礼部祠祭司郎中童铨立。

光绪淳安县志卷之三

方舆志三　津梁　水利　坛庙　冢墓

津　梁

九月成梁，夏令也。凡此皆主北方所云。梁者，大都累土和草及葭苇、稿秸诸物，捆载縻束而约之、椓之、捄之、度之，连根柢以成。须岁为之，故曰“水涸而成梁”。南方水潦无尽竭时，其梁之两崖必枕以石，上用木跨之，栉比相承，有力者则穹其石如覆虹，而皆枵其下，故成之也难，其坏之亦不易。石泐木腐，修旧补废，又可支数年，不必岁岁复作也。淳在万山中，然往往河分冈断，虽曾不容刀而势难飞越，利有攸往，惟梁之由。今掇其拔来报往衢处者录于篇，小小者不悉数也。志津梁。

太平桥　在县中街，一名状元桥。

青溪桥　在县南，原名青溪渡。

朱熹诗：

青溪流过碧山头，空水澄鲜一色秋。隔断红尘三十里，白云红叶两雨悠悠。

徐楚清溪古渡诗：

江水新安渡，晴虹百尺浮。乘槎何处客，题柱昔年游。

近市人喧渡，烟空月照楼。临高频望远，鱼鸟思悠悠。

方菉如晓发青溪渡诗：

客棹徐开处，青溪古渡头。林昏残月落，水净晓烟浮。

帆影环沙岸，钟声隔寺楼。曙鸦听渐远，柔橹去悠悠。

地当孔道，渡者云集，以一叶扁舟荡深溪中，风雨骤至，习坎入坎，祸且莫测也。宋邑令陈公晔创为桥，自澄清门下，横溪列小艇而间以木，比栉如鳞者百丈，因名百丈桥。

胡南逢百丈桥记：

淳安旧名青溪，以濒溪而名也。源自黟歙，东注浙江，旁连衢、信、瓯、闽诸郡，以趋吴会，往来栉比，朝夕不绝。旧有浮梁，规模狭小，车马之蹂躏，雨旸之剥蚀，漫不加饬，至布板以渡，渡者凌竞，或垫溺以葬鱼腹。令尹慨然捐俸以先之，邑人皆愉欢趋乐助，命僧如海总焉。自始庀工，越五月而竣，南北百丈，因以名桥。坚厚平夷，如通衢轨道，行者叹因循之久而作新之速，又念风雨燥湿之不齐，腐朽波荡之不保于后也，市田百亩有奇，岁收其入，使修者有继。较夫粉饰目前而不计异时，以传舍梯荣者相去亿万。乡父老属余为记，乃次第其语，题于桥之础，庶几道人过之，或摭以上闻也。

庆元三年，邑令郑公擢新之。淳祐丙午，虞公㑩改今名。

王遂《青溪桥记》：

淳祐六年，淳安县青溪桥成。知县事陵阳虞君㑩求文以志不朽。淳邑山溪，上受歙流，下过钱唐而注之海。比岁邑多水患，屋庐漂荡，津梁之设屡修屡毁。虞公捐俸钱四十万为之倡，官吏人士骈首聚财，长桥贯之，为节一十有八；浮桥跨之，为节二十有七。絙织联舟，其数一倍。始于秋七月，成于十月，委费尽省而徒杠舆梁之病不闻，易名青溪。废兴之故，曷可以不记。

国朝顺治十五年邑令张公一魁，康熙三年邑令赵公之鼎，康熙二十四年邑令胡公就臣，康熙四十四年署令米公调元，康熙四十七年署令徐公益哲，康熙四十九年邑令杨公廷杰，雍正二年邑令高公士模，雍正七年邑令王公仕源，雍正十三年邑令查公世柱，乾隆五年邑令宋公武元，相继修葺，俱勒石于南河渡口。

张一魁青溪桥记：

余每喜梁吴均书“富阳至桐庐一百里许，水皆缥碧，千丈见底，游鱼细石，直视无碍”，把玩幽胜，如行富春道上。及有青溪之命，由钱塘溯浙上游，至邑茶园而上，蔚蓝清浅，湍不隐鳞，山山滴翠，皆生寒树，较越中山水又加平淡。南界澄清，船舫相缀，若星之泻汉，类虹之饮涧，春洲鸚鹉、流水桃花之句，举可相赠。然而片水烟波，万山风雨，遥睇行踪，往往却步，则何也？会春，当邑祭有事山川，则舫已半沉，栈皆朽断，胥隶前导，鱼贯得渡，曷方之舟之乎？奚桥之足云也。既而里老陈牍盛言，青溪为邑孔道，无问奇赢行役，输归如织，而邑中薪斯艺斯者，且居强半。方其人稠，舫不胜载。至若水涨，楫不及施。虽衣带水，如航海焉。莅兹土者，悯念斯民，爰有浮梁之建。但在往昔平广周好，如步康庄，迨于踵事。未几辄坏，频年修葺，几同败笠，则是无故材之良楛攸分，而董事者之当其人与否也。夫经久之图，非苟完之能就。令长不惜捐俸维新，而董斯役者每循故智，蹈前辙，材必选夫坚贞，倕必戒夫窳堕，涤若虑，勤若事，又何古始之不可复，而缀葺之频仍也哉。

王仕源重建浮桥记：

还淳邑治南逼青溪，跨溪而通南道者为百丈桥。自宋始，兴废不胜载，亦名青溪桥，实造舟而为之梁也。岁戊申冬，余理兹土，则向所建之桥，为狂澜败，几两匝月矣。桥废，而民乃争一苇之渡，其何以堪。爰上陈郡宪张公，可其请并捐俸为属吏倡。余敬广宪仁，削衣贬食以资经始，而诸同志亦各捐清俸佽之，嗣是邑之绅士与群百姓谕，以蒇厥事者众矣。工肇于己酉夏季，不隔月而竣。四舟为维，维有九，联诸旁者铁緪二，长百丈奇，而竹缆辅之，复用铁锚四沉诸溪，以御漂荡。舟承架，架承板，一一制如旧，而选材则取诸新。桥既成，父老以余之首成劳也，请记颠末。余惟天下事，始可能也，卒为难。自兹以往，诸父老遂谓坦坦施施，竟从枕席过耶？设也岁修仅具文，公田中饱，司桥者受若直，怠若事，则一苇争渡，前患方始矣。是用立禁八条勒诸石，竖青溪南岸，以为程序。嗟乎！司教之职，令民厄者安，陂者平，塞者通，劳者逸，如是类复何限！一桥之成，嗛嗛致颂，则父老之责望于司牧，抑何浅也！是为记。

乾隆九年甲子秋七月，洪水怒号，舟梁铁緪罄遭漂没。邑令刘公希洙上其状。抚军常公亲临勘验，咨部准入，钦工委员估计动支公项银两，重新造作，悉如旧制。淳人德之。乾隆十四年，邑令周公挺修葺。乾隆十五年，又为水激漂去，惟铁緪仅存焉。邑令赵公云龙详请公项重建桥以渡。

桐　桥　在县南十五里，即马坡坑，邑令汪公贵建。

马波桥　在县南十五里，港口镇北，邑令汪公贵建。

东濛桥　在县南二十里，云濛山东。

安　桥　在县南二十里，一名妥桥。

灵佑渡　在县南三十里。

平水桥　在县南五十里，溪流峻急，涉者每有垫溺之患。明成化间，知府朱暟，通判刘永宽始为木桥以济之，名平水桥。

青山桥　在县南七十里，明商辂建，子良臣移桥于此。

白塔桥　在县西半里，旧有白塔，故名。

细　桥　在县西半里。

安溪渡　在县西五里。

西硎桥　在县西三里，上有戈府君庙，一名武安桥，邑人洪本美重修。

召石渡　在县西十里。

程敏政召石渡诗：

千尺波心得异观，水云中锁碧巑岏。蛟龙近窟蟠根久，鹳鹤危巢堕影寒。

白社可能传佛印，红尘曾不到渔竿。他时浮玉论形胜，拟酹山灵说二难。

息航渡　在县西三十里。

云溪桥　在县西四十里，通徽大路，在淳为第一长桥。

云溪渡　在县西五十里。

深渡桥　在县西五十里三都，宋梅峰建。

富至渡　在县西六十里。

富溪桥　在县西六十里富至源。

蜀溪桥　在县西六十里威平寨北。

余坑桥　在县西六十里，宋宾于重建。

虹　桥　在县西七十里。

通济桥　在县西七十里。

万花桥　在县西七十里万花谷口。

鱼梁桥　在县西七十里云仙庵上，宋梅峰建。

练　桥　在县西北八十里。

周上治记：

由虹桥左十里，近桂林，多峭壁，陡岸难行，逾折岭始得沙蹊，有桥隆然跨涧上，一峰纯石端立，松萝蒙缀，间以映山红粲灼，娟幽宜人。其下沉潭二亩，净绿萦洞壑间。远远有一山环之，曰象山。从桥南正望，有山若趋者，蜿蜒截上流，不见来水源，曰鳅山。其上群峰矗立秀削，翠匀光浮，若天半神女，乘髾被袿，刻饰来迎，体复庄肃，欲弛不敢，因整容伫对久之。尔时四顾寥阒，无猿鸟声，惟溪上一二家，在烟莎冷橹中，与水鹭结邻而已。噫！何处无山，但赏者少耳。然至此山亦遂少，有情无情，安知山之遇我，不如我之遇山耶？桥名练，为桂林方氏所有。舆人云，家君子将结亭桥畔峰石上。

仙人桥　在县西八十里尹山洞，古有汪老僧庵，桥居庵前，北一石俨立若人，乡民因以祷祀。

金堤桥　在县北一里金板，方氏建。

龙涧桥　在县北五里，邑人余赵丝重建。

五龙桥　在县北五里，桥旁有五龙庙，故名。

端口桥　在县东北二十五里进贤乡，邑人方子谟建。

进贤渡　在县东北二十五里。

沙溪桥　在县东北二十五里渡市。

青云桥　在县东北二十五里东湖。

惠济桥　在县东北三十里，吴希哲为一念僧作疏募建。

沙溪桥　在县东北三十里，旧名里仁桥。

三会桥　在县东北三十里，旧有三会寺，故名。

魁星桥　在县东北五十里，以其地有魁星石，故名。方一夔赠太学生洪有轮诗云："别愁去作星楼梦，长傍河西牛斗边。"

回溪桥　在县北五十三里，因溪流回绕，故名。国朝雍正五年，僧心白募建。

轩驻桥　在县东北五十里。

龙溪桥　在县东北六十里。

横山桥　在县北六十五里。

小　桥　在县北七十里文昌。

凤山桥　在县东北七十里凤山下，一名潭头桥。

潘坂桥　在县北七十五里，往分邑要津。

缵桥渡　在县北八十里。（鲁予淑捐田八亩以给渡夫。）

端平桥　在县东北八十里。

毓秀桥　在县北八十五里，鲁秀屏建。

梅口渡　在县北九十里，童起凤、童骝等捐田建。

凌云桥　在县北九十五里。

白佛桥　在县北一百一十五里，路通徽杭。

云溪桥　在县北一百二十里，路通徽州、昌化。

星　桥　在县东湖北，方氏建亭于其上。

社　桥　在县东半里。

马踏桥　在县东一里。相传有仙人骑马过此，故名。

东溪渡　在县东三里。

凤凰桥　在县东十里，任昉故址。

赉爵渡　在县东十里。

塔航渡　在县东二十五里。《府志》载陆公渡即塔航渡也。盖明推官始为之。

培风桥　在县东二十五里山南。

云峰桥　在县东三十里太平乡云村。明济南太守吴文洄倡建。乾隆十二年吴承谟重建。

吴鸣虞云峰桥记：

淳东三十里，云峰之西有云桥，长以丈计者五，阔二丈，面方平，两堤皆缘级上，如眠笏状，非特锁云峰一方之水口，实淳东往来要津也。余祖居于斯，桥之南，先茔在焉。丁卯夏初，偕侄春官员外郎名联珠者诣祖茔祭扫，诸昆季为一一指点名胜，振策游览，望嵩山，过至德祠，瞻拜始祖及延庆季子公。沿流而下半里许，即凤凰山之大观阁，阁立山崖，翠石玲珑，巉岩峭壁，俯临百仞，溪涧清流左右环绕。登斯阁而凭眺者，必由云桥进步。余倦行，席桥坐，见川泳云飞，耕蓑钓笠，与夫樵歌、牧笛隐隐从松林而出，令人名利热肠一时冰释。因询云桥颠末，创自前明隆、万间济南太守文洄公，历今一二百年。癸亥春，水冲堤壤，桥尽圮。越两月，都无整顿意，以其费繁而事杂也。族弟承谟慨然独肩，出橐金数百两重建，长阔如旧，而高且坚胜之。余谓承谟是役可谓济南有后矣。诸昆季闻余言，为备述近之义举，如修祠以妥先灵，治道以便行旅，煮粥赈饥，运米平粜，费已不下千金，诸当事称其敦善不怠，非虚语也。一桥之费又多乎哉！联珠闻其言而壮之，因请余书，以为之记。

垆坂桥 在县东三十里，吴希哲为化禅师作疏募建。

惠人桥 在县东南三十里龙山乡，跨合洋溪三十丈，累石为址，架屋其上。宋淳熙二年重建。一名合洋桥。年久圮毁。国朝康熙年间，里人黄居蔼重建。

陈晔合洋桥记：

合洋有溪当冲衢，问津者憧憧不绝，异时编独木以济，投步惴心。若春夏狂湍坌来，则荡析委波而逝，逾旬阻绝，民病涉久矣。今为桥其上，修三百尺，广十二尺，负千甚隆，布板则密，覆以长廊，掖以朱阑，坚缜杰丽，长虹卧波。若济巨川，毋假舟楫矣。夫履险者曰："涉川所以利涉，而济险者桥。"岂惟桥哉！凡举一事，毋载胥及溺，毋薄人于险。如是桥，岂不砥如坦如，永底荡平哉！是为记。

合洋渡 在县东四十里。

茶园渡 在县东五十里。

仙翁桥 在县东南五十里赋溪。明建。国朝乾隆二十年，方德炎重修。

林罃记：

宇山去县东南五余里，山足皆溪，曰赋溪。溪之西有庙，翼然临于其上者，仙翁庙也。仙翁谓谁？汉黟国侯方储也。宋庙额曰真应，故又曰真应侯。桥名仙翁者，庙在溪上而桥当其前也。桥于赋溪若僻，建、寿、龙、兰恒必由之，亦要津也。桥之水，发源泓远，中分为二，湖塘者其合也。合而复折，溯流萦回，抱邮以东大溪者，其合也。志有之方公乘鹤轩至此登舟，故又曰轩驻。溪流不甚湍急，霪雨水涨则浊浪排空，势不可御。询诸里父老，曰："旧有桥，木为之也。"水患荐兴，漂溺莫援，可常恃哉？居民之作息，行旅之往返，咸病之。嘉靖庚寅孟春月，方子克新暨侄希和等率其族属里邻，祀仙翁于祠，祀已，乃谋于众曰："险靡桥弗济，桥靡石弗永，厥功维艰，厥费维繁，尔尚一乃心力，其克有勋。"众佥曰："慎厥初图，惟厥终俾不坏，敢不敬与？"乃卜乃度，爰资爰助，石采于山，基累于渊，墩双峙而中虚，以通舟楫，梁高拱而栉比，以通舆马，崇以尺者二十有八，纵以尺计者五十有六，衡以尺计者二十有七，翼以石栏而左石相关，护以土堤而东西相向。费出于助者几百计，力出于佣者几千计。始事于是岁三月庚子，比十二月己巳告成矣。厥途既通，厥险斯济，于是居者相与歌于室，曰："出而作，入而息，吾其朝夕无阻矣。"行者相与歌于路，曰："往者过，来者续，吾其漂没不患矣。"噫！有是哉！仙翁之桥也，弗闻于官，弗厉于民，而成之不日，垂之不朽，方子其殆有功于是矣。予过赋溪，父老携杖而请记。余虽不预其事，亦窃幸焉，于是乎书。

聚星桥　在县东南六十里。相传宋时，近桥有邵氏前后五人登第，故名。

厌口桥　在县东六十里。今查在东北四十里航头，名航头渡。

锦溪桥　在县东六十里。明崇祯年，邑令杨公启声建。

方尚恂锦溪桥记：

沿雉水而下六十里，左腋为锦溪，其地处建、淳之会，西通徽、歙，行旅负贩、耕夫牧子之属涉无时，肩相摩也。水源从石门巀嶪，怒而趋与歙江合，不胜驶。每春夏浍潦暴涨，歙江之水且阑抵溪口，助其狂驶益甚，不可飞渡。岁寒冱也，则磴齿齿而流淙淙，冷刺入骨。涉焉者胫几如剪，往来病之。先是杠梁之议数矣，迄不见端。岁壬戌，有徽侠汪某者以金数百来，力肩兹役，鸠工伐石，大昌厥施而旋甃旋圮。盖去山而桥于湖洲，距山约数武，而捷然东西，坱漭不受，砠砠危而流沙不能束水，其冲啮激荡以至于溃且尽，势也。后改卜趾于两山之麓，依山为岸，枕岸为梁，视故趾虽迁一牛吼地，然易危而安，有其绪矣。亡何汪没，弗克竟。壬申，杨侯来莅吾淳，下令曰："川无舟梁，王政之阙也。庀费董威，是在令坚瑕完沥，其以问圬人而经营攻事，则迩兹桥者父老子弟无所辞力焉。"乃仍呼汪氏孤来励成先绪，益以好施，择镇民之才者董其役。邪许员赑，子来恐后，不浃岁间，虹如练如，元圭告矣。驰骤以适，褰裳无嗟，行人踔跃而呼，一朝违险就夷若此，而侯驾偶临亦且酎酒嘉劳，与诸父老落之。是役也，补缺事于前，利攸往于后，可谓甚休。夫侯之福利我淳，非一矣。靡灾弗恤，靡害弗除，靡坠弗举，功施在淳，淳人歌舞之。诸如此桥而簿书旁午，且为行道计长久，奠之康庄也。昔苏子瞻咏英州何公桥曰："愿公千岁，与桥寿考，持节复来，以慰父老。"今淳之德侯，何异英州？锦溪之浒，世世颂杨公桥不忘，谁谓苏吟不可继也？侯名启声，蜀之屏山人，乙卯乡进士。桥以某年月经始，落成于某年月。司督者则余子某某，方子某某，与有劳焉。

国朝乾隆五年，寺僧重建。

马岩桥 在县东南六十里安福乡，制如合洋桥，而其长过之。

沙湖桥 在县东南七十里，因湖而名。

横山渡 在县东安福乡。

小溪渡 在县东南七十里。

续纂津梁

召石渡 同治癸亥，邵润清重建。

教谕竺士彦记：

盖闻徒杠舆梁，王政所重。向于巨浸汇集之区，往往有宜于舟而不宜于梁者。淳邑新安江，其源发自黄山，至小金山而湍急。昔人所以有“与浮玉拟二难”之句也。渡当孔道，往来如织，而水势深险，波面弥阔，有非鼍梁所能驾者。盖一叶之杭，由来旧矣。沧桑而后，旧制就湮，杨柳依依，唤船何处，行者苦之。邑人邵润清乐善好施，汲汲以利济为务，乃捐资造舟，募人操楫，日给工食。癸亥夏，都人士以孤棹往来，行程多滞，复醵金添置一舟，自是而招舟子，鲜有人涉卬否者也。爰书此渡缘起，以为之记。

芹坑桥 在县东七十五里建淳交界，光绪已卯建。

邵秀亭记：

距小溪五里许，曰芹坑。坑以西有村落数家，盖即以坑命名者也。溯坑之源，以蛇岭为昆仑，墟汇其流，则田桥东直接新安江，第水势汹急，迅驶如江，大不利于徒涉，而斯桥遂为往来要害之区，且驾桥地界建、淳两邑，上通宣、歙、豫章，下达杭、越、苏、松，旁亦暨乎婺州、柯城等处。芒鞵竹杖，络绎不绝，因利乘便，亦既习而忘之矣。不幸而圮于阳侯之怒。忆同治纪年已来，屡坏屡修，迄无成效。比光绪初元，则桥石荡然，势不能不赋苦叶之句，而载胥及溺不可枚数，有心人恻焉伤之。由是创始者坚其志，旁赞者竭其力，敬终者助其资，鸠工载石，盖兴工于己卯之夏，观成于辛巳之春，望若流虹，斜如缺月，凡廿阅蟾兔而斯桥焕然一新。呜呼！人不难于虑始，而难于乐成。此天下事大较也。以斯桥之毁，贻性命之戛，使其始焉卤莽，继焉剥蚀，终焉决裂，则坦途不几为畏途也乎？诸君子存心悱恻，善与人同，或殚心力，或输资财，皴足茧手，瞬及期月，诚所谓慎始而敬终者。斯即成毁之数，循于无穷，果令后之视昔，独不可借物力以增地脉，体天心而全人命乎？予甚嘉诸君子之乐于从善也，予尤欲借诸君子以为乐善者劝也，因记其事，而署芳名捐数于左。

水　利

河渠有书，沟洫有志，后世言水利者承权舆焉。淳居万山之中，惟一江受纳而千流派分，霖雨浃旬则沟塍莫辨，暵干累日则桔槔为劳。致烦圣王嗟洚洞之儆余，效桑林之自责，吾侪小人何以为颜也？惟蓄泄之以时，庶有备而无患。志水利。

古　渠　汉建安时，中郎将贺公齐由县西凿渠一道，引西山泉，横市中而东注焉。后此每遇大比之年浚之，多预荐者，率以为验。宋元丰、淳熙间，邑令何公友直、陈公晔皆浚之。

方仲谋重新古渠记：

县之西城，旧置暗沟一道，引西山泉通注县渠，直东而流，不二里而会青溪。居民谓为至便。自旧城溃委，日月浸远，民家贪其利者平沟而为己业，泉既不通，城中古渠亦从而淤。每春夏之交，霖雨暴作，积水无所决泄，冲没街道，居民墙壁往往摧坏，民甚苦之。熙宁丙辰秋，著作佐郎何公友直出宰是邑，下车月余，考图牒，访古迹，遂令兴工。不崇朝，果见故道沟中铁窗尚存，浃辰而毕工。又谕临渠居民，各居界分，叠石固岸，以图经久，众皆悦从。元丰元年记。

方有开《修古渠记》：

还淳，有泉源于北山，注为西池，亘阛阓以东，澄澈绀寒，人爱护之，凿石为渠，冶金为窗，其来旧矣。熙宁中尝堙塞，著作何公按其旧浚治。阅四十有五载。宣和庚子，邑毁于兵，泥涂瓦砾，弗渫弗治，或蔽以屋，朽坏弥积，人以为病。执事者间岁鸠民，具畚锸，号呼从事，民乐趋之矣。而吏辄裒取其佣直以自利，卒不溃于成。淳熙五年，令尹陈公为邑，决意开导，必复旧乃已。乃辟乃理，且为三闸，以节其出纳，油然泓渟，锵然宏放，有琅玕色，有琴筑声。于是邑人欢欣相告，如胸臆开而耳目明，徊翔渠上，乐公之德不能已。孟子曰："人无有不善，水无有不下。”后之言复性者，亦曰：“水本清，沙或沮之，导民之情，与水无异。”公有导民之术，渠实似之。书为从政者法焉。

明嘉靖间，邑令海公瑞疏浚渠濠，无淤塞，载惠淳记中。万历甲申，邑令萧公元冈又浚古渠，筑二湖堤。

汪道昆《重浚古渠东西陂记》：

淳安，古始新县也。汉建安中，引西郭水渠而东流，绕郭若鞶带，广寻有二。唐仍其旧。迨宋熙宁、淳熙而递浚如故。近罹寇虐城坏，淤湮者什三，没者什七。万历癸未，萧令君下车，诸父老介诸孝廉文学上渠便宜，令君酌时宜，与之更始。渠广仅当畴昔之半，堤广当渠之半，堤穷则梁之。又以西郭诸山谷水东注如建瓴，涸可立待也。借令渠复而水不继，将焉用渠？乃辟雉潭为西陂，诸山谷水皆来会，即龙山之麓辟东陂，约下流而捍之。就西陂筑堤一，东陂二，修广皆倍西。乃借浮桥田若干亩，坛场田若干亩，易民田为陂，少不足则捐禄入而与之价，鸠工伐石，则市闲田以供，渠修三百寻有奇，为石防者三，梁者五。冬十月农隙首事，明年春正告成。要以勿亟而捷若有神，则悦使之效也。于是诸孝廉文学抵余碑之，以纪成绩。

国朝以来，附近居民瓦砾填渠，几灭其迹。雍正十三年五月，诏开浙省水利。檄行到县，邑贡生邵弘图，生员余琎、邵廷锡、邵熖等，遵例吁浚古渠。奉浙闽总督觉罗满公保，巡抚黄公叔琳暨各宪迅饬开浚。始事于甲辰之夏五，鸠工于乙巳之仲春，居民踊跃趋事，仅匝月而告竣，渠道复新，永遵为规，勒石县治中街太平桥。

东　湖　在县东，中有石亭，旧名砥柱亭，一名迓官亭。

徐楚《东湖砥柱亭碑记》：

淳居浙之上游，实惟青溪旧治，金山鳌背，锦水澄鲜，曲折潆纡，远映楼阁，徐从桃花东岸，吸饮西山之泉，汇于海，达于海，穿赭龛，过龙门，万顷风涛，一日千里，茫乎不知纪极，而青溪晏若也。其水口一山，溯江而上，势若游龙。紫阳夫子谓“青溪流过碧山头，隔断红尘三十里”者，是已。第渠泉环市，表里山河，数十年淤积不治，并与桃花之源失其故道。萧侯莅任，首询民瘼，力当厥任，不浮于费，不羡于征，一惟处措周详，克期永济乃已。盖公视为己事，寸心独断，益弘咨诹。其为是役，必于襟喉迅泄之处，多方排击，石沉骇浪，根测幽宫，栅亘巨松，延袤万叠，夺神功而转坤轴，隐然长江一天堑也。随与二三僚伍经营渠上，量工命日，程畚略基，属诸市民而告之曰："吾兹守土，奠厥庶民。古渠所经，尺寸皆吾官物，尔侵吾界，我正吾疆，纵勿尔罪，可坐视而不为之所哉？得尺还尺，得寸还寸，各祛壅阏，以完其初。"不旬月间，而元丰、淳熙之迹，斑斑出泥沙而睹天日矣。爰即雉潭夹岸辟西湖以导水之来，龙山之麓障东湖以约水之去。桥梁道路四达盘旋，题曰"青溪砥柱"。堤凡新旧二百八十丈，渠长一百七十七丈，每渠深广俱八尺，旁余夹道六尺，以通疏汲。两湖抵岸，价易成渠。东计周围六十四亩，西计周围二十二亩。是役也，肇功万历癸未秋，竣事甲申春仲。侯名元冈，别号昆阳，泰和人。

萧元冈《东湖成》诗：

青溪风物改，次第鉴湖开。一水浮渠出，群流倒峡来。

月明秋浩渺，风细碧潆回。取适弦歌服，解缨一举杯。

方学龙《东湖长堤》诗：

沙堤横比岸，积水平如沼。天空帆影低，市远波声小。

又《东湖》诗：

莲舟载歌舞，日夜大湖东。挥麈秋河淡，开帘晓日红。

西　湖　在县西，旧有亭，今废。

萧元冈《西湖》诗：

西山泉万斛，驱石聚为湖。雉水长天接，鱼峰倒影孤。

垂杨新种绿，浴鹭渐将雏。兀坐虚亭上，泠然见一盂。

方学龙诗：

艳色苎萝姬，高韵东坡老。并作湖山观，雨奇晴亦好。

汪汉诗：

松门多积翠，倒影入湖光。时复惊鱼梦，还堪鉴雀翔。

程夔《西湖小纪》：

西湖与东湖同时开辟。据志，自万历壬子萧令公元冈始。公以县治当有濠。既浚濠，遂辟两湖。西湖较东湖为杀，而冈峦回互，出入多高士，最为幽雅。湖蓄鱼可万尾，公令逢掖生掌之。朔风飞霙，集网取鱼，饮酒赋诗，至乐也。旋建文昌阁，面阳就高。公有诗题石，诸生构书屋环而抱之，伊吾之声彻晓夜。兴会所至，阁前植高梧一株，大堤植垂柳三四株，夹岸杂植梅桃，人各一株，周丈汝石课其成。久之，舒芳跃绿，鸣禽上下，居然小明圣湖也。梅干多欹斜覆湖。康熙丙子，先君与好事者架木为桥，累石为基，湖心竖一亭，高山林表，八窗玲珑，景物都来腕下。周丈与诸老生亦于里湖竖一小亭，邻水月庵，花朝月夕，风味转佳。盖西湖之盛于斯极矣。极盛而衰，昉于庚辰之中秋。是年，月色皎如，男女游冶绎络不断，而营卒靓妆，高髻云鬟，杂艳女队中。初夕，殊不觉也。次夕，大哄，闻于官。自是撤尽板桥，游屐不到，砖甓坏漏亦不复缮修。至丁亥竟毁之，小亭亦毁，而堤上桃柳日剪月伐，铲削都尽矣。惟网鱼仍沿故事。然前时诸公借此为诗酒嚆矢，不失萧公风韶。后来者视为利薮，辗转欺负，遂有因里湖淤淀垦为田者。田上腴，人人垂羡，争端滋开。外湖亦废。至己未四月二十有三日，阁烬于火，而西湖光景索尽矣。嗟乎！上天之缔，安知将来无萧令风而宰官，又安知少俊中无周丈与先君逸兴飞者？余老矣，犹望后睹此盛也，因纪之以竢。

鱼袋港 在县南一里，俗名漏港。明万历十年，邑令戴公廷槐捐俸修堤。

戴廷槐《漏港议略》：

淳治襟带青溪，其源自新安右来，绕治而东之，接东溪水合流而放于江，其抱负环聚，为阴阳冲和之气所凝萃，是以锺为人瑞，元魁卿辅，项背相望。明正德末，南山麓金鱼界，水仅一衣带，细民逐利为舂磨，遂成漏港。水从南奔湍激，覆舟淹溺弗胜计，且宦兹土者多不得右迁。每大比，淳士不预登选。或水斜流之祟与？余乃从都人士请，鸠工筑堤以护之，溪环水抱，冲气攸钟。自此而名贤踵企，将以媲美前代人文之盛，且安澜委润，可以辟耕地，利舟楫，慎毋令蚁穴溃堤也。愿我士民终惠，余以观厥成。

王锡爵《重筑青溪堤记》：

县界万山中，据全浙上游。水之乘高来者，势若建瓴，而会于新安江之源，出于新都之浙岭，自西北流，绕县治而东，与东溪相合，当其湍激之所，非设堤以障之，则奔溃四溢，罔有定极。青溪之宜有堤也，其议久矣。正德以来，水寖泻而南，县宰黎君尝堤捍之，岁久仍圮。郡守杨侯议行之，而邑令戴君襄其事。将底绩，两君先后各以事去，辍工数载。山水时发，发则毁庐坏舍，邑父老子弟请于新令顾君，顾君具牍白于新守邓侯，既报可。自壬午夏始，涉秋乃成。顾君别计所需，为岁时修筑之用，以图久远。盖贤守令所以养民之意也。前守杨侯，名守仁。今守邓侯，名起宗。前令黎君，名世杰；戴君，名廷槐。今令顾君，名云程。其董役官则典史王学芹、吴希忠也。

官　坝　在鱼袋港口。每岁洪涛骤发，水从南山下，沿冲南岸沙堤，势高迅急，商船经此莫能上，时遭覆没，人以为患。国朝雍正八年，总督李公卫委郡守张公芳，自青溪渡下至香炉台上横溪一带，叠石为坝，并禁借名捕鱼损坏坝岸。自是导南岸之水婉注于北岸下，驱除壅沙，广纳上流，杀其势，俾就范围。予以约束水循故道，人庆安澜，往来客舟遂恃以无恐。

东　井　在县东东湖之侧。

铁　井　在县西，旧名西井。宋绍圣间，进士汪常开，围一丈五尺，水极清冽。政和七年，铸铁栏以护之。

徐楚诗：

古井何年凿，芳香玉藻同。范围成物象，陶铸自天工。

素绠千家汲，清流百尺通。光涵山月冷，明镜入奁中。

天　井　在县北金坂里，水冬温夏凉，取携不竭。

方之垣诗：

湫龙波涌结山灵，清冽芳甘异海经。此味自从仙掌落，色同石髓胜中泠。

石　井　在县西南熙春坊之右。

双眼井　在县儒学前，水晶莹澈，两石圈围如眼。

朱家井　在县治东后街。

任家井　在县儒学后，今废。

仙翁井　在县东，一名冷水亭泉，极甘冷，有时疾者饮之辄愈。

义　井　在县治东城隍庙下，时涌清泉，以给众取。

清心泉　在县东。宋知县陈晔即其旧而竣之，名曰清心泉。

桂　泉　在县西。

亨　泉　在蜀阜，钱时为记。

洗钵池　在县东五十里密山之巅，其水甚清，旱潦无增减。相传昔有人见一僧洗钵于此，近视之不见，故名。

皎镜池　在县东二十九都，唐睦州刺史卢昭义故里。池水澄澈甘寒，可以祛暑。

社　塘　在县东二十一都以下十九塘，并洪武二十七年遣官修筑。国朝以来，附近居民各行修治以防旱潦。

庙山塘　在县东二十二都。

孝公塘　在县东二十二都。

新　塘　在县东三十五都。

武翼塘　在县东三十五都。

西　塘　在县东。

清　塘　在县东二十九都。

江家塘　在县东二十九都。

卸坞塘　在县东二十九都。

大坞塘　在县东三十九都。

祀先塘　在县东。

荷　塘　在县南三十三都。

响　塘　在县南。

大　塘　在县南三十五都。

移鸠塘　在县南三十五都。

湖　塘　在县南三十三都。

赤沙塘　在县南。

博嵩塘　在县北二十都。

泉水塘　在县北二十都。

问霖塘　在县东北唐坂

岑　塘　在县北二十五里。

青　塘　在县东三十里云村。

吴廷棐《青塘记》：

《易》云："山下出泉，蒙。"君子象之以果行育德。蒙者，养也。吾于青塘，得井养之义焉。我祖廉宪公始浚此塘为三叠，水潺潺西流数十里，禄源文浪俱系于此，为后裔至深且远。嗣是稍有缺陷，必修堤使益固。癸卯秋，开渠决水，失弭其隙，遂至防维尽溃于废者久之。季父梦彩欲倡修治，不果而殁。壬申春，族中佥谋属予劝叔母独输其费。予谓母孀子幼，非慷慨好义时也。乃叔母闻之，欣然许可，曰："汝叔病且笃，尝以不及成此绩为恨。汝其代吾鸠工董治之，毋替厥命。"因出箧中赀五十金，伐木凿石，两越月而工竣。族中能诗各撰五七言颂之。叔母谢曰："完夫愿耳，氏有何功！"族益钦叔母之好义不伐，为勒石以垂永久，而命予志其颠末，使后人知丰阜庆于斯，文明兆于斯，皆叔母力也。叔母，邵氏，塔航彦葵公之女。

贡坂堨　在县北九都。以下九堨并洪武七年遣官修筑。国朝以来，附近居民各行修砌以防旱潦。

寺坂堨　在县北九都。

傅沈堨　在县北九都。

新碑坂堨　在县北九都。

万功堨　在县北十二都。

洪村堨　在县北十七都。

厌口堨　在县北十七都。

曹　堨　在县东十九都。

塘坂堨　在县东北十九都。

坛　庙

明有礼乐，幽有鬼神。坛壝之置，庙貌之崇，所以通幽明之故也。其载在祀典者章矣。即国家祀典所不及，而比闾族党间，香火之情所从来久。尸而祝之，祷或有应。盖荀子所云"藏于胸中谓之智，流于天地之间谓之神明"，其实一也。故曰"自家要有便有"。夫祭有其举之，莫敢废也。从宜从俗，如其旧以书。志坛庙。

社稷坛　在邑之西郭一里，立石为主，周以垣墙。宋淳熙间，邑令陈公晔建，有斋庐三间。淳祐八年，邑令卢公㹾修之。（有记，详《艺文》。）明洪武八年，邑令李公信重建。后斋庐废。

山川坛　在县南一里上善观前。洪武二年，邑令和公鼎建于南山之麓。成化十二年，邑令汪公贵始移今处。神主三，制同社稷。一曰风云雷雨之神，居中。一曰淳安县境内山川之神，居左。一曰淳安县城隍之神，居右。

先农坛　在县东郊二里。国朝雍正四年，邑令姚公永先奉文建坛宇，并置籍田四亩九分。

邑厉坛　在邑西北半里。明洪武六年建，死无主后者祀之。洪武二十九年，以济福所议定式颁行天下。每岁清明、七月十五、十月初一凡三致祭。

里社坛　在各乡共九十三处。

乡厉坛　在各乡共九十三岁。

城隍庙　在邑治东南真应庙后。明正统十三年，县丞沈公宗贤建。弘治元年，邑令刘公篪重修。

许仁《重修城隍庙记》：

古先圣王之治天下也，必制祭祀之礼，以萃人心之诚，敦报本之道，莫要于此。我国家参酌古制，天下郡县皆立庙以祀城隍之神。凡官长莅任伊始，必立誓神前以致戒。遇岁有水旱疾疫，必祈祷焉。此则载诸祀典，为民牧者所当加之意而不可亵也。淳安县城隍庙，创始修完者非一人，历年既久，不无陵迟者。予掌学政七余年，县之长贰屡经更代，或超迁他职，或谢事归田，不暇修葺，以故日就倾颓，上雨旁风，几无所盖障。间有祭祷，则汎扫荆榛，随时行礼而已。今邑宰刘侯始至，商度事宜，谋诸僚佐，遂丛集土木绘画之工，俾各职其职，于栋楹之挠腐者，易之以坚良；墙壁之倾圮者，筑之使联续；阶庭之崩弛者，垒之以修整。门几窗棂，长廊后寝，蔚然可观。丹垩辉煌，青朱绚烂。既乃饰神像，谨香灯，饬工祝善守护之。于是礼制修明，神人胥悦。视世之攫公帑，渔民财，饱暖缁黄之流，而求福田度世者，千万无数矣。然非诚敬足以治民，而徒以是尽心焉，则不务民义，而谄渎鬼神，圣门所讥，吾无取也。刘侯其不失先后之序，而知所轻重哉！是役也，计所费若干，悉侯所措置而民无与焉。经始于成化丁未年十一月，告成于弘治戊申三月。后之人有同志者，治民余力，继此而修之，则是庙愈久不坏，而斯民岂止蒙福于一时邪？侯名篪，吉之永新人。下车以来，具兴百废，治有能声。此其一耳。

隆庆间邑令郑公应龄，万历间邑令潘公云凤俱修之。

方学龙《重建城隍庙记》：

考览典则通纪诸书，伏睹我高皇帝尝大封宇内列邑城隍曰“监察司民显佑伯”。洎孝庙时，诏礼官会议祀典，悉罢牟尼三境诸祀，而是神仍祀如故。盖谓上以拥护宗社，下以捍卫万姓，其关系洵非尠小也。先是，淳故有庙，嗣后亦时修葺。相沿日久，渐致倾圮。自岁丁未后，秉邑事者，或以代庖来，或以左迁去，栋挠梁萎，其不蔽风雨者无几，则神之不妥甚矣。潘侯莅任谒庙，一见颦蹙，勃然有更新之意。居无何，飓风异状，倒塌若扫。惟是神像巍然独完。侯旦起趋视，惊讶之，谓神果灵异若是。夫一邑系障，幽则神为政，明则我为政，可忍视其遗像露立天日下哉？顾念频年连祲，骤兴工役，费将安出？召乡长老策问之，佥谓莫如劝募便。侯遂捐俸若干为率先，爰推择治中廉干若而人者敦其事，而此若而人者仰体侯德意，各矢公慎，多方醵金，殚心筹画，一石一木悉为坚久不可动之计。前楹竖以石柱，四周垒以砖垣，规模壮丽，法象庄严，益前此所未觏也。经始于岁庚戌十月，迄功于岁辛亥八月。夫侯操励悬鱼，仁流挟纩，固已冥合神明，而又信道笃挚，如黄冠缁流手募簿乞缘者，一切峻绝，而独斤斤于是庙之缔建。倘所谓耑务民义，敬鬼神而远之者耶？抑又闻之，天以神道为观，圣以神道设教。夫亦以天壤间实有是理，而惟睹幽明之故者知之。淳自丁未迄今，水旱为厉，业已四阅岁。乃庙貌方新，是年遂登大有。此虽侯休养和平致然，而要以有年适会，安知非神力乎？即谓侯以神道致理可矣。侯讳云凤，号仪庭，河南汲县人，起家乡进士。

崇祯间邑令重修。国朝顺治十八年，邑令房公循矱重修。康熙十六年，邑令刘公可仕重修。康熙三十二年，署邑令路公坦重修。康熙四十七年，署邑令徐公益哲重建钟楼。乾隆十八年，邑令赵公云龙修庙，重建钟楼，工未竣。邑令刘公世宁踵成之。

玄坛庙　在县西六十五里永平乡蜀阜。明洪武中建。先是其境多虎，道士钱九五至龙虎山祈请神像，立庙于此。虎患遂息。

东岳庙　在县东湖文昌阁下首。

龙王庙　在县南山之麓。国朝雍正七年，县令王公仕源改米公书院为之，而迁米公主居庙后殿。

王仕源《龙神庙记》：

龙之为神也，司雨泽，利民生。邑皆祀之。淳独堙焉，典之阙也。己酉之岁，六月无雨。并走群望，有嘒其星。二十八日辛丑，祷于龙山，从父老请也。果得雨，田野且沾足，岁仍有秋。因议建祠以祀神，而地未得卜。过米公祠，上栋下宇，拉罗欲自坏，为吁嗟者久之。偶稽公旧政，知龙山祷应，公已有前事矣。厥庙之建，公盖有志而未逮者。因与父老议："盍借公之祠基，广其前以祀神，新其后以祀公，其诸公亦有乐于此与?"众皆画诺，则遂经营。不日而落成，浑然洞朴，无侈观也。是役也，捐俸同建则有学师成君、朱君，驻防耳君诸公。捐募绅士则有某某及某某诸子，而捕厅曹率某某等专司监督。其劬也倍焉。余窃喜成前贤之志，补应祀之阙，又以征龙山祷雨之验也。是为记。

火神庙 在南山。康熙四十七年，署令徐公益哲建。

三皇庙 在县西。先是在青溪南，元徙县西一里。今废，遗址犹存。

禹王庙 在县北十五里唐坂是峰下。国朝乾隆甲子，大水，乡人祷于禹，水即平。因建庙焉。

余遴《禹王庙记》：

禹之明德远矣哉！平地成天，功在万世。故王者崇德报功，靡弗庙而祀之者。若吾唐坂，僻处淳之一隅，夫安得有禹王庙耶？虽然，礼报本反始，不忘所自生。吾宗受姓由余，而系出于禹，世代虽辽远，为祖一也，则尊祖之心一也。或者其声灵渐被，亦将于兹式凭乎？虽然，吾宗之创为是庙也，则更有说。甲子秋，大水，新安江洊沆漉澌，横肆旁击，村外五六里居民缘江而近者，包庐舍决，田亩漂荡，不可胜数也。当是时，吾偕弟渐民急率族之人祷于祠，告神祖而请命焉。而天吴冯夷播虐于斯土者，较阖邑才什之二三，谓非大禹之默佑吾宗者乎？夫能御大灾则祀之，能捍大患则祀之。是岁巨浸，淳以偏邑而上廑宸衷，糜帑金庾米几十万，歌咏勤苦，盖痛定犹思痛也。而吾宗固晏然庆安澜焉。食其德而忘其报，夫何敢！且吾宗自东郭始迁，几四百年矣。不庙于前而庙于今，事诚有所因也。而有其举之，宁云僭与？爰与渐民暨宗老之济等卜址于是峰之麓，经始己巳十一月，竣于癸酉之八月。凡鸠工庀材，塈茨丹雘诸务，悉渐民董其成。遴乃熏沐而为之记。

五灵王庙 在县东城隍庙左。

五显庙 在县治内者，朔望行礼。余各乡村皆有庙。按钮玉樵云：洪武封赠死王事诸臣后，梦阵亡军士曰："臣等皆为国家死锋镝，不沐恩命。"因下诏凡江南北，不论乡市民居，于社左右，立尺一之庙。五人为伍，以享血食。故此庙最多。

山阴侯庙二 一在县东门外。

姚鸣鸾《重修东庙记》：

嘉靖壬午岁，余出牧于淳，始有治民事神之责。既至莅事阅三日，遍告群神。邑市分东西，古有二庙以祀神。庙之在东者，问其神之所自，则曰敕封灵顺侯叶府君，庙之在西者，则曰敕封山阴侯贺公。夫神一也，封爵一也，而有贺与叶之分。余始不能无疑。既而稽淳旧志及郡志所载，皆未有所谓叶姓者。按三国时，会稽山阴侯郡守贺公讳齐击定山越，以讨贼立功，封威武中郎将加偏将军，是封爵之源始于此。去县治数十里，地名叶乡，有贺将军祠，乃贺公立功之地。又谓叶乡土地，故以贺为叶。盖姓氏之讹始于此。余始慨然叹曰："若贺公之功德可谓大矣至矣。夫法施于民之谓德，以劳定国之谓功。若公之利泽及于民物，休光垂于后世，以护此一方民，是谓法施于民，德之至也。全吴借其辅翊，境土赖以保全，以树此不世功，是谓以劳定国，功之大也。夫以德及民，民亦以其德祀之。故曰：'黍稷非馨，明德惟馨。'以功及民，民亦以其功祀之。故曰：'肇敏戎功，用锡尔祉。贺公之功德及民无穷，则吾民之所以崇而报之者，庙祀亦无穷也。"是岁甲申，市东之人重修庙宇，凡木值工费皆民乐输，而督工经理之者则阴阳训术郑弘美，耆民方子畿、余世美、方俌诸人也。去之千百载，神像俨然，是固贺公功德之所致，亦我后人崇报之宜然。功成，居民咸请立石为记。余以公之德如是，功如是，后人之所以崇而报之者又如是，自不容已于言。是用书之以俟于后来者，知兴创之自云。

一在县西门外里许。

商辂《重建西庙记》：

淳安邑治之西，附郭之间，立庙祀神，其来久矣。近岁，庙厄于火，居人裒财重建，轮奂之美视旧有加。首事者以予邑人，走书求记。按是邑东西郭皆有庙，相传神为叶姓，或称叶府君，或称戈天将，竟莫知其所从始。及考旧志，乃谓叶当音歙，以为三国时贺太守庙。贺名齐，会稽山阴人。建安中，以威武中郎将讨平山越，始表歙东之叶乡新定里为始新县，隶新都郡。吴因以贺为太守，加偏将军，封山阴侯。始新即今县治也。县西北六十里之永平镇，有叶乡土地祠，又名贺将军祠，盖贺有功于民，殁而庙祀，人尊之曰叶公。理或然也。则此二庙为贺太守庙无疑，而府君、天将云者，因讹叶为姓，遂为附会臆度之说也。然一神而二庙，毋乃渎乎？盖邑市分东西坊，析而祀之，便祈祷耳。虽然，圣王之制祭祀也，法施于民则祀之，以死勤事、以劳定国则祀之，能御大灾、捍大患则祀之。非此者，谓之淫祀，无福。若贺之辟土置邑，非以劳定国者乎？非法施于民者乎？是宜邑之人饮食必祭。水旱疾疫，凡有求必祷，惴惴然若子弟之事父兄，岂徒专以徼福，亦以报德于神云尔。此其正直之气，殆与山川相为悠久哉，故能使人爱而慕之，畏而敬之，千载犹一日，可谓灵也已。若诸葛孔明之于蜀，关云长之于襄，张翼德之于荆，是皆功施一世而庙食百世。若侯者，庶几似之哉！予故辨其伪而归之真，以明庙祀之正，以解时人之惑，使来者有所考焉。庙之建，肇工于成化丁亥之腊月，至明年之仲冬讫工，凡用材力，人皆乐助，是用列其姓名于碑阴。遂书以为记。

庙之在西者，配食汉南部行事南郡守关内侯方公侪，在东者，配食本州别驾黟侯方公观之。盖二侯为此土人，而神则守土者也。东西庙今各修饰，为一邑壮丽之观。

戈府君庙　在县西五里。旧传吴越时，府君提兵御寇，战不利，为敌所执，不屈，断其头弃之。府君右手握剑，左手自提其头，行至此，仆焉。既而风雨晦冥，雷电交作，乡人骇异，即所仆处立庙祀之。

英烈项王庙　在县东五十里。盖西楚霸王行祠也。乡多项姓，亦溯厥所自耳。

真应庙　在县学东南。祀汉尚书令黟侯方储。宋政和七年，邑人方适、方弈与父老状其灵异，列于转运使。转运使为请于朝，赐今额。事详本传。茶坡、上方、赋溪俱有真应庙。

方瑞合《重修东山黟侯庙记》：

吾族之散处者概祀黟侯，其神明之道著也。自吾祖琦公迁茶坡，祀侯东北山下，几二百年。山下水通溪，名轩驻溪。侯乘鹤归来处，故溪桥亦名轩驻桥。桥下水汇可二亩，蒹蒲蔚然，丘壑冷然。由桥陟庙，一望平田广坂，树林蓊翳，隔岸云峦稠叠如绣，一伟观也。但庙制草具，久益倾圮。岁时拜奠，少登望之乐。又旁无余室可庇缁素，考钟伐鼓有缺焉。时兵革稍息，秋禾用登。余与族人谋而新之。长幼一心，欢然俯首。于是敛资若干，运木移石。倡始于某年月日，讫工于某年月日。共计庙堂若干楹，旁翼室若干楹，而庙以成。檐瓦翼如，阶陀砥如，心目爽垲，人神感通，则神明之道益著。降福穰穰，有自来矣。于是徘徊上下，更议结亭于桥畔，蓄衍芙渠，布溉竹木，俾往来观者眼界一新，皆踵事增华责也。康熙庚申岁秋九月记。

仙翁庙　在县东北二十五里鹤迹石之左。宋裔孙方邦基立庙以祀黟侯储，以南部行事侪、忠烈俨配之。明洪武初，裔孙方均甫重整。

忠烈侯庙　在县南一里龟山上，旧名都督庙。相传为方储之弟名俨，后汉时为大都督。原庙在青溪南濒江，改建于南山，因名都督山。宋嘉定丙子，县尉何元寿考神封爵，匾曰忠烈侯。明成化十三年，邑人应颢重新之。今废。

南部行事庙　在县西一里。相传为方储之兄名侪，后汉时封关内侯，补南部行事。

五龙庙　在县东北五里。相传祀方储之子名观之，汉举孝廉，为本州岛别驾，东都秘书郎，袭父黟侯爵。

洪仁广信王庙　在县西六十里永平寨右。神姓柳，东晋时新安内史。庙今属威平镇。

孚惠庙　在县东六十里。成化旧志云，神姓何，名文建，仕陈为吏部侍郎，以谗死，归葬万程里，数显灵异，乡人祠之。一名何侍郎庙。宋淳熙十二年，赐额孚惠。绍定五年，封昭利侯。咸淳二年，加灵顺侯。庙之西，有墓。明洪武三十年，嗣孙知府何敦善重建。

乌龙王庙三　一在县东北七十里，清平乡寻凤里。按：章岷所作《乌龙山庙记》载，邵仁详之先，因石勒之乱渡江，有名敷者尝为东阳太守，敷之孙曰坦，仕为新安令。宋元嘉二年卒，葬青溪之现凤山。时有相其墓者，曰后当王侯之封。宋齐间，使望气者占之，因断其地脉。后有相者云犹当出阴中王。唐贞观三年，仁详以处士为建德令周光敏所害，且死，语人曰："立庙祀我，当福汝。"梁开平元年，封贞应王。宋熙宁八年封仁安灵应王。绍兴十二年，赐额广济。相墓者言果验。本庙在府城北乌龙山。于此庙碑刻，元祐三年，邵宗旺等建。一在县东五十里太平乡，邵招建。一在合洋坦村，邵姓立。按：仁详，字安国，清平乡人。

灵惠庙　在县东七十里，神曰王克俭，唐为都押衙。子孙立庙祀之。祈祷辄应。累封忠顺、灵惠侯。宋绍兴中赐今额。

灵王庙　在县北六十五里。王拔文仕唐为江都令，子孙立庙于文屏山。

忠助庙 在县西，一名忠济侯祠。神姓汪，名广，即歙郡英济王之子也。仕唐为飞骑尉，殁封忠济侯。宋绍兴壬子暴水，众请于神，水即退。赐曰忠助。

英烈钱王庙 在县西七十里，神姓钱氏，长名罍，季名爨，语在武功传中，王有别业在邑西永平乡。宋绍定庚寅，江东部使者列其功，请立祠于严，赐号英烈。绍定癸巳，歙民复请赐爵，乃封罍为惠显侯，爨为惠济侯。庙额则丞相乔行简所书，今尚存。

王押衙庙 在县西北一百里。旧志云神事吴越，以勇力闻，御盗有功。宋绍兴中，张耆叛兵犯境，民祷于神，贼遂奔溃。押衙者，藩镇官名。疑即灵惠庙神。

灵佑庙 在县东北一百里，神姓范，名稔。宋宣和中，以神兵助辛兴宗讨贼有功。兴宗表闻于朝，诏赐今额。邑人邵拱为记。

洪四相公庙 在县北六十里奎峰。宋宣和间，御寇有功，殁封相公。里人为之立庙。

云蒙庙 在县南二十五里云蒙山麓，神姓陈，陈留人。宋建炎中，官军讨叛，有白衣人为先锋导之。质其姓名，答以居云蒙山，姓陈，卒然不见。遂擒贼，始悟神之助，封镇国王。

三元帅庙 在县西九十里滁黄洲，其神姓一陈、一胡、一方，隐此学道，累示奇状，为地方所敬信。殁后，为之立庙。水旱祈祷应如响，俗尊为“三大元帅”云。

华光庙 在县北梅源。

项仙姑庙 在县东南五十里。相传项氏姊妹自其家归宁，觅渡不获，因以帔为梁而过之。后名其地为渡渎。

关帝庙 在县城东郭。国朝雍正七年，县令王公仕源奉旨特建，春秋及圣诞祀以太牢，荣封三代，为光昭公、裕昌公、成忠公，俱春秋致祭，供祠之寝殿。

吴泰伯祠 在县东三十里太平乡云村。

吴贯《小嵩山泰伯祠》记：

嵩山下旧有泰伯祠，宋咸淳中，进士吴攀龙所建，匾曰至德。明宣德正统间，吴晋、吴士才整新之，肖以像，岁时祭祀。后佥事吴钦以予姓繁衍，祠隘不能容，乃称廓其规模，轮奂聿新，益以延陵季子札配享焉。

徐偃王祠　在县西八十里黄金里。徐氏由衢州之龙邱湖头徙居于其地，故立祠以祀之。

贺太守祠　在县西北六十里，乡人以其尝立栅于此拒山越，始分叶乡为郡，立庙祀之，曰叶乡土地，即山阴侯。

战胜将军祠　在县南石峡中。相传山阴侯贺尝战山越于其处，民因立祠。耕者往往于其地获铜镞弩矢云。

方仙翁祠　在县东四十里桃源，即方储。宋乾道中，进士方括建。明正统间，方进重修。

方有开《方仙翁祠》诗：

真仙祠馆锁晴岩，下瞰平畴十里宽。谱牒尚遗唐篆额，风仪仍是汉衣冠。

紫芝白兔灵如昨，石竭丹湖事不刊。千载仍孙牛马走，敬瞻遗像仰高寒。

灵顺侯祠　在县东南。

广惠行祠　在县南。宋嘉定中，邑令应公与权建。

陈府君祠　在县东北三十里屏风岩。相传神，青州人，唐龙德中为还淳令。黄巢乱，与其二子率邑人避岩上，巢兵图之七日，乃引弓发石击之，巢兵大溃，杀伤无筭，涧流为丹。邑人德之，为立祠焉。

夏相公祠　在县南二十里。相传神禹之后。

朱府君祠　在县西七里西洲上。相传神名同，未详何许人。祠立已久。经方腊之乱不毁。凡祈祷皆验。今洲民多朱姓云。

宋相公祠　在邑东北五十里伊川。相传南唐宋齐邱尝避地于此终焉。按：齐邱，字子嵩，洪州庐陵人，以进士历官宰相，封青阳伯赐，号九华先生，曾为浙西节度使，终于九华。不知此何据，且为何神也？今伊川宋姓皆其后裔，立祠祀之。且云墓在伊源，石碑犹存。

越国侯洪郜公祠　在县北武绥。

始新令邵坦祠　在太平乡西山，孚惠王庙后。

融堂先生祠　故在文庙西庑。宋宝祐中，邑令石公孝闻重建。今并入文公祠。

蛟峰先生祠　在县北巩安门外四里石峡书院中。元至大二年，达鲁花赤爱祖丁建。

静乐先生祠　在县东上贵里。先生姓方，讳昊，唐末人。明成化十二年，裔孙文杰重建。

海公祠　在县西察院左，邑民钱德贞、余元恭捐地建。万历间，邑令吴公天洪改建于南山之麓。

徐楚《海公祠》诗：

垣屋萧萧锦水涯，舟人指点海公祠。风波自不惊三黜，暮夜谁能枉四知。

虎口脱离濒死日，龙颜回顾再生时。百年借寇天阍远，惟有棠阴系去思。

李高《海忠介公祠》诗：

嶙峋忠介冠群伦，昭代如公有几人。一疏回天曾格帝，两期勤政尚留春。

当年白简悬霄汉，此日清风彻水滨。遗像仰瞻南巘麓，凛然袍笏喜相亲。

方士颖《谒海忠介公祠》诗：

曾编治谱泽斯民，劲烈风追古大臣。抗疏枫宸还折槛，持纲柏府尚埋轮。

衣冠座凛威仪旧，俎豆坛昭典制新。一曲空潭寒贮月，澄光永照骨嶙峋。

邑人吴希哲有记。邑令翁恕有记。

萧公祠　在东门外，为邑令萧公元冈立。

杨公祠　在青溪楼下，为邑令杨公廷杰立。

忠义孝弟祠　已见《学校志》。

节孝祠　在名宦祠左。国朝雍正四年，县令姚公永先奉文建，并树石坊于祠前。

土地祠　在县治者二，在尉治者一，在儒学者一。

续纂坛庙

城隍庙　旧庙毁于匪。同治间，邑人募捐重建。光绪甲申，知县李诗谕邑绅集捐修葺，并建复观音阁、吕祖殿等处。

山阴侯庙　东庙，咸丰庚申毁于发逆，幸正殿仪门岿然如故。惟时避暑楼尚存。同治丙寅，又被暴风折尽。戊辰，邑人募捐重修正殿及仪门。光绪壬午，知县李诗谕绅士集捐大为修葺，并重建避暑楼及楼前侧屋等处，而旧规顿复，计费数千缗。

西庙　道光庚子重修。

知县陆之栋记：

自昔法施于民，以劳定国，能御大灾捍大患者，皆在祀典。盖崇德报功，人心所系，有其举之，莫敢废也。淳安山阴侯贺公，辟土开疆，福国佑民。自后汉以来，都人士立庙祀神，东西两峙，而西庙据上游，称古庙。丙申岁，余摄篆是邑，甫下车，亲谒侯祠，灵爽如在。自是每逢朔望亦必敬谒。越丁酉夏，既遭霪雨，复逢旱曦，一心虔祷，如响斯应。何神之相余而福民者如是之深也！后因座前正楹朽蠹，脆弱将不胜任。多士欲易木以石，并座右大宲而仍易之木。谋于余，余捐俸百金以助修葺，事未果。多士旋扶鸾请神决之，神示以诗而知神之灵固昭昭也。爰议董事，持簿醵金，鸠工庀材，栋云飙起，柱石屹如。行见磐固永安，应千载而弥坚。复制寝殿内琉璃屏数扇，以壮观瞻焉。其殿之左右鼎新，而神座暨堂宇门庑，黝垩丹漆，皓壁皜曜，丹桂歙艳，炜炜煌煌，美矣至矣。左翼嘉会行厅与奎楼相接，彰施设色，焕然一新。引而进之，易历任泽民长生位于观音阁下，以循行后宫，出入必由是路过位者，肃然敬起也。左侧一椽改贮仪卫什物所，俾世守勿替。步入尊亲殿，孝忠所存焉。前此檐牙逼仄，风雨零乱，潜侵神座。爰易旧规而统缮修，垂以重檐，通以复道，座宇列其崇隆，像颜加以华采，层栌曲枅，炳焕可观。且也门闼开而清风臻，窗户辟而祥曦蔼，晨光闪照，流景外烻，洵攸芋攸跻之佳境也。连而及者，雉山书屋，后壁藜照，文光奕奕，开琢石窗，得窥远迩景色。庭前双桂参天，清气逼人。扩尺水鱼飞故址，地广数武，而回旋者宏且敞矣。雕墙杰耸，窪池漭沆。时觇楼台倒影游鱼，随波上下，足助文人兴致焉。最后高阁凌云，轩窗四启，绣栭云楣，丰丽博敞。面门之南，新置石台石盘，左载假山，石骨嶙峋，右栽古柏，虬枝蓊郁。长廊广庑，错采镂金，罔不精妙。转阁而北，翠峦环绕，额题“翠屏如障”四字，中壁嵌录陈寿《三国志·贺公传》。闬闳高敞，櫺槛邵张，坐榻净几，悉布置得宜。圃外多隙地，拓而广之，崇墉言言，计数十丈。园有二小池，一畜文鳞，一植荷蕖。池畔有牡丹，台榭四围植种花木，随时秀发，绿房红药，与山光云影相辉映，令人徘徊久之不忍去。凡此皆以安神灵也。至庙前灵台及两隅亭，皆光明熠爚，与日月争辉。台后阶戺下，既勤垣墉，径途曲折，树木荫翳，俾扁舟往来，临江眺望，可倾心动目而仰神威。更以余赀新及舆卫与春秋陈设案几外，又置田产若干以备岁时修理。猗欤盛矣！落成后，诸绅士邮函属余记之。余惟神之福斯土者无尽，而余曩日莅斯土赖神之相佑者尤深。是役也，虽敦事者同心协力，不惮勤劳，而要非神灵默相佑庇，何以克蒇厥事？邑之人宜其春秋永祀，崇奉靡既也。计经始于丁酉之夏，告竣于庚子之秋。阅二十余甲子，由朴斫蔇茨，以迄丹雘，凡工作材物，约费二千三百缗有奇。因其颠末，与乐输者姓名、银数，并列于左。董事则别置一石，以均垂不朽云。

咸丰庚申，粤匪扰境，虽未被毁而倾折殆甚。光绪己卯，邑人募捐重修。辛巳复修整北轩等处。

冢墓

兆域之辨，掌自墓大夫，其制古矣。有淳以来，龙山四望间，罣如旷如，半归零落，姑第勿深考。若名贤之功德，麟麟炳炳，死而有精爽。至于神明衣冠剑履之藏丰碑，要自肖然也。怀古情深，能无文子九原之叹？志冢墓。

周

越王墓　在县东北六十五里。旧传越王兵败至此，问地名，或曰此名角头，因叹曰："吾无所之矣。"饮恨而卒，其众负土成坟，三陇相连，各高十余丈。

按：本县仅此一乡至今为越语，妇人必环钗重裙，与比邻言语不同。然三坟不知是何年代，亦莫知为何越王也。

汉

尚书令黟侯方储墓　在县治东南，墓前有灵应庙。唐左台御史张文成有记。

方士颖《拜远祖汉黟侯墓》诗：

图书象纬学兼精，策冠贤良擢帝廷。券锡侯封标汉史，碑崇庙祀勒唐铭。

层峦远抱烟云碧，秃树高悬薜荔青。羽化当年轩控鹤，遗踪印石覆疏亭。

晋

龙骧将军汪文和墓　在小金山左。知县严贞度重竖碑，裔孙左司马汪道昆纪事。

太宰司马晞墓　在县西二里。据《新安志》云，太宰坟即司马晞徙居于此而薨，遂葬兹地。所立三坟高二丈。后迁柩，余空冢。

尚书洪绍基墓　在县东北四十五里天乐观。后其子纂为始新令，因合葬焉。

兵部尚书上虞县开国公方操墓　在县东二十九里田里。

陈

吏部侍郎何文建墓　在县东六十里万程。

唐

宰相宋齐邱墓　在县东北五十里伊源宫墓。

始新令邵坦墓　在县东龙山乡，邵仁详之曾祖也。俗名飞沙墓。元和四年，翰林学士白居易为记。

封忠顺英烈侯王克俭墓　在县东北六十里昌期乡。

处士邵仁详墓　在县东南清平乡寻凤里。父文爽葬西山庙上。

后梁

大理评事任盛墓　在县东三十里曹湖上沙。

吴越

处士方昊墓　在县东北五十里上贵寺前。

太子宾客童頵墓　在县南二十五里松林坂。頵尝受钱氏诰命及所给二印，其裔孙收藏，见存。

尚书鲁倩墓　在县北一百二十里。倩仕吴越，为银青光禄大夫。子孙所藏文穆王手帖及剑笏犹存。

宋

驸马童宏墓　在县山后桐岭高田坞。

汪若浚《童驸马墓》诗：

孤坟无令节，古木自黄昏。见说金鱼掘，何由宝玦存。

露寒萧史骨，月吊凤台魂。尚想豪华处，歌钟日夜喧。

义军将军王鐇墓　在永平乡环水湾。建炎间，鐇击寇有功，吕葵为铭。御史王宾赞之。

杨宇墓　在辽源巧坑。宇，本开封人，宋宁宗杨后大父也，从家淳安，因葬焉。子永阳王杨纪墓祔。

郡马余宗华墓　在县东十五里青嵩坞口。

司谏江公望墓 在县东五十里。

承信郎钱罍墓 在县西七十里岙坑，夫人墓在蛟池，后封惠显侯。

承信郎钱鬻墓 在县西六十里香油坞，封惠济侯。

金紫光禄大夫方闾墓 在茶坡东北。闾卒，命殓以金章葬焉。孙知县渊祔。

秘阁校勘钱时墓 在永平乡。门人吕人龙志墓。

吴暾《融堂先生墓表记》：

先生既没七十有八年，而托体之藏，芜秽浸没，行道嗟伤。至治元年，少府郑公来治兹邑，属沿府檄过墓下，叹息追慕，亟命汛扫兆域，祭以特牲，以石甃级，树以双表，然后里俗群然知吾道之可尊，斯文之不坠也。暾虽末学，尝读先生之书以自淑，故不敢让而为之记。先生家邑之蜀阜，墓在故居之侧。至治壬戌十月望日。

方一夔《谒融堂墓》诗：

安车束帛此招贤，梦冷冬窝又一年。已自无人守坟墓，空令过客问山川。

时方大用文公学，士亦深排陆子禅。回首蜀天青不尽，临风一酹一凄然。

廉访副使邵源墓 在县西古宪司前。

秘阁校理方恪墓 在县东北二十五里进贤里凤鸾墩。

吏部尚书方逢辰墓 在县西八里安溪。

资政学士文及翁《方蛟峰墓铭》：

猗与先朝，以儒立国。道理最大，继天立极。於穆理皇，道久化成。观乎人文，理学大明。上章掩茂，如日正中。九宾胪唱，魁首擢公。廷策万言，具在国史。屹立朝端，凛凛奏议。排奸指佞，责难谓恭。尧仁如天，黯直亦容。麾节所临，仁声义气。经济之才，公辅之器。天步孔艰，跼蹐石峡。著书满家，经传史册。驱旌之招，循墙以避。臣心惟一，帝临无二。我之于公，志合道同。熙明启沃，相勉报忠。公之云亡，孰不流涕。千里而遥，编示状志。不泯其实，乃系以铭。刻之金石，炳若丹青。

翰林侍讲学士黄溍为表。

大理卿黄蜕墓 在县东三十里合洋。

御史何梦桂墓 在县东北安乐乡文昌里琅佩山。

谏议胡国珍墓 在静乐寺傍。

刺史胡元圭墓　在东溪侯家山。

本邑令应与权墓　在城西环翠门内古城勘金盘形。

婺州教授任体仁墓　在县南三十四都金钗形。

真州教授任桂发墓　在县东二十五里株林。

大理评事吴涟墓　在县北二十五里木瓜坞。

官监大使吴党墓　在县东三十五里石村平林。

福建节度使吴骥墓　在县东三十六里控源。

进士洪应高墓　在县北六十里富贤。

永福知县吴诚墓　在石村。礼部侍郎吴语墓在墓前。

元

三贤墓　在县治西古城，合葬孝子姜兼、翰林吴暾、举人夏溥。暾祖唐进士吴超亦葬墓左。

督学副提举鲁渊墓　在县北九十里庄头罗带形。

明

布政使宋兴墓　在太平乡桃源。

锦衣卫镇抚王勇墓　在县东二十里夏山蟹形。

吏部侍郎项文曜墓　在县东五十里安福乡。

太傅谥文毅商辂墓　在县南十里仁寿乡。朝廷遣官致祭，命有司如制营葬。尹直为墓志。

工部尚书谥庄懿胡拱辰墓　在县西普慈坊。朝廷赐祭葬。

徐楚《吊胡司空墓》诗：

邑郭西偏数里村，司空敕葬此高原。墓田尽已归新主，狐兔犹如守故墦。

路卧石麟何日起，草深翁仲不能言。百年遗爱存黟士，桂醑还闻酹一樽。

工部尚书谥康懿徐贯墓　在县西永平乡。朝廷遣官营葬。今改迁威坪。

兵部郎中吴福墓　在县东三十里云峰小嵩山下。

贵州按察司副使方中墓　在县东。

广东参议徐鉴墓　在县西七十里赤石岭南石坞。

滁州知州方昶墓　在县东七十里鉴湖岭后蛇形。

福建左参议应颢墓 在县南二十里前村紫金林。

福建副使周瑄墓 在县西武安桥里。今改迁溪南金钩形之右。

江西右参议方辅墓 在县东茶园花坟。

南京兵部郎中何礼墓 在县东北六十里文昌郎堨。

河南参政何升墓 在县北七十里塘下。

大仆寺卿方汉墓 在县东二十五里进贤里凤鸾墩。朝廷谕祭葬。

云南左布政司使洪弼墓 在县东五十里锦溪水埠。

山东参议程愈墓 在仁寿乡南塘。

兵部尚书林瀚《程参议墓表》：

君讳愈，字节之，号味道，治《春秋》，补博士弟子。大学士商文毅公深加器重，为赋味道斋诗。成化辛卯，魁乡省。辛丑，上春官。予时滥与校文，得君卷，知为老成士，置上第，观政于工部。以都水主事出理济宁河道，考最，改礼部精膳员外。又奉命宣谕大同，还，进主客正郎，益声望晔然荐绅中矣。积年著劳，法当内补，而以守正不阿，当道抑之，乃擢参议山东，舆论哗然。君曰："吾虑负官，官奚负我哉?"兴革利弊，事单厥心。巡抚王公俨雅重君，谓实诸司之翘楚也。会阙里文庙灾，王公以君主其役，而同事贪鄙者欲有所私。君语侵之。同事睚眦焉，竟抑郁抱疾而逝。呜呼！君诚一代伟人，严而恕，介而通，毅而不屈，有志于经世，未究其用，不亦重可惜与?

广西按察使吴倬墓 在县东龙山乡金釜山之麓。

湖广右参政王宥墓 在县西七十五里蛟池。

贵州左参议方天雨墓 在县东。

江西参政何绍正墓 在县北六十里堰坂后。

御史吴祚墓 在县东。

湖广按察司佥事吴钦墓 在县东四十里合洋金阜塘。

四川省参政徐楚墓 在蛟池。

湖广参政徐应簧墓 在县西十里。

陕西廉使徐廷绶墓 在六都木瓜坞。

福建副使方学龙墓 在县东三十里掌坪。

广东副使吴一栻墓 在县东四十里孝公塘金钗形。

湖广按察司副使方尚恂墓　在县东南五十里密山麓。

吏科给事吴希哲墓　在县东四十里洒川。

陈州知府何荣善墓　在县东北七十里邦坞。

南安知府何敦善墓　在县东北七十里南园墓。

崇明慈利两县知县程烓墓　在县西南安溪口象形。

凤阳留守经历胡尚彩墓　在县西南五十里杨家蓬。

景泰知县何环墓　在县北一百二十里阵头。

大宁知县吴希敏墓　在县南武源黄金坪。

新淦知县吴达和墓　在县东七十里正溪罗带形。

武进知县吴文泮墓　在县东四十里合洋凰山之麓。

赠大理卿黄渊墓　在县东三十里富占姥山下。

赠大理卿黄岩墓　在新城县新城港下小皇山。

赠尚书兼翰林学士商敬中墓　在县南辽源龙门湾。吏部尚书叶盛撰记。

赠尚书兼翰林学士商仲瑄墓　在辽源巧坑之阳。

赠太子少保尚书徐宗显墓　在县西永平乡岙岭外。

赠太子少保尚书徐士威墓　在永平乡天堂坞。

赠尚书胡泽墓　在县西梓桐庄竹岭。

赠侍郎项仕显墓　在县东安福乡石门。

赠给事中徐士恭墓　在县西横村。

封御史应惟善墓　在县南向家源螃蟹形。

赠主事周景辉墓　在县东杉柏源下洲坞。

赠尚书胡世良墓　在县西梓桐乡双桂里露塘源。

赠太仆卿方本康墓　在进贤里虎峰。

赠员外郎程敏恭墓　在县西南安溪口象形。

赠文林郎程文楷墓　在仁寿乡南塘花墙里。

王守仁墓碑：

吾友程君守夫，以弘治丁巳之春卒于京。今嘉靖甲申，二十有八年矣。呜呼！朋友之墓有宿草，则勿哭，而吾于君，尚不能无潸然也。君之父味道公，与家君同年进士，相知甚厚。故吾与君有通家之谊。弘治壬子，又同举于乡，已而又同卒业于北雍，密迩居者四年有余。凡风雪之辰，花月之夕，山水郊园之游，无不与共。盖为时甚久而为迹甚密也，而未尝见君有愤词忤色，情日益笃，礼日益恭。其在家庭雝雝于于，内外无间，交海内之士，无贵贱少长，咸敬而爱之。虽粗鄙暴悍，遇君未有不熏然而心醉者。当是时，予方驰骛于举业辞章之末，以相矜高为事。虽知爱重君，而尚未知其天资之难得也。其后，君既没，予亦入仕，往往以粗浮之气得罪于人，稍知创艾，始思君为不可及。寻谪贵阳，独居幽寂穷苦之乡，困心衡虑，乃从事于性情之学，方自苦其胜心之难克，而客气之易动也。又见夫世之学者，率多娟嫉险隘，不能去其有我之私，以共明天下之学，成天下之务，皆起于胜心客气之为患耳。于是益思君之美质，盖天然近道者。惜乎当时，莫有以圣贤之学启之者。有启之者，其怡然理顺将如决水之赴壑矣。呜呼惜哉！乃今稍见端绪，有足以启君者，而已不可作矣。君之子太学生炷致君临没之言，欲予与林君利瞻为之表志。林君既为之表，而君之葬已久，志已无所及，则为书其墓之碑，聊以识吾之哀思。夫君者不从交游驰逐之好而已。君讳文楷，世居严之淳安，其详已具于表。

赠员外郎徐让墓　在县西永平乡龟山。

赠知府徐晔墓　在县西七都唐田。

赠主事宋仲坚墓　在桃源瓜藤形。

赠河南参政何公郁墓　在县北七十里塘下。

封南京刑部主事吴士才墓　在县东三十里云峰小嵩山下。

封刑科给事吴一栋光禄寺署丞吴奎光合墓　在华光楼骆驼山下眠犬形。

赠文林郎童一麟墓　在县北一百里交塘。

县丞李才衣冠墓　在县南山川坛左。

顾婆墓　在县西。

贞烈项氏墓　在龙泉庄。

国　朝

新淦知县胡之琳墓　在县西南六十七里宋家坞口。

山东济宁知州徐士讷墓　在县西六十里金坂。

教谕吴肇中州同吴敏中父吴人璐墓　在县南十五里黄芝塘。

户部郎中吴贯墓　在县东三十里金鸡石。

赠奉直大夫徐友衡墓　在县西六十里金坂飞源。

赠文林郎东乡知县吴仁寿墓　在县东张坑胡郎塔。

义 冢　一在县溪南二百步，成化十二年，按察副使应颢舍地为之。一在云溪方高山，里人宋守学捐地建。

广孝处　共五所，西郭、永平、渡市、港口、茶园各一，邑令张公三让立。

如归墓　在县东二十五里卢溪。乾隆甲子，洪水，棺柩蔽江而下，其泊在卢溪者不下数百余。歙人追认舁归外，里人卢德麟择地瘗埋之，题曰如归墓。

续纂冢墓

丰润知县方棨如墓　在蟹坑蟠龙形。

典史侯兆瑞顾拱熙墓　在桐岭上青石垄石凸头下。

典史袁镇嵩有记：

侯卒于官，顾有经世才。咸丰间，粤匪窜淳，邑无令，顾时率乡团击贼，旋以病故。邑人哀之，为之合葬。爰醵金为会，春秋祭祀焉。

光绪淳安县志卷之四

方舆志四　故迹　寺观

故　迹

今一人之身也，俯仰陈迹，见某水某丘，童子所尝钓游，犹低徊留之不忍去。况远者数百年，近者亦百十年，其间高台深池，故蹊新术，以及山巉冢刻，断石残碑，高人逸士里居栖托之处所，于今或有或无，而古老相传，轶见他说，使人经过想象，临眺踌躇，或叹旧而怀贤，或感时而抚事，笔之于书，亦所谓旧国旧都，望之畅然者也。志故迹。

贺　城　《舆地志》云：贺齐所筑，讫唐神功，历四百八十九年，常为郡治。其子城周回二里二百二十五步。今县乃其旧址。县西古城，乃其外城也。旧府志云：建安开设郡县，旧址在淳安雉山对处。

太子城　在县西二十里梓桐乡普慈山之巅。相传晋太子尝避地筑城于上。其西首有石山、石岩，虎石、虎溪，遗址犹存。

始新县城　在县西六十里永平乡。本汉歙县之叶乡新定里也。新安分丹阳之歙县立始新县，即其地。

《水经注》：浙江又左，合绝溪溪水出始新县西，东迳县故城。

《方舆纪要》：淳安县西六十里威平镇，贺齐置县于此。

雉山县　在县南二里。隋大业初，迁此，改始新曰雉山县，仍为州治。唐神功元年，州移建德，而县始徙今治。

锦溪馆　宋淳熙辛丑夏四月，邑令陈公晔建。

陈晔《锦溪馆记》：

县有驿，其来旧矣。始创于大门之右，名曰青溪。逮宣和庚子之后，既坏而复，更曰新安。久且圮。属大门之左，有官舍数楹，因以葺治而其名不立。每簿领至，即以为廨。甫营之，又为酒官乘虚以居。时有上官之戾止与夫宾客之往来，皆无所憩泊。不得已，则之黌宫焉。或以公事至者，坐讲堂施鞭挞累桎于殿庑间。士类至今言之，犹颦呻也。晔既新学，酒官又去，视民口闲暇可以集事，爰整旧观，扁为锦溪馆。并叙始末以告后来，幸毋使袭昔之迹也。

雉山馆　在县西南。五代时建。

古　渠　在县治南，引西山泉横贯市中。详《水利》。

血　湖　在县西永平乡堨村。相传方储兄侪、弟俨为丞相张林所谗，以五月五日自刎，两血相溅，高二丈余，湖水变赤，以此故名。

栅　源　在县东北昌期乡。吴贺齐与山越战，树栅于此。见明《一统志》。

仙　坛　在县西北数里，冈阜隆起，松竹茂密，居然若在尘外。洪氏即其中架屋数楹，以待方外之士。《旧志》云见《隋书》。

时里石门　在县西十里。《舆地志》云：石门关者，神门也。常为雾塞，无人得见。孙和太子避难至此，逢大雨，平地尽没，即以白牛白马祠祭天地神祇，三日雨歇，见有石门俨然。今迹见存。

留侯坞　在县南六十里武源白云山，有留侯墓，子辟疆祖祔焉。张氏子孙主之。相传留侯辟谷于此，倒屣入坞中，戒土人勿言。汉使追至，见无入坞之迹，遂去。至今石上履迹宛然。

按：史记留侯并葬黄石冢。《括地志》云：在沛东六十里。而《一统志》称墓在咸阳者亦失。吴文忠因沿其讹而见于诗。

宋吴文忠诗：

世为韩相矢捐身，决计归刘在弊秦。博浪椎飞嬴政魄，圯桥策耸沛公神。
赤松已践终南约，黄石何埋渭北尘。马鬣咸阳碑碣在，忽来荒谷卧麒麟。

宋齐邱读书石室　在县东北五十二里蔗山傍。五代时，齐邱尝读书于此焉。

按：齐邱，字子嵩，洪州庐陵人。考本传，未流寓浙东，而《一统志》《广舆记》有此。

天　井　在百照前山，江公望所居也。山之绝顶，有一石井，公望尝引丝一轮坠之，莫测其底，疑为龙湫。尝与乡人祷雨于此。

锦沙村　在县西八里，傍山依壑，素波澄映，锦石舒纹。冠军吴喜鼓枻游泛，弥旬忘返，叹曰名山幽谷，故不虚赏，使人忘朱门之志。见《太平寰宇记》《一统志》。

崔颢《锦沙村》诗：

北上途未半，南行岁已阑。孤舟下建德，江水入新安。

海近山常雨，溪深地早寒。行行泊不可，须及子陵滩。

宋监税务官廨　在县署西南。

宋酒务官廨　在县署东南。

宋酒务　在县治南。

宋税务　在县治东。

儒学仓　在学宫成德轩西。明弘治二年，邑令刘公篪移置魁星楼后东偏。今废。

祭器库　在戟门左。今废为吏舍。

宋新安驿　在城西，旧名青溪驿，后更名锦溪驿。

匏　居　在魁星阁北。司训卢世恺建。

卢世恺诗：

四射光风披绛席，一轮皓月伴灯宵。幸分奎壁青藜照，仰问匏星歌且谣。

今废。

相　庄　宋齐龙高创读书之堂，聚徒讲学。见万历府志。

方俨宅　在都督山。汉方俨所居，俨尝为大都督，因以名山。见《严陵志》。

方昊宅　在县北常乐乡。五代时，昊以节义自高，讲学上贵精舍，以终其身。见《名胜志》。

钱时宅　在县西七十里永平乡招贤里。融堂先生所居。其讲学著书之所，为斋者四，曰高斋、冬窝、安素、蜀阜，为堂者三，曰此山、敬止、庆光。登临吟咏之所，为亭者五，曰岿然、岁寒、咏归、山翁、野翁，吟光风霁月。其归自史馆，乃创经史阁，以贮书籍，融堂则慈湖杨简所书赠也。别有沧浪亭、亦亭、可亭，并在时故宅。见《新定续志》及《府志》。

吕人龙《新亭记》：

淳祐元年，融堂先生归自史馆，尽出蜀阜之奇而揭之亭。明年竣事，某侍先生历登焉。入门，竹萧萧夹道迎人，坡陀而上不数步，便觉清风有掖我尘外意，亦可少驻以自慰，曰亦亭。从亦亭而上，折而东去，又西南跻，以至山椒，修篁万个，环幽斋数十重，曰敬止。敬止之西，势隆然中起为一山，最高处亭八柱，冠其上曰岿然。先是，敬止诛茅立木，慈湖先生名之，遗墨在壁间。禹曰："安汝止。"文王曰："於缉熙敬止。"诵慈湖壁间所书，觉禹之为禹，文王之为文王，洋洋乎如在其上也。岿然高旷而洞乎八达。某问所以名，先生曰："先圣答子张之问，明备如此，不可重下注脚。"一笑而起。又西去数武，有大栎可数十围，高不知几千尺，势薄霄汉，方茂而未老也。古梅数株，淡然离立，花时而往，犹竦然敬爱。想绿阴覆地，鸣禽上下之时，使人恋恋不忍去，亦可亭矣，曰可亭。出可亭转西，路达山，隐隐然坡翁之旧隐也，有诗五章。先生后名达观堂，对峙名此山堂。蜀阜佳境至此尽矣。登山之履，自此止矣。此山堂后，墙门两柱，见者知其为山境，歧道左辟双扉，则见大舟轩然，势欲飞动。噫！此非傅岩之舟乎？不然凉秋八月，将乘此问银河路，取支机石乎？胡为无人呼渡，尽日自横也。自亦亭至山隐，大抵皆竹木森映，左右蔽亏。惟此亭浮空外寄，招引别山。西南当空一望楼，十里对面有山凝然，默与主相拱揖。先生自谓尤爱此。吟咏方殷，特号野翁吟亭。而下转山春，历牧庄，抵月池，徘徊咏归亭。晡晚，乃憩广塾，穷日之力，乐而忘归。是时宪使郡侯方交书招先生出。呜呼！有山如此，宜先生之未暇也。今夫世之役一民，试一吏，翩然入仕者，得如亦亭之高出尘外者乎？青衫白发，老死州县下僚者，不可胜数。其有艰难屈折，致身邃密，显志高明，百千万亿而无一二。官高则身危，望重则势逼，得如敬止，岿然之乐处其上乎？青冥垂翅，便为蹭蹬，方之可亭，吾未见其可也。而况去天益远，如弗克堪，奚有于达观、野翁吟？悬隔万里，愁锁天涯，视咏归之咏，广塾之广，又何如哉？语未竟，先生欣然而笑。虽然，孔子三月无君则皇皇然。孟子慕孔子周流忧世。方今明天子侧席求助者垂二十载，而屯难蹇塞，外则强邻虎噬，荡我边疆，内则贼吏蚕食，鱼肉吾赤子。回百川，起九死，将非其人不可。敢招诸亭而历告之，曰未可，以固我先生也。又再拜告于先生，曰未，可以逋我生灵也。先生默然不答。后五日，次第其词为记。

钱时山翁亭诗：

蜀阜山头老顿顽，白云深处小凭栏。头头总是侬家事，可笑游人作景看。

邵晃宅　在县东五十里霖岩洞。邑人邵晃读书于此。其子炳以进士补富阳簿，秩满而归，筑室于洞侧，隐居焉。有白云楼，人因称为白云先生。元祐中，通判杨备访之，名其洞曰霖岩。见《府志》。

商瑗宅　在县南辽源芝山。宋嘉祐中，西夏都知兵马瑗入朝奏事，因留家焉。今山麓多商姓所居。

黄蜕宅　在县东龙山乡合洋。宋淳祐间，黄蜕所居。今为柘山书院。

方逢辰宅　在县北灵岩山。逢辰居其下，更号蛟峰。见《严陵志》。

方逢嘉宅　在马岩山下。逢嘉累荐皆辞，号曰岩隐。见《名胜志》。

卢珏宅　在卢溪双玉里。珏宅产双竹，知州李介叔名其里曰双玉。见《新定续志》。

吕人龙宅　在永平乡凤山。人龙居其下，为世名儒。

胡椿龄宅　在东湖藕丝山。宋进士胡椿龄居之。

胡杲宅　在邑之双桂源。杲系宋人，五代义居。见《严陵志》。

迎恩楼　在县东二里。明正统十三年，主簿朱恩孝建。

天边风露楼　在县东十里赍爵。宋邑人卢珏建。珏善诗，濒江为楼，以供吟咏。

方逢辰记：

余自馆职言事不合以归，友人卢登父上春宫，就坐，嘱予记山楼颠末。余方入林，而登父将发轫，请因匾楼之义，共商之。宇宙间，一气耳。掀簸万物莫劲乎风，此天地之至刚。汎濯垓壤莫泽乎露，此天地之至洁。故风露，气之清以任者也。肖翘、惴耎，洪纤高下，莫不乘是以生，以潜以动，以华以实。故受气之不刚匪洁者，为朝菌，为秋蒲，为粪蝇，为裩虱。人亦然。贡、薛、韦、匡，用之，固葩萃阙庭。而熟视诸贤，骈首刀锯，束颈栗股于刑余之掌握，酿成汉鼎易姓之祸，君子贬其孱。柳宗元、刘禹锡、元微之之辈，非不文采焕烂，而比之匪人，不辨芳臭，万世秽之。信、越、平、布，拔荆棘，立赤帜，而顽钝无耻，似任而不清。西晋之士，揜鼻富贵，芥视六合，而无能为中原取一块土，似清而不任。三代而下，何寥寥乎？我思伯夷、伊尹，喜之慕之。孟轲氏曰："伯夷，圣之清；伊尹，圣之任。"虽然，轲特区别而言之。夷尹易地，一也。登父屋于溪山境，楼曰天边风露，白云赵汉宗匾也。风乎？露乎？取二气之刚且洁乎？陟而俯之，四望迢峣，郁乎苍苍而浸寒碧，蛟宅骊窟，楼之伟观也。左册右弦，积床牙缃，钜公名人，走笔龙蛇，楼之贮珍也。笠樵入林，斧烟丁丁，讴渔泊艇，燎月荧荧，楼之朝昏也。柘洲春蓝，菘町夏甲，圃秋桔霜，坡冬梅雪，楼之四时也。其人如玉，人醉我醒，踞吟风涛，己重物轻，楼之主宾也。斯主斯宾，历览四时，徜徉朝暮，挟贮珍，饱伟观，把酒吞英，风拂剑啸，劲气风露，在天乎？在我乎？穷则夷，达则尹，不绰绰乎？汉唐诸子之孱秽，当望避三舍。

卢珏诗二首：

十二栏干俯碧溪，凭高一览万山低。晴滩历历轻帆上，烟树重重幽鸟啼。
但觉兴随流水远，不知身与白云齐。年来先寄东君信，多种梅花在屋西。

百尺书楼足自怡，笔床茶具日相随。鉴开宇宙千年秘，拈出江山一段奇。
花露滴珠间点易，松风入座细论诗。眼前随分从吾好，此意人间几个知。

登云楼　在县东九十里。相传为方逢辰读书之所，蓬莱山人为记。

聚星楼　在马岩山。方逢辰读书之所。

赐书楼　在县南七十里芝山之麓。商辂建，以贮御书。

万卷楼　在县东四十里云坡。吴福建。

褒恩楼　在县西永平乡。徐楚建。

诰敕楼　徐楚建，以贮累朝诰敕。状元杨慎书匾。

五经楼　在县西九十里河溪。徐廷绶建。宋五经先生徐陟，其祖也，故名。

浩然楼　在邑之西隅。汪一淳建。

青溪胜概楼　即青溪胜概亭故址。明弘治五年，邑令刘令篪建，以处昏晓之待渡者。

鹤膝楼　在县东六十里正溪。明布政使洪弼建。

御书楼　在县东正溪。明御使洪堪建。

皆山楼　在县东南五十里赋溪。方尚恂建。

方尚恂诗十二首：

无钱可买钓鱼矶，收拾烟岚护隐扉。客至不须云缕白，青山几片赠君归。

一尊携醉芰荷频，笑语还看跃网鳞。只恐黄昏花倒影，横斜半掩月钩新。

竹阁幽岑野径通，拉将怪树伴吟翁。松间鹤梦从教稳，拟学王维扫叶童。

石溜淙淙夜雨声，杖藜闲仿晋渊明。怜君自带烟霞性，不与幽人寄傲情。

畦圃高低瘦竹围，药苗菜甲两初肥。道人坐卧花茵久，带得幽香入梦飞。

云外孤亭亢异踪，溪声吞互板桥舂。雨余树杪炊烟起，幻作前村四五峰。

人言深虑只青山，虑得樵童几往还。剥啄不知谈底事，忘机以听鸟音蛮。

遥看麦浪碧如湖，问雨呼晴噪野芜。为道阴晴还易料，世间苍狗不胜屠。

问青无计日登台，把盏天边意不回。醉引霞明归鹤翅，认将松影独飞来。

苍虬膏吼战秋垌，铁骑金戈奋鬣腥。知与寒鸦留日影，点人衣袂故青青。

双桐摇碧映枫丹，暮雨秋声骨欲寒。静对恍然玄思发，犹疑何处泻幽湍。

不与尘凡艳玉堆，偏宜香沁读书腮。岩扉不借高寒色，难道孤山尽种梅。

凝辉楼　在城东贺神庙后。康熙十年众建。

八景楼　在县东五十里茶园。邑人方瑞合建。

思　台　临江小阜，在县东南二十五里卢溪。元孝子姜兼既终父母丧且葬，时登陟其上，望墓哀号，以致思亲之意。

徐廷绶《过孝子台》诗：

溪转卢滩曲，台高孝子名。泪遗寒雨滴，思结片云横。

舟过人频指，山空鸟自鸣。寥寥千载下，青史有余评。

文昌楼　在东湖。明万历中，邑令萧公元冈建。今废。国朝雍正二年，知县高士模倡士民复之。

万寿亭　在邑城之西。宋时建，为祝圣朝元之所，南濒江岸，江鱼不准捕取，志虔也。

昌　亭　在县东十里。《舆地志》云：梁天监二年，郡守任昉于此送客，故名。今为任氏族居之地。《邑志》：发昌亭，即《通志》昌亭。今依《通志》。

凭远亭　**秋风亭**　**深秀亭**　**环碧亭**　并宋建。

同乐亭　**众乐亭**　**最胜亭**　**浮香亭**　并明建。

虬松亭　知县张一魁建。俱在县治内，今废。

赵汉宗《凭远亭》诗：

莎亭日日报平安，幽处依然绝往还。平野四围天一幅，有人踏雪看南山。

见山亭　哦松亭　并在丞厅内。今废。

南峰亭　在县南溪上。

方仲谋诗：

水色岚光照曲栏，芳春时节称游观。莺花不为少年惜，尊酒莫辞今日欢。

香逐好风来席上，景随佳句落毫端。人间胜事今犹古，谁识相并四者难。

物外亭　在南山，林木阴翳。

泉　亭　在仙翁井，一名冷水亭。

皇华亭　在县东二里。旧名迎恩楼，明邑令汪公贵重建改名。

青溪砥柱亭　在县东。明邑令萧公元冈建，为送迎驻节之所。

鹤迹亭　即点易亭。在县东北二十五里狮子山鹤迹石上。明洪武初，方君甫建。

徐应簧记：

汉史称方仙翁大廷策对，凡乱必剪之而后理，引剑断丝，遂擢第一。及阻郊祀，雨雹有验，封侯事，详哉其言之矣。今观其故里，左方有山巑案如狮状，冈前有怪石寻丈，名马石，鹤址纵横如新，世传为跨鹤飞翀处。《通志》所载“狮山鹤迹”是也。山之东，翁子孙聚族居焉。其西则合山当其溪流，渟泓若带。山之麓，故有点易轩，后渐就圮，而鹤迹亦浸以湮没。余戚心东，释合州事归，望其遗址，低徊久之，遂因旧名而新其亭。亭成，属不佞为记。余惟黄白飞升，神仙渺茫，儒者或不道。乃观青溪诗：“洞云深琐碧窗寒，滴露研朱点周易。”盖赋仙翁化鹤事也。此其说岂无稽，而事亦岂必尽漫。盖储公策纷丝，首廷对，当代侯之，而后人又从而尸祝之，此岂待飞升而后传。鹤迹之说，漫与信，固不足深论。心东再任合州，种种政绩，不愧清白家声。子婿孟傅伯仲竞爽，仙翁贻泽之远可卜也。是为记。

周上治诗：

抱易仙人去不还，只留鹤迹满空山。吾徒亦在空山外，千古云林啸咏间。

皆喜亭　在县南七十五里辽岭之巅，山径峻绝，跋涉者至此皆喜，因以名亭。

青云亭　在东湖。进士胡桀建，邑令林公罂有记。

寿星亭　在县西。胡拱辰建，学士程敏政记之。

涧松亭　在县西六十里蜀阜。

溪山风月亭　在县南。程以中构。

宋用张记：

环淳皆山也。青溪之南，有崒然而五出者，梅花峰也。其下风潭百顷，荡漾倒影，有匡庐彭蠡芙蓉照水之色。时也，月出其下，风行其间，则静体凝碧，微澜摇金，虚明相涵，道体呈露。昔时诸老抱奇负异者，往往有见于此，而有得于此，是故发为文章事业，多高峻明洁，出乎时辈之上。噫！风景不殊，而故老凋谢，其物色分留与人者，叹息无主。今吾程子以中，构亭其间，将奄而有之，名之曰溪山风月。士君子多歌咏之。俾予叙其卷。予闻赤壁清夜，好景无限，而黄州老仙以扁舟斗酒而来，则彼所谓无尽藏者，殆将括囊而去。况以中朝夕临眺，与之主宾相忘于悠久者乎？然则其所得者，未可以吾臆决言之也。虽然，目得之而为色，耳得之而为声，则皆造物之粗迹耳。是以伐木开径者无得于山，舟居水上者无得于水，披襟以当，停杯以问者无得于风月。吾知以中其所得者，盖将雍容乎夫子乐寿之地，逍遥乎周子光霁之天，非特为耳目谋也。序非予所敢言，书此以发诸君子歌咏之兴。

报本亭　在县南五里。孝子陈沧庐墓处。临海陈涵辉有记。

憩劳亭　在县南义合里。顺治十年，吴学璘、杨万春等捐基建。

憩露亭　在县十里召石渡。邑令赵公之鼎建。

闵圻申诗：

踹溪波撼小金山，西望新安去路弯。水势连天舟上系，旅人中道倦思还。

新亭突兀迎仙客，古渡迷离忆旧关。憩露芳名应不朽，甘棠遗泽水潺湲。

润生亭　在县北九十里马石潭上。文林郎童一麟建。分邑知州刘一贯有记。

德翠亭　在县北八十里。海公刚峰至其地，题其额曰“丰溪佳处”。

瑞恩亭　在县北三十里。贤溪人建。

回澜亭　在县北六十五里。文屏人建。

既济亭　在县北六十里。琅玡吴有珠建。

沈廷桂记：

淳安县北道通宣、歙，春夏之交，山溪暴泛，无一苇之杭，汔济濡尾，人苦之。一遇严寒酷暑，行李往来，渴如夸父，率以为畏途矣。而距治五十里，曰洄溪，为尤甚。吴君有珠悯焉，首创桥以便行者，复作亭于其山之麓，颜曰既济，盖取诸《易》。然易卦既济而复次之未济。盖恐靡不有初，鲜克有终。贤者兴而愚者废。为德不卒，济犹未也。故以为戒焉。今嗣君石臣，趾美前人，恐已事之遄往，或终止而道穷，重踵而增义输田数亩，以资住持，俾息肩者茹赵州之茶，便谢公之屐。登斯亭也，凭阑眺望，见夫诸山来朝，苍翠诡状，绮绾绣错，长虹卧波，水光潋滟，当亦怡然而忘倦矣。近石臣之子曰大成，从余游，为余道其颠末，而北乡之士过余者每述其善事，为记其略，以刻于石云。

济美亭　在县北九十五里吴山。

香华亭　在县东北育村。

方燊如记：

余展远祖隆公墓，至沙堤，遂拜黟侯祠。憩道左，见有木臃肿而偃者，支节坟起如决疣溃癰，而视其理则为龟皴，为蛇蜕，为鱼鳞马鬣，大可连抱，叩之其声犁然，苔卧绿沈，空翠欲滴，盖数百年梅木也。余三婆娑之，不能去。旁有山若颓而倚，东阡西陌，往往棋置田间，时有水声。浩荡之余，顾宗人拱北、名卿辈，指曰："此胜地也，诸君子有胜情兼有胜具，曷构数椽揽其胜？"拱北、名卿前曰："固将请之。盖先世香华亭遗址在是，亭圮已久而其名不没于人口，意有待而兴耶？量功命日，有成言矣，盍为我记之，且求令名焉。"余因语宗人《春秋》之义，泉台毁则讥之。泉台者，即台也。筑之，讥矣。乃毁之，复讥。公羊子曰："先为之，已毁之，如勿居而已矣。"兹邱于沙堤为尾闾，得亭以翼之，是褒斜穀之绾其口也，尾未揵，地气毋泄，既非郎台漱浣之比，而兴废举坠，有志竟成。使故国乔木顿还旧观，如枯杨之生稊，如起沟中之断而青黄之，则以一类万，凡川梁泽陂，昔有今亡者，诸君子必不忍弃之如遗迹，可卜也。传有之："名从主人"。香华之名，古矣。《春秋》大复古，又何求焉？遂次第其语属之。

万善亭　在县东二十五里山南。

聚秀亭　在县东七十里漠川。

三老亭　在县北。明成化间，琅玡吴氏兄弟三人：伯贡良，年九十七岁；仲贡理，年九十五岁；季贡伦，年九十九岁，同时受冠带。其后理之子潭，良之子光，伦之子津，建此以志寿考。有吴钦记，入《艺文》。

联辉阁 在县西六十里文殊庵。宋胡一之、胡南逢、胡诚一先后读书于此，联登进士，故名。

钱时诗：

拂拂精蓝护翠云，几番雷雨卧龙兴。两贤高蹋明千佛，三世传家又一灯。

白社风流原有地，青编事业岂依僧。山川姓字从兹响，看取天衢次第登。

镇东阁 在县西八十里。邵猷建。

贤纶阁 在城西。周宗贮诰敕处。邑令潘公云凤题匾。

培风阁 在县东二十五里山南培风桥上。

文昌阁二 一在西湖鹿鸣书院，邑令杨公启声建；一在贤溪合山下。

西爽阁 在城西贺神庙。国朝康熙十二年建，教谕闵圻申题额。雍正七年，应融吉重整。

云空阁 在县北贤溪狮山之傍下，有仙翁鹤迹。

寿亭阁 在县北一百二十里琅玡。

学爱堂　制锦堂　琢句堂 俱在县治内。宋嘉定元年，邑令郑公湜建。

郑湜《琢句堂记》：

湜至淳安，治东有读书林，又东有堂四楹，其北东及南又各挟一室而皆无名。访其创建之始，则曰前二十年令章君子获为之。他日披地志，县初号始新，自吴历晋宋齐梁陈为新安郡治，在隋唐为睦州，后改治建德，改曰新安、曰雉山、曰还淳、曰青溪。宣和间又改今名。方昔之为新安也，溪山之胜闻天下。今县治在半山间，前临溪，其南群山萃然争出，若顾若揖，忻于相遇。跂其东，虽溪亦可见也。乃即其址而南之。再浃旬而屋成，凡规模短长略皆如旧，前加崇轩，面势群山，高明亢爽，绝出嚣尘之外。遂为县治瑰伟绝特之观。取东坡送李陶直赴青溪，有“溪山琢句新”之句，遂以“琢句”名之。

勤清堂 在县治内。宋嘉定五年，邑令杨公恕建。

范镕记：

令尹杨公治政之明年，辟厅事东，安其子，书“勤清”二字，匾以为名，且谓余曰：“吾尝读南北史，见《循吏传》载傅琰父子作县并著奇绩。时云诸傅有理县谱，此谱不传，意有密授。刿子刿为吴令，与孙廉别，廉问其故，答以无他，惟勤而清，则知傅氏能名相望与父子祖孙之间者，要不过此。吾心景焉，揭名其上，庶几朝夕于斯而不敢忘也。子盍为我记之?”夫尽己之谓勤，洁己之谓清。公出入必常戴星，非勤与？每用必出私帑，非清与？抑余有所谓勤与清者，不以一节言。盖南面听百里之民，事端丛集，惟勤者能清，不勤者不能清也。乾坤清彝，一气动而不息也。日月清明，四时运而不已也。万事饬清，百度彰明，一身行而不辍也。公惟勤于听断也，庭无留讼，狱无系囚，于是刑清矣。公惟勤于教化也，善良是崇，奸回是戢，于是俗清矣。公惟勤于驭吏也，大奸必惩，细欺不入，于是曹伍肃清矣。公惟勤于抚民也，赋敛以时，科役不兴，于是闾里晏清矣。勉励振发，常有更新之意，故其勤如始至之日，而政事亦常清明。然公天资迥高，嗜欲薄甚，内无声色之奉，外无燕乐之娱，清明在躬，志气不违，应变酬酢，随寓而决。暇则观书赋诗以自游适，人见其勤也，吾见其逸也。充而上之，虽以之澄清天下可也。公，名恕，字可久，京口进士。

昼帘堂　**清白堂**　**悠然堂**　**正己堂**　**亲民堂**　**清微堂**　俱在县治内。

中正堂　**攸跻堂**　俱在县治内。明嘉靖二年，邑令姚公鸣鸾建。

忠爱堂　在县治内。

不负堂　在丞厅内。

何梦桂高丞不负堂诗：

闲丞八品一官卑，许赞男邦问便宜。议论是非晴雨异，刑囚出入重轻疑。

案头涉笔余心愧，松下哦诗官事隳。丞得君来真不负，只应百姓与天知。

待问堂　在学宫。宋淳熙六年，邑令陈公晔建。嘉定九年，邑令应公与权改名谨教堂。十三年，邑令赵公崇斌改名崇化堂。淳祐四年，邑令赵公崇嶓改名化成堂。

正心堂　在学宫。明洪武十一年，邑令韩公钝建。

观德堂　在学宫射圃。明成化元年，邑令邓公廷瓒建。

万溪书堂　在县西。方有开建，朱文公题匾。

尊睦堂　在县西二十五年，洪思骞建。

好古堂　在县南云程。州同吴敏中建，毛际可为之记。

敦睦堂　在县东二十五里。方克彰建，邑令朱公暟书匾。其子玠复振而新之。教谕洪通有记。

存心堂 在县东二十五里。方璁建，太仆卿方汉有记。

紫薇堂 在县西七十里。参政徐鉴建。

世恩堂 在县东。翰林方道睿建。

万花草堂 在蜀阜。徐楚建。

董其昌诗：

路入江皋一径斜，绿杨深处有人家。洲前风度千帆影，谷口春藏万树花。

尘榻可能邀孺子，龙泉聊为报张华。游人归兴浓如酒，却负山阴雪夜槎。

张景贤诗：

万花深处小蓬莱，石室山楼次第开。翠岭逶迤高复下，青溪诘曲去还来。

赏心独醉经年酒，览胜时登万仞台。阶下芝兰应满径，碧桃几树傍云栽。

万虞龙诗：

一鉴池开九曲偏，草堂深处静风烟。苍生何遽东山卧，碧树谁同北海篇。

沙上群鸥应识主，望中双鹢喜登仙。遥知别后心相忆，叠嶂清秋月几圆。

嘉乐堂 在县东三十里云坡。吴希哲建。

孝纹堂 在县治之西。为孝子陈沧建。

王思任记：

吾观睦之乘，而得友泉先生，事严父惟谨。母有疾，终月不解带，庐墓三载，独建祠以祀之。事庶母若嫡。友异弟若胞。晚年文在其手，曰全孝，亦有何奇行绝德而至于格天如此其著也。意者有其庸德隐微，中有人不及知而天独鉴之者。曾子出而友来，母啮臂呼之，曾子即至，云母痛而心动也。孝子之于亲，其神气无息不往来者也。孝为天经。天者，精气之主。宜先生之见感于天如此其著也。天欲以先生之孝范人，缘督为经以诏之，口不言而托之于书。手何以书？而即书于先生之手，更防其末路而至晚年，鉴其终身之慕不替，方以全孝归之。天之事虽巧，而天之心亦甚苦矣。先生姓陈，名沧，为淳邑诸生。其孙王政欲征其堂额而袖乘以相示，予不能辞，乃谓之曰："手泽犹存，莫大于是。"为题"孝纹堂"以归之。

高斋二 一在邑西五里。洪杨祖所居锦溪，洪梦炎有记。

洪杨祖《高斋桂窟》诗：

植桂不在多，种德如种树。

前人能种后人传，自有清阴满庭户。高枝凌云低覆栏，晴光翠色生昼寒。

人家多爱种桃李，几日春风红满地。何如此花开独迟，蟾宫窟外秋香细。

课儿读书书满床，更将幽兴引壶觞。半酣独卧高斋下，啼鸟数声清昼长。

一在永平乡钱时宅，所为四斋之一也。吕人龙有《高斋竹赋》。

林荣诗：

高斋先生渺何许，仰止高山隔今古。华表徒闻白鹤归，修竹已成双凤翥。

朝烟暮霭何萧森，先生去后留徽音。亦有侯芭擅词赋，瞻彼猗猗修竹林。

谦光斋　育德斋　养心斋　致远斋　俱在明伦堂东西。宋淳熙六年，县令陈公晔建。嘉定九年，县令应公与权改名博文、敏行、思忠、笃信四斋。元至正间，达鲁花赤赤不剌金改名志道、据德、依仁、游艺四斋。

玉磬斋　在邑东南赋溪。方尚恂建，孙士颖重葺，有诗。

其序略云：斋新于辛亥初夏，名以玉磬，从旧也。阴回古树，秀绕乎山，依石成台，就泉作沼。方诸别墅，虽无竹洲花坞之奇，譬彼扁舟，不乏茶灶笔床之韵。

景贤斋　在邑西六十里。宋梅峰课子处。

陈若沂诗：

为爱溪山静，流连云水乡。埙篪欢迭奏，兰桂待争芳。

架插缥缃润，杯浮琥珀光。状元峰顶日，返照入虚堂。

仕学轩　正己轩　并在县治。宋建。

梅隐轩　在尉厅内。见《新安续志》。

夏溥记：

至治二年冬，署既成，乃复立柱笏轩于西偏便坐之室。予外兄朝阳既为之记。他日造而观焉，视东隙宇疏敞爽垲，亟言于公，曰：“是尝有梅隐轩者，请复之，何如？”公深以为可，即语予曰：“朝阳难兄子难弟，盍为我记之？”明日复于公，曰：“梅子真，非隐者也，盖欲隐其身而不能隐其名者也。使其必可隐也，则南昌可也，吴门亦可也。使其必不可隐也，则南昌不可也，吴门亦不可也。其辟地而非辟世者欤？吾尝怪接舆、沮溺之流，虽欲高举远引而卒不能泯其声称。若晨门者苟焉为禄仕，而邈不可求其谁氏，则视彼为优矣。由汉以来居显仕，立要官，非无其人，然与草木俱澌尽而后已，是则其隐者可多数乎？区区子真，乃托此而称之至今，是则其优也，乃所以为显也。吾与公生于千载之后，未尝识子真也，而犹喜闻而乐道之，使吾之文与公之名，由是而俱传，则未始不与子真神交于千载之上也。或曰："是尝有大梅一本，扶疏偃蹇，瞰于楹槛，乃以是得名，屡更兵毁，遂不能复植云。"

拄笏轩 在尉厅西序。乾道中，尉周操建。

周莘记略：

今吏部尚书周公，岁在己未，尝尉兹邑，葺一室于官廨西序，为藏修校雠之地，面势群山，壮耸联峙，名之曰拄笏轩，迨今三十稔。莘适踵后尘至此，则其室已墟矣。独环翠竞秀，自若也。忽一日，乡老先生葛勉之出示周公拄笏轩二诗，且谓莘曰："贤者之兴而愚者之废，公与尚书公同里，通内谱，兴其废，讵宜后？"莘曰："兴不专乎贤，废不必乎愚。以周公而兴之，诚贤也。其所以废之者，果皆愚乎？废而复兴者，果贤乎？愿推之于适相值，而泯其贤愚可也。"请于邑大夫，得官钱十万以供是役，取故名，书以揭于楣间。

兑轩　授业轩　主善轩　成德轩 俱在学宫。

古桂轩 在明伦堂东。国朝康熙十二年，教谕闵圻申建。四十八年，教谕陈讦书"补宋桂"三字镌于壁，以庭故有宋时双桂树也。

鸣玉轩 在县东灵瑞院。

杨玗记略：

予与客游乎东山之东轩，闻山间之飞泉，客曰："吁！嘉乎哉！泠然清圆，若熏风之于泛弦，滴泪出谷，若幽鸟之于啄木。"予曰："吁！客之言似而非也，胡不曰环佩之琳琅，断而复续，磬声之铿锵，曾未终曲？如其不然，胡为目之曰鸣玉？"

写易轩 在石峡。

王祎记略：

石峡方氏有以抡魁致位礼部尚书者，学者称之曰蛟峰先生。宋亡，坚卧不起，而推其所学以淑诸人，因即其居为书院。尚书之曾孙以愚，实世其家学，且蚤擢世科，仕郡县，入为太史，属当运去物改之余，亦复遂其高节而无愧。又去石峡北五里珠佩峰下，结屋居之，去人境益以远。学徒有执业来受教者，弗拒也。此其进退出处，庶几有合于易道之时中者乎？太史晚益好易，即写易之轩而以写易名之。以契家故，属祎为之记。昔者窃闻之，易之为书，广大悉备，四圣人理奥心术之所寓者，何其微也。然而有先天之易焉，有后天之易焉。要其画卦重卦之义，固不同也。是故阴阳奇耦，积成三画而为八卦，此先天之易也，故曰太极生两仪，两仪生四象，四象生八卦。是画卦者，积阴阳奇耦，三画而始成也。八卦之三画，既以成列，复重以本卦之三画，而有上下二体，既又相错相荡，而六十四卦互成焉。此后天之易也，故曰兼三才而两之。是重卦者，八卦之上复加八卦，而非三画之上递加一奇一耦，为六卦也。邵子之图，以乾夬至剥坤，为卦之次第。虽与易经不合，然实自然之序。若其所谓八分而为十六，而为三十二，而为六十四者，斯盖使人触类而伸之，以见易道之无穷，而申卦之义，不在是矣。朱子乃有取焉，则后学之不能无疑者也。虽然，盈宇宙间皆太极之妙。易，固我之所自出也。故求易者，在乎内反诸心，精体而实践之，以会夫体用一原，显微无间，固不必惟文字之为泥也。邵子之言曰："先天学，心法也，化生万物，生乎心也。"此固易之本，而圣贤之所谓学者与？太史之居于斯也，观象玩占，必有得于文字之外者，余何足以知之。姑疏所闻以求质请，遂以为记。

戛玉轩　在县北文昌。何令范课子孙处。

龙亭书舍　在县东龙山之麓，蛟峰先生故宅。邑人郑遂修筑居之。

南峰书舍　在县南。陈本能建，商辂有序。

云林书舍　在县西梓桐乡。卢中仙建，徐尊生有记。

月山书舍　在月山下。任友松建。

齐城书舍　在城西。元夏自然先生故址。汪一通因之，人有宋庾之目焉。

古城书舍　在城西。应颢建。万历间，裔孙督复新之。

风鸣书舍　在县东十里。任国是建。

重修放生池记并社稷坛记　宋奉议郎罗颂撰。

绍兴御书藉田手诏碑　宋丞相曾怀立。

蠲减经总制钱记　宋奉议郎应镛撰。

栅源院重修殿宇记　知县孙说撰。

静乐院记　在本院。熙宁四年，进士徐龟蒙撰。

龙泉院记　在本院。宋政和六年，谏议大夫江公望撰。

沙　堤　在县东蛟峰下，为方逢辰筑。

方浦记略：

蛟峰先生以礼部尚书爵淳安开国男，故居前筑有茅土，约高三五尺，横如一字然为沙堤。循宋室之旧制，昭隆恩于一时也。而遗迹沿至今日，坊已圮，屋已倾，墓木且凋零无有，独沙堤数尺，朝廷之名器昭焉，臣工之体统崇焉。一块之土，若有神灵为之呵护。自宋迄今，俨与河为带，山为砺者，巩固于蛟峰之门。后人可识遗泽之有自，知斯文之在兹矣。

寺　观

古之为民者四，今之为民者六。昌黎原道，有慨乎其言之然谭空空于释部，核玄玄于道流。虽然，极大儒辟而辟之，卒不能火其书者。盖中亦有精焉，所以圣图广大，修其教，不易其俗。而琳宫梵宇，虽褊小邑如淳，亦所在相望，以福利之说，固驱民于善者机也。志寺观。

转教寺　在县治西。晋升平中建。宋天圣中，诏新之。元至元六年，重建。向为文武官冬至等节习仪之所，名祝圣坊。明太祖军从新安下，曾屯兵于此院者三。后洪武三年，敕都团转教寺，俗因呼为团寺。弘治四年，邑令刘篪重修。乾隆五年，僧会崇慧晰新。

贡师泰诗：

山门东转步廊深，长日禅房占绿阴。松径雨晴添虎迹，竹潭风冷听龙吟。

上林久说相如赋，故里徒夸季子金。独坐匡林看明月，不知凉月湿衣襟。

保安寺　在县西。晋天福八年建。今废。

神景寺　在县西六十里。宋乾道九年，请东神景尼寺废额建。

钱时记：

古之为民者四而游者禁。虽瘖声跛躄，羸尫侏儒，亦各有职以养于上，风俗之所以醇而王道行也。佛来中国，民之游者始托以归焉。侈其宫，衍其徒，非天雨而鬼输，焉攸取？持券远走，飞奇钓货，强名曰化。眩惑愚氓，乾没而入，强名曰舍。吁！忍矣哉。神景僧若讷乃不然。先是黄坂有庵，惟清师居，几岁将撤而新之。乾道中，里人方文毅捐地以栖屋，请于郡，得名。若讷继之，殿堂门庑，祠肖输藏，钟楼佛阁，与夫斋宿庖湢之室，整整咸备，而又买田一夫，饭僧七人。余每过之，未尝不窃叹硗确之乡，士殚民贫，一遇水旱，抉山而食不自给，又无豪家大族，轻赀易撼可以化而舍者，其规模成就乃如许。讷也，勤生而善殖，力田以供上。凡有所为，悉取诸宫中而用之。呜呼！是天子之良民也，何嫌于佛哉！其徒景恢走名山三十载。去年冬请记于余，许之而未暇也。春二月，远求刊者踵门，请益急。属邦君行乡饮礼，景恢不惮三百里，裹粮以随。因念学绝道丧，风俗之所以不醇者，实由于礼坏。记之作不作，未足计。使之一观先王之旧典而知王道之所以盛，顾不美与？礼毕，书以授之。

建兴寺　在县西六十里。宋绍兴三年建。

吕人龙诗：

路入招提晚更深，万山秋老薄寒生。芙蓉枝上无多雨，自托孤怀滴到明。

徐贯诗：

偶然来古刹，一笑对东风。休讶上方冷，浮云总是空。

法华寺　在县西七十里。宋嘉定八年，僧道冲请在城垷率寺子院废额建。

富岩寺　在进贤乡。晋天福四年建。后废。国朝康熙五年，僧性朗海嗣，里人方时启重建。

华坪寺　在县北一百里。宋绍兴元年建。

主教寺　在县北一百一十里。唐清泰二年建。

狮山寺　在县东北二十五里。崇祯十年，僧真智建。国朝康熙五十三年，僧涵虚重整。

三会寺　在县东北昌期乡。梁大同三年建。

鹤鸣寺　在县东北五十里。唐武德元年，僧妙云建。

郑希吕诗：

久抱山林兴，偶来寻翠微。树连幽境外，山与白云飞。

慧月依禅阁，慈云上衲衣。红尘炎似火，谁与悟真机。

圣德寺　在县东北岭。宋绍兴五年，鲁昙素请于州，得桐庐县旧额建。俗名寺岭。今废。

上贵寺　在县东北五十五里。唐贞观元年建。旧志云后改静乐院。今寺犹存。

方逢振《静乐先生祠堂记》：

淳安县常乐乡上贵寺祠堂者，唐处士静乐先生方公聚徒授业之所也。先生生于唐末，以节义自高。唐亡，耻非所事，持峻行不屈。五代之吴越，钱氏招之不往。遂于深山读书讲道，以终老焉。晋宋咸淳，明堂诏书求历代忠臣烈士有功于民者，令州县岁时致祠。知县事承议郎应应偶，发钱一千缗下本寺，助造佛庐，就中为先生之祠，从众请也。越数年，国家更代，宇宙且运而往，独前代名人遗迹不许废坠，先生之祠如故。呜呼！先生之道与天地相为久长，岂特若子若孙世守之。邦人士闻先生之风凛凛如生，亦足以为劝。

龙泉寺 在县东五十五里。旧名龙泉院。唐咸通七年建。有泉一泓，能出云雨以苏旱干。疑有龙在焉。因名。宋政和六年，县人裒钱一新。谏议大夫江公望为之记。

法照寺 在县东六十里。唐咸通八年建。宋大中祥符九年赐额。

方士颖诗：

峰擎紫盖影孤圆，半麓高藏梵呗天。峻结虚亭依洞石，横开敞径接溪烟。

僧夸迹自唐朝建，客记名由宋室传。倚眺初收农节雨，禾翻绿野数村连。

清泉寺 在县东一百二十里。旧名清泉院。后唐长兴三年建。

龙岩寺 在县东南和义乡。宋绍兴甲子，僧善庆请尼寺废额建。

龙华寺 在县东南五十五里和义乡。旧名永泰寺。《图经》云："寺有宝大二年，都岩将方郧等乞重修状，后依执押字。"又有宝正三年，睦州请僧住持贴，后系司空判军州事郭押。皆见存。按：宝大、宝正，皆钱氏年号，则此寺建于五代以前也。宋政和三年，以犯哲宗陵名改今额。

方士颖诗：

危峰乱峙石巑岏，寺隐林阿众木攒。额赐徽宗县古殿，碑遗晋代仆荒峦。

赋徭累后僧全落，兵燹侵余佛半残。忆得游筇曾几历，风烟异旧不胜叹。

青溪寺 在县南岸。旧名青溪胜概楼，今更名青溪古刹。国朝乾隆六年，僧果继重修。临溪有准提阁，阁下为吴公天洪祠，祠阁坏于九年洪水。

普安寺 在县南二十里。宋建隆三年建。明成化十八年，邑人商文毅辂新之。中有文毅公祠。长子侍讲良臣，次子少卿良翰配享焉。隆庆四年，邑令郑公应龄重修。

冰洁寺 在县南三十里。宋建隆二年建。

石佛寺　在县南三十里。宋乾道元年建。相传有富常潭，有石佛见，长六尺五寸，迎置于院，因名焉。

安溪寺　在县西南十里。齐升平三年建。明正德间，僧法宏更新之。

成廷楫《宿安溪寺》诗：

深夜篝灯礼法主，翠阴暝色蔼回廊。鹤闲秋坞松风静，龙卧寒潭水月凉。

宦迹飘零淹苦海，道心仿佛接慈航。幻缘偶得分僧榻，醉墨淋漓染竹房。

青莲庵　在县东一里，濒江。今废。

普济庵　在县东三里。

富山庵　在县东三里开化乡。

龙山庵　在县东五里龙山上。今废。

石山庵　在县东五里。里人余朝鼎建。

朝源庵　在县东七里。今废。

排岭庵　在县东十五里排岭上。

善因庵　在县东二十五里狼踏岭。

青云庵　在县东三十里云峰下庵岭。

登云庵　在县东三十里云峰北峰岭上。

底岭庵　在县东四十里。一名福田庵。

羡山庵　在羡山之麓。海宁陈相国世倌颜其额曰“万德圆明”。

记略：

有岿然于茶园之西北隅者，周环二十余里，群峰攒簇，秀状如嵩，其踞于山腹精舍，即以其山名羡山庵。山蹉而峨，宅幽而阻。遥自其麓望之，殆所为精舍者殊无有。缘鸟道上，稍稍见僧厨烟出。望烟起处步入，则苍松翠柏中，云堂隐隐，别有洞天。寺门有海宁陈相国世倌额，曰“万德圆明”。盖为卓锡僧若明揭也。

塔岭庵　在县东五十里。

密山庵　在县东五十五里。

吴希哲诗：

远空四纳入高冈，银海澄澄睇欲茫。旭挂峰头先弄晓，烟深镜面半浮光。

衲衣闲却连云卧，茗碗倾来带露香。最是金鸦相望处，钟声夜夜到虚堂。

施岭庵　在县东南十五里，往来憩息之所。隆庆五年，邑令郑公应龄建，外有恩峰亭。

如如庵 在县东南五十里赋溪。

重棠庵 在赋溪。旧为重棠书舍。明嘉靖间，方鼎建，后改为庵。

方士颖诗：

远叩云庵短策移，穿林曲尽水之湄。松边岫拥双扉僻，竹里崖悬半阁危。

烟火昼寒僧出早，鼓钟秋静客归迟。重棠署额非无自，却是萧斋旧日遗。

灵山庵 在县东南五十里。宋淳熙七年建。

关山庵 在县东南七十里。

方士颖诗：

隔水郄遥对，烟光入暮浓。客吟松半阁，僧课月千峰。

细影低船火，寒声远寺钟。晨兴还理策，拟觅旧游踪。

福南庵 在县南仁寿乡十二勘。

永镇庵三 一在县南十五里妥桥，一在县东七十里漠川，一在县东北六十五里文昌。

金峰庵 在县南二十里文源。明苏州牧商良佐建。

仙姑庵二 一在县南二十五里云程，一在县北仙姑洞口。

洞灵庵 在县南四十里，由仙居洞而入，祈祷多应。

法云庵 在县西南二十里，僧如凤募建。

姥山庵 在县西南四十里。

乳洞庵 在县西南六十里乳洞口。宋光化二年建。

汪绅诗：

喜得浮生半日游，雪花那更散林陬。苍崖万仞悬珠箔，绿竹千年架玉楼。

洞接海洋龙听法，松干霄汉鹤惊飕。断蛇走鹿闻前代，挂衲山僧醉不休。

胡子澄诗：

结屋青山下，幽深不计年。泉声秋霁雨，钟响暮晴天。

入洞寻僧伴，穿云见鹿眠。徘徊不忍去，夜宿佛堂前。

尹山庵 在县西南七十里。宋淳熙七年建，其佛为新安汪越国公华第八子修真化此。至今佛龛尚存。

徐贯诗：

梵宇萧萧山外山，欲穷幽讨未能闲。千寻拔地青峰耸，一道沿崖碧水湾。

古木雨晴猿正挂，长林烟暝鹤初还。万缘到此都成幻，不在寻常色相间。

何溥诗：

佛殿何年此揭虔，山僧相见但童颜。钵盂晓贮银床露，禅榻时飘宝鼎烟。

幡影舞风吹宛转，梵音随磬出清圆。他年尘主无知者，好把新诗石上镌。

花果庵　在县西南七十里。

水月庵　在西湖上。明天启乙丑建。国朝乾隆七年，僧会果传重整。

汪若濬诗：

宝地初开共布金，杨枝甘露浥群心。西湖涌出青莲界，南海飞来紫竹林。

谷静天香拂岚翠，山空法鼓振潮音。听经不觉云房夕，花木重重返照深。

龟石庵　在县西十里。旧名溪心寺，一名小金山寺。左有石洞，可以纳凉，前有山，横出半江。山上有水陆寺，登临者目为小金山。山下一石卧滩，若龟曳尾，名曰龟石。

知县姚梦鲤，广东东莞人，归里后，邮寄《梦游小金山记》：

淳安小金山在县治西十里，岩巉削壁，屹立大溪中，如龙昂首，如虎踞狮蹲，层峰苍翠，梵宇虬松，列峙如画，与扬子江大金山若伯仲然。盖一邑之奇观也。余莅淳时，以吏事往来，舟绕山上下不啻八九，竟未暇蹑屐登临。俗人乎？俗吏乎？山灵笑我矣。因忆其前人游咏，有“绿水绕门迷客渡，白云终日伴僧闲”之句。噫！僧闲则白云伴之，余非僧，安敢与白云作侣？山之未登，山灵恕我也。今别淳四载，山灵如在，山景依然。吾莞距淳虽四千里外，寤寐间，时若舟过，徘徊亦不啻八九。饮金山一勺水，任淳安一日劳，山川名胜在在萦怀。况城郭人民，古今物望，更倍于有情山水。在昔贤哲，如方蛟峰、商文毅，届今词林科第，郁郁彬彬，皆山川精华之气蕴畜而钟。地以人传，固有不仙而名，不龙而灵者。葸人缱绻则寤寐之游于山水，与寤寐萦怀于山水所钟之贤哲人民，又何如也。夫心怀五岳，身不能至，曰忆游。山经盈案，不出户而可览者，曰卧游。余于小金山目经身至，若游而未尝游，心迩人遐，欲游而未易游。爰就向者望中梗概，今者梦中依稀，作梦游记。寄语山僧，与约游未遂之贤士大夫，留片石以谢山灵，并以资后之公余登眺者。

徐楚诗：

青溪浮翠玉，四望现龙宫。差拟金山小，中流砥柱雄。

炉烟团竹色，岩露绕花丛。时有临江鹤，盘旋下碧空。

徐应簧诗：

十里澄江夕照前，琳宫高插泬寥天。听经龙去云移浦，乞食僧归月满船。

问酒忽逢京口渡，烹茶如汲惠山泉。何时投杖岩扉里，重访支公落魄禅。

周宗文诗：

烟淡抹孤屿，林青映碧篁。寺开峰顶上，帆接水中央。

说法潜龙听，鸣钟宿鸟翔。寻僧不觉晓，山月送归航。

灵镇庵　在县西二十里。

天衢庵　在县西三十里。里人童惟明建。

灵峰庵　在县西四十里陌岭上。

东山庵　在县西四十里。

云仙庵　在县西六十里。

湖头庵　在县西七十里。宋淳熙七年建。

蓬山庵　在县西七十里万花谷口，对方壶岭，故名。倚蓬山，下瞰大江，上有石洞，蝙蝠集其中，见人则飞舞扑面。

徐楚诗：

跂足蓬山下，遥遥紫翠团。轩楹县洞口，钟鼓出云端。

瑶草含风细，仙花点雪寒。兴来临钓石，长啸碧江干。

普福庵　在县西八十里。

灵岩庵　在县西八十里河村。

白云庵　在县西八十里横塘。

上西庵　在县西一百里。

山谷庵　在县西一百一十里常乐乡。

三显庵　在县西北二十里奖峰脚。明正德三年，方余庆建。

是峰庵　在县东北十五里是峰。

余之振记：

唐坂四面皆山，左一峰南翔而上抱，蜿蜒俯趋，横截涧谷，于众山之中，是峰更奇秀可喜，名之曰是峰。跨涧有桥，折而东，仄磴纡盘，老树蓊郁出石罅间，侧履以登，滴翠欲沾衣领。及巅，乃平夷敞豁，空阔无障碍。先人因依山为址，架屋数椽以为庵焉。余读书其中余二十年。每旭日初升，明霞烂披天表，则燕山之晓望也。爽气横飞，与炊烟相间，则凤冈之晚对也。前临平阪，则雨笠春蓑樵牧声，往往杂风篁石濑中。至若寻花香坞，寄傲松窗，举杯邀月而桂萼飘檐，策蹇平桥而梅林点雪，盖一方之胜，四时之景，毕萃于是，而余得专而有之也。庵左为关帝庙，为观音堂，为文昌宫，虽规模窄小，皆雅静可人游息者，故并记之。

朱峰庵　在县东北四十里。

仙居庵　在县东北四十里。有商文毅祠。

万程庵　在县北六十五里文昌水口。

涌泉庵　在县北八十里。

何梦桂诗：

一泓寒碧浸青天，夜静天虚月在泉。洗耳莫听人世事，自弹流水和潺湲。

东岩庵　在县北八十里安乐山下。唐张景修隐居于此。居民称为岩公，建庵祀之，祈祷立应。

福庆庵　在县北八十里槐山上，又名槐云庵。

庆丰庵　在县北八十五里。唐时建。

环珠庵　在县北九十里，因建合浦之下，故名。

云览庵　在县北九十里岐山下，鲁明禋建。

半松庵　在县北九十五里合浦，童炯然建。

千佛庵　在县北一百二十里。明吴君贤建。

金粟庵　在县北一百三十里审岭。明童光月建。

桐坑庵　在县北一百六十里，交昌化界，成化十七年建。

灵瑞院　在县东四里。旧系灵岩道宫。乾祐二年，改为僧院，易今名。元元统二年，僧如琪重建。西廊旧有余胡祠。明景泰五年，僧普惠新之。俗名东寺。国朝乾隆十三年，僧志三募整。

胡拱辰灵瑞院碑记：

灵瑞院前代建竖，圣朝定制，万寿节与千秋、正旦、长至先三日，在外文武群臣预择近地佛氏居，习庆贺礼，至期则行之署。淳安县郭外，东则是院，在龙山之阳，去县四里。西则转教寺，在雉山之阴，去县二里。其地皆明敞静幽，可以岁习是礼。亡何而院之殿阁渐圮，住持普慧募众缘修之。山门内外位置并深，像设完美，愿力既竣，树碑于山门，请予记其始末。凡百檀越悉列之碑阴。

聂慎行《游东寺》诗：

端居远丝竹，聊复全天真。今日陟林木，彷徨移我情。

流水何截截，高山何砰砰。登高攀危松，扪天叩伊人。

伊人何水方，萧萧落苇柽。还期携共酌，结托素心盟。

杨鸿寓诗：

听秋轩里听秋雨，定起山僧坐翠微。隐隐烟涛摇夜席，濛濛花雨着人衣。

骤如崖瀑冲云落，婉似湘娥鼓瑟希。六用根尘今已净，松篁阴下共香扉。

方叔元诗：

九月东林寺，乘闲一再过。峰峦新雨净，铃铎晚风多。

方鉴澄秋水，层台老碧柯。旧时游息处，竹影尚婆娑。

灵耀院 在县东二十里富康。旧系女冠灵耀宫。后唐长兴四年，改为僧院。明代僧海溢重整，吴希哲为疏募建。

回向院 在县东太平乡。宋庆历中建。今改寺。

灵源院 在太平乡。晋天福八年建。

永初院 在县东龙山乡。唐大中时建，名兴福新会院。宋康定中赐今名。

汉峰院 在县东八十里天堂山。国朝康熙二年，僧行铉建。

清化院 在县东一百一十里。

富兴院 在县东南四十里。宋乾德元年建。

富洪院 在县东南五十里。唐大中六年建。今改寺。

临池院 在县东南七十里。五代周广顺四年建。今改寺。

弥陀院 在县南二里。唐广明二年建。

惠明院 在县南仁寿乡云蒙山，旧名云蒙庵。宋绍兴元年，僧楚月诸行在请得临安府废额以名其院。院有保宁庵、庆寿堂。见宣和六年邑人方闻所题石刻。

广明院 在县西二里。唐广明间建，俗名后寺。

无碍院 在县西二里。宋治平三年建。后改寺。今废。

方士颖诗：

古刹何年废，披榛结构重。钟声分别寺，塔影借遥峰。

屋少新莳竹，茔多旧植松。山回湖不远，向晓碧云封。

灵岩院　在县北常乐乡。唐咸通八年建。

周恪《过灵岩寺观泉》诗：

为访灵岩胜，因观瀑布泉。珠从天上泻，练向谷中悬。

古木含空翠，琳宫拥野烟。自知尘外相，对此即欣然。

桐山院　在县北一百二十里。后唐长兴间建。

桐峰院　在县东比五十五里。里人刘霖肆建。

桐源院　在县东北昌期乡。《图经》云："院有至道三年，知县事孙说撰重建殿宇记。云：'越王勾践袭吴，兵行之际，于此源口立砦栅。'寺因地而称。又曰："寺有圣者像，乡民岁时祷必获应。"又曰："院壁得咸通十三年，沙门师鲁书武宗诏毁天下佛寺，圣者之像岿然，曾不焦坏。洎象教复兴，吴人王璇得之于山坞泥潦之中，相好俨然。"

丰源院　在县东北安乐乡。五代贞明二年建。

砂硎院　在县东北安乐乡。唐会昌六年建。

新定院　在县东北安乐乡。宋建隆二年建。

神景宫　在县东南，即旧真应庙。宋开禧间，道士闻若讷请县西废额名之。

碧霞宫　在灵瑞院后龙山之巅。明隆庆三年，邑令郑公应龄建，题曰"龙山第一宫"。今废。

灵岩宫　在县北四里。

灵耀宫　在县东北进贤乡，今废。

洞灵宫　在县东安福乡，系遂安县废额。宋绍兴八年，道士高大有请于州，即灵岩山建。

上善观　在县南二里。宋嘉定六年，道士唐师直建。其地，宋宪使赵崇夫人詹氏偕南梦诜所舍。旧有墓祠在观左。吴希哲有疏。

罗明诗：

金壁楼台倚半空，松花不扫白云封。紫绡制氅烟霞色，斑竹裁冠玳瑁容。

龙角卷来天上雨，鹤羽梳破树头风。世人若问长生诀，洞里桃花几遍红。

徐尊生诗：

波绿新安江，草青贺齐城。出城偕逸侣，涉江早春行。

舟维古岸回，径转深谷晴。琳宫昔玄讨，怅别流年惊。

黄冠旧有期，仙游荐无成。今晨兴良遂，从容振尘缨。

花砌霭微馥，松房飒幽声。惨淡画图展，悠扬烟蒙荥。

偶什笭箵翁，手擎溪螺盈。饷因观主厚，味许验人并。

以兹雅趣惬，弥使吾情清。杯觞竟绸缪，诗笔亦纵横。

浮生此暂聚，忽散如烟轻。远送何依依，顾惜方外情。

天乐观　在县东北四十里。五代汉乾祐元年建。宋重和元年赐今名。又名常乐观。相传昔有徐、叶二道士尸解而去。事见《严陵仙释志》。

宋方闻记：

淳安县宫观有四，皆废无有，惟天乐观独存。耆旧相传，观本常乐乡文高里。昔因洪水飘泛，圣像至昌期乡湖山之下止焉，从而建立于此。村氓指旧乡名之，云常乐观。创始于五季乾祐，增修于国朝乾兴。殿庑幽深，不侈不陋，溪湖回环，岭岫巍崒，迥出尘境。徽宗皇帝钦崇天道，向意真风，诏天下宫观三十间以上者赐额。郡守许尧夫以闻，得旨以天乐观为额，实重和元年九月。未几毁。道士胡知章募缘重建，所赐敕额摹刻于石，因叙始末于其下，以彰不泯。

张庭雷诗：

十里长松锁碧烟，翠流深处绝尘牵。山中日月残棋老，洞口风花几醉眠。

五夜云坠茶灶湿，九天露滴羽裳鲜。何时解带芝园内，倦鹤相随潇洒然。

戴庭槐诗：

客来村落尘缘少，吏到禅关淑景迟。瑶草早传骥是鹤，天坛今见木如芝。

庚申道士犹悭守，甲子人间总暗移。匹马又冲烟径去，远心更与白云期。

崇真观　在县东一百里常乐乡。

戴庭槐诗：

路入长松曲径间，萍踪一夜寄禅关。玉箫吹彻鸾烟冷，金磬敲残鹤梦闲。

斗极今朝添紫气，洞门尽日锁青山。共夸茂宰寻真处，时有双鹿日往还。

新塔　在县西转教寺前。明邑令汪公贵暨邑人应颢建。今废。

云塔　在县西威平镇东云头峰。宋方有开建。

凌云塔　在县东五里。明邑令吴公天洪建。今废。

培风塔　在县东南五十里，赋溪如如庵北。明副使方尚恂倡建。

方尚恂记：

立乎富滨，以环参卦位，则诸峰巇秀，独艮阙焉。沙自六素巅而下，水自向宲口而下，势迢迢北不返顾。虽截有外关，而荡然者在堂以内，病不独水尾也。嘉隆万历间，父老浮图之议凡三矣。最后者，邑侯新安吴公实诏之址，卜于今所，云乌嘴丘者。然三举三报罢。何哉？或曰："接岭趾，作部娄五七点，珠联而西便。"或曰："迤逦堤之，而揣形胜，又莫塔宜。"议孔多，卒用不集。盖方里而井，非常之原，无逾是，宜众人之莫可领也。予惟旷事为志者二十年。戊辰林暇，僩然仔肩乎斯举。爰拉有众，首以痕上之田捐为基焉。畚锸初营，雨霏霏不绝。稍竣，又水自下迸涌。藉绠搏力，与之争，且汲且锹。两旬，凿深丈又六尺，而鳖背始露。始克坔坔之日，则五月十有一日也。石鳖应期而出，若神相我，奇已。伐石千二百丈，才足一址。予殆戛戛乎难之也。为塔于村墟，千一耳。人情难与虑始，劳怨固也。奈费何？又旁哆者谓是必恢无湫也，必螺旋而上无楞也。漫试从之，再阅岁而成骑虎，益戛戛乎难之也。家惬厥资，人爱厥力，灿然簿书者半纸桑也。且泽门之皙，实繁有口，曰："夫子欲之，吾侪小人否否。"苏子云："从众者，非从众多之口，从其不言而同然之心。"今同然奚如者？抑此悭俗何足怪。彼青青者，福利所专，亦望望掉头莫之问。似予为选事，且筑愁也。喙三尺而手五金，信哉！彖层而四，乃庚而楞，其中盖以补地轴，非缘娱眺，诚不必不楞也。五载奏成事，而向之阙者矗然霞表，卦位皆得，堂气以凝倒影，中流犹堪砥柱。是役也，吉乃大叶，大赐于后之人无量，乃当事者心与舌而俱碎矣。后之君子无轻言鸠僝也哉。塔凡八门，周八丈有八尺，径三一之，高十有六丈，甓砖三十八万三千五百有奇。肇戊辰四月，竣壬申九月。乙亥重葺其巅，又费瓴甋二千许。先后糜金钱千四百伍十两，而予各捐助设助差半焉，几斗谷氏之毁乘。半出同井共鄙，敝唇吻以鸠之者也。氏名存诸其籍。初咨襄事者林若董一二辈，与为终始。余难言焉。工人则歙汪君实、瀫丘、如远，皆哲匠也。落成，请名于神，曰培风，神许可。

王蛟诗：

岧峣千尺郁孤峰，四面青畴一望同。稻陇午炊瓴甋雨，麦畦春试铎铃风。

培成卦位山趋艮，护作金堤水自东。绝顶喜攒云外树，苍烟回罩夕阳红。

光绪淳安县志卷之五

食货志 户口 顷亩 赋额 积贮 蠲恤 土物

户　口

国家御宇，休养生息，垂百有二十年。民生其间，既庶且繁，复昌而炽，旐旟叶梦，室家溱溱，而天子仁圣，不忍料民，户籍之版递增，惟正之供如故，丁归粮纳，永不加赋，大哉王言。淳虽下邑，献天府以守藏，昭太平之有象，不容不覼缕也。志户口。

宋

绍兴九年，一万五千三百四十六户，一万五千三百九十二口。淳熙十三年，一万八千七百二十六户，四万五千七百九十七口。

元

至元二年，三万五千七百七十八户，四万六千四百三十三口。

明

洪武二十四年，一万六千三百三十七户，七万七千三百七口。永乐十年，一万五千八百一十二户，六万三千三百二十六口。成化八年，一万四百三十五户，四万五千八百六十九口。嘉靖元年，一万一千三百七十四户，四万六千七百一十二口。万历二十六年，一万一千三百七十二户，四万六千五百五口。崇祯年间户口同。

国　朝

《赋役全书》原额田地山塘等项，除奉免耤田坛庙基地外，实其征银四万五千五百七十九两六钱七分五厘三毫三丝五忽九微三尘八渺。每银一十八两六钱七分二厘五毫四丝二忽一微二尘八渺六漠一埃四沙。派市民人丁一丁。每银二十四两六分五厘二毫九丝八忽四微八尘七渺八漠二埃三纤六沙。派市民人口一口。每银三两一钱一分九厘九毫七丝二忽三微三漠五埃八纤五沙。派乡民人丁一丁。每银四两六钱六分七厘一毫七丝九忽五微三尘四渺七漠五纤九沙。派乡民人口一口。

顺治十四年，人口一万一千六百六十口，人丁一万七千五十丁。康熙二十年，实在丁口二万八千七百一十丁口。康熙六十年，原报原额丁口三万四百一十一丁口。雍正四年，实在丁口三万六百六十五丁口。雍正九年编审，旧管丁口三万六百六十五丁口，新收丁口一千二百八十三丁口，开除丁口一千一百丁口，实在丁口三万八百四十八丁口，内实在市民人丁二千六百九十七丁，内除原额完赋市民人丁二千四百四十一丁，每丁征银二钱九厘二毫，共征银五百一十两六钱五分七厘二毫。外实盛世滋生增益市民人丁，内别省寄居人丁一百八丁，浙省土著人丁一百六十三丁，共增益人丁二百七十一丁。永不加赋。

实在市民人口二千七十八口，内除原额完赋市民人口一千八百九十四口，每口征银五厘二毫，共征银九两八钱四分八厘八毫。外实盛世滋生增益市民人口，内别省寄居人口七十三口，浙省土著人口一百二十一口，共增益人口一百九十四口。永不加赋。

实在乡民人丁一万五千五百二十三丁，内除原额完赋乡民人丁一万四千六百九丁，每丁征银二钱二分九厘八毫，共征银三千三百五十七两一钱四分八厘二毫。外实盛世滋生增益乡民人丁，内别省寄居人丁一百六十八丁，浙省土著人丁七百四十六丁，共增益人丁九百一十四丁。永不加赋。

实在乡民人口一万四百五十九口，内除原额完赋乡民人口九千七百六十六口，每口征银二分五厘八毫，共征银二百五十一两九钱六分二厘八毫。外实盛世滋生增益乡民人口，内别省寄居人口四十八口，浙省土著人口七百一十一口，共增益人口七百五十九口。永不加赋。

以上共征银四千一百二十九两六钱一分七厘。

顷　亩

《周礼》大宰九职，有三农。先郑谓三农，平地山泽也。后郑则分原与隰与平地。当之其说小殊，要之力作，耕田、熂山、封水，总不离乎顷亩。吾淳逼处万山中，厥土惟坟垆。于《禹贡》，田应在下下，而节节级级，亦自鱼鳞可数。山林薮泽，颇宜竹木。阜财求而利器用，有取焉。间遭鞠凶，陵谷易位，坏不可治。又蒙天高听卑，随与除豁，其可施功者仍自整如棋局也。今据现在核其数编次之，以明赋所自出。志顷亩。

明

田二千六百九十二顷二十二亩四厘五丝有奇。

地二千三百四十九顷六十六亩五分八厘有奇。

基六十六顷六十亩四分二毫。

山三千一百二顷二十九亩八分七厘有奇。

塘七十四顷九十七亩六分九厘七毫有奇。

国　朝

原额田二千六百九十顷六十八亩四分五厘四毫五丝。缺旧一顷五十三亩五分八厘七毫有奇。雍正五年，建设先农坛，藉田四亩九分。乾隆二年，题准坍缺田三顷四十七亩四分四丝。乾隆九年，题准水冲田二顷八亩四分一厘六毫。乾隆十二年，题准水冲田八顷三十一亩七分。乾隆十五年，题准水冲田二顷一十五亩七分。

实在田二千六百七十四顷六十亩三分三厘八毫一丝。

原额地二千三百四十九顷二十亩一分七厘六毫一丝三忽。缺旧四十六亩四分有奇。雍正五年，建设先农坛地三分五厘。乾隆二年，题唯坍缺地四顷一十亩九分四厘七丝六忽六微。乾隆九年，题准水冲地三顷三十亩九分二厘五毫。乾隆十二年，题准水冲地三顷五十五亩二分。乾隆十五年，题准水冲地四十八亩一分。

实在地二千三百三十七顷七十四亩六分六厘三丝六忽四微。

实在基六十六顷六十亩四分二毫。

实在山三千一百二顷二十九亩八分七厘八毫九丝七忽。

实在塘七十四顷九十七亩六分九厘六丝八忽。

赋　额

古有三征，唐变两税。逮我朝而为一条鞭，人便之。而淳为尤甚。举前此绢、茶、矾、蜡、药材，一切色目尽摒挡之，而折色以收，清静宁一，民用不扰。而于诸色目仍不缺于供。盖因时处宜，惟王尽制，简而易从，至于斯极。民有老死不知一切色目何等者，而下天上施，一遇凶年饥岁，减科赐复，史不绝书。即三代以来，未数数然也。为据现行规额条别之，溯其颠末于篇。志赋额。

宋

夏税旧额　绢一万三千二百三十六匹七尺九寸，绸三千六百五十五匹二丈五尺一寸，绵一千一百六十四屯二两八钱。淳熙十三年，绢四千九百八十三匹有奇，紬二千五百六十二匹有奇，绵二千三百五十五两。

秋税旧额　苗米四千七百九十三石五斗八升四勺。淳熙十三年，五千九百九十九石七斗有奇。

和预买旧额　绢一万四千二百五十五匹，䌷三千四百匹，丝四千两，生䌷线八百两。淳熙十三年，绢一万二千七百五十五匹，䌷三千八百七十匹，丝五千五百两，生䌷线一千两。

茶租钱旧额　三千五百七十七贯文。淳熙十三年，六千贯文。

免役钱旧额　一万二千七百八十一贯三百四十五文。淳熙十三年，一万五千二百四十八贯六百七十二文。

茶递　年批发八十一万二千四百斤，计引钱一十三万一千一百八贯文，住卖五百斤，计引钱八十五贯文。淳熙十三年，批发九十三万四千一百斤，计引钱二十万五千五百二贯文。住卖一千斤，计引钱二百二十贯文。

盐递　年五十一万八千四百斤，计引钱三万二千三百八十六贯文。绍兴九年，卖五十三万五千二百斤，计引钱二万三千一百七十九贯文。淳熙十三年，卖一百一十八万三十四百斤，计引钱八万九千八百三十六贯文。

香 无额。

矾递 年二百斤，计引钱三十贯文。绍兴九年，卖四百斤，计引钱六十贯文。淳熙十三年，卖四百一十四斤，计引钱四十一贯四百文。

酒税 县郭酒务，旧系人户买扑，元额一界净利钱六千四百一十贯文，每月课利钱七十三贯三百二十五文。绍兴六年，知州胡寅请于朝，设置官酒务，认还各课钱外，以所得息钱充本州经费，计绍兴七年所收除还外，为钱二万九千三百五十八贯三百三十三文。淳熙十三年，额收一界净利钱九千六十贯文，增添五文，钱四千五百三十贯文，每月课利钱七十三贯三百二十五文。村坊旧管一十二处，三处买扑，九处分认，元额一界净利钱一万七百五十三贯九百七十四文。绍兴九年，每月课利钱一百三十五贯五百七十一文。淳熙十三年，四处买扑，八处分认，收一界净利钱一万一十二贯八十一文，增添五分，钱四千五百六十一贯四十四文，每月课利钱九十八贯七百三十九文。

税务租额 五千二百五十八贯文。绍兴九年，收五千四百一十九贯文。淳熙十三年，收七千八十九贯九百六十五文。

牙契税钱租额 一千三百五十三贯文。绍兴九年，收五千四百九十七贯文。淳熙十三年，收四千二百九十二一百四十二文。

明

夏税 丝三十二万二千一十一两一钱七分六厘三毫，绵一万一千五百四十六两二钱三毫，折绢一万六千一百七十一匹三尺四十八分六厘六毫，存留荒丝一万一百六十五两。

秋粮 米三千八百八十二石九斗一升五合一勺。

农桑 原额二十五万八千五百五十一株，该丝六千五百二十八两二钱七分五厘，折绢三百二十六匹一丈一尺四寸一分二厘。

茶芽五斤。野味二十四只。药材茯苓四百七十斤七两，吴茱萸一十二斤四两，菝葜十二两六钱四分。

颜料槐花一百二十斤，乌梅一百五十斤，栀子三十五斤。翎毛四万五千根。皮张五百八十八张。历日纸岁无常数。弓张四百九十八张，随弓弦二千四百九十二条，箭四千五百三十二枝。每岁办料解府，发织染造局造解。缎匹各色光素纻丝二百四十七匹三丈一尺八寸。每岁办料解府，发织染局造解。

茶课钞三千七百一十二锭一贯八百八十文。盐课钞一千五百四十三锭五百文。粮米九百二十八石七斗六升八合七勺。鱼课钞二十七锭一贯五百文。酒醋课钞一百三十五锭三贯七百二十文。

商税课钞七百七十二锭六百六十文。门摊课钞二十九锭一上百二十文。碓磨油榨课钞一百九十八锭六百文。铸泻炉户课钞三锭六百文。

房地赁钞一百五十一锭二百一十文。果价课钞六锭六百八十文。茶引油工墨钞八十四锭二贯。

契本工课钞四贯。

国　朝

夏税原额　绢一万六千一百七十五匹一丈六尺二寸四分。征银起解，内顺治十年六月，内会议改征折色绢一万四千八百五十二匹一丈三尺二寸四分五忽，每匹原价银九钱二分六厘，该银一万三千七百五十三两三钱六分六毫七丝四忽八微二尘一渺。顺治十二年，题定每匹概征银一两五钱。后于顺治十三年，题准除原额外，于有绢府州县一例均派，每匹增银四钱五分三厘六毫五丝九尘三渺三漠三纤，实该折绢银共二万四百九十一两一钱七分二厘七丝一忽五微四尘六漠八纤七沙。又路费银一百四两九钱一分一厘七毫二丝七微一尘五渺四漠六纤一沙。

本色绢一千三百二十三匹三尺，每匹原价九钱二分六厘，该银一千二百二十五两一钱九分六毫。顺治十二年，题定概征银一两五钱。后于顺治十三年，题准除原额外，于有绢府州县一例均派，每匹增银四钱五分三厘六毫五丝九尘三渺三漠三纤，连原额共银一千八百二十五两四钱一分五厘三丝八忽四微四尘九渺一漠九埃九纤三沙。俱征鲜布政司解给。

秋粮　顺治十二年，钦奉恩诏，本折均平，将原额内改征漕运项下，月粮本色米一百七十三石四斗六升，余皆汇入一条鞭，征银起解。

农桑　《新纂全书》内系顺治十年会议改征折色绢五十匹一丈三尺六寸八分一厘，每匹征银一两一钱三分。后于顺治十三年内改纂全书，将改征折色绢每匹征银一两六钱三分五厘七毫二丝四忽四征六尘五渺五漠五埃八织，共该银八十二两四钱八分五厘五毫四丝六忽六征三渺三漠一埃五织六沙，并原额坐派农桑绢，折共银二百七十二两四钱七分五厘一毫五丝九忽五微二尘三渺三漠一埃五织六沙。又本色绢四匹一丈八尺三寸一分九厘。改纂全书每匹征银一两六钱三分五厘七毫二丝四忽四微六尘五渺五漠五埃八织，共银七两四钱八分二厘二毫九丝九忽二渺三漠七埃九织九沙。俱归一条鞭，征银汇解。

药材茯苓五百四十九斤零三两五钱，内陆续奉文改折五百三十斤一十四两六钱一分六厘，仍解本色一十八斤八钱八分四厘。又吴茱萸一十三斤十两。菝葜一一三两二钱。未香四十一斤零四两四钱。奉交全折，征银起解。

本色黄蜡一百八十五斤五两，内陆续奉文改折一百三十一斤一两一钱二分六厘七毫，仍解本色五十四斤三两八钱七分三厘三毫。

本色芽茶七十八斤，内陆续奉文改折三十六斤零六两二钱二分三厘，仍解本色四十一斤九两七钱七分七厘。

本色叶茶五十七斤四两二钱，奉文改折，俱按年给批差官解。

黑漆弓八百一十九张。顺治三年，奉文改折牛角八百一十九副，每副额银二钱九分。因非产角之地，采办艰难，至顺治十二年，奉文题定每副增银二两七钱一分，共实该银二千四百五十七两。又路费银二十四两五钱七分。随弓弦四千零九十五条，每条额银五分四厘。顺治三年，题准改解折色，每条增银四分六厘，共实该银四百九两五钱。箭七千四百四十三枝，每枝额银一分八厘。顺治三年，题准改解折色，每枝增银八分二厘，共实该银七百四十四两三钱。编入田亩，一例征银起解。康熙三年，奉文归并条鞭汇解。

槐花、乌梅、最子、皮张、缎匹各色光纻丝荒丝等款，俱于顺治三年，题准改解折色。康熙三年，归并一条鞭汇解，藩司移送织造，缎匹支用。

已上各项杂征，陆续奉文改折征银，归并一条鞭汇解，纂入全书。

康熙三年，奉旨丈清田地基山塘丁口，悉与原额相符。遵照司颁，由单开载于后。

原额田二千六百九十顷六十八亩四分五厘四毫五丝，内雍正五年，奉建设先农坛耤田四亩九分，每亩征银九分六厘四毫，该银四钱七分二厘三毫六丝，每亩征米五勺七抄，该米二合六勺九抄五撮。雍正八年，奉旨豁免。乾隆二年，题准坍缺田二项四十七亩四分四丝，除额征银三十三两四钱八分九厘三毫九丝八忽五微六尘，米一斗九升一合七抄二圭二粟。乾隆九年，题准水冲田二顷八亩四分一厘六毫，除额征银二十两九分一厘三毫二忽四微，米一斗一升四合六勺二抄八撮八圭。乾隆十二年，题准水冲田八顷三十亩七分，除额征银八十两一钱七分五厘八毫八丝，米四斗五升七合四勺三抄五撮。乾隆十五年，题准水冲田二顷一十五亩七分，除额征银二十两七钱九分三厘四毫八丝，米一斗一升八合六勺三抄五撮。

实存田二千六百七十四顷六十亩三分三厘八毫一丝，实征银二万五千七百八十三两一钱七分六厘五毫九线二忽八微四尘，实征米一百四十七石斗三合一勺八抄五撮九圭五粟五粒。

原额地二千三百四十九顷二十亩一分七厘六毫一丝三忽，内除建先农坛地三分五厘，每亩征银四分七厘，该银一分六厘四毫五丝。每亩征米八抄，该米二抄八撮。雍正八年，蠲免。乾隆二年，题准坍缺地四顷一十亩九分四厘七丝六忽六微，除额征银十九两三钱一分四厘二毫一丝六忽二微，米三升二分八勺七抄五撮二圭六粟一粒二黍八粞。乾隆九年，题准水冲地三顷三十亩九分二厘五毫，除额征银一十五两五钱五分三厘四毫七丝五忽，米二升六合四勺七抄四撮。乾隆十二年，题准水冲地三顷五十五亩二分，除额征银一十六两六钱九分四厘四毫，米二升八合四勺一抄六撮。乾隆十五年，题准水冲地四十八亩一分，除额征银二两二丝六分七毫，米三合八勺四抄八撮。

实存地二千三百十七顷七十四亩六分六厘三丝六忽四微，实征银一万九百八十七两四钱九厘三丝七忽一征八渺，实征米一十八石七斗一合九勺七抄二撮八圭二粟九粒一黍二粞。

实在基地六十六顷六十亩四分二毫，每亩征银七分九厘五毫，该实征银五百二十九两五钱一厘九毫五丝九忽，每亩征米一勺三抄，该实征米八斗六升五合八勺五撮二圭六粟。

原额山三千一百二顷二十九亩八分七厘八毫九丝七忽，每亩征银二分五厘二毫，实征银七千八百一十七两七钱九分二厘九毫五丝四尘四渺，每亩征米二抄，该实征米六石二斗四合五勺九抄七撮五圭七粟九粒四黍。

原额塘七十四顷九十七亩六分九厘六丝八忽，每亩征银三分三厘八毫，该实征银二百五十三两四钱二分一厘九毫四丝四忽九微八尘四渺，每亩征米六抄，该实征米四斗四升九合八勺六抄一撮四圭四粟八黍。

原额丁口二万八千七百一十丁口，内市民人口一千八百九十四口。每口征银五尘二毫，该银九两八钱四分八厘八毫。人丁二千四百十一丁。每丁征银二钱九厘二毫，该银五百一十两六六钱五分七厘二毫。乡民人口九千七百六十六口。每口征银二分五厘八毫，该银二百五十一两六钱六分二里八毫。人丁一万四千六百九丁。每丁征银二钱二分九里八毫，该银三千三百五十七两一钱四分八厘二毫。

原额丁口二万八千七百一十丁口。雍正十一年，据邑民程步瀛呈详，请毋论乡市丁口，每地基山塘条一两，该荡口银一分三厘三毫二丝九忽二微。地基山塘共条一万九千六百四十一两九钱六分五厘一毫三丝二忽一征三尘八渺，该口银二百六十一两八钱一分一厘六毫。每田条一两，该荡丁银一钱四分九厘一毫一丝八忽九微一尘，共该田条二万五千九百三十七两七钱二分六厘六毫五丝三忽八微，该丁银三千八百六十七两八钱五厘四毫，共该丁口银四千一百二十九两六钱一分七厘四毫四丝八忽一微一尘。

以上田地山塘人丁等项，共征银四万九千七百九两三钱八厘七毫八丝五忽九微三尘八渺。加蜡茶新加银一十两二钱五分三厘四毫七丝一忽一微六尘七渺五漠，加归八地丁带征匠班银九十九两二钱七分四厘，加收零积余米改征银八钱四分一厘五毫七丝五忽三微四尘五渺六漠，蜡茶时价银一两九钱五分五厘六毫六丝四忽五微。药材时价银五两一钱六分二厘一毫三丝九忽八微，芽茶折价银八钱，外赋农桑银一百九十一两八钱八分九厘五毫九忽四尘九渺二漠，课钞银五十一两二钱三厘七毫四丝。通共银五万六十三两五钱八分八厘八毫八丝五忽八微三漠。内除乾隆二年，奉文免征坍缺田地地丁并蜡茶时价银五十七两七钱六厘三毫三丝八忽六微二渺，乾隆九年，免水冲难垦田地地丁并蜡茶时价银三十八两九钱二分八厘四毫三丝四忽七微三尘八渺五漠，乾隆十二年，奉文免征水冲难垦田地地丁并蜡茶时价银一百九两二钱六分七厘六毫七丝三忽四微九尘五渺，乾隆十五年，免水冲砂压田地地丁并蜡茶时价银外二十六两二钱三分七厘二毫一丝六忽九微一尘三渺，实征银四万九千八百三十一两四钱三分二厘七毫七丝二忽五尘一渺七漠二埃。

共征米二百七十四石二斗九升八合八勺五抄二撮三圭四粟五粒六黍，内除收零积馀米八斗四升一合五勺七抄五撮三圭四粟五粒六黍，改征银及乾隆二年免征坍江田地米二斗二升三合九勺四抄五撮四圭八粟一粒二黍八粞，乾隆九年免征难垦田地米一斗四升一合一勺二撮八圭，乾隆十二年免征水冲难垦田地米外一斗二升二合四勺八抄三撮，实征米一百七十二石四斗八升三合八勺九抄四撮七圭一粟八粒七黍二粞。

起运地丁银内

户部项下　京库米折银二百四十九两九钱七分一厘五毫。滴朱路费银六两七钱四分九厘二毫三丝五微。京库黄白绢本色银一千八百二十五两四钱二分五厘三丝八忽四微四尘九渺一漠九埃九织三沙。农桑绢本色银七两四钱八分二厘二毫九忽二渺三薄漠七埃九织九沙，京举绢折银二万四百九十一两一钱七分二厘七丝一忽五微四尘六漠八织七沙，路费银二百四两九钱一分一厘七毫二丝七微一尘五渺四漠六织一沙。农桑绢折银二百七十二两四钱七分五厘一毫五丝九忽五微二尘三渺三漠一埃五织六沙，路费银二两七钱二分四厘七毫五丝一忽五微九尘五渺二漠三埃三织一沙。折色蜡价银一百六十四两八钱八分三毫，路费银一两六钱四分八厘八毫三忽。富户银二十两，路费银二钱。昌平州银八两七钱三分五厘九一丝，路费银八分七厘三毫五丝九忽一微。江南药价银二两九钱五分三厘七七丝七忽五微二尘，津贴路费银五钱九分七毫五丝五忽五微四渺。柴值银六十五两六钱，路费银六钱五分六厘。盐钞银七两三钱一分四厘二毫六丝一忽二微一尘四渺三漠，路费银八分七厘七毫七丝一忽一微三尘四渺五漠七埃一织六沙。

九厘银七千四十七两八分九厘三毫六丝，路费银四十九两三钱二分六厘六毫二丝五忽五微二尘。

礼部项下　牲口银二十两八钱，路费银二钱八厘。

药材折色银三十二两三钱九厘五毫六丝四忽七微八尘，津贴路费银一十六两一钱五分四厘七毫八丝二忽三微九尘。果品银九两三钱，路费银九分三厘。菉笋银八两三钱三厘，路费银八分三厘三丝。

工部项下　白硝麂皮银三十两三钱七分三毫二丝六忽。雕填匠役银一十两六钱二分九厘八毫八丝六忽九微，路费银一钱六厘二毫九丝八忽八微六尘七渺。漆木料银二两六钱九分六厘八丝九忽。弓改牛角银二千四百五十七两，路费银二十四两五钱七分。箭银七百四十四两三钱。弦银四百九两五钱。胖袄银一百九十五两四钱二分三毫五丝七忽。四司工料银三百二十二两三钱四分三厘七毫四丝八忽。岁造段匹银五百三两九钱六分七厘一毫四丝一忽八微七尘八渺。军三军器并路费银一百七两九钱八分八厘七毫。军器民七银一百一十六两六钱三分八毫九丝六忽七微四尘四渺。军器路费银四两五钱六分七毫四丝。协济杭州府军三军器银四百三十四两九钱二分三厘八丝。局丝银六百八两七钱五分五厘二毫三丝三忽二微六尘四渺八漠。槐花等银一十九两一分二厘三毫四丝六忽。匠班银九十二两二钱七分四厘。

户部旧编裁扣充饷项下 顺治九年，旧编裁剩解部并米折银四百二十七两九钱七分七厘二毫七丝四忽七微二尘二渺五漠八埃五织七沙，路费银一两七钱五分三毫三丝。又裁扣银四百三十两四钱。顺治十二年，裁扣银九十四两。顺治十二年，裁漕运月粮三分，拨还军储银一百六十二两八钱九厘七毫九丝三忽七微五尘。顺治十四年，裁扣银三百八十六两八钱三分三厘四毫三丝二忽五微。又裁渡夫银四十两。又裁里马银三十六两八钱。顺治十五年，裁优免银二百五十五两八钱七分五厘。顺治十六年，裁闰月俸银二十六两六钱二分九厘五毫。康熙元年，裁吏书工食银二百四两。又裁提学道岁考心红等银一十八两三钱四分六厘一毫二丝四忽。康熙二年，裁仓库学书工食银十九两二钱。康熙三年，裁教职经费银五十七两九钱二分。又裁斋夫银三十六两。康熙六年，裁推官经费银一百三十八两。康熙七年，裁按院节字号座船水手银五两。康熙八年，裁驿站银二十五两。康熙十年，裁扣银二百四十四两一钱六分五厘七毫一丝七忽二微五尘。又裁扣银六十两九分九种八厘五丝五忽二微五尘。康熙十六年，裁扣银一十一两七钱三分三厘三毫。康熙二十三年，裁彬字号座船水手银一十五两。康熙二十七年，裁岁贡路费银三十两。又裁科举等银四百七两四钱二厘八丝一忽一尘二渺四漠。康熙三十一年，裁驿站等银七百四两七钱四分二厘七毫二丝七忽。康熙三十九年，裁各官经费银三百三十四两。康熙五十六年，裁表笺银五两二钱五分三厘。雍正三年，裁宪书银八两六钱六分一厘三毫一丝四忽三微二尘。雍正六年，裁灯夫工食银三十六两。又裁馆夫工食银一十四两四钱。雍正十二年，裁扣民壮工食银一百五十六两。雍正十三年，裁扣布政司藩字号座船水手银一两二钱。乾隆六年，裁扣民壮工食银二十四两。乾隆十二年，裁扣民壮工食银二十四两。

户部额编兵饷项下 田地山银三千一百三十九两四钱九分四厘一丝九忽五微

八尘。均徭充饷银一百五十一两。民壮充饷银一千一十二两二钱七分。预备秋米折银二百五十八两一钱五分。本府冗役捕壮银六两。宪书充饷银三两九钱。会裁冗役银七百五十四两二钱五分六厘四毫五丝。协济杭州仓岁余米充饷银三百九十九两二分七厘八毫。盐米充饷银三十二两九钱一分八厘七毫五丝。协济建德县夫马抵解兵饷银一百四十五两二钱。奉文裁扣完字号座船水手银二两八钱。归并解司。免征藉田银四钱八分八厘八毫九忽九微九尘九渺八漠。免征坍缺田地银五十七两六钱九分四厘五毫七丝五忽九微二渺。免征难垦田地银三十八两九钱二分四毫九丝五忽二微六尘二渺三漠一埃。免征水冲难垦田地银一百七两六钱四分五厘四毫三丝二忽二微二尘一渺。免征水冲砂压田地银二十六两二钱二分二厘八丝二忽二微二尘七渺。

以上共起运地丁银四万六千八百三十五两九钱八分二厘七毫八丝三忽八微五尘七渺六漠九埃。

盐课（运司专辖）　盐院完字号座船水手解部充饷银二两八钱。系地丁偏征。

漕运（粮储道专辖）　随漕本色月粮给军米一百七十二石四斗八升三合八勺九抄四撮七圭一粟八粒七黍二粞。随漕折色浅船贡具银三百七十二两三钱三分五厘七丝五忽八微三尘一渺。月粮银三百七十九两八分一厘九毫九丝四忽九微四法八渺。

驿站（驿传道专辖）　驿站银四百九十两一钱。

户部项下　本色蜡茶银一十三两六钱二分九厘六毫八忽八微七尘五渺。时价银一两九钱五分五厘六毫六丝四忽五微。乾隆二年，奉文免征水冲坍缺田地银一分一厘七毫六丝二忽七微。乾隆九年，奉文免征水冲难垦田地银七厘九毫三丝九忽四微七尘六渺二漠七埃。乾隆十二年，奉文免征水冲难垦田地银二分一厘五毫七丝五一微四尘三渺。乾隆十五年，奉文免征水冲砂压田地银五厘一毫三丝四忽六微八尘六渺外。实征银一十五两五争三分八厘八毫六丝九微六尘九渺七漠三埃。折色蜡茶并新加银六十两三钱九分八厘二毫五丝九忽四微二尘五渺，路费银六钱三分五厘四毫七丝七尘五漠。

礼部项下　本折药材银三两九钱五分三厘九毫五丝七忽七微，津贴路费银一两九钱七分七厘一毫三丝九忽八微。荐新芽茶五斤，奉文折征每斤价银一钱六分，该银八钱，路费银三两。

司存留项下 银六十一两，内战船银三十六两，布政司解户役银一十五两，抚院涣字号座船水手银十两。

府县存留项下 本县拜贺习仪香烛银四钱八分，本县致祭。

关圣帝君银六十两（系动支地丁，题销册，内仍于起运上造报）本县致祭。厉坛米折银六两（系动支地丁，题销册内仍于起运项下造报）。本县祭祀银一百四十八两，内文庙七十二两，山川社稷二祭三十七两七钱四分，邑厉坛三祭二十一两，扣银一十七两二钱六分，解司充饷。

文庙香烛银一两六钱。迎春芒社土牛春酒银二两。同知经费银二百五十四两。（俸银八十两，门子二名一十二两，步快八名银四十八两，皂隶十二名银七十二两，轿伞扇夫七名银四十二两。）本县知县经费银五百二十一两四钱。（俸银四十五两，门子二名银十二两，皂隶十六名银九十两，马快八名每名工食六两，陆路备马置械水乡打造巡船以司缉棵每名十两八钱，共银一百三十四两四钱，民壮一十六名银九十六两，禁卒八名银四十八两，轿伞扇夫七名银四十二两，库子四名银二十四两，斗级四名二十四两。）典史经费银六十七两五钱二分。（俸银三十一两五钱二分，门子一名银六两，皂隶四名银二十四两，马夫一名银六两。）儒学经费银一百九十三两一钱二分。（教谕俸银三十一两五钱二分，斋夫三名，每名一十二两，共银三十六两，廪粮银六十四两，廪膳银四十两，门斗三名，每名银七两二钱，共银二十一两六钱。）本县儒学加俸银四十八两四钱八分。（系动支地丁，题销册内仍于起运项下造报。）乡饮酒祀二次银七两五钱。岁贡生员旗匾花红酒礼府银一两，县银三两。府县巡盐应捕工食银二十八两八钱。（府盐捕二名，县盐捕二名，每名银七两二钱。）看守公署门子工食银八两六钱。（布按二分司二名，每名银二两五钱，兵巡道一名，银三两六钱。奉文加给本县禁卒工食。）偏僻一十七铺司兵工食银二百八十六两。（县前铺、山柏铺、施岭铺、公阳铺、驮岭铺、茶园铺、沙湖铺、芝畴铺、蛇岭铺、桐桥铺各三名，每名银七两二钱。召石铺、养材铺、添口铺、云头铺、塔山铺、梯股铺、城平铺各二名，每名银五两。）东溪渡渡夫八名，工食银八两。东溪桥夫一名，银一两。本府解户役银三十两。（年终造册汇销）孤贫十五名，布花木柴银九两。（每名年给银六钱。）孤贫十五名口粮银五十四两。（每名岁支银三两六钱。）县重囚口粮银三十六两。

以上共银一千七百七十五两五钱。

地丁加闰银五百五十五两七钱五分二厘九毫九丝八忽五微五尘七渺三漠八埃五织二沙。又驿站新加银三十四两八钱。外赋不入地丁科征本县课钞人户出办银一两九分七厘四毫六丝。(归经费用)

通共额征加闰银五百九十一两六钱五分四毫五丝八忽五微五尘七渺三漠八埃五织二沙。地丁加闰米三十三石三斗一升。

起运折色加闰银四百六十五两六钱三分三厘五毫七丝八忽五微五尘七渺三漠八埃五织二沙。内户部柴直银三两。(路费银三分)户部盐钞银七钱二分四厘二丝五忽八微五法七渺一漠。(每两路费银一分二厘,该银八厘六毫八丝八忽三微一尘二漠八埃五织二沙。)工部雕填匠役银八钱八分五厘八毫三丝九忽。(路费银八厘八毫五丝八忽三微九尘。)工部岁造缎匹银七十一两三分六厘七毫。顺治九年,旧编裁剩解部银一两七钱四分三厘九毫六丝七忽。又裁扣银三十四两二钱。顺治十三年,裁漕运月粮三分,拨还军储银九两九钱九分三厘。顺治十四年,裁渡夫银六钱六分六厘六毫五丝。又裁膳夫银三两三钱三分三厘三毫。又裁里马银三两六分六厘六毫六丝。顺治十六年,裁闰月俸银二十六两六钱二分九厘五毫。康熙元年,裁吏书工食银十七两。康熙二年,裁仓库学书工食银一两六钱。康熙三年,裁教职经费门子银一两二钱。又裁斋夫银三两。康熙六年,裁官经费银十一两五钱。康熙七年,裁按院节字号座船水手银四钱一分六厘六毫。康熙二十三年,裁彬字号座船水手银一两二钱五分。康熙三十九年,裁各官经费银一十九两五钱。雍正三年,裁宪书纸料银一钱五分四厘四毫。雍正六年,裁灯夫工食银三两。又裁馆夫工食银一两二钱。雍正十二年,裁扣民壮工食银一十三两。雍正十三年,裁布政藩字号座船水手银一钱。乾隆六年,裁扣民壮工食银二两。乾隆十二年,裁扣民壮工食银二两。兵饷民壮充饷银九十八两四钱。兵饷会裁冗役充饷银四十三两八钱。兵饷盐米充饷银三十二两九钱一分八厘七毫五丝。兵饷续协济建德县抵解兵饷银十二两一钱。

盐课加闰(解归藩司充饷)盐院完字号座船水手解部充饷银二钱三分三厘三毫。(系地丁偏征)

漕运加闰(粮储道专辖)随漕本色月粮给军米三十三石三斗一升。随漕折色月粮七给军银二十三两三钱一分七厘。(系地丁偏征)

驿站加闰（驿停道专辖）本府各驿银六两六钱。

存留加闰银九十三两八钱六分六厘五毫八丝。内抚院涣字号座船水手银八钱三分三厘三毫三丝，同知经费银一十四两四钱。（门子二名，银一两；步快八名，银四两；皂隶十二名，银六两；轿伞扇夫七名，银三两五钱。）本县知县经费银三十九两七钱。（门子二名，银一两；皂隶十六名，银八两；马快八名，每名工食银五银；陆路备马、置械，水乡打造巡船，以司缉倮银九钱共银十一两二钱；民壮十六名，银八两；禁卒八名，银四两；轿伞扇夫七名，银三两五钱；库子四名，银二两；斗级四名，银二两。）典史经费银三两。（门子一名，银五钱；皂隶四名，银二两；马夫一名，银五钱。）儒学经费银八两一钱三分三厘三毫。（斋夫三名，每名银一两；廪生膳银三两三钱三分三厘三毫；门斗二名，每名银六钱。）府县巡盐应捕工食银二两四钱。（府盐捕二名，县盐捕二名，每名银六钱。）看守公署门子工食银七钱一分六厘七毫。（ 布按二分司二名每名银二钱八厘三毫五丝；兵巡道一名，银三钱；奉文加给禁卒工食。）偏僻十七铺司兵工食银二十三两八钱三分三厘三毫。（县前铺、山相铺、施岭铺、公阳铺、驮岭铺、茶园铺、沙湖铺、芝畴铺、蛇岭铺、桐桥铺各三名，每名银六钱。召石铺、养材铺、添口铺、云头铺、塔山铺、梯股铺、城平铺各二名，每名银四钱二分六厘六毫六丝四忽。）东溪渡渡夫工食银六钱六分六厘六毫五丝。（渡夫八名，每名银八分三厘三毫三丝一忽二微。）东溪桥夫一名，银八分三厘三毫。

外　赋

学租银二十三两一钱八分六厘二毫五丝。（每年照数征输解司转解学院赈给贫生膏火之用。）

当税银一百五十五两。（当铺三十一名，每名征银五两，共该前数另款解司充饷仍于每年春季查明增除造册报部输税。）

牙税银三十两八钱。（上则牙户十三名，每名征银八钱，该银十两四钱。中则牙户三十四名，每名征银六钱，该银十四两四钱。下则牙户一十五名，每名征银四钱，该银六两。共该前数另款解司充饷。）

契税　每买产银一两，征税银三分。

牛税　每两征税银三分，另款解充饷饷。

以上契税、牛税二款，岁无定额，每年尽收尽解，造报题销。

积　贮

《荒政十二》：聚万民，首曰散利。夫匪积，曷散哉！诗有之："乃求千斯仓，乃求尤斯箱。黍稷稻粱，农夫之庆"，言积贮也。圣朝知小民之依，俾州县囷仓贮谷，待不时之需。又定为存七粜三法，新故相补，备红朽焉。此其意甚盛，为民牧者谨守筦钥，出入以度，不致鸟鼠风雨之侵，究宣上德，则善矣。淳之仓有旧设者，有新增者，备悉如左。志积贮。

预备仓　旧设四所，一在龙山乡为东仓，一在仁寿乡为南仓，一在梓桐乡为西仓，一在常乐乡为北仓。俱建于明洪武二十三年。今废。

广积仓　在县治仪门左，旧名存留仓。明弘治元年，邑令刘公篪建，并建预备中仓。嘉靖三年，邑令姚公鸣鸾修之。

姚鸣鸾《修仓记略》：

今上御极之三年，岁凶歉，富者宿积无所赢余，贫者旦夕不给，嗷嗷怨咨。上闻，命发仓廪以赈贷之，俾有司分理其事。鸣鸾承命祗惧，不知所为。于是躬诣仓所，视其无田者，予之支借，数万口而民食亦少裕矣。暨岁秋成，五谷蕃熟，使散而不积，则无以防凶歉、备不虞，是岂常平义仓遗法，抑岂国家嘉惠元元之意哉？乃冬十月，申请臬司悉出帑藏，以和籴之积谷，不下万石，披霜夜历寒谷，凡阅月而成厥功。县治仓所，中为官厅，左右为仓廒，环以垣墙，为经久不易之图。皆因旧址而重葺之。仓所既成，稻谷充实，所以预防歉岁而为生民计久远，是不可以无记，遂书其事，命工寿诸石，俾后之人重民天云。

其后废而复兴，则万历二十八年建。自邑令吴公天洪为廒者四，以义礼智信四字标识之。每廒五间，每间贮谷六百石。改今名。国朝邑令于顺治十二年重修预备仓者，张公一魁也。

商显仁《预备仓记》：

常平之法始于汉耿寿昌，后世踵行之，遵而不废。迨宋考亭朱公，遍下于诸路，而其法益备。天行之数，饥穰不齐。祖其说者，丰则敛之，民不损其厚实。歉则散之，民得免于流离。良法美意，古今不易也。淳僻处山陬，为岭嶂者十之七，为亩浍者十之三，而膏衍与确瘠复相半，年即有秋，民尚艰食。一或小祲，嗸嗸者谁哺哉？邑侯张公莅淳，阅再期，为民禔福，废坠咸理。侯大有造于吾淳也乙。乙未岁大祲，侯心恻焉，为考周官救荒之策而条举之。又虑救于一时，非所以御灾于未在也。防常平和籍造法，使实见诸于行。仓廒旧址，淳向有故处。兵兴以来，废弛已久。迩既有袭其名者，大抵改本色为折色，害归编氓，利饱奸胥耳。侯乃以实心行实政，捐俸积谷，鸠工完窌，移文甫报可而经营已告竣矣。年虽大杀，众不恇惧，恃我侯之备赈者预也。且非特此而已。饥寒共驱，相聚为盗，以酿世患，岂忍尽言。自侯有廪积之赈，民有乐生之心，向之伏戎于莽者，永为浸息，保障之勋将，万世承赖。《周礼》以荒政聚万民而终弭盗贼洵。侯大有造于吾淳也。因勒石以志。

雍正六年，增建仁字廒五间者，罗公昱也。七年，增建忠字廒五间者，王公仕源也。八年，增建丰字廒六间，裕字廒七间者，姚公梦鲤也。乾隆二年，增建增字廒四间，附仁字廒二间者，宋公武元也。增建附增字廒二间，附智字廒二间者，署任华公麟趾也。而钱公人麟于雍正十年构堂三楹，以为各宪行部盘查厅事，查公世柱于雍正十三年筑地坦以备晒晾仓谷。盖丰年补败之计，所以利民者，视前代有加云。

蠲　恤眉寿附

免租赋，赐肉帛，盖皆自汉以来。然即事用希，而史氏张大特笔以书。若我朝四圣相承，行庆施惠，几于府无虚月，而《旧志》阙如。良由老身长子习熟见闻，以为故事，忘帝力于何有耳。王民皞皞，象正如此。然主上有盛德而抑而不宣，非所为下也。志蠲恤。

顺治二年，恩诏永免明末额外加派等项，并免正供钱粮拖欠在民者。

顺治四年，诏免以前民欠钱粮。恩赐军民七十以上者一丁侍养，免其杂役。八十以上者绢一匹，绵一斤，米一石，肉十斤。九十以上者倍之。

顺治五年，恩赐军民七十以上者如四年例。

顺治七年，诏免四年民欠钱粮。

顺治八年正月，诏免万历间加派地亩钱粮三分之一。二月，诏免人丁徭役有差。八月，恩免五年以前民欠钱粮。

顺治十年，户部覆准浙江各属，旱灾被灾八九十分者免十分之三，五六七分者免十分之二，四分者免十分之一。

顺治十二年，诏免六、七两年民欠各项钱粮。

顺治十五年，诏免十年、十一年民欠各项钱粮。

顺治十七年，诏免十六年以前民欠各项钱粮。

顺治十八年，恩赐军民七十以上者如四年例。

康熙三年，诏免顺治十五年以前民欠各项钱粮。

康熙四年，诏免顺治十六、十七、十八年各项旧欠钱粮。

康熙八年，诏免康熙元、二、三年民欠各项钱粮。

康熙九年，诏蠲被灾地方赋役。恩赐军民七十以上者如顺治四年例。

康熙十年，诏免康熙四、五、六年民欠各项钱粮。

康熙二十年，诏免康熙十七年以前民欠钱粮。

康熙二十六年五月，诏豁免康熙十三年以后加增各项杂税银两。九月，户部覆准免浙江西安等八县被水田地本年正供钱粮。

康熙二十七年，诏免康熙二十八年地丁钱粮。恩赐军民七十以上者如顺治四年例。

康熙三十四年，诏免康熙三十三年以前历年积欠及带征未完钱粮。

康熙三十八年，诏免康熙三十四、五、六年民欠各项钱粮。

康熙四十二年三月，恩赐军民七十以上者如顺治四年例，百岁者给与建坊银两。十月，户部为汇报水灾事，覆准衢、严二所被灾田亩应免银两，照例蠲免，仍令动支仓谷赈济。

康熙四十三年正月，户部为报秋灾事，覆准诸暨、淳安、缙云、宣平五县上年被灾田亩应免银二万四千六百八十九两二钱零，照例蠲免，仍动支仓谷赈济。淳安计免银六千七百五十两有奇。十月，又诏免四十四年地丁银米。

康熙四十五年，诏免四十三年以前未完地丁钱粮。康熙四十六年，户部为汇报夏旱事，覆新城等八县，衢、严二所被灾田亩应免银四万七千七百一十六两，照例蠲免，仍动支仓谷赈济。

康熙四十七年，奉上谕江浙通省被灾之处，人丁共额征六十九万七千七百余两，悉与蠲免。其今年浙江二十州县一所应征地亩银九十六万一千五百余两，粮九万六千余石，亦俱免征，所有带征银米亦暂停征。十月，奉上谕浙江康熙四十八年除漕粮外，通省地丁银二百五十七万七千两零，全行蠲免，其旧欠带征银米亦暂停征。

康熙四十九年十月，奉上谕明年康熙五十年除漕粮外，浙江应征地丁银两，俱察明蠲免，并历年旧欠亦俱免征。

康熙五十二年，恩赐军民七十以上者如四十二年例。户部为汇报被水情形等事，覆题奉告依议，免兰溪、龙游、建德、淳安、遂安、寿昌、桐庐等七县并严州一所勘实成灾田亩额银二万一千一百三十两零，并发仓谷赈济。

康熙五十六年，奉上谕浙江等有分年带征地丁银两，概免征收。

康熙五十八年，户部覆准浙省钱塘、富阳、兰溪、东阳、义乌、永康、武义、浦江、汤溪、西安、龙游、江山、常山、开化、建德、淳安、遂安、寿昌、桐庐、缙云等二十一县，并衢、严二所，被灾田亩免银九万五千二百五十七两七钱零，仍动支仓谷赈济。

康熙六十年，户部为汇报秋旱等事，覆准浙省仁和二十三州县，衢、严二所，被灾田亩免银五万五千四百一十二两七钱零，仍动支仓谷赈济。

康熙六十一年十一月，恩赐军民年七十以上者如顺治四年例。

雍正元年八月，恩赐妇女年七十以上者布一匹，米五斗。八十以上者绢一匹，米一石，九十以上者倍之。禁革杂派款项。十一月，户部为汇报续报秋旱等事，陆续覆准浙省富阳等二十九州县被灾田亩免银八万六千九百五十七两零。又免仁和等二十一州县被灾田亩银五万七千五百九十八两零。其被灾地方应征钱粮，俟雍正二年麦熟后催征，并照例按口煮赈。

雍正七年，诏免本年秋粮额征地丁屯饷钱粮十分之二，共银六十万两。

雍正十一年，诏免淳安、遂安二县被灾田地应免银两，并散给籽粒有差，仍动支仓谷赈济。其应征钱粮缓至乙卯麦熟后开征。

雍正十三年九月，恩赐军民年七十以上者如顺治四年例。诏免雍正十二年以前旧欠并各粮杂税。十一月，恩赐妇女年七十以上者布一匹，米五斗，八十以上者绢一匹，米一石，九十以上者倍之，百岁以上者题明给与建坊银两。

乾隆元年，恩诏缁人中有德者给与八品冠带荣身，淳安得四名。

乾隆三年，奉旨缓征。

乾隆四年，诏免乾隆三年逋负。乾隆六年，奉旨除火耗。

乾隆九年，奉旨赈济。淳安照月按丁共发银三万九千二百九十七两零，米一万九千五百七十一石六斗。

乾隆十年，恩免灾重者地丁钱粮十分之三，次十之二，又次十之一。三月，奉旨加赈。六月，诏发漕米减价接济。诏免乾隆十二年夏秋两税。

乾隆十一年，奉旨民间九十以上者有司存问。淳安得一人。

乾隆十二年，奉旨蠲赈被水人户。

乾隆十六年，奉旨蠲赈被旱人户。淳安共发帑金三万九千六十三两有奇，米二万四千六十六石有奇，计月按口授粮外，复设法劝运平粜，一时城市镇乡各设米厂。其倡事士民于乾隆十九年奉部议：捐银至一百八十两之武进士授贵州阳城守营守备叶华春，准其纪录二次；捐银至七百两之武举候选卫千总方玺，准于得官，日加一级；捐银至二百两之生员周冕准作贡生；捐银至一百八十两之贡生邵廷彩，抚藩给匾奖励外，有阴行善事；捐银至七百两之职贡吴承谟口不言劳，不在此限。其不达部姓氏，照县存册并胪列于后：

方　芬　邵　昱　汪　斌　程哲浚　应光烈　程振萼　邵文炳　邵泉若
方志玘　王景彩　应光永　汪家珍　王　楷　应光璨　程　翥　应成焕
应学山　应光发　吴文珍　吴　乾　童作蓥　郑士魁　卢德麟　卢之成
鲁　程　方　浚　方　愈　应良瑾　宋　霆　童守约　陈如熹　陈之璐
吴　桓　洪元漳　郑继麟　郑颖芳　洪大鹏　洪风池　汪育芹　徐　镐
吴　桂　唐　超　唐学谟　余　瑾　王　阅　王　舟　王　恕　戴成俊
潘　衢　胡　富　胡　淳　胡　钰　胡　错　汪庚元　汪恒彩　毕大生
程宏茂　程鼎德　汪信茂　程德和　余乾浩　方日焜　方九太　方元准
黄　璋　邵南莹　余上旌　张振宗　叶华春　徐大忠　方秉聪　王瑞永
叶振春　钱可发　祝嵩年　徐大忠　钱云章　唐元贤　邵引年　邵其炳
汪有文　程　泰

乾隆十七年，恩赐军民八十以上者绢绵米肉，九十以上者倍之。妇女七十以上者绢米，八十以上者倍之。

眉寿附

元

邵景新　孝子，九十有五。

明

邵　玺　曲阳令，年一百有二。知县海公瑞建坊。

唐廷礼　九十二岁，置义田义塾。

国　朝

应德望　九十一岁，钦旌“百岁储封”匾额。已上俱载旧志。

方　瑾　监生，八十五岁，夫妇齐眉，五世同堂。钦旌“七叶衍祥”匾额。

陈世龙　南塘人，年九十岁，五世同堂。钦旌“七叶衍祥”匾额。

应时中　八十三岁。钦旌“淮阳世美”匾额。

陆士履　八十八岁，五世同堂。

宋云汉　年九十岁，五世同堂。钦旌“七叶衍祥”匾额。

梁文浩　字养轩，城西隅人，喜读书，以孝称，年九十，恭逢圣祖仁皇帝南巡，与两浙耆老同迎于省城，蒙赐酒肉粟帛。总督李敏达公给“硕德期颐”匾额。著有诗集一卷，知府江公濯为撰传。

土　物

土者，吐也。《说文》云：“地之吐生万物者也。”有地而不能吐生万物，是谓不毛。淳地故多硗埆，然去不毛则有间矣。虽无瑶琨、织贝、齿革、羽毛扬州中诸珍奇物，而服食器用养生送死有资焉。圣朝不贵异物，贱用物，则惟据其所有者书之，未可以恒品略也。志土物。

谷

稻（即秔也，有早、晚、红、白各种）。糯（即秫也，有早、晚各种）。粟（即稷也，今俗名粟，有早、晚、籼、糯不同）。穄（即黍，俗呼芦穄）。麦（有大麦、小麦、荞麦）。麻（赤麻、白麻、黑麻三色）。菽（即豆，有绿豆、黑豆、赤豆、青豆、马料豆、扁豆、黄豆。淳以豆腐切丝作干）。

货

丝 绵 绸　绢 布（棉布、苎布、麻布）麻（火麻）苎　蜜　纸（以楮皮为之，有改连皮纸）漆（西北二乡产之）油（桐油、麻油、柏油、菜油）黄蜡 末香 烛 棕箬柴（松、栎二种）炭　石灰　青碧石（产茶园对河青石埠）茶（旧产鸠坑者佳，称贡物。宋朝罢贡，茶亦不甚称焉。范文公诗云："潇洒桐庐郡，春山半是茶。轻雷何好事，惊起雨前芽。"）

竹

苦竹 筀竹　紫竹 猫竹　箭竹 雷竹 水竹 双竹（《新定续志》："淳安双玉里以产双竹"因名）木竹（《避暑录话》"淳安来竹杖节密而内实，略如天坛藤，间有突起如鹤膝者，非峭劲敌风霜不能尔也。"按此疑是罗汉竹。木竹则节不密。）慈竹 观音竹

木

松 柏 杉（淳田少山多。山肥者则栽杉。杉之利溥而迟。栽杉之费亦颇重。十年一劈荒，至三十年始成才可伐。当杉利盛时，岁不下十万，以故户鲜逋赋。数十年来，盗砍兼之火焚，昔之利源息矣。）株　樟　桧　梓　枫　榆　桑　柘　柳　檀　栎　椿　杨　柏　石　楠 冬青（即女贞子，淳俗：轻生者辄服断肠草根，取冬青树叶捣汁灌之，立解。秋冬汁少，需用清水洒叶，捣取其汁。）枳椇（俗名金钩）桐（山间多种之，树皮灰色，叶似芙蓉而少缺，四月初开白花，四出，结实如柰，去其厚皮，碎壳取仁，晒干榨油，谓之桐油。）梧桐 楮 楝 空心木（《名胜志》："淳安县仙居洞，其近山多空心木。"）

果

山核（产邑西乡，似胡桃而小，树高大，叶厚而尖，四月间花如柏，其果外生绿软厚皮，白露前后采之，烂去其皮取核，核中仁盘结，色如丹，味微涩，颇有固精补肾之功焉。）梅　李 桃　杏 银　杏 枣 柿 棹　梨　栗 榧 橘 香橼 石榴　葡萄 枇杷　樱桃　藕 菱 芡　木瓜 橙　栗子（《物类相感志》："出青溪山，形如蜯，内有金星，外坚，大如栗，色亦如之，味甘，能制五金。"）猢狲桃（藤生，叶如葛，实如鸡子大，皮赤青色，内瓤色绿，有子如黑芝麻。生者味涩。采而用

糠藏之，十余日成熟，则香甘可口。）雪梨（惟邑中西郭村种最佳，甘而不醲，瓤白如雪，多汁少滓。往时令长以馈台司，居民恐不给于供，岁渐渐伐。今其种如晨星矣。）

蔬　菜

益菜（即《本草》中所云败酱也。其臭微近之，故名。而俗以益为一，故诡名状元菜。茎叶如西洋菊，生山谷间。有二种，一叶大而高三四尺，一叶小而丛生，漉去其苦汁，淘净炒煮皆可食。乡人藉以为蔬。）鹅脂蕈（色深黄，形上开下敛，似钟，一名金钟蕈。夏时湿热相蒸，产泥石中，数日可采。无霉雨则不生。煮食微香，味颇鲜美。在和义乡有之，然不能多。）石衣（生峭险石岩间，受海风吹处，始生如苔，久则黑色，土人取腰索缘险，始能得之。往往遭索断以致殒命。）葵　芥　菘　苋　芹　蕨　芋　匏　笥　姜　葱　韭　薤　蒜 茄 萝卜 苦荬 莴苣 豆荚（一名羊角，西郭多蒸作干市之。）

花

兰　蕙　菊　荷　葵　萱　鸡冠　剪春　玉簪　凤仙　山丹　桂　牡丹　芙蓉　酴醾　蔷薇　山茶　迎春　柴荆　柴薇　蜡梅　栀子　海棠　映山红　木槿　木香

药

山萸肉（产邑北九都、十都审岭者为道地）　荆芥（西乡六都出者香洌入药）　茯苓　前胡　桑皮　白术　仙遗粮　何首乌　山慈姑　金樱子　五倍子（俱产之佳者）　半夏　香附　骨碎补　蒲公英　车前子　黄精　菖蒲　勾藤　吴茱萸　天花粉　土黄连　萆薢　薏苡　牵牛　楮实子　天门冬　麦门冬　槐米　皂角射千　谷精草　川山甲　刺猬皮　防巳　南星　山查　柏子仁　青相子　苍耳子　乌药　柴苏

禽

鸡　鹤　鹅　雉　鸦　鹊　莺　鸠　燕　鸽　鹰　鹞　鹇　雀　鸲鸽　画眉　子规　姑恶　百舌　竹鸡　啄木　黄头　鸳鸯　鸬鹚　鸥　鹭　凫

兽

牛　羊　豕　犬　猫　虎　豹　熊　豺　猴　狸　獭　鹿　麢　麂　獐　兔

野猪　豪猪　竹狗　山羊　松鼠

鳞

鲭　鲢　鲤　鳜　鲫　鳙　鳊　鲆　鱥（鱥鳅）　鲦　鲇　石斑　童鱼（产东溪，形如锥，长寸许，清明前者佳。）　金鳅（产北乡之合浦等处，长寸余，如小鳗而有斑文。）　山阴鱼（状如鲭鱼，翅尾稍赤色，大不过一斤，最肥鲜，惟云溪之湍急磊石间有之。）　鳗　鳝

介

龟　鳖　蟹　虾　蚌　螺（青螺，惟遂安港口近处者最佳。）

海忠介公济饥草木附

绿葱根　气臭，须换水洗七十二次，不然有毒。

松花蕊　花时取用，饮汤调食，最能耐饥。

蕨粉　蕨根洗净泥沙，捣细，用水滤成粉。自九月至三月粉多，四月苗长无粉，嫩苗采煮，去苦水可食。

葛粉　取根澄粉如蕨。

檡木子　晒干舂粉，漉为腐。

苦株子　炒食亦可作腐。

野苎根　去皮洗捣为粉。

札扭根　晒干捣碎成粉。

仙遗粮　俗名冷饭块，煮成粉可食。

榔树根　其皮焙燥，研末作饼。

山苦荬　及苦益菜皆可煮食。

布谷柴子　舂作煮粥。

老鸦馒头　捣碎和水，用布过滤汁成腐。

光绪淳安县志卷之六

职官志秩官表　治行

秩官表

邑始建安，其设官分职，世远难稽矣。司马晋以来，县之令之丞之簿尉，学之谕之训，《旧志》所录，亦尚可考见。至国朝慎惜名器，丞簿以渐裁省，邑务悉归令，尉则专司捉捕事。博士官仍沿旧制。据见闻所及谱者，鱼贯而雁次之，俾知官斯土者名氏，而治行具于编后，得因以为劝戒焉。表秩官。

表一

晋	县令			
	邵坦			
	洪纂（尚书绍箕子）			
陈	县令	县丞		
永定年	王智仰（秩满家于县东安乐乡，诏起给事中，迁户部尚书）	程康宁（新安人，秩满家于邑西时雍坊）		
唐	县令			
	陈明府（失名，有传）			
宋	知县	县丞	主簿	典史
至道三年	孙说			

续　表

宋	知县	县丞	主簿	典史
绍兴六年	孔括			
八年				周操（官至吏部尚书，有传）
十四年	曾怀			
乾道三年				周莘
六年	张栖筠（有传）			
淳熙五年	陈烨（有传）			楼斗南
庆元三年	郑擢			
开禧元年	石宗万			
三年	郑湜			
嘉定年	杨恕（有传）		范镕（金华人，有传）	
	应与权			
	戴思圣			
	赵希瓘			
	杨宗元			
	赵崇斌			
	谢挺之			
	钱难老			
	赵崇嶓（有传）			
淳祐年	虞粃（有传）			
	冯如愚			
	祝孝颖（崇安人，秩满居淳）			
	庄梦说			
	吴榅			
	蒋衡			
	王昱			
	王佾			

续 表

宋	知县	县丞	主簿	典史
	石孝闻			
	赵汝渥			
	史琦卿			
	黎祖昭			
	张壎			
	叶汉老			
	叶润孙			
咸淳年	曾子良（有传）			
	应应偶			
元	**达鲁花赤**	**县尹**		**典史**
至元年	线荣	赵琬		
	爱祖丁	赵达		
	别都鲁下	李思明		张世荣
		杜明显		
延祐年				颜玗
				郑千龄（新安人，有传）
至顺四年		刘朋寿		
至正年	亦不剌金			
	孛罗			
明	**知县**	**县丞**	**主簿**	**典史**
洪武二年	和鼎	刘思学（汴梁人，有传）		
六年	陈又新			
八年	李信			
十年	韩钝			
十一年			张士廉	
二十年	贾宣	郑侍		
二十一年	杨仲良			

续　表

明	知县	县丞	主簿	典史
二十四年			胡子中	
二十五年				王禹锡
二十六年	张以刚			
永乐三年			尹柔克（有传）	
宣德八年			陈福（有传）	
十年				冯诚
正统四年	洪渊			
六年		王永		
十年			刘纲	梁深
景泰三年		戴钰	吴昇	郭满
四年	刘著			
六年	邓廷瓒（有传）			徐伯绿
成化二年	王衡（有传）			
八年	张纯			
十一年	汪贵			
十五年	丁炼	邹端		
二十一年	许彦宾			
二十三年	刘篪		姚谦	
二十五年				王思明
弘治二年		黄福	朱	李景
五年		孟俊		
六年				张旻
十年	张羽（有传）	侯文明		
十四年	陈渭（有传）	徐琛		
十五年			杨庆	
十六年		成斐（有传）		
十七年			冷旼	
正德二年	黄昇			

续 表

明	知县	县丞	主簿	典史
三年			孙经	潘广（有传）
四年	杨缙			
五年		云从龙		
六年				余永晟
七年	史萃		姚廷锡	
八年	金选（有传）			
九年		孙钰		
十年	邱茂模			
十一年	赵秉贞	王绅（有传）		
十二年				胥昌
十四年	高鹏			
十五年			胡琬	吴鸣凤
十六年		李才		何素
嘉靖元年	姚鸣鸾（有传）			
二年		邵洪		
六年	林罍（有传）			
八年				谢德盛
十年			陈洛书	
十一年	徐庆衍（永新人）			
十二年				龚琨
十三年	任纪（电白人）			
十四年		何天启（有传）		
十六年	魏溥（绛州人）			
十七年		梁栋		
十八年				李周
十九年	张佾（冈陵人）	王应奇（有传）		
二十三年	张文绣			
二十六年	黎世杰	吴文选（石埭人）	梁珠	

续　表

明	知县	县丞	主簿	典史
二十九年	谯忠（南充人）	曹侃（句容人）		徐泉
三十年	刘泉（有传）	刘文贵	谢诏	
三十二年		萧之教		
三十四年	王任（潜山人）		杨蕙	
三十五年	洪英明（晋江人）	刘以信（六安人）		
三十六年				陈科
三十七年	海瑞（有传）			周岱
三十九年		汤用（丹阳人）	郭埜	方湖
四十一年	刘以身（吉安人）		魏鍃	
四十三年		曹年（霍邱人）		
四十四年	罗时中			
四十五年		李渐芳	邓必嘉	李庭梁
隆庆元年	郑应龄（莆田人）			
三年			陈尧甫	
五年			朱炼	
六年	陈若夔（武昌人）			
万历元年		吴潭（邳州人）		赵可爱
二年			卢九经	
三年	戴庭槐（有传）			
五年			李春荣	
六年			马负图	王学芹
			陈魁时	
七年		张大方（江都人）	王维垣	
八年	顾云程（有传）			
九年	萧元冈（有传）			
十一年	严贞度（嘉定人）			刘印
十二年			傅冕	
十三年	钟文瑞（云梦人）			吴希忠（丰城人）

续 表

明	知县	县丞	主簿	典史
十四年		杨大有		
十五年	蔡方平（有传）			
十六年				杜邦
十七年	龙釜（建宁人）		倪瀛	帅天成（建昌人）
		游悦庶（婺源人）		
二十年	蔡模（有传）	曾莘（六合人）		陈应谨
			汪汝璧（六合人）	
二十三年	吴天洪（有传）		甄文俊（贵溪人）	李建卿（上元人）
二十五年		戴绶（丹徒人）	何充之（华亭人）	
二十七年				李奇节（龙溪人）
二十九年	刘体元（有传）			
三十年		魏凤鸣（庐龙人）		
三十一年				吕泰和（蒋乐人）
三十三年		宋守愚（汉州人）	邱思齐（六安人）	孙应麟（丰城人）
三十四年	翁恕（黄陂人）		谢天伦（番禺人）	
三十五年			谢承嗣（含山人）	
三十六年				罗熖（进贤人）
三十七年		杜效甫（新兴人）	容从诰（新会人）	
三十九年	潘云凤（汲县人）			陈良策（龙溪人）
四十年	李光德（金溪人）		张起凤（绩溪人）	
四十一年		戚士毅（宣城人）		
四十二年			刘一琨（龙溪人）	
四十三年		张希淑（宣城人）		包万言（丹徒人）
四十四年			连绍辉（大田人）	
四十五年	帅众（有传）			
四十六年		上官良翰（南城		卜永泰（武进人）
四十七年	耿进明（有传）		戴大绶（霍邱人）	

续 表

明	知县	县丞	主簿	典史
四十八年				冯思谟（南京人）
天启元年			朱应瑞	
二年				胥嘉庆（临川人）
三年	杨鸿（有传）			
四年			张一元（广德人）	
五年	翁懋祥（常熟人）	胡一中（邳州人）		
六年		陈廷干（宣城人）	陈朝珪（开建人）	杨万荣（莆田人）
七年		刘从泰（松滋人）		
崇祯元年			梁云叶（莆田人）	
二年				李三辉（嘉定人）
三年	杨启声（平山人）			刘应槐（武平人）
四年		钱思德（北通州人）	邓林杞（安南人）	
五年		王道纯（舒城人）	谢廷擢（武平人）	
六年				丁梦松（扬州人）
七年	侯宏先（扬州人）	翟九锡（江都人）	郑维平（北通州人）	
八年	萧鸣美（有传）			
九年		何僎（宜都人）		江汝龙（晋江人）
十年			徐元和（嘉定人）	陈其直（莆田人）
十一年	刘良策（连山人）			
十二年				颜尔卓（亳州人）
十三年		吴养人（乾隆志大）		
十四年				张问明（麻城人）
十五年	李永昌（渚阳人）		沈嘉猷（宣城人）	
	高秉衡（凤阳人）			纪成佺（建宁人）
国朝	**知县**	**县丞**	**主簿（今裁）**	**典史**
顺治三年	史可证（有传）	李充实（辽东人）		王效忠（黄冈人）
五年	叶子循（有传）	王者翼（威海卫人）		
六年	谢良琦（有传）			

续 表

国朝	知县	县丞	主簿（今裁）	典史
九年	罗汉章（有传）			
十年	张一魁（有传）	张鸣珂（河南人）		
十二年				王鉴（渭南人）
十五年	房循矱（有传）			
十六年				李之彦（陕西人）
十八年	赵之鼎（有传）			
康熙元年		席绍（邠州人）		
四年		尚居易（丰润人）		
七年				阎光谟（宛平人）
九年	赵世祯（有传）			
十年	张三让（有传）			周懋麟（大兴人）
十三年		刘鉴（靖江人）		
十四年	刘可仕（有传）			
十八年		马英才（万全卫人）		
十九年	于栋如（有传）			郭光斗（安邑人）
二十年	胡就臣（有传）			
	盛履昇			
	袁玉（江西人举人）			
	崔琮			
三十年	杜继美（有传）			
三十五年	刘湜（有传）			
		刘廷桂（奉天人）		
四十三年		**康熙三十九年裁**		于永祚
四十四年	陈若濂（广西人辛酉举人）			
四十八年	杨廷杰（有传）			
五十六年	侯学修（有传）			王鹤（大兴人）
五十八年	陈以训（通州人）			

续　表

国朝	知县	县丞	主簿（今裁）	典史
六十一年	高士模（庐龙人）			
雍正元年				魏振基（武清人）
四年	姚永先（南城人，戊戌进士）			曹铨（宝坻人）
	罗昱（宛平人，署）			
六年	杨克慧（有传）			
八年	姚梦鲤（有传）			
九年	田长文（有传）			
	钱人麟（有传）			
十一年	李其昌（龙岩人庚戌进士）			
十二年	查世柱（罗山人）			赵良琇（陕西人）
				朱国栋（大兴人）
乾隆二年	宋武元（旌德人，武举）			
六年				陈景南（直隶人）
七年	刘希洙（有传）			
十三年	周挺（毕节人，举人）			
十五年	李基生（直隶人，进士）			
十六年	赵云龙（四川人，举人）			罗定朝（四川人）
				宋应恂（吴江人）
十八年	纪从朴（文安人，署）			
	刘世宁（新淦人，乙丑进士）			
二十年	马文炳（三水人，署）			
	杨廷芳（辛酉）			

表二

元	教谕	训导
	王克明	童泽
	仇伯寿	
明	**教谕**	**训导**
洪武七年		夏严仲（有传）
十年		殷礼（武进人，升本学教谕）
十二年		张明善
十三年		卢行仲
二十年	朱泽民	
永乐元年		谢士俊
十年	计希孟（有传）	
宣德元年	王端（有传）	
正统元年	叶林（有传）	
四年	吴瓛（有传）	
十年		郑思亨
景泰三年	殷礼（有传）	黄滋
五年		林建
七年		罗明
成化元年	彭英	
弘治二年	许仁	黄奎
五年	李文献	王普
六年		薛满
八年		庄彰　张宪
九年	洪通（有传）	
十五年		孙纲（有传）　刘夔
正德二年	刘清溥	
四年		谢时亿
六年	萧崑（有传）	

续　表

元	教谕	训导
七年		李凤
八年		戴昊
九年	王廷用	
十年		陈鹏
十四年	谢睦	
十五年		张昴
嘉靖二年	余坤（巴陵人）	黄讲（有传）
三年		朱韩
五年	陈嘉猷（番禺人）	
八年		苏桂
十年	许坤	
十三年		詹诏
十四年	丛佳（有传）	
十五年		卢唐（东莞人） 谭景韶（新会人）
十九年	欧阳梧（江夏人）	
二十年		李应宝（歙人）
二十二年	黄云龙（龙岩人）	罗宣相（全州人）
二十五年	何伟（宜春人）	
二十六年		沈黄中（嘉定人）
二十七年		廖挺（崇仁人）
二十八年	林以毅（闽人）	
二十九年		苏端（平江人）
三十三年		严孔明（嘉定人）
三十五年	张瑞（华亭人）	
三十六年		王朝（华亭人）
三十八年	赵公辅（东阳人）	吴宗邹（海康人）
四十年		张维表（长洲人）

续 表

元	教谕	训导
四十一年	刘汝昭（有传）	
四十四年	吴世美（镇海卫人）	罗经（永宁人）
四十六年		曾守约（黄冈人）
隆庆元年	欧阳冈（分宜人）	刘一儒（东宁卫人）
三年		刘珍（歙人）
四年	杨组（有传）	
万历元年		胥和顺（靖州人）
二年	钱贡（无锡人）	郑仕銮（玉山人）
四年	孟希皋（有传）	顾汝绅（上海人）
五年	刘柟（山阴人）	
八年	周瑶（南陵人）	陈缉（会稽人）
九年		王云鹏（临海人）
十一年	顾可耕（海盐人）	
十三年	杜梓（海州人）	陈一经（章平人）
十五年	杨令名	
十六年		谢一麟（崇善人）
十九年	金百炼（龙游人）	黄台（南城人）
二十一年		游文叔（连江人）
二十二年	陈三槐（有传）	寇文英（萧县人）
二十三年		陈一诚（平阳人）
二十六年		章有德（慈溪人）
二十七年	余一诚（浦城人）	
二十八年		杨熙
三十一年	桂联奎（慈溪人）	
三十二年		王同祖（海州人） 陈大成（山阴人）
三十七年	闵宗鲁（乌程人）	陈道澜（始兴人） 罗越俊（永定人）
三十九年	邵孚光（余姚人）	

续 表

元	教谕	训导
四十二年		李懋柱　潘守鲁（景陵人）
四十六年		马逢伯　吴应期
四十七年	高国佐	
天启二年	陈期奎	
三年		毛汝科
六年		杜其骄（云南人）
七年		孙汝兰（辽东人）
崇祯元年	张训程	
二年	余敷中	
三年		唐肇中　胡应选
六年	曹承芳（上虞人）	萧凤梧　詹业翰
八年	虞时雨（有传）	
九年		蒋幼学
十年	吴士凤（长兴人）	陈达德（义乌人）
十三年		杜朱佐（云南人）
十四年	曹三仕（有传）	
十五年		汤有望（宣城人）
十六年	谷三奇	陈王前（乌程人）
国朝	**教谕**	**训导**
顺治三年	姚纳揆（崇德人）	
五年		周一甲（萧山人）
八年	冯绍元（有传）	
九年		傅宏谟（会稽人）
十年	徐元粲（有传）	
十二年	谢鼎元（有传）	虞世恺（有传）
十八年		阮学贯（於潜人）
康熙五年	罗士尤（有传）	**康熙三年裁训导**
六年	陈明彦（有传）	

续 表

国朝	教谕	训导
十年	闵圻申（有传）	**十六年复设训导**
十六年	陈斐（有传）	陈使新（有传）
十九年		费思燃（乌程人）
二十一年		孟士模（有传）
二十三年	邵宏堂（余姚人，已酉举人）	
三十四年	陈讦（有传）	鲍楹（有传）
三十六年		鲍棣（有传）
五十二年	章锡范（新昌人，丁卯举人）	
五十四年		孙仁锡（仁和人，贡生）
五十六年	屠永龄（有传）	
五十八年		柴升（仁和人，例贡）
雍正三年		朱士濂（有传）
五年	冯兆鳌（平湖人，戊子举人）	
六年	成廷楫（有传）	
八年		沈绍淇（归安人，岁贡）
乾隆二年		李凤翔（余杭人，岁贡）
三年		陆芳（萧山人，岁贡）
七年		陆畲（有传）
十年		沈汝基（德清人，岁贡）
十一年	盛支炳（有传）	
十一年		汪昌举（有传）
十三年	沈廷桂（有传）	
十七年		范永润（鄞县人，廪贡）
十八年	袁维熊（鄞县人，辛酉举人）	
十九年		吴大藻（景宁人，岁贡）

续纂秩官表

	知县	典史
嘉庆十五年	王评（山东人，进士）	
道光年	荣锡鹏	
	曹堃	
	续立人	
	刘绍琦（江西人，举人）	
	陆之栋	
	尹肇松	
	杨炳奎（举人）	
	刘灼	
	王承楷	
	卢琳（山东人，进士）	
	伊念曾（拔贡）	
	王近仁	
	许瑶光（字雪门，湖南人，拔贡，升嘉兴府知府）	
	贾椿龄	
	孙玉田（甲辰解元）	
	世昌（满州人，进士）	
	李世基（字肇邢，安徽人，优贡）	
	仲孙樊（江苏人，进士）	
咸丰年	曾继勋	
	何炳铨	
	陶云升（字晴初，进士）	
	何乃荣	
	李朝熙（殉难，见《浙江忠义录》）	
	黄裳（殉难，见《浙江忠义录》）	金洪熙（殉难，见《浙江忠义录》）
同治元年	王开煦（湖南湘乡人）	

续 表

	知县	典史
二年		袁镇嵩（江苏宝山人）
三年	韩道本（江苏江浦人）	
四年	周杰（广西灵川县进士）	
	潘谟（湖南湘乡人）	
五年	雷兆棠（字缀山，四川成都人，由建德县兼理）	
	韦登瀛（字仙洲，湖北枣阳人）	
六年	姜卓（字瀛仙，湖南湘阴县举人）	支铨（江苏丹徒人）
七年	蔡烜（江苏吴县人）	汪时慰（安徽怀宁人）
	王绍庭（字继堂，四川雅安县拔贡，七年十二月署，十一年十二月复署）	
八年	白瑛（湖南华容县附贡）	张金玉（江西萍乡人）
九年		金炳章（字桐生，江苏上元人。光绪六年四月，俸赴省验看，十一月回任）
十二年	张世堉（字子鹤，江苏吴县人）	
光绪元年	赵煦（字舜臣，湖南善化人）	
三年	缪钰（字黎初，江苏人，由候补同知代任）	
	冯健（字松斋，汉军正白旗进士）	
四年	应肇元（字德庵，福建南屏县附生，由候补县丞代任）	
	金颧远（字邕香，安徽芙山县附生）	
六年	倪望重（字雨三，安徽祁门县进士）	俞嘉乐（字蓉湖，安徽婺源人）
八年	李诗（字吟秋，湖南临湘县附生）	
九年		李钰（字云亭，江西安福人）
十年		胡保烈（字懋卿，陕西长安人）

续　表

	教谕	训导
乾隆年	周光谟（青田岁贡）	
嘉庆年	陆晟曾（举人）	朱昴青
道光年	王学植（字憩亭，乌程举人）	金蔼（优贡）
	李国梁（字慎斋，天台举人）	
	钱聚朝（字晓亭，秀水举人）	邵桢（字赤山，慈溪举人）
四十年	王兆杏（字第花，钱塘恩贡）	高予绶（字六桥，海宁廪贡）
咸丰年	陈庆云（殉难，见《浙江忠义录》）	
同治二年	邵镜辉（永嘉岁贡）	夏畴（字定九，青田廪贡）
		姜时雨（江山岁贡）
三年		章殿邦（字小瑜，仁和附贡）
四年	冯夔（临海岁贡）	袁晋藩（字筱忱，上虞附贡。四年正月任，七年八月调省差遣，九年七月回任）
五年	管勋（字梦花，乌程廪贡）	
七年	周和（字敬之，镇海举人）	张清济（海盐廪贡）
	陈谟（字竹川，新昌附贡）	
八年		王汝贤（仙居增贡）
九年	陈汝平（永康恩贡）	
十年	蔡振勋（德清附贡）	
十一年	严蔚文（字霞轩，余姚进士，由本府教授兼理）	
十二年	陈桂滋（宁海廪贡）	严蔚文（由本府教授兼理）
	胡梁（由本学训导兼理）	胡梁（字半舟，镇海举人）
十三年	吴望增（富阳恩贡）	郑宗濂（字藕汀，嵊县增贡）
光绪元年	朱宝珍（江山拔贡）	
	仲学辂（字卯亭，钱塘举人）	
四年		仲学辂（由本学教谕兼理）
五年	项炳珩（字斌甫，临海拔贡）	任官燮（字慧芳，会稽举人）
六年		竺士彦（字芝仙，奉化廪贡）

续表

	教谕	训导
七年	谢光枢（字坤斋，余姚举人）	
九年	吴有伦（字仲平，钱塘优贡）	
	竺士彦（由本学训导兼理）	
	陈中地（字廉卿，桐乡举人）	
十一年	朱文炳（字吟棣，乌程增贡）	

治行

海忠介峭耸霜崖，磊磊轩天地，儿童走卒皆知姓名，而发闻自为淳令始。淳之有福星旧矣。圣朝允厘百工，尤慎县令，其挂长名榜者，必召对便殿乃遣之。或换县，或改铨，尺短寸长，烛照数计，不待往古身言书判之试也。以故多得人小鲜之烹，而批却导窾得庖丁焉，师儒丞尉亦各若于其职，棫朴官人，于斯为盛。因溯始建县以来章章尤异者，著于篇。志治行。

汉

贺齐，字公苗，会稽山阴人。少为郡吏。孙策临郡，察其孝廉，建安十三年迁威武中郎将，讨丹阳黟、歙贼。时武疆、叶乡、东阳、丰浦四乡先降，齐表叶乡为始新县。而歙贼帅金奇万户屯安勒山，毛甘万户屯乌聊山，黟贼帅陈仆、祖山等二万户屯林历山，四面壁立，径路危狭，不容刀楯。贼临高下石，仰攻甚难。军住经月，将吏苦之。齐视形便，阴募轻捷士为作铁戈，密于隐险贼所不备处，斩山为缘道，夜令潜上，垂布援下，得上数百人，四面流布，俱鸣鼓角。齐勒兵待之。贼夜闻不知所为，守路备险者皆走还依众大军。因是得上，大破仆等，其余皆降。凡斩首七千。齐复表分歙为新定、黎阳、休阳并黟、歙凡六县，权遂割为新都郡，以齐为太守，立府于始新，加偏将军。盖讨平山越，建置郡县，皆自齐始，有功兹土甚大，邦人崇祀勿绝云。

知　县

晋

洪纂，字令元，江南丹阳人。东晋时为淳令，清廉平恕，惠政及民。秩满年迈，因居于北乡之偃村。

唐

陈明府，青州人，失其名。唐龙德中为青溪令。黄巢之乱，与二子率邑人避兵进贤乡之屏风岩，巢兵围七日，引弓发石击之，巢兵大溃，不复扰淳。邑人德之，为建陈府君祠于岩上。

宋

张栖筠，鄱阳人。乾道六年令淳，以廉能称。邑人祠之。

陈烨，字日华，福唐人。淳熙五年为淳令，时诏州府举行义役。烨集大姓于庭，多方谕之，众皆听命。有古渠淤塞不治，烨浚治之。又作惠人桥于合洋浦，筑锦溪馆以延使客，民便之。像事于学官。

杨恕，京口人。嘉定八年莅淳，公勤廉慎，吏畏而民怀之。

赵崇嶓，南丰人。嘉定间为淳令，上疏极论中人专横。官至朝散大夫。

虞兟，陵阳人。淳祐五年令淳，在任有惠政，民祠于学。

曾子良，临川人。咸淳末令淳，清慎自守。时边事已急，多方保障，民赖以安。后以谗籍其家，惟故书败絮而已。众论惜之。

明

邓廷瓒，字宗器，巴陵人。由进士任淳，访求疾苦，专惠施群下如家人父子。淳民思之无斁。成化中，累擢山东布政司左参政、贵州巡抚，赠太子少保，谥襄敏。

王衡，稷山人。由进士授淳令，廉而有为，百废悉举，厉学宫以教，士皆斐然向风。因建尊经阁，为诸生讲肄之所。考满，擢御史。

张羽，扬州人。由进士任淳，清慎自持，爱恤民隐，事简讼息，士类向风。俸给量入为出，不求赢余，囊箧萧然。监司相继奖劳，以丁外艰去。后补临海令，擢御史。

陈渭，四川江津人。由进士令淳，公清仁恕，吏畏民怀。巡按奖其贤，寻迁知州，历官至参议。

金选，湖广荆门州人。由进士任淳，乐恬淡，无所纷华，谓一丝一粟皆民膏血也，何忍多取。解任之际，民不忍舍，为作去思碑。

姚鸣鸾，字景雍，号云洲，莆田人。由进士令淳，刚方明决，礼贤爱民，敬士养老，创修黌宫，重纂邑志，百废顿举。邑人德之，建祠以祀。

海瑞，字汝贤，琼山人。由乡举授南平教谕，迁淳令，革去常例之无名者，俸薪外不取丝粟。僮仆出县舍刈楚中林。吏胥公事毕各还家，为农治生，从其本业。其治县精详，凡凌杂烦屑无不明晰。至于丈量之则，兵阵之法，救饥之物，草木之实，悉家谕户晓之。总督胡宗宪子还自父任，索驿夫，不给，悬亭，吏鞭之。瑞曰："胡大人廉洁，当其行县，豫饬属官不得侈帐具。今其装甚盛，必非胡大人子。"发其装，得金数千，纳之库。驰告宗宪，宗宪无以罪也。都御史鄢懋卿以总理盐法行部，携妾，装五彩舆，以十二女舁，令长跪上食，厕饰文锦，溺器用白金。至淳，瑞供帐甚疏，自言邑贫不能容轩盖。懋卿怒甚，闻其发胡公子装，敛威去。尝曰："加派增赋，取民财以奉过客，悦卿士大夫，吾不为也。夫绢出于桑，粮出田亩，朝廷取民，不为厉也。加派增赋，动以朝廷为口实，为欺与谤，抑何甚焉！"居淳三年，迁嘉兴通判。同时为慈溪令者霍与瑕，亦粤人，其清鲠不屈类瑞。懋卿嗾御史劾之，瑞与瑕俱落职。后瑞以故秩调兴国，擢户部主事，历南右都御史，卒于官，年七十四，谥忠介。

林嵒，字茂贞，闽人。由进士令淳，明敏宽和，修学宫，葺书院，置浮梁，设社学，广义冢，封坛储仓。升太仓州州牧。邑人树碑建祠于南屏。

刘泉，常熟人。嘉靖三十年，任严州府推官，阖郡豪右无不敛迹。署印淳邑，风清弊绝，胥吏畏之。凡以人命吁讼，服药投缳图诈者鞫治之，刁风始息。

戴庭槐，字符植，长泰人。万历三年到任，以文学饰治，所至题咏，制锦堂集。

顾云程，字务远，由进士授淳令，政尚廉平，治理详密，剔除伏蠹。时丈量事剧，间以单车入穷乡，核其实，纤毫无遁者，而不扰里中。尤作兴文学，抡魁登第，人文振于前，广厉之力为多。会调繁嘉兴，淳人怀之，立祠学左。累官太常寺卿。

萧元冈，字希高，泰和人。万历间令淳，修灵堤，浚古渠，筑二湖陂，竖立十牌坊，广棂星门，创宾兴书院，辟县治，拓康衢，悉捐己俸及锾金佐之。会迁南京北理官，留鞭不及，为之立祠。

蔡方平，字君衡，诏安人。由选贡令淳。甫下车，岁大祲，饥民啸聚，方平抚谕解散，发粟赈贷之，活者数万人。定差徭，雪冤狱，尤加意作人，学宫灵港皆其所修濬也。戊子冬，入觐，几不能治装，其廉洁如此。

帅众，字我一，江西人。在任，洁己爱民。凡绢例之更，羡余之革，社学之立，义仓之建，皆出其画。淳人思不置，于南山之麓俎豆之。官至都御史。至今后人多显者。

蔡谟，武进人。万历间莅淳，凡例金馈遗一切谢绝，公明廉威，无敢干以私者。往岁当道议置条鞭，而税课在官犹然，供亿在民。谟至，悉倚办公帑，苦不给，裒俸佐之，不复累民。去后祀之于海忠介右，非过也。

吴天洪，字望江，歙人。蠲退绢以苏民困，立社仓以备荒歉，禁采矿，通水利，赈贫崇学，士民德之。青溪滨有其祠。

刘体元，字用乾，汉阳人。嘉惠学校，矜恤穷闾，有善政。

耿进明，字良夫，滇南人。为令执法不阿，粮绢陋规则蠲之，差閤供亿则均之，厘弊革威，以恩济淳人。颂德勿谖，立祠青溪滨。

杨鸿，字子渐，号水心，武陵相公嗣昌之从父也。为文钩深致远，传于代。既莅邑，则修演武场，治浮桥坛宇，百废具举，不遗余力，亦不劳也。至今声称勿绝。

萧鸣美，字虞飏，丹徒人。干理优长，在任注《孝经》，其讲乡约不徒循故事而已，饬祀课士，整桥赈饥，凡可以便民者无不为也，可称良吏。

国　朝

史可证，号印心，山西人。由乡举莅淳。时鼎革方新，民志不肯帖帖，而治所故无城。公忧之。朔望谒先圣毕，必升明伦堂，讲忠爱大义，俾民环听之。有梗教者，必治如法。顺治五年八月一日，有天目穷寇抵县，公闻谓子淳曰："贼万一肆虐，吾以身殉义也。汝宜早自为计。"淳泣谢曰："臣死忠，子不应死孝乎？愿随大人生死。”已而寇至，官署一炬成灰土，公父子皆齿贼刃矣。镇标闫飞虎闻警，帅卒赴敌。寇劫库盗印，挂于林端而遁，追戮之。是役也，乡保无被害者。盖邑中人招之来其人，则故无赖子，公前所屡杖示警者也。

叶子循，吴县人。由进士令淳，文章尔雅，作兴士类，学者宗之。

谢良琦，号献庵，全州人。年少莅邑，而遇事给以敏。公余辄赋诗，所取士暗中摸索，皆有苑其特也。治堂毁于寇，公为更诸爽垲，而创造之轩，敞倍于初。所著《醉白堂集》，诗家黄薪甫、邓孝威皆选以登集。人称为儒吏云。

罗汉章，号公倬，丹徒人。壬辰进士，爱民礼士，能声茂著。丁艰去任。

张一魁，号梅庵，关东人。有才能应变。时大兵数过严郡，淳奉檄应，起夫役三千余，道死者相藉。一魁至衢，以道远状白部帅，至再三，遂得放遣。岁大祲，于东西两庙煮糜赈饿者，复出金授商贩籴，所活不赀，循声上闻，晋擢州守。

房循蕹，号扩园，安州人。慈祥不苛，工诗善书，雅绝一时。

赵之鼎，号爱周，浦城人。由乡举授淳令，严整有丰裁，吏胥畏惮。时奉旨丈量，较若画一。又捐资修朱文公及名宦乡贤三祠，分校文武两闱，咸称得人，后以卓异报最，晋秩副都御史、少司空。

赵世祯，号衡园，泽州人。由乡举授淳令，宽而有容。到任甫阅月，丁外艰去。

张三让，字肃之，辽阳人。前镶白旗礼部笔帖式也。炼于事，遇繁剧，绰有条绪。岁饥赈给有方。邑建惠政亭诵之。丁外艰去。

刘可仕，字伯升，辽阳人。镶黄旗监生也。以毛鸷为治，而在淳则称职。时值闽孳，可仕集乡勇练弓马，躬冒矢石。有盗窃发者，擒之决杀，不少贷。盖刑乱国当用重典也。其复浮桥，民尤称便。

于栋如，字隆九，金坛人。庚戌进士。初以山西襄垣县服阙来令淳，才名卓绝，下笔有神，为诗咳唾立就。甫下车，葺黉宫，勤月课，催科不扰，折狱如神。斯年丁外艰去。后补湖广监利令，擢御史台以终。

胡就臣，字君来，号瓯庐，湖广监利人。以孝廉副顺治戊戌会试榜，授淳令。至即新魁星楼及尊经阁，置义冢，复姜孝子墓，皆捐俸先之。与学博陈公棐、孟公士模，礼聘邑士修辑县志。会尚方采木，宪檄旁午，凡有关于民居及坟墓者，以公力得护持焉。诸所设施，有古循良风，具载《惠淳实纪》中。去后，士民思之，俎豆于菁莪祠。

杜继美，直隶枣强人。仁心为质，干办有才。公余辄以笔墨自怡，庙坛祠宇必加修葺，至今见其遗翰，人呼杜母焉。

刘湜，湖广潜山人。虚怀接士，实心勤民。初肄业国学时，闻淳安周六云先生名，抵任即枉车骑访之，馈米肉，凡七载无间。遇岁大旱，火云四布，日中无敢过市者。公焚香露顶，布袜青鞋，上龙山祷之，雨立至。以公事罢而公亦积劳，浃岁，遂不起。父老述之犹泣下。

杨廷杰，字倡九，云南通海人。康熙庚午举人，由学正授令淳安。甫下车，即辨雪邵鲁氏毒夫冤狱。有游棍张松者，率其伙，伪传亲王令旨采办过境，索夫马供亿，公阴伺之，穷其奸，即命擒械省城，论如律。其决狱，能察人眉睫之间以得之。居一年，讼庭虚无人。邑户籍蒙溷历年，多积逋，公为立滚簿，注的名奏销。尝先诸邑于学宫射圃中捐俸创义学，又建朔望讲约所于邑西。在任八年，当事以卓异荐擢四川蓬州知州。去，士民怀德，为祠之南山下。

侯学修，四川营山人。由孝廉任广文，擢淳令。春秋释奠，必斋宿，莅祭时非诸生执事不得入观，礼者肃然。家法甚整，子若孙未见有衣裘帛者。晨昏定省，一循礼进膳。太夫人弗假，臧获必手以擎，其奉洁以丰，而已则粗粝餐也。性敏断，穷奸宄，不遗余力。以外艰去。邑人颂之为神君。其子官翰林，名度。

杨克慧，字谷山，号愚庵，山西忻州人。康熙戊戌进士，由平湖调任淳安。为人勤慎，廉明视事。时诸铃下，侍立如木人，不敢偶语。邑故多浮税，重为民困。公曰："朝廷有禄以驭富，又增养廉数百金，谨身节用，即吃着不尽，何必复以此诬下罔上为？"于是核实，许民自陈，以便开豁。事方经始，会公以平湖前任内事罢。接篆者踵而成之，皆公力也。

王仕源，直隶清苑籍，山阴人。由孝廉擢淳令。性敏有干才，建龙王庙于南山麓，便民祈祷。修浮桥通往来。香炉石下，滩石如齿状，浪作多覆舟，公为筑官坝，新安江水北流，至今庆安澜焉。

姚梦鲤，广东人。由进士令淳，廉退下士，不轻置人于刑。有重囚，务严鞫者涕泣道之，囚亦输情不讳。善古文词，有集八卷。

田长文，山西高平人。康熙壬辰进士，由宁波镇海令改授淳安，棱棱有风力，人不敢干以私。有投刺谒者，必宾馆罗列隶卒，乃一见。初莅事，乡民操土音，间由胥吏转达，公拂然曰："招稿具在，我不辨音，讵不识字耶?"叱退之。一日鞫囚，囚引律相抵，公曰此必猾吏教也。讯之，果然，遂置吏于法。已因老病自劾，大府廉其能，不忍辄罢，为置协办官，阅月终于署。

钱人麟，字民长，江南武进人。七世祖启新先生起家东林名儒，世为晋陵甲氏，由乡举试用两浙，吏才精干，大府器之。会淳令田公长文老病，檄委协办，嗣奉题署。未浃岁，颂声翕然。尝语诸生曰："秀才要经济，不得止靠时文生活也。"淳士多赖造就。子维城，逾冠廷对第一，皆以为积厚之报云。

刘希洙，字圣脉，陕西蒲城人。领康熙甲午乡荐，乾隆壬戌莅任淳安，朴直无文，实心抚字。甲子，郡大水，民居田里强半为巨浸。公号痛驰省泥泞中，不惮艰涉。飞章上达，视他邑为先。督抚器之，遂请旨大启帑庾，假以便宜，存活者不可数计。旋筑北岸、西门两堤，修浮梁，课最，以卓异候升。后一年，予告归里，士民惜之。

县　丞

陈

程康宁，字克恭，本新安人。祖灵洗，兰陵太守，平徐嗣徽有功，封遂安县侯，谥忠壮，入忠义祠。父文灿，鄱阳大守，永初中康宁试春官中式，授始新丞，迎父就养，操行严正，誉望日隆隆起。后引疾告归。邑人卧辙请留，遂家于邑之西隅。今程氏皆其后裔云。

明

刘思学，汴梁人。洪武初到任，与令韩钝协谋赞治，时庶事草创而政为之一新。

成斐，扬州人。守法奉公，不惮权势，报政声以最，巡按荐其才，迁枝江令以去。

王绅，蕲水县人。廉而能，勤以慎，乘马坠崖而卒，邑人怜而悲之。

何天启，号凤冈，贵溪人。由进士官给事中，直言忤执政，左迁为丞，而公如故，操时其缓急，征猾吏之侵渔，禁奸民之图诈，而遇良善以恩。丽谯鼎建，人皆乐事劝功。诸生从游其门，诲之谆谆也。升嘉善知县，擢浙江佥事。淳人至今思之。

王应奇，上海人。存心坦易而行端以方。解任日，邑人立碑以纪去思。

主簿

宋

范镕，金华人。嘉定间任博学，善文。时天下多故，而能与令杨恕同心协治，民以安堵。

明

尹柔克，永乐三年到任，公勤廉谨，士民怀之。去后树碑志绩。

陈福，长乐人。宣德八年到任，平易爱民，民颂之不容口。

典史

宋

周操，绍兴九年为尉斯邑，盗遁奸屏，人比之随会，葺一室于官廨西序，为藏书校雠之所，题曰“拄笏轩”。后官至吏部尚书。

元

郑千龄，字耆卿，新安人。延祐六年为淳尉，不以发奸摘伏为能，而百废具兴，构晦庵之祠，表融堂之墓，辟梅隐之轩，新南部之庙，善政迭出，凡尉无出其右者。

明

潘广，湖广人。正德间任，勤慎慈祥，以刑弼教，寻超升秀水县丞。

教谕

明

计希孟，鄱阳人。理学优长，德望服众，士林景仰。

王端，华亭人。训迪有方，藻鉴不爽，一时巍科显仕，咸所造就也。

叶林，钱塘人。以成矩诱后进，有安定家法焉。

吴绂，浮梁人。敦厚寡言，使人不敢媟近，见者以为有体。

殷礼，武进人。其来淳也先任训导，迁教谕，共历一十八年，师范始终如一。

洪通，歙县人。威仪整肃，以身示教，尝较文湖广、福建，咸得士。秩满，擢知义乌县。

萧昆，将乐人。规言矩步，约士以礼，公服讲解，盛暑不懈，著有《董子正谊》《明道家法》。丁内艰去。

丛佳，扬州人。美丰仪，才思称之。年三十莅任，始学为诗，即有秀句，口吟手披，朝夕不懈，期年间遂及于古。寻以忧去。

孟希准，永定卫人。初训导海宁，所甄士类多与荐者。在淳振教如训海宁时，士皆向风。期年暴卒，门人无不流涕者。

刘汝昭，号泰宇。阐理镜彻，肃范岳峙，学者宗之，为立去思碑。

杨组，建安人。制行端方，阐经宏畅，士林模楷也。

陈三槐，临海人。振饬风轨，勤励月课，尤嘉奖笃行之士，为后学表师。

虞时雨，号松涛，德清人。精藻鉴，善引掖，遗书贮学宫，详《戟门碑记》。

曹三仕，金华人。春风和煦，惠爱及门。同时训导杜、朱、佐、汤，有望极一时之雅。淳士立祠学宫。

国朝

冯绍元，号乾初，慈溪人。自奉清苦。于瓦砾中，出赀建明伦堂，功尤表著，合庠祀之菁莪祠。

徐元粲，号韦庵，海宁人。自前明己卯举于乡，即名噪于人。其诗学颉顽云间，草圣仿阁贴。来淳导士，期以高轨。旋成乙未进士，改庶吉士，而遽卒，惜未竟其才也。

谢鼎元，号紫城，於潜人。秉性耿直，所敬礼者必文行兼优之士。升台州教授，转国子监助教。

罗士尤，号拔其，慈溪人。朴茂醇厚，古风感人，后卒于官，合庠哀激，奉祀菁莪祠。

陈明彦，号玉倩，仁和人。明崇祯壬午举于乡。后来淳，诗有家法，书法亦工，不愧师导。

闵圻申，乌程人。丰采端凝，月课有《甄士录》。癸丑，修县志，有劳焉。

以丁艰去。后补义乌教谕，升河南新郑令。

陈棐，字尔洲，仁和人。至即重建两庑。康熙癸亥，各省纂修通志，郡县皆开馆编辑。邑令胡公就臣遂以乘事委之，与司训孟公士模，纂新续旧，迄今七十余载，考遗事者赖焉。

陈訏，字言扬露，海宁人。故名家子，以贡授淳谕，博学多能，精九章算法，尤工诗，所著有《句股述》《补注苏诗》，又选刻宋十五家诗，诸生徒其品题必佳士。公之伯仲，历陟崇阶，顾绝弗以门第自高。绛帐谈经，泊如也。升温府教授，而以子世倕贵。既应显封，乃致仕归。至今淳士溯教泽者必称公。

屠永龄，字舜年，吴江人，籍系秀水。康熙己卯，举于乡。丁酉，司淳铎泠署中，诗酒自娱，诸生晋谒，辄具一觞相属，刻烛赋诗，无倦容。公故宗室觉罗满公典试时，所授于诸门下士，特器重公。及满公总制浙闽，时时齿及公名，而公未尝以私事干，贤声愈著。以病乞休，有诗若干卷。

成廷楫，字桂舟，号匏亭，钱塘人。领康熙辛卯乡荐，授淳谕，训士以诗兼文，多成誉髦，尤慨然思修举废坠。文庙栋折榱崩，将压焉。公以状白郡将张公，为设法鼎新之，有碑记其事。春秋释奠，必躬涤祭器以致虔。日诣大成殿扫地焚香，亦弗资力胥斗也。工为诗，有《大秀山人集》，几满百卷。

盛支炳，字虎文，号晴岩，嘉兴人。雍正甲辰举人，由保举授江南蒙城令，旋署池州判，历任苏之金匮、池之建德、颍之颍上，寻改授淳谕。文章有师法，其醉笔戏墨，一时得之以为珍藏，人比之郑虔云。未三载，卒于署。

沈廷桂，字漫亭，号双溪，德清人。康熙壬午举人。初任鄞县谕，总制李公以吏才保举，擢江西奉新令。寻改石门谕。丁内艰，起复任桐乡。又丁外艰，起复任淳安。所至历历有声，门下士接见，问无恙外，即以进修相勖。或干以私，辄面拒之。学使者中年考校事竣，例举优行士应令。公曰是乡举里选遗意也。慎重咨访，必得其人乃报。在淳五年，以老乞休予告矣。诸生徒争留馆之，于是居学舍东偏，训迪邑士子，凡浃岁乃归。

训　导

明

夏严仲，本邑人。洪武初任，博学多才，尤能发明义理之学，以迪多士，沐教泽者彬彬焉。

孙纲，当涂人。学博行醇，才谞浚发，校文江西、四川，得人为多，升广信府同知。

黄讲，字彦通，莆田人。博文强记，督学临郡考试辄奇其文，取入浙闱，分校与修县志，升国学典簿。

国　朝

虞世恺，鄞县人。朴茂有学，辑顺治戊戌县志。

陈使新，海盐人。气宇渊穆，大雅不群。未几，读礼归。士林至今思之。

孟士模，字梅峰，会稽人。与修康熙癸亥县志，文省事详，笔削之力居多。其重修启圣公祠也有记。修魁星楼也有引。盖毅然以文教自任者，以忧去。

鲍楹，字觉庭，余杭人。由康熙乙卯副车司淳安训，振兴文学，善书法，于诗教尤深。淳邑故多诗人，自唐皇甫湜后不下百余家，然无专汇者，公力事搜罗，得不传者三十九人，辑其遗诗，总题曰《青溪诗集》，复次小传以冠篇端，捐俸刊布。秀水朱太史竹垞先生亟称之，其选《明诗综》，多采掇焉。康熙丙子，举于乡。后为江南宜兴令。卒于官。有集若干卷。

鲍棣，前司训觉庭先生从弟也，相继来淳，有大小冯君之目，工草书，家藏董宗伯笔迹甚夥。学之时得八九云。

朱士濂，字淡若，秀水人。器宇深沉，每日亭午招诸生立堂下，讲四子书，至日晡不休，阐发皆有根据。初司训者，居魁星楼下，公相楼后有隙地，谋于诸生方正宗等，建学舍五间，后来者获宁宇焉。卒于署。

陆畬，字新田，鄞县人。由岁贡司训淳安，博学能文章，诱掖诸生，讲画必根据经史。居常手一编，丹铅点勘，未尝有倦容。饮人以和，然不为熻熻热。盖其天性然也。年六十余卒于署。

汪昌举，字自西，开化人。性慷慨，遇贫穷者多方周恤，力不能任，即解衣质钱与之。有病卧学舍旁者，公亲啖饮食，资以药饵。浚泮池，修古庙，来淳五载，未尝妄名一钱也。卒于官，贫无以殓，士争厚赙以归葬焉。

光绪淳安县志卷之七

选举志一

辟召　甲科　乙科
贡士　武甲科　武乙科

淳邑人材联翩鹊起，翘车束帛之征，乡举廷抡之典，史不绝书，而恩选岁荐，制仿明经，亦弗以虚声应也。其著者，有若方储以贤良方正举于汉，皇甫湜以对策显于唐，宋则方逢辰、黄蜕、何梦桂先后擢甲科，明则商辂状元试三场，冠绝古今。呜呼盛哉！恭际圣代，棫朴作人，取材充赋，如薪槱将扬扢以鸣盛也。为表年而次第题其名，厥自汉始至于今，且俟来者。他如恩封、荫袭、赀郎、掾辟，年次不可考，于例亦当得书。志选举。

辟　召

汉（未详何年）

方　储　举贤良方正对策第一，有传。

晋（未详何年）

方　操　有传。

宋

太平兴国二年

余元正　太常寺丞，升韶州刺史。

天圣五年

余宗华　仁宗朝为周王郡马。

治平元年

吴　骥　以贤良举，官福建节度使。

淳祐元年

陆震发　有传。

钱　时　有传。（以下六人未详何年）

应　镛　奉议郎。

应　组　建宁教授。

方一夔　有传。

洪应桂　郡马。

洪震五　睦州教授。

元（未详何年）

应　瑜　石峡书院直学，升丹阳教谕。

明

洪武年

徐尊生　有传。

汪一初　有传。

余　郁　有传。

洪子翔　有传。

汪性初　祥符知县。

方宗道　有传。

刘金相　以人才举南昌知府。

张　复　有传。

周　康　以贤良举海丰知县。

徐　晅　有传。

童福生　以人才举颖上教授。

余　溥　有传。

方仲贞　以贤良举怀远主簿。

郑元辰　以贤良方正举大理寺评事。

许鲁同　知县。

吴　璩　有传。

汪　缙　供奉司直长。

王以中　以人才举员外郎。

徐　清　以人才举通判。

夏严仲　有传。

何荣善　以人才举陈州知州。

王士章　广州通判。

何昭善　有传。

何敦善　有传。

胡守仪　以人才举东宾县丞。

徐　豸　以人才举。

何　溥　以秀才举罗田县丞。

永乐年

徐　参　以人才举吏部。

方士贤　以人才举。

方道福　以人才举。

吴珂同　以人才举。

徐　困　黄梅知县。（以下十六人未详何年）

商　庆　知县。

吕　渭　县丞。

卢行仲　给事中。

汪　缙　供奉直长。

江承孙　训导。

洪　涛　训导。

李宗鲁　知府。

方　燧　教谕。

商仲仁　大使。

汪良仁　戈府审理正。

徐　复　石门知县。

项天曙　典史。

邵仲宜　县丞。

宋伯英　国子学录。

吴希敏　崇祯己卯举孝廉，四川大宁县知县。

国　朝

方楘如　纂修三礼。

续纂荐辟

王世缨 嘉庆元年举孝廉方正，历署平湖训导，平阳、遂昌教谕。

吴鼎钧 咸丰年举孝廉方正

甲　科

唐

神龙年

吴少微

开元年

吴　巩

元和年

皇甫湜　对策第一，有传。

四年

吴　超　海宁知县。

乾符年

方　卫　有传。

后　梁

乾化元年陈逖榜

任　盛　大理评事。

宋

太平兴国年

王仁宥　恩赐进士，大理寺评事。

王仁鄂　恩赐进士，翰林院文学。

雍熙二年梁灏榜

洪　湛　廷唱第三，崇政殿说书。

咸平三年陈尧咨榜

黄务本　邵　焕　有传。

景德二年李迪榜

吴　涟　大理评事。

天圣五年王尧臣榜

邵　炳　校书。

八年王拱辰榜

项　宣

宝元元年吕溱榜

童　宏　驸马。

皇祐元年冯京榜

项　随

五年郑獬榜

邵景初

邵　灿　奏名。
徐　槩　奏名。

嘉祐二年章衡榜

方仲谋　有传。
徐　任　海州司法。

八年许将榜

项　陟

元祐三年李常宁榜

方行可

绍圣元年毕渐榜

吴朝才　朝奉大夫。
汪　常　文华阁待制。

崇宁二年霍端友榜

方　闾　有传。
徐敏中　朝议大夫。
方　闻　徽宗幸学赐第，有传。

五年蔡嶷榜

邵　愈
邵　瑰　奏名。

大观三年贾安宅榜

方　闳　朝请大夫。

政和二年

邵　琉　奏名。

重和元年王昂榜

黄大知
邵大受

唐处仁

吴　诚　永福知县。

宣和三年何涣榜

陆时雍　有传。

徐时中　武学博士。

六年沈晦榜

唐友仁

吴　详　知县。

建炎二年李易榜

吴　诩　嘉兴府判。

绍兴二年张九成榜

邵　拱　有传。

吴　语　礼部侍郎。

八年黄公度榜

方之邵　奏名。

方调可　奏名。

吴　琏　州判。

十二年陈诚之榜

项　忱

邵大亮　奏名。

方　闉　奏名。

十五年刘章榜

洪嘉瑞　朝奉郎。

黄安仁

邵　悦　奏名。

十八年

解陟明　奏名。

胡德载　奏名。

二十七年王十朋榜

胡一之　有传。

胡南逢　闻州守。

洪师骞　奏名。

隆兴元年木待问榜

方有开　有传。

徐　衡

徐孝恭

徐孝纪

邵尚志　奏名。

汪万硕

乾道五年郑侨榜

方　括

八年黄定榜

胡朝颖　有传。

余廷秀　奏名，铅山县丞。

邵若无　奏名。

钱大椿　奏名，有传。

宋国昌　奏名。

吕　发　奏名。

淳熙二年詹骙榜

邵梦得

五年姚颖榜

方　嶽　旧志作岳，按《通志》是嶽。岳系临安人。

八年黄由榜

郑绍伊　绍兴军司法。

徐孝宁　奏名。

项　杞　奏名。

邵　纬　奏名。

十二年卫泾榜

洪彦华　有传。

徐孝友　奏名。

邵廷瑞　奏名。

练　翊　奏名。

十四年王容榜

郑　烨

卢南一

绍熙元年余复榜

邵　瓒

方　佃　旧志作佃，照《通志》改定。

洪　琰　青江军司法。

洪　璞　有传。

洪嘉淑　奏名。

徐天骥　奏名。

吴　仁　府判。

四年陈亮榜

任体仁

项　肆　奏名。

卢　琰　奏名。

胡　紘　御史。

庆元年邹应龙榜

方　强

方复道　奏名。

五年

方　丙　奏名。

洪　寓　奏名。

嘉泰二年傅行简榜

卢端谊　历任含山、星子知县。

开禧元年毛自知榜

洪梦良　经筵讲官。

邵　源　副使。

嘉定元年郑自成榜

胡诚一　推官。

方　储

汪万项　翰林秘校。

汪万钟　奉议大夫。

四年赵建夫榜

徐九鼎　编修。

七年袁甫榜

方　淳

於　达　温州刺史，迁居青溪。

十年吴潜榜

郑希吕　参军。

十三年刘渭榜

黄大立

余　森　奏名，翰林检阅。

宝庆二年五会龙榜

洪梦炎　有传。

吴　寅　侍读东宫，说诗称旨，恩赐进士。

绍定二年黄朴榜

汪自强　大理寺卿。

胡伯骥　通判。

余　森　同州别驾。

黄大用

五年徐元杰榜

洪扬祖　正字。

嘉熙二年周坦榜

邵应豹

林　旂

吴季子　有传。

徐义甫　参军。

王　铉

淳祐元年徐俨夫榜

黄宗仁

洪松龙

吴大贤　襄阳知府。

四年刘梦炎榜

童元龙　汉阳军佥判，知昭州。

卢会龙　奏名，乐平县丞。

七年张渊微榜

黄　蜕　榜眼，有传。

洪元忠

十年方逢辰榜

方逢辰　状元，有传。

方　吉　《旧志》作万吉，照《通志》改定。

吴洪德　有传。

洪　兰

胡梦麟

宋亨龙　奏名。

方叔元　奏名。

宝祐元年姚勉榜

任桂发

洪承祖

方　缋

洪双孙

黄　准

奏名。

四年文天祥榜

洪文伯　迪功郎。

洪伏龙

黄　嘉　推官。

卢万里　文林郎。

赵　崇

黄宗智　淮西帅干。

开庆元年周震炎榜

何应斗

洪梦桂　奏名。

景定三年方山京榜

方逢振　有传。

吴雄飞　有传。

胡顺昌　奏名。

胡梦高　方龙荣　吴　发　奏名。

吕人龙　奏名，有传。

汪　淮　侍读。

咸淳元年阮登炳榜

《通志》左五人俱在十年王龙泽榜。

何梦桂　探花，有传。

卢逢圣　知府。

项雷震　吴攀龙　有传。

何景文　有传。

吴　斌　御史。

方元秀　奏名。

钱允文　奏名，有传。

童震龙　奏名，南陵知县。

童元清　奏名，郎中。

四年陈文龙榜

何　洪　从仕郎。

邵魁伦　常州佥判。

方逢炳

方有孚

徐唐佐

有传。

邵惟敏　主簿。

卢逢尧　农兴司户。

洪熊子

邵炎发

洪　开

童虎巨

洪辰龙

奏名。

胡　栋

六年

洪　锺

赐释揭。

七年张镇孙榜

项虎昪　有传。

邵桂子　有传。

洪振孙　司理参军。

何炎起

洪应高

洪仁俊

洪天瑞

十年王龙泽榜

方逢昌

童伯和

方召虎

周一杰

齐龙高　教授。

胡元圭

胡应巩　奏名，有传。

赵梦诜

按：宋制，南省下第，仍候会试。再举至五科不第，有特奏名，同进士出身。今依年次编入。余未详何年者，另录于左。

项　庸

邵　畲

邵　全

方　暹

方　裒

方师心

邵中孚

王贤佐
徐　珏
余　瓘　将仕郎。
丰　复　雍州刺史。
徐　绂
邵知万
方　策
徐　纶
徐　缵
方大立
王　忱
洪　蒕
迪功郎。
洪汝奭
洪正臣
邵三杰
项纳言
方　易
邵　该
邵仙许
胡伯熊
吴　柏
项仲和
金应龙
唐洪卿　通判。
童　演　邵　经
洪必昌　总督。
邵梦麟
任宗长　刺史。

洪大任　迪功郎。

丰显宗　方应酉

汪锡伍　主簿。

胡梦魁

丰　周　汉中太守。

陆惟宜　弋阳知县。

方　轸

洪　烈　户曹。

元

泰定二年

吴　暾　有传。

徐九龄　教谕。

天历二年

何汝焕

至顺元年王文烨榜

方道舜　有传。

宋梦鼎　有传。

至正十一年文允中榜

鲁　渊　有传。

明

洪武四年吴柏宗榜

周　潼　主簿。

徐同生　尊生弟，桂林府同知。

十八年丁显榜

《旧志》载花纶榜，查花纶系探花。

鲁　瞻　工部主事。

高　安

徐昌允　尊生子，工科给事。

二十一年任亨泰榜

卢　义　知府，有传。

三十年陈䶮榜　覆试首韩克忠

洪　堪　御史。

建文二年胡广榜

童　铨　有传。

永乐二年曾棨榜

方　脉　有传。

十六年李骐榜

方　豫

十九年曾鹤龄榜

洪　玙　有传。

宣德八年曹鼐榜

项文曜　有传。

正统元年周旋榜

周　瑄　有传。

四年施槃榜

胡拱辰　有传。

十年商辂榜

商　辂　三元，有传。

应　颢　有传。

十三年彭时榜

何　升　有传。

方　辅　有传。

景泰二年柯潜榜

宋　旻　有传。

吴　福　会魁，有传。

洪　弼　有传。

五年孙贤榜

许　誾　有传。

天顺元年黎淳榜

徐　贯　有传。

何　礼　有传。

方　中　有传。

四年王一夔榜

徐　鉴　有传。

项文泰　有传。

成化二年罗伦榜

商良臣　翰林，有传。

何　淳　有传。

王　宾　有传。

五年张升榜

邵　猷　有传。

邵　新　有传。

吴　祚　翰林，有传。

八年吴宽榜

洪廷臣　有传。

十一年谢迁榜

吴　倬　有传。

吴　诚　有传。

卢　鸿　有传。

胡　桀　有传。

十七年王华榜

王　宥　有传。

程　愈　有传。

弘治九年朱希周榜

王子言　有传。

十五年康海榜

方天雨　有传。

何绍正　有传。

十八年顾鼎臣榜

王子谟

正德三年吕柟榜

吴　钦　有传。

嘉靖五年龚用卿榜

徐汝圭　监察御史。

八年罗洪先榜

徐　濙　有传。

十七年茅瓒榜

徐　楚　有传。

四十一年申时行榜

徐廷绥　有传。

万历十七年焦竑榜

徐应簧　有传。

方学龙　有传。

二十九年张以诚榜

吴一栻　有传。

四十一年周延儒榜

方尚恂　有传。

崇祯四年陈于泰榜

吴希哲　有传。

国　朝

顺治九年邹忠倚榜

商民宗　有传。

十二年史大成榜

商显仁　有传。

康熙十五年彭定求榜

徐士讷　有传。

二十一年蔡升元榜

方瑞合　有传。
吴　贯　有传。

二十四年陆肯堂榜

张羽飏　有传。

四十五年施云锦榜

方槩如　丰润知县。

雍正八年周澍榜

吴　璋　翰林，有传。
吴秉和　历任东乡、南丰、萧县、崇明知县。

乾隆七年金甡榜

王　企

续纂甲科

乾隆三十四年陈楚（初）哲榜

王世维　工部营缮司员外郎。

四十三年戴衢亨榜

王世纲　江华知县。

乙　科

宋

开宝八年

王仁宥　恩赐进士。

王仁鄂　恩赐进士。

熙宁四年

汪　开　德安。

绍兴二十四年

方思温　经元。

淳熙年

胡椿龄

胡以南

方　恪

绍熙三年

徐　珏

庆元年

江荣益　乙卯解元。

汪　洪　上虞知县。

嘉泰四年

何应高

嘉定十七年

吴　寅

嘉熙年

方元升

何应星

何日章　郡马，有传。

何日宏

淳祐元年

钱端宗

九年

方逢辰　进士

咸淳年

卢　珏

邵元德

洪晋卿

洪芳芝

许继先　有传。

邵定翁

宝祐元年

汪　宏　工部员外郎。

元

元贞二年

王应德　省元。

胡朝卿

延祐二年

洪震老　有传。

至治二年

夏　溥　有传。

泰定元年

吴　暾　进士。

天历二年

方道睿　进士。

至顺元年

宋梦鼎　进士。

陈淑远　本县教谕。

至正八年

夏　衷

十年

鲁　渊　进士。

宋季武

祝宪臣　溧阳知县。

十七年

洪仲源

二十年

汪汝懋　翰林修撰。

洪致和

明

洪武三年

周　潼　进士。

十七年

鲁　瞻　进士。

高　安　进士。

二十年

卢　义　进士。

二十三年

方　恒

二十六年

汪　泽

二十九年

洪　堪　进士。

胡　泽

方　定　应天，有传。

建文元年

童　铨　进士

永乐元年

方　昹　进士

三年

邵　升

胡宗文

九年

汪　信

章儒生

张　雄

十二年

洪道贤

十五年

方　豫　进士。

洪　玙　进士。

周叔刚

陈　衡　有传。

方　才

十八年

卢廷俊　有传。

程　观

二十一年

方善安

宣德四年

何　升　进士。

七年

项文曜　进士。

周　瑄　进士。

十年

商　辂　解元、会元。

方　辅　进士。

正统三年

汪廷贵　教授。

胡拱辰　进士。

六年

洪　弼　进士。

许　俨

应　颢　进士。

叶　光

九年

何　礼　进士。

吴　福　进士。

许　闇　进士。

十二年

宋　旻　进士。

景泰元年

方　汉　经元，有传。

徐　鉴　进士。

邵　广　学正。

周　纶　知州。

四年

项文泰　进士。

汪　昱　知县。

徐　贯　进士。

方　中　进士。

七年

何　淳　进士。

应　项　知县。

洪　钧

天顺三年

王　宾　进士。

应　颙　知县。

周　恬　进士。

六年

商良臣　进士。

邵　新　进士。

成化四年

吴　祚　进士。

何　楷

方　璿

邵　猷　进士。

洪庭臣　进士。

吴　倬　进士。

周　忭

七年

程　愈　经元，进士。

方　虁　知县。

胡　桀　进士。

吴　诚　进士

十年

卢　鸿　进士。

邵　逵

徐　淑

十三年

洪　机

王　宥　进士。

方　钺

二十年

方天雨　进士。

弘治二年

王子言　进士。

商汝颐　有传。

五年

徐　宪　有传。

程文楷　有传。

八年

王　佑

叶逢春　有传。

十一年

何绍正　进士。

吴　钦　进士。

十四年

王子谟　进士。

十七年

徐　濙　进士。

方朝卿

正德二年

宋文载　应山知县。

徐　濂

方　昱　高州府推官。

五年

王子谨

余　初　知州。

十一年

商承学

嘉靖四年

徐汝圭　进士。

七年

徐　楚　进士。

十六年

汪一源

二十二年

吴道立　知县。

四十年

徐廷绥　进士。

万历七年

方世德　顺天经魁。

十年

方学龙　进士。

十三年

徐应簧　进士。
商之相　同知。

十六年

徐鹏程　长乐知县。
吴一栻　进士。

二十五年

商之彝　有传。

三十一年

王国光

三十四年

童希点　应天。

四十年

吴明彦　经元。

方尚恂　进士。

天启四年

方大宾　推官。

七年

吴希哲　进士。

崇祯六年

邵经世

九年

吴颖芳　有传。

方光祖

十二年

吴达和　新淦知县。

十五年

应尔嘉

国　朝

顺治三年

胡之琳　有传。

商民宗　进士。

八年

吴骏显

吴人芳　广元知县

方嗣蕃　有传。

方名世

十一年

商显仁　进士。
徐懋贤　丽水教授

十四年

方际泰　有传。

康熙二年

王行健　有传。
吴　宏　有传。

五年

张羽飏　进士。

八年

吴　贯　进士。
方士洽

十四年

徐士讷　进士。
方瑞合　进士。
徐　翯　有传。

十六年

方　函　有传。

十七年

吴　宾　中书。
方元亮　宁波教授。

二十年

汪　琦
吴肇中　缙云教谕。

三十五年

吴　瓟　有传。

吴　憬　有传。

四十四年

方棨如　经元进士。

五十年

吴超葰　有传。

五十二年

王嘉烈　有传。

吕眉寿　顺天

五十三年

徐廷彦

五十六年

吴敦矩　有传。

吴　璋　进士

雍正元年　二年

吴作霖　有传。

童养裕

四年

周毓秀　有传。

吴秉和　进士。

吴毓芝

十年

余鸿文

十三年

王　企　进士。

乾隆元年

王合瑞　顺天经元。

吴　谡　有传。

吴受中

六年

王　令

九年

郑见龙　顺天有传。

徐元炜

十七年

王际旦　亚魁。

二十一年

王世维

续纂乙科

乾隆二十四年

胡宗廉　歙县知县。

二十七年

许观海

三十五年

程玉麟　顺天中式海宁州学正。

三十六年

吴国雄

四十二年

王世纲　原名玉辉。

四十五年

吴泰政　安乐知县。

王言绂

四十八年

吴清淑

徐承基

吴凤起　钱塘教谕。

五十一年

胡熙绩

吴应桂　顺天中式。

五十三年

江　采

方协华

王言绥

五十四年

吴联骐

五十七年

胡源凯

余　杰

王凤梧　临安教谕。

嘉庆三年

王铭翰

王象环

王炳翰　署广西德胜同知，柳城知县。

应　培　遂昌教谕。

十二年

王世桂　恩赐举人，戊辰会试赐国子监学正。

十五年

吴　侃　顺天中式。

十八年

于珍训　　经魁。

余邦治　　恩赐举人。

二十四年

王鸿仪　　黄岩训导。

道光八年

潘有培

十七年

吴宜征　顺天中式，南宫知县。

二十四年

邵世治

二十九年

方镜清　咸安宫官学教习。

应尔谷

咸丰八年

邵晋书

宋桢　恩赐举人。

贡　士

宋

何应全

应　序　建安教授。

应　鹿　江西教谕。

陈云鹏　学考。

王通叟　桐乡教谕。

王大椿　有传。

元

应以乾　闽县教谕。

何　坦　徽州府教授。

陈鼎新　本县教授。

陈继善　教授。

明

洪武年

何友谅　丁巳贡，将仕郎。

卢　让　庚申贡判官。

高　安　癸亥贡进士。

余　隆　甲子贡。

徐　镠　乙丑贡，荆州同知。

邵宗敏　乙丑贡。

卢　义　丙寅贡，进士。

邵　能　丁卯贡，邵武府经历。

余　组　己巳贡，经历。

洪　源　己巳贡，教授。

汪　泽　辛未贡，高邮州学正。

洪　俊　癸酉贡，太和知县。

童　铨　甲戌贡，进士

胡　谊　乙亥贡。

方　定　丙子贡，举人。

胡　安　丁丑贡。

洪　裕　岁贡，严陵教授。

洪　祐　选贡，嘉兴府教授。

建文年

孙　俨　己卯贡，知府。

永乐年

蒋　訏　癸未贡，太安州训导。

徐　云　甲申贡。

童　盟　乙酉贡，宁晋知县。

许　匡　丙戌贡，陕西都事。

陈　绶　丁亥贡，安顺知州。

宋　兴　戊子贡，楷书选，有传。

王　达　戊子贡，楷书选，经历。

胡　义　戊子贡，知县。

方　畅　己巳贡，刑科主事。

卢　恩　庚寅贡，推官。

何赋中　辛卯贡。

童　善　壬辰贡。

周　郯　癸巳贡。

胡　闓　甲午贡。

张　恕　乙未贡，蕲州同知。

卢　佑　丙申贡。

章　本　丁酉贡，经历。

应　辐　戊戌贡。

方　鼎　己亥贡，合肥主簿。

吴　宪　己亥贡，临江府知事。

黄　驓　庚子贡，主簿。

叶　胜　辛丑贡。

宋　铭　甲辰贡，县丞。

洪熙年

方　安　乙巳贡，宁府长史。

宣德年

何起中　丁未贡，香山知县。

宋　礼　庚戌贡，郑州同知。

何　贡　壬子贡，太安州同知。

洪　镛　癸丑贡，宁县知县。

唐　同　癸丑贡，雷州经历。

方茂才　乙卯贡。

正统年

王景清　丙辰贡，福州经历。

郑　遂　丁巳贡，广信府经历。

何义暘　庚申贡。

方　敦　壬戌贡，泗州判官。

邵　璥　甲子贡，太仆寺丞。

何　环　丙寅贡，直隶建德知县。

吴　皡　丁卯贡。

何士贞　戊辰贡。

景泰年

董　威　庚午贡。

洪　瑛　庚午贡，顺天府判。

洪　达　辛未贡，青阳知县，迁池州府同知。

方　渊　壬申贡，蒙城知县。

任景春　癸酉贡，知县，有传。

邵希正　甲戌贡。

方　俊　乙亥贡，万载教谕。

朱宏义　壬申贡，广西桂林府教授。

天顺年

钱　冕　丁丑贡，推官。

宋　芳　庚辰贡，有传。

陆　瑄　辛巳贡，知县。

天顺六年

令天下生员年四十五岁者考选，送国子监，为年例贡，淳安十二人。

方　圆　莆田训导。

汪　贵　邵武典史，升东光知县。

张　麟　峄县训导。

叶　广　顺庆府推官。

陈　善　九江府判官。

方　贯　福建经历

何　澄　枝江知县。

邵　琳　广信县丞。

唐　臣　泰湖县丞。

黄　钟　江西永宁县丞。

邵　正　太陵县丞。

余　英

洪　益　甲申贡，知县。

成化年

胡　俊　乙酉贡。

方克宽　丙戌贡，教谕。

应　颐　丁亥贡，郑府典宝。

张　昨　己丑贡，县丞。

周　琼　辛卯贡。

方　溥　癸巳贡，推官。

吴　礼　乙未贡。

张　琛　丁酉贡，扬州府训导。

方　铨　己亥贡，县丞。

何　贯　辛丑贡。

邵　瞻　甲辰贡。

商良佐　乙巳贡，有传。

邵　贡　丙午贡，崇明州吏。

弘治年

邵邦宁　戊申贡。

洪　范　戊申贡，长葛县教谕。

于　仁　庚戌贡　胡用中　壬子贡顺德知县

应　硕　甲寅贡，南陵县训导。

邵　显　丙辰贡，丰城训导。

卢　怡　丁巳贡，弋阳训导。

方茂孝　戊午贡。

汪　绅　戊午贡，养利知州。

卢　观　己未贡，万载县丞。

吴　铎　庚申贡，卢州训导。

洪　勲　壬戌贡。

邵　勲　甲子贡费，县教谕。

邵　淑　甲子贡。

正德年

洪　昉　丙寅贡，淮安府训导。

洪　玉　丁卯贡，通判。

邵　让　戊辰贡，内正县训导。

洪　福　戊辰选贡，东阳教谕。

方　玠　庚午贡。

方天民　壬申贡。

邵　钦　壬申贡，知县。

何　奎　癸酉贡，应天府训导。

邵　玺　甲戌贡，建宁主簿。

李　怡　丙子贡。

周民献　戊寅贡，上杭训导。

吴　钊　己卯贡，南漳知县。

钱东山　庚辰贡，桃源训导。

何　琰　庚辰贡，颖州训导。

郑　琏　辛巳贡。

任友松　辛巳贡，河间府训导。

嘉靖年

童　元　壬午贡。

方　禋　癸未贡，通判。

吴　沛　癸未贡。

方　康　甲申贡，训导。

应　复　丙戌贡，常熟训导。

应　鲤　己丑贡，南昌训导。

吴应期　庚寅贡。

方同寿　辛卯贡。

胡　坤　壬辰贡，教谕。

洪　文　甲午贡，训导。

方　山　丙申贡，德庆训导。

徐　禴　戊戌贡，训导。

方　沂　己亥贡，以春秋名家，选授建昌教授。

商承美　庚子贡。

方　祚　壬寅贡，训导，修县志。

徐　璐　癸卯贡，训导。

方友贡　甲辰贡。

黄良玉　乙巳贡，训导。

卢周南　丙午选贡。

方　济　戊申贡，训导。

许明善　庚戌贡，训导。

洪　度　辛亥贡，训导。

方可成　癸丑贡，罗田训导。

商振玉　甲寅贡。

方　栋　甲辰府贡，桐柏教谕。

徐　璋　乙卯府贡，训导。

邵　守　丙辰贡，教授。

王子谐　丁巳贡。

徐　庆　戊午贡，教谕。

卢　晏　庚申贡，知县。

童文铎　辛酉贡。

徐继陶　壬戌贡，教授。

汪一淳　甲子贡，饶州教授。

姜　檖　丁卯贡，建宁府教授。

隆庆年

卢一贯　戊辰贡。

方德崇　己巳选贡。

宋　昱　庚午贡，训导。

汪　勲　辛未贡教谕

徐闻韶　癸酉贡，训导。

余天猷　癸酉府贡。

万历年

徐梦麟　甲戌贡，训导。

王　镗　甲戌贡，邬陵主簿。

方世德　乙亥贡，举人。

吴　机　丙子府贡。

卢懋稷　己卯贡。

邵希准　辛巳选贡，德庆知州，有传。

何明辅　壬午贡，教谕。

王　绶　壬午选贡，有传。

许　松　癸未贡。

方凤腾　乙酉贡，训导。

方启迪　丁亥贡。

王家佐　己丑贡。

吴从善　辛卯贡，有传。

童时明　癸巳贡，有传。

方应宿　癸巳贡，有传。

方振文　乙未贡，将乐教谕。

童希点　丁酉选贡，举人。

姜世安　丁酉贡。

项懋新　己亥贡。

吴一枢　辛丑贡，有传。

吴汝楷　辛丑府贡。

方贤言　癸卯贡，建宁训导。

王　钟　癸卯府贡。

吴一机　甲辰贡，衢州教授。

鲁乐善　丙午贡，台州教授。

徐应箕　丁未贡，遂昌教谕。

方一辉　戊申贡，宣平教谕。

方元桴　己酉贡。

汪洋文　辛亥贡，嘉兴教授。

王道充　辛亥府贡。

汪若愚　壬子贡。

方应箕　癸丑贡，有传。

叶云焕　乙卯贡。

周邦宠　丁巳贡。

宋大德　丁巳贡，有传。

汪士慧　戊午贡。

方世臣　己未贡，三水训导。

天启年

吴有志　辛酉恩贡，温州训导。

王一家　辛酉贡，竹山教谕。

余心学　辛酉府贡。

方维屏　癸亥选贡。

方志大　甲子贡，崇德训导。

徐鸣珊　乙丑贡，嘉兴训导。

方立本　丙寅贡，知县。

崇祯年

徐大成　戊辰选贡。

郑之屏　己巳贡，太平训导。

胡希祖　己巳贡，教谕。

王万世　辛未贡，有传。

王命予　癸酉贡，兰溪训导。

方一瑜　乙亥选贡。

邵维新　乙亥选贡。

王万龄　丁丑贡，宁海训导。

徐有成　己卯贡。

汪万顷　己卯贡，抚州训导。

方之望　甲午贡，瑞安训导。

吴观光　癸未贡，有传。

吴人昌　癸未选贡。

吴万龄　癸未贡。

方大升　丙戌贡。

方继卿　丁亥选贡，祁州州判。

方允元　丁亥选贡。

王士义　丁亥贡，有传。

方鹏举　丁亥贡，渭南知县。

王　俨　戊子选贡，通判。
吴光岳　戊子贡。
何思卿　戊子贡，余杭教谕。
吴万选　己丑府贡。
方鸿起　己丑贡，鄞县教谕。
江之鲸　庚寅府贡，嘉兴训导。
徐起凤　辛卯贡。
王好学　辛卯贡。
王祚明　壬辰贡。
王世科　壬辰贡。
吴九龄　癸巳贡。
任际昌　甲午副榜考州同，癸亥与修县志。
方之魁　甲午选贡。
何国顺　甲午贡。
商绍忠　丙申贡。
吴之琮　丁酉贡。
周上臣　戊戌贡，有传。
徐起南　庚子贡。

康熙年

方一镳　壬寅府恩贡，有传。
徐绍麒　壬寅恩贡。
商践猷　癸卯贡，有传。
吴宏浙　癸卯府贡。
方培元　己酉府贡，训导。
鲁　贞　己酉贡，州同。
吴　玉　辛亥贡，仙居训导。
邵曾传　辛亥府贡。
吴兆熊　壬子选贡，于潜教谕。

童颖伟　癸丑贡。

项钟秀　乙卯贡。

吴之琦　乙卯贡。

邵又新　丁巳贡。

商元震　戊午副榜，象山训导。

童颖升　己未贡。

程希灏　辛酉贡。

徐希邈　辛酉贡。

向东升　辛子贡。

周上治　甲子贡，有传。

何尔魁　乙丑府贡。

童孝锡　丁卯选贡，教谕。

方运泰　丁卯选贡，昌化教谕。

余　彝　戊辰贡，有传。

何　祚　庚午副榜。

吴文沛　庚午副榜。

吴仁锡　庚午贡。

吴孝锡　壬申贡。

吴梦熊　甲戌贡，有传。

吴孔昭　丙子贡。

吴　恕　戊寅选贡。

邵人锡　戊寅贡。

方　燕　庚辰贡。

吴　容　壬午副榜。

邵　祯　壬午贡。

周上如　癸未贡，有传

邵能逾　甲申贡，有传。

商世法　丙戌贡。

吴　浡　戊子恩贡，乡饮大宾。

方贞仁　戊子贡。

邵士凤　庚寅贡，海盐训导。

汪　瀚　庚寅贡。

王嘉烈　辛卯副榜，癸巳经魁。

吴　伟　壬辰贡。

鲁　嵩　癸巳贡，有传。

宋世仪　癸巳贡。

卢纯忠　甲午府贡，有传。

向　晋　丙申贡。

何　昌　戊戌贡，海盐训导。

吴　怡　庚子贡。

童天采　壬寅恩贡。

方飏佐　壬寅贡，有传。

雍正年

邵宏图　癸卯副榜。

方粹然　癸卯府选贡。

吴本岐　癸卯选贡，壬子拟元乐清教谕。

徐起位　癸卯贡。

余廷瑛　癸卯贡，有传。

应融吉　甲辰贡，有传。

徐亦光　甲辰贡。

方桂如　丙午贡，山阴训导。

方　腾　丙午贡。

方集如　戊申贡。

吴　悦　戊申府贡。

江天发　己酉府选贡，静乐知县。

吴茂育　己酉选贡，宛平县丞。

余宏基　庚戌府贡。

吴淳景　庚戌贡，宣平训导。

阮隆元　壬子副榜。

方士璋　壬子贡，於潜训导。

吴淳懿　甲寅贡，安吉州训导。

方超然　癸（乙，《乾隆志》）卯府选贡，州判，借补两浙盐驿道将盈库大使。

王合瑞　乙卯选贡，举人。

乾隆年

郑龙章　丙辰恩贡。

徐驾骝　丙辰贡，泰顺训导。

方成忠　丙辰贡。

方　公　丁巳府贡，镇海训导。

程　夔　戊午贡，有传。

方　炯　己未府贡

方正宗　庚申贡，临清州吏目。

徐凤来　辛酉府贡。

周　监　辛酉府选贡。

郑见龙　辛酉选贡，举人。

方元标　壬戌贡。

吴茂畿　甲子贡。

项盛文　甲子府贡。

徐天秩　丙寅府贡。

方时敬　丙寅贡。

徐士超　丁卯府贡。

邵锡章　戊辰贡。

黄　珩　己巳府贡。

余起文　己巳恩贡。

邵日炜　庚午府贡。

吴　湄　庚午贡。

徐韩起　辛未府贡。

徐承宣　辛未恩贡。

任　琰　壬申贡

方卓然　癸酉府选贡，教谕，借补秀水训导。

宋　瑾　癸酉选贡，授州判，南巡献书，赏缎。

张　云　癸酉副榜。

余民献　癸酉府贡。

徐　掞　癸酉府贡。

洪凤池　甲戌贡。

续纂贡生

康熙年

余大绶　恩赐副榜。

王作舟　丁亥岁贡。

王际昌　辛卯岁贡。

雍正年

王敏求　丙午岁贡

乾隆年

余跃龙　辛巳岁贡。

程玉振　辛巳岁贡。

王世纲　壬午优贡。

王　阅　甲申岁贡。

程玉麟　乙酉拔贡。

程大猷　甲午岁贡。

王　芬　乙未岁贡。

吴应拔　丁酉拔贡，浦江教谕。

汪莳桂　丁酉拔贡襄阳分府。

王铭翰　己酉拔贡。

王象鼎　庚戌岁贡。

王　倬　壬子岁贡。

吴麟太　壬子岁贡，黄岩教谕。

王世缨　己酉拔贡。

何　越　戊戌岁贡。

余锡淦　丁未岁贡

徐鼎吉　癸卯副贡。

吴希范　癸卯副贡，云和教谕。

王　禧　岁贡。

方　至　丙戌岁贡，嘉兴府学训导。

方　霁　壬子副贡，天台教谕。

程思默　戊辰岁贡。

方时敬　丙寅岁贡，平阳训导。

邵胜路　副贡，闽清知县。

项国鹗　岁贡。

吴文世　岁贡

卢日轮　岁贡。

卢体仁　岁贡

应　培　丁酉拔贡。

潘协和　乙卯岁贡。

方　炯　辛酉岁贡，秀水县教谕。

潘世骏　壬申岁贡。

徐来清　癸酉拔贡，陕西采安县知县。

洪元龙　丁亥恩贡。

徐开文　岁贡。

江　霁　庚辰恩贡。

道光年

吴良弼　丙戌岁贡，候选训导。

王良弼　辛卯岁贡。

郑席珍　己亥副贡，著有《大上感应篇》文集。

方凤鸣　丙申岁贡。

缪　均　癸酉副贡。

吴元海　丁酉拔贡，正日旗官学教习。

方学砚　戊戌岁贡。

方光曜　癸未岁贡。

方　钧　己酉拔贡，铅山知县。

徐向宸　己酉岁贡。

商兀振　副贡。

何　巘　乙酉拔贡，琪县知县。

邵聿怀　岁贡。

商道宗　岁贡。

何咸宜　壬午优贡，成都知府署川东道。

王曰奎　辛巳岁贡。

商宗宝　岁贡。

周荣庆　岁贡。

王　本　壬午岁贡候选训导。

邵潘江　岁贡，溪教谕。何　屺　己酉岁贡，就职训导。

王廷楷　岁贡。

王以德　岁贡。

程　俶　丙戌岁贡。

徐上襄　岁贡，泰顺训导。

方炳章　岁贡。

嘉庆年

王言纶　戊午岁贡。

胡　炜　丁卯恩赐副贡。

项国鹤　府学恩贡。

方化从　辛酉拔贡。

商祝瑞　恩贡。

王世桂　拔贡

王元辅　辛酉拔贡，署高唐东平知州，任蒲台观城县知县。

王发光　辛酉拔贡，

朝考二等，以教职用。

王世校　甲子岁贡。

余邦治　丙寅岁贡。

何　彬　丙辰岁贡。

应大文　戊辰岁贡。

吴企奭　庚午岁贡，嵊县训导。

吴起标　丙子岁贡。候选训导。

王康寿　戊寅岁贡。

王展时　丙寅岁贡，试用训导。

徐家玮　己卯岁贡。

任春淑　庚辰恩贡。

潘鹤龄　乙巳岁贡。

江　镜　乙巳岁贡。

咸丰年

吴炳璋　甲寅恩贡。

方炳奎　乙卯恩贡。

童学曾　丙辰岁贡。

徐　治　丁巳恩贡。

王锡龄　戊午岁贡。

王锡纯　庚申恩贡。

阮擢五　庚申岁贡。

方　桂　辛酉府学拔贡

卢桂林　辛酉拔贡。

方乐泮　丙辰恩贡。

吴炳焕　恩贡。

邵秀亭　戊午岁贡，瑞安教谕。

曹　寅　岁贡。

徐宝森　岁贡。

余宝纶　岁贡。

商世钧　岁贡。

徐世熙　岁贡。

应万淳　丙辰恩贡。

同治年

方作瑞　癸亥岁贡，试用训导。

方一试　乙丑府学岁贡。

王云诰　丙寅府学恩贡。

洪炳炜　丙寅岁贡，新昌训导。

黄　荣　庚午岁贡。

方玉坛　丙寅恩贡。

方藜照　壬申府学恩贡。

方广业　壬申岁贡。

胡履吉　壬申恩贡。

洪钟元　癸酉拔贡，就教职。

毕　达　岁贡，就职州判。

胡廷鼐　岁贡，候选训导。

光绪年

方杏元　丙子恩贡。

商　检　岁贡。

张　锦　岁贡。

宋晋垣　府学岁贡。

徐秉礼　恩贡。

方荣勲　岁贡。

黄树甲　岁贡

黄　茂　丁齐拔贡。

徐秉诗　乙酉拔贡。

张　琼　乙酉拔贡。

乾隆年

汪世发　乙酉任直杂固关营守府。邵玉庭　丙午。

商普瑞　己酉。

何作霖　壬午候补卫千总。

嘉庆年

邵光泰　戊午。

应万青　庚申。

邵棣华　辛酉。

江山泰　癸酉。

商殿杰　癸酉。

邵日华　癸酉。

许庆恩　戊寅。

程国安　庚午署严协右营千总。

邵上青　丙子。

徐挺然　年科无考。

徐　凯　年科无考。

道光年

邵遇春　乙酉。

商殿传　　戊子。

江　曙乙酉。

江　昞　辛卯。

邵炳文　辛卯。

宋凤翔　辛卯。

江　暾　壬辰。

潘江水　乙未遂安把总。

余尔谟　乙未。

江　瞍　乙未。

方殿鳌　庚子。

方大标　庚子。

邵邦杰　己亥。

徐　济　丁酉衢州镇标游击。

许联魁　癸卯。

方　培　癸卯。

唐炯彪　甲辰。

陆云龙　甲辰。

鲁培元　申辰。

徐殿鳌丙午桐庐千总。

许登元　丙午。

胡元华　己酉。

郑邦选　年科无考。

程国清　年科无科。

洪起鸾　年科无考。

咸丰年

陈锦城　辛亥。

鲁殿元　辛亥。

邵禹清　壬子。

应炯奎　壬子。

方　偶　乙卯。

许登墀　乙卯。

应安邦　戊午。

洪恩剑　年科未详。

同治年

汪如熊　补行己未辛酉。

方凯金　丁卯并补行壬戌甲子。

方湘清　丁卯并补行壬戌甲子。

卢振汉　丁卯并补行壬戌甲子。

胡选魁　庚午。

方连彪　庚午。

金彩麟　庚午。

应君荣　癸酉提标筏营千总署淳安汛把总。

黄得魁　癸酉。

陆树槐　癸酉。

光绪年

方泰鸿　乙亥。

陆占鳌　丙子。

邵树钧　己卯。

汪朝荣　己卯。

康熙年

余大绶　恩赐副榜。

王作舟　丁亥岁贡。

王际昌　辛卯岁贡。

雍正年

王敏求　丙午岁贡。

乾隆年

余跃龙　辛巳岁贡。

程玉振　辛巳岁贡。

王世纲　壬午优贡。

王　阅　甲申岁贡。

程玉麟　乙酉拔贡。

程大猷　甲午岁贡。

王　芬　乙未岁贡。

吴　应　拔丁酉拔贡，浦江教谕。

汪莳桂　丁酉拔贡，襄阳分府。

王铭翰　已酉拔贡。

王象鼎　庚戌岁贡。

王　倬　壬子岁贡。

吴麟太　壬子岁贡，黄岩教谕。

王世缨　已酉拔贡。

何　越　戊戌岁贡。

余锡淦　丁未岁贡。

徐鼎吉　癸卯副贡。

吴希范　癸卯副贡，云和教谕。

王　禧　岁贡。

方　至　丙戌岁贡，嘉兴府学训导。

方　霁　壬子副贡，天台教谕。

程思默　戊辰岁贡。

方时敬　丙寅岁贡，平阳训导。

邵腾路　副贡，闽清知县。

项国鹗　岁贡。

吴文世　岁贡。

卢日轮　岁贡。

卢体仁　岁贡。

应　培　丁酉拔贡。

潘协和　乙卯岁贡。

嘉庆年

王言纶　戊午岁贡。

胡　炜　丁卯恩赐副贡。

项国鹤　府学恩贡。

方化从　辛酉拔贡。

商祝瑞　恩贡。

王世桂　拔贡。

王元辅　辛酉拔贡，署高唐东平知州，任蒲台观城县知县。

王发光　辛酉拔贡，朝考二等以教职用。

王世校　甲子岁贡。

余邦治　丙寅岁贡。

何　彬　丙辰岁贡。

应大文　戊辰岁贡。

吴企奭　庚午岁贡，嵊县训导。

吴起标　丙子岁贡，候选训导。

王康寿　戊寅岁贡。

王展时　丙寅岁贡，试用训导。

徐家玮　已卯岁贡。

任春淑　庚辰恩贡。

方　炯　辛酉岁贡，秀水县教谕。

潘世骏　壬申岁贡。

徐来清　癸酉拔贡，陕西采安县知县。

洪元龙　丁亥恩贡。

徐开文　岁贡。

江　霁　庚辰恩贡。

道光年

吴良弼　丙戌岁贡，候选训导。

王良弼　辛卯岁贡。

郑席珍　已亥副贡，著有《太上感应篇》文集。

方凤鸣　丙申岁贡。

缪　均　癸酉副贡。

吴元海　丁酉拔贡，正白旗官学教习。

方学砚　戊戌岁贡。

方光曜　癸未岁贡。

方　钧　己酉拔贡，铅山知县。

徐向宸　己酉岁贡。商元振副贡。何讞乙酉拔贡琪县知县。

邵聿怀　岁贡。

商道宗　岁贡。

何咸宜　壬午优贡，成都知府，署川东道。

王日奎　辛巳岁贡。

商宗宝　岁贡。

周荣庆　岁贡。

王　本　壬午岁贡，候选训导。

邵潘江　岁贡，慈溪教谕。

何　屺　已酉岁贡，就职训导。

王廷楷　岁贡。

王以德　岁贡。

程　俶　丙戌岁贡。

徐上襄　岁贡，泰顺训导。

方焕章　岁贡。

潘鹤龄　乙巳岁贡。

江　镜　乙岁贡。

咸丰年

吴炳璋　甲寅恩贡。

方炳奎　乙卯恩贡。

童学曾　丙辰岁贡。

徐　治　丁巳恩贡。

王锡龄　戊午岁贡。

王锡纯　庚申恩贡。

阮擢五　庚申岁贡。

方　桂　辛酉府学拔贡。

卢桂林　辛酉拔贡。

方乐泮　丙辰恩贡。

吴炳燠　恩贡。

邵秀亭　戊午岁贡，瑞安教谕。

曹　寅　岁贡。

徐宝森　岁贡。

余宝纶　岁贡。

商世钧　岁贡。

徐世熙　岁贡。

应万淳　丙辰恩贡。

同治年

方作瑞　癸亥岁贡，试用训导。

方一试　乙丑府学岁贡。

王云诰　丙寅府学恩贡。

洪炳炜　丙寅岁贡，新昌训导。

黄　荣　庚午岁贡。

方玉坛　丙寅恩贡。

方藜照　壬申府学恩贡。

方产业　壬申岁贡。

胡履吉　壬申恩贡。

洪钟元　癸酉拔贡，就教职。

毕　达　岁贡。就职州判。

胡廷澈　岁贡候选训导。

光绪年

方杏元　丙子恩贡。

商　检　岁贡。

张　锦　岁贡。

宋晋用　府学岁贡。

徐秉礼　岁贡。

方荣勳　岁贡。

黄树甲　岁贡。

黄　茂　丁酉拔贡。

徐乘诗　乙酉拔贡。

张　琼　乙酉拔贡。

武甲科

国　朝

顺治十八年霍维鼒榜

黄功成

康熙二十七年

方士鼎　尯纛营守备。

康熙四十二年曹维城榜

洪　灿　河南开封府守备。

康熙五十一年

王　翼

乾隆七年

叶华春　贵阳府守备。

武乙科

明

崇祯年

任国珍　癸酉贵州都司。

周中规　壬午。

徐应举　壬午。

国　朝

顺治年

宋　琦　丁亥。

任关尹　丁亥。

邵士奇　丁亥。

方　岳　丁亥。

胡熊弼　戊子。

方显忠　辛卯。

徐　凯　辛卯。

向本祥　甲午。

何之玙　甲午。

黄功成　丁酉解元进士。

徐挺然　丁酉。

方一玘　庚午淮安千总。

康熙年

齐云福　方士鼎　丁卯进士。

余士璇　丙子。

应一佑　己卯。

程　伟　壬午。

洪　灿　壬午进士。
吴上隆　戊子。
胡廷昌　戊子。
鲁　瑜　戊子。
王　翼　辛卯进士。
徐士纬　甲子。
胡廷相　甲子。
童　健　庚子拣选防御所千总。
邵廷伟　庚子临清卫协运千总。

雍正年

汪家伟　甲辰。
吴上广　甲辰。
汪　斌　甲辰。
邵振宜　丙午扬州卫协运千总。
余　然　丙午。
江国辅　己酉。
方　玺　乙卯辛未捐赈，部议于补官之日加一级。
方元忠　乙卯湖北德安营守候升都司。

乾隆年

邵承恩　丙辰拣选卫千总。
吴　乾　丙辰。
宋日缀　戊午。
祝　琏　戊午。
叶华春　辛酉进士。
方常惺　甲子
商元恺　壬申。
余乘景　壬申。
商元辅　癸酉。

邵达和　癸酉。

应光发　丙子。

续纂武乙科

乾隆年

汪世发　乙酉任直隶固关营守府。

邵玉庭　丙午。

商普瑞　己酉。

何作霖　壬午候补卫千总　。

嘉庆年

邵光泰　戊午。

应万青　庚申。

邵棣华　辛酉。

江山泰　癸酉。

商殿杰　癸酉。

邵日华　癸酉。

许庆恩　戊寅。

程国安　庚午署严协右营千总。

邵上青　丙子。

徐挺然　年科无考。

徐　凯　年科无考。

道光年

邵遇春　乙酉。

商殿传　戊子。

江　曙　乙酉。

江　晒　辛卯。

邵炳文　辛卯。

宋凤翔　辛卯。

江　暾　壬辰。

潘江水　乙未遂安把总。
余尔谟　乙未。
江　瞑　乙未。
方殿鳌　庚子。
方大标　庚子。
邵邦杰　已亥。
徐　济　丁酉衢州镇标游击。
许联魁　癸卯。
方　培　癸卯。
唐炯彪　甲辰。
陆云龙　甲辰。
鲁培元　申辰。
徐殿鳌　丙午桐庐千总。
许登元　丙午。
胡元华　己酉。
郑邦选　年科无考。
程国清　年科无科。
洪起鸾　年科无考。

咸丰年

陈锦城　辛亥。
鲁殿元　辛亥。
邵万清　壬子。
应炯奎　壬子。
方　赐　乙卯。
许登墀　乙卯。
应安邦　戊午。
洪恩剑　年科未详。

同治年

汪如熊　补行已未辛酉。

方凯金　丁卯并补行壬戌甲子。

方湘清　丁卯并补行壬戌甲子。

卢振汉　丁卯并补行壬戌甲子。

胡选魁　庚午。

方连彪　庚午。

金彩麟　庚午。

应君荣　癸酉提标后营千总，署淳安汛把总。

黄得魁　癸酉。

陆树槐　癸酉。

光绪年

方泰鸿　乙亥。

陆占鳌　丙子。

邵树钧　己卯。

汪朝荣　己卯。

光绪淳安县志卷之八

选举志二 仕籍　武职　封赠　恩荫

仕　籍

宋

应与权　本邑令。

应以位　提举司。

汪　浦　嘉王府郡马。

方从溢　学录。

汪斗建　宁王府郡马。

应德彰　吏员江西巡司。

元

何铁间　当涂知县。

徐　菁　蕲水知县。

余　樵　元末任国学教谕。

明

王尚义　兵马指挥。

余维嵩　河南教授。

余去非　博通经史。任江西税课局副使，陕西递运所凤阳仓大使。著有《屏山堂诗集》。

商汝蒙　南京刑部检校。

钱一清　松溪知县。

程文谟　承事郎。

程　熏　安陆州倅。

方　鼎　平南知县。

程　爚　南京北城兵马指挥。

徐　朴　安东知县。

邵　璐　江西断事。

程　烓　崇明、慈利等县知县。

方　鼒　齐东知县。

方　辕　永新县丞。

方懋英　通政司经历。

方　默　宿州同知。

方　果　南京兵马指挥。

徐利宾　苑马寺监正。

方世禄　有传。

徐呈祥　都司断事。

徐学仁　都司经历。

徐用宾　盐课司提举。

吴启太　赣县丞署定南知县。

胡尚彩　有传。

汪应壁　泗州吏目。

徐宏度　吉水主簿。

余朝阳　建昌府经历。
程　台　廪生闽县丞。
吴文泮　有传。
徐应祺　有传。
徐汝勋　吉府典仪。
方希曾　广德同知升荆府审理。
吴希聪　光禄寺署丞。
程　塈　延平照磨。
方希颜　卫经历。
方　桂　卫经历。
胡希彬　长沙主簿升安化知县。
吴可教　留守司经历。
童养圣　有传。
吴达道　武英殿中书。
童挺然　考授中书。
吴奎光　光禄寺署丞。
吴人杰　考授知县。
严　时　曲阳典史。
汪士盛　全椒典史。
方应时　沧州吏目。
王　珪　沭阳典史。
江应瑞　崇番库使。
王景瞻　高淳县丞。
江宗永　仪真巡司。
汪联奎　高陵典史。
姜文焕　崇安典史。
方良臣　嘉祥典史。
方兆元　思明府经历。
方胤昌　新化县丞。

任朝阳　福建巡司。
汪希禹　衡山典史。
周之斗　广东朝阳巡检。
姜希治　崇仁县丞。
姜世杰　广东吏目。
戴国宁　巴县典史。
徐汝成　漳浦典史。
徐梦鲂　乐亭典史
方学伊　平凉府经历署平凉知县。
胡嘉猷　广东巡检。
余心悦　茂名典史。
余文明　福州际门巡检。
方　爟　福州经历。
汪舜海　德兴县丞升经历。
方　撝　铜陵知县。
方　俦　湘州司法。
方千里　四州綦江主簿。
方之贤　将乐县丞。
汪献书　徽州府经历。
杨正芳　仓大使升巡检。
戴国顺　淮安大河卫经历。
童养元　桂阳主簿。
方一桂　吉安永丰巡检。
童士义　仁寿县主簿。
童养廉　桐梓典史。
童知大　广东巡司。
方应科　高淳县丞。
童洪吉　绥宁典史。
宋有淳　广东罗定江西进贤巡检。

方应和　和平典史。

方明宦　福建运司照磨。

严　果　镇平典史。

郑智英　福建理问。

陆应道　高苑典史。

全　荣　蓝山主簿署常宁知县。

陆明大　婺源巡检。

王之都　松江大使。

何彦之　鸿胪寺序班。

任仲安　本邑富山巡检。

任汝舟　学谕。

汪明扬　温州大使。

陆明奇　安庆大使。

任文通　兴国批验所巡检。

卢廷正　武城中卫经历。

叶廷恩　保安仓大使。

方大正　永定典史。

王　钥　卫经历。

国　朝

吴人璐　有传。

方敦仁　考选县丞。

吴尔能　考选州同。

王施仁　考选州同。

王祉吾　考选尉职加捐州同。

朱必成　武生考选州同。

方运昌　有传。

郑尚瑗　有传。

何天彰　附贡考选主簿。

吴敦悌　有传。

徐思永　有传。

徐师轼　有传。

徐渐磐　有传。

洪自拔　训导。

宋　勋　考选训导，有传。

王士蔼　有传。

余　遴　考选训导有传。

吴承谟　增贡，考选州同。

吴　怿　有　传。

方　芬　考选州同。

徐　镐　考选州同。

童守约　考选县丞。

方奏安　考选县丞。

徐思振　考选州同。

徐鸿基　考选州同。

王秉彝　有传。

应　椿　考选吏目。

程　翻　考选知县。

吴征裕　考选知县。

余民师　有传。

方家彦　考选州判。

黄　璋　考选县丞。

张振宗　考选县丞。

胡　富　考选州同有传。

胡嘉爵　考选州同。

程章锡　考选州同。

洪元漳　考选州同。

程　翥　考选州同。

吴继亶　考选主簿。
余　熙　考选州同。
汪育芹　考选州同。
王作宾　考选州同。
应光烈　考选州同。
郑　梁　考选典史。
汪德新　松江新泾巡司。
王文仁　泽州陵川典史
潘三凤　陕西宁远典史。（已上《旧志》采入）
王其桂　工部吏员，候选县丞。
王世纪　廪贡，历署丽水教谕，云和、金华、象山、於潜、鄞县训导。
王象辰　候选府经历。
何镜海　四川按察司经历。
王映辰　廪贡，历署慈溪、庆元、於潜、乐清教谕，长兴训导。
王　闾　廪贡，候选州同。
吴麒太　附贡，任长芦兴国盐场大使。
朱炳魁　增贡，候选训道。
朱祥瑞　署华亭县典史，五品蓝翎。
方春淑　安徽候补从九。
方世昌　江苏候补从九。
童志孝　候选中书科中书。
邵学道　廪贡，署瑞安县训导。
汪润金　附生，保举候选训导，六品衔。
胡　烈　候选训导。
方树槐　廪贡，候选训导。
邵志邦　增贡，四川封即县典史。
胡述祖　廪贡，试用训导。
方策勋　廪贡，候选训导。
吴耀南　增贡，试用训导。

董荣封　福建候补布政司理问。

董　煜　同知衔江苏候补知县。

武　职

明

王　勇　锦衣卫镇抚。

英惟信　温州右营守备。

任万祚　任松潘游击。

童闻孝　平虏将军麾下参谋游击。

国　朝

方　旭　行伍，任苏州太仓卫领运守备。

傅　魁　任江南狼山镇、陕西延绥镇总兵官。

吴　瀚　兵部效用，历任南昌淮安正运千总。

宋　卫　武生，报捐千总。

方国泰　武生，报捐把总。

聂　凯　武生，议叙把总。

童肇元　武生，报捐把总。

方　明　报捐把总。

续　纂

王　龙　由随征闽省军功授江南建平驻防青浦驻防升用守备。

徐有礼　陕甘候补副将，赏戴花翎。

陈运升　记名简放提督。

陆占魁　任杭协营千总都司衔补用守备，赏戴蓝翎。

唐殿彪　武生，报捐千总。

鲁文卓　保举把总。

汪殿魁　署严协左营巡江把总，调茶园汛外委窄溪汛把总。

汪修文　由军功署天台汛千总。赏戴蓝翎。

余连鸿　由世职署严协左营千总。

丰云玉　记名简放总兵，赏戴花翎。

封　赠

宋

陆　杰　以子时雍贵，封中顺大夫。

黄　渊　以孙蜕贵，赠大理卿。

黄　岩　以子蜕贵，赠大理卿。

明

宋仲坚　以子兴贵，赠奉政大夫、礼部郎中。

洪　源　以子玙贵，封工部主事。

项惟阳　以孙文曜贵，累封嘉议大夫、兵部右侍郎。

项仕显　以子文曜贵，累封嘉议大夫、兵部右侍郎。

周景辉　以子瑄贵，封承德郎、刑部主事。

胡志良　以孙拱辰贵，累封资政大夫、工部尚书。

胡　泽　以子拱辰贵，累封资政大夫、工部尚书。

许永勣　以子俨贵，封承德郎、应天府通判。

商敬中　以孙辂贵，累封资政大夫、兵部尚书。

商仲瑄　以子辂贵，累封资政大夫、兵部尚书。

应惟善　以子颢贵，封文林郎、四川道御史。

何公郁　以子升贵，封征仕郎、中科给事中。

方　稜　以子轩贵，封征仕郎、兵科给事中。

方宗武　以孙汉贵，累封中大夫、太仆卿。

方本康　以子汉贵，累封中大夫、太仆卿。

吴　晋　以子福贵，累封奉政大夫、兵部郎中。

洪宗德　以子弼贵，封文林郎、河南道御史。

许永劾　以子訚贵，封文林郎、山东道御史。

应惟贤　以子项贵，封征仕郎、光禄寺署丞。

徐宗显　以孙贯贵，封太子少保、工部尚书。

徐士威　以子贯贵，封资政大夫、太子少保、工部尚书。

何宗叙　以子礼贵，封承德郎、吏部主事。

方文杰　以子中贵，封文林郎、河南道御史。

徐士恭　以子鉴贵，封征仕郎、户科给事中。

何昌同　以子淳贵，封文林郎、山东道御史。

王志善　以子宾贵，封文林郎、山西道御史。

邵宗义　以子新贵，封奉直大夫、礼部仪制司员外郎。

洪士大　以子廷臣贵，封承德郎、刑部主事。

吴士才　以子倬贵，封承熏郎、刑部主事。

吴大济　以子诚贵，封承德郎、兵部主事。

程敏恭　以子愈贵，封奉直大夫、礼部员外郎。

程文楷　以子烓贵，封文林郎、崇明知县。

程　宝　以子爚贵，封文林郎、南京兵马指挥。

徐　璧　以子初贵，封文林郎、东流知县。

商汝泰　以子承学贵，封御史。

徐　珪　以子濙贵，封承德郎、吏部主事。

徐　让　以子楚贵，封奉直大夫、工部营缮司员外郎。

徐　晔　以子廷绶贵，封中宪大夫。

方汝辅　以子学龙贵，封奉政大夫、刑部郎中。

邵　球　以孙希准贵，封文林郎。

邵　恩　以子希準贵，封文林郎。

方汝翀　以嗣子学龙贵，封中宪大夫福建漳州知府。

童一麟　以子时明贵，封文林郎。

商振伦　以子之彝贵，封文林郎、松江府通判。

吴文洞　以子一栻贵，累封中宪大夫、山东济南知府。

王正家　以子国光贵，封文林郎、永春知县。

方应箕　以子尚恂贵，累封中宪大夫、福建建宁知府。

吴一栋　以子希哲贵，封征仕郎、刑科给事中。

吴一松　以嗣子希哲贵，封征仕郎、刑科给事中。

王　富　以子彦才贵，封征仕郎、光禄寺署丞。
方宗元　以子应科贵，封应天高淳县丞。
邵文宗　以婿应灏贵貤，赠江西监察御史。
方汝志　以子学尹贵，封登仕佐郎。

国　朝

吴达观　以子宏贵，封奉直大夫、河南汝州知州。
吴颖芳　以子贯贵，封奉政大夫、户部郎中。
徐日进　以孙士讷贵，貤封奉直大夫、山东济宁知州。
徐友衡　以子士讷贵，封奉直大夫、山东济宁知州。
方虞凤　以子元亮贵，貤封修职郎、平湖教谕。
吴　宾　以孙承谟贵，封儒林郎。
吴　惇　以子承谟贵，封儒林郎。
吴　狠　以子超葰贵，貤封修职郎、汤溪教谕。
王　肇　以子嘉烈贵，貤封修职郎、缙云教谕。
方成亮　以子飏佐贵，貤封登仕郎、钱唐训导。
余蟾光　以子廷英贵，貤封修职佐郎、海盐训导。
江之璜　以孙天发贵，貤封文林郎静乐知县，
江　深　以子天发贵，封文林郎、静乐知县。
吴仁寿　以孙秉和贵，貤封文林郎、东乡知县。
吴敦矩　以子秉和贵，封文林郎，东乡知县。
方菜如　以子超然贵，貤封修职郎、两浙盐驿道库大使。
方尚伟　以子一玘贵，封武德将军。
方一瓛　以子士鼎贵，封武德将军。
方祖爱　以子旭贵，封武德将军。
洪起色　以子灿贵，封武德将军。
方廷瑗　以子元忠贵，封武德将军，
洪　俊　以子自拔贵，封儒林郎。

续　纂

何纯祚　以子咸宜贵，封中宪大夫。

何纯祝　以侄咸宜贵，貤封承德郎。

何　嶂　以弟巘贵，貤封奉直大夫。

王　舟　以子世维贵，累封朝议大夫。

王世纲　以婿吴信中贵，貤封中宪大夫。

王世缨　以子元辅贵，封文林郎。

王象辰　以弟元辅贵，貤赠文林郎。

吴希范　以孙宜征贵，赠奉政大夫。

吴　侃　以子宜征贵，赠奉政大夫。

汪家倬　以子莳桂贵，赠文林郎。

洪希贡　以子炳炜贵，貤赠征仕郎。

洪凤岗　以孙炳炜贵，赠征仕郎。

洪凤鹗　以继孙炳炜贵，赠征仕郎。

洪凤起　以□□贵，赠登仕郎。

洪彦能　以□□贵，赠登仕郎。

余绍文　以孙景松贵，赠武德骑尉。

余自启　以子景松贵赠，武德骑尉。

邵成信　以子秀亭贵，貤赠修职郎。

邵学忠　以嗣孙秀亭贵，貤封文林郎。

邵学曾　以本生孙秀亭贵，貤文林郎。

恩　荫

宋

陆孔昭　中顺大夫时雍子，荫秀州通判。

黄　载　大理卿蜕之弟，以荫任庆元府判。

黄宜生　大理卿蜕之子，以荫任县丞。

黄　亿　大理卿蜕之侄，以荫任嘉兴县尉。

明

项　礼　侍郎文曜长子。以荫补国子生。

胡孟阳　尚书庄懿公拱辰长子。以荫补国子生。

胡　铤　尚书庄懿公拱辰长孙。以荫补国子生。

高良辅　大学士文毅公辂次子，以荫补国子生，太仆寺卿。

商汝谦　大学士文毅公辂孙，以荫补国子生，尚宝司丞。

商承庆　大学士文毅公辂曾孙，以荫补国子生，大理寺副。

宋　琮　都御史旻长子，以荫补国子生。

徐　颐　尚书康懿公贯长子，以荫补国子生，象州知州。

方　玉　太仆寺卿汉长子，以荫补国子生。

洪　爌　正溪人。任贵州左布政弼次子。为人倜傥不群，应诏输粟于边，恩授承事郎。

续　纂

国　朝

何宝荣　川东道咸宜子，荫授四川候补知县。

吴耀南　州同衔林大子，承袭云骑尉。

邵丁煦　教谕潘江孙，承袭云骑尉。

宋晋垣　增生宗郊子，承袭云骑尉。

余景松　从九自玙子，承袭云骑尉。

方邦骏　从九瑛之孙，承袭云骑尉。

方世昌　同知衔本桐孙安徽候补从九春淑子，廪生云升侄，承袭骑都尉，兼一云骑尉。

王得云　附生，宗海子，承袭云骑尉。

应云祥　举人尔縠侄，承袭云骑尉。

应孔照　武举炯奎侄，承袭云骑尉。

应庆祥　增生万源孙，承袭云骑尉。

陈作相　州同衔柼之子，承袭云骑尉。

陈　金　附贡上垚子，承袭云骑尉。

光绪淳安县志卷之九

人物志一 忠义　名臣　武功　循吏

忠　　义

愿为良臣，不愿为忠臣，魏元成笃论也。而阳九百六之会，士君子或慷慨，或从容，之死矢靡忒，有甘从龙比游地下者，自靖自献亦不知其所以然。如《旧志》所载宋元忠义诸公，业于雍正四年奉诏予祠矣。而胜朝季末，疾风板荡，以微末小臣犹能嚼齿穿龈，争光日月，不容不表而出之，以光邑乘也。志忠义。

梁

程灵洗，字之涤，新安海宁人。少勇力，步行日二百里，便骑善游。侯景乱，据黟以拒景，景军据新安。新安守湘西乡侯萧隐奔依灵洗。梁元帝授灵洗谯州刺史，复助王僧辩镇防。及陈武帝诛僧辩，灵洗率众来援，武帝军不利，遣使谕降。帝授灵洗兰陵太守。及平徐嗣徽，灵洗有功，除南丹阳守，封遂安县侯。后谥忠壮。次子文灿，鄱阳太守，以子康宁丞青溪，迎养，因家于青溪西隅。

吴越

鲁倩，字淑人，与钱武肃王镠有旧。乾宁间，董昌兵四出，居民惊窜。倩集义勇得八百人，与武肃合兵破昌，因以倖为领军长史。天福间，陈珣乱，复破珣章口山下。累进光禄大夫上柱国，赐敕剑，镇守青溪。平易近民，抚循周洽。卒于镇。仲子荣代之。太祖禅周。荣知天命有归，尝劝忠懿王俶朝宋，以保先王血食。及吴蜀南汉俱平，忠懿惧，谋归宋，欲以荣俱。荣义不忍从。太宗贤之，命忠懿以手札招荣，授盐宁军节度使，寻充北路招讨使，从征太原，晋封豳国，判徐州卒。

宋

钱　罾，蜀阜人，与弟羃俱读书尚气节不仕。宣和间，方腊党类尚炽，罾、羃起乡兵剿平之。建炎己酉金师大入，罾、羃与同里方庚引兵至桐庐，据牛山之险迎敌，大败其众，金人遂北遁。功闻，各补承信郎。衢寇张花、项寻犯歙，且逼睦境，又率兵败之，两郡赖以安。其后羃孙时，以道学著。

方　庚，字彦通，帮源人。家世业农，庚躬耕陇上，喟然叹曰："大丈夫当随时立功以不朽，奈何沾体涂足，甘以老农终耶？昔周文育以大槊取富贵，乡里以为美谈。吾能荷七尺锄，独不能运丈二槊乎？"遂掷锄于地，从人学兵法，卖牛买剑，横磨之，曰："以此自立足矣。"已而平方腊，破兀术，屡立战功，拜承信郎。子五人文燧、文博、文郁、文思、文韬，俱从庚于戎马间，有胆力，能战斩。淳熙间，金人再寇，乃哀义兵取胜。文燧，以承信郎出身，官统制。文博，承信郎。文郁，进义校尉。

吴洪德，字长翁，号是斋，云程人。淳祐十年进士，累官至金部度支员外郎，遇事风生，多与时忤，宋亡死难。

吴雄飞，字次翁，洪德弟。登景定三年进士，累官至太常寺簿，与李芾相友善。宋亡，募兵赴难死。子必大，以文学名。

元

鲁　渊，字道源，岐山人。至正辛卯进士。出宰华亭。徽寇构逆，延及永平。省檄渊与监郡脱脱引兵而西，焚贼垒六十余，遂会大军于新安江中，与富山巡检邵仲华共守豪岭。贼再犯，众惊惧有退志。渊以忠义相激，遂无二心。已而力不敌，为贼所拘，渊求死不得。逾年，寇平，得脱，起为浙江儒学副提举。寻以疾归，居岐山下。洪武初，以礼局召，坚辞还山。王逢赠诗云："相期文苑传，独立义熙年。"所著有《春秋节传》《策府枢要》行于世。学者称为岐山先生。

明

胡尚彩，字景素，云川人。由南监生考授句容簿。时需饷甚亟，尚彩委输有方，当事以为能，升凤阳留守经历。崇祯乙亥，献贼犯境，郡城坏不可守，人皆四窜。尚彩慨然誓众曰："此祖宗发祥地，臣子弃之若何？"遂同留守朱国相大呼奋而前，贼为退三舍，相持日久，卒无外援。朱公巷战殁。尚彩具朝衣冠，望阙哭谢，坐堂上骂贼不屈。死之时，子之琳侍侧，以身捍父，刀痕满颊，幸而免，后以举人任国朝新淦令。

续纂忠义

潘江水，字佚南，潘家庄人。道光乙未，恩科武举，效力严协标，以随征台功，授遂安汛把总，调署本邑汛把总。咸丰间，粤匪扰浙，调防郡城，奖给五品花翎。复任遂安汛。庚申三月二十七日，贼陷遂安城，力战阵亡。

何大勋，字夔堂，州同衔，文昌庄人。咸丰庚申，粤匪扰浙，淳民遭荼毒不可言状。大勋家素封，欲毁以纾难，时聚绅耆商之。闻帅张公玉良驻军严城，遂往谒，慨陈退贼计。张公器之，给以火药军器，设全胜局，募丁壮五千余人，粮饷悉出已资。辛酉六月，击贼于进贤里，斩首三百余级，贼夜遁。七月，又战于大源观音阁旁，斩获甚众，贼败走。追之急，贼困反斗，受重伤，越一月，卒于家。

何树蕙，字馥园，从九衔，文昌庄人。咸丰辛酉，率全胜局中团勇三百人，与粤匪战于郎洞源口，斩首五十余级。后贼来众，力竭阵亡。

何树培，字笃生，增贡生，文昌庄人。咸丰庚申，粤匪扰淳，树培遇于郎洞源之竹塔，责以大义，继之以骂，贼怒戕之。其子盛昌，字景隆，太学生，见贼杀其父，怒，遂持木棍与贼斗，势不敌，亦被害。

方指南，郡庠生，龙屏人。素有膂力。咸丰辛酉，粤匪入境，率乡人御于云源常金岭，三战三捷。壬戌，贼复大至，乡人皆散，指南与兄弟三人执枪持刃出斗，皆被害。

陆延发，字山书，溪口人。弟运玖，字亮发，皆以孝友闻于乡。延发子鸿飞，字世芳，邑庠生，慷慨有气节。亮发子文灿，字福昌，邑庠生，家贫力学，人皆器之。咸丰庚申三月，粤匪陷遂安。鸿飞倡义，与运玖、文灿等督乡团守御水口洲上，以卫淳城。贼至，力战，斩首百余级，贼遁回遂。后贼率大队来，众寡不敌，俱力战阵亡。壬戌四月，延发亦被掳，不屈殉难。

方　嵘，从九衔，山南人。咸丰庚申四月初二日，率乡人御贼阵亡。

余道霞，塘坂庄人。咸丰庚申，粤匪扰境，道华率弟道桂及乡人余有喜，率团勇守城。五月初十日，贼来，力战，三人俱阵亡。（已上未请旌）

陈上垚，附贡生，南塘庄人。咸丰辛酉，粤匪扰境，督乡团御贼，阵亡。

陈锦城，南塘人。咸丰辛亥武举。辛酉督团击贼，阵亡。

陈槶，州同衔，南塘人。咸丰间，粤匪扰淳，督团御贼，阵亡。

江文汇，字禹佐，养村人。郡廪生。咸丰庚申，粤匪扰淳，督团御贼，阵亡。

应焕墀，邑庠生。咸丰辛酉六月十四日，率乡团于梓桐源与贼战，阵亡。

洪殿录，例贡生。咸丰辛酉六月十四日，率乡团拒贼于梓桐源，阵亡。

程亿，乡饮宾。同治壬戌正月，率侄生员文焕及徐新大等，击贼于桐山岭，力竭阵亡。

方光华，职员。同治壬戌十月，客于徽，率徽团御贼于徽之米滩，众溃。光华手刃数贼，力竭阵亡。

方　玙，字美成，号琢庵，宏溪人。从九衔，以善丹青名。咸丰辛酉三月初三日，粤匪扰其里，玙骂不绝，贼杀之。时年七十四。其子淦，字伯新，太学生，亦善丹青。同治甲子正月十八日，贼由昱岭冈扰其里，淦督团御于唐村，力竭阵亡。

程文焕，邑庠生。辛酉正月十五日，随堂叔程亿御贼，阵亡。

王道平，增广生，溪南庄人。咸丰庚申三月，遇粤匪被掳，不屈，乘间投河死。

方瑞臻，太学生，山南庄人。庚申三月，骂贼被害。

唐文焕，字宏烈，乡饮宾，友恭里人。庚申，粤匪入境。威镇练团，文焕董其事。九月，贼猝至。文焕在局中，挺身出骂，贼杀之。

唐文璟，字云佩，郡庠生，友恭里人。庚申九月，粤匪入境，率族中丁壮御之，被掳，大骂，贼破其腹而死。

徐　泮，蜀阜人，文童。辛酉，粤匪扰境，骂贼遇害。

商常宗，耆民，大田庄人。庚申五月十一日，遇粤匪，骂不绝口，贼断其喉而死。

吴斌，字圣祥，云程人。邑庠生。性耿介，恒以忠孝节义励其乡党。咸丰辛酉，粤匪入境，被掳，贼欲往遂安，令为乡导，大骂不屈，贼杀之。

吴林大，上吴庄人，州同衔。辛酉三月，遇贼不屈，殉难。

胡基，字肇周，从九衔，威坪人。年六十八岁。同治壬戌三月，遇粤匪，大骂不绝，遂被戕。

叶海顺，监生，昭融之子。素有胆气。咸丰五年，金衢严道刘公谕昭融办义团。同治元年二月十七日，贼从八都扰威坪，首入昭融家，大肆凶焰。海顺时十九，见母受重伤，姊被贼逼赴水死，遂持器械赴斗，受重伤，投河而死。

胡当然，字准标，威坪人。理问衔。性倜傥，尤好施予。邑建梅峰书院，捐助重资。镇西河水冲道，恐坏街基，出己资，运大石叠之，袤延数十丈。沿溪行道峻险，倡建围墙。凡有义举，率慷慨先焉。辛酉十一月，避贼于梓桐源，被掳不屈，殉难。

应尔穀，字秋农，古城庄人。道光己酉举人。咸丰间，粤匪扰淳，被掳不屈，殉难。

应炯奎，字崧文，古城庄人。咸丰壬子武举。粤匪入淳，被掳，大骂不屈，遂被害。

应万源，字禹平，古城人。增广生。咸丰间，粤匪入淳，遇之骂贼，被戕。

应丙恒，从九衔。辛酉，遇粤匪，被掳，不屈大骂，贼杀之。

徐勤僎，字荐臣，号南山，昌谷人。邑庠生，少能文章，试屡前茅。性慷慨，好施予。治道途，以便行人。见露骨，辄施棺瘗之。咸丰辛酉，粤匪扰淳，奉母胡及家人避居歙之黄陂村。次日，贼窜歙。勤僎促家人奉母先行，己殿后，遂被掳，骂不绝，备受惨毒，至富置源死。后月余，家人具以殓，颜色如生，见者咸以为孝义所感云。

何漱泉，字素屿，从九衔，文昌庄人。庚申，粤匪扰淳，被掳，胁以刃不从，大骂不绝，贼怒醢之。

徐日荣，邑庠生，钟阜庄人。同治壬戌，遭匪掳，诱之隆，不屈，继逼以威，遂骂不绝。贼怒，将杀之，日荣从容向北拜毕，复向其家再拜，以谢君父。

引颈就刃，时年三十岁。

吕承钧，太学生，澄清庄人。同治壬戌，粤匪扰淳，奉母方氏避难，贼追之急，承钧匿其母，与贼斗，受重伤。母惊惧，坠岩死。承钧日夜哀恸，创发逾旬卒，时年十有九。

应绍继，字益全。优庠生，五品衔。秉性正直，人咸重之。尤敬惜字纸，戴竹笠，着芒鞋，四处检拾，无间寒暑。尝自图其惜字小像，一时名公巨卿题咏殆遍焉。咸丰间，粤匪窜淳，督团勇与战，阵亡。

邵潘江，字藻如。由岁贡选授慈溪县教谕。咸丰壬戌，粤匪入淳，独诣贼营，责以大义，被戕。长子廪生向荣，五子庠生堡墉，闻父遇害，遂奔入贼党，骂贼，枕父尸而哭，贼皆杀之。

方本桐，字始华，茶坡人。由监生议叙同知衔。咸丰辛酉七月二十七日，督乡御贼于上珠岭，与其子春淑，字在涧，安徽侯补，从九品，力战阵亡。次子云升，字光照，邑廪生，辛酉十月，遇贼于枫桥坞，不屈且骂，贼杀之。

余自辉，字挹清，太学生，茶坡人。庚申九月，贼扰其村，被掳，不屈遇害。

方建璋，邑庠生，茶坡人。辛酉十二月，遇贼于梓树坞，骂贼，被戕。

宋宗郊，字南郭，迎翠人，邑增生。辛酉十一月，遇粤匪于威坪被害。长子庠生震垣，亦在遂安遇贼殉难。

余自启，字启予，茶坡人，从九衔。辛酉七月二十七日，遇贼于凤山，胁之从，不屈，骂贼，被害。

吴一枝，字桂林，邑廪生，云峰人。庚申九月，遇贼于燕土岭，不屈，被戕。

程国桢，广塘庄人。乡饮宾。庚申三月，贼入其村，被掳，夺刀击贼，贼杀之。

王宗海，字庆安，六都二团人。附贡生。庚申，粤匪扰境，骂贼，被戕。

吴日炎，字齐园，号春原，郡庠生，云峰人。骂贼殉难。

吴惟善，字庆余，邑增生，云峰人。骂贼殉难。

方僩，字厚斋，宏溪人。咸丰乙卯武举。同治甲子，督团御贼于六甲岭，战，受重伤，回里卒。

王焕，字琢之，从九衔，洪波人。同治壬戌三月初十日，贼扰其里，骂贼殉难。

王鉴堂，字水清，洪波人。从九衔，六品顶戴。咸丰九年九月，贼由洪埠扰境，督团力战，阵亡。(已上俱蒙旌恤)

何屺，文昌庄人，川东道咸宜之弟。天资明敏，学问渊博，由岁贡就职训导。庚申，遇粤匪，不屈且骂，被害。

何林，字素镦，邑庠生，文昌庄人。辛酉，遇粤匪，掳见匪酋，喝之跪，不屈，骂不绝声，贼置积薪中焚死。

何让夔，字素谦，邑庠生，文昌庄人。庚申，遇粤匪于小西坞，胁之从，让夔痛骂，贼杀之。

吴复，字克礼，前坞人，文童。咸丰间，粤匪扰淳，复督乡团以御之，屡战屡胜。抚军王公奏保从九衔。庚申九月十三日，贼突至其村，遂率乡团与战，贼众，势不敌，力竭阵亡。时同殉者吴克敦、吴茂荣、吴华荣、吴瑞宝、吴田大、吴盛大、吴河南、吴汉南、吴春宝、吴年位、吴柏苍、吴瑞银、吴大为、吴裕隆等十有四人。

童元启，字蔚章，乡饮宾，云溪人。性至孝，家贫，佣工以奉甘旨。庚申九月，粤匪入境，居民四散。元启时年八十六，不能行，贼执之，骂不辍，贼割其舌而死。

童正字，字举神，号作之，松崖人。年十二补弟子员。庚申，粤匪入境，随乡团出御，被执，劝之降，大骂不屈，贼割其肉使自啖，吐之，骂不绝口，以死，时年仅十五。

童淦，字玉堂，邑庠生，息村人。咸丰辛酉，被匪掳，诱之降，不从，贼杀之。

邵世清，字纪常，六都一图人，太学生。壬戌，遇贼不屈被戕。

邵兆继，字振之，六都一图人，太学生。壬戌，遇贼不屈被戕。

邵利川，字作舟，六都一图人，邑庠生。壬戌，遇贼不屈被戕。

洪　约，宋村人，乡饮宾，年七十，遇贼，大骂，被戕。

何攀圣，字敬夫，文昌庄人，文童。咸丰辛酉，随父邦凯避乱于郎洞源龙恭坞，贼闻其富，索财物，不从。十一月二十五日，贼麕至坞，缚其父攀圣，适外出，率僮仆奔回，与贼斗，贼杀之。其父因得乘间逸免。

何望高，凤山庄人。文童，性伉直。咸丰庚申，粤匪窜淳，里人俱奔避。望高独闭门端坐，贼击扉入，缚之，逼令降。望高厉声曰："我乃读书者，岂屑从逆耶?"贼怒杀之。

何凤有，州同衔，凤山庄人。咸丰庚申，粤匪扰境，被掳，贼知其富，索白镪。凤有骂曰："我岂肯资盗粮耶?"贼加以酷刑，终不与，置积薪中焚死。

邵承颐，字悟文。贡生。天资颖敏，少能文章。其侄郯书，字策三，郡廪生，嗜学善书，两入棘闱，荐而不售。性刚直，有胆略。咸丰辛酉，粤匪扰淳，承颐与郯书督乡团御之，贼麕至，势不敌，俱阵亡。团勇数百人，殉者过半。

方邦杰，乡饮宾。少有至性，事父母甚谨，见文士辄敬礼之。咸丰辛酉，粤匪入境，率族人与贼斗，力竭被执，厉声大骂，遂遇害。

汪茂桂，字遏云。贡生。子惟金，亦贡生。家颇富，好施予。咸丰癸丑，粤匪据金陵，大宪檄各乡镇聚团勇防堵，茂桂倡捐以助，令惟金同督其事，且时以忠义晓谕乡民。辛酉，贼大至，团勇拒而溃。茂桂父子率僮仆数人与战而死，其妻童氏、媳洪氏遂俱被杀。(己上未旌)

方耀，监生，北乡显后庄人。年七十二，气体益壮。咸丰辛酉，粤匪窜淳，耀集乡团数百人击贼临安新城一带，贼大至，团勇溃，耀手刃数贼，阵亡。

邵兆继，字振之，侯溪人。少好学，屡试不售。同治壬戌，遇粤匪，被执，兆继谕之以理，继之以骂，遂遇害。

宋光庆，粤匪至，光庆持械赴斗，遂遇害。

张国光，附生。同治壬戌，粤匪窜淳，被执，乘间投河死。

郑遇清，字树兰，附生，东里庄人。同治壬戌，粤匪窜淳，遇清率子弟击贼于黄岭，力竭阵亡。

唐文发，凤凰庄人。咸丰庚申，粤匪窜淳，文发与妻童氏俱被执，骂贼殉难。

董炳钊，邑廪生。团防，殉难。光绪三年巡抚杨奏表，奉旨给予云骑尉世职。

附贡生董灏　　监生徐昆玉

增生何桂贵　　监生何元泰

附生何元杰	附生何元显
附生何汝庆	附生何汝为
附生何汝晖	附生何　润
增生刘承灼	监生胡合仁
附生汪世仁	附生徐文金
附贡方献南	附贡胡乔松
附贡方太平	附生方承烈
监生宋聚奎	监生黄念元
监生方　进	附生洪玉华
武生金利宾	武举洪起鸾
监生刘宗湘	附生毕润钊
附生吴光荣	附生余　邦
附生洪　俊	附生洪　坤
附生刘　一	武生洪　斌
监生吴圣传	武生吴长清
附贡徐上达	附贡项国鹗
附贡商世钧	增生余大升
监生余登仕	监生余绍志
监生余绍庭	监生洪邦钧
监生许拱垣	从九洪玉渭
附贡程福文	附生刘宗履
附贡许焕青	附生郑克治
附生吴逢煦	监生叶景如
附生郑克仁	附生方向荣
监生叶逢达	廪生程　炳
附生胡鹏起	监生胡春起
增生何元勋	监生唐成林
监生宋凤仪	武举宋凤翔
从九宋福元	从九邵士俊

从九方锡组　监生应汉瑞
附生方嘉金　候选训导胡　烈
附生胡渐鸿　监生胡拔清
监生胡植三　从九胡佐商
武举余尔谟　监生洪　奎
附生方指高　附生方　策
武生应梦蛟　州同方国瑶
从九蒋庆云　监生应丙淮
武生朱乾元　州同余邦章
九品衔余邦佐　例贡梁锦云
例贡梁振邦　举人邵世治
贡生宋玉田　生员唐绳武
生员洪梦麟　武举邵邦杰
武生黄作樑　武生黄大林
议叙八品卢明进　八品衔余邦直
从九衔吴擢清　候选从九向文治
从九衔江作舟　候选从九姜爱敬
监生包介宾　廪生吴湛庐
生员吴谦吉　生员方国华
武生宋　煜　议叙九品衔方向荣
从九衔曹清雅　例贡江国泰
生员程　亿　生员徐简书
监生徐学书　监生徐宝书
方双林　方香林　胡和尚　徐新大　汪　恕　金云高　方正培　商高化
商宝腾　高用光　汪大官　吴田起　吴九连　叶本元　余朝魁　方新发
方记顺　伍田祝　胡福顺　胡带寿　胡明熙　周初大　胡彩大　胡发堂
洪银松　洪记福　叶望廷　项大开　吴兆明　柴德万　柴宜家　叶大春
卢人荣　商福新　商梦寿　解併併　姚喜有　姚上荣　吴分喜　叶荣大
商上发　徐昭德　商五升　商保三　叶义和　徐发贵　徐明保　叶通志

项大元	商告化	金富荣	胡守大	胡江北	金记富	金德荣	柴长和
胡炳娜	邵月华	许茂桐	范三德	汪景盛	叶开友	范早松	江国清
江百荣	叶旺兰	项国沛	汪荣增	项美田	项二保	项才中	项得之
项景光	项喜顺	周成家	胡旺祖	胡亲富	洪顺喜	范记富	郎记之
徐日升	徐六富	徐大富	徐喜林	徐长寿	胡光周	程国梅	余金蓉
卢介法	邵文炳	方光义	周新娜	洪明大	卢道生	邵九大	商正顺
许记宝	许济岱	汪天锡	汪世祥	卢东阳	胡七喜	商道升	洪作贰
邵月林	邵宗明	卢吉大	卢作华	卢作权	卢嘉言	卢成忠	卢记唐
卢作炳	金保万	商教化	商开喜	商柳生	汪国有	商昌志	商脚友
许保仁	许和仁	许泮林	许泮瑞	许福顺	金祝修	商苏州	洪世毂
洪爱娜	商克全	洪顺荣	洪玉堂	洪万增	洪世传	范月得	叶万松
商位二	程国栋	叶义中	叶献南	叶兰廷	叶恒山	叶香山	叶永大
商宣惠	商南喜	商友生	商正喜	胡进贤	周寿富	周寿昌	商观寿
商孝大	叶芝桑	叶芝香	叶睚月	商卫鹏	商修荣	商千年	商祝顺
商喜顺	叶南松	叶六娜	许美传	商禄元	商炽昌	邵泮清	商龙友
商彩方	邵承松	方新德	程　提	程喜德	程王娜	程同富	程信德
程秋如	程道大	程拔娜	许维巧	洪曹宋	周和大	方兆琦	胡三久
叶龙友	商喜大	叶芝银	周法海	叶长松	解徽州	解直松	方尚清
方焕发	徐寄书	徐大贵	商喜德	商官元	胡二宝	商明德	叶发科
商武二	金和大	商维松	叶礼大	项顺祖	洪罗顺	洪作善	叶彩元
刘礼菱	柴富四	徐彩大	邵亲宗	徐保田	徐大发	姚上应	王成富
王七富	方群英	周厢州	唐文选	唐文行	胡记云	洪景潜	姚长基
吴炳春	洪卸蛮	吴有猷	吴兴增	吴顺和	吴明顺	吴迭应	吴岁明
吴南景	张得娜	叶宝圭	吴有法	吴丙兆	吴有起	吴发贤	吴景甲
吴廷周	吴纯德	吴百喜	吴发大	吴士大	吴寿传	吴记顺	吴光瑞
吴仁大	吴寿大	吴裕大	吴增明	吴漆大	吴美宗	吴进兆	吴百富
吴初顺	吴保顺	吴和宜	吴百忽	吴作良	吴兆江	吴明宝	吴进宝
吴平福	吴兆贵	吴初福	吴法传	吴位升	吴道大	吴学大	吴起明
吴千宗	应宜元	叶采州	叶银和	周茂喜	陈周法	陈南方	陈初年

陈叔方　陈志庆　陈恩金　陈满法　陈有男　陈继庆　汪甲午　汪殿鳌
汪新宗　汪爱林　金如彀　应又元　应大观　曹清正　曹树常　徐蓝玉
孙景文　曾国昌　邵世臣　吴逢义　吴景伸　徐世勋　（已上俱蒙旌）
胡寿起　胡五顺　方高星　方足星　黄近仁　黄吉庆　洪金贵　洪春太
洪大春　方一桂　方发富　方春大　滕上喜　林满大　余把清　吴茂荣
吴瑞宝　吴荣华　吴克敦　方双林　方香桂　方二南　方雍周　方朗瑞
吴有春　方亨大　吴田大　吴和南　吴盛太　吴柏苍　吴复年　吴汉南
李大为　吴四发　吴年位　金瑞仁　赵汝农　黄长福　郑三来　郑瑞大
方照文　方礼祯　方五法　方三光　滕万顺　余登鳌　余凤仪　余早田
余会和　余乾元　余登梯　余登台　余登汉　吴杭州　余学成　张德春
张荣春　郑田友　郑法星　郑法祥　郑法得　郑三得　郑三寿　郑秋高
郑汉高　郑发有　郑百荣　郑百宜　郑长有　王寿伊　滕吴福　滕可熹
滕月祝　滕岁岁　方青泽　方喜元　郑顺朝　郑百学　郑三宝　郑来圣
郑学贤　郑圣光　郑万为　郑春六　方怡宝　郑考发　方年年　方光富
方银宝　方四法　方五友　方初光　方连寿　方福福　方万孝　方贤有
方华孝　方贤福　方春太　方孝光　方青云　方友大　方彩法　方彩寿
郑步成　郑上有　郑宝庆　郑银祥　方和善　方会吉　方序华　方华友
方华松　方会光　方来法　方考六　方竹来　方东孝　汪光宝　汪秋福
汪和太　汪有长　汪玉田　汪立贤　汪德贤　王载贵　王光禧　方有喜
滕福大　滕月福　滕上秀　胡杭州　洪发福　方寿大　滕怡高　胡祝起
商水亭　叶文瑞　商雪蛟　叶喜元　郎合二　郎金寿　叶贵元　洪高塘
黄百祥　方滕保　周初保　唐早喜　胡廷春　宋四谱　邵顺田　黄有福
黄　田　方文廷　方山南　方爱桃　黄海鸿　黄名灏　黄万泰　邵爱清
方裕德　方发大　陆双喜　邵卸日　黄传宝　黄恩福　邵高明　项祝山
姜表东　黄全太　项海山　陈广庆　张福东　邓时盛　黄景泰　陆美善
吴茂宏　吴茂菊　吴茂禄　方初有　方早来　方金万　邵三来　方高鼎
邵五苟　邵足田　邵银银　邵二高　方松法　汪贤学　吴苏贵　吴维忠
方景培　徐鼎泰　黄和和　邵进寿　黄元登　金四贵　方桂田　吴清坌
吴双贵　吴四宝　吴宗周　吴荣庆　吴荣俊　吴元寿　项时田　吴尔仁

叶中华　方玉宏　黄　举　项合金　吴成章　邵卸笔　邵加太　吴鸣鹤
邵为和　邵日高　汪贵娜　邵富娜　陆记善　黄和清　项素成　黄盛祥
邵田起　陆佑顺　陆震顺　吴贻福　吴广清　吴和茂　吴凤鸣　陆记嘉
黄德清　项玉山　方亨大　方梅林　方莱顺　邵顺宝　汪拨一　陆金灵
方裕保　方万如　项顺福　项印田　商登松　项广顺　项萃山　项学山
邵邦君　方花苟　方桂星　方长星　方竹友　方喜竹　方序盛　方光义
方银孝　宋五令　吴万福　滕田高　方财义　方彩寿　方桂法　方法文
邵满喜　邵桂华　吴茂兰　吴维基　吴成德　吴有吉　邵荣清　邵春林
方二福　方和喜　胡槐三　吴高春　吴合春　王慰祖　吴佐唐　邵欢大
吴维春　吴维星　吴维珠　吴次南　邵礼祥　邵开瑞　邵能祥　邵善道
邵开顺　邵青喜　邵元田　吴福祥　吴康大　吴年大　范贵德　叶永福
叶广元　叶武中　郎杭州　商喜松　商春高　商佩云　商谱寿　商长甲
徐廷宅　徐廷庠　徐廷栻　徐万顺　徐廷开　徐盛顺　徐荒顺　汪传林
汪学忠　汪学志　汪学懋　汪传法　汪传明　汪传如　汪传许　汪传详
胡嗣友　胡友琢　胡之盛　胡茂鉴　胡之宜　胡之炎　黄喜法　黄为宝
黄的贵　黄贤富　黄贤泰　黄圣泰　黄黑娜　黄明合　黄彩芝　黄明足
黄明和　黄文明　黄兆泰　商云东　项东元　范加顺　商克绥　方鼎和
宋传贵　童喜年　方　权　周圣月　童华庆　邵廷高　方　大　方　小
王三三　王九九　李阿狗　汪承念　商开大　余自辉　吴黑彀　汪仙燕
汪汉玉　何永高　朱高大　童盛泰　朱秀元　叶阿郎　童嘉禄　朱长祥
朱光元　朱金元　方天赐　童远方　童良治　孙周法　方补贵　宋杏泰
童良清　宋秀大　童寿德　童福绥　童长清　宋瑞兰　宋邦元　宋迪光
宋壹经　宋合春　应金祥　应银祥　洪金彀　柴炳文　汪素宝　商创垚
商世谷　邵洪清　邵信兰　方大官　洪尚如　方承恩　方承沄　方承斌
汪传台　周新明　商丙大　商金大　曹清正　曹树棠　蓝　玉　程国桢
应大观　洪卸忙　洪富忙　余锡光　程　奎　卢四大　应秀容　方龙游
江志道　朱兆燕　余民康　熙元先　朱汉林　朱兆魁　余本球　邵毓汉
朱兆义　方铭功　方国佐　方大升　汪佑山　方国臣　朱光位　邵世贡
余本烈　汪荣法　王来宝　朱光进　朱光华　方建名　朱二祥　项广仁

徐鼎泰　唐文炊　徐圣荣　徐素园　钱令誉　商贻福　方大观　方二观
余荣春　刘文昭　邵介上　邵宝芳　邵光鼎　刘承泳　刘带仲　刘宗珀
刘三浩　刘宗恭　余敖子　周万恒　黄恩锡　洪邦干　方桂林　方爱山
胡伯友　宋记山　黄长福　吴祥德　洪邦庆　吴新富

名　臣

夏官有司勋以等功，凡有功者铭书于王之大常。郑氏注云：“铭之，言名也，书于王旌，以识其人与其功也。”然则无王功、国功、民功、事功、治功，则不可以铭。不可以铭，则无名。名臣之选，难矣哉！淳于汉晋，仅见之，其后寥寥莫属。盖唐宋间，内之无左右厥辟其人，外之亦无为九州伯典司方牧者。自明以来，乃颇可著。虽不敢与郑氏注称神禹、皋、稷、伊、周争烈，而作傅岩之霖雨，为一路之福星，其所表见皆不虚，诏于司勋，当无愧词矣。志名臣。

汉

方储，字圣明。传孟氏易，旁精图谶。建初四年，举孝廉，除郎中。章帝使文郎居左，武郎居右，储正居中，曰：“臣文武兼备，任所施用。”上嘉其才，以乱丝付使理，储拔佩刀二断之，曰：“反经任势，临事宜然。”天子壮之。出为句章令，历阜陵、阳翟二县。遭母丧，哀毁过礼，负土成坟，种奇树千株，致鸾鸟白兔之瑞。元和初，举贤良方正，对策第一，拜议郎。转洛阳令，迁太常。永元五年，郊祀，储言当有天变，乘舆不可出。方出而晏然，上责其妄，储因饮酖卒。须臾，雨雹如斗，洛阳昼暝，死者千计。帝使召之，则已死矣。追赠尚书令、黟县侯。命官为归其丧。宋明帝时，加赠龙骧将军、洛阳郡公。

晋

方操，字持志。孔群尝奏：“操执心正直，积德慈仁。”累官谏议大夫、尚书、仆射，封上虞县公。

宋

汪自强，字行之。绍定二年进士，为富春簿，分司乡邑，创常平义仓。知钱塘县，时值孟享赤县，出班起居，上目送之。除监察御史，兼崇政殿说书。京尹顾岩托婚东宫，以希内授。自强露章劾之，岩坐免官，婚亦寝。朝野悚然。迁大理寺卿。寻乞归。

明

洪玙，字宗器。永乐辛丑进士，授刑部主事，改工部。所至有声。正统初，以杨士奇荐升吏部右侍郎，毅然以进退人才为己任，人不敢以私谒，朝廷重之。

项文曜，字应昌。宣德癸丑进士，观政兵部。尚书王骥奇其才，俾修马政，复奉使西洋。所至民不扰而事治。授兵部主事。未几，征麓寇及整饬辽东边备，皆着劳绩。除本部郎中。正统十四年，遂擢兵侍，转吏部左侍郎兼詹事。文曜持己莅官，并以勤敏清慎著闻。当英宗北狩时，于忠肃谦倚之若左右手。及天顺初，被斥，终于家。成化五年，诏复其官，且赐祭文，有云："项罹诬构，事已昭雪。"其事始白。

商辂，字宏载。宣德中举乡试第一，正统乙丑会试、廷试皆第一，除翰林修撰。景帝即位，命入内阁参预机务，寻迁学士。上皇居南宫，锦衣指挥卢忠妄言告变，中官阮良被刑死，犹穷治不已。诸大臣无敢言者。辂独奏曰："不可听宵人，以伤大伦。"帝悟，乃诛忠。迁兵部左侍郎。景帝不豫，辂与礼部尚书姚夔请复立沂王为太子，不许。辂援笔曰："陛下，宣宗章皇帝之子，当立宣宗章皇帝之孙。"闻者感动，期以日暮奏，未及入。而是夜石亨等已夺门，迎上皇复位。诸人臣多见诛窜，辂亦下狱。久乃得旨，夺官为民。宪宗立三年，特召至京，命复原官，仍入内阁。是时，大学士彭时当国，慈懿太后之丧，辂与时力持，得祔陵庙如礼。会御史林诚等诋辂不当用，上欲罪诚等。辂曰："臣尝请优容言者，奈何因论臣复责言者乎?"上喜曰："辂，真大臣也。"进户部尚书兼文渊阁大学士。尝召见，语及景泰间事，辂极言景泰有社稷功，帝号当复。上遂下诏，复庙号，祭礼如诸陵。悼恭太子薨，时纪妃有子六岁矣，畏万贵妃，莫敢言。久之，左右稍闻于上，上立召见留宫中，而纪妃仍居西宫。辂恐贵妃不利于皇子，思为保护计，上疏请敕令移就近所，俾母子朝夕接见，而皇子仍藉贵妃抚育。于是纪妃迁永寿宫。辂又请出皇子示群臣，敕礼部拟名以闻。越数日，上自率皇子御文华门，辂趋御前，顿首曰："陛下践阼十年，储位尚虚，天下臣民引领望久矣，当即立为皇太子，安中外心。"帝颔之。逾月，纪妃薨。辂请如宋李宸妃故事殡葬，谥号悉如礼。是年冬，皇太子立，加辂太子少保，改吏部尚书。黑眚见，疏弭灾八事。寻进谨身殿大学士。时汪直督西厂，恃宠数兴大狱。辂率阁臣条直十罪，言非速罢伺察之司，天下安危未可知也。上愠曰："一内竖何遽危天下，谁实主此奏者？"太监怀恩传旨，诘责甚厉。辂正色曰："朝臣无大小，有罪皆请旨逮问，直敢擅收三品以上京官。大同、宣府边城要害守备，缓急不可缺，直敢一日擒械数人。南京祖宗根本地，留守大臣，敢擅正收捕。诸近侍在帝左右，直敢辄易置。直不去，天下安得不危？"怀恩咋舌退。是日，遂罢西厂。然直虽不视厂事而宠幸如故。会故大学士杨荣曾孙有罪，为直所发，语连辂，直又从中间之。辂遂力求去。加少保，驰传归，家居十年，卒。赠太傅，谥文毅。子良臣，成化二年进士，官至翰林侍讲。

何升，字文达。正统戊辰进士，官户科给事中。正统末，朝廷方有事朔漠，命升与御史杨春运边饷，戴星而行，不避危仄。时沿边自土木师溃，死于兵者满野。升自疏，乞少宽运卒限期，责令输晚还日，将沿路遗骸掩葬，用安死士之魂，从之。已而，也先效顺，正统驾还。升与同官李侃抗章奏请备礼郊迎，且曰："皇上昔念社稷生灵，勇于一出，非游田盘乐，是为今以简礼迎之，非但无以耸外夷之观瞻，且于陛下兄弟之情似乎太薄。"词极恳至，识者韪之。户部尚书金濂会计军兴财用，议更税法并夏秋粮科收之，以行急用。升执奏不可，事遂寝。天顺六年，迁河南右参议，司河道。会黄河壅决，升相便宜，疏沁水下流，泄其怒，以是漕运自如，军民赖之。

胡拱辰，字共之，梓洞胡溪人。正统四年进士，为黟县知县，有惠政，擢御史。疏陈时弊八事。父艰归。景帝即位，诏科道忧居者悉起复。拱辰至，屡疏，多采纳。出为贵州左参政，行部安庄卫。至白水堡，犵狫猪头目沈时保者，素梗化，出谒大言："所部多豪恶，愿得一号令为约束。"拱辰叱曰："斩尔头，籍尔财，即号令也。"时保股栗，众为请命乃已。还以告总兵官方瑛，遣将往擒之，一方遂宁。过赤水卫，女土官奢贵骄悍，戒戢之至毕节。平宣慰泷富乱，威行边徼。以母忧去。御史追劾其受赇事，下浙江。按臣执讯，事白。调历广东、西，四川左右布政使，皆有平寇功。成化八年，拜南京左副都御史，提督操江，寻改南京兵部侍郎。时储位久虚，与尚书崔恭等请册立，言甚切。复改南京左副都御史，总理粮储，就进工部尚书，节财省事，人皆便之。以年至，乞归。弘治中，巡按御史陈铨言：拱辰退休十余年，生平清操如一日，乞加礼异以励臣节。诏有司月给廪二石，岁隶四人。正德初，年九十，遣行人存问，赉彩币羊酒，加赐廪隶。又三年，乃卒。赠太子少傅，谥庄懿。

宋旻，字宏泽。景泰辛未进士，授大理寺评事，转左丞，正狱讼，经所谳者，皆无冤民。历本寺卿，数多平反，声誉益著。迁右都御史，总督广东、西，殄灭台寇，恩威并行。弘治元年，致仕。

徐贯，字原一。天顺丁丑进士，任兵部郎中。黔国公沐琮奏请节制三司。贯曰："黔国世守滇南，爵列上公，恩宠殊厚，而不使节制三司者，盖有深意也。不见唐之藩镇乎?"事遂寝。寻擢福建右参议，分守延平。值民饥，以便宜出官廪，减价拯恤之。累升右副都御史，巡抚辽东。时镇守总兵多占军丁为佃户，贯悉夺以还屯，其处画边徼时，刚柔而用之，将吏畏且服，无梗命者。内升工部左侍郎。会苏松大水连岁，敕贯往治之，简能吏，授方略，水患悉平。晋本部尚书，累加太子少保。以疾乞归，加太子太傅，有司月给米三石，岁拨夫三名，优其老。卒，赠太保，谥康懿，遣官葬祭如礼。

武　功

先王虽耀德而不观兵，国家有文事必兼武备，是故战功日多，亦与大烝之祭。淳邑筚路启山，自孙吴始，贺忠武之木棓铁戈，至今凛凛有生气焉。圣朝抚有方夏，于今大平百二十年矣，然无日不讨军实而申之，盖君子听鼓鼙之声，则思将帅之臣，前事不可忘也。志武功。

唐

方卫，字朝正，漠川人。以进士授文林郎。乾符中，王郢乱，卫首义，举兵平郢，复进兵攻黄巢，所向辄摧，贼畏而遁。高骈奏于朝，以为常州牧。景福二年，董昌据越叛，又命钱武肃偕卫讨昌，昌就擒，以功进兵部尚书。

五代

童頵，素有胆勇。武肃王时多著勤劳，拜西扇都岩将，擢检校太子宾客兼监察御史。

明

何春，字时熙。膂力绝人。至正十八年，明太祖兵自徽而严，春仗剑归附，累立军功，授百户。子斌武，袭隶武昌卫。孙清，景泰初捍卫黄江，授副千户。

吴璩，字宗理，云程人。洪武中以明经举，授云南布政司都事。永乐初，以疾归。旋召复职。时安南弗率，黔宁王以璩英毅有谋，委以便宜，挂大将军印，定计破之。方欲大用，以疾终。所著有《薇垣清趣诗》。

周瑄，字宏璧，号勿斋。以进士授南吏部主事，改刑部员外郎，迁福建按察使副使，分巡建宁。时官军调征沙游，盗将乘虚而入，瑄募民兵修武备，且守且御，民赖以安。已，盗犯政和松溪，瑄亲被坚执锐，夹攻之，擒贼六百人，追还所掠妇女以千计。其盗起高阳者，瑄分遣儒生抵贼营，谕以祸福，寇遂解。尚书薛希孟上其功，赐文绮宝镪，进秩三品。丁内艰归，以卒。

应颢，字文明，由进士授御史，巡视福建银场。贼林开三等鸠集处州盗恣剽掠。颢调军擒贼首，遂平。成化二年，为湖广按察司佥事，总兵李雪巡抚罗篪，知其才，檄治平溪清浪卫，剿靖州黄强苗寇。事竣，都御史项忠复遣平荆襄流民。迁福建按察副使，巡视海道。漳州贼林辉英聚众下海为乱。颢官军斋榜谕，散其众，擒辉英。而龙溪贼钱有定复起，疾以巡海军督捕之，旋就擒。以功擢布政使司左参政。以老疾致仕，卒。

方汉，字孔殷，号寿山，进贤里人。天顺二年，以经魁授御史，巡按甘肃。适北部犯边，人民惊溃，汉历边招抚，番夷畏服。成化三年，巡按四川。川贵獠獞窃发，朝廷命官以征，而敕汉督军，使得便宜行事。汉督军深入，革薙禽狝，地方以宁。积功，升南通政司右参议，转北通左参，旋晋南京太仆寺卿，封二代。尝讲学严陵。徐康懿贯，邵参政新，方副使中，皆受学焉。所著有《寿山文集》。卒于官，钦赐祭葬，崇祀乡贤。

吴倬，字克大，云峰人。成化乙未进士，授南刑部主事。平反冤狱，升本部员外。御史王恕奏举，代理刑狱，所按应天苏松诸郡，当时目为甘雨。迁贵州按察使佥事，督学诸郡。兴学校，变士习，奏给站军月粮，百废具举。程番盗起，守臣遁走，三司议发兵。倬曰："此可抚而定也。"单车谕降之。都匀地险，蛮獠数跳梁。弘治三年，巡抚都御史邓廷瓒荐倬才，擢都匀兵备副使，讨黑苗乜富架等，倬遣熟苗诈降，诱令入寇，因伏兵擒之，斩其渠魁，并执其二子，诸路乘胜深入，抵其巢穴，凡破一百一十余寨。又贼围官兵于合江州，复率师援之，围遂解，倬威名大著。莱兰、和壁、犁田诸洞悉下，而平麻六洞九名九姓诸苗亦皆归。设州县控驭之，贵州无警焉。大司马马文升走书贺之，廷瓒上其功，进倬秩一级。七年，迁云南按察使，移广西。十四年，入觐。卒于兴安驿。

徐宪，字子肃，蜀阜人。由孝廉授路南州知州。州故多废弛，群盗纵横。宪招集士民，教以耕织，擒贼首百余人。又单骑深入龟山、竹山招谕，群贼皆降之，愿为编户。当道交章荐其才，而以执理不阿，与分守陈一经忤。致仕归。

吴钦，字敬天，号静斋，云峰人。由进士知丹徒县。以卓异升刑部主事，审录江南八郡刑狱，雪沉冤数十案，载道欢呼。历湖广按察司佥事，分巡荆南。时监利、石首二县，盗据险为乱十余年，无能遏者。钦出奇捕获贼首杨棋等一百四十八人，余党解散。抚按上其功，转巡湖北兼管兵备道。土苗入寇，远近震骇。钦引兵深入其寨，谕以祸福，擒渠魁而还，余怠遣之，边徼以靖。后引疾致仕。

吴希哲，字睿卿，云峰人。领天启丁卯乡荐，登崇祯辛未进士，司李粤之惠州。下车廉数人置于法，郡治肃然。癸酉，分典乡试，文武闱两元皆出其门。制府重其才，俾剿九连山寇，哲设奇制胜，名震东粤。复上方略，建城以守，为四省保障。上闻，将擢行取。会巨寇刘香出没海滨，制府命哲相机观变。哲入海丰界，开诚示信，寇遣人持密揭，馈白镪为寿，哲麾却不受。贼盛陈兵仗要抚。哲阳羁縻之，而潜修战备。制府以道府两篆畀之，会闽师至，哲赞画出奇，占风纵火，焚击寇舰，尽歼之，余党悉平。擢刑科给事，条陈防边十策。时边圉孔棘，哲奉简书督浙直饷，念东南赋役繁，疲民不堪命，因与抚按酌议稍纾之，而纠墨吏赃以佐军需，报完复命，改工垣。念淳邑京绢驳解困苦，疏改折色，永为定例。淳人为建高山书院于城隍庙左，勒石纪功。转吏科都给事中，陈情终养以归。晚年益工书翰林门著述。寿七十有二。所著有《云起堂集》十六卷，《春秋明微》二十四卷，《删评二十一史》及《连年方略》《明允录》行世。

国　朝

方旭，字子常，东坂人。家贫岁歉，或进麦粥，旭以缶盛归遗其母，有弟欲夺之食，旭置缶墙上，墙奔而粥缶无恙。后以市茶至闽，总戎赵一见奇之，遂留置麾下，寻授千总，防守德清太湖诸汛，水路肃清，升苏州太仓卫守备。适海寇猖獗，旭矢死督所部载弩炮御之，寇乃遁。旭虽出行伍而折节下士，笃恩义，重然诺，士林皆自以为弗及也。

洪灿，字锦侯，小溪人。以右学登康熙癸未进士，授河南抚标守备，性清介，勤于职事，为抚军所深重。会黄河水溢，奉命兼理。凡浚治而捍御之者，皆殚心以图久远。工既竣，当事嘉其勤，将交章荐之。栉沐之余，筋力惫焉，因引疾告归。散余金周亲族，倡造宗祠，修辑谱牒，置社仓，焚贷券，立历世祖茔碑碣，修二十五里青山之路。凡有义举，不惜倾囊。家居二十四载，卒年七十有七。

胡汝芳，字馨之，龙川人。充遂安县营卒。顺治初，周山贼寇蜂起，驻防郭奉宪檄剿抚，因老病不能行，命汝芳代。芳设奇平之，以功赐大户侯。寻升海防千户，卒于任。

循　吏

自太史公传循吏，后史因之，卒未有传能吏者。盖循可兼能，如催科中抚字，刑罚中教化，则能也，而循具焉。吴公之于洛阳，文翁之于蜀郡，召杜之于南阳，人所艳称，究不过饮食之，教诲之，使庶民安其田里，无愁叹痛恨之声，而又广厉学官，崇四术四教，知所向方而已，无异能也。淳，瘠地也，其风朴略，士无他途以杂进，率由诗礼起家，虽一行作吏，积日以取尊官，而奉法循理，类不失章甫逢掖。故志南国之甘棠，畏垒之俎豆，时时有之。裒之以传，亦可当治谱云。志循吏。

宋

胡一之，字贯道，双桂源人，与兄子南逢同登进士第。一之练达事典，官至德庆守。南逢不附权要，官至阆州守。淳熙，赐敕褒之。其族孙拱辰勒石犹存。

邵拱，字端文，登云坊人。绍兴中举进士，佥判汉阳军，通守南安，寻知昭州，以朝奉大夫致仕。孙应豹，号菊逸。登嘉熙二年进士第，历官知浔州，皆有古遗爱风。

钱大椿，蜀阜人。由进士任漳浦丞，不专苛察，自使吏畏民怀，以荐擢县令。弟大节、大临、大樟，俱登仕籍。

洪彦华，字叔炳，养村人。淳熙间进士，莅官治民，专务德化。其宰茶陵，值歉岁，悉心抚流，民无逋亡者。及宰上饶亦如之。以真德秀荐，累官至朝请大夫。

洪琰，字叔毅，养村人，与弟璞同登进士第。璞主南陵簿，摄县事。岁旱，官履亩不以实，饥民啸聚，琰从容谕散，为陈疾苦，寻迁盱眙司法。青平山盗起，琰诱致渠魁，斩之，盗即溃散。改清江，决狱如神，人咸服之。子宁祖，补合肥尉，光州录事，屡出奇计胜金兵。宰德安。魏了翁督师江淮，辟致幕府，未竞所用卒。

胡朝颖，字达卿，号静轩。由进士历武昌令，通判嘉兴。时宰相郑清之家奴暴横，朝颖置诸法。移书谢云："以天之子命吏，挞宰相之家奴，罪当避位。"清之得书以闻，帝喜曰："得一佳士矣。"除守岳州兼湖北提刑。尝以道学不明，词章隘陋，慨然自信其独见而躬行之，诸生及门者皆超然拔于俗表。有《静轩集》二卷。

邵应昌，字符亨，登云坊人。嘉定间，以进士宰郯城，迁江东廉访副使。弟该，字应隆，以进士主定远簿，皆有循良名。

应与权，字守经。父肇，辞贤良方正之召，由黄岩迁居淳安，遂为淳安人。嘉定间，与权从学于族兄缉熙殿大学士与武，至京师试，为太学生，当受职，因亲老不愿仕。宁宗嘉其孝，特授本邑令，以便终养。在官公廉勤敏，兴学劝农，邑人德之。今其子孙世居邑西隅，多以科甲列朊仕。

王大椿，茂溪人。以岁贡任衢州教谕。绍定辛卯，岁饥多盗。宪司请旨，命大椿保护，复委赈济，奉命平施，仍出己粟以助不给。晚年乞休归，民莫不流涕以送。

吴季子，字季翁，云程人。年十七领乡荐，登进士第。为政和尉。与兄洪德、雄飞有三吴之号。子必先，字大初，亦有名。

元

汪汝懋，字以敬，西隅人，号遁斋。至正间，以乡荐授青阳教谕。会壬辰兵起，佥宪哈剌忽举充浙东帅府令史，旋授定海县尹。其居官，一岂弟君子也。于刑，宁失不经，不肯法外伤人。于赋敛，度民所当输，乃与为期会，未尝取疾争先。其在浙东，释温、庆之民被诬为盗者数千百人。在定海，益以礼让化，黎民怀之。

何铁闾，文昌人。元末举孝廉，任江西梓树镇巡检。民患多盗，铁闾处置得宜，令行盗息。擢知太平当涂县，勤于抚恤，民咸感德。有诗集行世。

明

何昭善，字宪章，文昌人。洪武间，以孝廉授丰城县丞，首辍俸，买地增学舍，广致生徒，改学门泮池以大厥观。凡廨宇、桥梁、堤塘之弗治者，悉与经画垂永久。迁奉新令，邑人塑像于学宫祀之。

何敦善，字世宁，文昌人。洪武间，与兄荣善同举人材，敕监河工，除陕西庆阳府同知。德政及民，民尸祝之。旋擢江西南安府守，建学校以育人材，开水道以兴民利。时盗贼多结寨山村中，商旅莫敢出于其途。敦善单骑往谕，贼皆听服，自是民无盗患。在任六年，卒于官。

洪子翔，洪武间，以秀才举为平山丞，迁真定知县，已升肇庆府判。所至兴废举坠，有治声。

洪俊，字宗杰，苍峰人。洪武间，由太学生任桐城县丞，历太和令。为政以简御繁，不下堂而治。秩满，民立祠祀之。

方宗道，字彦中，进贤里人。洪武中，以人材举为新郑丞，调会昌县，历历有口碑。寻知高要县。时盗贼纵横，宗道多方备之，发摘根窟如神，盗悉远遁。

童铨，字士衡，梓桐人。初释褐任南陵丞，摄县事有声，授知县。丁内外艰，民憾挽之不来也。后擢礼部祠祭司郎中，历福建按察司副使。

方睐，字年仲，鉴湖人。以进士授行人，从英国公南征有功，出为平原知县，简易爱民如家人。子尝被执于贼，民相率入贼中，曰："奈何执我父。"皆泣下。贼义而还之。后以除州同知致仕，授徒讲学。项文曜、洪弼皆出其门。

洪宗荣，小溪人。永乐间，以太学生任山西布政司经历，改高唐州同知。平易近民，迁两淮盐运副使。高唐民投其车辖以留之，泣送不去侧者旬日。寻调福建市舶提举，所历复有声。

宋兴，字原仁，燕山人。永乐间，以书学选贡授刑部主事，迁礼部郎中，寻擢河南布政使，敭历中外几四十年，政尚宁一，不苛察搅扰以病，人号贤方伯。

卢廷俊，字彦俊，官山人。由乡荐分教崇安，善于造士。士无远近虽他邑亦归之。寻知都昌县，改临川。时有饶姓者，其女许字唐氏，子未归，而女有私夫。一日婿至，女家杀之，而匿其尸。婿母诉于县，女家不肯承。廷俊焚香祝天，不雪其婿冤不止。翌日，夜有鸟鸣甚哀。廷俊曰："得非死者精魂乎？果尔，宜前导。"鸟即飞而前，使人尾之，至深谷中得其尸。女家惊伏罪。

何璇，字文器，凤山人。正统中领乡荐授工部主事。遇事敢为，不惮繁剧。自大司空以下咸倚重之。

许俨，字畏之，茶坡人。正统间由孝廉通判应天府，以清慎闻，卒于官。

方辅，字廷臣，茶坡人。正统十三年进士，由兵科给事中升江西布政使右参议，通达大体，不为煦煦孑孑以要名。御史赵敔以绩闻，赐阶朝议大夫。

洪弼，字士直，号易轩，小溪人。景泰中进士，授监察御史，擢湖广按察佥事。适常德、辰、沅饥，都御史白圭檄弼主赈事，散利劝分，仍给牛种，多所全活。靖州猺叛，弼设经略擒其首恶，余党悉平，赐白金文绮。成化六年，升福建按察使，寻擢贵州左布政使。弼以陈蕃宣抚司与长官司，行事龃龉，多掣肘，奏请添设府治。于是土官始有钳束。致仕归。

周恬，字仕夫，副使瑄次子，领天顺己卯乡荐，授江西袁州监郡，清操惠政，吏畏而民怀之。

任景春，字爱生，凤凰里人。少同商素庵辂等受《尚书》于掌教王公端，深加器重。景泰癸酉，贡春官廷试第一，铨授宜黄县丞。首以爱民兴学为务，暇辄诣学与诸生讲明《尚书》，又素精形家言，因宜黄旷不登贤书者有年，为改棂星门，文运遂振。历任六载，民安讼简，以荐迁知广东四会县知县。年老告归。

洪瑛，字宗莹，小溪人，号梅坡。成化三年，由太学生授邵武通判，兴利除害，民皆以为来何暮也。后改顺天府判，专理马政。秩满，铨曹以瑛廉能闻，赐敕褒嘉焉，而邵武亦列之名宦。

许訚，字和仲，茶坡人。景泰时进士，授监察御史，弹劾不避权贵，而自有大体。尝巡按南畿、广东、山西，吏民皆望风畏服，所至如一云。

方中，字大本，富山人。天顺丁丑进士，授玉山知县，政修事举，以监察御史陈选荐改南宫县，征拜监察御史，巡视淮扬河道，奏请浚治江浦一带淤河，筑雷公诸塘，又命有司修筑河岸二十三万三千五百余丈。成化十二年，巡按湖广。时苗民犯顺，中与总兵官督军平之。历升贵州按察司副使。

何礼，字文敬，文昌人。天顺丁丑进士，授南吏部考功主事，寻升本司郎中，后改兵部郎中。肝肠如雪而气刚，以严克称其官。以母老乞归养，至家甫三日而母卒，时以为孝感所致。

徐鉴，字克明，蜀阜人。天顺庚辰进士，授南户科给事中，多所建白，擢江西左参议，发奸摘伏，豪右敛手。寻改广东。时潮州方患海寇，鉴以计擒诛首恶而散遣其余。寻以疾致仕。

项文泰，吏部侍郎文曜弟。以进士授工部主事，克尽厥职，时称为难弟兄，赐敕褒嘉，升郎中。卒于官。

何淳，字尚质，凤山人。由进士授监察御史，巡按南直隶，霜风凛然，不寒而栗。出为贵州按察司副使，改湖广。时旱潦相仍，民艰于食。淳颁法以赈三楚，人贺更生。既而河南、山西、陕西饥民扶老携幼，流移湖湘间，动以万计。淳命有司念口计程给粮食遣之，皆感泣去。寻转按察司使，卒官。

王宾，字用之，号静庵，横塘人。成化丙戌进士，授监察御史，巡按湖湘，以刚直著。出为广东韶州知府，筑河西堤以捍水，筑仁化城以防寇，民便之。

邵猷，字陈之，侯溪人。以进士授新淦令，多善政。秩满候代，卒于官。淦人为立邵公祠。

邵新，字复初，本吴天锡从弟，出继石溪。以进士授礼部仪制司主事，累任郎中。充会试提调官，寻升云南布政司左参政。新历练老成，居官辄举其职，后皆以为法程，褒敕及钞币之赐相逮也。

洪廷臣，小溪人。成化进士，授刑部主事，谳狱称平允，有敕褒之。寻升湖广按察司佥事。

卢鸿，字雄飞，云林人。成化进士，任工部都水司主事，在官清慎而勤厥职，无纤毫过差，赐敕褒焉。寻奉使荆南，事竣，卒于家。

程愈，字节之，号味道，邑之西隅人。成化辛丑进士，授工部都水司主事，督济河道，原田依湖为利，而湖久湮，愈以时疏之，岁乃有秋。转礼部主客员外。适边方入贡，风闻有异。愈承敕至大同宣示德威，卒使效顺去。宪庙贤之，特进郎中，升山东参议。道阙里圣庙灾，愈董工经营部署，略已就绪，而中道卒，贤劳故也。入乡贤祠，学者至今称味道先生。

胡棨，字信之，号节庵，进贤东湖人。以进士知直隶亳县，公廉敏慎，以劝学兴礼为先，民险健好讼，多诬善之词。棨听之，辄得其情，旧俗爰革。涡水横溢，棨奏闻加拯，民始安枕籍。未几，病终，囊箧萧然，无以为殓。巡按张公瓒悼叹不已，命有司营其丧事。及归丧，亳民哭送如失怙恃焉。

吴诚，字性夫，云程人。幼有大志，既登进士第，历官兵部武选司郎中，守法如平衡，吏不得举手，以是与时多参商。引例归。所著有《后乐稿》。

王宥，字敬之，号约庵，宾弟也。登成化辛丑进士第，由刑部主事历官车驾职方郎中，升湖广德安府知府。行己洁，莅政严，吏畏民怀，动有成绩。寻以疾乞休，进阶湖广右参政。致仕归，手集古方书计十数帙。

商良辅，字懋霖，号守中，文毅公次子。自幼颖敏，得庭训居多，以荫授礼部主事，转刑部，谳狱明允，历工部郎中，督理张秋河道，且浚且修，茂着劳绩。正德初，乞归，进阶太仆寺少卿。抵杭，得疾，遂不起。行囊萧然，几无以为敛。藩臬归赙，始成丧。

方天雨，字济甫，号三峰，副使中之子。弘治壬戌进士，授工部主事，升郎中。时兴大工多不急之役，为奏止之至于三，擢贵州左参议，督兵征苗寇，有荡平功而以进表。道卒。

商良佐，字懋忠，号金峰，芝山人。以贡入南雍，授直隶滦州判，掌粮储，修学校，有声。兴州一带山地军民争界，久不决。良佐沟画之，遂定。密云潮河川，御边要路也。朝廷命军卫有司筑城塞川，凿山导水以杜之。惟良佐督莅有方，事成不愆于素，民咸德之。

叶广，字克勤，号毅斋，梓桐崇坡人。由贡授四川顺庆府推官，折狱明断，民无遁情，为之语曰："三峡之灵有川神，两浙之明有叶君。"

卢观，字雄表，号培斋，云林人。以贡授袁州万年县丞，清慎自将而能任大事，宁藩之变，观筹兵食无遗算，而以身先士卒，民倚之自壮，境遂帖然。

邵琳，字廷玺，登云坊人。以贡为丞江西广昌县，一主仁恕，民心悦服。丁内外艰，皆徒步而归，庐墓侧三年，服阕，补湖广广济县，政如广昌时。卒之日，蕲府遣官致祭焉。

方铨，字衡仲，号直斋，进贤乡南溪人。以贡丞晋江县，明以决狱，廉以理财，在任三载，卒于官，箧无余赀，营殡殓者皆赤子也。

吴铎，字鸣治，号警斋，五坑源人。以贡选庐州府学训。时庐科名久不振，自铎董教事，而士多兴起与荐拔者。岁歉民饥，铎请于知府马金，出公帑，给粥天皇庙中，所活二千八百余，人民踵门叩谢者至无驻足处。都宪李公闻而旌异之。

应颙，字文玉，号韫庵，城西隅人。由乡荐授潜山知县。值岁歉，己赀以倡，大家富室争行其德，所活饥民甚众。又言于台司，请蠲逋税。都宪彭公援以奏并免南畿诸郡逋负。后以事忤权珰，弃官归潜，人为立生祠。

邵逵，字宏道，谏坡人。领成化甲午乡荐，授湖广常德府同知，改直隶永平府，清理久匿军伍，奏免滦河坍税，创筑边塞长城。都御史洪锺等交章荐之，擢贵州镇远守。引年乞休，诏进阶亚中大夫。

王子言，字如行，号琴山，宾长子也。弘治丙辰进士，任刑部主事，审刑南畿，以钦恤闻。寻迁南刑部郎中，出为福州知府。时逆瑾蠹政，州郡多厚敛以奉。子言不为威怵，行其志自如，州人德之。历升广东左右布政使，名实尤著。既致仕归，朝廷犹追录其军功，赉以金帛。弟子谟，以进士历官给事中、湖广参议。人称二难云。

何绍正，字继宗，号裕斋，郎中礼之子。弘治壬戌进士，为吏科给事中，以事忤逆瑾，谪判海州，后为池州府知府。郡城久废，绍正兴筑，甫成而宁藩之变作。兵抵安庆，绍正与僚佐誓以死守，昼夜列帜炬，鸣金鼓不绝。贼不敢窥。事闻，加俸一级。寻擢江西参政。致仕，池人建祠祀之。有《遗爱集》五卷刊行。

邵瓛，字廷让，登云坊人。以贡授兖州通判，历升南太仆寺丞，居官廉能，虽闲曹而为人所称。

应顼，字文用，城西隅人。由乡荐授光禄寺丞，历转江西永丰令，政宽刑简，民安其治。八十二引年以归。

方璿，字文玑，号愚庵，西坡人。由乡荐授杨州同知，勤敏有干实，郡中事率倚之以办治，敕进一阶。

邵让，字德光，号友泉，谏坡人。以贡授内邱学训，导愚启惑，士习一新。时流寇猖獗，让以大义责令长偕之协拒，城邑赖以完，人尤难之。

黄锺，字宗元，号勉斋，梓桐三峰人。由选贡知江西永宁县，满三载，廉谨著闻，卒于官。民若丧慈父母，哀号者载路。

宋芳，字惟远，迎翠人。以贡授安东知县，慈仁清慎，士民爱戴。久之引疾归，行囊萧然，老稚遮送忘路之远近。

王珪，字廷器，赤洲人。自幼涉书史，知大义，以掾授沭阳典史，常俸外不取一钱，勤慎平恕。朝觐，考察称珪为天下廉吏首，方当进秩而恬退乞休，士论惜之。

商承庆，文毅公曾孙，以荫官中书大理寺副，厚重老成，不愧家声。

邵希准，字德学，号印石，太平麓人。方籍诸生时，海忠介公首所鉴别也。以拔贡授原武令，寻改遂平，以廉仁称，而不善事上官，左迁粤西臬幕，摄永宁篆，为永宁请设饩贡名额，颂声作焉。寻调陵水，谒海公墓，为文泣奠，分俸馈邱太夫人。升德州牧以终。

徐楚，字世望，蜀阜人。以进士授工部主事。衡邸营葬颇侵民田。楚奉命董其事，力诤诸王悉还其地。转郎中，管孝烈皇后山陵。一夕，中贵传驾幸阅工，大司空仓猝命治行殿。楚白用山陵殿材权为结构，不费水衡一钱。大司空奇之。湖贵苗民逆命，上诏重臣征讨开府辰沅，特除楚辰守，诸镇兵合十余万，调集辰州。有彭九宵者，酗酒杀人，即专送军门斩之。三军股栗。时克期进兵而饷未集，楚议将南粮岁十余万留之，以金钱代输。督府用其计，师遂济。贵阳有粮银贮辰库，年远籍亡，人无知者。至是以军舆称贷于辰。楚告之故，黔帅得报，大喜，服其不欺。先是有卫官典廒、学谕监兑，两人坐米亏折，俱论死。楚鞫之，尽得卫官耗米状，立释。学谕还就官。土豪蒋某与石氏争田，杀石氏数十人，官吏莫敢问。楚独明正其罪。升广西副使，备兵府江。会蓟镇边墙工起，上遣一给事一御史往勘之。添注楚山东兵备道副使，受命跋涉沙场碛卤中，绘塞垣图以献。复条备边六策。给事御史交章荐楚有文武材，宜节钺重镇，竟以抗节时相，复补云南屯田副使，至则兴水利，辟荒芜，正疆界，追夺沐氏侵地还之民，所属蒙化卫经历周岐岳者，未至任而死，所亲周庞冒其官居一年，而岐岳家七人来索贿，庞一夕朴杀之，燔其尸以灭口。楚廉知其故，擒庞妻子，一讯具狱。迁四川参政，入境即擒巨盗范元儿等十余人，盗皆屏迹。会摄藩篆，例进扇，诸要路皆有馈仪。楚削其仪，以扇往诸要。人衔之，因免归。年九十一，卒。酉阳、滇南、西蜀皆立祠以祀。所著有《吾溪集》《青溪集》《蜀阜小志》《杜律解》诸书。

王子谨，参政宥之子。以孝廉就选吏部，董玘阅其文，奇之，置第一，授夷陵知州，旋改海州，所在有声。其事亲至孝，人比曾子云。

徐潾，字景禹，剑溪人。嘉靖乙丑进士，授直隶常熟知县，洁己奉公，谢绝请谒，势家忌之。擢湖广荆州通判，有劳绩，内升南吏部郎中，转广州知府。未之任卒。

吴文泮，字道宗，云峰按察司佥事钦之长子。嘉靖间，由廪贡铨授武进县丞，居官廉介，大吏嘉之。寻摄邑篆，浚河渠，雪冤狱，邑人立碑以志去思。

徐廷绶，字受之，河村人。为诸生时，海忠介公令淳，深器重之。登嘉靖壬戌进士，授刑部主事，升郎中。时忠介以直谏廷杖下狱，病危死。廷绶侍左右调药饵扶持之，得以苏。每断狱，必展转求其可生者释之。会冯珰主东厂，势炽甚，以盗诬抵无罪十余人，下部覆审，廷绶为豁省无辜者八人。同事咸缩颈。廷绶曰："祖宗法在，不可挠也。杀人以媚人，如天理何?"详定律注以行。擢守辰州，广学址，捍水患，赈饥民，百务具举。遇事明决，吏不敢欺。旋副陕西按察使，致仕。

王绶，字廷仪，号月岩，赋溪人。高才绩学，遇事敢为。以万历十年选贡，授直隶含山县令，为民贷通赋数千缗，民立祠祀之。

徐应簧，字轩卿，号凤谷，参政楚之子也。由万历己丑进士授大理评事。历虞衡司郎中，督理三殿大工，减裁内宫滥耗八万余两。升武昌守。时税珰暴虐商民致激变，珰欲罗织无辜，诬指劫税。应簧执法不阿，遂与中官意左。资满勿迁。迨甲辰，宗孽杀伤赵大中丞，全楚震骚。应簧经画防守，楚赖以宁。七载，始升副使，转布政司参政。谢政归，年九十，犹日事吟咏，尝云："数亩荒田勿疗饥，子孙清白缵前徽。黄金不是传家物，惟有腰间带一围。"进阶大中大夫。所著有《岞崿山堂集》《游览吟编稿》。

童时明，字醒馀。万历四十年知广西永淳县事，兴学校，巡阡陌，劝民耕种，诸凡不便于民者，一一筹度而详革之。所著《明良录》一编，论断皆得史体。

方学龙，字叔允，号望山。万历己丑进士，为广东顺德令。兴学校，平赋简讼，而严于防御。时海寇猖甚。学龙出奇计歼厥渠魁，海氛克靖。擢南刑部郎中。有囚思越狱，潜结奸徒，以包子十五为约。适狱卒窃其二，误于十三夕先发。囚皆利斧斩门，大噪。时漏下二鼓矣。学龙立召巡兵持挺格之，悉伏辜。升福州移漳郡，尤多惠政。遂晋福建臬副，饬兵福宁，去后，民立祠祀之。

吴一栻，字德舆，号缵敬。万历辛丑进士，授扬州推官，屡雪冤抑。摄府篆，修葺书院，集诸生讲课其中，士风丕振。历署仪征、宝应。时各邑旱疫相仍，一栻赈恤之暇，并设局具医药治之，赖以生活者不可胜纪。擢工部主事，晋员外郎，司荆南榷政，免竹筏之征，船税之钞，通商惠民，称福星焉。升济南知府。济南旱蝗为灾，道殣相望。一栻亲历州县，多方营救。时边方告警，军需孔亟。凋瘵之余，遂多逋赋。大司农疏劾之，郡民皆争先输纳，如倪宽故事。考成，乃更奏最，擢广东海防道。先是海寇猖獗，全粤震惊。栻指授方略，擒贼首一十三人，而俘其余，海患顿熄。

徐应祺，字子寿，剑溪人。由太学生任中都留守，断事。守陵中宫廖钦倚大珰冯保，威吓一方。应祺发其事，谕去之。当道倚重，升南康判署，建昌篆司，九江榷政，皆以冰蘖著。

方尚恂，字威侯，号菉阿，赋溪人。万历癸丑进士，授刑部主事，历员外郎中，出知建宁府郡。当潘枢吴建之乱，余党未靖，抚按司所下驳，招滞案几山积。尚恂抵境，戢胥役，均戍守，减徭赋，因取驳招滞案一日决之。老吏吐舌，公真霹雳手也。驵黠之徒，闻风逃去。升湖广副使，备兵辰阳。辰与永顺、保顺二宣慰司邻。二司兵强又生熟。苗出没镇筸箐峒，剽掠无虚日，而辰城倾圮。尚恂计丈尺，增雉之，卫以铁蒺石弩，严督营哨。不逾月，擒斩苗魁数人，遂慑伏不动。天启四年，黔抚王三善为降贼陈其愚，绐入伏中，自刭死。黔事急，司饷无专官。黔督会饷院题尚恂分守兼督饷，遂移镇沅州。沅州运道斗入万山中，欹仄如削，率三十种而致一石。尚恂檄使人负四斗米行十五里，更番往来，相属如绠縻而人不顿。又躬护帑金二十万，至师诸营，以次颁给，欢声雷动，全黔方倚为长城。不逾年而予告归矣。崇祯十年，永西平，川贵总督张我续题叙黔功，诏特赐银币。论者谓未究前劳云。

方世禄，字心东，进贤里人。明敏有干济才，以太学高等补福建布政司理问，升合州司马，爱民礼士，遇穷困恒挈家赀以相给，故民无逋赋，士足膏油。合州旧有质子女，年满则没为奴婢之习。世禄悉与赎还，且请以其工值准敌遣归，不得复留，永为成法。民德之如父母。然性耿介，不肯随人俯仰。守稍挠其操，即告归，州人遮道哭送，至不能行焉。

商之彝，字彦冲。由乡荐授南平令，以循卓荐升蓬州知州。时寇乱猖獗，委督饷。之彝出奇策，献捷叙功，历升沔阳、松江，俱有惠政。

国　朝

商民宗，号和伯，文源人。顺治壬辰进士，授汲县令。县当兵马冲，学宫鞠为牧地。民宗捐俸建驿舍，师儒始得安讲席。又念汲人稀，而野多沃壤，乃行屯田法，岁入倍收。有大盗，窝主冀免死，辄行贿称逃人。而逃人，新律方严，匿者且连坐十家。当事者檄下民宗曰：改护盗为护逃，一老吏优为之耳，子其图之。民宗恚曰："吾宁忍以十家易一官哉？"终不从所指，遂罢归。

胡之琳，字介石，云川人。领顺治丙戌乡荐，授江西新淦令。邑积逋十余万，之琳晓以大义，输纳者应声而集，襁负不绝路。而漕粮多侵渔，琳严绝耗羡，以资正额。又葺便民仓，增饰学宫。治事之暇，诗书自娱。极为施愚山侍御咨赏。所著有《淦水吟》《续吟》《念斋杂咏》诸刻。居官五载，卒于任。

方嗣蕃，字锡昌。参议天雨之曾孙。以乡荐授东安县令。到任甫半月，凡宿弊陋规革除顿尽，抑强扶弱，士民戴如二天，而以不得禄养其母，怏怏成疾。卒，箧无余赀，当道义赙始得归其丧。

童养圣，字圣功，溪南人。由监贡授柏乡令，爱民好士。大学士魏公裔介方为诸生，养圣特异其才。流寇猖獗，养圣率民坚守，城赖以完。当道交章荐之，升九江同知。及魏公掌都宪，特疏起用，而养圣已卒矣。

吴宏，字芬月，号竹城，云峰孝子达观第三子也。康熙癸卯举人，授四川盐亭知县。邑自明季兵燹之后，地多污莱，宏力为招垦，地利渐复。学宫久圮，捐俸倡修，振兴文教。山西民王怀秀之父买牛入川，为盗所杀，三年不决，逮系多人，宏阴得其尸，所立白之牵连者皆释。升河南汝州知州，清操益励。会岁歉，力请于上官，发仓广赈，复捐俸设粥厂济之，民赖以苏。援病乞归。时徐公潮为大中丞，苦留之不得也。有《文稿》及《鹅溪吟诗集》行世。

徐士讷，字恂若，金里人。康熙丙辰进士，授河南嵩县令。县输守有季规，士讷曰："季规安出？此百姓脂膏也。割鼻食口，丧其息主，可乎？"不之应。凡邑中相沿无名杂派，悉准是革除之。时单骑课农垦辟者，劳之卮酒。苐草不治者，罚跪其侧。耕者兢劝。兴伊川书院，修邵康节祠，更设义学，与生徒讲书，兴起者甚众。三年，化行讼息，嵩民戴之如父母。汤公斌尝称之曰："冰清玉洁，实心爱民，第一廉吏也。"以治最擢知山东济宁州。值岁饥，捐俸为富民倡，赈活者十万余人。他如定市价，严朝饮，惩枭博，逐流娼，善政毕举。济之南有牛头河，上泄南旺诸水，下经鱼台注八闸。自黄河决，诸闸淤，济南南乡地颇洼，时被水患。士讷详请，浚河鸠工，趋事者麟集。程已及十之七，而以积瘁卒于官。

吴贯，字传一，云峰人。康熙壬戌进士，授武昌通城县令，廉济爱民，以卓异擢陕西干州知州。时岁大旱，民逃土荒。贯至，即减驺从，亲诣诸村落招徕劝垦，数年哀鸿复集，地无旷者，讼简刑治，为秦中冠。内升历户部郎中。

方瑞合，字锡公，号鹤轩，茶坡人。年十二补诸生，登康熙壬戌进士，任毕节令。毕节为蛮獠集处地，兵燹后，学宫久圮，几不知读书为何事。瑞合初受事，即割俸重建并创义学，公余口讲指画，多所开发，至有以书吏受学游痒充贡者。庚午，同校乡闱主试者徐公嘉炎命通榜解士，皆受业其门。后署大定，通蛮种以汉语，而乌撒洒城等处风丕变。督抚交章卓荐，而以瘴湿致疾，卒于署，士民皆号恸，建祠祀于县治之西。

张羽飏，字仞上，号云谷，渡渎人。居家孝友，能以静镇化其乡。登康熙乙丑进士，宰蒲城。蒲为陕巨邑，连遭旱荒，民嗷嗷无食。羽飏抵任，尽汰一切横征，大举赈恤，招流亡，给牛种，为秋成计。已，果甘霖大沛，民庆更生，为作《十好歌》以志德政，天子降玺书增秩以荣之。

徐翯，字晋昭，剑溪人。父早丧，母卢氏苦节自矢，夜纺课读，遂饩于庠。康熙乙卯乡试，受知昆山徐果亭先生，为名孝廉，谒选得江西会昌令。时年七十矣而精强，少年有不如。简驺从，禁私谒，平物价，除折耗，一以省事恤民为务。期月而讼庭虚无人。会昌科名久替，为重葺学宫建塔，以振文风。所拔前茅士多获隽去，一以为慈母，一以为良师。后乞休，邑人留之不获，为立碑建祀。年八十五卒于家。

吴作霖，字雨来，号可园，云峰人。健于文，有当世才用。父憬，康熙丙子名孝廉也。尝痛两世孝行，未获阐扬，赍志以没，吁之有司，得遂旌表，祠祀如例。雍正元年，举于乡。七年，以吏能试为令。初署知巴州，已移令定远，大吏谓未展骥足也。并使摄合州三载，遽以病归。两地民追送至楚界上乃返，为祠以祀之。其在巴州也，会军兴，例起徒役三百五十人。作霖念岁方大疫，强驱之则道殣相望矣。请效古僱役法，厚输募值，上之台，台善之，如所请。并下其法他州。知合州之明日，即行狱察，其中词连讯逮本无涉者五十二人，申遣之。以是民不忍欺，或竟束手归命。定远有囚刘荣蒲英在死法，赴秋审，回未中道，而解役病踣卧路亭不能行，或劝之逃，二囚曰："吾非不能逃，恐累长吏且累两地失此好官也。"径来抵系，而役以后数日方至。其它治迹不胜书，而大者卓卓如是。蜀地多奇货可居，作霖归不持一物。卒之日，家无余财，足以知其守节官下矣。

郑见龙，字雨文，号讱斋，南河人。为文有奇气，试辄冠一军。乾隆辛酉拔贡，循例肄业成均。甲子，领顺天乡荐，以教习内廷，课最，试为令。初署江南砀山，有能声。旋移授如皋。会岁饥，贬衣损食，捐俸赈济，民赖以不困。邑乘久阙纪载，为征文考献成一编，观者举目以史才。邑有范景颐，故奇士，而在陋巷中，人无知者。见龙试邑童子时，于暗中摸索得之，拔置第一，遂有名于诸生间。盖其知人能得士也如是。治民以惠为主，颂声翕然。卒于官。遗《讱斋家训》一章，皋人家有之，以为珍秘云。

续纂循吏

何咸宜，原名峘，字毓芝，一字漱泉，文昌人。道光壬午优贡，考充正蓝旗教习，期满以知县分发四川，署永宁知县。会理州知州补冕宁县知县，调补华阳县知县。大计卓异，升越嶲厅同知，以获盗功，升潼川府知。旋授保宁府知府，调补成都府知府。钦加道衔，署理川东道。咸宜天姿颖悟，气宇轩昂，年十六，县府院三试冠军，名噪词坛。及为民牧，兴利剔弊，锄暴安良，循声卓著。尝有富室悔婚构讼，以千金行贿，咸宜佯受之，及临讯，以女判归原婿，并将贿金置案前，劝翁济婿。一时有何青天之目。其任保宁成都时，值咸同间各省粤匪猖狂，扰及川中，咸宜率各属县集乡团击贼，旋授兵符，数建大功。川省视南省较安者，咸宜之力也。以积劳卒于营。总督骆公上其功，荫一子以知县用。

光绪淳安县志卷之十

人物志二 理学 儒林 文苑 孝友 笃行

理学

学问渊博而不根极理要，与说铃书肆何异。淳固朱子所茇憩地也，诸儒虽稍稍异同。钱近陆，方近朱，要之鹅湖、鹿洞，当时已如辅车之相依，交发并至。后之勃窣理窟者，岂能拈一放一，兼而存之，非直为两家骑驿，亦以见道无乎不在。而天子内圣外王之学，不偏于其理，不离乎其宗。虽千室之邑，而微言大义，尚有火传于薪者可考也。志理学。

宋

钱时，字子是，蜀阜人。幼奇伟不群，读书不为世儒之习，以《易》冠漕司。既而绝意科举，究明理学，游慈湖之门。慈湖喜曰："人心背驰不知其几，惟子是超然有觉，又能启迪其乡人士，吾道其亨乎。"大书"融堂"二字赠之，遂为杨门高弟。提刑袁甫作象山书院，招主讲席，兴起政事，多所裨益。郡守及新安、绍兴守皆厚礼延请开讲郡庠。其学大抵发明人心，论议宏伟，指摘痛快，闻者皆有得焉。乔行简知其贤，特荐之，言："时夙负才识，尤通世务田里之休戚利病，当世之是非得失，莫不详究而熟知之。不但通诗书，守陈言而已。"授馆阁校勘。诏守臣录其所著书来上。未几，出佐浙东仓幕。李心传奏为史馆检阅，轮对，敷陈剀切，皆圣贤之精微。旋以国史宏编未毕，求去。授江东，帅属归。其书有《周易释传》《尚书演义》《学诗管见》《春秋大旨》《四书管见》《两汉笔记》《蜀阜集》《冠昏记》《百行冠冕集》。宝祐间，郡守季镛祠于学，号融堂先生。邑令虞𫓶《融堂赞》："伟哉丰神，潇洒绝尘。光风霁月，陶泻性真。道山穹窿，蜀阜嶙峋。穷邪通邪，千古令名。"

方逢辰，镕之子。自幼天禀卓绝，刻苦问学，夜诵彻旦，无书不读，而会极于周程朱子之学，以格物为穷理之本，笃行为修己之要。既长，人物魁岸，声如洪钟。初名梦魁，淳祐十年，进士第一，理宗改今名，故字曰君锡。授幕职，历典州郡，所至以教化为先务。暇日从容庠序授学者，以求端用力之方。东阳士辟义塾，迎之，从游者数百人。寻创家塾，授徒以居。累官兵部侍郎、国史修撰兼侍读。郑清之、贾似道擅权，逢辰叩阍言事，词旨激烈，忤似道意，乃称疾归。度宗立问其讲授之所，御书"石峡书院"四字为匾，赐之。手诏曰："近进士一科文章盛而古意衰，卿以儒硕早魁多士，晚更倡明正学，作新士习，以继往开来为己任。朕甚嘉之。"其眷遇如此。后元世祖诏起之，辞不赴，卒于家。所著有《孝经解》《易外传》《尚书释传》《学庸注》《格物入门》诸书行于世。学者称为蛟峰先生。何梦桂《蛟峰赞》："大原孔孟，嫡派朱张。忠恕宏毅，刚大正方。义存出处，道系存亡。立言垂训，德久弥光。"

儒　林

《儒行》篇中，孔子所陈十九儒，率皆立德立功之事。然曰自立，曰独立，其自言曰："三十而立。"象《易》之《恒》曰："君子以立不易方"，则卓然自立。诚儒者入道梯航。虽其行或偏而不全，要必以是正其趋，然后于十九儒者取法乎中，如所谓好学而不倦，博学而知服，近文章、砥砺廉隅者，或庶几焉。而近文章必有成书，砥廉隅必有成迹，托之空言，不许也。于邑中，自宋以来得若而人。志儒林。

宋

徐陟，字彦升。宋钦宗时入太学，大司成杨龟山奇其才。叩阍击权臣，归隐锦溪，注五经。子孝纪、孝友、孝恭，侄孝宁，杜门读书五经，皆精究，而孝恭尤深于易。人号“五经徐氏”。隆兴、淳熙间，兄弟连登进士第。孝恭主德化县簿，政教兼善，士多从之。

方镕，字伯冶。两魁郡试后，弃去举子业，尽心圣贤之学。每曰：“人与天地相立者，文艺云乎哉?”其训诸子，务先穷理尽性，至应事接物，则以持敬实践为功。二子逢辰、逢振前后及第，乃曰：“此吾昔以为不足为者，尔曹勿谓足也。”历官奉直大夫、两淮制置司参谋官。

何日章，字章甫，文昌人。与弟日宏同举庚子乡试。理宗见日章美丰仪，有儒者气象，遂以弟荣王与芮女妻之。既贵，砥行峻洁，所造日深，家教悉宗程朱。其后探花梦桂、进士景文，皆日章之侄与孙也。今郡马府犹存。

何梦桂，字岩叟。幼从乡先生夏讷斋游，所得良深。咸淳元年，廷试第三，授台州军判官，改太学录，迁博士，添倅吉州。时厢军不受令，鼓噪而起，梦桂舆疾往谕，遂帖然。除太常博士、监察御史，抗疏言守避之计，书未上而省符迁军器监以归。元初，御史程文海荐之朝，授江西儒学提举，不赴。筑室小有源，著书自娱，有《易衍》《大学说》《中庸致用》等书，学者称为潜斋先生。

洪扬祖，镇东节度判官璞之子，尝从袁甫、钱时讲义理之学，登绍定壬辰进士第，以切直忤时，授宁浦教授。广西赵帅辟致幕中，论岭南买盐及横山以钱易马事，多所裨益。迁京教，除大常，置登善录，士多向风。召试馆职，除正字，轮对者三，恳恳以正心诚意相启沃。自号锦溪，有集藏于家。

胡应玑，字粹翁，居梓桐。明性理之学，隐居教授，不求仕进。著《理髓》三卷，学者宗之。

胡子廉，慎重不苟言笑，弱冠博极群籍，弃举子业，从东莱吕成公游，尽得其趣。穷居乐道以终其身。

吕人龙，字首之。登景定三年进士，仕承务郎。尝受业钱融堂先生，讲明义理，所造日高，胸次洒然，有浴沂咏归气象。学者因其所居，称凤山先生。有《凤山集》行世。

方逢振，字君玉，蛟峰弟。登景定三年进士第，历太常寺簿。宋亡，退隐。元世祖诏起之，不赴。聚徒讲学于石峡书院终焉，学者称山房先生，配祀蛟峰。

陆震发，字德甫。少聪明淹洽，尤明于春秋。淳祐中，知州王佖、知县犹荐之朝，以亲老辞，乃授学谕。尝撰《修学记》，云："人心本自虚明广大，无贤不肖，均具至理。特患物于物，而不能物物耳。"著有《春秋讲义丛志》一卷。

方一夔，字时佐，号知非子。幼承家训，壮与何潜斋诸老游，学问该博，行谊醇笃，应荐领教郡庠。未几，退隐富山，授徒讲学，门人称富山先生。有《富山遗稿》。

钱允文，号竹闲。从季父融堂先生游，研精义理，善属文。咸淳元年，特奏名进士，令武冈，严而爱，不避权豪，强猾多敛迹。侄端琮，字正叔，亦从融堂学，领乡荐，主嘉定学，教有安定遗风焉。

徐唐佐，字君甫。力学自奋，登进士第，历衢州教授，至行在榷院官。晚年居贫，操行峻洁，为后学师表。从弟梦高，字明叟，学尤精粹，教授衢州。有《菊存稿》一卷。

元

夏希贤，究明性理，洞诣本原，而会其极于象山、慈湖之要，杜门不出三十余年。著有《先天易书》《读易十字枢》，学者称之曰自然先生。子清之、大之、潜之，皆承家学。大之领至治三年乡荐，尤明易象春秋之学，掌教安定书院，士多归之。长于诗，授新安赵汸诗法。

方道睿，字以愚，蛟峰先生曾孙。登至顺二年进士，授翰林编修官，撰后妃功臣诸传，大义独断。调嘉兴推官，凡谳囚必脱其桎梏，赐之饮食，温言和气以探其情。再调杭州判官，引疾归。著有《春秋集传》《愚泉诸诗稿》《诗说》《文说》《选唐诗》各如干卷。其子淹，为淳学训。

明

张复，字明善。德性宏毅，博通五经，而尤邃于春秋。著《春秋中的》一卷。郡守亲聘司训郡庠，学者翕然宗之。与吴朝阳、宋翔仲、鲁道源称为"春秋四先生"云。

徐尊生，字大年，号赘民，老曰赘叟，厚平村人。洪武初，选士修《元史》，翰林修撰鲍䌹以公名荐授翰林，应奉文字。总裁宋公濂，王公祎及诸儒汪克宽、胡翰、赵汸、贝琼、高启等十八人，共修《元史》。史成，赐赉有差。壮者授以职，老疾者听归。公年五十，即引年求退。上允其请。总裁官以壬申君事迹未纂修，复奏留之，俾入禁中修日历。既而改入礼局。礼书成，不待进，固申前请命。有司礼送以归。方是时，明鼎初建，以法绳臣下严，公以故不乐仕进也。后十余年，大臣论荐，复召入京，又固辞拂上意，出为陕西教授，未行而卒。公之学，其源出自钱融堂。所著有《春秋公羊经传》十四卷，《春秋论》一卷，《怀归稿》一卷。

洪源，字子泉，号泉斋。好学问，尤深于《易》。洪武中，以太学生授安仁学谕，专以明道务实为先。每谓诸生曰："讲学须明，闻道须行，毋饰外以叨虚名。"历教滁州、邵武、福州，持心如一日。既卒，以子玙贵，赠工部主事。

任友松，字伯坚，号月山。由岁贡授安远学训，迁河间府训，博极群书，陶成多士。所著有《规劝士子文》十二则。

应鼐，字汝器，号朴庵，累政颢之子。颖异超卓，博通五经，而尤长于《书》，一时学者宗。

叶逢春，字廷秀，号省斋，梓桐崇坡人。领弘治乙卯乡荐，授山东营州学正。其教先德行而后文艺，动止语默，率循苏湖遗矩，士习为之丕变。

方玠，字廷锡，进贤里人，太仆卿汉之侄也。少即端重不苟言笑，比长，从累政邵公新、按察使吴公倬受《春秋》学。每自叹曰："人生天地间，不但当为文人而已。"故端行谊，肃容范，非道异术不萌于心。从学者有"界方先生"之号。正德间，应贡卒于京。

应鲤，字时化，号南峰。由贡士司南昌训，文谟道范，望隆江右。

卢怡，字悦之，新桥里人。以贡授弋阳训导，出其门者多所成就。秩满将归，士民群请于当道，乞就升本学谕，以留之。怡浩然而行，优游林泉，著书终老。

宋大德，字敦化。丙午岁荐，初任宁波训导，升嘉兴府授，为文章词旨高远，人士以为望尘不及也。

方应宿，字子经，赋溪人。以岁荐授仁和训导，和雅乐易，诸生如坐春风。后升徽州府学教授。曾孙士浛，登贤书。

吴一枢，号景云。以岁荐授仁和训导，迁缙云教谕，经其品题，辄为佳士，群服其知人。

汪万顷，字季雅。父士慧，应贡时年七十矣，万顷侍入京，一饭，顷不违，依依若孺子，人称孝子。弱冠，饩于庠，以贡授抚州训，优雅端严，为上台所重，剡荐将升而卒，位不配才，士林惜之。

国　朝

周上臣，字右子，丁隅人。清真孝友，嗜古文词，高朴似孟郊，素甘贫，敝衣冠，穷年不易，一食之腴，一衣之鲜，必分予诸弟。晚尤沉潜六经，贡入京，以母老忧卒。

王士义，字尊之，漠川人。由岁贡选授遂昌学训，文如其人，端雅有范。后卒于官，贫无以殓。子□□殉死柩旁，人共哀之。

方允文，字希文，茶坡人。幼恢廓有远志。年十八补弟子员，益潜心理学，反复注疏《性理大全》。喜蓄古异书，每不惜重赀购之，牙签万轴，悉手自校雠，丹黄殆遍。妻项氏，避乱抱书赴火死，事载《明史·列女传》。子瑞合，康熙壬戌进士。

周上治，字六云，号铁餐，上臣弟。好读书。凡在简素，罕不津逮者，而博观约取，归宿于《易》《论语》二书。居邑西偏，邑长顾希见其面。足未尝至市井，一日纵步行，忘路之远近，忽昂首见丽谯，遽反走，若迷阳之伤吾行者。其端也如此。徐少宗伯苹村先生，投分最深。苹村官禁近。上治以年资贡太学。苹村欢然欲延以都讲，而上治投策礼曹，已单仆孱驴出春明门矣。苹村叹曰："真可谓望尘不及也。"所著有《易解》《苔园诗》《南村诗》《苔园文集》。

商元震，字祖年，芝山人，上海知县显仁子。由岁荐授象山学训。象属海疆，士习颓靡。震携其子泽厚、泽沛、泽涵往，皆胶庠之选也，俾与诸生朝夕讲贯，文风日振。以疾卒于官。生平好赋诗，有《陶韦余波》，以未及刊行，故人罕见其全豹云。

吴勳，字文五，号芝园，华之弟也。幼失怙恃，笃学敦行。弱冠食饩，试辄首选。领康熙丙子乡荐，足不履公庭，居家训子授徒，先德行而后文艺，族中才隽皆出其门。邑令杨请与乡宾，辞不赴。子淳景，宣城训；淳懿，安吉州训。

方元亮，字乾一，进贤里人。以康熙戊午亚魁任平湖谕，其教以白鹿洞规为宗，尝从仪封张公讲学吴会，深蒙奖纳。乙酉，分校楚闱，所举多知名士。抚军朱公、徐公后先荐，擢迁宁波教授，卒于官。所著有《下学浅言》《讲课条约》

《经义事铨》。

吴敦矩，字方侯，号平轩，云峰孝子希敏孙也。生而颖异，年十五，冠童子军，游庠食饩，每试辄倾其曹。为人端慎谦和，望而知为有道。邑令徐、杨诸公延为西席。其所造士徐公鼎，任观风整俗使，礼聘掌教，以康熙丁酉领乡荐，至都门，陈沧州、张懋斋诸先达交游，扬之何义门以其子从学焉。试礼闱，履膺魁荐，不售。合邑公举孝廉方正，谢不赴。选景宁教谕，以疾辞。着有《四书文稿》《春秋三传注解》《读书录》行世。子受中、秉和聊翩科甲，乾隆元年，膺覃封，年八十六卒。

鲁嵩，字友苍，临岐人。以岁进士司太平训，太平故有夫甲例，或乞免第，如所请，即赇谢，颇不赀，嵩概绝之，弗与通。其廉介率如此。为文醇古澹泊，太平诸生旷然一大变其俗。山阴李发枝尝同官为僚，雅以笔墨相推重云。

方飏佐，字皋言，进贤里人。由岁贡授钱塘训，诸生中有贫而好学者，辄分俸周之。经其品题后，皆列清班。性廉静，抚军程公尝谓："方广文只吃杭州一口清水而已。"人遂目以清水先生。

方运昌，字鸣五，富山人。由例贡任余姚训导者九年。遇荐饥，割俸襄赈务，苜蓿不给，自如也。寻升桐乡谕，以亲老乞归养。康熙乙丑，擢陇西令，符下而疾已革矣。

童孝锡，字履旋，号亶奄，邑西松崖人。康熙乙丑，授贡官乐清教谕。性端介，积学力行，研精易理。所著《易义》，能阐程朱之蕴。邑侯刘干斋先生序之以行。间亦游情诗赋。其司铎也，讲论必据根抵，尤谆谆以敦品行为先，多士化之。卒年八十余。子天采，字溯白，有文名，兼工诗赋，亦以恩贡终。所著有《湘草》数卷。

吴峻，字仲岩，云峰人。家贫力学，借帙手抄，积久充栋。弱冠补增生，教学里中，轨范严而课文甚有法度。为人严气正性，不苟笑颦。四方从游者日众。及门无高下，率依归终身。丁酉，乡试荐而复蹶。邑东登甲科膺选荐者，率其高弟云。

吴超葰，字广臣，号天骨，云峰人。由廪生中康熙辛卯亚魁。为文清新灵颖，知名士多出共门下。授汤溪教谕。汤故婺下邑，士习颓靡，自康熙壬子后五十余年无隽乡者。葰力为振兴，择资稍异者，日与讲贯，月三课，其教以笃行通经为要，从游数百人，咸蒸蒸起。历任学使皆称两浙教职第一，屡檄婺守延主丽泽书院。会丁继母艰归。服阕，补新城教谕，振兴与汤学同。寻卒于署。

吴淳景，字学山，云峰人。早岁食饩，好学不厌，尤笃友爱。仲弟淳秀，苦读早世，抚教遗孤渊犹已子。弱冠入辟雍，景久困棘闱，膺雍正庚戌岁贡，任处州宣平训导。抵任即以文教不振，申详各宪设立义学，课督生童。各宪嘉奖，檄宣令雷董其成。雷令凡事皆就之谋。寻以积劳病卒。雷侯哭之恸，宣绅士为之罢市。

郑尚瑗，字蘧仪，号惺斋，鲤溪人。资禀颖异，而天性诚笃。年十一，父丧，能致哀尽礼。由廪贡司鄞训，甫下车，邑令申斥十余士，亟趋以请为原情辨雪得免。倡修文庙，振兴学校，鄞士感之。年老乞归，赈贫济困，乡里尤赖焉。所著有《悦心集》藏于家。

余廷瑛，字聘三，雁塔人。少孤力学，由明经授海盐训。其设教以黜浮崇实为先，学使者彭公书“教洽秦溪”四字优之。郡守郭公嘉其廉能，以为有吏才也，即委监理漕务，厘扬积弊，人果便之。欲以卓荐，会年老乞休归。

邵士凤，字桐冈。雍正四年，以岁贡授海盐训。孝友端方，居官迪士子，务衷圣贤，明体达用之学，月严课程，循绳尺以品题之，甲乙称弗爽。时观风使者王公行郡至邑，见其门下士循循有规矩，曰：“此谕导得人之验。”寻以秩滞乞休，既归，邑令举乡饮正宾，年八十而考终。

吴淳懿，字德山。幼警敏，博闻强识。成童入乡校，连冠一军。潜心经学，尤精于易。所著《河洛澄源》《象爻玩变》，见解多先儒所未发。父鞄老病，遂攻岐黄。岁丁酉，父迫令应举，归，至郡，心惕肩舆星奔，逢猛虎，舆夫骇走，徒跣归，则父已就木矣。懿以头跄地，流血被面。日视母膳，夜倚庐寝，块茹饘粥者三年，嗣得怯症，如畏追捕者，尽以著述付火。总督满、巡抚朱屡征不赴。苕溪吴隆元荐诸朝，因心疾免。由明经授安吉州训。寻归，年六十七，端坐而逝。

续纂儒林

方椠如，字文辀，一字朴山，赋溪人。笃信好学，博极群书，以文章名天下。中康熙乙酉本省乡试第二名。丙戌，成进士，选授顺天丰润县知县，历官三年，蝗不入境。旋以烧锅失察去官。家居力学，清严律身。教授自给，主讲敷文、蕺山、紫阳各书院，门下济济，奖掖后进，必以端心术、植品行为本，故出其门者卒成伟器，梁文庄、陈兆崙其最著也。尝与秀水朱彝尊、桐城方苞等商榷文史，及砥节砺行、修身体道之事。真有如朱子所云“省身克己，常若不及”者。乾隆丙辰，荐举博学鸿词，以部驳不与试。丁巳，钦召纂修三礼，辞不就。丁丑，圣驾南巡，时棨如年八十有六，迎銮于常州无锡县，上以赏翰詹科道者赏之，赐纻丝表里一袭，温语慰劳，世皆荣之。棨如自退官后，闭户著书，益潜心于濂洛关闽之学，故其为文朴茂古奥，类能阐发性道，翼扶世教，非徒摛词掞藻已也。一时学者称之曰朴山先生。着有《集虚斋学古文》十二卷，又《四书口义》《离骚经解》《朴山存稿》《续稿》《家塾晚课》等书行世，又未梓者有《十三经集解》四十卷、《四书大全》八十卷，《四书考典》四十五卷、《郑注拾沛》十一卷、《五经说疑》四卷、《读书记》八卷、《诗集》六卷藏于家。光绪二年，中丞梅公为之奏请，入祀乡贤。

文 苑

文苑立传，昉于范书，抑圣门设科，游夏固以文学鸣矣。淳邑，清淑之气磅礴而郁积，遭逢国家文明盛际，渐渍百余年，绩学种文之士，日新富有，与山川相映发，蔚然而翔，铿然而鸣，亦黼黻休明之一助也。志文苑。

汉

方侪，与弟储、俨，以孟氏易自相讲授。侪为南郡太守，封关内侯。俨为大都督，俱文学鸣于时。

唐

吴少微，与武功富嘉谟皆知名长安中，同尉晋阳，尤相友善，又有魏郡谷倚者，为太原主簿，并负文名，称北京三杰。时天下文章，宗尚徐庾，浮俚不竞。独少微、嘉谟原本经术，雅厚雄迈，人争慕之，号吴富体。预修《三教珠英》，韦嗣立荐少微、嘉谟并为左台监察御史。已而嘉谟死，少微方病，闻之为诗，恸之亦卒。有集十传。子巩，中书舍人。

皇甫湜，字持正，擢进士第，仕至工部郎中。卞急使酒，数忤同省。求分司东都。留守裴度辟为判官。度修福先寺，将立碑，求文于白居易。湜怒曰："近舍湜而远取居易，请从此辞。"度谢之。湜即请斗酒饮酣，援笔立就。度赠以车马缯彩甚厚。湜大怒曰："自吾为顾况集序，未尝许人。今碑字三千，字三缣，何遇我薄耶?"度笑而酬之。

皇甫松，湜之子。工文词，著《醉乡日月》三卷，其《大隐》一赋尤为绮丽，而得名在乐府宫辞。

宋

邵焕，七岁随父兄应举。时郡方建谯楼，题诗于壁，吮笔辄就。郡守杜惟一奇之，奏令赴阙，真宗以年幼赐帛遣归。咸平三年，十岁，复以童子召，令赋春雨诗，又文不加点也。是年，赐进士第，除正字，命于秘阁读书。常引之入宫，令赋睡宫娥诗，焕应声云："玉腕枕香腮，荷花藕上开。"曰是儿情窦开矣。乃命出就职，官至金部员外郎。

方仲谋，字公辅。仁宗朝登进士第，为歙州推官，擢大理丞，累官殿中丞。秉性贞介，而文采蔚然。所著有《雉山集赢》二十余卷。其为诗不事雕镂而声律浑成，绝无纤秾华媚之态。

方闿，字彦和。年十八诣乡举，与兄闳、弟闻同受业太学，每试必迭为之魁。徽宗幸太学，特赐进士出身，历右文殿修撰，至金紫光录大夫，以足疾乞归。高宗御书杜诗四首及龙亭居士号赐之。闳为朝请大夫，判南京国子监。

方闻，字彦直，闿弟也。年十五诣乡举，徽宗幸太学，对策称旨，御书"词翰俱优"四字赐之，遂释褐，上美之曰："两浙三方，天下无双。"盖与闿、闳兼称之。历太仆少卿，至银青光禄大夫。

方有开，字躬明。少倜傥有大志，为国子录轮对，论吴蜀偏重，荆襄居中，为用武之地。因上联形势、讲攻守、辟田畴、建宿卫四篇，孝宗大悦，转司农丞。再对，论规模，荆襄宜讲屯田为大计。后运判淮西，复著《屯田详议》三十二篇，以献。当国者沮之，遂归。有《奏议》五卷，《诗文》十一卷，朱文公尝为书"万溪书堂"四字，故自号溪堂。

洪梦炎，字季思。宝庆元年进士。端平间，禁军构逆，命梦炎抚谕。既受旨，索饮至醉，卧省庑下如无事。时徐以单骑入军，逆军斧其导卒，至血溅衣而色不为动，晓谕切至，皆安堵听命。会高沙军变，命梦炎绥之。至维扬，阃帅赵葵诡以指日可破。梦炎曰："攻讨者，制阃之大义；抚谕者，天朝之至恩。殊恩曲赦，非爱哄卒，爱百姓也。"遂入城宣诏，开叛酋自新之路，一军以安。寻以大宗丞赞浙幕，召拜司农，差知衢州，卒于任。有《文集》二十四卷，《奏录》三卷，《高沙抚录》《荆襄语稿》各一卷。

吴寅，字宾旸，临河人。博学研经，于毛诗尤邃。嘉定间，由乡举侍讲东宫，说诗称旨，特赐进士。见权奸内蠹，强敌外讧，知事不可为，遂谢归。

黄蜕，字新之，号警斋。淳祐七年，廷试进士第二人。时方逢辰未第，诗以贺之。蜕答云："欲与状元留地位，先将榜眼破天荒。"次科逢辰果状元。蜕学博而正，著作不留稿，人得其片纸必珍藏之。自建昌军佥判，迁大理卿。所至以文学知名。未几，归老。学者祠之于石峡书院。弟宗仁，字荣甫，淳祐进士，累官司农少卿，亦多注书。

许继先，家贫力学，淹贯经史。咸淳间，以春秋领乡荐，仕至宣教郎，秘书省检阅文字。

吴攀龙，字符登。刻苦问学，文声藉甚。登咸淳元年进士第，主饶州安仁县簿。少与方逢辰、何梦桂为同门友，尝见器于赵白云，为大书斋匾曰爱敬，又曰晋斋。

何景文，字俊翁，梦桂从子也。同受学于夏讷斋，又同年登第，御赐一联云："一门登两第，百里足三元"，以黄蜕榜眼、方逢辰状元及梦桂探花为三元也。初主合肥簿，迁监行在文思院，学问卓绝，后进师之。

童震龙，合浦人。咸淳中，与弟元清同登进士，选授南陵知县。国事日非，遂致仕归，杜门著书以终。

汪自明，学问博洽，时称汪六经，撰《礼林》《义林》，合四十卷。

项庚老，博通经史，累举进士不第，教授乡里，其徒如方有孚、邵桂子皆以文学名。

邵桂子，字德芳，吴攀龙子，出继。以太学上舍登咸淳进士，任处州府学教授。宋运讫录，解组赋归，避地云间，赘曹氏，居泖湖之蒸溪，濒湖构亭，名雪舟。著述其间，有《脞稿》十卷，《脞谈》二十卷，皆以雪舟名之。预为生圹，号曰元宅。著《元宅七铭》《续七铭》《别七铭》，凡二十八事，摹《周易》作忍、默、恕、退四卦。

洪振孙，号石庵，奎峰人。咸淳进士，博物洽闻，尤长于诗，仕至婺州司理参军。

王通叟，字蒙泉。少游何潜斋、毅斋二先生门，得采朱程之秘。理宗朝，以明经授桐乡教谕。所著有《蒙泉诗集》，潜斋为之序，以行世。

汪斗建，宋末遗老也。尝为学官，隐居不仕。其诗大有声律，号《云留小稿》。

元

洪震老，字复翁。延祐中，领荐，与时相书，言词鲠直，士论韪之。未几，弃官隐石壁峰下。著有《观光集》，日以吟咏为事。其诗气格昂藏，词锋艳发，览物品游，往往超脱。

吴暾，字朝阳。八岁能诗文，不属稿而成。泰定间，登第，出丞番阳。时邑赋云南叶金，民患之。暾言于朝，始得输常金，民赖以苏。历未几，归，授徒讲学，从之者户履云集，若方道壑辈皆其门人。所著有《齐城集》《麟经赋》并《诗文》二十卷。

宋梦鼎，字翔仲，号静斋。与弟季武，俱明春秋。当时以梦鼎、鲁渊、吴墩、张复，号春秋四家。梦鼎少侍父读书遂安山中，一日散步，忽闻神祠钟鸣，谓有扣者，至则寂然。归以告父，父曰："汝后必贵。"梦鼎复诣祠曰："吾果贵，钟宜复鸣。"既出而复鸣者三。至顺元年，登进士第，为婺源州同知，转奉议大夫，知奉化州。

陈鼎新，工吟诗，著述甚富。吴朝阳、郑德彝深重之。率众立义田以给庠校，游士官教授，卒于家。

明

徐畛，字仲由，徐村人。幼颖敏，能日记五千字，善属文。洪武初，邑令辟掌邑庠教三年，仲由性不乐久羁绁，因自免去。洪武辛酉，诏征秀才，复举应诏强起之。至藩省，以诗投藩省王公，力辞而归，遂号巢松病叟，以诗酒自放，尤工词曲。每与客酬饮，吟和执盏立就，无不清新豪迈。秀水朱太史彝尊云："诗虽非所长，然亦不俗。"

汪一初，字阳复。少嗜学，以诗文鸣。洪武初，守将荐之朝，上方观书，命作诗，立赋以进，有“花影上阶春满地，读书余暇问苍生”之句，即命以白衣侍讲，逾月，授儒学提举，寻以亲老乞归。庚申，复召见，对策第一，擢太常寺卿，辞不就。遂命白衣巡抚山西，卒于颍州。

夏严仲，家贫好学。洪武间，为邑学训导，终日讲明义理，弟子及门者，随其材质高下而成就之。若主事方鹏、布政宋兴、司务何赋中，皆其徒也。

俞溥，字士渊。少与徐尊生交，著作等身，以通经荐授本府儒学训导，转国子助教，致仕。妻童氏，遇寇卫姑死节，载列女传中。

方定，字志安。博学，善吟咏。洪武间，领京闱乡荐，分教东平州，转海州。与修《永乐大典》。迁长泰县学谕。著《止轩集》，行于世。

方渊，字宗源。赡词藻，以太学生授蒙城令，其厅事四壁，遍书先正格言以自警。秩满引年归。所著有《龟鹤山人吟稿》二卷，《贻哂稿》三卷。

吴福，字天锡，云峰人。景泰中会魁，为兵部武库司主事，以能最，赐敕褒嘉，升本司郎中。急流勇退，居家二十余年，造万卷书楼，坐卧其中，从学若徐贯、徐鉴，弟新（即邵新）、祚，皆以进士历显仕。

陈衡，字克平，桂浦人。通五经，尤精春秋，领永乐丁酉乡荐，授亳县学训，改巴县。蜀府闻其贤，疏上乞补官，遂任典宝，从游者日众。尝校文湖广、云南，皆称得人。所著有《半隐文集》。

吴祚，字天保，福之弟也。登成化五年进士，授翰林院庶吉士，改监察御史，巡按贵易，弹劾不避权贵，以忤当道。乞致仕，居林下数十年，赋诗制典，不问户外事。所撰有《风山集》。

商良臣，字懋衡，文毅公辂之子也。登成化二年进士第，授翰林庶吉士，累官至翰林侍讲。文章器识，绰有父风。早逝，不克究其用，人惜之。

商汝颐，字景贞。弘治二年乡荐，累官湖广参议。为文精密渊巧，绰有姿态。其诗覃思远诣，如素障子，虽无烂目之华，欲摘其瑕，亦无下手处。

程文楷，字守夫。颖敏好读书。督学吴伯通奇其文，擢冠两浙。领弘治五年乡荐。与王守仁、林庭棉友善，赓和盈几。著有《方丈集》《松柏稿》《春崖杂稿》。

吴颖芳，字菹若，号辛巘，生而英敏异常儿，舞勺游庠食饩，文名藉甚。中崇祯丙子亚魁，嶷然山立，人多以公辅器之，竟不得意于春官，赍志以殁。所著有《麟经艺》《辛巘文集》行世。子兆熊，选拔贡生，贯，成进士。

汪绅，字德彰，号尚友，邑西隅人。通春秋，学兼尚书，以贡授养利州知州。偏方俗鄙，懵不知学。绅广设乡校，人给孝经小学以教之，以变其旧习。无何以卒。有《雉洲文稿》。

应硕，字文辉，号鲁斋，参政颢弟也。好学能文，贯穿经史，不徒作博士家言。弘治甲寅，以岁贡授山东济南府陵县学训，师范有阳亢宗之风。其归也，邑士大夫争赋诗撰文以饯之。所著《经义序说》等稿藏于家。

胡坤，字一宁。庄重缜密，勤学娴礼，以贡分教姑苏，卷不释手，执经问难者叠肩，至无坐处。继擢淮府教授，以礼法导生。既归，设教云坡门下，多名人，若徐楚其表著也。撰有《静山论》，至今传焉。

徐鹏程，号图南，遂昌谕应箕子也。资性颖敏，大父楚器之，隽于乡，主司遴其文为程序，任长乐令，有能声。[1]

王万世，号深公。雄文古学，屡举数奇。岁贡授山阴训导。著《元寄集》以自表见，与诸生论文，必循成弘嘉隆之轨，曰："晚近帖括，忽而缀子，忽而袭经，饾饤残余，代衰谁起。"时以为格言。

汪若浚，宁深仲。老诸生，抱才不遇，苦吟嗜酒，竟落魄以死。死时犹抱酒瓮于怀也。其诗不甚传，惟古祠宇、破寺柱壁间联句对字，往往是其遗迹。及作剧诗句酒令，犹时时传述人口。然于剥落草书中得一一语完好辄有味。家故贫，居西郭晚翠园，檀栾千个，日科跣衔一卮其间。吟诗大抵怀抱自抒，不假藻缋，有开元大历遗意。近体尤工。正如遗山之称愚轩，所谓"五言平淡，他人未易造也"。有《晚翠园集》。

方一瑜，字伯玉，赋溪人。授经族叔尚恂公之门，故深于春秋。十八为诸生，每试拔鳌狐以登。崇祯乙亥，汇浙东西士选之贡成均，一瑜以春秋魁其选，与萧山来集之齐名，需次服官，而以艰归除丧，则神州陆沉矣。遂以明经老。所著《麟旨因是》三十卷。

吴觐光，字文卿，云峰人。宪副一轼之三子也。博学雄才，著述甚富，由岁

---

〔1〕以下原稿缺4页，据《乾隆志》补。

贡仕至刑部司务。孙宏，事具循吏传。

吴达和，字节生，云峰人。崇祯庚午、癸酉，两中副车，领己卯乡荐，居乡不谒令长。巡按行部至，虽世好，无所开说也，时号“孤竹春元”。族党嫠孤，按月给米，十年无间。为文纯古淡泊，五上公车，三荐不第，授新淦知县，病不赴。子豳，孙超葰，相继登科。所著有《麟经因是》。

方孟传，字东来。邑廪生。淹洽百家，工诗古文词。藩参徐凤谷爱其才，妻以女。每试前列，邑绅方尚恂、吴希哲、遂安方逢年、建德戴东旻，皆文友。所著有诗文各集，未隽而卒，士论惜之。

吴人昌，字旭升，都谏希哲次子。拔贡生，博贯经史，为文劲峭崛嵂，凿险通幽而归于大道。周玉绳、柳柳州搜择融液，与道大敦，取李奉礼“骨重神寒天庙器”语品题之，当时目为知言。年未中寿而卒。所著仅《学山园集》五卷。□后裔率以文行嗣家声，庶常璋，其曾孙也。

国　朝

方际泰，字亨初，进贤里人。中顺治丁酉科乡试第五人，学博而醇，行和而介。生平未尝见疾言忤色。虽登贤书，阖户咿唔不异寒素，士林重之。

吴达善，字孟坚，云峰人。性强记，读书涉目不忘，为文渊博离奇，时人怖犹河汉，艾东乡一见奇之，定为莫逆交。有文稿藏于家。子家骝，邑廪生，亦长于文，所著有《学渊》行世。

商践猷，字嘉乃，芝山人。诚悫恬雅，好读书，渊源家学，以文章著名。癸卯岁荐，邑宰重其行，敦请辑县志，举乡饮大宾，有加礼焉。

方一镳，字野闲。五岁入小学，能讽文一千字以上，为文敏若注射，疑其成诵在心，借书于手者。父尚恂深器之，曰：“吾于学煞吃辛苦来，若是儿乃所谓天授也。”既长，于书无所不窥。每有会意，即更手写，雪抄露纂，自中经四部，下逮杂家，录成帙者以百数，目力既竭，久之遂抱邱明之疾，然门外问字人接踵，间求诗文，辄口占与之，笔受者每愁腕脱。其所著渊博无涯涘，人或不知所自来。诗不多作，作则惊人。诸古文亦往往散佚，仅存什之一，号《羼提道人集》，又著《文疴七砭》一卷藏于家。

吴骏显，号四虚，达和弟。以上舍生中顺治辛卯乡魁。为文沉毅巉刻，艾东乡选其制义入文，定文待甚夥，又为论定其专稿，谓可与金嘉鱼、陈临川鼎峙，然好洁如米襄阳。会文吴越，堕市河中，以香水连浴数日，竟致疾终。

商世法，字式九，芝山人。汲县知县，民宗子。绩学缮文，以冠军食饩，名彻鸡林。因山寇潜发，徙居县城，邑官师及绅士，凡撰著率假其手订焉。禀性豪迈，不修边幅，以诗酒豪于城市间。年七十余膺岁荐，家无甔石，晏如也。人以是益敬礼之。

王行健，字恒只，赋溪人。博闻强识，生平游屐所到，率携一折，随所见记之。领康熙二年癸卯乡存，谒选校官试第一，特授安吉州学正。昆山徐健庵先生雅爱其才，谓可任内翰，抵官饬士，一则于古。康熙辛酉，聘闽闱同考，所拔多知名士，如太史吴公一蜚，处州司马彭公铭，其著也。所撰有《自怡集》《赋溪小志》。

方叔元，字纯之，金坂人。博学能文，必求有用。邑令张公一魁，邑丞张公鸣珂，皆折节下交。其所著《广慧》一编，则小学支流余裔也。叔元虽以诸生老，乡先辈无不北面称弟子者。诗文刻本有《瓿余集》等稿，藏于家。

吴阳，字燮文，云峰人。为邑廪生。历试有声，友教四方，学者宗之如河汾、鹿洞，然顾十试棘闱，屡荐屡蹶，士林为之扼腕。孙敏芝，以弱冠登丙午乡荐，人谓乃祖所诒云。

吴容，字淑大，云峰人。幼颖悟，一朝能诵万言，为文以姿态取胜。由廪生中康熙壬午副车，教授多成名士。邑侯刘延授子侄经。所著有《尚书文稿》行世。

邵遂鹗，字荐甫，东坡人。博闻识，有隽才，工诗古文词。每有撰著，诸先达皆敛衽敬服。然数奇不获登贤书，终以文学老。所著诗文骈语甚富，集藏于家。

余彝，字俊升，城东隅人。气度异常，方儿时食麦饭，一儿攫之去，神色自若。邵翁某者见而奇之，遂收为东倩，课之读书，既入乡校，明年试冠一军。文名藉甚，兼工书法，持缣素碑板造请者，相望于途也，然竟以一经老。

吴梦熊，字淑梦，号磻叟，云峰人。三龄失怙，母方氏茹荼饮水，力抚之。天姿卓绝，经史百家，过目成诵，终身弗忘。弱冠游庠食饩，足不履户外，益研穷载籍。为文高古雄厚，粹然一出于正，所刊试牍，脍炙人口，顾数奇弗偶，以明经终。设教里塾，勤勤引诱，能文士多出其门。所撰有《四书》《麟经》二稿及《史论》四卷。

吴兆熊，字男一，号霁轩，孝廉颖芳长子也。年七岁而孤，偕幼弟贯，依母为生。刻苦读书，未冠游庠，以康熙壬子拔贡，选授於潜谕。为人倜傥，负奇气，敦大节，孝友之性发为文章，故能奇而有法。其弟郎中贯，蜚声科第，兆熊指授之力为多。

程士宏，字以任，城西隅人。负才不羁，家故高赀，后生产日耗，然但得天真酒，未尝皱眉也。雅工撰著。康熙癸亥，修志，邑令胡公延请秉笔。晚年，息影水月庵，雅慕王逸少、陶靖节为人。九日名流咸集，洗爵遥奠二公，因宴游赋诗，纵谈名理，终日无鄙言。所著有《鹿耕集》《啜茗草》《未焚草》若干卷。

方士颖，字伯阳，号恕斋，一镳长子。县学生，始就外傅，即学为诗。年十一，应邑童子试，既归，父展其行笈，得诗一章，中有句云“野渡舟难觅，沙汀客屡呼”，父微吟良久，问谁与作者，跪以实对，遂以手抄杜诗一帙乞之。于是益大为诗。诗雅润为本，论者谓不减中唐钱、刘辈，得一事有助风教者，则指事类情，铺陈终始，如白公讽谕诸篇尤妙，楷则每试有司高等，赏其文者即并其笔迹，嗟诵之，以为二宝。事亲以孝闻。康熙甲寅、乙卯间，山贼溃发，居民四窜，而父不幸失明。士颖年开六十矣，哀踊如孺子慕者。所著有《偶存诗》六卷，赋二卷，骈俪杂文三卷，类钞五十卷。而以睦州诗派之无存也，次第排缵，为《严陵诗选》以补续之，甫成二十四卷而卒。

邵能逾，字越凡，居城东隅。至性过人，同怀弟十人，友爱无间言，日从事于书床笔格，不涉他事。囊橐萧然，晏如也。由岁贡檄授钱塘训。时年已耄及之矣，辞不赴。年九十四而卒。

周上羽，字采均，城西隅人。以贫故，授徒，言坊行表，弟子云集。经其讲画者，莫不绳绳有师法。工诗，亦工行草书，醉里挥毫，尤得意也。年八十一。

周上如，字汝石，上羽弟。幼从伯兄上臣受经，卒业后学，日赡诗古文，日益精，以明经需次，学博业，奉部檄得姚江训矣，中丞法公以耄老讽之，乞休。既归，益肆情翰墨，居近市而足不履湫嚣者数十年。寿九十一乃终。所著有《青苔园文集》《睦州漫兴》《山中吟》《甲寅草》《越游吟》《武林篇》《秋感近体》《山禽谣》等卷。其子名孙振，字长宜，邑诸生也，为文益奇，无一字傍人篱下；

绘事殊绝，活禽生卉，不数边鸾。而以足疾为医者妄下针，遂不良于行。自署青溪坐客。

方士荣，字仲阳，赋溪人，一镳次子也。未就出傅，已学为诗。八岁时，有表兄吴子翀归云峰，即口占，改唐绝句诗送之，云：“寒甬连江晓入吴（改夜字），平明送客字（改楚字）山孤，合（改洛字）阳亲友如相问，一片冰心在酒（改玉字）壶。”句改一字，而稳切若天成。字山、合阳，皆所经地名也。业师王恒只知之，大惊，谓异日必以诗名世。嗣是短咏长吟，淋漓跌荡，亹亹逼人，然懒不自收拾，酒后以败笔书尺纸，漫投友人几案间，久之不复记忆矣。壮年所作，格益高于唐人，殆登堂而哜其胾，然存者不过什之二三，甫三十八岁而殁，盖使才不尽云。今家藏有《萤芝园集》三卷。

吴恕，字仕伯，云峰人。为文笔力如弩，可挽万钧。当其锋者，辄糜碎。康熙戊寅，选拔贡成均，学使者张公希良称为浙东西之冠，然不得意于场屋，例选教谕，未官而卒。所著有《四书大全》《近村遗稿》。子谊，邑廪生。

方棻如，字若远，士颖长子也。善事父母，曲礼内则，无违者。书无时离手，僻耽佳句，蜀阜徐氏有石琴，属咏者如牛腰束，独棻如四韵擅一场，其诗有云：“响寂涵真意，名孤耐后知。翻嫌陶令蓄，斧凿未全离。”遂安方渭仁太史叹其寄托深远，学杜而得其骨也。填词豪荡感激，有苏、辛之一体。而尤工书法，手抄《史记》、杜诗、韩文，成数十卷，并及唐、归、金、陈诸先辈时文笔语，即宗师之。不幸短命，二十九岁卒矣。

任际昌，字仲遇。顺治甲午，副贡生，考授州同职。读书日记千行，为文淳雅中有奇气。癸丑、癸亥，俱与修县志。著述甚富，以贫未雕板，故所见仅吉光片羽云。

邵嘉珍，字儒玉，城东人。邑诸生，性刚介，读书务阐儒先之蕴，以是评高月旦。康熙间，两修邑志，皆以嘉珍编纂，征文献者必由之。

方士骅，字天闲，城东人。邑增生，性豪荡，棱棱露爽，诗酒所耽也。而以义方训后，子孙绳绳，遵其矩。往者，两修邑乘，皆与力焉。晚岁犹手注《太上感应篇》以劝世。

方岳觐，字二崧，舒溪人。天才敏捷，于学无所不窥，而于诗尤工，脱尽铅华，独标清质，有陶韦宗风。学博鲍损庵先生，邑先辈周六云，尝序其《霁园集》行世。书画琴奕，色色绝人。卒老诸生间，殆昔人所谓李广数奇者耶。

徐懋功，字叔元，剑溪人。励志读书，与兄懋贤齐名。遂阳毛鹤舫诸老宿时时往来，以诗酒相娱乐。所著有《休园偶集》。

方一相，字用三，舒渡人。读书好核典故，于儒先经注笺疏及类苑稗史，搜揽辨析，不留毫发憾，从游多淹博士。相虽以一衿老，诸名宿皆奉为文章金镜焉。所著有《自怡集》，藏于家。

吴憬，字觉先，号任庵，云峰孝子性之子。刚介不随俗俯仰，为文勃窣理窟，而一归之于醇。方应童子试时，郡侯任公惊叹为青钱万选，补诸生食饩廪。康熙丙子，领乡荐。癸未，会试，倦得复失，胸中曾不蒂芥也。任公为方伯湖南，遣使以币聘之，力辞不赴。所著文稿，人辄取去，奉为指南云。

吴愫，字衷如，云峰人，汝州知州宏次子。聪明绝人而有书癖，无寒暑，寝食古积卷中，发为辞章，数千言拨笔立就。居乡恂恂，好行其德。遇岁歉，辄倡义以蠲赈。先邑侯杨公书"才空冀北"四字奖之。高公来举，充乡饮正宾，公评以为允。

徐致广，字毅公，剑溪人。为文章必傅经义，尝标"归根复命"四字提醒后学，以为人性本善，无容自拨本根，自绝命脉。与其春风沂水，效曾皙之狂，不若薄冰深渊，法曾子之鲁也。所著诗文，盖仅有存者。族子廷彦，字商俊，文章祝瓣香于致广，雅有法度，邑令杨公深器之。领康熙申午乡荐，尝为丽水令万公作白燕诗数十章，骚坛纸贵焉。

方棠如，字若召，号憩亭。敦厚周慎，嗛然终日，然不肯窥时俯仰。有记功，数十年书史略皆上口。其为文计炊五斗黍时，可七八。艺皆披文相质，精讨锱铢。于诗亦然。尝依平水韵次赋落花诗三十章，不终日而毕。弱冠游乡校，傲兀试席，而在举场，辄有物败之。年五十，墨史丹经著书，以送余齿，所存有《五经义》《憩亭诗草》。

胡勋，字丹青，号竹溪，梓桐云川人。邑诸生，笃志砥行，以植杓来者，远近学人重趼至，则随材陶冶之，门以内教先率谨，胸无城府有非意相干者，情恕理遣，卒亦皆感愧。先世屡遭家难，无担石之储，而二兄又相继早逝，勋独力支柱，营两代窀穸事，并举本支乏嗣者袝其旁，为置祭田。有女归友方沛霖子于玉，不幸婿女先后卒，因力赞沛霖娶妾以得子，而沛霖又卒，诸利其资者，眈眈虎视。勋百计左右之，且命子日章善抚藐孤，必翼之婚娶，有成立焉。晚年，益读五经性理书，诗文皆温柔敦厚，间亦弹琴自娱。易箦时，督孙录《西铭》为殉，盖其于儒先宗旨诚有心印云。

方菉如，字药房，号荔帷，士颖季子。县学生。事父母以色养，温如孺子。然立身有本末，人敬惮之。工为诗。钱塘吴征君星叟先生于人慎许，可独折简写其诗入所撰《惊喜集》中。而尤沉潜经训，授徒课子，率渊源伊洛。人来质疑，开导即莫不奭然四解以去。康熙辛卯，与兄佐学使者张公谕文于江南，公熟视其质行及所论著，倾倒甚至，以元方季、方相目也。尝举诸经义蕴，与四子书关通者，纷罗笺注，成书三十二卷，名曰《经书通解》，又有《仪礼句读》《性理本义》《诗经类对》《赋古赋》《自咏诗》《下学斋杂著》等书。

程夔，字韶一，号半塘。下帷读书尤留心文献，于郡邑佚事暨乡先达诗古文词，散而弗传者，率手录成编，至今阅者珍为云鸟纪焉。居城市，非公未尝至县庭。邑令北平王公、宛旌宋公俱倾身先礼，不克邀其一往也。与司铎成匏亭先生诗酒往还，情好殊密。学使者行部优举再三，仍以循次入贡。所著有《半塘文集》《宜园诗草》《西湖集》《青溪小志》各若干卷。

方颖，字岂末，舒溪人。自幼英敏，过目成诵。甫弱冠，应郡试，太守武公已有国士之目。游庠后，益日研穷百家诸子。每试先声夺人。督学何公考校严属，得其卷，大加叹赏，曰："淳邑为宋明文献名邦，固知读书真种子未断也。"然举场竟不遇，以增广生老，识者至今扼腕焉。

方集如，字若虞，赋溪人。十岁而孤，即知向学。在傅不勤，为文敏而赡。年二十，补博士弟子，旋称既廪，试辄摧锋。学使者张公石虹、彭公直上，皆以国士遇之。而迹于场屋以明经老，士林惜之。著有《环中集》及《遥村诗》，存于家。

余光远，字菉秀，城东隅人。落笔秀生，翛然尘外。学使者行部无不怀余生才者。性潇洒，无鄙近之累。尝游白岳小天台，诣南海普陀诸名胜，屐齿所及，动有题咏，山川为之生色焉。所著有《磊人集》。

汪焕文，字聿昭。工于文辞，乡先生有器识者至，举徐思旷、缪太质诸君子以似之。尝肄业敷文书院，院中推为都讲，文名噪浙东西。居尝教授生徒，经所指画，俱有程序焉。

吴茂育，字肩宇，号敬斋。研究汉宋诸儒理蕴，文仿先正。以雍正己酉拔贡选顺天宛平县丞。清慎著闻，副监翻译乡试，大尹孙公嘉淦甚器重之。以母老告假归省，寻乞终养。母寿九十终，庐居三载。平生以希文自期，晚号学范。所著有《方灵皋王耘渠诸名家评叙》《四书文》行世。

吴璋，字若邛，云峰人。少而慧，十五补弟子员，举康熙丁酉乡试，考授内阁中书。雍正庚戌，成进士，入翰林。璋长身玉立，秀出班行。为文有台阁体，以燕许大手笔为宗师，誉望霭郁，名声彻九重。会有宣谕，陕西之役临，陛遣往目送者久之。璋荷不世之遇，远而有光华，思所以宣上德而达下情者。每为同行诸公言，诸公叹以为不及也。周道逶迟，感疾霜露。至榆林不能前，遂卒使邸。事闻，命所在以礼津送丧首邱葬焉。璋盛年方行万里，出门而车轴已折，中外惜之。然生荣死哀，贤劳在国书，著述在家箧，亦可谓不负所学矣。

王嘉烈，字逊功，号炼庵，赋溪人。以康熙辛卯副贡，领癸巳魁荐，谒选得缙云谕，葺学宫，浚泮池，建“德配天地”“道冠古今”二坊，宫墙一新。又倡建义学，与诸生讨论，每月课试，必自构一艺为程，诸生靡然向风，文教日起。官九载而归。著有《钝庵文稿》。

方立条，字惟木，号理溪，赋溪人。为文博赡有奇气，其宗尚派别在云间诸老先生，声名籍籍诸生间，而性尤孤介。学使者中年考校，例举优行士，拔其尤以达之部，立条名屡与，人咸以为不负所举云。

卢纯忠，弱冠知名，每试辄冠军，家故贫而襟怀豁如，克敦内行。亲殁后，不复赴举。下帷讲学，手辑五经性理注，俱有成书。以岁贡选兰溪训导，未任而卒。邑令杨公称其天才高卓，刻身厉行，有古人风云。

吴谡，字风起，号劲松，云峰人。父恭，字允文，清贫力学。谡能不坠家声，读书必探源，为文握管立就，不自收拾，其遗脱在人者，群珍异之。性耿介，三旬九食不屑乞贷于人。有馈遗者拒不受。由邑廪生领乾隆元年乡荐，寻卒，士论惜之。

应融吉，字孔昭，号漪园。父介曾。融吉少颖异，就塾，师授句读，起辰终酉，略不闻咿唔声，师疑其荒于嬉也。处掣所肄简使背诵，则无一字含糊窗卷者，师惊语其父：“此张文昌所贺万金产也。”未冠，补博士弟子。后以岁荐授天台司训会卒。融吉事父能察眉睫之间而将迎之，侍以步城西，至先世义塾故址，见父忽俯仰伤怀，即进而具器用，凡大宋细椾以及圬墁陶甓之属，事事有备，经营越二月告成。父过之，乃犹然而笑，其意承考类如此。为文无秋毫尘俗气，晚更耽诗。所著《漪园集》，旨趋颇近香山云。

何椿，字先声，潜斋先生之后。励志稽古，文章力追先正。雍正丙午、己酉两拟荐魁，弗售。其教后学，必以身体力行为文艺先。著有《戛玉集》八卷。

余学新，字习之，塘坂人。幼聪俊好读书，为文贯穿经史，援笔立就。督学樊公阅其文，称赏不置，以第一人补弟子员。每试辄先其曹，为郡廪生。顺治己丑，巡按御史赵以优行荐。所著有《图南山房文稿》数帖，藏于家。

汪涛，字雪园，孝子逵长子。邑庠生，孝友能继先世，慎言笑，寡交游，不屑屑驰逐于名利。工诗古文词，尤善鼓琴，后学多从游焉。

王隆曜，字子潜，邑东南赋溪诸生也。秉性直方，面斥不能容人过。然善排难解纷，里中有狱讼，连岁不决者，隆曜为别黑白，一言以晓之，往往衰止。方岁饥歉，推食食人，仿黔敖待饿者于路，如是弥月。为文展意，论说倜傥，类其人。数奇不遇，教诸子使继其志，以是次子企，四子令，皆先后举于乡。而企成乾隆七年进士。雍正十二年，邑中举充介宾，辞。学博成公谓年高德劭即此。撝谦更征雅望。郡侯蒋公亦称其持身以律，教子以义。人诵之以为实录。

方树梅，字雪芳，进贤里人，武林司训飏佐子。通六经诸史，游庠已冠童子军，岁科试辄夺文坛帜。性敦孝友，见重乡间。所著《制义类集》，皆清遒英异。棘闱两荐弗售。年三十八卒，知交咸悲其未遂所志云。

王士蔼，字羽飞，赋溪人。弱冠补诸生。性超迈，遇事辄解。为文卓荦负奇气。应乡举久不得志，援例入贡。家塾课子务根抵，以厚其所积。有涉笔近佻者，弗韪也。子五，皆克承家学。父子兄弟自相师友，人号小眉山云。

王企，字景山，赋溪人。生羸甚，善病。九岁始克就家塾。至弱冠，粗完经书，补博士弟子，则几壮矣。又历十余年而成进士。凡皆以鲁得之，然于书一著心本终不忘。为文宗派近江西。故春秋试，校官物色之者，皆江西哲匠云。性直以方，不为利疚。遇非公正，辄义形于色，往往怅触人勿顾。早而失恃，事继母如所生。于诸弟时时教督，以所不及。族叔有赓廷者，故居邑邸，岁庚子以疠疾尽覆其家，尸柩狼藉，为哀揜之。又命族人居棠溪，葬其从祖一家。其笃于仁义如此。

方宽然，字栗甫，赋溪人，棻如子也。六岁知四声，八岁赋诗，应贴经墨义之试，无讹舛者。年十七，补博士弟子。未三十，以母亡而喀血，遂病以死，时犹未终丧也。平居无造次离册子。暇即事赋诗，所宗尚在盛唐，于王孟风格尤近。著有《铸古斋集》三卷，《三峡词源》十二卷。

童如琏，合浦人。邑庠生，家贫力学，精于性理。幼失恃，父患病二十余载，躬侍汤药不倦。设教吴山，获异梦归，沐浴更衣，至亲前嬉笑，属子孝亲读书，他无一言而殁。所著有《诗樗叶稿》《性理折言》《诗经纂》存于家。

方芬，字汝芳，庠贡生。笃学励行，为文豪宕有奇气。屡困举场，荐而弗售。性刚直，喜面斥人过，既而慰勉之。遇有急，解囊弗吝也。以故人无怨言。闾里族党间，时敦任恤之谊。殁之日，远近闻者莫不流涕。年六十有二。

续纂文苑

王合瑞，字辑五，赋溪庄人。为文清直雅正，诗赋亦古逸有唐音。由康熙乙卯拔贡，领乾隆丙辰顺天乡荐，截取知县。著有《玉山遗文》《玉山诗稿》等集。

王世纲，原名玉辉，字冈芝。幼聪慧，读书目数行下。年十四，默十三经，入郡庠。稍长，诸子百家纵览殆遍，下笔恣肆汪洋，千言立就，尤工诗赋，宗工皆击节赏之。由乾隆丙午优贡，朝考第一，肄业国子监。复取正白旗教习，期满，授金华县训导。戊辰成进士，授湖南江华知县，调署衡阳、邵阳等县，俱有惠政。壬子、甲辰，两充同考官，调补绥宁县。时辰州苗匪滋事，奉宪檄帮办军需。越三年，事平，叙绩当迁。即以老病辞归。著有《江华十景暨各名胜诗》一卷，《滇南纪行诗》一卷，《平苗纪事诗》一卷，《题莳竹十二景诗》一卷。嘉庆戊辰殿撰吴信中，其婿也。得以覃恩，貤封中宪大夫。

王世维，字维之，天资颖敏，有神童目。年十三，默十三经补弟子员。乾隆丙子举人。己丑会魁。历任工部司务，虞衡司主事，营缮司员外郎。好读书，虽严寒溽暑，手不释卷。诗古文词，俱卓越一时。而尤长于诗。见者叹为有盛唐风。著有《集吾巢诗稿》四卷，《诗余》一卷，《学古文》一卷，《经义脱稿》一卷。

王世缨，字因之。乾隆庚戌拔贡，品行端方，乡里咸重之。博览载籍，而于李杜诸集尤日手一编，至老不辍。嘉庆元年，举孝廉方正，考以教职用，历署平湖训导，平阳、遂昌教谕。著有《集唐诗三百首》。以子元辅官知县，封文林郎。

王阆，字简臣。乾隆甲申岁贡。性静谧，不妄交游。诗文理法清真，俱以先正为宗。一时名儒老宿咸敬仰之。著有《王简臣试帖》行世，方朴山为之序。

潘葆和，字含素，桥西人。乾隆壬午举人，天资明敏，好读书，日手一编，靡不潜心体会，阐发奥义，考核亦极精详。工吟咏，所过名山胜地，题咏殆遍。乾隆乙酉，修邑志，与纂辑焉。著有《四书会心》十卷，《澹川诗草》若干卷。

潘协和，字峰玩，桥西人。乾隆乙卯岁贡。八岁能文。稍长，工诗赋，尤善书法，旁及易象、星学、岐黄等书，皆悉心研究。岁科两试辄冠其曹。赴棘闱者十三，屡荐不售。著有《荥阳家塾文稿》及诗集，待梓。

吴麟太，字在郊。性淡默，寡言笑，不苟取与，乡党称为长者。工诗文，名噪一时。由乾隆壬子岁贡，历署汤溪、黄岩教谕，饬学规，迪后进，士林颂之。嘉庆元年，知县巩公懿修荐举孝廉方正，力辞不就。闭户谢客，以弦诵自娱。著有《味经斋制艺》行世，编修吴云为之序。

吴麒太，字在囿，麟太弟也。附贡生，援例授长芦、兴国场盐大使，委办陕甘粮台。性和平，遇事则有刚断，无依回态。精岐黄术，治病多奇效。天资聪颖，博览群书，为文洋洋洒洒，一空倚傍。钱塘关庶子槐取其昆季时文，同刻《艺林合编》，行世。

胡源凯，字左元，威坪人。英姿飒爽，为文穿穴经史，每一艺出，传抄几遍。少游曹震亭门，震亭器之。岁科试，屡冠军。由乾隆乙酉拔贡，历署遂昌、汤溪、仁和、鄞县、乌程、平阳教谕，授开化县教谕，领壬子乡荐。著有《云溪草堂文集》行世。

汪家倬，字次玉，邑增生。受业方朴山门，性倜傥，学问渊博，文名著一时，尤工书法，饶有襄阳风骨。集虚斋、四书口义、学古文、制艺等稿，皆与校订焉。尝设教江南，游其门者多成名，下士曹洒笙其尤著也。以子莳桂贵，赠文林郎。

梁炳，字豹文。性颖悟，博通经史。弱冠补弟子员，受业于方朴山，朴山器之。时梁文庄公亦游其门，文名与之颉颃。困于棘闱，遂弃举子业，习书画耽咏。年三十丧偶，不再娶，恣情山水，燕赵、关陕、滇蜀、黔广，游历殆遍。遇异人，授以岐黄秘术，治病有奇效，求医者接踵，不受馈。及老，以所经名山胜境图于壁，题咏其上，仿宗少文卧游以自娱。著有《桐阴草堂诗集》十卷。

吴企奭，字棠荫。博闻强识，文思敏捷，一炊时可成数艺。凡山川、草木、鸟兽、虫鱼以及几杖尊彝，无一不命题作赋，稿盈数箧，著作富一时。为人洒落不羁，有飘飘出尘概，文人学士皆乐与之游。由岁贡授嵊县训导。著有《环荫塾课》《雕龙文集》及诗赋遗稿若干卷。

何彬，文昌庄人。嘉庆丙辰岁贡，品行端懿，博学雄文，裁成后进，循循有方，游其门者甚众。时以儒宗目之。何巇、何咸宜皆其门下士也。著有文集，待梓。

王发光，字熙铭，文屏庄人。下笔舂容大雅，有台阁体。人以能品称之。工书法，丰姿秀挺，见者率叹赏不释。嘉庆辛酉，拔贡朝考二等，以教职用。著有《毅斋文集》四卷行世。

方化从，字鲤涛，渡市镇人。嘉庆辛酉拔贡，天性浑朴，言动不苟，读书务得精义，而尤浸馈于骚选之中，下笔汪洋浩瀚，动以千言，奇思异想，亦飒飒惊人。教授数十年，裁成多俊彦士。著有《覆瓿集》《诗赋》若干卷。

潘鹤龄，字晴飞，桥西人。道光乙巳岁贡，天资颖异，过目成诵，渊博为一时冠。尤潜心濂洛关闽之书，遇会意处，辄手录之，或就原本加评注焉。后人有得其遗书者，竞宝藏之，时文笔力雄健，逼近国初诸老。然困于场屋，屡荐不售，士林惜之。

吴鼎钧，字牧金，邑增生，锦沙村人。少勤学。稍长，博览群书，一一抉明奥旨。尝谓："读书不深究，何异妇孺观剧。"性和易，待人无疾言遽色，然一举一动，循规守辙，不随流俗为俯仰。馆谷颇丰，每岁杪辄以所赢赒邻里贫乏。家徒四壁，弗恤也。咸丰年举孝廉方正。著有《学庸挈领》行世，又有《四书讲义》《五经讲义》等集。

徐秉礼，字仰周，昌谷庄人。性耿介，寡言笑。少孤，事母甚孝。为文勃窣理窟，尤步趋于先正准绳。见者谓得西江宗旨。通经史，旁及岐黄、堪舆家言，而探本穷源，阐发精奥，于堪舆尤为心得云。弱冠补弟子员，试屡前茅。庚午提考优贡，由光绪庚辰恩贡就职州判。著有《恒斋塾课诗文遗稿》，并《堪舆宝鉴》《地理秘旨》等集。

孝　友

《君陈》之为政也，《书》本而言之曰“惟孝友”。盖庸德之行易而难，昌黎所谓居家之难甚吏治也。我朝以至德要道治天下，特诏所在地方察孝弟懋著者，予以祠祀。为其人惇行孝弟，则于所以事君所以事长者，推而放之，皆准矣。故曰“居家理则治可移于官”，非独家人筐箧中语也。志孝友。

宋

陆时雍，锦沙人。幼孤贫，与兄力樵以养母。稍长，补郡学生，念母兄食不给，语掌膳者曰：“吾日饭勿尽炊，愿辍一膳遗母。”自以一膳分为晨夕。后登宣和三年进士第，中博学宏词科，历秘书丞，知建昌军，请以恩官其兄。子孔昭。

方彝，事父母情文备至。嘉定戊寅，知州郑之悌名其里曰“孝养”。而唐时泽兄弟友爱终身无间言，之悌又名其里曰“友恭”。融堂钱时为之作《孝友》诗云：“方唐两孝友，行表称乡闾。节目难具道，种种皆吾师。贤哉郑使君，好贤如缁衣。”明徐康懿公贯曾跋之。

元

姜兼，字大民，邑西人。七岁而孤，养母至孝，母死，哀慕几绝。既葬，独居墓下，朝夕哭奠，寂焉荒山中，躬自樵爨，蔬食饮水，一衰麻寒暑不易。同里陈氏、戴氏子不能事父母，闻兼之行，惭且悔，皆感而迎养焉。居傍有小阜特起，类钓台，终丧之后，旦墓登陟其上，遥望，隔浦松楸辄号恸，表其台曰孤苦望思之台。所著有《思台集》行世。

汪以兴，字伯可。母聂氏，生以兴一岁，被鞠于嫡母。既长，知其故，乃裹粮四方寻访，日久粮绝，草眠丐食。至宣城，方得遇，遂奉归养，十年乃终。

邵景新，幼岁事母黄氏甚谨，每遇病，衣不解带，汤药必亲尝而后进。母年九十余，遗秽床褥间，景新辄以手除之。及母殁，卧棺侧三年，寝苫枕块，朝夕哭奠，如初丧。

汪士臣，邑诸生。父病剧，昼夜起居，不亲枕席者弥岁，以是目失明，既而父病痊，己目亦明。人以为孝感。父故后，有叔母亦逝，遗孤三尺，爱如同胞，延师择配，分己产以赡之。乡族称其义。

邵焜，郡学生，孩提时事二亲无违礼。父遘重，百祷不效，乃刲股以进，遂得愈。万历二十九年，学使题额旌孝以表之。

方汝成，邑东金坂人。事父母，爱敬逾常仪。二亲继殁，庐墓三年。县令海瑞亲谒其庐，题赠“旌孝”二字。

方贯，十八都昌期乡人。家贫，采薪以养父母。父母殁，负土为坟，庐侧三年。虎至贯所亦不为暴。终丧，绘二亲像，凡事必告，饮食必荐，如亲在时。妻殁，亦不再娶。迭奉院道旌异。

陈沧，字友泉，邑诸生。事严父惟谨。母疾，月不解带。母卒，庐墓三载。事庶母若嫡。友异母弟若胞。晚年纹在其手，曰全孝。其孙王政求堂额于山阴王思任，为题《孝纹堂》且记之。

应簪，字朝明，西隅人。父丧，竭力事寡母。母七十，忽中风不语。簪偶以公事外出，闻之急奔抢归，号呼不已。母应声而苏。复尽孝养者九年。建义塾，助义田，周急贷乏，其天性也。子君遴，亦以孝义著。事详帅令旌札。

程汝明，西隅官贤里人。幼有至性，以孝闻。既孤，事继母陈，性卞急，逢小怒，辄予杖甚，且被逐。汝明婉曲承顺，卒能得其欢心。巡按方公书棹楔旌之。

周世衍，西隅人。事继母邵，备极孝谨，友爱异母弟无间言。县令萧元冈重其行，旌曰“天挺孝友”。详见归安茅坤赞语及大参徐应簧、郡守吴一栻状铭。

吴朝容，醇谨人也。事寡母九十九，曲致其孝。抚幼侄而玉于成。尤好施予。嘉靖间，水灾，则出资拯溺。岁歉则捐粟济贫，邑里称之。

钱必应，融堂先生后也。尝侍父病，疗治者百方，甚至剜肉以医，卒不应。父卒，哀毁三年如一日。事继母尤孝。守令旌之。

吴希敏，字鲁卿。少负隽才，试辄高等，兼长于诗，所著《峻社稿》《粤游近韵》，得晋唐人遗意。性至孝，年十四，刲股疗父病，获瘳。父卒，哀毁骨立。事母，备极色养。同胞中怡怡蔼蔼。长兄希哲以进士官司李于粤，敏往省归时，兄赠以金，敏笑曰：“弟以数千里来省兄，非来分润也。”辞不受。与人交，一介不取。崇祯中，以孝廉荐授四川大宁县令，未至任而卒。雍正四年，奉旌入忠孝祠。（载《通志》）

国　朝

汪逵，字云次。邑诸生，居城西隅，应潢子也。母严氏，以节孝予旌。逵少孤，事母循子职。既长，内行益敦，三世一身，内外事如猬毛而起。逵理之斩斩然。以府试第一充博士弟子。母性好施予，逵承其意，求者给之，未尝有吝色。母卒时，生六十三年矣。哭踊过礼，吊者或援“六十不毁”语慰之，不应，遂以忧思成疾，卒。

吴达观，字仲朗，云峰人。明故刑部司务觐光子也。母丧，号恸，两目俱昏。既而父又丧，哀毁骨立，庐于墓。子宏，历官河南汝州知州，治行甚著。达观遇覃恩邀龙光之锡，官阶一视其子。人以为天之报施，信不爽云。

吴家骏，字声侯，达观子。母病痈，以口吮之。夜则焚香露祷，愿减己年以益母寿。母终，执丧哀毁。既葬，守墓三载，无跬步离山林。

阮骏，字昆山，灵佑人。至孝出于天性。八岁失母，号泣柩前，不饮食者累日。年十八，父病笃，吁天求代不获，毁几灭性。葬后，庐墓终身。

（右三人已经奉旌入祠，载《通志·孝友传》中）

方函，字君容，号存斋。光禄卿尚恂文孙，太学生一铧子也。不苟訾笑，事二亲则欢然，恂恂如孺子。康熙壬子，父遘笃，谒医祷巫，方故万端，胥不效。既已，无可奈何，中夜闭密室中，刲左臂取洎和药饵进之。家人无知者。既而父不起，函痛割仆地，袖中血淋漓，乃知曾剜肉以医也。匡困资无，除道成梁，无有远迩。他日过之焚顶者，以百十计。函顾愕然不识所自来。盖好行其德，善世不伐，类如此。由郡诸生入太学，丁巳恩科举乡荐，主文者为山右鹤汀王公，发榜前一夕，王公梦有凶服者来谒，次日多士谢衣钵，公以梦中物色徐察之，颇似函，乃前问曰：“子得毋初服阙耶？”函谢以免丧岁久矣。公弥不解，久之乃悟，曰：“凶服者，孝子也，此子必有至性过人者。”讯之，得刲股事，乃自叹不谬知人云。数上春闱，不第。乙丑之后，佹得复失，仅需次博士，官未任而卒。

吴华，字子翼，云峰人。年十八，山寇猝至，拥华父达和以去，华方扃键书室中，闻警，逾墙，望火光跣追二十余里，至沙南，贼已渡中流矣。华跪水中哀号，愿以身代。贼曰：“汝昆季九人，各出百金来赎，可得也。”华父亦激切遣还。华即拉兄濂奔告镇辕，总戎鲍公感其诚，发兵捣贼巢，卒得脱。父殁，泣血三年。与弟飑刻苦力学，同食饩，授徒百余，以敦行穷经为举业先。著有《四书大全》《尚书确论》。

应介曾，字次曾，号唯庵，城西隅人。邑诸生，有至性。父肇禧，老而病风，一切饮食起居，介曾左右之，不以命臧获，如是者八年。先是康熙甲寅，土寇起，有与其父疑名者，遂以诬之。当是时镇将势张甚，人望戟门莫敢窥左足。介曾闯然而入，辨口岳岳，谓事无左验，安得遂指曾参杀人？镇将虽怒之，然理未有以夺也，卒免虎口。母叶氏，早逝。事继母方氏如生母。母病棘，医言："若归视而母后溲色何，如日三以报，当为汝消息之。"盖难之也。介曾归如其言，而屑屑以报，医乃处方合剂，治之兼旬，病遂愈。抚其师邵起三之遗孤，既有成，后为博徒所诱，荡厥产几尽。介曾为直之郡县以上之监司，复其生产业如初。盖介曾高祖名瞽，曾祖名遴者，父子以孝义显。介曾克绳其武。邑人以义门目之焉。

吴宾，字五尚，号序轩，云峰孝子达观第三子。康熙二十年，草寇蜂起。宾弟容被掠，母闻信悲号，宾慨然往代抵，中途见弟随族人来，惊问之，知贼已鸟兽散矣。欢然携归，远近称其孝友。后领戊午乡荐，授内阁中书。

方甸，字采臣，贤溪增广生，年七岁，父亡，母汪氏守节，甸跬步不离。先意承志，恒令母破涕为笑。娶周氏，养姑备极孝谨。母殁，奉柩归山，结茅，依柩卧，朝夕上食如平生。有虎绕庐夜吼，甸哀吟自若。一夕，忽白光腾起，熠熠逼庐中，甸开户视之，则巨蟒逸而去。大雪深二尺许，甸守庐中，数日不得食。学使郑闻之，赐旌额曰"孝行可风"。邑人周上治叙其事。

徐麟，字天石，邑西剑溪人。性至孝。康熙乙酉，山水骤发，母柩漂没。麟哀号彻昏，昼跣求之不获，遂坠楼以殉。

吴敬修，字可愿，华之子。由府试冠军入邑庠。事父恪谨，而性宽仁，好济穷困。凡无力婚娶者，与修谋，辄转贷以塞所求。尝冬夜自庄舍归，瞽者颠泥中，掖之起，见无下衣，即脱裹裩与之，负归留养月余，与钱米送归。侍父疾，废寝食者五旬。父丧病毁，殡出晕绝，舁归，不复起。时值春耕，诸贫农环候疾修，知其需谷，即輴车往发仓，遍给之。归病革，母问所贷，泣曰："儿旦夕从先君地下，有季弟奉母。儿四子俱幼，且有遗腹，不必问所偿也。"遂卒苫次，年三十三，奔哭者填巷。及转贷者索息，乃卖田宅、仆婢以偿之。至贫不能自存，则配王氏之苦节抚孤为尤难焉。子湄清，敦行勉学，嗣家风。

续纂孝友

明

王敏遵，字思行，号少松，环水人。父子俨，病笃，医药罔效，割股和药以进。父殁，哀痛不置，刻木像事之，人皆称为王孝子。好施予，或有贷者，负不责偿。嘉靖间，岁亢旱，蠲租弗取，复输谷三百石以济贫乏。郡守杨公，大尹戴公，闻而旌之。紫阳吴大初作割股诗以赠。

国　朝

吴丹萼，字秋岩，号小山，锦沙村人，举人联骐之子也。郡廪生，颇有文名。性至孝，幼随父馆读于外，饮食起居，事之甚谨，人以黄香目之。稍长，侍父疾，亲视汤药，衣不解带。父殁，日夜哀号，独宿三年。事母氏徐，亦甚笃。虽设馆邻村，越数日必一旋，以修温凊节。夏月，母背病痈，疴痒抑搔靡不周。至姊适遂安严氏，母怜其贫，并其子迎养于家。凡冠婚诸事，皆自任焉。幼弟鼎钧，母爱之，乃循循教诲，稍有所得，辄称于母前，以悦其心。后弟亦有声庠序。课徒以谨言慎行为本。著有《馆训要言》。处族党恂恂，如见伯叔辈，敬之如父。年三十七卒。合邑绅士哀之，各赋诗以赠，名公卿亦多有和者。督学李公国杞给匾曰“允敦至行”，学师陆公晟曾、金公蔼赠曰“完孝”。邑侯刘公灼，孝廉潘有培，贡生徐向辰，俱有传序。门人并其遗稿，汇梓一帙，曰《吴孝子阐孝录》。奉旌入祠，建坊。

徐经纶，字王言。性至孝，双目丧明，家贫，业卜命以糊口，每日得钱以奉母。己虽饿，而甘旨无或缺。道光二十一年十一月十六夜，适外出，其家失火，遽还，闻母犹卧于床，奔入内以救，火势蔓延不得出，母子遂同毙。奉旌入祠，建坊。

王士瑞，字纳贵，宅门裹人。父病笃，刲股以疗。邑侯给匾旌之曰“友恭足异”。

应高翥，字羽丰，在坊人。邑廪生，颇有文名。父旭升早卒，奉母周甚谨，依依膝下，不敢少离。母有不豫色，必百般承顺，得其欢心而后已，终身不倦。处兄弟间怡怡如也，有大被同眠之风。

邵承震，邑庠生，灵溪人。性笃挚。父殁，事母孝，先意承旨，曲致其欢。叔婶继卒，家贫，遗孤师宗衣食不足，分己田三十亩以赡之，友爱若同胞，终身无间。

吴履祥，字占上，云程人。邑庠生。事母甚谨，饮食起居必躬自侍奉，至老不少懈。与兄能训，同爨七十余年，子侄三十余人，皆怡怡然无间言。年七十八卒。

潘舟，字汝霖，桥西人。邑庠生。少有至性。事父母甚谨。生母殁，事继母左右，就养无异所生。后继母病狂，遗秽床褥间，舟夫妇日夜拂拭。己虽病至呕血，不少懈。父病，衣不解带者三月。父年九十卒，事奉数十年，始终如一。里党咸叹美焉。

潘爱济，字敬如，桥西人。父早殁，事母孝，母病，刲股和药进，寻愈。后母卒，庐墓三年，及大祥，犹哀号不已。人皆以孝子称之。

潘有培，字之南，桥西人。舟之曾孙也。性明敏，能文章，弱冠补弟子员。事大父，及父母，以孝闻。生母卒，事继母无异生母。继母病床四载，扶持抑搔必躬亲之。处兄弟间，友恭之谊，内外无间言。时父老尝相语曰："邑中孝友可风，潘有培为最。吉人天必相也。"领道光戊子乡荐，人以为报施不爽云。咸丰九年，钦旌"纯孝格天"匾额。

胡钦明，字福瑞，芳桥人。邑廪生。性至孝。生母早卒，事父及继母，曲意承欢，终身无倦。父丧，寝食俱废，日夜哀号，距父殁七日而卒。

陆盛玫，字喜成，生员鸿飞长子。庚申粤匪至遂安，鸿飞会集乡团守御水口洲上，以卫淳城。贼至，鸿飞力战阵亡。时盛玫亦在阵中，见父死，冒锋刃抢负其尸，逃至山林，日夜恸哭，饮食不进，呕血数升而卒。

梁林，字相廷，城西隅人。父早殁，事母甚孝。母病，衣不解带者三月。乡先生撰《怡萱集》以纪其事。

邵盛珠，凤凰庄人。事亲至孝。咸丰二年，奉旨旌表。

笃　行

博学不穷，笃行不倦，二者诚相为表里，顾等而次之。有钟山川淳朴之气，行身一践规矩者，亦乐得而收之。间考古人往迹，如怀橘让梨，甚细事也，谊关孝友，故弗阙诸纪载。至于陈寔家风一归敦笃，颜氏家训勿尚铅华，得斯意者，虽准之于古，同不同未可知，要其为敦本茂实之意，出自一源也。志笃行。

宋

商瑗其先汴人，侨寓西夏，为都知兵马使。嘉祐六年，奏使归宋，奏献机密事，上嘉其忠，赐田里于淳之芝山，家焉。子孙以荫补官者三世。明三元文毅辂，其裔也。

项训父肆，字处约，以进士为湖口县令。时诏给官价买义役田，训欣然割己田应诏，不受官价。县令陈晔嘉叹，因更其所居清溪乡曰和义乡，千仞里曰归善里。

方元龟，梓桐崇良人。兄元秀，字德廉，咸淳间特奏名进士。元龟亦领荐，以兄逝，绝意仕进，因号友山。家饶于赀。时县裒民财治厅事，元龟心如铁石，曰："小民疲弊，吾请当之。"遂捐资僦工，不匝月而就。令旌其义。

朱洵，字信己，号闇修，文公之曾孙也。初知睦州军事，升郴州安抚使。支分于淳，赘居安福乡徐氏，遂占淳籍。洵公廉清正，克绍家学，后裔显祖尝捐地辏完尊经阁址，人称其义。迄今邑东朱姓多彬彬文雅，皆洵耳孙云。

明

余郁，字公文。洪武初以荐辟入朝，授陕西道御史，寻坐事调夔门。时太史宋濂卒于蜀，葬无定冢，郁结庐其上，守护惟谨。后有郑楷者，濂弟子也，为蜀藩长史，过夔，郁泣而嘱之曰："吾为若师守墓三十余年，今子来，有托矣。"启诸献王，改卜成都。夔人高其谊，立祠祀之。

商汝泰，字景亨，文毅公辂之孙。尝作《劝世直说》《戒火葬论》，乡人多化之。自港口至文岭，山路险隘，多坍塌，汝泰开拓修砌，行者便之。凶岁，乡民贷谷不取息，力不能偿者焚其券。间遇野殍，捐棺以掩埋之。累举乡饮宾，不赴。

程炜，字克明，愈长孙，邑庠生。以麟经名专门，远近负笈者云集，开义塾于西坡，每岁输谷二百石以赡来学，一时科贡咸出其门。

吴一栋，字础臣。幼孤，伯兄一松鞠而诲之，志期大就，因贫，故徙业。专精于医，务在济人，不忍乘危射利。训其子希哲成进士。为人戒而和，乐善不倦，秉正不阿。卒，以布衣列祀瞽宗，盖阴德之报也。

方尚和，字介卿，赋溪人。仁和学训导应宿之子也。治《春秋》，邑增生，为人孝谨，有万石家风。尝聘奔坑许学远女，未娶也，而女寻病风挛，其家恐误尚和终身，令改聘室。尚和曰："赤绳已系矣，岂容再更。况吾所不欲，而可施于人乎？"卒娶之，氏疾亦渐痊。有丈夫子五，皆氏出也。至今孙曾繁衍。人以为厚德之报云。

周宗文，字在兹。刻志勤学，潜究儒先之蕴。善事继祖母，以成父孝。构祠营葬，咸秩于礼。年八十有七，犹读书不倦，谆谆以孝弟敦睦训其子孙，多恪守家法者。

汪士慧，字通侯，号桂崖。深明《春秋》之学，负笈从者甚众。吴经魁明彦，其著也。尝过富阳，路拾遗金百余两，俟其主还之。八应浙闱不售，以明经老。

吴应奎，字子文，云程人。弱冠饩于庠。岁大水，倩舟救人，所活甚众。邑令给匾旌之。政和令从善，广元令人芳，辛酉孝廉肇中，皆其裔孙也。

吴秉贲，钟山人。孝悌力田，古朴为一乡羽仪。性好施济，荒年尤多所存活。子曰望，亦好行其德。孙明彦，以春秋魁于乡。

吴人璐，字伯玉，云程人。以府庠生充例贡。性仁慈，施与不倦。岁荒赈饥，乡里多赖以全活。邑举乡饮正宾。次子煌，尤醇厚。孙肇中，登康熙辛酉贤书。

汪学海，邑庠生。少失父，事母至孝。二十五岁丧妻，念其能尽妇道以奉姑也，终身不再娶。

应元祯，邑庠生。博涉群书，著述甚夥。尝游京献策，不见用，识者惜之。年三十丧妻，有以继室请者，拒之曰："吾幸已有子，妻无失德，不忍负。"邑大夫以义夫举，且敦礼与修邑志焉。子期，乡饮宾。孙尔嘉，举人。

洪瑞，字玉斋，奎峰人，性诚悫，好行其德，尝以行不及言自励，庐墓分金。其轶事，人至今传之。

国　朝

胡广明，字俊臣，云川人。其季弟襄明夫妇既没，遗孤振祚，年幼多病，广明委曲调护，教养惟谨。有异母兄，利藐孤之死，而据其所有，日与阋墙勿计也。及振祚长，为之授室，既生子矣，乃付以筦钥，家计视弟在时益裕。振祚卒能自立，服丧三年报焉。

胡士铠，字叔武，云川人。新淦令之琳第三子。随父之任，仓胥侵蚀漕粮，乘官之卒于任也，巧计以卸己罪。士铠年方舞象，叠吁上官，上官感其幼弱孝诚，鞫胥得实，卒抵之法。得扶父母及兄弟归。生平好行其德。事庶母，奉寡嫂，抚弱弟，人无间言。子府庠生沛，字霖若，禀奉庭训，慷慨不凡。康熙庚子，县核殷户捐常平仓谷，未有应者，沛独倡义应命。

周毓秀，字孝成，题塔人。少食贫，族中文学蒲庵敬为之师，曲成之。十九游乡校，寻食饩廪，以雍正丙午举于乡。教授生徒善开导，多所成就。族党间亦化其德，终三十余年无健讼者。先是蒲庵艰于嗣，或觊覦之。后侧室生子，而蒲庵旋病笃，召毓秀嘱以遗孤玉骐，则曰谨受命。遂徙之山中，饮食教诲之。既成立，使复故里。及其孤补郡博士弟子，归，毓秀方寝疾，见之曰："吾今可报师于地下矣。"寻卒。

吴正教，号省吾。读书不慕仕进。天启中，顺安荐饥，有携女来淳依亲旧者，不遇，困踣于途。正教素未谋面，挽至家，供给弥月，裕资粮送回，留其女为己女，择婿邵云梯嫁之。其后妇生子二；长维新，选拔；次又新，岁荐。

徐师轼，字又瞻，蜀阜人。姿英异，而性纯笃。弱冠补郡弟子员，潜究经书，务为实践之学。奉二亲以孝闻。母丧时，幼弟师輗方在襁褓中。保抱携持，友爱备至。比长，就傅，晨夕课读，克入邑庠。与二弟师辙，有姜氏大被风。其于族党，任恤无间言。仅以明经老，士林惜焉。享年八十有二。

吴仁寿，字万斯，号岱庵，云峰人。少倜傥有大志。弱冠游庠，为文敏捷，名宿周灵宰以大器期之。不幸早岁失怙，依依慈母，不忍离膝下，遂绝意仕进，以经课子，以礼持家。里党中无老少，莫不敬而爱之。以孙秉和贵，覃恩貤封。人谓厚德之报云。

方大乾，字用九，增广生，舌耕养亲母、弟三人，其一丧明，衣食皆仰给于乾。其一早逝，弟妇不能自存，乾与同爨，以全其节。抚二侄，为完娶，而后析箸焉。所教生徒甚众，文章以陆当湖为式。晚年，精力虽疲，犹披阅《周易》《小学》及《当湖讲义》，与从游者解说。乡先生咸敬悼之。

张在莘，字非远，进士羽飚子。初从宦蒲城，值蒲民告灾，佐其父办理赈务，多所存活。后隐于医，治病有效，酬之金勿受。饮之酒，辄陶然醉，醉则纵谈古今人物可为法戒者，讽谕乡人。人熏其德而善良焉。连举郡邑正宾，以寿终。

方应梓，字宗才，梓桐阳坡人。家贫力田。父子宾，为豪石所陵，构讼经年，久羁郡邸，无以偿，居停不获已，以季子为质，始得归。应梓抚膺太息曰："吾不能分父忧，顾独令小弱弟寄人庑下，其若手足何?"遂慨然以身易弟，卒偿所负而返。详见邑贡士程夔所作墓志。长子时光，字予明，善治生，好行其德，县举乡饮众宾。曾孙游郡庠。

黄图南，梓桐三峰人。家贫不能从学，而至性过人。母早卒，事父中色以孝闻。父病，为之尝粪，并割股以冀复生。居丧，哀毁尽礼。君子以为难。

黄居蔼，字集于，合浦人。赋性朴直，乐善不倦。少补郡庠，有田不足以更费，而见亲属之穷者，辄悯之。乃稍营什一。久之，赀累千金，波及戚里。凡祠宇庙神，独力完新。开义塾，教贫子弟。造合洋桥三十余丈，铁缆石磴，架栈通舆。所识穷乏，有告辄应，焚贷券七百余金。初艰嗣，年四十六始得子，寿至八十六，见曾孙焉。

邵昌，字伯玉，郡庠生，塔溪人。事父文伟以孝闻，尤好义举，遇荒岁，煮黔敖之粥，输秦伯之粟，惟恐人先之，亲疏赖其全活者甚众。乡党望以为归。

吴敦悌，字稚修，云峰给谏希哲孙。由庠生入贡，生平读忠孝书，辄起舞。键户藏修，不涉外务。轻财仗义，有古人风。

徐渐盘，字仪九，邑西蜀阜廪贡明参议鉴耳孙也。幼时闻塾师讲授经传，即以古圣贤自期。长，益自砥砺。侍亲侧，未尝有疾言遽色。居丧，毁瘠尽礼。先世参议公下累叶鼎贵，故得立祖庙。兵燹后，栖神佑室将倾不可支，渐盘肃然心伤。于是庀材鸠工，为鼎新之，不以关族人。遇岁饥，为煮粥以给贫者，复指囷赈之，人庆再生。雍正元年，诏下有司举贤良方正，以渐盘应令。而先是康熙五十九年春，行乡饮酒礼，位在正宾。盖硕德耆年，远迩矜式云。

方孝昌，字叙一。年十六，父客江左，隆冬未归，冒雪踵寻，哀感行路。母丧后，见母器服，辄涕泣不胜。至为三党殡葬，全苦节，完婚媾，以延似续者，不胜枚举。府主请与宾筵。卒年七十七。

童若璠，字廊玉，邑北合浦诸生。存心于济物。康熙壬寅，不雨者再匝月，官赈既不时至，而市无赤米，民至煮木酪为食，酪且尽。若璠捐家资告籴，为好义者倡。有鬻墓地求食者，辄还其券，谓之曰："何忍以若先人栖魂魄处而攸而有之?"见里中有棺累累不蔽风日者，则畀以己地，使正首丘焉。宗祠不戒于火，则纠工集事以兴之，既成功，规模十倍于前。其它义行多类此。乾隆五年，举乡饮介宾，舆论以为允。

吴遂玉，字逊公，号益斋，云峰给谏希哲曾孙。三岁失怙恃，力学游庠。叔敦一患疯痫，遂玉以昭穆应为所后，事之尽爱敬如所自生。伯兄茂泰早世，抚侄琰如己子。琰不永年。又抚侄孙景濂，使成立。训子义方，著家课十则。子璋，成进士，入翰林；璪，食廪饩；琇、瑛、璜，俱补弟子员。遂玉性警敏，遇事敢为。晚益嗜学，留心经济。年七十卒。其子璋同门鹿太史迈祖为之传，钟太史衡赞其像。

吴惇，字厚存，号元允，云峰人。康熙甲寅，甫总角，为草寇所略。母王氏痛哭丧明。惇既归，号泣于天，旦夕以舌舐之，母复能视。聘宋氏，未娶而亡，迎厝祭尊，誓必同穴。继娶方氏，生二子而氏殁，遂不复娶，年未四旬也。惇有徐家庄谷银五十余金，司庄事者失之，将鬻妻女以偿。惇见其形容凄恻，问知状即止之，遂夫妇如初。年八十三，膺封儒林郎。

王龙犹，字腾上，赋溪人。生平谊笃天亲，致为恭谨，尤性爱施舍，每遇祁寒之月，既施衣絮，复煮黔敖之粥，待路之饿者食之。里中通济桥及锦溪官桥，各捐建至百缗外。邑令姚公给旌宾筵，嘉其有厚德云。

吴怿，字和存，号介庵。生有异秉，吐属不凡，声驰艺苑。康熙戊子，荐游彀中矣，主试以溢额仍落孙山外，射策棘围者十三，终不遇，遂循例入成均，潇洒书室，窥者阒无其人。邑侯查公卓其品，举为正宾，辞不赴。年八十二终。

吴调，字襄仁，邑庠生，明经梦熊长子也。克承家学，事高堂愉愉色养。生母王氏卧疾经年，躬侍汤药，未离左右。比卒，悲恸晕绝者三。事后母李氏如所生。弟该，夙撄痫疾，延医疗治十余载，倾赀勿惜。生平笃厚温恭，善气迎人，见者如饮醇醪。以父殁，哀毁郁郁成疾卒。闻者咸叹息扼腕云。

吴继亶，字平宇，云峰人。宛平丞茂育弟。由郡庠入太学，考授主簿。性慈仁，好施予，岁祲，出粟助赈，全活甚众。收暴骨以百计，为营永安墓，树碑石识之，每岁按节浇奠。其仁厚如此。

方毓秀，字山月，赋溪人。十九厕诸生，文以不俗为主。喜为豪举，里中公事若辑谱系，创宗祠，率以身作之倡。有德于人，若忘之间。通假贷贷者，不能与之息，久之至不名一钱。毓秀不索亦不悔。他日请救则又推解如初始。康熙间，厉逃人之禁，族有黠者买无赖子诈称逃军，又诈从毓秀家捕得，将以吓其父取赇。其父故长者，猝不知所为。毓秀愤曰："父实生我而不蕉萃，以贷匮，将焉用我?"讼之县、之郡、之各司，九上九下，乃得白，坐无赖子以诬，重谴之。其党相诈娄者从莫须有例，署勿论。盖毓秀姑纵之，全族好云。

应演，字易生，居城西隅。龆龀丧父，年十二，即以父寄浅土为隐痛，卜兆梓桐，使魂魄安妥。其天性肫恳如此。遇事慷慨，故友之子宋某贫不能娶，演捐资使完姻好。康熙戊午，族人被火延蔓至二十余家，演启囷发粟，计口而授之，所出粟至百余石，无德色云。

吴梦彩，字亮臣，云峰人。父疄，庭训有义方，以故梦彩与兄梦雷皆有文名，而梦彩游乡校，名冠一郡。课侄廷槐、廷棐，俱各成立。书为善，最乐读书，便佳二语于座右，以勖之。乡族婚葬无力者，解囊以赠。尝修通衢大路十余里，约费百金，不稍吝。逾五旬，举一子，头角崭然，天之报施不爽也。有制义数十首，人争宝之。

吴世昌，字尔炽，云坡人，由增生入太学，考授州同。事父，先意承志。居乡，广行善事。有弟病痴，不省人事，世昌延医调治数十年，不效，为完娶三妇，得生一子，抚之如己出。里中无不颂其厚德者。

汪懋学，字子鲁，城西隅人。父源长，有道而文。懋学幼读父书，既而伤先世困一经，不能发名成业，则慨然谢去章句，而益治生命，曰素封，然货不必藏于己。人有急，叩门如取诸寄，其尤困者则贷而不书，岁终折券弃责，不可以枚数。埋骨肉以归于土冢，累累也。乾隆甲子秋，大水，居民无所得食，懋学仿越勾践故事，载稻糜于舟以行，无不哺也，无不欢也。已，又虚其囷鹿，凡有蒙袂辑屦者，不问里居姓氏，活以升斗。如是者绵月余，而官赈始至。监司程公来邑，讯知状，谓之曰："与期于当厄，微子承其乏，而坐待监河之粟，则索于枯鱼之肆者过半矣。吾请赠子以一拜。"而郡守富公、邑令刘公各宠嘉之，榜其门曰"积善之家"。盖其先世名万顷者，以诸生追还遗金，其事常在人口，而方赈之殷也。有子曰斌，举右学乙科，实佐君以藏陈事济美者。世世旌厥，宅里故不虚，而懋学亦循例膺封忠显校尉云。

方绍文，学岐征，年十六补诸生，选入胄监。好施予，尤哀茕独，一岁中庇其宇下者，未易更仆数。于岐黄之术有心得，遇贫无药资者，辄为调护之。以是家业稍减。而或缓急来耻门，犹不惜解囊以应。雍正十二年，公举乡饮正宾。卒之日，里中无不出涕者。

方毓骏，字天选，汉川人。弱冠，应童子试，邑令欲以冠一军，佹得复失，遂谢去举子业，日奉了凡先生功过格自检。事父母，能色养。居丧，哭屡绝复苏。一日忽与妇并见其父，倚栏而笑，其孝感如此。尝习静嘤鸣书屋，夜半有女子叩门，正色拒之。教子孙有家法，后学成就者尤多。屡举乡饮，不赴。子景员，郡廪生，文行亦能世其家。

洪焜，字君耀，锦溪人。隐德弗耀于世，而自露光霁，人每觉坐在春风。盖敦笃中天然之潇洒尔。

方为基，字肇宇。祖瑞合，事具循吏传。父宜振，为文章抗浪，称其意气，于本行尤敦。为基早岁补弟子员。自以十龄失恃，不得尽色养之孝，事继母如所生。乾隆庚申，继母遘疠疾，庐儿合婢不敢前，独以身左右之，医必躬谒，药必亲尝，汤液必新调煮。盖不安筦簟者三月余，继母乃渐苏，而为基则已病，膏上肓下，不可为矣。继母哭之，痛曰："儿乃以我故死，我何德以当之。"其至性过人如此。他如解衣推食戚党间，不足又道云。

王士蘅，字乐伊，赋溪人。少即不肯碌碌，好与贤豪长者游。早失恃，善事继母张氏如所生。有从子企，亦甫数岁，失母，士蘅怜其同病也，嘱妇挟与同寝，处若保姆，然至就外傅有年，乃舍去。族兄某者窭甚，盖不火食浃日矣，计画无复之，将使生妻去帷。士蘅闻之，遽往夫所，斥数金畀之使为息本，曰："吾不责偿，亦不望报也。"遂为好合如初。而张氏子逋官粮三木囊头，士蘅道遇之，问需几何，为一一如其数以完官私。张氏子亦免。晚岁，既病，病且革矣，召诸子顾言不及私，独系念绾村口义亭，其中棺椁复蘩，露处不蔽朽骨，且喂鸥鸦，儿辈急为裒掩之，使男女不相渎，而鬼有所归，则幸甚。言讫乃瞑。

何振猷，字叔元，文昌人。年十五丧父，事寡母以孝闻。至七旬尚与二弟同居。其次弟先卒，振猷以次子为之后，至析箸时，于例应得家产三分之二，而振猷不忍季弟之独得其少也，竟均析之。卒年八十有三。府尹佟有“风追渭叟”棹楔。

方成忠，字宋文，鉴湖人。姿性灵敏，为文含英咀华，受知于督学彭公方洲，试每先多士。甲午魁荐，得而复失。乙卯，遇覃恩作贡需次，授教谕职。为人和平，尤种阴德。里中有贫者将鬻其妻于他邑，忠闻星至其地，力阻之，携归故乡，赠田六亩，复给以多金，使贸易焉。迄今里人犹艳道其事。

徐渐皋，字声九，蜀阜人。岁贡师轼次子。叔师辙乏嗣，爱其天性醇厚，以为己子。渐皋事之如所生。幼入国学，以不获应童子试为歉，遂肆力举子业，不遇。因秉家政，称克家子。凡事关根本重务，辄输财效力，不辞。举乡饮正宾。寿七十有五。

宋勋，字亮臣，云溪人。四岁丧母。继母翁氏育之，方舞勺，又失所怙，哀毁尽礼如成人。事继母，凡寝兴视膳必躬亲之。勋于兄弟居末行，诸兄议异居，一切皆让美，怡怡如也。以诸生籍贡入成均，游于汪棣园、紫沧二先生之门。二先生为延誉而勋固谢不敏，需次学博终焉。庭训有万石君家风，而尤好行其德，如创祠宇，新桥梁，推食解衣，掩骼埋胔，盖不可一二数。子瑾，拔贡生，有文名。

余遴，字谨训，唐坂人。郡学生。循例入贡，考授教职。有缪氏子赁其屋居之，弗戒于火，诣门引咎自谢，遴更加矜恤，为新数椽以庇焉。徽商黄某将鬻妾抵其所负，遴觉，奔阻，果得生子以续黄祀。其生平慷慨类如此。子上旌，能秉义方，以上舍需次。

方兆鳌，鉴湖人。邑诸生。父宏祺，患食不下咽，则鬻其妻奁具，易参饵进食，夜则稽愿北辰，祈以身代，而父病仍剧，计无复之，阴割左臂方寸肉和药以进，终不效也。擗踊悲号，臂创溃裂几殆，家人始尽知之。事母如父。兄与女兄稍有匮乏，即先事为之所。雍正癸丑，岁大饥，鬻米煮粥，所全活甚众。

余之挺，唐坂人。甫弱冠，父成琇遘疠疾，汤剂莫效。之挺吁天刲股和羹进焉，父遂愈，更健在者十余年。康熙辛丑，岁饥，之挺首捐米煮粥散赈，以为乡族倡，邻近多赖以济。学博成公、遂安太史詹公有传序赠之。

邵震太，字子能，东庄人。幼孤家贫，食不充腹，衣不蔽体，室庐不能避风雨。力樵事母，未尝少缺甘旨。母病，多方延医诊治，或秽遗床褥，即以手拭之，不令其母知也。既而病益剧，焚香吁天，祈以身代，且哭且告，母垂毙复生者数载。居丧，哀戚尽礼，三年不见齿。乡里重其行。

余必喻，字晓也，唐坂人。耿直有至性。父之振，病腹经年，喻吁天乞代，忽梦神授以奇方，父濒危更起，矍铄逾前时。尝过王回岭，拾白镪三十金，守之抵暮无觅者，晨复携至其处，知为里甲汪明夫物也，还之。生平仗义多类此。

徐敏求，字仰山。天性醇朴。事父母供子职，待昆季尚友爱，敦宗睦族。亲戚有不时之需，往叩必应。为人排纷解难，虽雀角竟得消释。早岁补郡庠生，再举介宾。年七十有五。

方士清，字湛之，赋溪人。幼颖悟过人。弱冠游庠，即冠一军。为人刚正不阿。遇乡邻有狺狺相索者，辄以理折服之，人皆诎然止。其后乡邻转相感谢曰："非君，我辈几罹法矣。"教子义方，皆成立，至今世其家学云。

余官，字次云，东溪人。邑诸生。一言一行动，以古人自励。尝为族侄完婚，割田庐处戚属之无立锥者。佃户殷某逋租至五十石，家人欲别募佃，官不许，曰："抽若田若一家哭矣"。又宋某死，而子在襁褓，其妇惧租直之难偿也，谋他适。官急减其半，因得完节抚孤。学院彭廉其贤，旌以"儒林真品"棹楔。子五人，多列黉序，佥以为忠厚报云。

胡嘉瑜，字霞远，威平人，新安其祖籍也。为人倜傥有才略，然诺不苟。遇贫乏者，辄周恤之。里中有义举，慷慨无吝色。尝捐资倡建宗祠。父子兄弟间油油然有万石君家风。故一时推祭酒，县举乡饮正宾。其子孙游黉序、入成均，厚施之报，盖未艾也。

徐景超，字班少，济宁知州士讷弟也。性刚介而有才。康熙甲寅，草寇窃发，兄被掳，榜掠备经，以景超谋得脱。已随兄历嵩县，至济宁，革弊兴利，仗之若半体。姚太史观风至其地，有"入境闻三异，登堂羡二难"之称焉。

洪汝章，字学文，奎峰人。仁心为质，节啬筋力起家，积而能散，凡赈荒济困，掩骼埋胔，有义举无不为者。尤尊礼师长，家课严整，今孙曾多彬彬文学。

许之璋，字士宜，城东人。赋性醇厚，笃于伦纪。居家雍雍肃肃，斗粟尺布，毫无所私。同居者五世。道宪程、邑侯李咸给匾奖之。又精于岐黄之术，举为医官，有病，延之无寒暑即往，初不计其资之有无也。至贫不能治者，并佐以药饵。其活人敦世之功，盖亦今之扁卢云。

何凤樟，字仪章，瑶山人。敦厚周慎，性尤慷慨，赈分救乏，椟金囊粟，无所吝。晚年，益好行其德，乡邻以是重之。

方济世，字舟若，舒溪人，籍诸生。有文名。为人内刚外和，与物无忤，虽强梗者见之弗忍欺。家才小康，然勤而好施，道遇困急，辄解金贷之。歉岁，乡族赖以存活者尤多焉。

吴嘉锦，字汉如，云程人。幼负奇气，读书能识其大者。六岁失恃，继母余爱怜之。比长，痛不克逮事生母，每夜泣血满枕席。旦则承欢二人之侧，一切饮食起居必躬侍，不以命臧获。父殁，事继母益谨。母病，谒医无所效，稽首北辰，愿以身代。执亲丧，皆哀毁如礼，凡岁时奠祭，呜呜涕泗，终其身如一日焉。

徐思永，字迪公。父士讷为嵩令，因母老，欲乞休终养。思永跪请曰："有儿可代矣。"归殚厥事，得祖母欢心，忘其子之远官。及父牧济宁，思永奉祖母抵署，而父以浚河累月野宿，晨昏定省，悉资思永焉。母病，服药不效，则每夜吁天祈代，忽梦神告之曰："汝母得延寿半纪。"后果然。咸以为至性所感云。

洪国安，字永清，奎峰人。性介而通，接人多善气，同居五世，独秉家政，阃内外无间言。尝扶危救困，阴行善，以贻后。子凤池、凤翔、凤临，入贡成均，补博士者接踵焉。

方立采，字素先，赋溪人。俶傥不群，遇事详审，而家庭雍睦。事继母，尤谨。昆季五人，其季二人继母出也，抚之成立，时以敦伦饬纪、守身处世之道训迪之。盖其笃于同气，本天性也。至于戚党中，解衣推食，排难释纷，尤多利赖，则益不胜缕述云。

程翥，字淑远，城西人。少有隽才。逾冠游庠，甲辰以魁荐得而复失，房考桐庐令张公深加惋惜。后援例入成均，授州同职。尝痛母误食豚蹄而殁，每见豚蹄，辄涕泣不忍视。事继母如生母，郡邑重其品行，叠以正宾敦请焉。

王秉彝，字惟德，邑庠培之子也。由俊秀人成均，律身正直，谨守礼法，周恤三党，毫无德色。其子楷，端厚谦和，亦能承其家训云。

金文锦，字慎之，济峰人。敦厚周慎，恺悌慈祥。继母性颇严，有不悦，辄跪以听命，后亦化为慈焉。处乡党，赈贫济困，救灾恤患。邑侯查以"品重天球"旌之。

应光灯，字卓黎，城西人。丰姿潇散，望之若临风玉树。性颖敏，读书一目十行下，文笔洮洮清，便有出尘之气。性最孝。学宪邓将按临，适母病，灯不欲往，母故为小愈状，逼之行。赴试，获售，正拟归报以慰母心，而母病剧之。问叠至，灯急买舟上，怪舟不能追程，复舍舟，从茶坡蹶而趋，盖距家尚六十里，行时，日已西，鼓三下抵家，则母病已笃，痛不欲生，几死者数。明晨，母卒，泣若孺子。经日夜不休，越两月，遂卒。灯完姻甫一载，其妻郑氏，青年矢志，人称其一门孝节云。

王煐，字禹元，文屏人，邑增生。敦尚孝友，行事卓荦，有古人风。性好施与，壬子遇水阨，慨然变已产，运粮平粜，煮粥以赈，所赖全活者甚多。

何宾鹿，字歌三，文昌人。明敏嗜学。甫冠游庠，父患疯疾，饮食起居，不假婢妾，躬亲侍奉者十余载。亲逝后，每见时物，号泣不忍食。至建义冢，创桥梁，赈灾恤患，罔不争先。年六十九卒。

应樽，字圣裁，庠生。禀性纯厚，幼失怙，事母方氏甚谨，每遇病，衣不解带，汤药必亲尝而后进。及母殁，心肝摧裂，恸不欲生，悲泣哀号，抑郁成疾，未逾年而卒。邑里咸称之。

童宗元，字善长，合浦人。有至性。早年丧父，痛未及养。善事继母，母逝，庐墓三载。至创祠兴祀，赙葬助娶，罔不急先。府县屡举介宾。其孙梦相，绰有祖风，尤足征遗泽云。

吴国欢，字正觉，琅玡人。幼失怙，家贫力作，养母孝感天神。康熙十三年，遭贼手刃，兵不能害。举乡饮宾。年八十二卒。近村有一屠牛者，昏迷七日而苏，见欢道袍挥尘代为解免。迄今犹偶见其出没，与屠牛所见无异云。

方日晋，字于上，进贤里人，明诰赠太仆卿本康五世孙。性孝友，慷慨乐施善，为人解纷排难，居乡多厚德，士林推重。弱冠游庠，以遭家不造，遂绝意举业。理家政，舍旁建堂，匾曰宜振，为课后计。子继仁、继礼、继智，俱入贡成均。次憓早逝，亦名列宫墙。孙枝绳绳鹊起。人以为积德之报云。

余士瑸，字又彬，城东人。居心正直，立品端方，身在城市而纯任天真，绝不染一毫尘俗。课子义方，子若孙皆蜚声黉序。邑侯重其行，举乡饮宾。

何鼎冕，字端士，文昌人。邑庠生。少资钝，读书以人事胜。未冠，母丧，每逢时节必赴墓所悲号，终身无间。与生徒讲解经书，见“孝”字，辄呜咽流涕，固不俟读蓼莪而兴悲也。子偀、儁、倣，孙崇中，皆黉序有名。

汪溥，字景仁，城西人。醇谨和平，言动率真，绝无矫饰。祖母严氏以节著。父逵以孝称。仁与昆季力为表扬，两世旌楔。家素积善，仁更种德以贻后。子家伟，雍正甲辰登右学乙科；家珍，入成均；家珠，孙世发，游黉序；洵不愧其家声云。

洪之镕，字有如，正溪人。赋性醇厚，立品端方，量更宽宏。有犯不校，有求不吝。佥都御史吴公隆元常称其孝友天植。和宗族，恤贫乏，为不可及。制文为寿；邑侯李给“厚德可风”匾以旌之。子元漳，考选州判；元淑、沛入成均，皆绰有父风。孙凤诏，黉序有名。人谓积善余庆云。

朱鹗，字凌云，城东人。郡庠生。醇谨敦厚，言行一秉矩矱。姿灵敏，善诗赋，苦志芸窗，寒暑不辍。屡试不售，郁郁而卒。妻陈氏悲号几殉，痛不欲生，相继而亡。闾里咸称节义。

邵谷，字戬五。敦行笃学。早失怙，母应氏年登耄耋，善色养，凡饮食起居不以命妾婢。昆季五，伯兄、仲兄游庠，早世，抚孤侄均使成立。里中偶不戒于火，出己仓庾遍给之。至今人称其义。孙锡龄，邑庠生，亦克绍祖风焉。

洪链，字开如，正溪人。性孝友，言动敦尚醇朴。家居安分，足迹不入城市。邑侯周旌以匾曰“望隆三五”。子孙繁衍，克振家声。年七十六卒。

余民师，字主善，茶坡人。太学生。未冠，父母俱丧，独力撑拄，抚三幼弟并克成立。仲游庠食廪，叔季援例入太学。三女，弟未许字，皆为择婿，备资装嫁之。性好救灾恤匮，里有贫病死者，野有暴骨无主者，悉为殡葬。甲子，大水，父母柩为巨波所漂，泅水挽救不得，沿途求访，三至海岛，内伤悲恸，外袭风霜，遂成笃疾。临殁，犹号呼父母以绝，年仅四十有二。子粹中，今有名诸生间。

方孟爱，字尚亲，号云轩，贤溪人。刻志苦学，力追儒先之业，孝亲友弟，庭帏豫顺。亲族急难，不待告闻辄济之。凡属义举，废产以为倡。有窃其牛者，喂禾不食，喂草食之，人佥曰：“此义士家牛也，窃之有祸。”纵使归，股血沥，越日耕田，遇贼即以角触之，伤其腰而陨。爱悯之，置棺以殡。其孝义任恤，为当时所推重。后嗣昌炽，皆其德报。乙卯举人玺，其曾孙也。

方鸣皋，字腾九，贤溪人。家徒壁立，嗜读书，有负薪挂角之风。数奇不偶，设塾授徒，训迪弗倦。为人端方梗直，乡党以王彦方目之。游其门者，率多隽彦焉。

方简，字因之，谟川人，宋解元方思温之裔。少即能文，蜚声黉序。敦善行，笃友谊，里闾贫者，恒待以举火。与从弟郡庠鹤鸣等同居五世。乡先达咸以为孝友。试棘闱连不得志，陶情诗酒，有五柳先生之遗风焉。

方家彦，字仲夔，贤溪人，飏佐胞弟。由邑庠入国学，考选州判。居家孝友，不敬詈，不苟笑，与人接，蔼如也。遇纷难必排解之，远迩称为长者。岁歉，倾囊赈济，活人颇多。享年七十有九。子芬，尤勤学好施，克继父志云。

吴上庚，字宿长，郡庠生。笃学绩文，不营名利。父景升，跌伤足，庚昼夜侍，衣不解带数月，致误岁试，弃举业，理家政，以祖屋让弟，自葺庐别居，乡里皆矜式焉。

续纂笃行

邵绳宜，字嗣繁，邑庠生。事父母以孝闻，性慷慨。有借贷者，度难偿，辄焚其券。族侄妇蔡氏，守节抚孤，家贫甚，每岁分粟给之。有郑生者，曾课其子读，殁后，家贫子幼，亦每岁给其衣廪。凡修宗祠，治道途，往往独力任焉。

潘广源，桥西人。仲兄早卒，侄幼，广源抚之如己出。村前路隘而临渊，行者怖焉，独出资拓而砌之，复建亭于上。每岁五六月间，乡民贷谷不取息，力不能偿者焚其券。见露骨，辄施棺瘗之，积百余口。凡建义冢，修桥梁，恤孤寡，率踊跃先焉。

胡蔼然，字瑞庭，职员，威坪人。父早殁，事母以孝闻，处兄弟亦敦友爱谊。年三十丧偶，不再娶。道光癸未，大水，捐资平粜。大宪给匾以奖。

胡龙章，职员，威坪人。事亲孝，事兄恭，置地为义冢，见遗骸辄施棺埋之。尝过养济院，悯其情，遂捐租以赈。大宪给匾奖之。

徐信邦，字光上，昌谷庄人。性严毅，人不敢干以非礼。然笃于伦常。侍父母侧，依依孺慕，未尝有疾言遽色。弟卒，抚侄无异己出。家虽窘，戚族贫乏者求之，无不分给。人多重其义。

邵体中，字惺斋，邑庠生。性纯厚，事亲至孝。居父丧，恪遵文公家礼。乡里无赖俱为感化。凡有地方善举，得体中一言，远近无不服从。其诚信之感孚也，盖如此。

光绪淳安县志卷之十一

人物志三 介节　高士　义风　列女　方伎

介　节

士之能任道者，非必尽中行也，盖亦有狷介焉。淳邑山厉水刻，钟之于人，往往多一介之士，廉以贞，果而确，进其独志，匪石匪席，不可转也。矫拂媮末，盖旧史所不遗。志介节。

宋

邵大受，霖岩源人，员外焕之从子。由进士仕至刑部员外郎，立朝謇谔，不畏强御。

洪璞，字叔玉，琰弟也。为镇东节度判官，迁邵武通判。慈湖杨简荐之朝，曰："守官数十年而无屋可居，举家三百指而无田可养，切操方正，可备献纳科。"未报而卒。所著有《省堂文集》。

方恪，字德奎，号京山，进贤里人。领淳熙丙午乡荐，仕秘阁校理。侃侃自将，数上书言时政得失，民生利病。时贵忌之。即弃官归，强之不起。居虎峰之阳，以春秋教授其乡人。

项虎彛，字子文。质重而学纯，由进士为武康尉。宋亡，弃官归。屡荐不赴。或劝之驾，曰："子散吏也，何为尔?"则曰："虽散吏，亦宋散吏耳。"授徒自给，以终其身。

明

卢义，字希正，卢溪人。洪武进士，累官刑部郎中，出知建昌府，诚确爱民，民称卢慈悲。然宽而不纵，豪强有犯，不少贷也，且曰："今不慈悲矣。"秩满，民借留，复任九载。当迁，以疾辞归。囊无余赀。吏部侍郎洪玙尝寄以诗云："袍笏卖来供国赋，诗书留得当山田"，盖实录也。

洪堪，字子舆，方村人。登洪武进士第，授监察御史，以年少固辞，俾冠豸暂归，俟其长用之。永乐间，召入台，弹劾不避权要，风节凛然。同寅有遗双白鹇者，堪却以诗曰："白鹇本是山中物，何事飞来到柏台?"其介如此。

胡拱璧，字实之，号更拙，胡溪人。颖敏好学，经史百家皆贯通，恬澹闲雅，无所纷华。兄拱辰既贵，拱璧愈韬晦，足迹绝城市。邑令特加礼敬，终不能致也。家居读书吟咏，以孝友忠直为素履者，六十年如初。

胡世冕，字汝周，云川人。言狂行狷，时多以迂廪生目之。家贫，馆于歙。吴公天洪耳其名，倾盖订交，延教其子。天洪后成进士，谒选得淳令，至即遣隶迎先生。先生怪不自来，将谢之。族人多方劝驾，乃勉从所请。一登舟，即诘："汝主何不来迎?"状隶饰辞以对。至县南门，值吴方鞫狱事毕。始报，吴大惊起，责隶不早以闻，疾趋出迎，而舟已回矣，追请不返。迄今里中犹以迂廪生目焉。

王国光，字观我。明神宗癸卯乡魁，授永春县令。耿介，不受一钱。有豪民殴杀人，剂金求释，光厉声斥之曰："人命未讯虚实，而行财已非法可容。"卒断抵罪。其党招贴曰："丑妇贞，拙官清，穷吃素，老念经。"盖以光廉静而诬其短于才。因是降。卢氏教谕、会元庄际昌言于浙抚苏茂相、巡道李开藻，交章荐之，擢知龙阳县。朝命已行，光犹不知所自。临行过钓台，其末二句云："桐江百里清如旧，莫遣阳桥上钓钩。"可以观素志矣。旋光性恬淡，晚厌世氛，告病归，优游林下十余年。士论称为金玉君子。

吴文宪，太平乡崇坡人。尝途中值暑，浴于河。有前浴者遗金而去。宪见之，即托疾卧其处。及晚，见金主仓惶而返，宪迎谓曰："勿忧，吾为汝守此金。”主愿以其半酬之，固拒不取。后任临江知事。寿八十四卒。

汪世泽，字雨若，城西孝友庄人。邑庠生，秉性清介，非公不至。训子义方，俱入黉序。乡闱屡荐不售。教育人才，多青钱之选。年八十五卒。

徐衍庆，字承远，金里处士也。幼失怙，事母孝。及长，练达端方。年八秩余，举饮宾。性乐善，陶情吟咏，并工书法，笑傲林泉，构书斋，额其上曰听泉，即以为号云。

方樊瑶，字西池，号云区，舒溪人。幼颖异，过目成诵，经史百家，皆探厥源流。甫弱冠，郡守江公即有国士之目。游庠后，每试先声夺人。壬午、癸卯，两闱乡荐。刻有《同门录》行世。性耿介。居家笃学修行，勤于诱掖后进，一时佳士多出其门，艺林至今称之。年七十。子五：匡世、济世、经世、觉世，皆蜚声黉序，三子平世以庠生贡成均。嗣孙辈咸以诗礼世其家。

高 士

士之中有高士焉。或世子弟，或田舍翁，非潜非见，非通非介，剪然尘埃，与昆玉秋霜比质。近而即之，则又蔼如也。其袁奉高、黄淑度之遗风与？志高士。

唐

方昊，字大初，生于唐末。唐亡，遁岩谷中。吴越钱氏招之，不往。聚徒讲学于上贵精舍，终其身。乡人称为静乐先生。宋咸淳八年，知县应与权就上贵寺建祠祀之。

宋

邵炳，晃之子也。登天圣五年进士第，主富阳县簿。秩满，归筑楼名白云而隐焉。范文正公守睦，就见之，不报谒。内相叶道卿、郡倅张文定屈主钱塘学，亦固辞。后张在谏垣，荐之敦迫赴阙，因上时政机要策三篇，除秘书省校书郎，知义乌县，不赴，复还旧隐。时称白云先生。

戴文科，字质先，越剡溪人。宋初仕睦州教授，因筑讲室于青溪终隐焉。后裔鹤于淳祐间迁居，世为青溪人。

胡儿，字及之。博学有声，乡里以厚德称。时遂安詹至，字及夫，亦称长者。人有淳、遂“二及不可及”之语。

方逢嘉，字君会。领漕荐，任无锡尉，调转船两仓司门事。凡知者，累以文学政事荐之，辞不就。归隐于所居马岩山下，号岩隐先生。

齐龙高，字彦登，为上舍生。咸淳七年，释褐第一，授迪功郎，婺州教授，寻谢职，家居，创读书之室，名曰相庄，聚徒授学，以终老焉。

金应龙，宋时特奏名进士，因寇乱，从金坂迁居进贤乡之济峰隐焉。人不知为前进士也。

元

何景福，字介夫，文昌人，别号铁牛子。学博行修，累辟不赴，优游泉石。所著有《铁牛翁诗集》。

徐逸夫，字圣叙，号雪村。少负隽才。元末，不干士进。以所居饶林泉之乐，更名之曰考槃，偃仰啸歌，翛然有硕人之风焉。

明

应道惠，字季文，邑西隅人。少负奇气，与鲁渊、徐尊生辈谈道于石峡书院。太祖军自新安来，驻跸雉溪之北，廉知道惠有大略，先使赐以币帛，复亲延访，因留其家三日，道惠为画方略，太祖大悦，授军府参谋。以母老力辞。洪武三年，使者三聘，至金陵道，惠上言尧舜在上，颐贞巢由之节。太祖愈贤之，遣还，赐号完节先生。李文忠公承旨，以“圣王三宿之地，臣子万世之基”十二金字题其门云。

邵玺，字廷信。以岁贡主建德县簿，清操惠政，升令阳曲，未任而赋归来。门人夏言秉国政，玺勉之尽忠报主，而不自干以私。退老岩阿，享年百有二岁。海忠介为树百岁坊。

方应箕，字子贤。为人棘棘不阿，文笔峭雅，试辄摧锋。癸丑岁贡，廷对优擢。是年，子尚恂登进士，应箕不以为荣也。曰：“官先事，士先志，吾行吾志而已。”却老林泉，足迹未尝入州府。

汪献图，字义箓，邑增生。丰标秀整。遇乱，谢绝仕进，隐于邑治之西湖。

方之重，号觉寰，观察学龙长子也。博极群书，不干荣利，筑梧竹居，以居讲学启后。六子皆以文名。

邵熙玉，幼业儒，而以节义著，栖迟邑东燕山。

国　朝

程云，字有嘉，邑西隅人。为文章苦心孤诣，既脱稿，自有天然之趣。家无长物，而傲睨物表，不屑干谒。邑进士吴贯少受业于门，督之颇严。其母怜其孤也，使人微讽之，遽拂衣归，贫病以终身。

徐九畹，一名明客，河村人。幼夙慧，日诵千言。后谢去呫哔，以书画自怡豪楮间，皆有生趣。年近九十，其画帧题咏尚作蝇头小字，秀整如少年，诗笔亦奇古可嘉。

程奇，字玉持，邑西隅人。少从学于周六云，阅十二星霜，左右服勤，至病弥留时，不怠以止，以故文与行仿佛似之。温州司马徐公闻其名，欲延致之，谢不往。砚田凉薄，雅咏自如。门人私谥曰贞质先生。

汪汉，字文石，城西隅人。为人倜党，敦大节。念男子当有四方之志，出钓台，上山阴道，探禹穴，浮江淮，北行过齐鲁海岱，纵览京师都邑之盛，历彭蠡，涉萧湘，望白豔赤甲，知妙处元在烟雨中。他如峨嵋月华峰雪，一以锦囊收之集中。所著《巫山谣》《滟滪行舟篇》，皆其所即目者也。又以余事工画。昔人称右丞“诗中有画，画中复有诗”，汉殆于兼之矣。画仅有存者。诗得历览《吟率性草》二册藏于家。

邵芩，字瘁伻，冲峰人。少习举业，遍探百家，为文按脉切理，不失尺寸。就童试，不得志，洎然弃去。以研经著书主事，有所得则手自注之。手钞书充列梁梠，率皆有绳头细字密笺于其旁。事异母，尽得其欢。弟亡，为恤其嫠，鞠其孤。乡里咸以孝友称焉。

宋观，字觐五，居邑西鱼口峰下。家贫力学，经史子集手抄成帙几千卷。郡守蒋公试邑童子，拔置第二。有忌者中以蜚语，遂不复应试，授经山中。邑令钱公宋公奇其人，以礼延见之，呼为丈而不名。

卢之兰，字佩芝，赉爵人。读书负奇气，不屑屑制举业。距城才七八里许，未一至公庭，见长吏面。尝语人曰：“巢许亦尧民也，得布衣疏食优游圣世足矣，安用逐逐名利场为行。”年七十有三。清标远映，始终罔渝。

义　风

有一国士，有一乡士，而一乡士复不可一度以揆。盖自惇行孝弟，砥厉廉隅，以往有率其性之所近，见事风生，义形于色，于乡里善人中独能行一二，度外事善善从长，君子亦不靳焉。志义风。

明

程懋正，西隅人。参议愈之曾祖，任医学训科。正统间，捐资赈济，诏旌义民。子敏恭，亦好善乐施，尝遇余姓者鬻妻以偿官租，敏恭恻然叩其所直，遂舍己赀代完其租，由是夫妇得全。后应诏，授承事郎。

许文淳，为人慷慨好义。成化戊子，岁饥甚，文淳输粟千石助赈。癸巳，岁又饥，复应诏输粟以资官用，有司上其事于朝，敕旌为义民。

何贯斗，文昌昭善子也。成化四年，岁饥，贯斗出粟八百石以赈饥。六年，题请敕旌为义士。瑶山何铨，素喜施予，输粟赈荒多所全活。弘治三年，敕旌文林郎。其乡里多敦厚如此。

黄宗贵，梓桐人。成化十年，仗义输米五百石。事闻，奉旨旌为承事郎，表其门。胡拱辰有记。

胡华，字永华，云川人。弘治四年，义助秋粮，奉敕授承事郎。其年华正七旬。族侄拱辰序赠之。

方子谟，字良弼，进贤人。磊落多奇略，性孝友，兄子淳私授谟金五百。兄丧，遗金付寡嫂，坚其节。嘉靖，岁饥，周粟千斛。邑令海刚峰题旌，授官带义士。钱江塘坍，捐资建修数十里，当道荐之，辞不就。寿七十有七。子世禄，官合州知；世祚、世祈，以贡授司李职。

江齐云，龙川人。孝友敦朴，未尝一至公府。每捐资赈贷，修砌桥路。郡邑举与宾筵者再。寿八十八。

童惟明，梓桐人。万历间，输谷助赈，旌赐义官冠带。县令顾云程为制旌义楔。

国　朝

吴景升，字旭豋，云峰人。邑诸生，黾勉行惠，不计有无，里中倚为屏障。

康熙四十九年，邑侯杨公请与宾筵，以“士林风规”额旌之。年七十七。子上广，雍正癸卯武举。

王大升，字日生，赋溪人。郡诸生，忠实无他肠，不能容人过，亦不肯藏人善。治家产，累数千金，贷与人，人负之亦不苦索也。子孙振振，家声不坠。盖积善余庆云。

吴嘉善，字兼之。少治春秋，蹶于有司，遂弃去。课子侄以礼，立心诚悫，遇事敢为。乡里有急，藉之排难，一开口，洞见肺腑，甚至减衣食以济云。

任立进，字淑吾，山南人。诗酒自豪，以扶危济急为务。有寿昌金姓者，鬻女于某，虐之几毙，进代银赎还，寿人咸称长者。事详合州守吴作霖传。

应椿，字遴生，城西人。家素封，口不言钱。邑西王氏子，负钱多不可校。岁暮，椿使人侦之，有数辈坐追逋，声厉甚。椿闻往，以计遣之，且馈粟肉。王氏子至今德之。尝过茶坡见疫者死相枕，为棺椁数十，区藉其骴骼掩埋之，弗使藁葬也。其义行率类此。游太学，当路折节愿交。郡守桐城张公待之有加礼，尝语之曰：“以生之才，何所不谐。吾于生不惜齿牙，吹嘘送上，亦有意乎?”椿顿首固谢。张公叹息而止，然自是益重之。

吴嘉曾，云程人。邑饮宾。少攻举子业，应试不售。韬光匿采，为古道扶轮。桥梁、道路有圮坏者，辄修之。岁歉，赈穷乏，死者贫无以殓，助之棺衾。群推为长者云。

许旦，字符公，茶镇人。慷慨疏爽，重义轻财。尝于所居近地构义舍，以待旅榇之无归者，尤得泽枯遗意焉。

程翮，字光远，城西人。国学生，考选主簿。质正少华，好行其德。遇岁歉，减价以粜，输米以赈。置义冢，埋枯骨，逢节浇奠。梁圮道倾，捐资修整。见义辄举而不以半字夸人。邑宰重其品，请为乡饮。祭酒监司程公以“砥俗型方”四字题棹楔。子哲浚、振萼，皆能承其家声。

方锺玠，字觐字，山南人。幼失怙恃，抚弟成人。惠济宗亲，群推长厚。庠贡浚，其子也。邑侯宋请与宾筵。

方翃云，字羽吉，山南人。性耿介，读书不屑章句。课徒多所造就。设教屏山。有王孀妇苦志抚孤，族无赖强逼嫁，愤欲投环。翃召无赖劝谕，且以箧中金三两赠之营生，遂得全节。后妇过馆前，辄泣曰：“今生不能报德，愿俟诸异世。”事在口碑，邑侯刘举乡饮。年六十九卒。

项佳会（本姓方），字子青，鉴湖人。性孝友，自幼渔经猎史，绝不问家人产。游庠，益力学为文，困诸生者五十载，虽年逾七十，犹好学，未肯循例告休。戊子，岁大祲，饿殍载途，佳会倾囷倒廪，日煮粥赈之，全活甚多。冢子成忠，充乙卯恩贡。孝廉吴受中，其子婿也，尝为之传以纪其实。享年八十有一。

王开，字勉斯，赋溪人。同怀兄弟五人，各呻呫哔。父以莫治生产为念，度开细密勤慎，属以家务。开奉命惟谨，于事无不就理。父喜其恪而且能也，与之赀，补国学生。年既壮，益以任恤为务。岁比不登，里中贫乏者，率待以举火焉。

洪经商，洪村人。未读书而有至性。父病，药饵不效，则剜股以疗。亲叔无子，迎养至终，无怠意。从侄失父，抚之成立。辛丑，岁大歉，罄资煮糜，所活甚从。尝婴病暴卒，冥官谓其孝友，更生者三十年。乡邻至今颂其德。

周嘉禾，字君惠，题塔人。温恭谨厚，有长者风。门庭雍肃，教子义方，屡邀邑侯旌奖。女曰五德，以母丧，哀痛撤环瑱，效北宫故事。乡里敬之，至今咸称其家训焉。

吴颖兰，字楚畹，邑庠生，云峰人。慈祥乐施，族称菩提老人。年八十二岁。

商兆珙，字尚石，文源人。诚悫端方，力敦古道。好施予，恤患难，邻里德之。五子多知名士。年七十，举饮宾。诸孙以右学膺乡荐者二人。孙曾多有声庠序。

应德望，字启云，城西人。禀性仁慈，绰有古风。拯荒济困，排难解纷。人咸推重。年九十时，海宁翰林徐元粲赠以赞，尝载《旧志》云。

许国秀，字上卿，文源人。性任侠好施，周恤姻党，或贷不能偿，辄焚其券。同里有死于水者，家无以为敛，曰于我殡。雍正二年，邑令举为社长，旌以“惠济闾阎”棹楔。

邵家豹，字虎子，莘田人。少攻举子业，有隽才，屡试不遇，遂绝意进取。日一编，优游林壑间。事父母，克循孝道。伯兄早逝，抚孤侄如己子，饮食教诲。比长，授室，俾克有成。悯贫穷，恤鳏寡，乡里多被其泽。邑令义之，举充乡饮宾。享年八十有二。详见孝廉吴敦矩所作传。

邵敦纯，字天瑞，唐坂人。幼孤，苦志绩学，孝事曾大父母。既长，补诸生，以舌耕自给。馆俸稍赢，辄以周族党，无德色。有贫不能学者，出己赀饮其膏火，故及门多所造就焉。乾隆甲戌，邑令刘公倡建义学，纯子贡生南莹首捐出三亩有奇，承纯志也。

胡富，字学馀，嘉瑜长子。性好施予，凡父所欲为而未及为者，皆先后赞成之。甲子，水灾，淹死者尸骸相属，富择地为义冢收瘗之。辛未大旱，复指囷以济，减价平粜。当事重其父子名，汇达地官。生平尤循循礼法。今子侄多为邑诸生。

卢起超，字越千，赉爵人。补郡诸生，慷慨有才略，而能以方正自持。遇人忿争，片言排解之，未尝私一脡也。家素羸，然处膏不润，独存心于济物，煮糜减粜。族党间待举火者，不下数十家，故乡之人奉为祭酒，口碑盖至今藉藉焉。

应铨，字宗玉，城西人。敦孝友，尚谦恭，周贫济乏。有胡某事急将鬻妻，慷慨舍己赀以救，由是夫妇得全。弱冠，补弟子员，有文名。学使者屡加优奖。邑侯张公一魁文章交契，卒之日，撰文亲祭于庭。其为当事器重如此。

朱鹄，字遵先，城东人。醇谨质朴，不染尘嚣。少习举业数奇，遂绝意进取。恢拓基业，家颇饶足。然积而能散，睦宗族，周乡党，人咸称之。

王瑞，字以立，文屏人。邑庠生，持躬刚直，乐善好施。遇婚葬力不支者，破资以济。逢岁腊，贫不举火者，悉周给之。至兴义塾，赔穷粮，隐德不可殚述。生五子，俱蜚声黉序。孙枝蕃衍，天之报施不爽云。

许兆璋，字章玉，灵峰人。天性笃挚，乐施与，读书贫不能给者，辄周恤之。甲子秋，冯夷为患，尽出所藏，以与道路之穷饿者。亲邻称贷不能偿，并还其券。至今诵义不衰。

郑智，字若愚，卢溪人。天姿颖异。十六游庠，饬躬敦朴，不妄言动。性慷慨，扶危济困无德色。里党称善人焉。

邵秉极，字召一，城东人。饬躬谨厚，尤笃于天性。年十八，娶于周，二十六而丧偶。时长子甫三岁，次子仅一龄耳。携持保抱，以严父而躬慈母之责，课其子，以有成家，非无负郭田，终身不畜一妾婢。乡里称其义焉。

续纂义风

潘世桂，字舒馨，桥西人。例贡生。性温厚，人犯之辄弗校，岁歉，平粜以周贫乏。前建梅峰书院，捐田以助膏火。

汪怀邦，字锡周，神洲庄人。国学生。嘉庆丁卯，大旱，乡里贫乏者，悉赈济之。倡捐修汪家埠，渡，复创会为久远计。

金殿武，字修之，金亿庄人。性仁慈。道光戊子，大水，饿殍相望，殿武以谷贷乡里贫乏者，不责偿。道路被冲坍处，独出资治之。

吴德广，字尧若，云程人。例贡生。性慷慨，好施予。道光庚辰，旱，饥民载路，德广独煮粥以赈，复运米三百余石，减价平粜，全活颇多。戊子夏，大水，溺死者众，浮尸几遍于野，与族弟锡光捐资瘗之，不下数百口。知县古公、刘公各给匾以奖之。

吴锡光，字载之，云程人。国学生，善书法，品行端方。平居，择往古孝义事，纵谈以励乡人。性喜施予，里党乏婚葬资者，求之辄应。道光戊子，大水，与族兄德广捐资瘗浮尸，知县刘公给匾奖之。

方廷贵，字淑风，凤翔庄人。例贡生，善岐黄术，遇贫者给以药资。道光戊子，岁歉，乡里多乏食，各以钱粟赒之，全活甚众。

邵润清，字竹泉，城东隅人，议叙六品衔。少孤寒，有英伟姿。稍长，权子母，家日丰。性好施。兵燹后，城中瓦砾塞道，雇工辟之。字纸狼藉，使人拾之。裹物者易以白纸，所收不下数百担。难民络绎，日煮粥以赈，或给资斧遣之归。死者，倡捐瘗之，积三千余柩。又庙圮，独鼎建焉。设召石渡船，以便行人。凡恤孤寡，周贫病，靡不慷慨争先。督学吴文靖公，前县王潘姜三君，各奖以匾额。

邵应麟，字祥甫，附贡生，加州同衔。家素封。嘉庆辛未，严属大饥，应麟首捐米百石以赈。邑梅峰书院经费不敷，应麟捐纹银五百两，以佐膏火。严郡修双峰书院，亦捐纹银百两。他如修桥路，施药施棺，种种善举，不能枚述。

商元辅，南乡大田庄人。乾隆壬申，恩科武举。性孝友，好施予。凡遇地方善举，无不倾囊以济。时岁屡饥，尝周恤其亲族及近邻各村，不少吝。邑令姚公奖以额曰“善人”。

列　女

死易耳，立孤难，须眉男子犹言之，何况妇人。然而性自天植，岂以阃内外限断。坤至柔而动也刚，匪石匪席，靡忒靡他，邶墉风之变，所以两冠柏舟也。复有未赋夭桃，甘同集蓼，甚而水深火烈，死生以之，苦节道穷，其难正不在立孤下。淳妇多不知书，一往而深，暗与理合。虽帝阍九重，未获尽与旌格，而信而有征，不妨牒书之俟太史氏也。志列女。

元

俞溥妻童氏，姑性严，氏事之无少怠。至正十三年，贼陷威平，官军复之，乃纵兵剽掠至溥家，童以自蔽姑，众欲污之。童氏大骂不屈，一卒以刀击其左臂。骂弥厉，又断其右臂，终不屈。而口喃喃骂不休。众挟其舌以去。明日死。事见元《列女传》中，又见《一统志》。

方良妻黄氏，二十而嫁，七年而夫亡，无子，形影相吊，以奉方氏之祀者数十年。泰定元年旌表。

张继志妻姚氏，年十三，父遘危疾，割股和粥以进而愈。及归继志，事舅姑如事父母，夫卒，训其子复成名儒。后闻江淮警报日迫，数斋沐，焚香祝曰："我未亡人，不幸遇乱世，得全归足矣。"寇来侵淳，崎岖以免。卒葬赤洲。翰林方道叡、徐尊生志其墓。

明

方稜妻王氏，十七归棱，三年而寡，逾二旬生子辅。外氏欲夺其志，对曰："夫早世，所以未即死者，以姑老，子在襁褓也。将委之行路乎?"外氏自惭，后或使人强之，则曰："继自今有言者，必唾其面。"众遂止。有司上其事予旌。

邵衢妻卢氏名如琼，永乐初，衢随父同知志中谪边，卒于营。氏年三十。姑老子幼，茕然独处。兄弟怜其孤苦，欲迎归同居，力拒弗许，益坚，以奉姑教子为务。年七十一卒。

徐福寿妻王氏，年十九归福寿，生子士华。越七年，姑与夫相继死。舅老矣，衣食维艰，欲夺其志。氏指天誓，日勤纺绩，以供子克有成。景泰间，旌表。八十七而终。商文毅辂为作传。

黄绅妻洪氏，年十七归绅，甫一年而绅死，生女一。他日归宁，父兄逼夺其志，遂抱女触寒冰济河以归，终身不至母家。年九十。娣胡氏，侄媳吴氏，感其义，亦幼孀，矢靡忒。人以三贞称之。

王文蕙妻唐氏，二十一而寡，亲族怜而欲嫁之。氏誓死守志，抚遗孤广，见其成。成化元年旌表。

项文举妻徐氏，年二十而寡，誓死靡他。事舅姑克尽妇道。成化十年旌之。

徐良弼妻李氏，年二十五而寡，子在襁褓，矢志抚孤，族人利其产者，百计摇之勿动。及子稍长，延师督诲，列于士林。计苦节五十九年。弥留时，谓子曰："吾平生不喜释老，死后慎毋作佛事。"姚文敏夔题其墓，曰贞节。

解寓妻张氏，母家上虞，幼随父戍大同。年十八归寓，二十一而寓亡。氏抚遗孤，不易志。寻归乡里，遗孤亦亡。坚贞之操如一日。

王坚妻钱氏，年十八归王，二月而寡，誓不更二姓。家甚贫，茕然以居，志无难色。年七十七终。

何琲妻方氏，二十而嫁，甫三月而夫役乎京以死，坚白之节，不可磷缁。有司以行义闻。寿七十五。

孙廷茂妻邵氏，年十八孀居，宗人迫其再醮，将强委禽焉。度不能免，遂投塘死。

何廷杰妻戴氏，寡时年二十，人有欲夺其志，以刃两耳，誓之。孀居六十余年。事其姑有终始。寿八十二。

方原龄妻徐氏，于归三日而原龄殁，时方十九耳。内外无葭莩亲可依，守志不渝。寿八十四。

何瑗妻方氏，年十九归瑗，时瑗疾已革，一见遂亡。氏扁之甚，如恩情数十年者。不言不笑，亦不怨怼，忘其为孀居也。盖六十年而卒，乃合葬焉。

方祖庆妻金氏，年二十一而寡，无子，家穷甚，人见其无以为生，劝之他适。氏割席以绝人。凡孤孀六十五年。寿至八十六。

何道（《旧志》柯道，今从《通志》）妻郑氏，年十六归道，越二岁而寡。家贫，无子，舅姑欲夺其志，遂自磬死。

任裕妻宋氏，右都御史旻之女。年二十七，夫故。训子成名。守节六十年不渝。奉旨建坊。

周忭妻商氏，文毅公女。忭以成化四年举于乡，未几卒。氏孀居五十余年如故操。正德二年，旌表。

何廷智妻吴氏，钱塘人。夫卒时，三子俱幼。氏苦守抚育之，俱成立。

方晖妻周氏，晖卒，子幼，家贫，而舍命不渝。事舅姑尤尽道。里有再醮者，不过其门。胡庄懿拱辰为文表之。

余壁妻解氏，年二十余而寡，子初三岁耳。誓死奉老姑，孝养备至。茹苦纺绩，以教其子。初，领正德庚午乡荐。

方渌妻邵氏，归渌未二月，渌商于临安，死焉。父母怜氏孤贫，欲夺其志。氏曰："此妊者方氏种也，将焉适？且有舅姑在。"攻苦食淡，教其子以成人。年至七十余。

胡世相妻郑氏，二十而寡，矢死靡他，抚伯氏遗孤以续胡门宗祧。年逾九十，台给粟帛以旌。

方待征妻卢氏，进士鸿女也。待征早卒，矢贞不二。寿至八十。邑令朴旌以棹楔。

方贞女，名兔玉，许字郑滋。未娶而死。方泣告父母临夫丧。至郑门，扶棺哭擗，不肯归。父母强之还，欲引刀自刭。舅姑讽劝亦不听也。遂止夫家，立其侄一枝，为嗣娶妇潘氏。未几，一枝死，潘亦坚守如其姑。一门两节。

徐应裕妻叶氏，适应裕二载，夫亡。逾月，产子亦殇。即引刀自尽，姑夺刀。泣曰："若舅先背，止存孤叔二岁。倘天祚徐，存舅嗣，即汝夫死犹生也。徒死何为?"叶勉从之。孝姑，抚叔成立婚配。守节八十三岁。万历间，旌表。

汪侑杰妻李氏，年十八归侑杰，事嫡庶二姑，皆得其欢心。侑杰既卒，或以轻尘弱草之说讽，氏辄厉色拒之。抚三子佥有成。时二姑，一病盲，一病痿，奉养惟谨者垂二十年。侄一泰死，遗妻王氏，亦赖李以完节称。年八十五卒。职方郎严贞度令淳日，为之请旌，且志其墓。

周惚妻方氏，惚兄弟四人相继疫死，妯娌以夫亡改节。氏年十九，独守志不移。秃十指纺绩以养舅姑。及舅殁，舅弟之子惟敏失怙恃，氏趣姑亟为婚之，生子，遂立其次子俸为夫后。姑婴风疾，氏扶持起居，浣涤污秽，五年如一日。

应恪妻吴氏，云程武选郎中诚之妹。归恪三年，而恪卒，苦节自甘。间有以改操言者，氏断发自矢，闭户辟纑，四十余年，尤惓惓以诗书教子孙为先务，家声遂日起焉。

童景春妻洪氏，生子甫一岁而景春卒于杭。氏徒步奔丧归葬。时年二十一。

抚成遗孤。孀居四十余年。人称全节。

童朋妻方氏，富山封御史文杰女。年十九归朋，未二载而夫卒。氏剪发自誓。或微讽之，辄正色不言，其人自愧，屈而止。谨礼远嫌。虽送兄弟，足不逾阈。童稚无故，不得入所居。立夫兄子贯为后，抚教成立。寿阅九旬。

方彦显妻鲁氏，年二十五而寡，端严有常度。事舅姑唯谨。子长，即延师教之。勤劳积累，复构一室以自居。胡庄懿拱辰为之记。寿七十三。

郑二枝妻方氏，年二十余，夫殁，有陈某者欲娶之，要以死得却。后又有某以厚利啖其舅。将强之登舆，方情迫路穷，遂饮药死。隆庆间，建坊表扬。

何金鹿妻鲁氏，年十六成婚，三载夫亡，家贫。舅姑悯其无子，微讽之。氏以死自誓。逾年，舅娣强为童氏子委禽。氏自舅娣来，勺水不入口七日，而议者不已，恐终夺其志，遂自经死。

周尔行妻张氏，年十七夫亡，无子。坚守至八十二岁卒。日夜操作，抚嗣子成材。淳令翁昶表其门，曰世节。谓其族有商氏、方氏前后辉映也。

王应元妻徐氏，年十七适应元，逾年夫卒，生子始半岁。舅亦随病殁，姑妇相依为命，或以改适讽，则缄口不答。织纴供其姑。守节至七十八年。院道棹楔以旌。

卢应篪妻徐氏，夫亡，断发置棺中，抚伯氏遗孤不殊己出。舅姑继殁，丧葬悉氏所营办也。六十余年。院司屡旌其节。

汪良臣妻王氏，年二十夫死，触棺矢殉。姑勉慰曰："遗孤数月，将何恃以成立乎?"乃食贫居苦，屏肃内外，独与从姑处，训子学诲，补邑诸生。营葬舅姑暨从姑并夫四丧。年至九十。守令以"完节可风"旌之。

童汝弼妻方氏，年十九归汝弼，孝事舅姑。汝弼遘疾，支床四载，吁天请代不应，及疾革，将以身殉。汝弼曰："母老子幼，死无益也。"夫既死，冰操自厉。尝刲股疗姑病，而课子以义。方其后夭死，复扶遗孙有成。年六十九卒。荷题旌焉。

方启常妻任氏，年二十一夫亡，遗孤三月耳。氏谨事尊嫜，勗其子。凡孀居六十余年。寿八十四。应德新妻吴氏生子锜七月，德新卒。氏恸欲死。姑曰："若抱者谁乎?"乃励志抚孤，养姑，以终天年。

童时成妻王氏，年二十六，未有子，劝夫置副室徐氏。无何，夫死，徐有遗腹，生男。王泣谓徐曰："童氏一线，吾当善为抚。汝少艾，各行其志可也。"徐痛哭，剪发自誓，愿终节保孤。二孀贞守。王年至七十四，徐至七十二。乡里咸称童氏二节。

郑台妻方氏，有身未免而台溺水死。氏食贫以守，既得男子，稍长也，而教之，遂籍诸生。寿八十三。

方淑莹，受徐应芳聘，年十六，未嫁而应芳殁。莹闻讣欲奔丧，父母不允。乃毁容剪发，投环，舅姑迎之归，勤尽妇职。舅姑殁，代执子丧，立嗣承祧，曰："吾今而后，可遂初志矣。"不食，数日卒。月日与芳同，合葬于汪塘源。县令李光德题石曰"烈女方氏节慰墓"。详邑绅徐应簧志。

何其良妻应氏，年十九生一女，而夫亡，毁容剪发，持刀誓死灵床前。立后存祀，历尽艰苦，年六十一卒。

徐九采妻童氏，年二十二孀居，茹苦惟洁滫瀡，以奉老姑，抚弱子，不施膏沐者四十六年，寿终。

方梦麟妻吴氏，夫卒，姑嫜继逝，氏茹米寝炭五十余年，人稀见其面，寿八十有二。

方惟桀妻任氏，惟桀故，无子，抚侄为后。母教端肃，用能克家。寿至八十。曾孙应选妻胡氏，克嗣前徽，竭力以事舅姑，始终无间。虞世恺曰："有子不忍离，有赀足自卫，人之恒也。其贞志不渝，尚足嘉也。况无子而树其子，乏产而殖其产，如任氏者乎？宜其再传锡类，又再传而继卿杨名，咸称母德不衰。"

徐宝妻方氏，年十八夫亡，无子，守节事孀姑，无忝妇道。寿至七十三。

叶迎妻卢氏，明末，乱兵横劫，获氏欲犯之，逼以利刃，杀其怀中儿。氏抱树大骂，卒刎其首而殒。

方允文妻项氏，名淑美。允文好蓄书。值方国安溃兵掠江浒，挈家避山间，载书以往，会幼子病，允文出延医。氏与一妪一婢处。是夕，乱兵突至，纵火肆掠，婢挽氏衣欲与俱出。氏叱曰："出，死于兵；不出，死于火，等死耳。火死不辱。"遂取书堆左右，高与身等，坐其中焚死。事具《明史》。

张佑妻宋氏，年十九归佑，二载佑卒。时有狭势欲其更适者，逼令登舆，度力不能胜，乃佯许之。入室从容沐浴更衣，自缢死。参议方天雨为作《烈妇传》。

胡世宰妻缪氏，顺治二年，山寇肆掠，氏匿前山，为贼所获。见氏容艳，欲与狎。氏批其颊，极口骂詈。贼不能忍，遂遇害。事与叶迎妻相后先。前志附卢尾，今特标之。

国　朝

阮若咸妻周氏，字庠生阮骏之子若咸。年十四，未嫁，咸感疾且剧。氏往视，随婢侍汤药。及咸卒，誓不改嫁。事太姑及姑孝敬备至。年十七，太姑殁，号恸欲绝。时有冀委禽者，氏闻之不食而死。康熙丁未，督抚给匾旌奖。

余光斗妻王氏，夫亡时，舅姑殁，祖翁姑在堂。氏奉甘旨十七年，敬谨不怠。子琼玉，生甫八月，抚至成人。凡先代在浅土者，皆营葬尽礼。

吕二寿妻翁氏，二十一岁夫故，茹苦守贞，勤织纺以供舅姑。姑病，躬奉药，廪扶起居三年，未尝解带。殡葬自十指出，教子务本，壸训尤严。

吴茂泰妻卢氏，年十七适茂泰，三年而夫亡。子琰，方在襁褓也。教育成长，为娶卢氏妇，生孙景濂，而琰复殀殁。孀姑妇相依为命。痛夫痛子，两世一身。其立志有孤尤有难焉者。年六十一卒。守节四十三年。

吴咏妻方氏，孝廉函之侄女。夫亡，无子，抚从子承祧，卜地葬舅姑及夫，皆从十指出。尤严阃范。自子媳外，虽比舍妇女，罕见颜色也。

吴敬庭妻方氏，子方乳哺，夫以就木，孀姑且年老矣。而卒赖以终其天年。荼苦如饴，终身无间。人以为孝节两全。

邵士鸿妻李氏，未字时，好读书，每见古节烈事，辄用笔墨标识。及归邵，未一载而夫亡，哀毁濒死。姑劝以有遗腹，盍俟诸。既诞，乃女也，以犹子日煌承祧。选米洁馐，奉舅姑，自食粗粝终其生。训煌游庠。孙枝皆奋志诗书。

汪应潢妻严氏，年十六于归，归九年而寡，生子甫六月，上无翁姑，旁无伯叔。氏以一木支倾厦，膏沐不施，而劝止严肃。痛嫁时不逮事舅姑也。鱼菽之祭，必诚必敬。课子逵以义方。虽三世一身，不少姑息。子卒以孝行显。

吴绎熊妻邵氏，年二十一夫亡，无子，氏投环触石绝粒，百方求死。舅姑苦止。舅姑殁，孤叔六龄，氏为抚育婚娶，叔又早世，因育叔子毓之为嗣，讽诲成名，领丙午乡荐。

吴敬传妻徐氏，年十二失母，携持幼弟，待其长而婚娶，始嫁。嫁二年而夫亡，舅姑亦相继殁。氏尽卖衣奁，营葬祭，且立犹子湄为嗣，现以上舍膺岁荐。

童近圣妻吴氏，事舅姑尽妇道，既丧所天，抚茕茕二弱子，咸克成立。人称童氏功臣云。

方乘如妻邵氏，年十七适乘如，而乘如已患瘵有年矣。结缡后，即日侍汤药，至废寝食。逾年，夫卒，育侄德炽为嗣。事孀姑如母。姑卒，出十指所积以营窀穸，附夫于旁，而自穿生圹于夫之右。守节三十八年。

鲁楠妻吴氏，年二十三适楠，二十八而寡，遗娠生一女，又殇。矢志靡他，以养舅姑。舅姑殁，力营丧葬。育侄为子，卒延其家。

胡光典妻姚氏，十七归光典，逾十年而寡。誓死不二。事孀姑，抚幼嗣，严以律身，俭以持家。乡党咸奉为女仪。

童宗琯妻方氏，年二十九称未亡人，遗一子，朝夕课读，早列诸生。老姑八旬，以哭子丧明，旋患风痹。氏护养八年余。家素丰，节衣食，周贫乏，亲邻被泽而家蒙赢其初焉。

邵之纯妻方氏，丧夫时，子尚衿甫十一岁，训以义方，并卜地营葬三代。年七十犹食淡衣粗。孙典昱廷昹俱入成均，人以为氏之遗泽云。

周仁元妻应氏，相夫成名，及夫卒，贞操自矢。择师课二子，俱游庠。遇戚族困乏，时周恤之。终身缟素，足不出户者数十年。

应校妻徐氏，贡生徐渐磬女。二十于归，得孀姑欢心。及校病，医祷弗效，刲股和药以进，而已不下咽矣。哭绝复苏。姑谕以抚孤之重。乃忍死肩家事，择师教子，光灿著名国学。

徐尚元妻胡氏，年二十五夫亡，舅姑垂白，遗孤仅六月，家故贫，勤纺绩，以给饔飧。舅姑殁，力营丧葬，靡不中礼。

方翘妻吴氏，适翘十九日而翘殁。氏奉姑惟谨。姑病，至以手承其秽，不解带者累月。姑性素卞急，至是叹曰："吾得妇，是无子而有子矣。"越二十九年，姑卒，氏痛之。以从子毓秀奉烝尝，见者不知非氏所出也。卒，年五十一，嫠居三十余年。

宋元济妻何氏，二十一岁归宋，食贫佐夫，诵读七年，夫丧，誓以死殉。翁姑泣，抱六岁孤劝止之。乃剪发明无他志。姑病痹，侍汤药，不辞劳秽，扶掖穷年，不一假人手。

邵又谦妻王氏，夫卒时，年二十九。因有身，为延祀计，强食以待。既生男树穀，自教督若严师。守节四十六年。孙承恩，邻乾隆丙辰武乡荐。

陈琮妻裴氏，年十七归琮，八年而夫卒，誓以死殉。姑抱半岁孙泣劝之，因苦节扶陈氏一线孤，事姑教子，人无间言。

胡其瑄妻方氏，失偶时年才二十三岁。八旬翁姑，一线孤儿，以只身肩之。仰事俯育，人称其孝慈兼尽云。

汪光智妻方氏，生子甫七龄而智卒。善事舅姑，寒暑罔懈。抚孤子克有成立。

黄大成妻方氏，年二十丧所天，亲操井臼，侍舅姑。时其寒燠甘脆，无缺于供。抚其孤教之育成。凡守志四十余年。

邵汝梅妻吴氏，结褵四载未有子，而汝梅卒，立后承祧，终事舅姑，岁时设奠必洁。矢志坚苦，远近称之。

吴世瀚妻汪氏，年十八丧夫，怀抱幼孤，舅姑皆老，病危如风烛。氏独力支撑，妇道母仪两称无憾。

胡希轼妻徐氏，夫逝时，舅姑老且病在床箦中，付以宗祧重任。氏抱子泣曰：谨受命。刻志抚孤，历久不渝。

王景儒妻钱氏，夫逝时，相从地下。舅姑谕以有藐孤在，乃不果死。以妇代子，以母代父，卒能养生，丧死无憾云。

张上矩妻项氏，年十七结缡，再阅寒暑而寡。抚孤弱，奉孀姑，饮冰茹荼，力保世业。子振宗，具经济才，尤赖母氏教焉。

朱元文妻程氏，于归七载而夫丧，阅四月，育遗孤，以养以教，克有成立。侍七旬孀姑，尤尽孝道。学使者帅公以“坚节抚遗”四字旌之。

吴悊妻方氏，归吴两阅月，夫亡，贫无婢使，盎无储粟，卒能事舅姑以孝，抚继嗣以慈，午夜组绣，十指尝冰裂也。坐卧一小楼，乡里罕见其面。

邵能选妻胡氏，夫亡，矢志抚五岁弱子，奉高年老姑，养育葬祭率资纺绩。闾里称其贤。

许鼎瑞妻钱氏，年十四归许，夫病，祈神愿以身代，阅八载而夫亡，之死靡他，抚继子，艰辛备至。

葛瑛妻方氏，二十归，以不逮事舅姑为恨。越九载，夫死，无子，抱螟蛉以托蒸尝，秋霜比烈终其身。

方贞女，幼字云峰吴弘纲，二亲早逝，其姑迎归，年十五，未配而弘纲殇，女即绝粒矢死。姑泣劝执丧，终身不饮酒茹荤。养姑营圹，立嗣以延宗，集蓼者六十四载。

吴淡如妻方氏，年十九归吴，鸡鸣佐读相夫，子为名诸生，六春而淡如即世。奉养舅姑率先诸姒。抚继子如己出。历四十五年而殁。

方辰妻童氏，于归未岁而辰卒。姑老病，不能忍即从夫地下，侍汤药，营窀穸。宗族称孝敬。嗣子凤岐有令名。

何鼎瑞妻王氏，归三载而瑞卒，氏仅二十四岁，哀毁几毙。姑以有遗腹泣劝无轻生，已而生子，督理甚严。奉事翁姑孝义兼至。年七十而卒。

吴谟妻方氏，嫁逾月谟卒，时氏年二十有一，绝粒者七日。或以舅姑尚存，夫嗣未立，劝之，乃偷生以肩子职，续宗祧，三十余年始终一节。

童文骐妻方氏，归未两载，夫病濒危，许以身殉。夫曰："吾有老母在，且遗孤方三月，汝何可死?"遂忍死以成夫志。孀居三十余年。

吴正妻邵氏，年十七归正，阅十载而寡。子方六龄，教育并至。事舅姑以孝闻。终其身，铅华不御，常以礼法自持云。

方大延妻张氏，生子甫七岁，夫病不起，矢志抚孤，俾克成立。事姑以孝闻。

黄有功妻向氏，十八适功，夫卒时，上有孀姑，下有孤子，长者九龄，幼者才半岁。养老抚孤，冰蘖二十余年。

王允鼎妻方氏，夫病祷天，冀以身代。鼎殁，号痛几绝。以姑老子幼，不忍即殉。茹荼饮蘖，六十七年，心如结也。

吴长泽妻程氏，甫婚而夫病，侍汤药，衣不解带者六年。夫亡，即谋立后，缔孤姻，营两世窀穸，皆弱女子所出也，而口不言劳。

吴琰妻卢氏，即茂泰妻节妇卢氏媳，年二十适夫，廿六夫故。子景濂谦甫五岁，一线仅存，两孀齐护，日夕事孀姑孝养备至。凡赈粥施茶，可为藐孤种德者，靡不减膳倾囊为之。故濂教育成立。孙炳文，继书香弗绝。年六十三卒，守节三十八年。

方景弘妻吴氏，年二十五而夫亡，即欲以身殉。念翁姑垂老，且夫后未有所属，乃以子职自肩，教育继嗣，入乡校竟申其志。

方策妻徐氏，性娴内则，夫丧，矢志扶孤，教以循义理，不狥功名。营葬舅姑及夫，皆如礼。

朱霞妻张氏，二十五岁夫亡，茹苦守贞，终养舅姑，抚教二子。巾帼中咸奉为典型。

叶士通妻黄氏，年二十四夫亡，哭绝一日始苏。姑恐艾年未能立志，劝之改适。氏断发自誓，奉舅姑均以寿终。二子皆教之有成。

余家驪妻吴氏，二十五岁夫丧，即不欲生。翁姑泣劝之，乃留残喘，冰玉之操久而益厉。

邵惇妻余氏，其丧所天也，子奏平生才六月，舅姑皆年届八旬，仰事俯畜，胥恃一孀妇焉。氏茹苦坚贞，妇职母教，一身兼尽，人皆难之。

鲁永宁妻方氏，二十四岁丧夫，一子尚未再周，舅姑皆老，旋以疫逝，环视者耽耽。氏绸缪辛苦，卒能翼子以承宗祧。

邵咸章妻汪氏，二十一岁夫亡，守志扶孤，孝养两世孀姑。太姑年九十一，姑八十一，皆资氏以终老。教孤子，不事姑息。今孙曾繁衍。识者占其食报未艾云。

邵舆妻余氏，二十一岁守节孝，事姑，抚叔子圣德为嗣，教养兼至。

唐鸣琏妻徐氏，十七岁丧夫，忍死扶孤，赖以成立。事舅姑如事父母，至老不衰。妯娌间奉为女宗云。

余元琇妻宋氏，二十六岁夫丧，遗腹生子干泳，抚之成人。事舅姑笃而有礼。苦节之贞，世难其辈。

姚永庆妻叶氏，夫属纩时，即欲以死相从。旋念孤儿稚弱，矢志抚教，且典衣造圹，以妥先魂，守礼法惟谨，历三十五载如初。

胡葵妻吴氏，归胡六年而夫卒，扶继子太初，为娶妇者，再甫得孙，而子媳继逝，又鞠孤孙，辛勤倍至。

余仁妻胡氏，梓桐胡子龙女，归仁数月而仁卒，忍死立嗣，竭力以奉舅姑。乡族咸称节孝。

胡廷光妻叶氏，年十四而嫁，及廷光之亡也，子明宇尚幼，氏从艰难困阨中，为经营婚娶，卒绍家声。

徐受和妻葛氏，夫死时年二十四，矢志养姑兼抚幼叔，孀居三十余年，不识铅膏何物也。

江惟吉妻汪氏，年十六适江，二十四而夫亡，抚五龄幼子，俾之成。事舅姑，妇兼子职，砥节其余事也。

汪澎妻王氏，其丧夫也，子甫七岁，苦节弥甘，历久逾劭，远近多称之。

方宜绳妻齐氏，夫亡，子幼，教养兼至。时有庶姑三，氏竭力侍奉无违色。人称为孝节。

钱士瑛妻胡氏，夫卒时，子巨汉仅八岁，叔士瑚十有二岁，氏事舅姑，抚叔教子，皆以礼法，早夜勤俭，生计倍始而厚施不倦。晚年，课孙尤谆谆，以故多蜚黉序者。

胡光瑞妻汪氏，二十六岁丧夫，时上有八旬舅姑，下有七龄弱子，氏以只身支其间，苦节几六十年，寿逾八十。今孙曾繁衍，同爨无间言，皆秉氏教也。

王之玠妻江氏，未有子而夫卒，教育嗣子，终养舅姑。甲子，大水，至棺椁漂巨浸中，沿途号泣，恍惚若有告者，遂得归骨同葬。人以为节孝所感云。

烈妇郑氏余上章妻也，年十九而嫁，历五载而上章咯血死，氏号哭顿绝，以夫嗣之不可斩也，急立后，旋某身殉，翁姑防之甚密，未有间，已而夫榇归山麓，则携幼女侄奔哭墓所，如是者三日，乃绐女侄先归，而自经墓门。远近闻之，哀其志，钦其节，复嘉其从容就义，为前古未有云。

卢承烈妻邵氏，二十六岁丧夫，生子甫周晬，家徒四壁，堂上有耄年孀姑，植孤娱老，苦节弥贞。

王秉彝妻陈氏，归秉彝十年而寡，事祖姑尽孝，抚弱子以家训，迄用有成，子孙皆克世其家。

徐大年妻王氏

商琏妻叶氏，文毅公裔媳。琏素犯血症，氏归，每夜露祷请代。夫殁，绝水浆六日。舅姑谕以一子在抱，不可身殉。乃强肩养生送死之任，事白发无戚容，抚叔季无愂志，苦节三十余年如一日。

吴肇周妻项氏，周蹶秋闱，发狂疾，氏初归，即棰詈不容入房，然无翁姑，唯氏小心奉药糜，俟动息，祈禳百般，得稍静。已乃同依外家，周忽昧爽出，遍寻不见，明日人传石门潭有浮尸，氏惊，徒步走十里，视之，面目不可识，唯衣屦俨然，抱尸恸哭，哀怆行路。刻日扶榇归里。抚伯子纫兰，为长养婚配，视犹亲生。

吴玙妻王氏，玙有隽才，卖文兰溪，霉涨，登舟失足，殁縠水。氏闻恸绝，既苏，促叔湄清往寻，至富阳获焉。盖居人见其乘潮上下，祝之则径归小堙，遂醵钱瘗之，立榜标识，开见颜色如生，银包图记确实，棺殓而归。氏啮棺几穿。父母闵其少寡，无子，谋夺其志。氏密报叔，刻日舆归，议遂息。

方士时妻吴氏，内阁中书宾之女孙，敕封儒林郎惇之女也。二十一归士时，数载而士时逝。氏抚子元良，泣曰命在如丝，为此一块肉及尊嫜在堂耳。亡何，而尊嫜又逝。氏只手为元良毕婚娶，爱之能劳，幸补博士弟子。氏方一启颜，谓死者复生，生者可以不愧。而元良夫妇又忽焉殁矣。士时鲜兄弟，既无诸孙，五服内亦绝无可承系者。每一念至欲戕其生，而恐三世为若敖之鬼，乃携女孙归依兄弟以居，岁时来一奉烝尝，事毕即返，叹曰终吾身而已过此不可知也。其言绝痛，听者为之潸然。现年六十余。

张之祁妻洪氏，年十八赋于归，未及暮，夫故。氏绝粒自分必死。时翁姑具庆，姑暗嘱曰："闻汝有身，死易耳，抚孤难，盍强俟之。"及弥月，生子，抚之成立，为教育婚娶，以延一线之绪。孝事高堂，养生送死，各如礼。偕伯叔共爨。闺门雍肃，族人钦壸范焉。秉节三十二年。

吴茂恒妻方氏，东安县知县方嗣蕃女也。年十九归吴，二十三而夫逝，无主鬯者，而粗有家人产。氏谨守筦钥，攻苦食淡，衣苴布终年，督臧获以耕织。其它一切则委夫之同祖弟遂玉拄持之，以遂玉次子琇为嗣，内言不出，外言不入，历久如初。卒时五十四岁。

吴尚甠妻汪氏，年十九归吴，越三载尚甠卒，家贫，矢志靡他，抚叔子嘉纪为子，恩勤教育，居常屦不及户，族姻罕得见其面。

何家佑妻方氏，二十六夫故，抚孤子守志。夫族有欲夺其志者，氏磨白刃拒之，遂徙家依父兄，闭户教子，现年五十八岁。

朱志宏妻陈氏，二十四夫故，以身殉。舅姑泣谕之，乃勉进饮食，以奉舅姑，养生送死，不因贫故阙礼。抚侄翕如为嗣，时甫三龄，以养以教，俾至成立。甲子，大水，姑及夫柩被漂，氏携翕如沿途哭访，得扶榇归葬。守节四十年，现年六十三岁。

应光炽妻王氏，二十守节，抚遗子坚成人，娶媳吴氏，孙甫四岁，坚复病亡，两代苦节相依，现年五十二岁。

汪焕彩妻胡氏，二十七守节，终养舅姑，抚子基成立，为庠贡生。现年六十一岁。

已上俱奉旨建坊旌表。余未请旌苦节附左：

方菜如妻吴氏，汝州知州宏之女也。笄而归菜如。菜如，邑名诸生，耽学弥昼夜，以劳致瘵。氏剪瓜发投火，诉神天，祈以身，而菜如竟死。氏年十七，防身如律，笑言不闻于邻。鬻手奉舅姑，抚从子超然，教诲之，使玉于成。凡砥节三十八年而卒。

贞女余氏，字蜀阜徐敏道，未嫁而道卒，闻讣恸绝，即欲奔丧。母知其将以身殉，乃强止之，遂截发毁容，侍孀母十余年，守贞三十二岁卒。

程世道妻方氏，二十九守节，抚遗腹子成立。年七十卒。

张士志妻向氏，二十守节，子媳继殁，抚孙廷瑞承祧，后列诸生。年五十九卒。

宋学祁妻余氏，二十一守节，终养舅姑，抚子成立。年五十九卒。

宋如琮妻周氏，二十一守节，抚子成立。年五十二卒。

应一佑妻汪氏，二十七守节，抚子成立。年六十八卒。

周日昭妻卢氏，二十九守节，抚二子成立。年六十六卒。

陆自成妻程氏，二十九守节，孝事孀姑，抚子成立。年五十四卒。邑侯华有旌楔学博盛有赠诗。

汪淳妻郑氏年，二十九生子家倬，方四阅月，而淳见背。家颇不贫，虎视者环起。氏痛死者，念生者，一以柔道行之，然柔而能立。子稍长，即教以严师，使游必择士，以是早底于成，今有名诸生间。氏守贞至六十四岁卒。与其姑严太君嗣音为孝妇，为慈母，一节不足以名之也。

汪择选妻余氏，二十五守节，后抚叔之子为子。年七十五卒。

周人秀妻汪氏，二十二守节，孝事七十孀姑，抚三月弱子，卒能成立。氏殁后，其子亦殀，邑人哀之。

朱逢霖妻胡氏，二十七守节，扶叔读书，抚侄承祧。年五十三卒。

朱逢源妻胡氏，二十一守节，扶幼叔国标成立，入泮，抚其子为嗣。年四十八卒。

方世膺妻吴氏，二十六而寡，生子甫八月，矢志守节，嫡庶无间言。现年五十九岁。

吴永锡妻方氏，二十九守节，抚孤，年六十卒。学宪于给“竹劲松贞”棹楔旌之。

吴士贤妻方氏，二十三守节，士贤弟士礼妻齐氏，二十六守节，妯娌同志，孝养舅姑，抚子成立。方氏现年六十八岁，齐氏现年五十八岁。

吴以迪妻程氏，二十九守节，抚孤。年七十九卒。

王希荃妻方氏，二十七守节，抚孤。现年七十岁。

胡应喜妻吴氏，未婚而应喜卒，氏年二十，奔丧，立嗣，守节至四十六岁卒。

金元琮妻胡氏，十九守节，抚侄承祧。现年五十三岁。

卢之伟妻向氏，二十七守节，抚三子皆有成立。现年五十九岁。学博盛有“玉洁冰清”旌楔。

洪衷典妻程氏，二十三守节，抚子槐成人娶妇。槐又病亡，偕媳程氏冰玉共矢。现年五十四岁。

王洽妻邵氏，二十一守节，抚孤。现年五十岁。

邵致福妻张氏，二十八守，节抚二子皆有成立。年六十一卒。

吴应兆妻方氏，二十守节，抚遗腹子成立。年七十二卒。

商显佑妻项氏，逾笄于归，生子元柱未匝月，而显佑见背。氏年才二十有七也。冰蘖抚孤，费皆出十指。五旬后病痹，元柱起居侍汤药，十八年无间。寿七十终。孙翔凤，邑诸生。

徐安世妻王氏，二九归徐，逾十年而寡，无子，以侄为子，侄复殀，冰蘖矢志，历今五十九岁。一女，适方景纶，薪水所需，十指外，女夫与有力焉。

方弘桢妻胡氏，二十三守节，抚遗腹子成立。现年六十六岁。

祝万龙妻江氏，二十八守节，抚孤。现年五十八岁。

方应顺妻邵氏，二十七守节，至老无玷。邑令高有“节寿双高”旌楔。

吴慕震妻方氏，二十二守节，抚子成立。现年五十岁。

邵文燮妻方氏，二十而寡，家贫，无子，守节养姑。年七十余卒。

邵文杰妻方氏，二十八而寡，家贫，无子，守节养姑。年六十余卒。

方良槐妻宋氏，二十九守节，抚二子成立。年七十一岁。

方言妻吴氏，二十七守节，抚子成立。年八十四岁。

邵元纯妻何氏，二十四守节，年六十一卒。

方元良妻卢氏，二十二守节，抚子成立。现年五十一岁。

方景玄妻吴氏，二十八守节，抚孤。寿七十八岁。邑令刘有“淑德贞操”旌偰。

祝光暵妻程氏，二十五守节，抚子成立。年七十二卒。

祝光翰妻汪氏，二十五守节，抚孤。其母老弟贫，迎归养焉。现年六十五岁。

邵廷宠妻洪氏，二十七守节，抚子成立。现年五十岁。

邵士覺冤妻吴氏，二十五守节，抚二子学任、学仪，皆有成立，为诸生。年五十六卒。

邵遂新妻方氏，二十守节，抚子渊成立，为诸生。年八十七卒。邑令胡有“姜孟徽音”旌楔。

胡尚绿妻吴氏，二十三守节，抚孤。年六十一卒。邑令查有“冰清玉洁”旌楔。

卢之琦妻金氏，二十八守节，终养舅姑，抚子成立。年六十四卒

方登庸妻胡氏，二十九守节，教育四子，婚娶成立。年七十一卒。署令华有“节寿如山”旌

方森妻王氏，二十二守节。现年五十七岁。邑令周有“苦节抚孤”旌楔。

王闲妻未氏，十九守节，孝养舅姑，抚侄世桂为子，早列诸生。年四十一卒。

方楠如妻洪氏，二十三守节，抚子基成立，为诸生。现年六十岁。

商永新妻胡氏，二十一守节，抚遗腹子，婚娶生孙。现年六十三岁。

方国瑞妻齐氏，十八守节，翁患疯痨，氏侍汤药者一十三载。子死，抚孙。年五十二岁卒。

方光烈妻吴氏，二十二守节。现年五十三岁。

王之目妻方氏，二十五守节，抚子能臣成立，娶媳洪氏。能臣又先母卒，洪氏守志养姑，抚子，数年亦卒。方氏抚孙肇，及长，为娶妻方氏。寿至七十七。肇复早卒，妻方氏苦节抚孤，迄今三十馀载。其子孙掇科名列黉序者十有余。人佥以为三世节孝之报。

王曰芙妻方氏，二十五守节，抚孤子，媳继卒，力抚孤孙。家贫，艰苦倍尝。现年六十一岁。

周泰兆妻邵氏，二十二守节，抚孤，年七十三卒。子麟，孙亦助、亦游，皆郡邑诸生。

周隆兆妻杨氏二十九守节，抚二子成立。年六十三卒。子鹗举，孙文彪，皆郡邑廪生。学宪邓有“节全慈孝”旌楔。

郑时文妻聂氏，二十七守节，家贫茹苦，抚侄承祧。现年七十七岁。县主杨旌曰“节凛寒霜”。

杨士翘妻周氏，二十六守节，抚子成立，年六十八卒。

汪肇机妻周氏，守节五十八载，抚子成立。现年八十一岁。

周诒妻程氏，二十守节，抚子成立。现年七十一岁。

吴肇祥妻商氏，十七守节，抚侄驭虎承祧，教养有方，早为邑增生。学宪何有“节凛冰霜”旌楔。年五十六卒。

余万增妻周氏，二十六守节，抚子成立。现年七十九岁。

解国俊妻姜氏，二十九守节，抚子成立。年八十八卒。

解廷望妻余氏，二十七守节，抚子成立。现年六十一岁。

邵麟妻卢氏，二十七守节，立继承祧。现年六十五岁。

李桂枝妻许氏，二十七守节，抚子成立。现年七十三岁。

郑观礼妻应氏，二十八无子守节，其长女亦因夫丧无子，依母守志。氏年八十四卒。

许登魁妻余氏，二十三守节，抚子成立。年七十五卒。

许可星妻余氏，二十三守节，抚孤子兆基成立，娶妇余氏，三年而兆基又殁。人称其一门双节，慈孝两尽。现年七十二岁。

杨成位妻方氏，二十九守节，抚子成立。年八十五卒。

项人斗妻卢氏，二十守节，子死，抚侄。年六十卒。邑令高公有“冰霜劲节”旌楔。

烈女凌氏，许字王梦文，年十三，未婚而梦文卒。终丧三年，归王，立嗣，绝粒而卒。详见《阐幽录》。

徐际淳妻王氏，年十七受淳聘而淳病，翁姑迎之归，侍汤药数月，淳卒不起。氏誓必同穴，舅姑泣劝，氏因请于姑，为翁置侧室，翁遂生二子，皆已婚娶。则抚仲叔子为夫后，卒年七十有八，盖已抱孙焉。学宪马有旌楔。

童梦祥妻洪氏，二十四守节，抚子敦礼成立，为诸生。年七十八卒。

方光岳妻吴氏，二十八守节，孝事孀姑，抚子成立。现年五十七。

江沂妻徐氏，二十四守节，抚孤。年四十六卒。

童天挺妻钱氏，乐清谕孝锡之媳。二十守节，抚侄承祧。学宪邓给匾曰“贞纯德粹”。年六十二卒。

徐应祯妻王氏，二十九守节，年八十九卒。

徐应祚妻卢氏，二十一守节，两世无传，抚侄承祧。年六十八卒。顺治甲午，举人懋贤，其曾孙也。

徐显忠妻卢氏，二十六守节，七十二岁卒。长子暠，康熙乙卯举人，仕江西会昌令。次子晃，妻周氏，二十九守节。年七十九卒。遂安毛际可有《双节传》。

徐广容妻程氏，二十七守节，教养二子，皆为诸生，年八十二卒。

徐化鲸妻胡氏，二十六守节，年七十四卒。长子廷彦，康熙甲午举人。

徐钦妻胡氏，二十八守节，家贫无子，以针黹度日，族中学女红者，胥师事之。年六十三卒。

徐庚元妻余氏，二十五守节，年六十三卒。

徐廷献妻余氏，二十九守节，抚侄绍祉为子，今为郡诸生。现年六十四岁。

徐文焕妻钱氏，二十五守节，抚子成立。年五十三卒。

徐祥妻周氏，二十七守节，抚孤。现年六十二岁。

王施仁妻胡氏，二十七守节，二载而子邑诸生培又卒，抚孙成立，艰苦备尝。年五十二卒。

童梦兰妻宋氏，二十一而寡，家贫无子，苦节全贞。现年五十一岁。

黄开泰妻童氏，二十八守节，抚侄铎为嗣，娶妇周氏，生一子而铎卒，周氏二十六岁守节，孝事孀姑，抚子成立。童氏年八十四卒。邑令何有柏舟风厉旌楔。周氏年七十杀卒，咸仰其一门双节云。

方士景妻徐氏，二十五守节，抚子成立。现年六十三岁。

胡宗明妻毛氏，二十四守节，一子旋殁，抚侄承祧。年六十一卒。邑令□有“贞操皎洁”旌楔。

胡应佐妻黄氏，二十六守节，抚子成立，年六十二卒。府县有“贞淑流徽”“完节性成”旌楔。

胡士锷妻徐氏，成婚数月，锷往新淦省父，病卒淦署。氏年方十八，闻讣号恸，不食数日，几死。家人以□□复□，守节五十四年卒。

胡士錞妻徐氏，二十六守节，抚侄承祧，延师教之，教养二孙，至老不倦。年六十三卒。

胡泓妻应氏，二十七守节，抚孤，至六十四岁，子媳继卒，一恸而绝。

胡日泰妻徐氏，二十八守节，抚侄承祧。年七十二卒。

胡以浩妻徐氏，夫养病蜀阜岳家。氏闻病剧即归宁，侍汤药。夫殁，恸哭绝食卒。

胡联奎妻程氏，二十而寡，守节，抚侄，娶妇成立。年三十卒。

胡云蒸妻叶氏，二十九守节，抚子成立。年八十二卒。

方予祥妻杨氏，二十九守节，抚孤子之挺，抱媳徐氏，至十三岁，之挺亦殀，徐氏以未婚守节，养姑。杨氏现年六十八岁，徐氏现年四十八岁。

包上应妻朱氏，十九守节，抚侄承祧。现年五十二岁。

吴明庆妻史氏，十八守节，年八十三卒。邑令刘给匾旌之。

烈妇方发元妻何氏，十六归发元，越五年，发元因家贫逼妻改嫁，氏遂自缢死。

烈妇方元鼎女，适文峦何某，仅一载夫亡，守节，有欲夺其志者，遂自缢。

胡熊吉妻何氏，年十八夫故，怀妊二月，誓死守节，后生遗腹子，以养以教，渐致殷阜。年八十三卒。邑令高给匾旌之。

汪泽鸿妻何氏，二十八守节，抚孤。年六十五卒。

洪凤彩妻童氏，二十三守节，翁病卧八载，氏奉汤药如一日。抚子成立。年八十五卒。宪有旌楔。

余之昂妻邵氏，二十守节，抚孤。年五十八卒。

刘国介妻汪氏，二十守节，舅姑卧病，孝养不衰，抚侄承祧。现年五十一岁。

余其久妻方氏，二十四守节，抚孤。年五十四卒。

汪廷钫妻鲁氏，二十七守节，抚育四子成立。现年六十三岁。

何敏妻余氏，夫病剧，药饵无效，氏刲股为羹，伤筋流血。夫死，氏一恸而绝。邑令杨、郡守蔡皆有旌楔。

洪振岐妻宋氏，二十二守节，抚侄为嗣，娶媳生子，侄又蚤殀，苦扶弱孙。年七十四卒。

何志妻余氏，二十三守节年，七十一卒。

刘国器妻洪氏，二十三守节，抚二子成立。年六十九岁。

何坚妻杨氏，二十七守节，抚孤。现年五十四岁。

洪振德妻刘氏，二十七守节，抚孤。现年五十六岁。

任琮妻祝氏，二十八守节，抚遗腹子成立。年五十一卒。

应继良妻方氏，二十二守节，抚子成立。年五十七卒。

方宏义妻何氏，二十三守节，年七十余卒。

何幅妻方氏，二十五守节，抚侄承祧。现年五十七岁。

方仁财妻洪氏，二十五守节，抚二子成立。年六十卒。

童一隆妻鲁氏，二十四守节，抚孤。年四十二岁卒。

邵乃庸妻王氏，二十八守节，抚子敦礼成立，为诸生。年六十三卒。

郑学傅妻方氏，二十守节，抚侄承祧。现年五十三卒。

方大尹妻汪氏，十九守节，抚侄为子，侄复早卒，抚孀媳，育弱孙，艰苦备尝。现年七十七岁。邑令罗给匾。

方文略妻雷氏，二十六守节，抚遗腹子成立。年六十六卒。

任文贵妻洪氏，二十一守节，抚侄承祧。年六十五岁卒。

胡以荣妻余氏，年十八，未婚而荣卒，奔丧守节，终养舅姑。年六十卒。

胡嘉璔妻黄氏，年十八夫故，怀娠三月，矢志守节，族生员胡际培怜其孤苦，按月给粮，并保孕药饵。生子锜，抚育成立，娶妇方氏，生一子而锜殀。方氏年方二十，从姑守节，抚子。黄年五十二卒，方现年六十一岁。

童敦典妻郑氏，二十八守节，年五十五卒。

方子淳妻何氏，二十四无子守节，时淳弟谟亦未有子，氏力劝畜妾，抚侄为嗣，年逾八十卒。

方光廷妻邵氏，二十八守节，抚孤，年七十卒。

方全义妻潘氏，二十四守节，抚侄为嗣，年逾八十卒。

方振秀妻王氏，二十六守节，抚子成立。现年六十岁。

方景辰妻余氏，二十六守节，年六十余卒。

方日元妻汪氏，三十守节，年逾七十卒。

方应纲妻胡氏，二十七无子守节，年九十三卒。

方学盛妻吴氏，二十六守节，抚子成立，年逾八十卒。

方懋公妻何氏，二十四无子守节，八十卒。

方大坤妻潘氏，二十九守节，抚二子成立，年六十七卒。

方人瑞妻洪氏，二十六守节，抚子成立。年六十四卒。

方嘉玙妻胡氏，二十七守节，抚子成立。年五十一卒。

方鼎钟妻潘氏，三十守节，现年五十岁。

潘国禄妻程氏，年二十归禄，生一女而禄卒。氏年二十九，奉舅姑以守节，极尽孝养，一日偶缺供，或谮其有私，姑觅其室，破瓮尘生，于是感受泣。人皆以为孝妇。卒年五十有六。

方钠妻祝氏，十八守节，抚侄为嗣，侄殀，复抚孤孙成立。年七十三岁。

潘恒济妻方氏，二十四守节，抚侄世惇为嗣，惇复殀，又抚侄岐圣成立。现年五十一岁。

方赵珍妻王氏，二十守节，抚侄为嗣。年七十二卒。

汪明亮妻方氏，事继姑以孝闻。二十九守节，抚二子成立。现年五十六岁。

方学吉妻祝氏，二十二守节，孝事八旬老翁，抚遗腹子成立。年六十三卒。邑令杨给匾奖之。

方元桂妻吴氏，二十二守节，抚孤。现年六十七岁。

方元度妻王氏，二十三守节，抚侄。现年五十六岁。

洪家凤妻邵氏，建邑庠生邵士华之女。二十而嫁，二十五夫逝，矢志孝养翁姑，为夫立嗣。现年五十有七。

贞女王氏，王廷碧之女，赋性幽静，年届十龄，见父母多病，孝养惟谨。父病笃，亲尝汤药，衣不解带者垂年，吁天愿以身代。及父殁，事母益孝，矢志终身不字，抚弟成立。现年五十五岁。

卢元恒妻郑氏，二十七夫亡，无子，苦节甘贫。年七十五卒。

徐勉妻齐氏，二十二守节，抚侄承祧。现年七十。

吴苑妻方氏，归苑未久，舅姑俱殁，抚幼叔成立，嫁娶。二十九而寡，守节至七十三卒。学宪彭有“霜筠冰藻”之旌。

吴作棻妻王氏，二十七无子守节，现年五十九岁。

吴景洙妻余氏，二十六守节，抚侄为嗣。现年五十三岁。

吴上选妻邵氏，二十九守节，抚侄为嗣。年五十六卒。

吴上登妻方氏，二十八守节，抚二子，皆成娶妇，复相继短折。长子文熏妻洪氏，二十七守节。次子文灼妻方氏，十九岁守节，生遗腹子锡璧，养之教之，甫十二岁而方以瘵卒。祖母伯母抚育成立，早为诸生。学宪彭嘉其一门三节，以“霜筠森翠”楔旌焉。方氏，年六十二岁。洪氏现年五十九岁。

吴文烇妻方氏，二十九守节，抚教二子锡聪、锡敏，皆成立，为诸生。学宪彭有“节孝全人”旌楔。年六十。

吴文焕妻王氏，二十八守节，年五十八卒。

方鼎忠妻汪氏，年二十二夫死于衢，亲族欲嫁之，氏襁负其子以逃，卒扶夫柩归葬。翁殁，姑改醮富家。氏抚幼叔成立，为婚娶。其后姑所嫁夫死，家贫无依，氏迎归养终身。现年七十九岁。

烈女方氏，举人方世德女，许字何之和，未嫁，而世德应申相聘为西席，携之和北上，会申相有“此子单寒”之语，之和遂失爱于世德。既而之和得疾卒于京，氏闻讣，不食数日，不死，吞金死。夫族迎丧归，与之和同葬漆坞。

吴上庠妻张氏，二十七守节，年六十一卒。

吴德功妻王氏，二十九守节，抱子承祀。年六十六卒。

吴上佑妻王氏，二十八守节，抚孤。年六十三卒。

方锵妻聂氏，二十七守节，现年七十岁。

方聪妻邵氏，二十四守节，抚二子成立。现年六十一岁。邑令宋有“劲节凌霜”旌楔。

方汉杰妻邵氏，二十八守节，抚子成立。年八十五卒。

项天甲妻黄氏，三十守节，训子士炳，饩于庠。年六十七卒。

洪之钠妻方氏，二十守节，抚侄为嗣。现年六十四岁。学博袁有“节劲霜筠”旌楔。

洪席珍妻於氏，二十九守节抚侄惠承祧，为诸生。年五十九卒。

邵士昊妻许氏，二十七守节抚子成立。年六十一卒。

卢之震妻徐氏，二十七守节，食贫抚孤。年六十八卒。

黄钰妻卢氏，二十九守节，食贫抚孤。年七十七卒。

余璿妻邵氏，二十八守节，抚二侄为夫后。年五十三卒。

徐鸿宗妻方氏，二十八守节，年六十九岁。

张秀龙妻徐氏，二十六守节，抚孤成立。现年六十七岁。

贞女余采容，塘坂余庭柏女，幼许字东湖胡以荣，未嫁而荣殀，女年十八，泣告父母，奔丧守节。年四十九，晨起沐浴拜佛及翁与夫木主，合掌椅中而卒。

邵钦若妻许氏，二十七守节，抚孤子成立。年五十八卒。

吴明妻胡氏，十九而寡，苦节抚孤。年五十四卒。

卢日光妻吴氏

余明监妻梁氏

卢起周妻任氏

汪明亢继妻王氏，十九守节，抚前妻遗孤成立。现年五十一岁。

缪士翰妻殷氏，二十九守节，抚孤。年七十二卒。

何廷栋妻鲁氏，二十六守节，孝事孀姑，慈抚幼叔，后立叔子承祧。年五十卒。

吴家璠妻何氏，二十八守节，抚孤。现年六十岁。

何顺妻方氏，二十而寡，无子守节。现年六十一岁。

童秉懿妻胡氏，三十守节，抚孤，年七十二卒。

鲁之芬妻童氏，二十六守节，抚子成立。邑令宋以贞节旌之。

吴廷相妻童氏，二十五守节，抚孤。年五十二卒。

胡以贡妻余氏，二十七守节，抚二子成立。现年六十九岁。邑令李相旌楔。

刘国忠妻汪氏，二十四守节，抚甥为子。年六十六卒。

何基妻方氏，二十五守节，抚孤。年五十五岁。

余士伦妻宋氏，二十五守节，抚孤。年七十六卒。邑令高有矢志靡他之旌。

吴家璧妻鲁氏，二十五守节，抚孤。年六十六卒。

刘国祚妻洪氏，二十三守节，年六十五卒。

何长瑞妻张氏，二十七守节，年七十三卒。

鲁存琏妻叶氏，二十五守节，抚子成立。现年五十三岁。

鲁继善妻方氏，二十二守节，抚遗腹子成立。年六十卒。

王帅保妻孙氏，二十归王，仅四月而寡，有遗孕，矢志守节，后生一子，抚教成人。年七十一卒。

何大申妻童氏，二十四守节，抚孤。年七十九卒。

余启俊妻王氏，二十三守节，抚子成立。现年六十三岁。

童能试妻方氏，二十四夫故，时无可嗣者，守节十八年，始克立嗣，及嗣立，遂一恸而绝。

何之秀继妻王氏，二十八守节，抚前妻子成立。现年五十一岁。邑令赵以“节媲松筠”旌之。

洪光斗妻鲁氏，二十一守节，抚孤。年五十四岁。邑令罗有旌楔。

童闻仁妻鲁氏，二十八守节，抚孤。年四十五卒。

何兆贵妻余氏，二十九守节，抚二子成立。年六十五卒。邑令米以“节傲松筠旌之”。

方大运妻宋氏，二十一而寡，家贫子幼。邑令张以守贞抚遗旌之。年七十九卒。

余世杞妻宋氏，二十四守节，抚孤。年六十三卒。邑令高旌以“冰霜劲节”。

鲁之蕙妻方氏，二十五无子守节，现年六十一岁。

何显杨妻方氏，二十九守节，越一年翁卒，姑目寻盲，氏竟蹶侍养，九年如一日。姑八十四以天年终，卜吉合葬并以夫祔。咸以为有汉陈孝妇风。

鲁元家妻何氏，二十三守节，年七十四卒。

何其彩妻方氏，年十八，未适何。闻夫病，告父母往视。逾年夫病笃，随诣何门，亲侍汤药。夫故，哀号几毙。父母劝氏归，矢志不回，冰操凛烈。孝养翁姑届今。节孝并称，宗族无间言。

何康莩妻章氏，二十九守节，抚侄承祧。年五十四卒。

缪可耀妻方氏，二十九守节，抚侄承祧。历年六十四岁。

方元胜妻李氏，二十守节，抚所抱幼子成立。年七十八卒。

何景枚妻方氏，二十守节，抚遗腹子成立。年五十六卒。

童颖祥妻鲁氏，二十五守节，抚孤。年六十一卒。

何瑞琮妻吴氏，十十二守节，抚子天荣成立，为诸生。年七十二卒。邑令陈以陶孟嗣徽旌之。

方作桢妻童氏，二十九守节，年七十三卒。

何玺妻妻邵氏，二十四守节，教子成名。现年六十七。

胡善交妻方氏，二十四夫故，无子，劝翁娶妾，连育三男，而翁嫜相继殁，诸叔赖氏抚养成立，婚娶生子，遂立夫后。现年五十二岁。

鲁永玿妻何氏，二十九守节，年七十。

何群妻方氏，二十五守节，抚二子成立。现年七十岁。

鲁政纪妻王氏，二十六守节，年六十卒。

何学钦妻潘氏，二十五守节，抚孤。年七十七卒。

鲁楷妻何氏，二十七守节，抚子成立。年七十五卒。

方抚世妻郑氏，二十八守节，抚孤。年七十三卒。

贞女何氏，庠生何燸女，字王永宁，未结褵而宁殀，氏年十七岁。明从一之义，奔王门守志，恪遵妇道，里党难之。

鲁明高妻洪氏，二十五而寡，家贫无子，苦节完贞，年九十四卒。奉政大夫高以“德昭壶义”旌之。

方绳妻汪氏，二十九守节，抚侄承祧。年七十一卒。

何元达妻方氏，二十九无子守节，年七十五卒。

鲁辅仁妻童氏，二十九夫故，守志。现年五十四岁。

宋士健妻方氏，二十九守节，抚孤。年八十五卒。邑令宋以“节操坚持”奖之。

何文侯妻方氏，二十无子守节，现年五十六岁。

何兆寿妻洪氏，二十七夫故，一子继亡。立继生孙，以续宗祀。年七十而卒。

方仁奇妻邵氏，孝于舅姑，相夫成名。年三十而寡。子泰观、岳观尚幼，氏守志抚教二子，皆补弟子员。诸孙亦多随家学。

方之锦妻王氏，二十一守节，现年六十二岁。

方之钧妻余氏，二十四守节，抚侄成立。年五十六卒。

方文达妻邵氏，二十九守节，抚二子成立。年六十一卒。

方若贡妻胡氏，二十六守节，子早死，抚孙成立。年八十卒。

方福林妻姚氏，二十四守节，抚继孙成立。现年七十一岁。

方嘉昆妻吴氏，二十九守节，抚二子成立。现年五十三岁。

方嘉旺妻胡氏，二十七守节，抚孤。现年五十二岁。

王廷梁妻方氏，二十六守节，抚侄承祧。年七十三卒。

方国瑞妻齐氏，二十守节，年五十二卒。

王元音妻方氏，二十于归，未二载而夫亡。孝养翁姑，抚继嗣成立。闾里称其贞节。

王起龙妻邵氏，素性贞，间窥其夫不轨于正，数行劝谏，不听，卒入逆耿伙党伏诛。氏抱痛几绝。有本郡麾下裨将虎姓者，艳氏殊色，强委礼币。翁姑畏势，许可，迫之上舆。氏给以入室洗沐，遂自经死。

吴宗海妻何氏，十九守节，抚遗腹子成立。现年六十六岁。

方慎妾钱氏，抚嫡子修林如己子。二十四夫卒，与嫡项氏同守贞节。嫡患弱症，侍奉唯谨。年至五十而卒。

洪应锡妻张氏，二十于归，生子栋甫一岁而夫亡，氏年二十七。誓志苦守，纺绩训子，有孟母风。邑侯刘给“凌霜竞秀”匾旌之。年五十八卒。

余家驷妻王氏，二十一于归。二十六夫逝。六十三岁卒。

钱　軏妻王氏，十八于归，二十四而夫故，冰霜凛列者六十余载，寿九十有二。

卢文宗妻唐氏，性淑谨，自入卢门至终身，妯娌未闻怒骂嘻笑声。年二十六有子，方匍匐而文宗卒。家贫无以度日，父母迎而养之数载。父死，仍归先人敝庐。乏食，尝剪发易米，苟延时日。一袄制自初嫁，垂六十余年，虽逾八旬，逢冬日自执针剪补缀御寒。少妇以敝缊诮者，答曰：“先人习见此，死而易之，恐先人疑非故我也。”其荼毒凄凉之况，大率类此。寿八十四岁终。敛时，髻畔犹拖剩线数寸。堂侄孝子卢汉有诗哭之。

方文华妻鲁氏，年二十六夫亡，抚二子成立。姑年八旬，生事死葬，皆氏纺织所出。现年六十。邑侯周额奖“节操坚持”。

吴运贤妻陈氏，二十四岁夫故，苦志守节，抚孤成立。年五十九岁。

黄日桢妻吴氏，二十八而寡，孀姑年已六十余矣，孝养皆出十指。姑殁，丧葬如礼。五世之在浅土者，赖营窀穸。氏无子，抚族进士功成之孙为子，与二周之孤侄，教养皆有成立。邑侯刘希洙旌以"咏雪纪冰"棹楔。现年五十七岁。

程鼎锟妻吴氏，年十七于归，二十四而夫亡，哀动欲殉。堂上姑以遗孕在腹慰解之，既而幸生男作求，孝事耄姑，慈抚孤子，宗党无间言。现年五十五岁。

洪麟妻汪氏

严伯圣妻徐氏，二十七岁守节，现年五十五岁。

邵嗣芳妻周氏

续纂列女　殉难附

王永宁聘妻何氏，永宁未娶早世，时氏年十八，至夫家守节。乾隆三十一年二月旌表。

王梡聘妻鲁氏，梡未娶早世，氏至夫家，矢志守节，事姑以孝闻，因姑丧，氏悲号绝粒而卒。

附生王邦球妻何氏，守节六十五年。子梦周，有声庠序，得力于母教居多。

王士阅妻汪氏，年二十，士阅早世，矢志守节，抚子育芝成立。

王发源妻江氏，年二十，发源早世，矢志守节。年五十一卒。

监生王全妻钱氏，年二十，全早世，矢志守节。

王象明继妻方氏，年十九，象明早世，矢志守节，抚前室子序爵如己出。序爵有扬庠序，其秉母教素也。

王培基妻何氏，培基早世，矢志守节，抚子焯章成立。

附生王元音继妻方氏，元音卒，氏年二十，矢志守节，抚前室子如己出，教有义方。

王发祚继妻方氏，发祚卒，矢志守节，抚前室子邦琳如己出，补郡廪生，教有义方。

王兴义妻方氏，兴义卒，矢志守节，抚子发秀成立。

王助时继妻何氏，助时卒，矢志守节，抚前室子卓之成立。

王遐年妻胡氏，遐年卒，矢志守节，教子发光成立，登贤书。学政刘旌其门曰霜筠弥茂，教谕吴详请抚宪奏闻，入节孝祠。

监生王鼎元妻童氏，鼎元卒，矢志守节，抚子道铭成立，入国学生。

何天衢妻方氏，天衢卒，矢志守节，抚子道发成立。

何道发妻王氏，道发卒，矢志守节，抚子勤之成立，事姑以孝闻。

何敬之妻汪氏，敬之卒，矢志守节，抚子象贤成立。

何昌年妻方氏，昌年卒，矢志守节，抚嗣子荣升如己出，卒能成立。

附生何廷銑妻邵氏，廷銑卒，欲以身殉，或劝其抚遗孤，遂矢志守节，教子大缙成立，补太学生。

何廷弼妻方氏，廷弼卒，矢志守节，抚侄之纪成立为嗣。

何侯纲妻童氏，侯纲卒，矢志守节，抚子楮政成立。

附生何邦泰妻鲁氏，邦泰卒，矢志守节，抚子烇棠、烇桓成立。道光壬辰蒙旌表。

监生何树人妻王氏，青年守节，事舅姑，和妯娌家庭乡里无间言，抚继子育昌成立。

同知衔何大勋妻洪氏，大勋督团御贼阵亡，氏闻之欲以身殉，或有以二遗孤规其教养成立，氏始节哀理家，致织纴助读，子均昌成立，报昌入邑庠，家声赖以不坠。

都司衔何懋勋妻方氏，懋勋卒，即欲身殉，回顾子鼎昌、源昌呱呱待哺，勉节哀，起理家政，田地荒芜者辟之。后值贼焰，方张挈二子窜穷谷中，谓同行女伴曰："宜设法避寇，以延宗祧。"后果不遇贼。源昌，补邑廪生。鼎昌，能收拾余烬，家声以振。

职员何兆金妻方氏，兆金卒，氏年二十余岁，茹苦守节，抚子成立。乡里贤之。

同知衔何恒照妻方氏，恒照卒，矢志守节，抚子泽成立，入邑庠生。

任遗瑞妻周氏，年二十，遗瑞卒，矢志守节，抚子厚培成立，补邑增生。道光十七年蒙旌表。

胡汉鼎妻邵氏，年二十三，汉鼎卒，矢志守节，抚三子佐周、佐虞、佐商，督佣辟田地，家道日隆，三子纳粟成名。咸丰九年，蒙旌表建坊。

应万年妻汪氏，年二十，万年卒。上奉舅姑，下抚遗孤，藉针黹以奉甘旨。乡里以孝闻。

汪文台妻陈氏，年二十六，文台卒，守苦节，抚嗣子成立。

周开泰妻陈氏，年二十五，开泰卒，洁清自守，抚养遗孤。后值粤匪扰境，负二子一女走匿荒山中，以延宗祧。

徐三云妻陆氏，年二十余，三云卒，矢志守节。家贫，饔飧不给，织草屦度日。始终不渝，乡里贤之。

陈清泰妻邵氏，年二十，清泰卒，守节抚孤，日夜纺绩，以助馆谷，子得成立。

应廷芬女宝姝，守贞不字，父亡，事母孝，愿长依膝下。有议择配者，辄梗之。年四十，兄嫂强欲纳禽，女闻之，不食死。教谕项炳珩表以诗。

监生胡森辉妻姚氏，年二十余，森辉卒，矢志守节，孝养舅姑，始终不渝，乡里无间言。嘉庆庚午，蒙旌表。

吴必洽妻方氏，年十七归吴，未匝月必洽卒，矢志守节，事姑尽妇道，家虽贫，甘旨无缺，有薄产，氏勤俭持家，服田力穑，皆身任之。家日起，族子争继，氏独指耀南为嗣。后耀南以增广生贡成均。

胡岐周妻黄氏，年二十余，岐周卒。洁清誓守，孝养翁姑，抚育遗孤。乡里贤之。道光十八年，蒙旌表。

胡景周聘妻江氏，年十九未嫁，景周卒，圣贞誓守，父母欲再议择配，氏日夜号泣，不欲生。父母知不可夺。嘉庆七年，登胡姓门，事姑尽妇道，以夫兄效周子成梁为己子，训以义方，得成立。嘉庆十八年，蒙旌表。

方振采妻洪氏，年二十四，振采卒，矢志守节，抚嗣子鹤年如己出，教以义方，得成立。

汪士济妻吴氏，年十九，士济卒，矢志守节，抚嗣子位巽成立。已蒙旌表。

儒士卢永琅妻胡氏，年二十归，三十永琅卒，遗孤甫九龄，氏饮冰茹蘗，督耕课读，井然有条。子恩农，入成均。孙丙跃，食廪饩。邑尊孙公旌以匾曰“节清寿高”。年八十二而卒。待旌。

汪士涵妻胡氏，年二十余，士涵卒，矢志守节，抚夫侄位尊为嗣。

汪士河妻方氏，年二十余，士河卒，洁清自守，抚遗孤位尊成立，训以义方。乡里贤之。

方世泽妻胡氏，年二十四，世泽卒，洁清自矢，抚嗣子庆恺成立。

方世骥妻何氏，年二十一，世骥卒，矢志守节，抚嗣子以则成立。

方世律妻郑氏，年二十，世律卒，矢志守节，抚遗孤霈成立。

方　卓妻郑氏，年二十余，卓卒，矢志守节，子不永年，抚孙成立，含辛茹苦。乡里贤之。

邵文彩妻应氏，年二十余，文彩卒，矢志靡他，抚嗣子百禄成立，以延宗祧。

附生余向辰妻方氏，咸丰庚申，向辰被贼戕，氏年二十余，洁清自守，抚二岁遗孤，日夜不停，针黹以给饔飧。乡里贤之。

宋光先妻陈氏，年二十三，光先卒，矢志守节，抚子上腴成立。

宋上腴妻方氏，年二十四，上腴卒，矢志守节，事姑尽妇道，抚遗孤贵祥成立。

宋贵祥妻徐氏，年二十四，贵祥卒，矢志守节，事姑以孝闻，抚夫侄如己出。其后嗣子贡生剑台，监生明台，事母称孝，其秉母教素也。

程持妻胡氏，年二十，持久病，氏侍奉汤药，家贫，纺绩得值以延医。夫卒，矢志守节。

何和圣聘妻刘氏，年十九未嫁，和圣早世，女闻讣，毁妆号泣，誓以坚守。年二十一归和圣家，守节，奉侍翁姑，足不履户外。人皆贤之。

徐希桢妻朱氏，年二十五，希桢卒，家贫，事姑孝，勤纺绩，以奉甘旨，洁清誓守。乡里贤之。

徐商周妻方氏，商周卒，矢志守节，忍饥寒，抚遗孤，勤纺绩，日夜不停。营葬翁姑及太翁姑。乡里贤之。已蒙旌表。

徐辅恒妻王氏，年二十二，辅恒卒，家贫，纺绩自给，茹苦含辛，坚贞不渝。已蒙旌表。

徐信道妻朱氏，年二十二，信道卒，誓守节，家贫，日夜不停纺绩，闺阃不出，人罕见之。已蒙旌表。

徐家聪妻胡氏，年十九，家聪卒，矢志守节，家贫，抚孤成立。已蒙旌表。

徐城南妻余氏，年二十，城南卒，洁清誓守。已蒙旌表。

夏大揆妻余氏，年二十余，大揆卒，誓守节，事姑孝，抚遗孤，理家政。乡里贤之。道光二十四年，旌表。

方庭行妻汪氏，年二十，庭竹卒，洁清自守。年四十二而卒。

夏明镜妻宋氏，年二十余，明镜卒，矢志守节，事翁姑尽妇道，妯娌和睦，乡里无间言。已蒙旌表。

庠生何堃妻汪氏，年二十余，堃卒，矢志守节，抚继子阶平成立。咸丰六年，蒙旌表建坊。

应锦雯妻方氏，锦雯卒，矢志守节，家贫，含辛茹苦，始终不渝。入节孝祠。

汪士达妻周氏，年二十守节，事姑极孝。

廪生郑宣德妻吴氏，年二十四，宣德卒，坚欲身殉。思葬务未毕，乃截发茹素，日夜号泣，泪尽，继之以血。越二月，窀穸已安，从容以殉。

郑邦宪妻鲁氏，年二十，邦宪卒，矢志守节，饥寒交迫，始终不渝。

郑高举妻江氏，年二十余，高举卒，矢志靡他。乡里贤之。

附生方玉麟妻宋氏，年二十余，玉麟卒，洁清自守。

汪明松妻邵氏，年二十余，明松卒，矢志守节。

方国卿妻任氏，年二十余，国卿卒，洁清自守。

方国定妻邵氏，年二十四，国定卒，洁清自守。

任蕙兰妻汪氏，年二十余，蕙兰卒，清洁永守。

监生任炯照妻方氏，年二十余，炯照卒，洁清自守。

任浚源妻余氏，年二十余，浚源卒，守节以终。

任祝庆妻许氏，年二十四，祝庆卒，洁清自守。

儒士方鸿本妻何氏，年二十四，鸿本卒，守苦节，择继为嗣，训以义方。乡里贤之。

方志成妻张氏，年三十，志成卒，守节抚孤。乡里敬之。

戴和平妻郑氏，年二十余，和平卒，守节抚孤，训以义方。乡里敬之。

严炳万妻徐氏，年十八，炳万卒，洁清自守。事翁姑以孝闻，抚遗孤成立。

汪凤翔妻应氏，年二十五，凤翔卒，矢志守节，遗孤二，抚养成立。咸丰壬戌，二子被害，复与媳宋氏抚养幼孙，家贫，日夜不停针黹，双目交赤。乡里称贤。

贞女汪六弟，未嫁夫卒，矢志守节，始终不渝，年四十九卒。

邵承志妻余氏，年二十二，承志卒，洁清自守，至死靡他。

周人恭妻方氏，年二十余，人恭卒，守苦节，抚遗孤。遭匪扰，襁负其子逃奔荒谷中，忍冻馁而延宗祧。乡里贤之。

庠生徐佩瑾妻孙氏，年二十一，佩瑾卒，矢志守节。

徐步萃妻王氏，年十九，步萃卒，誓苦节。

徐步嵩妻钱氏，年二十二，步嵩卒，矢志守节。

监生方齐淇聘妻徐氏，年十七，闻齐淇病，知不痊，即登方姓门，到则齐淇已卒，恸哭欲以身殉。人谓其姑年老，恐不能堪，始节哀，事姑尽孝，矢志守节。道光二十九年，请旌建坊。

附生何堃妻汪氏，年二十余，堃卒，矢志守节，抚嗣子介彭成立。

徐初发妻周氏，年二十七，初发卒，矢志守节，抚遗孤成立。

徐维周妻朱氏，年二十五，维周卒，矢志守节，始终不渝，抚嗣子成立。同治丙寅，请旌。

徐季升妻朱氏，年二十余，季升卒，矢志守节，事翁尽孝道，抚遗孤，教以义方，延明师课读。

徐爱和妻葛氏，年二十余，受和卒，矢志守节，营葬。后翁姑相继卒。日夜不停针黹，得售积储，葬翁姑暨叔伯舅姑。乡里称贤。

徐商舟妻方氏，年二十余，商舟卒，矢志守节，家贫，抚遗孤，纺绩得值，营葬翁姑及宗亲。乡里贤之。

徐淑占妻方氏，淑占幼羸弱，患血症，遵父母命迎方氏，以侍汤药。未几，淑占卒。氏痛哭，欲以身殉。翁姑急以次孙嗣淑占，氏即于柩前成礼，拜舅姑，奉木主，朝夕焚香，始终不渝，教养嗣子成立。

徐君重妻郑氏，年二十，君重卒，家贫，矢志守节，纺绩自给，抚侄为嗣，以延宗祧。

徐喜桂妻王氏，年二十余，喜桂卒，矢志守节，家极贫，虽饔飧不给而矢志靡他。

徐能受妻方氏，年二十余，能受卒，痛哭极哀，泪斑斑成血痕。七岁遗孤，抚养成立。

徐廷泰妻张氏，年二十余，廷泰卒，矢志守节，子甫五龄，抚养成立。

徐景商女姣英，字南陵方氏，未嫁，夫卒，矢志守贞，誓不再字。父母从其志，长依膝下，侍奉不稍懈，事亲四十余年。乡里贤之。蒙旌表。

徐元璸妻王氏，年二十四，元璸卒，家甚贫，而矢志守节，始终不渝。

徐宏修妻邵氏，年二十，宏修卒，家贫，含辛茹苦，矢志洁清。

徐淡如妻方氏，年二十余，淡如卒，矢志守节，始终不渝。蒙旌表。

徐纯仁妻方氏，年二十四，纯仁卒，洁清自守，家贫，子幼，教养成立。蒙旌表。

徐致中妻汪氏，年二十四，致中卒，矢志守节，襁抱遗孤，抚养成立。

徐文郁妻吴氏，年二十余，文郁卒，矢志守节。继姑欲夺其志，阴媒定受聘，谋昏夜强掠嫁之。氏知之，逃奔荒谷不敢归。宗亲控于官，邑令古公贤之，旌以额曰“心坚铁石”。

徐光表妻萧氏，年二十二，光表卒，矢志守节，上侍翁姑，生事死葬均尽礼。择继以延宗祧。乡里贤之。

徐维翰妻唐氏，年二十，维翰卒，矢志守节。事翁姑极尽妇道，抚嗣子成立。乡里贤之。

徐作梅妻陈氏，年十六归徐，甫一年，作梅卒。矢志守节，始终不渝。抚嗣子景青成立。蒙旌表。

徐芝缙妻龚氏，年二十四，芝缙卒，恸哭欲身殉。时有娠，咸劝节哀以延一线。后举一男，抚养成立，教以义方。节俭兴家，营葬翁姑及其夫。终身不去衰绖。乡里贤之。蒙旌表。

徐承道妻钱氏，年二十五，承道卒，洁清誓守，抚嗣子成立。蒙旌表。

徐光辉妻王氏，归徐未一年，光辉卒，恸哭不欲生，渐染病，营葬翁姑及其夫，抚养嗣子，积劳成疾而卒。

徐鹤声妻胡氏，年二十余，鹤声卒，矢志守节，抚襁褓儿成立。

徐世则妻胡氏，年二十余，世则卒，矢志守节，孝养翁姑，抚前室子如己出，教养成立。

徐又祥妻钱氏，年二十余，又祥卒，家贫，饔飧不给，含辛茹苦，始终不渝。

徐聚韶妻方氏，年二十二，聚韶卒，家贫，抚遗孤成立，含辛茹苦，始终不渝。蒙旌表。

徐江清妻方氏，青年守节，始终不渝。

附生徐拱辰妻邵氏，年二十五，拱辰卒，矢志守节，事翁姑极尽妇道。乡里贤之。

徐文浩妻叶氏，年二十二，文浩卒，矢志守节，家贫，抚嗣子成立。

徐福逊妻朱氏，年二十五，福逊卒，矢志守节，始终不渝。

徐立身妻方氏，年二十余，立身卒，矢志守节，抚养遗孤。后翁姑相继卒，号泣不辍，泪滴成血，目遂瞽。蒙旌表。

附生徐信圭妻胡氏，年二十七，信圭卒，欲以身殉。以子勤伟、勤效、勤僎俱幼，勉节哀，理家政，教子以义方。及长，勖以好施济，敦品行，凡邑有大兴举，无不急公从事焉。蒙旌表。

附生徐勤伟妻朱氏，年二十余，勤伟卒，恸哭几不欲生。姑胡氏劝其抚养遗孤，始节哀课子，事姑尽妇道。乡里钦重之。蒙旌表。

陆延子妻应氏，年二十余，延子卒，矢志守节，抚遗孤。同治元年，粤匪窜境，携子逃奔，备尝艰苦，宗祧赖以不坠。

陆盛玫妻周氏，年二十余，盛玫卒，洁清自守，抚子成立。

徐作周妻葛氏，年二十八，作周卒，矢志守节，抚孤成立。

徐咸熙妻方氏，年二十，咸熙卒，矢志守节，始终不渝。

徐志纯妻卢氏，年二十六，志纯卒，矢志守节，抚孤成立。

庠生徐丙书妻唐氏，年二十六，丙书卒，矢志守节，始终不渝。

徐告标妻汪氏，年二十五，告标卒，洁清守节，始终不渝。

叶成华妻范氏，年二十九，成华卒，矢志守节，勤俭起家，抚二子成立。

方维城妻徐氏，年二十四，维城卒，矢志守节，之死靡他。

王景富妻林氏，年二十一，景富卒，矢志守节，抚养子成立。

儒士胡高富妻方氏，年二十四，高富卒，矢志守节，上事翁姑，下抚幼子，历三十余载。乡里贤之。

宋恒景妻王氏，年二十四，恒景卒，矢志守节，始终不渝。

宋恒道妻余氏，年二十八，恒道卒，抚孤守节，乡里贤之。

宋士珍妻童氏，年二十六，士珍卒，洁清自守，之死靡他。

宋大高妻方氏，年二十四，大高卒，矢志守节，抚子成立。

吴必穀妻邵氏，年三十，必穀卒，守节抚孤，事姑甚谨，性好施予，戚党有困乏，皆周济之。

邵学邹妻郭氏，年二十余，学邹卒，家贫，矢志守节，纺织度日，抚孤成立。

附生徐堂妻胡氏，年二十九，堂卒，矢志守节，抚幼子一骐成名，有声庠序。乡里贤之。

王世拔妻徐氏，年二十余，世拔卒，氏自缢以殉。已蒙旌表。

王秉义妻余氏，年二十四，秉义卒，苦守贞节，事亲甚孝，抚子世彭成立。

王长初聘妻邵氏，候溪邵尚玖之女。长初客死于徽，氏誓不改适，事父母甚孝。后父母卒，弟幼，氏顾复鞠育，靡不周至，延师课读，授室成家。年五十四卒。已蒙旌表。

余登达妻□氏，咸丰辛酉，登达殉难，氏年二十九，矢志守节，始终不渝。

孝女余竹英，增广生道恒之女。母早丧，事父甚孝。父卒，弟幼，遂决不嫁，支持家政，抚弟成立。已蒙旌表。

王梦文聘妻凌氏，歙县凌伯礼之女。年十三，夜梦书生引至一室，指曰："此名白云邱，吾与汝吹箫处也。"及旦，而梦文讣至，女哀恸几绝，欲斩衰奔丧。父母泣挽之。女性孝，遂服衰而哭。阅三年，女以梦文无嗣，欲过门择继，以延一脉。父母又不允。更年余，乃啮指泣血，跪请曰："儿生死皆王氏矣。"父母知其志决，令素车诣王，抵门，谒舅姑毕，遂易服谒夫殡，依稀梦中所指处也。触棺而恸，棺几仆。观者莫不掩泣。时梦文兄弟皆未有子，女日夜吁天求嗣，无何，仲举一子，七日而殇，女泣曰："吾忍死须臾，正为此耳。今若此，生复何为?"姑慰之曰："伯婿幸有孕，倘诞男，即汝天嗣也。"时果举一男，立为嗣，名曰嗣贤。女抱儿泣曰："祈天佑汝，吾不及见汝成立矣。"遂绝粒七日而卒。知县张公旌曰贞节。都人士以诗文吊者甚众。

宋朝灼妻王氏，年二十守节，始终不渝。

刘和之妻何氏，年二十七守节，抚嗣子成立。乡里贤之。

解萼起妻叶氏，年二十四，萼起卒，矢志苦守，孝敬翁姑，抚子成立。

宋大义妻邵氏，年二十九，大义卒，矢志守节，历三十六载而终。

方彩仕之女，新老不嫁，侍奉终身。

余遇均妻卢氏，年十五于归，未两月而夫卒，氏自缢以殉。余茂禘妻方氏年二十余，茂禘卒，洁清自守，上事翁姑，下抚三子成立。乡里贤之。

吴成朴妻邵氏，年十九，成朴卒，矢志守节，阅六月生男而殇，氏痛不欲生，旋立继以延宗祧。已蒙旌表。

附生应作楷妻汪氏，年二十五，作楷卒，坚守节，抚孤成立。已蒙旌表。

文童应文桂妻缪氏，年二十一，文桂卒，矢志守节，孝事翁姑。继子奎照，增广生，麟彩，廪膳生，俱有声庠序。已蒙旌表。

附生陆邦治妻方氏，年二十六，邦治卒，哭泣尽哀，投河以殉。越三日，尸浮，颜色如生。

从九何兆京妻方氏，年二十九，兆京卒，矢志守节，始终不渝。

附生周煌妻应氏，年二十八，煌卒，苦守贞节，之死靡他。

吴延鉊妻王氏，年二十九，延鉊卒，矢志守节，家极贫，纺绩自给，择继延宗祧。

何允吉聘妻宋氏，年十六未嫁，夫卒，过门守节，抚嗣子以延宗祧。已蒙旌表。

童知鼎妻方氏，青年守节，矢志靡他。知县赵公给匾曰“柏舟著义”。

童运富妻王氏，年二十二，运富卒，矢志守节，始终不渝。已蒙旌表。童岁南妻方氏年二十二，岁南卒，矢志守节，抚孤成立。

儒士童天挺妻钱氏，年二十三，天挺卒，矢志守节，抚孤成立。

监生童梦翔妻洪氏，年二十五，梦翔卒，守节抚孤，始终不渝。

童庆同妻徐氏，年二十八，庆同卒，洁清自守。寿九十三而卒。计守节六十六年。已蒙旌表。

附生童兰妻方氏，青年守节，矢志靡他。已蒙旌表。

监生童曹祖妻徐氏，年二十三，曹祖卒，矢志守节，抚孤成立。

附生童瑛妻徐氏，年二十四，瑛卒，守节抚孤，矢志靡他。已蒙旌表。

儒士童琇妻方氏，年二十一，琇卒，矢志守节，至老不二。已蒙族表。

儒士童文桂妻吴，氏年十八，文桂卒，矢志守节，抚继子成立。寿九十三而卒。计守节七十六年。

儒士童元奎妻徐，氏年二十五，元奎卒，誓守苦节，抚弥月儿成立。

汪云龙妻方氏，年二十二，云龙卒，矢志守节，抚遗孤成立。蒙旌表。

方香有妻童氏，年二十七，香有卒，守节抚孤。族中无赖利氏年轻，逼之再醮，抢至中途，氏乘间跳入河而死。已蒙旌表。

方学序妻王氏，年二十四，学序卒，矢志守节，抚孤成立，白首不二。

徐炳春妻童氏，年三十，炳春卒，家贫无子，矢志不二。有媒者说之再醮，氏不为动。乃勾通氏夫兄，夫兄固未许也。氏闻蜚语，虞有变，遂服毒，至夫墓所，号哭而绝。

唐聚奎妻王氏，年二十余，聚奎卒，家贫无子，服毒而殉。

方学庠妻徐氏，年二十三，学庠卒，守节抚孤，至老不二。

附生方策妻徐氏，年二十一，策卒，守节抚孤，至老不渝。计守节四十三年。

徐彩有之女，名翠女，幼字余氏子，未嫁而夫殉难，女闻讣，哀号，立志不二，侍奉父母以孝闻。年三十五呕血卒。

儒士潘律和妻，举人有培之继母。年二十九，律和卒，矢志守节，至老不渝。已蒙族表。

儒士潘世敬妻，年二十九，世敬卒，洁清自守，矢志靡他。已蒙旌表。

附生潘世鸾妻，年二十三，世鸾卒，守节抚孤，至老不渝。已蒙旌表。

潘绥济妻方氏，年二十二，绥济卒，矢志守节，抚孤成立。

廪生胡钦明妻王氏，年三十，守节抚孤。乡里敬之。

贡生洪邦政妻张氏，年二十六，邦政卒，矢志守节，之死靡他。

汪光辉妻余氏，年二十，光辉卒，矢志守节，事姑孝。子朝荣，中己卯武举，氏犹及见焉。未蒙旌表。

周宝辅妻郑氏，年二十二，宝辅卒，矢志守节，理家政，课遗孤。嘉庆五年，请旌建坊。

周元恩妻阮氏，年二十，元恩卒，矢志守节，抚侄为子成立。咸丰四年，请旌建坊。

王嵩寿妻吴氏，年二十一，嵩寿卒，洁清自守，抚嗣子成立。道光二十九年，请旌建坊。

徐鼎拱妻朱氏，年二十三，鼎拱卒，恸哭欲殉。姑劝其抚养弥月儿，始节哀，理家政，事姑以孝闻。光绪二年，请旌。

徐维纲妻方氏，年十六，维纲卒，毁容截发，矢志靡他。姑老病久不痊，奉养无少间。继族子为嗣。光绪五年，请旌。

邵德太妻胡氏，年十九，德太卒，矢志守节。

邵德富妻唐氏，年二十四，德富卒，矢志守节。继侄为嗣。郡尊宗公奖以“节镇广风”匾额。

唐德中妻卢氏，年二十，德中卒，抚孤守节，矢志靡他。

吴炳南妻周氏，年二十，炳南卒，矢志守节。知县金馩远奖以“风霜独耐”匾额。

邵学敏妻杨氏，年二十一，学敏卒，矢志守节，事亲至孝，抚继子登元成立。

叶永焕妻方氏，年二十余，永焕卒，矢志守节，抚遗孤成立。已蒙旌表。

叶绍霖妻王氏，年二十余，绍霖卒，洁清自守，抚孤成立。已蒙旌表。

叶绍礼妻程残，年二十余，绍礼卒，矢志守节。已蒙旌表。

叶懋裕妻方氏，青年守节，至死靡他，抚育幼子，以延宗祧。已蒙旌表

叶懋杰妻徐氏，年二十余，懋杰卒，洁清自守，抚孤成立。已蒙旌表。

叶麟长妻徐氏，年二十三，麟长卒，矢志守节，抚孤成立。已蒙旌表。

叶观绅妻徐氏，青年守节，永矢柏舟，抚继子成立。已蒙旌表。

处士邵宜元妻余氏，年二十六，宜元卒，矢志守节，上事翁姑，下抚二子，远近贤之。

邵光暐妻徐氏，凤凰庄人。

监生方骥田继妻应氏，年二十三，骥田卒，洁清自守，始终不二，抚犹子以承宗祧。咸丰六年，奉旨旌表建坊。

附贡生光禄寺署正方至妻沈氏，年二十九，至卒，矢志守节，抚子少怀成立，有声庠序。未请旌表。

五品衔胡森柏继妻许氏，年二十，森柏卒，矢志守节，抚子寿然成立。

叶绍继妻王氏，青年守节，矢志无二。已蒙旌表。

叶懋芃妻徐氏，年二十余，懋芃卒，矢志守节，终身不二。已蒙旌表。

监生于德圻妻洪氏，青年守志，七十三岁卒。

文童于佩玉妻方氏，自幼从姑抚养，尚未成婚，佩玉卒，氏即矢志守节，侍奉翁姑十有五年而卒。

生员王裕妻汪氏，年二十九岁，裕遂病卒，氏即矢志守节，育有四子，抚养成人。嗣因咸丰年间，西匪扰淳，诸子被掳，氏年四十有奇，竟以忧闷成痨而卒。

增生徐一骐母胡氏，年二十九岁丧夫，矢志教子克成令名。寿至八十有奇而卒。

拔贡徐来青妻张氏，西匪扰淳，避维桐岭上。贼至，责以大义，遂即遇害。

附殉难

监生吕景昆妻方氏，同治元年二月二十六日，粤匪窜境，自投岩殉难。

贡生吕承金妻徐氏，同治元年二月二十五日，粤匪盘境，自投杨柳塘殉难。

徐文愈聘妻王氏，同治元年三月，粤匪入境，王尚未嫁，贼强逼，大骂不绝口，遂被戕。

附生祝荣勋妻方氏，同治元年，贼逼，氏大骂不绝口，遂被戕。

王庆阳妻方氏，庆阳被贼掳，氏年二十六，闻信即投水以殉。

监生何立勋妻邵氏，立勋卒，剪发毁面，抚侄子学昌、浸昌成立。咸丰庚申三月，粤匪窜境，氏叹曰："半生守节，如遇贼，求死不得奈何?"遂不食而卒。

胡荣芳妻叶氏，年二十，荣芳卒，家贫守节有年。忽闻寇焰炽，绝粒以殉。

陈　棣妻邵氏，年二十四，棣卒，矢志守节。咸丰庚申间，被匪掳，骂不绝口，突抽贼刀自刎以殉。

童旺顺妻王氏，咸丰辛酉，粤匪扰境，氏被贼掳时，有团练兵溃逃匿山谷口中，贼甘言诱指，答以去远，贼怒，鞭背截指，备受惨酷，遂大骂曰："人皆欲食汝肉，恨我妇人无力诛贼。"贼割其舌，怒目啮齿而残。贼见邑中妇人尚如此义烈，不敢久踞，遂转窜徽宁。淳人不甚罹劫，皆由氏舍一身以保全万众也。后督团绅士新昌训导洪炳炜，职员王企明，勒碑以纪其事。

职员程京圃妻毕氏，同治元年三月，挈子永清避粤匪难，被掳，大骂，又贼并取其子，曰不得苟延性命以从贼，遂俱被戕。职员胡龙章妻程氏同治元年三月，被贼掳，骂贼被戕。

胡增贵妻程氏，同治元年，避难□□潭，贼至，氏骂不绝口，遂被戕。

监生叶昭融妻徐氏，昭融卒，以义方训诸子。同治元年二月，粤匪窜境，子女失散，氏被刀伤。贼过，有数老媪，素敬慕氏，负曳匿他所。四月间，贼复至，猝难避，骂贼被戕。同治四年，蒙旌表，入府节孝祠。

监生徐和裕妻叶氏，咸丰十一年十一月，粤匪窜境，贼众搜山得氏，欲污之，氏力批贼颊，夺其腰刀欲杀贼，力弱，被砍数十处以亡。同治四年，蒙旌表，入府节孝祠。

叶氏女，字毕姓，年二十未嫁。同治元年二月，见贼骑突至，呼母与弟速匿山谷，自即投水殉难。四年，蒙旌表，入府节烈祠。

毕品阶妻姚氏，品阶卒，矢志守节，教二子以义方。同治元年，粤匪扰境，与媳胡氏避难甘坪。贼猝至，被掳，大骂遇害。同治四年，蒙族表，入府节烈祠。

毕润馥妻胡氏，同治元年四月，粤匪扰境，从姑□氏逃避八都甘坪，姑令氏小路避之。氏平日事姑孝膝下，无暂时离，誓死不愿弃姑而走。贼至，大骂不绝口，被戕。同治四年，蒙族表，入府节烈祠。

胡彬然妻余氏，年二十，彬然卒，矢志守节，藉钱币以自存，虽饔飧常不给，晏如也。道光壬寅，已蒙旌表。咸丰十一年，遇粤匪殉难。

监生刘光昌妻胡氏，年二十四，光昌卒，矢志守节。同治元年，粤匪扰境，遇贼殉难。

陆惠昌妻洪氏，咸丰辛酉，闻粤匪扰境，抱弥月儿匿于禾稼深处，被贼搜获，欲污之，氏骂不绝口，贼怒砍为醢。

陆华年妻唐氏，咸丰辛酉，粤匪窜境，其夫华年遇害，氏欲以身殉。时夫弟年幼，依之如母，牵衣啼哭。氏叹曰："我殉节得死所，其如陆氏宗祀何?"遂挈夫弟逃奔于冰天雪窖中，采山药以度日，得食则先饲其叔。或劝其改适以图存，氏拒曰："余非苟且图生者。"贼退后，岁复歉，恒出门牧荑稗以充饥。值大风雨，竟冻饿死。盖衣履冰泾，不食已三日矣。夫弟终得保全。

郑考考妻童氏，咸丰庚申，粤匪猝至，氏年二十，恐被污，投塘殉难。

任荣堃妻吴氏，咸丰庚申，贼窜境，避匿夏余庄，贼搜获，欲污之，氏骂不绝口，抽刀欲杀贼，遂被戕。

胡荣炳女，年十八，避寇孙家山，见贼至，恐被玷，投崖殉难。

方云升妻洪氏，咸丰庚申，避粤匪于枫桥坞，贼至，云升不屈被戕，氏见之，同子建名，大骂不绝口，遂殉难。蒙旌表，入节妇祠。

廪生方春泽妻郑氏，同治元年，粤匪窜境，挈女森玉，子生员建璋，避难梓树坞。贼至，建璋骂贼被戕，氏与女亦骂不绝口，同时殉难。蒙旌表，入节妇祠。

监生于凤毛妻黄氏，年十一，凤毛卒，矢志守节。咸丰六年，蒙旌表建坊。十一年八月初二，粤匪猝至，被获，大骂不绝口，乘间投崖殉难。时年六十二。

徐万寿聘妻童氏，童昌太之女。万寿被粤匪掳，女恒背人饮泣。同治甲子，闻万寿已被贼戕，女一恸而绝。及苏，泣谓父母即曰："儿身已属徐姓，儿死愿以尸往。"遂入内室自缢。归葬于翁姑墓侧。待旌表。

职员江韫琮妻黄氏，同治元年三月，避寇于船泊九里湾，被掳，氏骂不绝口，乘间投河殉难。

监生江秉礼妻黄氏，咸丰辛酉三月，避寇云头，贼猝至，恐被污，遂投河殉难。

职员何增瑞女秀鸾，咸丰庚申，粤匪扰境，避难姜坑，贼搜获，欲污之，女骂不绝口，贼怒支解之。

王长岁之女，闺名铖翠，同治壬戌，骂贼殉难。

王长龙之女，闺名德英，同治壬戌，骂贼殉难。

监生滕上宽妻方氏，年二十余，上宽卒，守苦节，抚幼子，年七十二遇贼殉难。

廪生方炳奎妻汪氏，咸丰辛酉，粤匪窜淳，氏率子女匿山中。贼至，见逼，氏大骂不绝口，遂遇害。

廪生宋炽妻徐氏，同治壬戌，遇粤匪被执，氏大骂不绝口，遂遇害。已蒙旌表。

王禄高妻方氏，年二十六，禄高卒，家贫，无子，纺绩奉姑。同治壬戌，粤匪窜淳。氏扶姑避于徽州。贼至，失散。氏觅姑不得。至三港渡中，乡人告以姑被贼杀。氏哭拜，投水而亡。

宋锐妻徐氏，同治壬戌，贼至，恐受辱，遂自缢。

宋大高妻方氏，粤匪至，威逼不从，遂自刎死。

张发克妻方氏，发克卒，矢志守节。同治壬戌，遇贼被执，威逼不从，乘间自缢。

童喜大妻徐氏，咸丰庚申，粤匪入境，为贼所掳，威逼不从，遂遇害。

唐文发妻童氏，咸丰庚申，粤匪入境，夫妇骂贼殉难。

方 伎 仙释附

不该不遍，一曲之士也。而善为巧发奇中亦有用焉，匪直可资谈谑。故自后汉以下，史书颇标其目，而黄冠缁流，奇奇怪怪，间见层出。六合之内，无所不有，存而不论可耳。然于邑非无关也。志方伎。

王应有，字希声，丰溪人。儒家流也。少好山水，遂工形家言，指点窟穴，多曾郭经遗意。为人卜宅兆，能福其骨之所。生齿既耄，因辑次诸家说，断之己意，以成一书，名曰《阴阳理学》。何潜斋先生嘉而序之，乐与谈天地万物之理，盖纪实云。

吴鼎铨，字六长，号逸樵，云峰诸生。少时，慕朱家郭解之为人，嗜六韬书，精武备，尤善治诸疡，预订痊可期，予膏剂不爽晷刻。却赇谢，弗受，曰："吾以此活人，初不图阿堵物也。"时称国手。宋中丞又希先生，以奇士目之。所著《医案》二卷。今得其方书者，犹足以活人。

程国俊，字廷吁，徽之休宁人。本陈仲醇门下士，又执经于金正希先生。金生先既亡，因避地家于淳西胡溪，以医术鸣，决死生，起痼疾，咸以为越人淳于复出也。家故贫，然求药辄与。有病亟延之，未尝以雨雪炎蒸辞。所至，见有父子兄弟偶作诟谇，即正色规之。工行草，所书皆儒先格言。凡医论文词，手所订录者，得之莫不珍为宝箓。

方尚节，字石卿，赋溪人。少受经书，时时睡不听，语及卜筮，则意解。有道士者，不知其所从来，一见即注目久之，曰："是子风骨，当得半仙。"乃授以郭璞易洞林，嗣是遂学为卜。游郡城，依白山宋公维藩为东道主，方春，始和白山，必令一卦。一日卦毕，忽呼奇奇，语白山曰："今岁有人自天子所来，召君者，谨议之。"是为康熙戊午。是岁也，天子开制科，有以白山名上者，遂登辟书。白山初不知也。辟至，乃叹以为神。自是名益大噪，每春秋校士，决多士利钝，十发皆中，倾城士举趋之。时为之语曰：“文石画，石卿卦，千石万石两无价。”文石者，汪氏名汉，以丹青驰誉，亦邑人。因举以偶，尚节称两石云。

沈国柱，字公任，其先本越之山阴人，来寓邑东茶坡，徙居赋溪，遂家焉。国柱，妙解经脉，病必理其本，处剂不过数种，或直用古人传方，辄效。然至其随手之变，则又自用我法，往往以意成之。尝取黄帝脉书为宗，而旁引诸所论，疏通证明之。著为《医通》四十卷，《青溪诊籍》一卷。有以病请，不因寒暑丰啬为去留。国朝雍正中，曾与乡饮宾筵，盖亦今之越人也。

钱九五，蜀阜人。幼习五雷天心正法。樵采山中，有雷部神，为孕妇所魇。九五为之解释，遂得上升。因授以呼雷法。尝求桑于江村，人弗与，乃书江村风拔木数字，焚之，须臾，木尽拔。时县苦旱，尹俾令祷雨，应祷雨降。遂往龙虎山受箓，道逢二臾对奕，啖以数果，精爽倍常，令拔一松倒种之，誓曰：“此松活，则法可传。”九五乃往，及回则二叟犹在，而松固无恙也。授以四石子，戒勿启。顷之石子铮铮有声，启之则双蝶飏去，仅存其二。自后有二神人呵护之。一日，闻张天师至，九五方饮酒，戏以栗谷置杯中，咒之，天师舟不得发，询故，致谢乃得上。后如厕，矢持溷筹，呼帅将则筹如猬集，而神不复至矣。今所居法水井犹存。

雷佛真人，号云衣子。南宋时，结庐于蔗山之半，有异术，知未来事。一日，谓众曰：“天将大雪四旬，自某日始，薪米一切当预贮，以待不虞。”已而果然，雪霁，众怪其户外无行踪，启其户则凝然端坐，颜色如故，群咄咄叹以为奇。后三年，举火自化。或见若有冉冉入云中者。因建宇于蔗山之麓，名曰化佛殿，以表灵异焉。

何甲，文昌人。初时至安乐山拾余桃，食之，觉心爽身轻，遂诣绝顶，见二老者憩石上，甲心知非凡人，礼拜求指出世方，老者曰：“无欲以观其妙，此外无他谬巧也。”言讫而升。甲顿悟，自是言未来事，辄奇中。其所设施，神出鬼入。天师张真人，亦敬服以为难测。遂称为真人。年八十，尸解去，其蜕骨葬浓坑口。

优禅师，青莲庵僧也，结茅庵于西乡之幽坑山中。衣一破衲袄，冬夏不易，雨雪经旬不举火，亦无馁状，居数十年。见者恒如五十许人。后示化，期邑人迎于县治前，坐积薪上，火光从鼻中熊熊出，外火便炽，须臾，见白气一道入空中，隐隐有禅师状。其遗蜕舍利贮城隍庙左右龛中。

叶道士，失其名，淳安人。素有道术。一日，无病而逝，即入棺具，乡人于途中遇，人初不知其已死。叶谓之曰："今夕当雨，尔归可告吾徒，于西墙上收我所晒履。"及归，视履果在。启棺视之，惟冠履存焉。（见《府志》）

尹山僧，俗姓汪，结庵于邑西梓桐乡尹山之麓。既示寂，其徒以顶骨纳琉璃瓶中，瘗之。岁久，欲迁葬，夜梦僧指其处。及出，瓶腹大颈小，顶骨依然，莫知所从。人人以为异。至今里民水旱祈求多灵应。（见《府志》）

徐道士，青溪人，居天乐观，年八十一。一夕，梦大罗天赐诗云："片善文章莫自轻，大罗天上望归程。银河别有乘槎路，月苑宁无折桂名。鸾鹤相迎来碧洞，烟霞接引到神京灵。使卿便作神仙客，布德行恩赦万灵。"明日，白众，尸解而去。

续纂方伎

方登，字上达，宏溪人。工书法，善丹青，名著一时。高宗纯皇帝南巡，考取浙江画士超等第二名，蒙赐顶戴。知县陈公给以"辋川遗风"匾额。

商殿传，南乡大田庄人。道光戊子科武举，精岐黄，留都二十余年，延医者踵门不绝，无不应手而效。一时有名医之目。肃亲王赠以额曰"起予者商也"。自王公以下赠额者以数十计。

光绪淳安县志卷之十二

艺文志一对策　奏疏　录序

通都大邑，有献必有文。献则其生于斯长于斯者也，文不必其生于斯长于斯者也。不必其生于斯长于斯，而舐笔和墨，亦必其涉吾地与吾地之人之事。博而存之，用相引重。若人之生于斯长于斯者，虽在文章钜公，而苟舐笔和墨，于桑梓本无所关，则自听单行，不敢阑入。盖以文经，以人纬，因文而及人，非因人而及文，自乱其例不可也。志艺文。

对　策

夏旱对策

建武五年·汉·方储

百姓苦，士卒烦碎，责租税失中，暴师外营，经历三时，内有怨女，外有旷夫。王者熟推其祥，揆合于天，图之事情，旱灾可除。夫旱者过日，天王无意于百姓，恩德不行，万民烦扰。故天应以无泽。　又曰：民悲怨则阴类强，河决海溍，地动土涌。

对　策

唐·皇甫湜

臣伏见陛下征天下之士，亲策于庭，求贤思理，亦云至矣。然臣未知将以为虚策乎，将以求实效乎？以为虚策，则后之搢绅者观书于太史氏曰："天子之忧人如此，急贤如此，征贤良方正直言极谏之士，亲礼而问之。”斯亦足以为名矣。若以得人为务，社稷之计为心，则不宜待之如是也。夫王者，其道如天，其威如神，以聘问先之，以礼貌接之，造膝而言，虚心以受，犹恐惧陨越，而不得尽其所怀，况乎坐之阶庭，试以文字，拳曲俯偻，承问而上对乎？且天下之事，难一二以疏，举臣所当言，又有非臣下所宜闻知，清问所不说，又郁而不得发，强附之于篇，考视者必以为余烦，又摈而不得通矣。陛下何惜一赐臣容足之地，于冕旒之前，使得熟数之乎？可采则行之，无用则罢之，何损于明也？然臣不敢有望于是，谨旁缘圣问，粗竭愚瞽，倘陛下怜察其志而宽其诛，赐之异日之问，而卒其说，则覆照之下，形气之生，孰不幸甚！

制策曰：“盖闻昔之令主，体上圣之姿，御大宁之时，犹惧理之未至也，求贤以致用，犹惧动之不中也，咨谏以闻过。矧唯寡昧，膺受多福，思负荷之重，警风波之虞，求贤咨谏，岂敢怠忽？至若穷神知化，以盛其德，经武纬文，以大其业，考古会极，通教化之源，明目达聪，周视听之表，斯夙夜之所志，子大夫将何以匡建而致之乎？”此陛下之忧勤切至也。臣闻尧舜有天下为己忧，而未以位为乐也。臣又闻百事之成也，必在敬之，其失也，必在慢之。今陛下念前王之戒，而不敢怠忽，思为国之经，而不忘夙夜，求贤咨谏，延及微贱，臣有以见尧舜之心矣。夫法天地之道以施政，顺阴阳之和以育物，事无不序，动无不时，此穷神知化之盛德也。武以止杀禁暴，则兵宜戢；文以经邦济时，则化必行。此经武纬文之大业也。崇礼而明义，好士而尊儒，斥魏晋已降衰末之法，稽周汉以前盛明之礼，斯考古会极之方也。任贤而勿贰，招谏而必行，屏近习之纤佞，进周行之骨鲠，斯明目达聪之道也。抑臣又闻先王所以不视而明，不听而聪，披颈负之萌，断非僻之绪，其道易知也。盖左右仆御，唯正之供，必有足信者，必有知礼者，出使足以尽情伪，居常足以助听览。左右之臣既如是矣，而又日与公卿大夫讲论政事，史书其举，官箴其阙，以至于百工庶人，莫不谏而谤焉，济济多士，为之股肱，赳赳武夫，为之爪牙，兹所以永有天下也。今宰相之进，见亦有数，侍从之臣，皆失其职，百执事奉朝请以进，而律且有议及乘舆之诛，未知为陛下出纳喉舌者为谁乎，为陛下爪牙者为谁乎？旦夕侍起居，从游豫，与之论臣下之是非，赏罚之臧否者，复何人也？股肱不得而接，何疾如之；爪牙不足以卫，其危甚矣！夫裔夷亏残之微，偏险之徒，皂隶之职，岂可使之掌王命，握兵柄，内膺腹心之寄，外当耳目之任乎？此壮夫义士所以寒心销志，泣愤而不能已也。诚能复周之旧典，去汉之末祸，还谏官、史官、侍臣之职，使之左右前后，日延宰相，与论义理，有位于朝者，咸引而进之，温其色以安其意，久其对以进其词，可采者必行，有犯者无罪，王之爪牙，士宜择公卿大臣，总统而分理之，则政不足平，刑不足措，人不足和，财不足丰，蛮夷戎狄不足臣，休征嘉瑞不足致矣，又何虑乎视听之表有所不周乎？

制策曰："自中代以还，求理者继作，皆意甚砥砺，而效难彰明。莫不欲还朴厚，而浇风常扇；莫不欲遵俭约，而侈物常贵；莫不欲远小人，而巧谋常进；莫不欲近庄士，而忠直常疏；莫不欲勉人于义，而廉隅常不修；莫不欲禁人为非，而抵冒常不息。其所谬戾，岂无根源"者。臣闻一日克己复礼，天下归仁焉，王者之谓也。故人不从上之令，而从其所行。夫上古之君，躬率以正，轨度其信，恕己及物，自诚而明，此所以其化如神，天下如截也。中代以还，则异乎此，至诚不著，而欲任法以防人，忠恕不行，而欲纵身以检物，虽砥砺其意，而事实不符，此所以有其意而无其效也。夫欲人之朴厚，而不先之以少私寡欲，无为至诚，所以浇风常扇也；欲人之俭约，而不率之以卑宫菲食，沉珠贵谷，所以侈物常贵也；欲远小人，而好悦耳之言，所以巧谋常进也；欲近庄士，而恶拂口之虑，所以忠直常疏也；欲勉人于义，而贪浊在位，所以廉隅常不修也；欲禁人为非，而法制不一，所以抵冒常不息也。则谬戾之本，其在兹乎？陛下诚能一皆反之，其效可立彰明矣。

制策曰："爰自近岁，仍敷大泽，霜露所坠，沾濡必同，涤瑕秽以导人心，省徭役以丰物力，蠲田租以厚农室，葺国学以振儒风，督废职以补纲维，备众官以序贤俊，庶继先志，臻乎治平。而改行者未闻，输劳者未艾，农者无以免艰食，学者无以通微言，立事之绩未纪于庶工，乏才之叹未辍于终食。蠹于法者无不去，而法未修明；切于政者无不行，而政未光大。岂丕变其俗，道广而难济乎？岂不得其门，事繁而愈失乎？伫闻嘉言，无或隐讳"者。臣以陛下涤瑕秽，而改行者未闻，正言不自其本故也。夫欲人之改行率德，在明赏罚，不在涤瑕秽也。故赏当善，罚当恶，天下晓然逃恶而趋善矣；赏当功，罚当罪，天下耸然远罪而趋功，则人自为理，而上无为矣。此尧舜之所以莅天下也，夫赏罚者报也。赏之失称，罚之不当，咎孰甚焉？伏见兵兴以来，开权宜之道，行苟且之政，台省之官，王公之爵，溢于州郡，遍于舆台，将帅之臣，借绯紫于使令，定官员而奏请，名器轻于土芥，操柄擅于爪牙，此其所以赏人而人不劝也。州县之断狱，月以千数，连年累纪，未闻有一疑狱而决于朝者，未闻有一屈人而诉于阙者，岂天下长吏尽如皋陶哉？律令格式，具而不遵，乡县州府，各自为制，所怒则专杀，居长则臆断，人过且不知其所避而能自达，不其难乎？况乎赋役之不恒，衣食之不足，尚不惧死，焉能避罪？此其所以罚人而人不沮也。赏之不劝，罚之不沮，欲人改行，其或难焉。虽涤其瑕秽，惠奸贷法而已，又何为也。伏惟陛下慎用赏，赏必当功，则天下之善劝矣；慎用刑，刑必当罚，则天下之罪沮矣。夫择人而用之，则僭滥不作，富庶而教之，则廉耻自生，如是则无所改其行，无所涤其瑕矣，又何足忧之哉？

陛下省徭役，而输劳者未艾，小惠未遍，而有司长吏或壅而未尽承故也。若陛下嘉而俯察之，则物力何惧乎不丰，劳者何忧乎未艾？

陛下蠲田租以厚农室，而人犹艰食者，生者犹少而费者犹多故也。商乘坚而厌肥，工执轻而仰给，兵横行而厚禄，僧道无为而取资，劳苦顿悴，终岁矻矻，滨于死而为农者，亦愚且少矣。况乎两税不均，失变通救弊之法，百端横赋，随长吏自为之政乎？若均工商老释之劳逸，轻田野布帛之经税，蠲横暴之赋，减镇防之兵，则耕者如云，积者若山矣。臣请再为陛下精言之。夫贱珍奇之货，斥雕琢之淫，则工商之道自息矣；黜异端之学，使法不乱而教不烦，则老释之流当屏矣。且天下所以蒽蒽然者，岂非以兵乎？使税之厚人之屈而不可蠲复者，岂非以商乎？今昆夷未平，边备未可去，中夏或虞，镇防未可罢，若就其功，则莫若减而练之也。今之将帅，胜任而知兵者亦寡矣，怙众以固权位，行贿以结恩泽，因循卤莽，保持富贵而已，岂暇教训以时，服习其事乎？今若特加申饬，使之教阅，简奋勇秀出之才，去屠沽负贩之党，则十分之兵，可省其五矣。多而无用，曷若少而必精乎？又若州府虚张名籍，妄求供亿，尽没其给，以丰其私。今若核其名实，纠以文法，则五分之兵，又可省其仁矣。夫众之虚，曷若寡之实乎？一则以强兵，一则以宽赋。若江淮州郡，远寇戎，属清平，自非其使令备仪注者，一切可罢，以其经费代征徭，荡逋悬，然后慎择长吏，曲加绥抚，不四三年，而家给人和，则横暴不作，赋敛自均，至理而升平矣，尚何虞于人犹艰食乎？

陛下葺国子学以振儒风，而微言犹郁者，盖其所由干禄而得仕者，以章句记诵而不由义理故也。若变其法，则可以除其弊矣。

陛下督废职以补纲维，而立事之绩未纪于庶工者，实有司之罪也。今职备而不举，法具而不行，谏诤之臣备员，不闻直声，弹察之臣塞路，未尝直指，公卿大夫，则偷合苟容，持禄养交，为亲戚计迁除领簿而已。兴利之臣，专以聚敛计数为务，共理之吏，专以附上剥下为功，习而为常，渐以成俗，标异而圭角者，悔吝旋及，和光而漘泥者，富贵立须，虽陛下焦劳聪明，如此之切至，将何益焉？伏请下明诏为画一之法，使居是官、理是人、奉是法者，必有名绩，然后许迁擢，考功之殿最，无敢阿比而干刑司，则能者日进，不能者日退，而庶工立事之绩，将褒扬纪述之不暇矣。

陛下备众官以序贤俊，而乏才之叹未辍于终食者，由在上者迁之太亟，在下者刻之太深故也。古之取人也，拔十得五，犹以为多，曲轮直桷，各适于用。今则不然。举于礼部，则曰幽昧者凡陋而不可采。选于吏部，则曰声名者虚浮而不可用。工文者则惧华而不实，敦质者则惧朴而寡能。冠盖之族则以为因依，微贱之人则以为幽险。上求之愈切，下损之弥细。夫士何负于有司，而乃蹇顿之抑刻之如是哉？才能如积，抑郁在下，一朝阙辅相之职、卿大夫之官不得，则曰岳不降神，时之乏人。于是循环其所已用者递迁，居上者不知格限，无闻声绩，或一时超拜，或再岁四迁，以是为道当然耳。是仕进之门常阖，而天子之官、天子之权，当途者五六人迭居持之而已。以陛下之明圣，夫岂不欲国之得人乎？以宰相之公忠，夫岂不欲人之足用乎？盖从来已久，因循如是耳。伏惟陛下申敕朝廷州府，令每岁各举所知于礼部、吏部，于计偕常选之中访察推择，得其人，则待以不次之位，遇以非常之恩，不得其人，则必行殿罚，以惩逾滥，则周之以宁，舜之可封，坐而致矣。乏才之叹，何有于圣朝哉！

陛下谓“蠹于法者无不去，而法未修明，切于政者无不行，而政未光大”者，由有司长吏不得其人也。舍人务政，虽勤何益？臣伏见赦令节文，周备纤悉，然空文虚声，溢于视听，而实功厚惠，未有分寸及于苍生。圣德不宣，王泽不流，虽陛下寤寐思理，宰相忧勤奉职，又何为也？夫将直其枝，必正其根。朝廷乃根也，州郡乃枝也。今朝廷之号令，有朝出而夕改者矣，主司之法式，有昨破而今行者矣。伏惟陛下正纲以张万目，澄源以清万派，则四方大幸矣。由是言之，非道广而难济，事繁而愈失也，实承诏相事者之罪耳。

制策曰："周之受田有经制，汉之名田有恒数，今疆畛相接，半为豪家，流庸无依，率是编户。本于交易，焉夺富而补贫？将欲因循，岂损多而益寡？酌于中道，其术如何"者。臣闻古之道不可变也，古之法不必行也。夏之桀，殷之纣，周之幽、厉，井田法非亡也，而天下大乱；我太宗、玄宗，井田法非修也，而天下大理。夫贞观、开元之际，不受田而均，不名田而赡者，朝廷正，法令行，一人之冤得以闻，一吏之犯得以诛，由此致也。是政之举，化之成，则田自均，人自赡，而天下陶然化矣，岂待曲吏而事为乎？其与贞观、开元，非异时也。法苟未行，人苟失职，徒易其制更其业，扰人敛怨而已耳。

制策曰："取人唯其行，不必文采，命官唯其才，不必资考然则行非造次而备察，才非错综而遍知不以文采为重轻，而士可进退，不必资考为程准，而吏有条贯，适变矫枉，溺于良规"者。今之取士，以文字记读为法，其素履实行，则无门而知，使由文字而进者，往往犯奸赃为枭獍，以成其弊也。乾元以还，版籍斯坏，所在游寄，莫知从来。伏惟敕天下人士，未归者一皆复贯，愿留者则令著籍，置乡校县学州庠，以教训其子弟，长育其才，自乡升之县，自县升之州，自州升之礼部。公卿子弟长于京辇者，则使之必由太学，然后登有司。如是，其幼弱，其壮老，发言举足，云为进取，可得而知矣。然后参以才艺，试以器用，诚取人之急务，伏惟陛下裁之。若资考之限，其章句之庸才，资荫之常调者，仍宜旧贯。贤能之士，则行臣向者之谋，从有司长吏之举，其赏罚必令其信焉可也。

制策曰："何方可以序六气来百祥，何施可以寿群生仁众姓？征于前训而有据，议于当代而易从。勿猥勿并，以称朕意"者。臣闻古者山林薮泽，皆有时禁，动作之为，无差《月令》，则六气以序，百祥以来，而生生之类，莫不跻仁寿之域矣。今舍此而不务，杀胎毁卵，伤仁挠和，而奉胡夷之法，以正月、五月、九月断天下之屠，欲蕃物产而祈福佑，斯亦无谓矣。伏惟陛下动遵《月令》，前训可据之文也；事稽时禁，当代易从之道也。施之而不已，执之而有恒，则帝皇之美，远惭于今日矣。臣谨对。

对　策

宋・方逢辰

尝观阴阳清浊之气，流行于宇宙间，在天为祯祥、为祲眚，在人为中国蛮貊，为君子为小人，为德刑公私，数者，同一阴阳也。虽然，天下之阳类众矣，而君子者，众阳之主。天下之阴类群矣，而小人者，群阴之宗。然则今日星文之异，其小人为之欤？抑君子为之欤？世固以是责小人矣。愚独不责小人而责君子也。何者？向者共欢居朝，五辰未抚，犹可诿也。今皋夔进矣，将谁诿乎？昔者管蔡在列，保章星动，犹可辞也。今旦奭归矣，将何辞乎？曩者季氏专朝，星陨之妖，犹曰宜也。今宣尼相矣，岂复宜有此乎？是则君子有不容不任其责者。苟能纯乎阳明之德，则于国为覆盂，于仁为雨露，于公道为权衡，其应在天，则析木天街，星宿清润，阴不得胜乎阳矣。为君子者，不免袭阴柔之为，则于国为蛇豕，于仁为荆棘，于公道为蹊隧，其应在天，则孛飞彗流，垂妖吐异，阳亦不能以胜乎阴矣。是故历象苍珠，玑衡珠璧，非天数之偶符也。唐虞治古，俊德者纯乎俊德，以阳召阳之应。如雨之妖，守心之象，非天数之适变也。春秋世降，正人不能纯乎正人，以阴召阴之证也。迨我国朝天圣之流星，庆历之太白，诚可畏矣。惟杜、富、韩、范、欧、余、王、蔡诸君子，如景星凤凰，故在天之阴不能以胜在人之阳。崇宁之彗，大观之孛，未必不可销也。惟奸党有碑，邪等有籍，诸君子不能自白，故在人之阳亦不能以胜在天之阴。信乎宇宙之相通，一气耳。其端芒兆于君子之身，其证应著于天地之表。此犹黄钟一动，则根荄芽甲之下皆春；夜气一交，则么微怪乱之证错出。机缄影响，气类埙篪，断断乎其不爽也。恭惟皇上寅畏事天，固宜众阳鼎盛，群阴晛消，而乃者正阳之月，谴示星文，证不虚生，何缘而起？岂中国之阳未盛与？昔权奸挟虏以固君父之宠，三边清野不问也。于斯时而天变见焉。是可曰夷狄之阴召之也。更化以来，胡雏相噬，困于蒺藜，泗上凯旋，伏戎于莽。晋彗出室，胡可移过于遵鉴相屠之时？岁星犯月，胡可逊咎于柔然将破之日？是则诿之夷狄不可也。否则，吾仁之阳未畅与？昔权奸以赃吏为公门之桃李，永州之蛇不问也，于斯时而天象警焉。是可曰刑罚之阴感之也。更化以来，谨刑有铭，江河疏阔，戒杀有诏，雨露涵濡。长星竟天，非元朔渗漉之朝所宜有，孛宿历氐，非贞观既效之日所宜闻，是则诿之刑法不可也。又否则公道之阳未盛欤？昔权奸以多诈逢君，君娥之启宠不问也，关子之交通不问也，斯时而天戒示之，犹可曰私情之阴召之也。今邪径既窒，天日开明，幸门莫通，云雾轩豁，偏党俱无矣，胡为箕毕未协乎？刑赏平明矣，胡为陨星告变乎？是又不然矣。然则星文之变，胡为而如此欤？无已则君子之阳未纯也。夫傅说骑箕，萧何应昴，君子未尝不应于天象。摄提之位列卿，钩铃之司出纳，天象未尝不应于君子。故君臣和则三台齐，君子多则东壁著，贤士进则少微绚彩，其感召如响之答也。今天象昭昭，一则曰小人之阴为之，二则曰小人之阴为之，不知中台星折，可独诿之张华乎？太白袭月，可专责之曹爽乎？诸君子盍曰：“明白洞达者，阳也。吾未能无覆获掩匿，果非阴乎？慷慨奋发者，阳也。吾未能无依阿澳涊，果非阴乎？断制者，阳也。今或似味道之模棱。任事者，阳也。今或类石建之逊避。譬如弈棋，局面虽改，而其间一二著数，未免犹似前日之所为，可谓纯于阳明乎？吾未能纯于阳则召阴盛之变者，非私情也，非刑法也，非夷狄小人也，我也！夫如是，则位郎星，职卿月，应功臣之宿，符三台之象者，莫不以阳明自厉，必洞达明白，必奋发慷慨，必断制，必任事，则阳亨于复而阴剥穷矣，阳长于泰而阴否消矣，星变夫何虑？虽然，执事所问数条，曰仁，曰公，亦不可废也。此又在于人主之心乎？人主之心，事事皆仁，则德性昭明，与阳俱盛，而至诚畅乎九垓。人主之心，一适非公，则物欲昏炽，而幽明隔于方寸。昔绍兴三十六年，太白犯前星，高宗皇帝曰：“人君有过，天则戒之。及惧而改，天则爱之。”次夜而观太白顺轨矣。然则以心答天，不当如高宗乎？先儒曰：“阳明盛则德性用，阴浊盛则物欲行。”愚请揭是为座右铭。谨对。

对　策

宋·何梦桂

《易》六十有四卦，而始于乾，乾之四德而始于元。《春秋》二百四十二年，而始于君之始年，纪年之首，则又始于元。元者，其天地方开之运，帝王出治之端，最不可不谨者也。夫子彖《易》既曰：“大哉乾元，万物资始。”仲舒说《春秋》亦曰：“《春秋》谓一为元，所以视大始也。”大哉，始之为义乎！此《易》与《春秋》所以首之以元之一字乎？共惟皇上嗣登大宝，丕缵皇图，以不出世之资，当大有为之会。涣号改元，嘉与天下更始。猗欤休哉！此正君子得与小人剥庐之时也，此正中国大阳，四夷燔火之日也。执事先生发策礼闱，首以《易》《春秋》之元为问，且有感乎咸平、淳熙改元之盛，而拳拳于方今之新政。大哉问也！鲰生拭目明盛，方当颂元之时，其敢无说以对？窃谓帝王出而体大《易》之资始，故能运初心之元；帝王出而法《春秋》之正始，故能新初政之元。一元之气浑沦磅礴，充塞宇宙。在四端为仁，在四时为春。运之于心则为大善，发之于政则为大始。历数于此焉起，政事于此焉出。阴阳有消长，而崇阳抑阴，当于此而始分；王伯有统驳，而贵王贱伯，当于此而始决。《易》于此而严其始，则小人不得以比君子；《春秋》于此而其正始，则夷狄不得以干中国。为人君者，惟谨诸此而已。愚尝敛衽肃容，拜观国史，窃窥章圣之咸平，寿皇之淳熙，其改元也，固无一事之不谨，而于君子小人之几为尤谨；固无一事之不严，而于中国夷狄之辨为尤严。选明经而置之讲席，召旧臣而处以平章，睚是班行无少年轻薄之人。阅军士而饬边屯，重兵谋以图狄虏，自是朝廷宽西顾之忧。兹非咸平改元之始乎？揭公道于政府而辅臣重，修成法于吏部而真才出，自是无奸邪冒滥之弊。分两淮地而边境严，阅诸路兵而军器振，自是无诸夷乘间之虞。兹非淳熙改元之始乎？皇上遹绳祖式，率由旧章。今日之咸淳，即前日之咸平、淳熙也。鲰生忧治危明，以为最可喜者固今日也，最可虞者亦今日也。天地间有一即有二，有阳即有阴，是以君子与小人常相胜负，中国与夷狄常相盛衰。今也鱼水一堂，云龙千载，正人固翕聚矣。然同人于野，岂无伏戎于莽，阴伺其傍者乎？泰山四维，磐石九鼎，国势固尊安矣。然诸侯朝王，岂无裔夷谋夏，窃窥于外者乎？盖初心者，万事之纲领，初政者，四方之观瞻。如机之始发，而中否决焉；如枢之始军，而阖辟分焉。此正伊尹告太甲以“罔不在初”之日，此正召公告成王以“王乃初服”之年，此正申公劝武帝以“力行何如”之时也。而况方今之政事，始于元，而示极于亨，犹有如执事所云者。人心当平也，必于四方傒望之始，使之有欢愉而无戚嗟可也。政令当孚也，必于象魏布政之始，使之有信从而无惶惑可也。物情当比也，必于懋迁有无之始，使之有称物平施之方，而无什百倍蓰之算可也。量地取民，赋敛当始均一也，非有轻重适中之制，可乎？利权经国，钱帛当始流通也，非有子母相权之术，可乎？公私积蓄，财用当始充足也，非有周府泉流之蓄，汉都贯朽之实，可乎？皇上嘉慕乎咸平、淳熙之盛，以二祖之初心，行二祖之初，世道不患其不咸平、淳熙矣。然而欲法二祖，当法圣经。夫元者，固《易》之始，至于阴阳柔顺，消息变化之理，实详于六十四卦之中。凡阳而健者内之，阴而柔者外之。圣人于《泰》之初六既曰拔茅征吉，于《否》之初六又曰拔茅征亨，盖虑小人之盛，而谨于其初也。元者固春秋之始，至于王伯、夷夏、正邪、义利之交，实著于二百四十二年之间。凡内而中国者进之，外而夷狄者退之。圣人于隐之二年始书戎，于庄之十年始书荆，戎以好举，荆以州言，皆不与夷狄之进，而严于其初也。由是观之，天下最不容于不谨者，人君之初政，初心也。自初心而谨之，则事事皆善，此《易》所谓元善之长；自初政而谨之，则事事皆正，此《春秋》之所以正次王也。虽然，元者所以始万物也，亦所以终万物也。元亨利贞之通复，此元无一息之不存；元会运世之推移，此元无一日而不在。盖运行不息之谓元，变化不穷之谓元，民贵乎体元之君者，以其终始惟一也。辟门明目，厚德允元，此舜之谨于元目得然也，而舜则终始一几康；新民宅邑，位在德元，此周王之谨于初服者然也，而成王则终始一缉熙。万事堕哉，常警戒于庶事康哉之后；无疆惟恤，亦申饬于无疆惟休之余。此有虞所以常保其雍熙，成周所以常保其泰和也。《诗》曰："靡不有初，鲜克有终。"《书》曰："罔不能厥初，惟其终。"此皆当今之龟鉴也。愚既以《易》《春秋》之谨其始者为今日献，敢以《诗》《书》之谨其终者为今日勉。惟执事以复于上。谨对。

对　策

商　辂

臣闻图治莫急于用贤，用贤莫先于修身，非修身固无以为取人之本，非用贤又无以为图治之要。故《中庸》之书曰："为政在人，取人以身。"人君诚能修身以为用贤之本，用贤以为图治之要，则知至意诚心正身修贤者在位，能者在职，以之亮天工而熙庶绩，安中国而抚四夷，何往而不得其效哉？钦惟皇帝陛下聪明睿智，文武圣神，存二帝三王之心，绍祖宗列圣之统，日御经筵，讲求至道，早晚视朝，裁决万机，好贤之诚，无间于话言；图治之切，常存于宵旰，乃进臣等于廷，降赐清问惓惓，欲闻古今用贤致理之方。所谓智周万务，而不弃一得之愚；明照四方，而必察于刍荛之贱，是也。陛下是心与古帝王兢兢业业，不自满假，用人惟已，望道未见之心，何以异哉？臣虽愚昧，敢不精白一心，以对明命之万一乎？臣惟致治之要，用贤是也，用贤有本，修身是也，若昔唐虞三代之世，百姓昭明，万邦协和，而黎民有于变之风。百工惟时，庶绩咸熙，而万邦有咸宁之效，故二帝致治之隆如此者，实本于其登庸元恺，不废困穷之功也。府事修和，文命四敷，在商邑，用协于厥邑，在四方，用丕式见德，以至万民咸和，丕单称德，三王致治之盛如此者，亦本于其吁俊尊贤克知克用之力也。当是之时，若皋夔、若稷契、若伊周，各以圣贤之资，居辅弼之任，或陈九德而谐八音，或播百谷而敷五教，一德足以致天心之格，成绩足以笃列考之光，多士济济，布列庶位，又岂无所自而然哉？盖由尧舜禹汤文武之君，或克明俊德而重华协帝，或祗台德先而圣敬日跻，或缉熙敬止而无竞惟烈，一皆本诸身者无不诚，见诸行者有其实。所谓为政取人之方，著于载籍，足以垂法于后世者何？莫不自圣人修身中来耶？继此而称善治者，莫汉、唐、宋若也，其间贤明之君，未始不以用人为致治之本。观其孝廉之有选，贤良之有科，或以明经进，或以进士举，若汉贾谊之劝兴礼乐，董仲舒之明于王道，当时海内富庶，戎狄宾服，其治效固有可称者矣。唐韩愈之排斥佛老，陆贽之论谏仁义，当时中国乂安，四夷宾贡，其治效亦有可称者焉。以至宋之韩、范、富、欧，有以辅盛治于前，周、程、张、朱，足以继绝学于后。中国致文明之盛，夷狄怀景仰之心，其人才治效，虽不能比迹唐虞三代，亦非汉唐所可及也。虽然，汉、唐、宋之君，其用贤图治之意，固云美矣，而取人以身之道，则概乎未有闻焉。或诗书之安事，或礼乐之未遑，或闺门失德而治杂于夷，或任用不专而小人迭进，外有尊贤之名，内无用贤之实，此汉、唐、宋所以止于汉、唐、宋，而不能俪美于唐虞三代者，亦以修身之道有未至也。洪惟圣朝太祖、太宗以武功定天下，以文德致太平，德泽普施，声教远被，薄海内外，莫不尊亲，际天极地，靡不臣服，列圣相承，光启文治，隆继述之道，尽任用之方。是以群贤向用，君子满朝，礼乐兴而风俗美，教化洽而治道隆，斯民阜厚而化成，夷狄倾心而内附。圣德神功，盖脗合乎二帝三王之盛，而汉、唐、宋之君风斯下矣。肆惟陛下缵承鸿业，远稽帝王之道，近守祖宗之法，孜孜以图治为心，惓惓以求贤为念，其得人致治之盛，固已超轶乎古今矣。而尤虑举错之法未尽行，督劝之典未尽举，内而教养未备，外而抚绥未至，欲探其本而推行之以序。臣愚以为是数者皆陛下之所已行，行之而既效者也。然尤欲求其本，岂有外于陛下之修身乎？陛下屡诏中外，简拔贤才，其举错之法，至矣，而尤欲求可行之法。臣愿陛下谨修身以为举错之本，贤者必进，不肖者必退，如孔子所谓举直错诸枉，则九德咸事，野无遗贤之效，不难至矣。陛下申敕诸司，修明治理，其督劝之典备矣。而尤欲求可举之典，愿陛下谨修身以为督劝之原，勤者必赏，而怠惰者必罚，如《虞书》所谓“戒之用休，董之用威”，则百工惟时，庶绩咸熙之效，有可必矣。陛下既谨修身以为取人之本，将见人才之出，彬彬乎盛，所以阜厚化成乎天下者，此也；所以讲信修睦于夷狄者，亦此也。陛下尝轻徭薄赋，以立民命，建学立师，以复民性矣。使凡任教养之责者，咸以利用厚生教训正俗为心，则人得以仰事俯育，而有尊君亲上之心，生齿虽繁，有不同归于至治乎？陛下尝柔远能迩，以怀弗庭，厚往薄来，以抚宾服矣。使凡典戎狄之职者，咸能喻之以祸福，示之以恩信，去者不追，至者不拒，训兵练士，保境安民，则人畏威怀德，修贡称藩，四夷虽远，有不相安于永久乎？夫为治之本，在于用人，用人之本，又在修身，必先其本，后其末。故《论语》曰："君子务本，本立而道生。"《大学》曰："身修而后家齐，家齐而后国治，国治而后天下平。"《中庸》曰："知所以修身，则知所以治人，治天下国家，皆此意也。"虽然，修身固为用人之本，而欲用人致治，尤不可以不法诸古。盖古者，前代之法，圣帝明王精神心术之所存，仁义道德之所寓也。傅说告高宗曰："事不师古，以克永世，匪说攸闻。"使泥于古而或不通于今，则为徒法不能以自行矣。又必益之损之，与时宜之。《中庸》所谓"时措之宜"，是也。陛下之策臣者，臣既略陈之矣，而于篇终窃有献焉。惟始劝勤终怠者众，人之常情；慎终如始者，圣人之要道。是故天地有常运，而后岁功成，帝王有常德而后治功著。陛下德配天地，明同日月，诚又加夫不息之诚，有常德之念，终始惟一，宵旰无间，则以之修身任贤，以之安民致治，远足以追配二帝三王之道，近足以光昭祖宗四圣之业，上而致天地位，下而致万物育，而绵历数于无疆者，夫岂有越于此哉？臣干冒天威，不胜战慄之至。臣谨对。

先贤对策所言者，皆天下事，非一邑事也。然此固策名委质之初，其策又冠伦魁能之选，列诸艺文，亦礼经肄三官始之遗意也。故录为群言之首。

奏　疏

上封事

方逢辰

六月吉日，奉议郎秘书郎兼国史实录院校勘臣方某，谨斋沐裁书，昧死顿首百拜，献于皇帝陛下：臣闻可使小人受隐然之福，不可使小人显然有胜君子之名。胜之名一立，则南衙北司之势自此分，天下国家存亡之几自此决矣。左右小臣供汛扫，给奔走，人主日与之接，岂能恝然无爱之之心哉！但不当使之窃威福，与外廷角胜负。爱之而又有以威之，可也。一或有罪，惟恐不知，小则斥，大则刑，无所宽纵，如此则使之弄权孰敢哉！治世者，小人失志之时也。乱世者，小人得志之时也。为小人祷者，必祝其遇乱世，勿遇治世。臣窃以为，此非善于爱小人者。小人之在治世，欲为豺狼而不得噬，欲为蛇虺而不得螫，信乎？其不得志，然无大恶者无大戮。抑之，乃所以全之。讵非福乎？若其在乱世，豺狼当路而不可问，鸱鸮横翔而不可击，招权纳贿而上不知，蠹国殄民而下不告，是天将稔其毒而歼之。若国家危亡，小人独能存乎？然则英君毅辟，为小人回互而求一胜者，虽曰爱之，而实非所以福之。小人得志，何所不为，宠则骄，骄则横，横则不可制。汉唐之季建置，天子在奄竖掌握，威权出人主之右，彼其初岂有此心哉！人主宠之以教其骄，纵之以教其横，为之除异己者以教其不可制，势焰薰炽，天下之穹官美爵，大半出其门下，岂复知有天子哉！彼自知结怨于忠良，召怒于天下，万一值英明之君决不赦，故于危疑缓急之际，不容不贪天之功，以为己力。当此之时，虽欲除之，其可除乎？彼其罪大恶极，朝廷不能诛之，则天下必有起而诛之者。汉之宦官，陈蕃、窦武争之不胜，而并州之将乘天下之愤，而操戈以殪之。唐之宦官，宋申锡攻之不胜，而河中之帅乘天下之怒，移兵以屠之。然则汉唐之君，前日所以宠之纵之者，乃所以益其疾，甚其毒，而投之死地也。为北司者，必欲与南衙角一胜，岂其福哉！人主之爱小人，而使其至此，甚非善于爱小人也。恭惟皇帝陛下，聪明而英毅，中正而密察，天下事事物物，无不洞照其是非，而独于左右之小人，未能以义断恩，以公割私，何也？臣窃料陛下英明，而独未悟左右之奸邪者，其弊正自英明始。何者？英明之君，多欲自操天下之权。彼惟因人主欲自操其权也，故间摘事之可悦可信者而试之，使人主行其说，以渐侵外廷之权。外廷之权一侵，则彼之说益进。帷闼之密，帘壁之窥，君怒知怒，君喜知喜。留正未迁左辖而姜特立先泄之，以为己功。洪迈未除西垣而渊觌先卖之，以为己力。其欲进某人也，非一日之誉，游谈之助足以宿留宸聪。欲退某人也，非一夕之毁，浸润之谮足以潜蓄天怒。陛下但见威福之出于己，而不知彼实借吾之权，以行其说，而簸弄于中外，乌在其为权在我也。臣又料陛下英明，而独不肯少裁左右，以正纲纪者，必谓："此朕家事，无预外人。"盖将分宫府为二也。臣窃谓不然。大抵小人之在君侧，其操心何所不至。

其所以不敢动于内者，盖有所惮于外。彼其颜情稔熟，岂惧眇然之人主哉！若外不足惮，自宰相至百官，皆俯首弭耳以下之，则此曹无惮忌之心生。无惮忌之心生，则君之恶动矣。臣又料陛下英明，必曰：“聪明自我，刚毅自我。此辈虽纵横于中外，岂能卖国哉!”臣亦曰：“聪明如陛下，刚毅如陛下，万无此事。然陛下独不为他日虑乎？此曹素轻朝廷，仓卒夜半，禁中出片纸召某人，外廷素无权，拱手唯唯，谁敢与之角是非者？臣又料陛下英明，而思虑独不及此者，必曰‘晚唐以内侍典兵，故其权足以易置稷社，今之内侍无兵，虽纵横不足以乱天下。臣窃谓不然。嬉笑之间，有机穽焉，樽俎之上，有戈矛焉，陛下不可谓此曹无兵也。况修内壹司以工役为名，为天下逋逃渊薮，藏奸聚恶数百人。凡州县寨镇之凶人巨盗，刑于有司，不容于乡井者，皆归之。又散而巢于某庄，窟于某场，皆内司之牌号也。皇城禁旅实掌握之，武库甲兵实管钥之，如此而尚得谓之无兵乎？苏轼有言：‘方其始也，台谏折之而有余；及其既成，干戈取之而不足。’与其他日以干戈而取之，孰若今日以台谏而折之？臣非当台臣者，夫不得其言，则去台臣之志愿毕矣，尚何助哉！但不去二竖，则陛下纵虚赏言官，一日而九迁之，于国家之安危实无所益。且南衙北司胜负之分，乃天下国家存亡之一决，此则臣所甚惧也。臣此月六日尝移书宰相，勉其行申屠嘉之事，而七日即得寒邪之疾，伏枕者兼旬矣。兹又闻道路愤怨而切齿于二竖。臣虽病睡不能著，力疾辄为此疏。自知渎犯天威。傥圣明自爱其国，亟出二竖于外，以拔膏肓之病根，小惩而大戒，使此曹得以全其身，全其家，即所以爱之也。”臣昧死惓惓，下情无任，伏稿俟罪之至。

请革西厂疏

商　辂

题为体天道、循旧章、安人心、弥灾异等事。仰惟皇上临御以来，敬天法祖，任贤使能，政事修明，纪纲振举，是以十余年间，海内晏然。虽天象屡示警戒，而灾变自消。虽水旱比岁相仍，而民无离叛。实由皇上宽仁大度，省刑薄敛，仁慈爱人之心，感孚于上下也。夫何近日，伺察太繁，法令太急，刑纲太密。官校提拿职官，事皆出于风闻，暮夜搜检家财，初不见有驾帖。人心汹汹，各怀疑畏。内外文武重臣，托之为股肱心膂者也，亦皆不安于位。百司庶府之官，资之以建政立事者也，举皆不安于职。商贾不安于市，行旅不安于途，士卒不安于伍，庶民不安于业，承平之世，岂宜有此！究其所以，盖缘陛下委听断于汪直之一人。而汪直者，转寄耳目于群小。汪直之失，虽未为甚，而群小之中，其奸谋足以颠倒是非，其巧佞足以蛊惑人心，如韦瑛者，自言亲承密旨，得专予夺之柄，自谓百官进退，尽在掌握之中，擅作威福，虚张声势。其间同恶相济如王英者，则以附己而荐之，稍存公论有所谏正者，则以异己而黜之，如狼似虎，肆无忌惮。原其立心，惟知希求进用，以为一身之荣，不思伤害善良，亏损国体，大为圣德之累。陛下若谓防微杜渐，不得不然，则前数年间，何以帖然无事？往者，曹钦之反，皆由逯杲生事，有以激之，人所共知，可为明鉴。昔唐太宗当天下甫定之后，骨肉相残，群雄侧目，嫌疑之际，宜乎过慎也。而乃从魏徵仁义之言，拒封德彝刑罚之说，遂致海内殷富，斗米三钱，外户不闭，几于刑措。太宗因对封德彝死，谓群臣曰："此魏徵劝我行仁义之效也。恨不令封德彝见之。夫德修而民自化，法急而民愈乱，考之前史，历历可验。孔子曰："道之以政，齐之以刑，民免而无耻；道之以德，齐之以礼，有耻且格。"我国家积德百有余年，深仁厚泽，浃洽人心，四方万国，孰不归戴？陛下为守文令主，严刑峻法，诚非所宜。况今天鸣地震，无处无之，水旱灾伤，日甚一日，省躬念咎，弥灾息患之道，莫先于恤刑狱，莫要于安人心，而乃反此所为，使人人嗟怨，感伤和气，一旦有警，变且莫测，腹心之患，可不惧乎？可不虑乎？伏愿皇上体天道之包容，勿察察于事情，遵祖宗之成宪，勿屑屑于改易。旨意必经于六科，防将来之假冒；奏诉必由于通政，杜滥受于他门；责政事于府部，而严课功核实之权；付刑狱于法司，而申三覆五奏之令。收回伺察之人，诛逐奸邪之辈，其有谋逆奸细，并贪赃坏法重情，悉依旧规，委任历练老成之人管理。如此，则谗言不入于耳，自足以颐情而养神；苛政不加于下，自足以安邦而定国。延圣寿于万年，保皇图于不拔，其端皆在于此。不然，此风日长，众口哓哓，国之安危，未可知矣！臣等荷陛下生成之德，实诸幽密之地，一念爱君之心拳拳，朝夕有所闻见，岂容缄默。谨条陈大略，具题以闻。伏候圣断，即此施行。则宗社幸甚！天下幸甚。

至治责实疏

吴希哲

题为太平已有明征，至治仍须责实，敬陈一得，以仰佐维新上理事。臣以东浙孤踪，司刑炎岭，维时兵荒交困，山海并讧。满腔朴诚，惟知服一官即效一官之事。不期犬马微劳，节叨圣鉴，复蒙天颜清问，拔置梧垣，不世奇逢，捐糜莫报。恭遇皇上文武圣神，媲美尧舜。临御以来，事事卓绝于古。即旬日间，既僻门而吁俊，复解纲而嘘枯，朝廷实而囹圄空，通国欢呼忭舞。夫是，而大小臣工犹有不尽涤肺肠，以仰副宵旰者，无是理也。然犹有上呼而下不应者，何耶？失在议论愈繁，耳目愈乱。皇上有急治之盛心，而群下尚未挈乎要领。皇上负盖代之雄略，而群下遂谬出于张皇。臣谓人惟实心任事，则为大为小，各有规模可观。若徒悠忽岁时，传舍职业，而使至尊独忧社稷，是亦卿大夫之耻也。臣请得略陈其梗概，可乎？

夫节钺重寄，同古周召。分陕，安危所系，节制一方，何事不可为？乃始而推毂，若人人方召矣。继而偾事，每至丛毒贻殃。盖夹袋素未尝储，人胸中亦原无确见，非曰循资，则以姑试，即会推亦成一套局，如先臣王琼在枢部，能逆料王守仁必克御洪州之变。今贼寇蔓滋，茫无定著，萑苻遍警，保障谁高？此用人之当求实事也。外吏上重藩臬，下重守令，人人能言之。臣独谓，所尤吃紧者，莫如守巡两道，有良分守而后有良司牧，有良兵巡而后有良参游。良守把但使兵民两路扼要，而封疆之事尽此矣。巡方限一年之差，妍媸岂能毕悉，首寄耳目于两道，其中开报稍以情面嘱托为宸殿，则拙者虽有善政，无力自达，且有前人所荐，后人所纠，转眼之间，何以夷跖互异？至秽迹彰闻，露章勘结，不亦羞白简而轻持斧之职乎？此举劾之当求实事也。流寇窃发，用兵若干年，迄无成效。缘今之用兵者，不求节制而惟事乌合，不求简练而惟事添抽，不知从古名将用少反精于用多，轨里连乡之节无论矣。谢玄之北府八千，岳飞之背嵬五百，载在史册。先臣继光之歼倭，以鸳鸯之练卒三千，再移蓟门，功著三协。前事可覆按也。必在我者练成精劲之师，把柄在手，进退实有可恃。名曰暇整中边，战守当事，岂容游移。且不随人之衰为处堂，亦何至以寇之剿抚为筑舍。此用兵当求实事也。抑臣更有进焉。群臣上智少而中材多，且循尺幅者未必尽有大经纶，怀朴诚者未必尽有真胆气，容有引避模棱，持喘喘救过不暇之意者。臣窃谓皇上亶聪明以立极，合雷电而成章，原远出诸臣之上。然何尝不山藏薮纳，今且光成下济，道叶泰交，虽臣等新班侍从，既为圣天子所亲擢，亦复不知瞻狗而守知无不言之责，以报称隆遇。况循此而进焉者，其感激图报又当何如也？伏乞皇上天语申饬，俾大小臣工实心办事，力破从前积习。于以式序三辰，懋熙庶绩，升平指日，千载一时。若夫在刑言刑，臣之本职，顾平明历颁天语，雨露统出清朝，大生广生，至此已几于桁杨卧草，臣亦无复可言者矣。然臣以为清之于后，犹愿敕中外诸臣，慎之于初，保无有株连飞织，立荡全家，三木妄敲，先毙杖下者乎？行提之犯证须真，初谳之拟议更重。列名牌票，共利多人，缉事居货以为奇，问官深文以自喜，乍定招详，岂即铁案？庸者昏而不知覆，懦者畏而不敢翻。但使入手分明，竟不烦圣明之批驳。语云：“无冤民与民自不冤者，终当有辨。”臣敢以理刑所亲，鞫其弊者，少竭愚悃，此又臣无已之极思，所满望于圣明之世者也。恳乞皇上采择施行，臣不胜悚息待命之至。

录　序

会试录序

商　辂

圣朝仿成周宾兴贤能之典，斟酌隋唐以来进士明经之制，三岁一开科取士，良法美意，行之愈久而益精。以故得人之盛超越隋唐而比隆成周焉。景泰五年春，复当大比，礼部前期以考试官请上命臣辂往莅其事。及内外执事，皆遴选其人以充。臣等受命兢惕，诚恐智虑弗逮，有负朝廷求贤之盛心，誓殚公忠，力求报称。而惟我国家酌古准今，罢诗赋之制，以经义论策试士，必欲造理精纯，立言简切，而弗戾于经、于道者，始克中选。崇理黜浮，于斯备矣。今诸士子以科目进，其造理固以精纯，立言固以简切，于经、于道固已弗戾，然所见者言耳。行将奉大廷之对，膺不次之擢，其何以副圣天子简贤图治之意，亦惟践其言，行其学，以求弗背于初心，使德业有闻，操履无玷。隐然以成周之士自处，则庶于科目之光，斯文之幸也。故事登名有录。录成，因序以勗之。

主考应天乡试录序

商良臣

上天纯佑我国家茂生贤隽，以隆亿万载太平之治，实由列圣一德相孚，与天吻合，纯一不已，故有不贰心之臣奔走疏附，乐为之用。所谓心纯则贤才辅，是已。然贤才之进，类非一途。而得人之纯莫过于科目。盖由纯以经术取士故也，岂前代杂以他艺比哉？乃成化癸卯秋，适当大比，皇上以南畿根本重地，贤才之多往往倍蓰下国，于是特诏臣良臣、臣升往司文衡。臣等受命兢惕，暨百执事，莫不自矢，摅忠殚诚，以仰副圣天子侧席之盛心，梓棘三试之简阅精严，得其文之纯乎理者百三十五人，遵制额也。录成，咸谓良臣宜序。臣惟天生贤才以为世用，何代无之。特在乎人君用之有道，斯上下交而德业成。若昔尧舜之纯乎帝，禹汤文武之纯乎王，时则有若皋、夔、稷、契、伊、傅、周、召之俦，又皆佐理之纯臣也，而岂徒哉！良臣由二帝三王之心纯乎道，然后用人得其纯，而上天纯佑之命有隆勿替。《书》曰："天其申命用休"，殆以此欤？下迨嬴秦，固不足言。若汉之杂霸，唐之杂夷，宋之柔懦不济，正以其道之不纯，故用人有不能纯之所致耳，尚奚望天之佑命之纯哉？洪惟我朝以圣继圣，纯佑之命与治道之纯亘古莫加，实天监纯一之德，以膺眷佑于无穷，是以四方怀德之士咸有帝臣之顾。其已用者，莫不彬彬然布列庶政，而为佐理之纯臣，其或未用而有志于德道艺者，亦不以遐陬僻壤或殊。矧南畿为贤才渊薮，被列圣道德之纯一之化尤深者哉。诸士子以纯于德行道艺举于此，然特发轫之地尔，行将骎骎要途，天下之所属目，由此而奋迅焉，则于皋、夔、稷、契、伊、傅、周、召勋烈之纯，孰谓不可致乎？必思操履纯正，终始一德，以永终誉，使当世仰之，后世慕之，而益推科目为得人，顾不伟欤。苟徒藉是以梯显荣，而实德则病，则于科目有玷，岂惟诸士之羞，抑亦为主司之羞，可不惧哉！可不戒哉！

主考贵州乡试录序

方尚恂

黔于诸藩处最后，而每三载一论秀，以荒服道亘，弓旌之命处最先。今戊午，又其年也。礼官以董者请，属疆事之不闲，索赋蒇备。时惟鼇午，上于宵旰中报，俞可焉。于是臣尚恂偕行人臣元藻，实膺简书典黔役。顾臣越西竖儒也，以治谳弗能，程材能乎哉？虽然，栉字比句，幼业之矣，抑薪槱之盛，不可以弗之躬也。乃陛辞驱丽而南道彝衍，则骤突兀，谽谺则鼎鼎焉。盖自中山一带水潦泞，与辰沅以西，牂牁以北，则又巉岗耸巘，朴簌过之，屹若戟列，窅壑在其下，臣辔惟谨，攀危蹑险，几于狝猿。凡三阅月而至其境，仆痡马瘏矣。至则藩臬诸当事，以监临之，御史戒严，周毖视往倍焉。而巡抚右佥都御史臣张鹤鸣所简辟同考试官某某亦先后麇集，乃以八月之六日，肃而入闱，而提调则右布政使某，右参政某，监试则按察使某，副使某，百度咸饬，爰进提学佥事臣张汝霖所遴士一千五百有奇，三试之。两臣与同考试官诸臣，斤斤按功令从事，严矢后乃校，罔敢私也；殚搜后乃拔，罔敢略也。士录如额，而籍献其所为先资者。简首，臣宜置辞。臣惟主者之醮士，旧也。夫醮而犹是撷胜区舆，借灵乡达，设虑亨涂，多士者稔闻之，西南之蠙玉兕象，不胜瑱矣。规士于今，莫先宇宙之所缩，则请以生气谂焉。宋臣陆九渊初读书，悟“宇宙”二字，以为宇宙便是吾心。乃臣尤谓便是吾生气也。生气常王，宇宙常新，生气常流，宇宙常活。嘘而文章，焕而事业。挺而节义，含而神理。皆气也，皆生也。不则槁而死矣。僧繇绘龙点睛，而雷雨破壁倾屋，一龙飞去，生气动也。有树于此，不芽不蕾，自春徂秋，纵复柯干离奇，人必呼为病树，以其萎然索然已耳。夫士，赅四大而岿焉丈夫，有筋，有骸，有胆，有智，天固足我力而裕我灵矣。处给而视若枵，皮其力与灵不之用，而甘以其身为懵者跛者，拍肩而趋，丽物而举，如附庸之因强大，虽有生也，与槁死同。此则宇宙之大隐也。盖今日之宇宙，所以悠悠泛泛，无一段欲起欲跃之色者，生气缩也。牵滞尘诠，拘封性妙，摹形而赏似。缩在文章，武前人之过影，而曰：吾建树在此也，歆焉空华。缩在事业，仰俯之不得自主，而百炼潜柔，貌奇男而衷妾妇也。缩在节义，唾拾良知，数他珍而舍其自家之宝藏也。缩在神理，政使起衰济溺，如昌黎氏而在，知其断断乎必有所弗甘。今诸士自视何如矣。夫文生于情，肖乎人，合不啻印也。臣未谋诸士面，习其人，然已窥若文矣。当其俯首入闱，抽思讨义，抒寸灵以结撰，眇众虑而为言，苕坚颖发，气若怒生，今其牍具在也。试等闲面鹭，谓有一句非诸士自己之文，诸士甘乎？不甘。不为自己之文，即转而许为王文、唐文、瞿文、薛文，诸士又岂甘乎？甘则面视，不甘则面回赪，甘则为依傍之人，不甘则为独树堂庑，不倚墙壁之人，可立而决也。此不甘之依傍之肺肠，在孔曰己，在孟曰我，在曾子、子思曰独，统之则曰生气，无有岐矣。夫气，有冒之而生，有留之而生，冒非一室也，六合也，留非一代也，千秋也。朱子谓陈同父子“后生丛中出一口气，异时事业由此权舆”，而读文信《国正气歌》者，认为“至今懔懔有生气”，正六合千秋之案也。尔士生金筑，磊砢英多，埒之雄藩霸国，稍稍孙，而雄霸淆杂之风，流倚之习，或所寡濡。今且际泰运，膺汇征，行鼓翼而赴天子之罗矣，岂其权舆之不夙而歉厥生？臣独患其槁耳，盖气生于二种人，而槁于一种人。嘐嘐之狂，踽踽凉凉之猥，生之无非无刺之乡原，槁之尝浅而喻焉。狂者神采激射，有我无人，其如淦阳之鼓，三挝未既，懦可张而昏可醒也。此之气生而灏猥者，金石为骨，不与风靡，其岳家军邪？严营密垒，撼之者以为山焉。此之气生而庞，乡原则面目皆人，须眉非我，认祢认祖，而究竟无嫡脉也。其丈人之似子，不免魔气而已矣。三鹄并列，诸士将安所援弓也。而亦有以瓦注金注之说，过为逆者乎？夫敝果解瓦也。虽循是而通纶，而肘印，而旗常，犹之瓦也。瓦与金有巧殙，瓦与瓦何巧何殙乎？且夫之越者而误走燕，误不于燕也，发趾缪矣。诸士今日者结轨于一，无他旁蹊，适越之步伊始也。冰寒火热，著体自知，第自审其甘不甘者，当自得其生与槁者，第蚤辨所谓无依傍者，即全收所谓六合千秋者，其于圣明嘉惠远陬、宵旰遗臣之意，庶藉不负。而异日者不可知之局，计途尚纡，固无庸臣之县为券矣。事之殷也。有文而襄厥盛者，有赳赳而卫者，若副使某，副使兼参议某，右参议某，襄事者也。镇守总兵官都督佥事某，参将某某，署都指挥佥事某，以干掫卫者也。而先期入贺右参议兼佥事司佥书某，奉新纶未至，参政兼佥事某，又前后有事于黔，而适与宾兴之期会者，故事皆得书。

汇试南省、典试方州，例皆有录，录皆有序。呈。当宁邑人为之，于邑不相及也，而旧志载之。盖得人事君、荐贤为国，事之大者。而明代乡试录序，朝必总而第之，拔其尤者以定迁次。此诸序皆独出冠时之作也。报国恩以文章，有荣耀焉。仍旧录编，以为后之与斯文者劝。

光绪淳安县志卷之十三

艺文志二记

记

修刻漏记

虞　㝬

吾身之中小天地也，四气备焉。以我之天测彼之天，千岁之久，可坐而致也。昧者反是，役役乎名宦之场，营营乎功利之海。鸡鸣而起，不知所以孳孳者何事。视日月为醉乡，等昼夜为梦境。古人运甓，汲汲而惜分阴者，曾不屑经意黑白。二鼠交啮根株，甚至蛇入丘井，往往迷乱不自觉。吁，是天地间腐蠹也。十二辰中安能自提掇求吾之天，以印在天之天也邪？古之人制器尚象，测景揆辰。举天地之大，阴阳之摩荡，寒暑之往来，皆囿于分毫圭撮中。孔壶为漏，浮箭为刻，于警世昏聩。凡朝廷一兴居、一号令，亦莫不于此乎有取。故置挈壶氏以掌之，下至郡县亦靡不然。淳为古壮邑，自淳熙间陈公晔来宰是邦，始造刻漏，迨宝庆初，赵公希瓘复修理焉。于是日视漏刻，为邑程课，寅而出，辰而入，午而出，申而入，遑遑夜漏下，二十刻不得休，左持牒诉，右乞签署，挟吾按也。金穀责某曹，狱讼付某吏，伺吾笔也。斗巧任术，舞文弄法，又有以觇吾之容色，衅吾之疵瑕也。从尔精神皆被糜烂于簿书期会之境。古人所谓“出宰山水县，读书松竹林”，本丛志俱化，夜气清明，求吾身自有之天，不旦牿而昼亡，几希矣。近世作邑，曰邑债，曰县滩，曰尚热坑，曰投胶镬，逡巡畏避，言之辄短气。间有狐蹲雉伏，齿一执事，宜即欣欣然有德色，目铜章墨绶为俗吏始。予嗤之。盖谓居百里之地，古子男之邦也，何自菲薄如此！鸣琴不下堂，昼日静垂帘，栽一县花，种二顷秫，令何负人，人自负令。迨至青溪，期程星火，倥偬喧嚣，昧目塞耳，前之所嗤者，方愧汗噤不声矣。少间掌漏者进曰：“邑自累岁章蔡，频涤传舍，应接不暇，漏久湮，箭久尘，铜乌久甚渴矣。自公至止，强自拂拭，考星正晷，测表候阴，坏者未修，阙者未补也。”予谓使掌漏而废职，则上下又将玩愒，而无以节兴居、时号令，乃加整葺，重建谯楼以复于旧规，命掌漏戒之，曰：“折柳樊圃，狂夫瞿瞿，尔则有罪。”承命曰：“唯。”因笔之为《修刻漏记》。

重建谯楼记

程公许

按《郡志》，属邑淳安，旧名始新，名新安，尝隶歙。历代沿革靡常，隋仁寿置睦州，县为州治。大业改雉山。唐徙郡治建德。县凡三易名，曰新安，曰还淳，曰青溪。逮本朝宣和，荡平寇窃，改郡曰严，而县亦定为今名。幽崖穷谷之间，水流激清，林薄邃密，土硗产薄，民贫俗愿。本易于施教化，粤近岁颇号为难理。山川，今犹昔也。昔者之民，今之民祖父也。铜章墨绶，奉天子诏而为之令长，鞅掌期会，使吏得以旁缘为奸，擅予夺损益之柄，浮诈相樛，赋入罙耗，蠹积于官而莫克究，俗讹于下而浸以玩。吾友虞君退夫，以铨格来莅是邦，朋侪交訾其择地之不善也。退夫曰：“不然。邑以淳得名，乌得厚诬为不可理？”入境延见父老，诘致弊之源，推救弊之策，参订版帐，略究端绪，乃布大信，宽期程，令孚于人，欢趋惟谨，浃浃旬朔，纲目斯张。退夫喟然叹曰：“使檄幸纾于曹司，追胥无扰于田里，不及兹时，修举政事，与吾民去其患苦，措之礼义，命之曰承流宣化。人谓斯何！两造在廷，剖析枉直，刀笔吏莫能措一词。高下其手，用能束笞，棰卧桁杨，士藏修于庠序，农力作于田亩，以复其所谓淳且安之俗哉!”顾邑政隳废久。学馆，风化之本也，而堂隍几于陔壤。市廛，生齿所聚也，而衢待靡所扁识。桥梁济涉而往来交病，犴狱戢奸而讼系几废。于是衡其缓急，次第营缮，而后及于治事之厅、燕寝之室。除馆以纳宾友，分曹以课文书。独丽谯自宣和更创，嘉定重修，历祀既深，重费撑柱，计工度材，诣府禀命，将撤其故而新是图。前守编修章景孟，今守礼部高不妄，咸器其材而诺其请，且捐郡帑廪之缗斛，及抽分之章箇，以相其役。重门洞启，井干屹峙，凭虚有闳。引绳其直，于以宣诏令，揭教条，来赋租，理讼诉，使幽枉毕达，文华发舒，岂徒以侈土木、备制度而已哉！古诸侯国都皆设台门。今令长犹子男之爵也，有民有社而澒汨于簿书期会之间，视官寺若传舍，傍风上雨，苟且遣日，将何以时兴居，静志虑，平狱讼，尊瞻视于吏民？退夫之作新斯楼也，裁节用度，杜绝渗漉，因事之利，举民之和，以究图之。僝功于丁未之秋杪，及良月而崇成，费缗钱若干。明年春，考满当代，书来谂予以记。抑尝谓官无大小，时无今昔，事无难易，一言以蔽之，夫子所谓“子帅以正，孰敢不正”而已矣。退夫名㳂，蜀陵阳人，乾道名宰相孙，才谞敏赡，早岁从师取友，熟习义理之学，谨于律身，严于束吏，恕于临民，故能理弊坏，以治最称。他日朝廷择循良吏，为二千石部刺史之储，退夫抑非其选欤！

列侯题名记

姚鸣鸾

仕之义，行于世久矣。上焉者，立身行道，志存乎爱民，事专乎报主，以兼济民物为己任，非苟役于利、荣于名而已。《易》曰：“大车以载”“有孚在道，以明”，斯人以之。其次，则建勋植业，利泽加于人，名誉昭于时，出尺寸以垂诸未艾。《诗》曰：“岂弟君子，民之父母”，斯人以之。下则受若直，怠若事，又从而盗之负乘之车，覆悚之鼎，几何所不至哉？之三者，始虽相近而终则实大悬绝。此淳县题名记之所由作。录之者，盖欲纪其行实，以为后世劝，将使后之人指其名而称之曰某也贤某也贤，其所行之事、所遗之迹足为法，又从而效之，其所以章往考来，有裨于后人。夫岂小哉！嘉靖癸未春三月既望，余以入觐京师归，自舟次暇，披淳旧志，因为辑录。又见宋有县厅壁题名记。我国朝以来，来宰是邑者不知凡几人，而题名记则自古缺焉，恻然于中者久之。既而遍采旧志，得先任官自和鼎而下凡若干人，因备求其字与行实，历其到任迁官，俾后之人得有所考，以法其修己：爱民之实，灼然可据，以惩夫利身肥家之计。归，以是谋诸尉胡君琬、幕吴子鸣凤、司训张君昂、佥曰：可。盍寿诸石以垂不朽？故勒碑为题名而虚其左，以俟后之君子云。

尉厅题名记

虞世恺

令尹秉穀、蒲璧寄命专城，天子必设监史以佐之，掌其邑书契版图者。之贰。月吉，则属民而读邦法，以纠其邪慝而谐和其难，职綦重也。故两汉称左右部，六朝号法曹，唐宋皆士人擢第，授尉起家，累官宰执。名公巨卿，历见于史聿，若牛僧孺、娄师德、宋璟，其著者也。淳自宋冢宰周操为尉，作士惠民，其拄笏轩吟，传美鸡林，而题名实阙焉。故《嘉靖志》逸其名，考《府志》以补之，表表者而轶也，泯泯者又何若耶？吊古忾乎有梅仙香尉之遐思也。渭南王公鉴来莅兹土，爰考古遗，纪姓氏于石，以昭来许。遥望雉潭、锦沙，为鸂鶒滩可也。

安老坊记

宋·吕　发

淳熙八年春二月，淳安新作安老坊成，邑民聚观，合辞交赞，谓非吾令尹，孰暇为之？乃相与求文以识其实。昔在崇宁间，诏州县立屋以舍鳏寡孤独及病疾者，吾邑盖尝应诏矣。宣和盗作，烬于火，因废不复。绍兴中故丞相曾公来为宰，载图新之，顾旧址比于市区，湫隘喧嚣，佥谓弗宜，乃改筑广明寺之旁。人又以迴僻，乐至者鲜，随亦圮撤。今令尹陈公究知兴革便否之端，乃度地于邑郛之西，夷易爽垲，弗嚣弗僻，为屋二十有四楹，瓴植精致，窗户明洁，垣墙、庖湢、床几、器用，咸备罔缺，仍榜之曰“安老”。惟令尹之字吾民，三年于兹矣，恻怛仁厚之心，始卒不渝，积诚所孚，人用信悦，意有所向，咸欢趋之，故能从容谈笑，而事无不集。其大而尤先者，固已粲然毕举矣。又以其余力起兹废旷，俾年运衰耄及穷悴流离而无所归者，咸得以庇其躯而奠其寝处，上以彰崇宁之遗宪，下以竟癃老之天年，一举而二美具。昔孟氏尝论古之人，其能大过人者无他，善推其所为而已。今是坊之置否，于吏责信无所加损，然能推吾老老之心不间于贫贱，要皆有以全安之。其与夫健以厉民而峙储自营，罢不及事而朱墨是因，视斯人之转于沟壑，未尝过而问焉者，相去何如哉！抑是役也，庀徒虑材，致有方略，费不靡于公，力不骚乎私，四郊之近曾未及知，而工已讫，兹尤可谓难者。故并书之以授邑民，俾刻柱间。

安养院记

宋·石宗万

邑之西郊旧有安老坊，规模苟简，随即摧毁，阅时浸久，漫为瓦砾之场，奸民结庐其间，聚博为盗，邑人病焉。宗万到官甫朞，营度材植，创屋凡六楹，坚壮可久，器用悉备，易名安养院，使孤老笃疾之人咸得居之。群居不力之徒，非经邑自陈者不许辄入。募道者江如海洒扫。未几，有弥陀院道者童师总入僧了勤捨仁寿乡田五亩，回向院僧支久舍太平乡田十亩，又得安福乡官田三亩二角，永平乡沙地一亩一角，凡岁收谷一千三百二十八斤，米一石五斗，钱六千八百文，绢五匹，创置砧基，付西隅官汪万石，收掌官为催理，命转教寺僧师亮稽其出入，以赡洒扫，且备修葺之用。窃惟鳏寡孤独，仁政所先，字民者容不加念。今数椽之立，仅蔽风雨，而穷陋之地，岁比水旱，济养之资，恨未能办，姑识本末以俟来者。

社稷山川坛鼎修记

宋·罗　愿

士有生于五帝之世而见祀于今，礼有隆于三代之时而不废于后。此不惟其人可尊，其义之所该者至深远矣。盖自去古既邈，五帝之臣，其传者无几。而高阳氏之土、正有虞氏之稷，世独相与社而稷之，见于展禽、史墨之说。其礼，坛而不屋，腥而不熟，有俎豆而无杯器，又皆商周之旧典，上下数千年间不敢有所变，岂可以不知其故哉？土谷者，民情之所重，而社与稷实司焉，则自丘民以上，随其所在封而事之。天子以建诸侯，而诸侯以有其国，君民之情如此，其同也。以其生有平土殖谷之能，其神不泯，属之以雨旸寒燠之事，无不得其所欲，天人之际又如此，其不异也。因其沐浴斋宿登降荐彻者，有为人下之道，则从而训民以为事君之法。因夫水旱有变置之说，而诸侯不职之者亦不得免焉，则等而施之以为驭臣之法。一岁之间，春以出火，秋以卜稼，冬以息老，有厉民读法之事，有用币救变之事，其或不得已而用民于兵，小则受肉而行师，大则衅牲而出境，有功献于是，有罪戮于是。此如家人父子，出告反面，而从事于庭内，非以是为希阔之典而行之也。重民之居而敬其食，故其俗重厚而不迁；明命有功者而祀之，故其民端慤而不鬼。因物之常而寓其教训，故令行禁止而风俗成。民日见上之亲，已而所施又无悖乎四时之序，是以其上易为而其神易福也。呜呼！古之求于社与稷者，其详如此，非固欲神之福而已。职是之故，后世与民相接者至简矣。惟其治财听讼施于官府者，然后以为政，非殽于社而降之，若是者，神固无与也。里中之社，喧嚣而醉饱，惟其习威蒇事存于有司者，然后以为礼。鸡鸣而行事，未明而瘗，若是者，民亦不知也。且夫耳目之不接，而欲变化其心术，已不可得。况所谓出火之早晚，与来岁五种之宜否，所息之物，所救之变，则其说既古矣。兵农已分，而师祭者迁矣，是后世之求于社者甚略也。然据其存于今者而尚论其故，则其人盖五帝之佐，则其礼乃三代之旧。生人之类所以得相收至于今者，赖其力为多，而前世遗礼之仅存者，此而已，故犹相与守之，而学者尤乐道之云耳。长乐陈君晔来为淳安县，方是时议者以州县社稷坛壝多不葺，诏长吏修筑守护，月检察之。君于是即县西二里故所谓社稷坛于南山之麓表山川者，风雨雷师之壝，俱伐石治之，且为屋者三以待事，筑墙柒百丈而外闭之。淳熙七年七月上戊，既成而祭。请于愿。愿为之言，曰："夫坛壝之置，可能也。长吏始至亲谒而视之，使者行部察修饰不如仪者，此又甲令之所载也。令明著之而吏或不务，何哉？彼其私心，以为迂远于事情。况欲推古谊以合之民事，以称国家命祀之意乎！有以知其难也。"君之五世从祖枢密直学士，以经行名当世，始为仙居令，过社稷孔子庙必下而趋，故君敬承先哲而知奔奏其事。愿虽不识君，然闻其廉诚平恕，修学校，治桥道沟渠，又劝大户出田为义役，类有意于民者，因而推考古者社稷之谊，以今之良有司为将有取乎此也。

社坛斋庐记

宋•虞　䍲

古者祀天于郊，祭地于社，郊所以明天道，社所以伸地道也。天地之祀，惟天子得行之，千里之国百里之邦，教民之报，惟社事而已。社事坛壝，大礼必简，非若瞿昙、老子之宫，璇题藻井，重檐刮楹，聚中人十家之产，以穷精极侈于土木也。有邦土者，春秋二仲，堇堇一祭，如操豚蹄以祝瓯窭，其礼微甚。然而风雨明晦，惨舒不齐，必设斋庐于北墉以待事。虽虑之至，亦敬之至也。淳为望邑，有民人，有社稷，而纪纲类摧颓，气象类抚敝，守寺所以出政治、耸观听也。左扶右颠，前屈后倨，吏斯邑者，期程如火，墨朱如绳，坐视其陊剥而不治。况此社坛越在二里许，颓垣败壁，鞠为荒榛，复何暇引眄而及之。旧有斋庐三间，霜欹雪压，日废月坏，吉日维戊，有事于此，天朗气清，犹之可也。或遇阴晦，越在泥途，旁风上雨，苟告成事而已。紞莅事三载，晓夕劳瘁，身先思其居，一日必葺。谓取财于国中之祀莫贵于社也。比闾乡井，乐岁鸡豚，击鼓饮酒，犹知有一饭不忘之意。斋庐之不饰，坛壝之不严，为附庸邦君而乃置之不讲，可乎？于是封筑其垣墙，缮修其屋宇，周围有防，斋肃有所，使后之来者常加守护，庶无愧于报本反始焉！

淳安县修学记

宋・洪　璞

国家设学校，立夫子庙，极其褒显，厥有常制。殿门植戟，左右洞启，外复露建六柱，列置三门，视宗庙神灵之居无异，所以尊其教也。爰自京师，旁逮郡邑，通用斯制。淳安粤在近甸，独不能尔？其外之门，西临阛阓，湫溢逼窄，栉比居民，无以表斯文之光显。邑大夫日过月谒，岂无讥其非称者？眡廛相安，不可强而有也。嘉定乙亥，应侯与权来宰是邑，率夫子之道以牧其人，尊美屏恶，政有余力。猾胥盗官赋，按法没籍，其家适附门右，遂恢拓之。尉何侯元寿明且能断，实相其事，增买近二家之地，夷墄就平，于以立门，悉遵式程。横广七十有五尺，视昔五增其四，设梐梡以止行者，文物焕奕。邑人慕用欣欣然。天下之事，其合也以时，其成也以机。不际其时，不契其机，昔之君子固有不伸其志而去者矣。时至而机应，事之所由以济也。今幸宰尉俱贤，非其时乎？事与时偶，非其机乎？得其时，乘其机，人大和会，乃尽革因陋之习而新美之。先是，直南居民有楼蔽障遐瞩，谕之撤除，以豁面势之雄。群峰环峙，如拱如揖，且通其隙地，以整齐禁墙，傍戟门设三坛，莳杏洎桂。殿庭廊庑颓圮者，葺之；盖瓦给砖折缺者，补之。说经之堂，肄业之斋，旷如而增明，邃如而愈深，更定其名，取孟氏设教之言，以叶夫子四教之目。库贮服器之用，籍稽强米之入，皆有掌焉。牲杀洁其庖，斋宿精其舍，而祀事加敬，且正颜孟西向之位，谨其关钥，以时启阖。经始于丙子岁之正，不阅月而庙貌爨宇，莫不应法。仲春乙酉朔，乃率诸生行释菜礼，济济就列，观者感动。深惟国与天地有与立焉。明三纲五常之理，以扶持之，非吾夫子谁赖？崇大其制，极其褒显，有以也哉。夫而读夫子之书，习夫子之训，反身思诚，以发明善之端，以体为人之责，庶其对越无愧也。竣事三省，更以自励焉。

魁星楼记

何梦桂

魁星楼，盖取北斗第一星以名也。魁居斗一，为天枢。枢所以旋斗杓而行乎周天也。志天文者谓，斗璇玑四星皆为魁，号不同而其为魁首，义一也。然则取以名楼，何也？楼为邑庠作也，作楼以魁名，以崇科目也。何也？繇唐宋以科目拔擢天下士，其名在举首者率曰魁。大廷亲策曰廷魁，省闱奏名曰省魁，由三学选曰舍魁，由列郡荐曰乡魁，其他大小科异等，六经异艺，各有魁。惟廷试及第为天下魁。淳祐丁未廷唱亚魁，庚戌廷唱大魁，盖皆邑庠魁彦也。以其在人为魁名，在天为魁象，故特书魁星楼者，昭其名也。或谓于古无证，非也。考之史志，谓太微六星为三公，少微四星为处士，奎为武库，璧为图书，是岂天降地出以得此名哉，亦为星家追步举而号之云尔。苟迹其故，则知魁星楼之不为徒名也。至元丙子，寇毁官舍，民庐俱烬，惟邑庠岿然为鲁灵光。事定，仅能补葺宫墙，而楼久化为荆榛瓦砾矣。大元以武功定天下，固未遑事科目，然德音屡降，所以嘉惠学校者备至，饩之廪而蠲其科役，士莫不弹冠结绶以幸明时之向用也。线君荣来尹兹邑，实董学事，每奠谒事毕，与章掖周旋，亲履故基，有志兴复焉。越两年，政明讼简，吏肃民恬，爰始规画。首辍己俸以倡，且寅协赞襄，乃刲羊酾酒，登进诸生而告谕之，众莫敢不敬听度力，相役有差。经营于大德戊戌之某月，落成于己亥之某月，有鼓欢鸣，有钟於论，簪佩朋集登斯楼也，举觞相庆，且幸斯文之所托也。阖辞请曰：“盍记诸。”尹曰：“记之。”或曰：“盍新其名以改视易听？”尹曰：“名固旧也，仍之。”乃属何某为之记，使执事者就请焉。揖之进而语之，曰：“夫魁之丽于天也，岂直借其名为一楼观美哉。斗为天之号令，于以斟酌元气，运乎四时，故其行一周十二辰，岁建十二月。其轨度有常，则五气不失其序，列曜不失其经，民物不失其理。观文察徵，斯可以候机祥而占吉凶矣。然则魁之所主岂不甚重，魁之所运岂不甚大矣乎？故魁所以总七星而为中天之枢也，学校所以风四方而为万化之枢也。推其极致，盖将齐七政，平泰阶，跻至治，何莫非魁斗之功用，则亦何莫非崇道之利泽哉？兹盖尹君作楼存名之微意也。”二三子拱手曰：“命之矣。”以复于尹，尹喜而起曰：“旨哉。”请遂为记。

新建朱文公祠堂记

元·王　仪

延祐六年十二月，郑君为尉于建德之淳安，首谒庙学，而朱子则未有祠也。乃相学之东偏，饬隙宇而新之，载廓载严，像设晬穆，瞻者企敬。既成，告于邑之长令，率僚吏卜日舍菜以奠焉。俾其子玉以书来，曰：“淳安古歙之东乡，今虽属旁郡，然距新安不二百里，朱子之没仅百余年，所谓去圣人之世若此其未远，近圣人之居若此其甚者。此家君建祠之意，幸得文以记之。”仪辞不敏，而书狎至，则复之曰：孔孟以大圣大贤力扶斯道，六经论语，七篇之书，可谓深功著明矣。卒不能振文武之泽，还盛治于当时，无他，有孔孟而不见用也。然而后世犹赖其书之存，时君世主有能举而行之，随其浅深必有治效。此先王之道所以不泯也。文公朱夫子，当宋乾道淳熙之间，集关洛诸儒之大成，以兴起斯道为己任。其为学也，自夫无极太极之奥，阴阳五行之运，天序天秩之正，纪万事万物之赜，往来穷通之变，废兴存亡之几，无不究极其原而发挥其趣。其为教也，必自夫洒扫应对进展之节，入孝出弟之方，以至于穷理正心修身，而达之家国天下，而极于天地位、万物育，可谓盛矣。而其身乃不安于朝廷之上，退而与其子弟呻吟讲习，俛焉寓旨于遗编，殆与孔孟之不遭一揆，可为当时惜也。皇元奄有区夏，世祖皇帝天纵圣神，投戈息马，卓然信先生之学，表章四书以教天下。列圣相承，光明缉熙。至延祐之初，诏兴多士，凡所试艺，一以朱子之说为宗，于是王宫国都，以及闾巷，外至穷荒海裔，政化所渐，莫不诵其书而学其学，可不谓大幸欤！故凡孔子庙学，宜皆有祠以奉朱子，而况淳安之望紫阳为甚近，则是举也可以书矣。邑之学者进拜先生于祠下，既肃然动其心，顾而诹吾文，则知幸生有道之世，宜交庆而更相厉也。昔熊君可量为江山尉，首修邑学，朱子记之，谓尉以捕盗为官，苟食焉而不旷其事，则亦足矣。庙学废兴，岂其课之所急哉？

熊君乃能及此，是其知兴材为何如耶？郑君有之矣。”君，名千龄，字耆卿，先生阙里人也。玉方笃学修闻，益昌其家，谓仪亦居先生之里而从事于先生之学者，故属以记。

新修三祠堂记

姚鸣鸾

祀孔子于学，道所宗也。孔庙之外复有祠。祠之者，人品不同而皆有得于斯道之功用。淳安之学，世称多才。鸣鸾将明命来牧于兹，考诸载籍，元延祐间，尉郑千龄创朱文公祠于学东偏，而名宦乡贤故皆有祠。今或久废而鞠为荆榛，或湫隘不足以容俎豆，因陋就简，无以妥虔，甚非所以称德意而共身戢业也。乃谋诸同寅邵君洪，学师余君坤、黄君讲，朱君韩而新之，寻其遗址，度其位置之宜，并列为堂者三，以其中祠紫阳夫子，肖其像。南面配以融堂钱公时而下四先生，东西相向焉。左则祠汉太守贺公齐而下名宦凡若干人。右则祠晋尚书仆射方公操而下乡贤凡若干人。其主皆南面，各以年代先后递列焉。经始于甲申之夏，竣事于是岁之冬。木石瓴甓诸材，以渐而致，新故互用，不敛之于民；斫砻涂塈诸工，俟隙而兴，差雇并役，不以妨乎农，故且作且停而历三时之久也。既成，舍菜，邦人士聚观，咨嗟欣羡，佥谓百年旷典一旦复兴，不可无记。予惟紫阳夫子集濂洛之大成，续孔孟之正统，注释群经，折衷众论，统宗会元，洙泗以还，一人而已。虽为闽产，而其先出于新安，淳安之境也。先生不忘为新安人，则淳犹乡国，其有祠焉固宜。且钱融堂、黄警斋、方蛟峰、商素庵，皆识高学博，立言奇伟而典则，制行超卓而端方，足以为紫阳之羽翼，享于紫阳，诸先生，从而与享之且。颜其堂为“道学渊源”，情斯称矣。名宦诸公，或茂建事功而泽施于当时，或不求时誉而思兴于去后，世远而旧游犹有耿光，则皆曰古之遗爱也。乡贤诸先生，或推善及于人，或独善而见于世，人亡而典刑于是乎在，则皆曰后人之山斗也。鸣呼！秉彝好德，人心所同，高山景行，可行可仰。知有道学之源，则当思所以志道；知有遗爱之思，则当思所以得民；知有山斗之瞻，则当思所以立身。事事而学之，人人而思之，使善之在人者悉有于我，则由一乡、而一国、而天下，而非止一世，无待求之于他也。吾故作三祠，以为兴起人心之具，将与斯世斯人，共滋于道化之中。书之于右，庸以自励，亦以厉吾同志也。

重修乡贤祠碑记

谢鼎元

古之建学，所以为教最详，而其所以感人无所不至。凡以树风声而动人心，非独乡射、饮酒、养老、尊贤之礼则然也，而并及其乡贤，士大夫，躬行君子、明道著书之儒，相与刻石铭功，以厕位于圣贤之旁，而俎豆其人于不朽，非以饰观听、务虚名也，以其流风余韵足以感物兴怀而动人则效之思。使夫贤者有所企而及，不肖者有所慕而勉，其子孙有以绍其父祖，而其仕宦往来之过谒，宾客过从之凭吊，有以览其山川之人物，而兴起其徘徊希慕之至，盖谠谠而有矣。今兹癸卯，余就教于淳九载矣。始至，谒孔子庙，见其殿宇宏壮穆然，有以知其祀事之修。既而旁谒朱文公祠，其左为名宦，右为乡贤，以祀其邑之贤士大夫，上自晋时方操，以及唐宋元明三十九人。予低徊久之，不能去。惜其祠宇圮毁不治也。及读县志，考其遗行卓然者不少，而其大者若皇甫侍御湜，以奇才盛名，为昌黎弟子；方状元逢辰，钱融堂时，以道学著于宋；而明，若商文毅辂，以三元宰相勋高当世，名闻天下，又有胡、徐两尚书同时并起；其它或父子兄弟代著金紫，或以贱贫躬行有君子之风，皆以柱石一时，馨闻千载，出为名宦，退足师表，彬彬乎与山川相表里，故其子孙或盛或微，然大约根深而末茂，以文章科第嗣其家不绝。若近时商文毅公之后进士民宗，应方伯之后举人尔嘉，方尚书之后经魁际泰，以及程参议、方副使而后若诸生方培元、程士宏等，皆以蜚英衿佩，向往宫墙。予谬叨一日长，时为之说曰："先祖有美而弗彰，子孙之事也。乡有高贤而不加礼焉，司铎者之责也。诸生阀阅华胄，盍更新诸，以志守先待后之盛。"因设簿劝募，不惮时诎举赢。维时邑侯赵君欣然捐俸，嘉与有成，诸先贤后昆量力乐输，诸生殚志经营，凡其为费若栋梁几植，土石几何，一皆踵事而增华，不劳而事集也。及落成，往观，则见夫座位之庄严，堂室之轩朗，墙楹之整洁，直与乔树菁葱，远山出没，交映于春风秋雨之中，而使先贤有以栖其灵，后人得以肃其观，其为风励岂不多耶！《诗》曰："无念尔祖，聿修厥德"，诸贤嗣以之。又曰："虽无老成人，尚有典型"，则予仰止高山，低徊不能去矣。是后也，垂训式教，敷贲历代之典章，而因以上承先德，下诏来者。盖一举而三善备焉。宜乎诸君子之务义终事也。故余喜为记之如此。

后汉开国公方储碑记

张　鹫

古者六羽驾凤之君，九翼乘龙之帝，莫不尊贤以命秩，崇德以命赏，授之以衮冕斧裳，锡之以山川城邑，因官以得姓，因地以赐氏。遥源浩荡，渺天汉而灵长；层岭郁盘，拂皇图而峻极。我远祖房实为黄帝右相，封于房陵。我祖方雷为黄帝左相，食于方邑。并忠肃恭懿，俱宣惠慈和。方氏女为帝妃，作配龙颜，是名女节，元膺凤历，降生少昊。自是方明骖乘，共风力而齐驱；方回绝尘，与巢由而合契。相毗夏禹，有蒙轮举鼎之雄；叔赞周宣，有斩馘搴旗之捷。振琼名于秦室，赏流誉于汉京。望以儒雅标奇，雄以清高挺秀。至于浑金璞玉，紫贝文犀，鹓凤五色之毛，麒麟九斑之角，盖丝纶史册，何代无英豪哉！君讳储，字圣明，本河南人也。属新莽篡逆，汉德陵夷，鸩毒黎元，枭残县属。蚩蚩黔首，畏杞国之天崩；蠢蠢苍生，悉历阳之地陷。公之祖，汉大司马长史，汝南尹纮，因官吴中，避地江左，子孙漂寓，遂于歙之东乡居焉。珪璋徙巇，皎洁之性不渝；兰蕙移皋，芬芳之气犹在。公地灵蕴度，天俊标神。幼而英明，长而温润。骊珠湛月，精彩可以照人；蛇剑连星，光芒可以耀日。聪明睹奥，睿知穷幽，孝感通灵，忠纯映俗，天意人事，得之于自然；风角鸟占，合之于情道。丹阳太守周歆举公孝廉，汉帝试理棼丝，众莫能解，公拔剑斩断，天子壮之。晋王后之摧胆，壮气弥增；蔺相如之睨柱，雄心不挠。较其优劣，差可同年。又举贤良方正，对策为天下第一。晁错高第，未足锱铢；仲舒甲科，何曾慷慨。体国安人之术，纬地经天；穷微尽妙之端，鬼出神入。除郎中，补章句令。民有野失农器，讼诸府司。暗知贼名，盗者首伏。陶士衡之察柳，季子长之验桐，辩颍川二母之男，识临淮两人之绢，曷足云也。俄除阜宁、阳翟二县令，遭母丧，躬造坟茔。手亲栽植，松偃翠盖，麈尾拂云，柏耸香炉，鲸鳍罩日。万株蓊郁，讶褒谷之攒生；百千萧森，拟邓林之挺秀。青鸾萃止，锦羽振于乔柯；白兔驯游，琼毫粲于幽隧。固知地生白璧，彼有人焉；天赐黄金，我无惭也。俄除太常卿兼洛阳令，封黟县侯，食邑三千户，静以镇俗，缓以济时，吏不能欺，人无敢犯。昆吾之剑入手，切玉如切泥；秦王之镜在怀，见心并见胆。时功曹无状，谮构异端，杀奴寺门，将行诬谤。公神襟独断，亲问死尸，冥道相符，具得情实。奸人惶惧，叩首请罪。昔符融水马，验此神明；张举灰猪，事同儿戏。圻甸清肃，朝野惊嗟。赵广汉之擒奸，隽不疑之摘伏，不足逮也。夫何汉和帝有事南郊，访公得失。公以为卜日有变，请更择日。上坚意不从，巾车速发，于时天清气朗，露廓烟澄，帝郊将还，责公欺罔。公喟然叹曰："抱公忠之忧，被欺国之谤，宁殉忠而殉节，不苟存而苟亡，有杀身以成仁，岂贪生而辱命。"饮鸩而卒，驾鹤仙游。须臾，黑风飂飐，白雨滂沱，冰类马头，雹如鸡子，霹雳烈缺，吐火而施鞭；礧礋丰隆，飞砂而走石。车骑人马，死者千余。驰骤问公，称其已没。呜呼！人主不信，杜恕刳心以自明；太子失言，田光刎颈而怀憾。珠玉可碎而不可夺其真，兰蕙可焚而不可移其馥。凛烈之操，不其然乎？骨鲠之诚，未之有也。天子临朝，洒涕痛惜，憾不假以三权，委以八柄，而梁木斯坏，高台忽倾。人之云亡，邦国殄瘁，信矣。公预知休咎，逆辨吉凶，至若京君明之襟占，郭景纯之说卦，齐甘公之星象，郑禅灶之天文，介葛庐之牛鸣，成武丁之鸟语，蓟子训之起死，左元方之藏形，推步必穷，发言诚验，指期克中，画地无差。方之于公，蔑如也。有制追赠公尚书令，赐东园秘器，丧事所需，有司营给。公生平之日，羽驾乘空，仙游之时，蝉脱而去。咸以公为仙化，莫知所归。共建祠堂，以时祭享。千年白鹤，飘扬苏耽之坛；七日赤龙，顾慕陶公之野。仙人驭凤，遨游天地之间；方氏乘鳌，出入江湖之际。言谈者共闻其语，观听者莫信其言。揆之于公，知其不虚也。南宋明帝钦公盛德，累代同风，降使钟离景曜以太牢致祭，赠龙骧将军兼洛阳令，开国公，光被子孙，荣饰泉壤。昔汉封乐毅，魏祭乔玄，敬有功，尊有德，礼也。公之兄，关内侯，行南郡太守，讳侪。忠烈侯，丹阳平正五官，弟，讳俨。咸有令名，俱藏雄气。五龙之室，匪劣匪优；双骥之门，难兄难弟。昂藏肃翼，凛凛然若松下之激清风；散岸坚贞，亭亭然如竹间之吐明月。忠孝纯恪，宗族称其仁；汤恭允肃，朋友推其信。属獯胡犯塞，戎马生郊，征拜云麾将军，辞不赴。尚书张林者，巧佞之徒也。与公兄弟素不相协，悲夫鸟有长喙，鸾鹭为忧；鱼有峻唇，蛟龙是患。纵其媒孽，恣其萋菲，谮于帝曰："方氏兄弟，惟俨文武最优，频诏不来，必怀逆节，不如早为之计，无使滋蔓。"遂发兵千人，顿于界上。呜呼！谗言三至，慈母犹疑；利口一行，忠臣抱痛。二人相谓曰："豺狼满道，麟出何之？雕鹗巢林，凤将安适？天乎难问，命也何如？"于是昆季引刀自刎，两血相合，二丈余高，鸟兽哀鸣，士女流涕，日沉黑影，水变赤湖。天子闻知，收林抵罪，给棺殡殓，设庙宗禋，血食相仍，精祲不昧。后七代孙方凤及其子鸾，并袭俨祖之风，受储祖之法，优游道秘，放旷仙踪，壶中缩地之方，瓮里藏天之术。鱼游盘上，噀酒云飞；龙在钵中，吹烟雨落。所居致稔，封为丰国侯。其县及石门路各自有庙，若虔诚请祷，则屡殄于凶渠；媒慢轻侮，则频移于矫夺。齐国栾侯之社，圣鸟翔风；蜀中江伯之神，灵犀耀影，不足云也。其后晋安郡公，襄阳太守方初，器识雄果，襟灵爽彻。玄孙方释，志尚清白，才兼文武，筮仕晋朝裨将。苻坚百万之众，狐狢成群；谢玄数千之兵，熊罴直进。释乃金犀竞发，触似蜘蛛之丝；铁骑争衡，扫若螳螂之臂。轮刀陷敌，猛火之燎鸿毛；舞剑摧凶，崩山之压鸡卵。秦师大败，释之力焉。时人比之西蜀关张，东吴周鲁。以功拜骁骑将军，散骑常侍，吴兴郡开国公，食邑二千五百户。晋兵部尚书方操，磊落奇节，禀星象之殊姿；倜傥英雄，郁江山之秀气。行中规矩，邦国推其栋梁；动合经曲，人伦资其冰镜。仆射孔群奏称，尚书方操处心正直，积德慈仁。累封上虞县开国公，食邑二千五百户。方氏所以宗祊鼎盛，友党岳立者，谅以祖宗积庆，禀造化之纯和；坟茔降庥，得山川之体势。连岗隐轸，青龙白兽之形；叠岭参差，朱雀玄龟之状。虽穿绝其后而灵爽犹存，凿断其间而英华不歇。后方郊、方干、方巢相继为本郡太守，昆山耸日，玉树丛生，合浦沉星，珠胎间出。诸侯扫道，若季子之归周；县令前驱，同长卿之入蜀。买臣到郡，桑梓添荣；张季还乡，枌榆改色，无以尚之也。隋持节除本州岛岛刺史兼歙睦二州诸军事方亮，仕州刺史。文登公方伦，泉州别驾。方俶、方述等并一时伟器，四海英髦，铜兽分符，银龟系组。北溟鲲化，羽九万而冲天；东道龙骧，足三千而逐日。剑靡转利，百炼不销；玉琢愈明，十城非价。弓声落雁，映满月以开弦；笔阵惊鸾，扫奔云而洒翰。隋皇岁纪，亲降敕书，凤玺金章，龙缄玉字。慰谕稠叠，奖饰殷殷。道合天心，不可得而胜言也。大唐朝散郎行潮驾建二州刺史司马方洮等并宗盟领袖，邦族羽仪，冠盖之指南，缙绅之端石。麟生麟种，双觡呈姿；凤养凤雏，九苞相映。霜精慨月，怀铁石以镇心；风骨横秋，抱琳琅而耀腋。忠于朝野，萧曹丙魏之丹诚；孝于邦家，曾闵荀何之素质。袁粲司徒之族，貂衮蝉联；扬彪太尉之家，台槐奕叶。或不扫一室，仲举之气弥高；或不赴九征，林宗之志非小。奉先人之芳荫，不坠箕裘；藉昭穆之余资，无亏堂构。恐寒来暑往，汉南之陵谷易迁；日居月诸，辽东之城郭难久。威仪可法，必纪之以筌蹄；功业可称，必书之于篆籀。陆平原之特达，盛述家风；韦太傅之忠贞，褒扬祖德。况我侪公、储公、俨公三人者，山岳之精灵也，江河之粹气也，拔萃出类，千载之英雄也；裕后光前，万灵之龟鉴也。亦如兽中之有巨象，鸟中之有大鹏，剑中之有镆铘，镜中之有仁寿，玉中之有朝彩，珠中之有夜光，仙中之有王乔，儒中之有颜孟，允为非常之宝，实为稀代之珍，岂可金石之不传，钟鼎之无志。是用雕铭播美，式隆黄绢之词；刊玉驰芳，聊镌白银之字。俾夫华萼韡韡，读龟版以开心；瓜瓞绵绵，览龙缄而拭目。千秋万岁，知家之所自昌焉。又为之词曰：

我祖方雷兮赞寿邱，家女名节兮配轩猷。御黄帝兮运四海，生青阳兮廓九州。玉叶琼枝（兮）间出，朱源锦浪兮分流。高门画戟兮卿复相，翠盖朱轩兮公与侯。

堂堂兮关内，皎皎兮若昧，进德兮有渐，疆学兮无退，苍蝇兮入藩，孔扬亢龙失水兮有悔，桂与兰兮不减，珠与玉兮粉粹。

彼美兮仙真，君明兮绝群，鸿姿兮渐陆，凤藻兮凌云。似夔钟之朗畅，如聚鼎之氤氲。居孔门兮有颜闵之令德，处周代兮有旦奭之元勋。

位下兮才高，有时兮无命。敏知来兮藏往学，穷征而尽性。论天道兮通神，测星图兮合圣。终大隐乎市朝，不上交乎权盛。

孝乎惟孝，玄之又玄。乘凫绕露，驾鹤凌烟。龙弃骨而去俗，蝉脱皮而上仙。时黑风兮震地，白日兮升天。

煌煌其烈，灼灼其美。东吴之精，南国之纪。潜虬龙于一堂，骋骐骥乎千里。何天地之不仁，遘谄諆兮运圮。

黟侯族类，方氏宗英。或制锦百端，或题舆十城。陆离圭璧，舄奕公卿。邈四海以鹏抟，升九皋兮鹤鸣。代积龟鱣之庆，家承鼎鹤之荣。族亭亭而岳立，门肃肃而风生。

植翠琰而颂美，建鸿缄而篆刻。恢廓兮家风，揄扬兮祖德。坟括地而四起，树参天而一色。年年岁岁兮春复秋，子子孙孙兮十万亿。

河溪徐氏春濡堂记

方逢辰

邑之西五经徐氏，一门科甲，构堂于居寝之正，以为尊亲睦族之所。问名于予，予为之名曰春濡。复请申其义，以教其族属及其子若孙，俾勿忘。余深感其事而然其请，为之言曰："自有天地则有是气，有是气则有是人，有是人则有是心。天地于人，一气也，人于祖宗族属，一气也。天地之气，无时而不流行，则人于一心亦无时而不流通也。又岂以往来者为存亡哉？《传》曰：'春雨露既濡，君子履之，必有怵惕之思。'人心于亲，无时而不思也，必雨露之潜濡而后见怵惕之思者。何也？气之著见，莫先于春，而雨露又其形著者也。是故春者，天地之仁也，而怵惕者，人心之仁也。生之膝下，一气之通，喘息呼吸，无所不至，则是心之发，又宁待雨露之濡而后见哉？然感物而动，则油然而生，自有不能已者。春濡之泽，滋荣生长，无物不然。然则吾之身，独何自而来哉？族属本一气也，气脉本一身也，推一身之所自来，原一气之所由聚，是则为人者何独无是心哉！见雨露之濡而后思，感物而动者也，不待雨露之濡而无时不思者，终身之慕也。有是心者，岂不悚然惕然于此乎！"故为之记，以授徐氏之子从吾游者，使归告其伯父伯兄，附之祖庙云。

古城义塾记

戴廷槐

古之教者，序于术、庠于党而塾于家。盖士之出入，诏于里门之三老。岁时，从其乡大夫燕射读法，以知养老上功之教。诗书礼乐，顺于四时以为习，故士不于庠序，则于塾。耳目齐而心志一，成才之易有由然矣。后世，塾不家置，即庠序功令所为教者，升散课艺焉耳。有力之家，或可担簦从师于远。贫者席门瓮牖，矻矻治其功业之不暇，乃征逐闾巷，荡心粉华，鲜不易志。学无地若此，士亦何藉以底于成？余不佞奉命出宰淳安，取郡邑之乘，阅之，则知有古城义塾。及暇而登之，则当古城之隅，青溪之上，崇而为堂，邃而为室，翼而为厢，重而为楼，伉而为门，寝处庖湢之区，罔弗具焉。水火不虞之卫，罔弗周焉。闭扃以处，则尘嚣回隔，心志宁谧。启扉以眺，则溪山环翠，志𢡟神怡。而丹雘涂茨，焕然在目。余方啧啧叹赏，以为是诚肄业会友之区也。青衿辈应子诰、元祯、元春暨诸生相揖曰："此族人朝明义创，以为诸生聚业之所也。朝明既建是塾，而又捐田十三亩，计所入之租二十石，以给贫乏。于是一方之士，咸得群聚而卒业焉。幸公兹来，盍请一言以纪之？"余因有慨于今荐绅大夫至贵显，不过高台榭，丰珍鼎，为一身奉，安望其治家塾，割己赀，教族之人与里之人乎？淳俗固俭朴纤啬，若朝明构塾赡士，可不谓嗜义笃行者乎？闻其先，有大参颢及封御史惟善者，尝建古城书屋，以处诸子姓之向学者，亦其世染然欤？汝诸生淬励其间，务底于成，斯毋负此义塾哉！

忠介海公祠碑记

明・翁　恕

概自光岳气分，士多特行。忠肝义胆者，或矜气节而鲜响呕；柔肠慈肺者，或狃姑息而少扬激；肩巨任重者，或急大体而略细务；循途守辙者，或拘名位而寡建明；繁弦促节者，或恃锋颖而伤朴雅；解纲弛纽者，或挛缩蓄而乏撑持。孰有恩断兼持，大小各得，缓急张弛并运，在朝为社稷臣，在邑为慈父母，慷慨论列则回天而转日，优游致理则露浸而膏濡，如我忠介海先生者？先生治淳，高厚如天地，震迅如霆雷，明烛如日月，却征输之利金，绝馈送之交际，薄词讼之赎锾，裁里甲之冗费，此廉吏事也。清乾没之利弊，摘隐伏之奸顽，革不经之淫祠，正田亩之疆界，此哲吏事也。苏里甲之困疲，而赋外之征输一切报罢，复流民之故业，而赋内之逋负曲为代完，至仁也。饬僚属之簠簋，而苴不敢污，裁使客之骚罢，而数不敢轶，至义也。修校阅之武场，禁矿山之盗贼，而韩范驰名；申圣论之条约，严保甲之规格，而风俗还淳，盗贼息响，至毅且武也。然此亦皆循吏事，载在《淳安政事录》中甚备，不足为先生记也。惟是申饬所行而先自明其意，若曰人秉天地理气而生，各备万物之理，各有万物之责。若谓止可洁己，不可洁人，洁人生谤，谓凡所行不可认真，认真生怨，以乡原之道待其身，又以乡原之道待其人，浮沉市名，窃取官爵，非夫也。其自奉俸薪外，丝毫不取，家僮亦令樵采，庭甚清闲，吏农无事，亦听从农从商。抚按查盘，旧例阴遗，其吏书谓无此，则祸且立至。先生独曰："充军死罪，宁甘受可为此穿窬举动耶？"津要知厚有馈，问外官入计，有交际谓：要做官不得不如是。先生独曰："尽天下而不为上官之赂也，岂尽不迁？又尽天下而皆为上官之赂也，岂尽不黜？安可自以其身甘沟壑也。"维时都御史鄢公，恃权相，总制八省盐政，威焰赫甚，其子过淳安，索夫马，不与，非理凌虐。先生悉捕，按如法。大率有司皆穷极淫靡以媚之，动费千百。时当至严，严属相戒，盛供具以待。先生独上禀帖，曰："传闻所至与宪牌迥异，欲从宪牌则惧招尤，欲从传闻则恐违宪。”又曰：“都院出理盐政亦今希阔事，事出希阔，令百姓。获希阔之遇，可也。乃今府县恐以不周，致戾百姓不沾希阔之恩，反苦希阔之费，无乃官属承奉台下，乐为谋，不乐为直，误认台下之意与?”遂迁道去，不过严。先生之惠洽淳安而不畏权势若此，此一大奇也。他如学博南平时，参谒礼仪，遵据会典宪纲，力以其身为标准，俨然以师道自重，明伦堂与道傍不跪，迎送上官不出郭门。上官至，一见后，不复偕有司磬折。三日，上台视学，升堂，各教职左右跪，先生居中挺立，诸大夫虩然曰：“安所得山字笔架来?”若院道诸君皆叹服，谓当于古人中求之。其官户部主事时，见世庙惑于玄修，大小臣工率道服将事。先生慷慨上言：“天下第一事，以正君道，明臣职，大略在挽回君臣父子夫妇之伦，而禁止斋醮天桃天药之谬。夫玄修以求长生也，尧舜禹汤未有至今存者，陛下师事陶仲文，而仲文已死，彼且不能自寿其身，陛下何犹神其术乎?”侃侃数千余言，国史详载。是疏出，直声震海内，无不知海刚峰者。上怒，诏狱论死，中外骇愕。独尚宝何公为司务时，上疏力救，逮世庙上宾，穆宗践阼，诏释先生狱，改兵部武库主事。丁卯，晋丞尚宝，四月丞大理，七月转左。适有暹罗之役，奉使回乡。己巳春正月，改通政提督誊黄。六月，升右佥都御史，敕总督粮储，巡抚应天。先生乃以教南平，令淳安、兴国者，稍加润色扩充，为督抚宪约。盖主于斥黜贪墨，博击豪强，矫革浮淫，厘正夙弊，令既布，俨乎烈日秋霜，风物顿易。郡邑吏廉饬赇者，望风解绶，而权豪世宦屏息，至移他方避之。若别省有冤枉不伸者，悉就谳决。有显者赭其门第以居，闻先生至，遂易而黝。监造中贵素骄纵，亦内愧贬损，服御各减其半。吴有松江汇震泽入海，濒江田亩，灌溉弘多，已枕潮啮淤为陆，议浚者屡，迄无成绩。民有谣：“惟海龙王始开耳。”先生适应民谣而议开，不旬月报竣，计费甚省，役成而民不劳。此万世利也，至今姑苏民德之。江以南，贫富相倾，弱者率授献田亩，豪强施谋兼并。先生下令，令受献者退还，或许赎，而势豪乘此中先生矣。舒戴给事交章弹论，而先生解抚事，专督粮储。旋裁革以计去先生也。庚午四月，归籍家食，未几，荐者踵至，都谏顾泾坡等会荐有“忠贯日月，望重华裔”之语，吏部具覆：屡奉上命推补。御史若詹，若龚，若梅，若王，都御史若郭，给事中若王，各具疏荐。不逾月，推左通政。逾年又推南台佥都御史。未至，又改南吏部侍郎。举朝无不荐先生特达之才。先生应命而起，自琼至蚬蜩，家僮皆徒步。又自五羊至上新，惟乘一小舟，寂寂无知者。五月，抵任。陈治安要机，顾独愤贪残，论劾不止。因及国初剥皮囊草之律，而梅房御史遂肆抵击惟是彭君遵古，诸君寿贤，顾君允成三进士，疏为足以发舒正气而维持老成耳。先生拜命右都御史，而有归志，屡疏乞骸骨，不允，竟以丁亥孟冬几望日，捐馆留都。检箧止俸金一百五十一两，绫绢葛各一端。微都御史王公麟泉率诸御史捐金治具，恐旅榇亦无资矣。夫先生微而学博邑令，显而巡抚都台，而莅官行法如一职，遇孱弱贫瘠则抚，遇势豪强暴则摧，而直己守道如一辙，是在朝为社稷臣而在邑为慈父母也。论者概其性甘淡泊，有采薇之风，天挺忠贞，有叩马之节。谓道似伯夷，信在矣。然其视斯民由己饥渴，耻厥辟不为尧舜，即伊尹奚让焉？先生所至为枳道瞻望，所莅皆丰碑尸祝，留都时，有远方不知姓名者，求供帚除三月而去。又有率貌先生像以去者。学士大夫亦有焚香虔事，每事必卜，如罗浮叶䌹斋者。矧先生德泽浃淳，士民商贾戴慕弥久，构祠而祝，宜也。恕自髫年景慕，聿今幸获踵后尘，敢扬先徽以示来轫。是役也，始事于署印郡丞黄公淳，督工于主簿谢天伦，襄其成则署篆司马王公文炜，暨恕与县丞宋守愚，典吏孙应麒，学博桂联奎、王同祖、陈大成也。先生姓海，名瑞，字以贤，号刚峰，赠太子太保，谥忠介，广之琼山人。

海刚峰先生去思碑记

明・徐廷绶

遗爱之思，昉于召南棠茇。迨汉史称何武，所居无赫赫名，去后常见思。维不徇名，所以思弗谖。君子于武，可以观政矣！今郡邑以去思碑者林立，求无愧于碑文所载者几何人？若我海侯，殆古之遗爱欤！其永孚民心，去思有以也。侯讳瑞，号刚峰，南粤琼人。易直子谅，所志皆古圣贤德业。以名魁署教南平，丕著师范。戊午夏来令我淳，清修劲节，与民更始，移风易俗，厘弊肃纪。民初焉疑，既而翕然信；期年政通人和，颂声洋溢。至是移判嘉兴府，诸士民攀辕卧毂，垂泣拥留，而侯之驾不可延矣。佥谋镘石，备悉德政，以志无穷之思。

适余奉简书，便道归省，乡大夫士暨耆老辈，属余记之。余雅辱侯教泽，又淳民中被德尤深者，曷敢以不文辞？按余严所辖为邑六，淳据上游，为里八十有四，计境内山陵川谷居其半，为田者又十之三，有司百凡支应，取给于里甲。迩今倭变，差役派敛较昔数倍，小民每充役，至有倾产者。侯始至，愀然曰："东南民力竭矣。盍苏诸!"嘉意经理，斟酌区画，皆有成法：谓使客络绎，冲疲不堪也，损夫役，节馈赠，以省送迎之烦。谓科课征人，吏私羡赢也，革分例，禁加耗，以杜侵渔之弊。谓催科严迫，困穷靡给也，舒期限，缓督责，以免称贷之累。岁节贺庆，用侈繁仪，于是严交际之防，却馈遗，遏苞苴，而请托无所乘。播越流离，民罔攸底，于是溥怀徕之惠，蠲负逋，申播告，而逃亡有所定。告讦纷争，民罹刑宪，于是宏钦恤之仁，轻箠扑，减纸赎，而冤蠢有所控。文献自昔，科第蝉联，时丁靡敝，是以有振作之典，精课试，优激赏，而士儒为之竞劝。棂星创始，兑面允宜，南易否乘，是以有修复之举，崇规制，设宫墙，而文运为之挽回。教场亭榭，湫隘倾颓，武备就弛，是以有创筑之工，辟区宇，时练训，而缓急为之有备。至于建社学以教子弟，浚濠渠以通水利，编保甲以备不虞，罢访察以安良善，发廪储以赈饥乏。凡设施措置，如《政事录》所志，更仆不能悉记。

若夫时之弗便，有志而未行，势之所拘，将为而见挠者，则当于侯之心求之。盖侯以仁爱忠诚之心，而励清介节省之行，布平易岂弟之政，舒徐优裕，若慈父母之育赤子焉，煦煦然不忍伤。故民于侯之未去也，若赤子之慕慈父母焉，依依然不能舍；既去也，若赤子之远慈父母焉，皇皇然无所归。学者思其作养，赋者思其均平，役者思其简便，讼狱者思其矜恕，困乏者思其缓抚，流移者思其安集。利有当兴，害有当除者，思其干济之才；困于奸宄，屈于豪武者，思其御辑之威。君子曰，于海侯可以观政矣!

虽然，侯之政在吾淳者，百代而为范；侯之泽在吾民者，百年而未艾。侯之心在民所未尽谅、众所不及知者，足以表天日，质鬼神而无愧。是故有孚惠德，有孚惠心，不市名而名垂不朽。百姓永受其福，而绎思勿谖。甘棠所说，何武有光哉。佥曰然，遂命剞劂，以昭令德，以风有位。

易庵记

何梦桂

文昌山水为东里胜，何氏家世其间。前瞰双溪，后枕三阜，湍流清泚，林木郁葱。其人端靖朴茂，有淳古风。三阜中间，盘旋成谷，深可六七里，清泉白石，古树幽花，邈在人世风雨外。潜阳子庐于谷口，庐西偏穿径通山，盘屈而入，溯涧可二百步，竖桥三阜间，下俯清流。跨涧陟山，西南转，萦迂而上，有山岿然。前踞后矗，中若蜗然，广迤数亩，筑室三间，匾曰“易山庵”，衡楹二十，中为潜阳子居游之室，翼以两斋，四面辟牖，右贮书史，左置床榻。四时徜徉俯仰，食于斯，息于斯，诗于斯，酒于斯，学于斯，得于斯，且将老死于斯，盖不知穹壤之高下，寒暑之推迁也。暇日隐月，嗒然而起，虚室坐忘，吉祥止止。于是招青鸾，引清泉，呼松竹，侣鱼鸢，与之语曰：“予与若居三载矣，若知吾易庵之趣乎？异哉，吾知《易》乎？羲不能画，文不能彖，姬孔不能赞。吾俯仰取之无不足，吾以强名吾庵，双扉阖辟，乾坤两关，一阖一辟，复姤中间，位坎、离而左右，乘震、艮而往还，然未足以尽吾《易》之妙用也。至于云霞聚散，烟雨阴晴，水月吐吞，晞阳出没，山光泉色，随景变态，不可名状。而又古松老杉，修柯戛云，如龙蛇夭矫，丛萝蔓薜，掩翳蒙羃，鸟巢其间，呼鸣啾唧，飞泉瀑布，下溅危石。霖潦则怒号如雷霆，潺湲则锵鸣如环佩琴瑟。樵径出半山，仰望如在云际，耕锄晨入，樵牧晚归，眇在苍烟细雨中，仿佛如画。前歌后答，但闻人声隐隐飞落半空。凡此，皆天地间自然之《易》也。景物无穷，千态万状，不过一阴一阳，往来变化，触目会心，何者非《易》？吾以一身，穷年偃蹇，不出是间，吾将以天地为一室，日月为两户，众山为壁牖，万物为徒御，其能蓄于环堵之内，如蜗牛蠛蠓，自认以为已足乎？或者不察吾言，谓其大而无当，往而不返，且将惊怖以为荒唐诞谩也。夫有实而无乎处者，宇也；有长而无本剽者，宙也；有目有趾，同囿其中而不知道者，众也。使其不以吾言为荒唐，为诞谩，则天下之知其道者，固众矣。吾将大而小之，往而复之，则又入于无所纪极，而天下愈不可知矣。虽然，余妄言之，而亦妄听之。奚吾将归来乎？无有逍遥乎？不测浮游乎？环中以为之室，无门无旁，无处无人，大包宇宙，细入芒芴。凡吾生死穷通，动静语默，不出其域，此盖千圣之所归，万生之所息也。至此，则不惟或者不知吾欲，知之而亦不可得矣。《道德经》曰：‘天地中间，其犹橐籥乎？虚而不屈，动而愈出。’意者，天地其知之乎？《系辞》曰：‘圣人以此洗心，退藏于密。’意者，圣人其知之乎？问诸天地，天地无言，问诸圣人，圣人不容吾言。吾欲言而终忘吾言矣。”或者不得问，拱默而退，姑记其事，以俟来者。潜阳子，不记姓氏，或云派出先天，庖羲氏名之曰“复”，漆园子字之曰

“天根”。岁在强圉赤奋若夏五望，潜阳子记。

玉泉记

余光远

屏风岩之麓，群山萃嵂，林壑盘纡，其崖谷之委会，则泓然为塘，俗所称井塘者也。方广盈丈，白砾布底，平莹澄澈，可鉴毛发，泉自下涌出，如贯珠，如喷雪，缕缕不绝，以其色似玉也，故名曰玉泉。夫物苟无利于世，则虽有可观，不过供一时游人赏玩而已。矧兹泉伏处穷谷中，舟车商贾四方宾客之所不至，非其功实有昭然耳目间者，将终芜没于荒榛野莽，与行潦伍耳，乌能俾寻幽探胜之士流连而不忍去乎？盖玉泉之有功于人者二。涓流盛沸，冬则温，夏则洌，乡之环列而居，朝夕取汲，虽亢旱未尝或竭也。且其余流旁泻于石涧，村外田数顷，皆赖以灌溉。玉泉之为人所宝贵者，岂徒以其名哉？人之观斯泉者，当知其功之有以及物，不徒羡夫清莹秀澈，可以涤烦而洗心焉，则得之矣。

好古堂记

毛际可

青溪吴子敏中，字求一，构屋数楹，为令子孙读书之所，欲以好古题其堂，因其名与字而取义也。康熙丁亥夏，介竹烟严北侯请正于余。窃谓天子以生知之圣，而犹殷殷于好古。盖古即尧舜禹汤以来相传之道统，而“好”即尧舜禹汤以来相传之心法也。吴子世为右族，少工制举业，所居园林水竹，映带左右，乃不为燕闲游息之地，而策励子若孙于学，此其志，岂易量欤？他日，夫子又曰：“信而好古，且自比于老彭。”可见好古为作圣之基，其德益懋而辞益谦也。然相传老彭年七百余岁，好广览古籍以教大夫及士庶，人虽老不倦。余年甫逾杖国，而衰懒废学，所好惟在园林水竹之间，对此又爽然自失矣。

三老亭记

吴　钦

亭以老名，志寿也。老有三：宗长贡良与弟贡理、贡伦也。作亭者谁？理之子潭，良之子光，伦之子津也。三老出吾淳长乐乡琅琊，山川绵邈，钟其灵者多寿考。良九十七，理九十五，伦九十八，皆以高年而沐朝廷之冠带者也。潭亦以寿得官，与诸昆季追思三翁，怡怡友爱，其平居游息笑语之所，杖履俨然，遂立亭而颜之曰“三老”也。乡之人述其事，以告予且请记。予曰：“异哉，三老之寿也。善哉，斯亭之名也。尝读少陵诗，以七十为古稀有，况寿逾九十者乎？九十而乡得一人焉，已为仅见，况同怀而同称上寿乎？耆英之会，名在香山者九，名在睢阳者五，彼皆异姓之所联，视三老之集于一门者，何如也。昔齐桓公出见亩邱之老，问之曰：‘叟年几何？’答曰：‘臣年八十三矣。’公曰：‘美哉寿。’夫以八十余岁之老，动人叹赏如此，如三老年几期颐，尤宜其为乡里之所艳称，而予亦乐得而记之也。我朝深仁厚泽，跻民仁寿者，二百年于兹。淳虽辟在山邑，而琅琅世德，发祥征，为人瑞，则予之记斯亭者，且藉以鸣国家之盛，并俟后之观风者采焉。”

重建石山庵记

余朝鼎

石山距予家数十武，巉岩壁立，迴峙下流，凭高四望，层城之飞阁如霞，双涧之澄波似练，供奇献巧，景非一状。山故有庵，久渐倾圮。明季，予兄弟读书其中，谋新之，各醵金权子母利，而邵友其贞，季父国望暨弟侄辈，多慕义乐输焉。既而兄见龙即世，兼之兵燹频仍，未可以集事，遂庋阁不理者数年。恭逢我朝定鼎，削平海内，民物熙恬，一时琳宫梵宇，虽僻处穷乡，靡不沾濡于维新之化。矧石山为邑治下关，而山之有庵，固予族香火所久系者哉。爰于庚寅夏鸠工，及冬而竣事，费不下三百余金，计前所息者，已乾没无存，各出橐中襄成之。前楹奉关帝，中设诸佛道场，两翼皆洁净可为书舍，匪云观美，盖藉以继予兄之志，而乐与同人共始终之耳。抑自今以往，有读书是山者，振山川之秀，发文章之光，或踵事而增焉。是又予所深望也夫。

重修文献名邦坊记

刘世宁

坊表之建，意即古者树风声、表宅里之遗模。与其栉比相望，虽各属一家，而或系于一邑，以昭人杰地灵之盛。厥初以木，其制俭，后渐以石，其制汰。惟其俭也，故一隽之获，必群萃而立之。自建五丈石而加之雕文刻镂，夫于指竹木千头然后辘轳邪许以上，是以难乎其为继，而式闾彰善之意，亦因以渐弛矣。若淳邑之以“文献名邦”竖坊也，有古意焉。立之标准，其制公也，非私也。其质以木，无朴斫丹雘之勤，其设在丽谯以前。其创始则明令泰和萧公元冈，而其书棹楔者名笔也。更沧桑之变，风雨漂摇者数矣，而此四字岿然灵光，若有神物护持之。过斯邑者，往往临摹以去，称胜迹云。余惟文献足征，于是观《礼》《诗》之言“老成典刑”，即献也、文也。《传》之言“事耆老，咨故实”，亦献也、文也。太史公之言“藏名山，传其人”，亦文也、献也。韩文公之言“存则人，亡则书”，亦献也、文也。何代蔑有，亦何邑蔑有？而独以是名其邦，人亦无有以言大而夸相訾声者。盖匪直文毅之三元宰相，接武沂公，而唐之皇甫称韩门弟子，宋之蛟峰绍程朱绪言，皆对策第一者也。融堂妙悟，潜斋诗歌，以逮元明之交而鲁道源、徐大年辈，率能近文章，砥厉廉隅，有儒者之规为焉。以故积水成渊，至明中叶，如原之邱浦而益大，坛宇坊表，东西极望，信其为文献林立之邦，而称斯名也可以不愧矣。日月既久，拉攞欲坏。余仍其旧，贯扶以大材，为盖障之，使不忧旁风上雨，而邑之人士，如方玺、方正、王大乾、何其灼、吴大成、洪凤临、童如玑、鲁廷表、何隽、何学海辈，义形于色，周爰执事，凡浃月而绩于成。夫莫为之前，虽美弗彰，莫为之后，虽盛弗传。今既为之后矣，独无有高冈之鸣，哕哕而雝雝者，起而应兹地灵，以竞爽前哲乎？余拭目俟之矣。

重修淳学碑记

成廷楫

淳为睦州名邑，山川灵淑，代钟伟人，是以曩时泽宫较他邑特为宏敞，迨后兴废，屡更规制，渐失其旧。今皇上崇儒重道，亘古未有。天下之泽宫，皆为一新。况理学文献如斯邑者，而可任其颓敝，不亟为修复哉？楫以菲材课膺教职，于雍正六年莅事。见学中斋舍尽圮，弦诵旧地鞠为蔬园，仰瞻大成殿、明伦堂，虽多剥落，规模犹饬，尚可需为后图。及每日清晨，上殿焚香洒扫，渐见栋梁尽为虫蚀，椽倾瓦沕，雨漏如注，殆涔涔难支。而明伦堂前楹则竟荡然坠地，若雷轰电掣者。然心窃危惧，每遇风雨辄为不宁。因于七年四月，状白修葺。幸遇郡侯张公，上体圣天子作人至意，隆重学校，力为仔肩，除割俸外，设法经营，得费若干，俾楫承令奉役，遂转任诸生及敦事者，鸠工选材，吉蠲兴作。其堂门斋舍先整于八年之春三月，殿新于秋七月，两庑围墙修之筑之，或苫盖，或塈涂，皆以重阳后数日竣工。至于大像则重饬焉，榱题则重绘焉，殿堂则重丹雘黝垩焉。是役也，计经始迄告成，凡八阅月，工虽巨而费不烦。鸟革翚飞，伦奂严翼，瞻仰之馀，俨如登阙里庙堂，亲车服礼器，向之忧危顿释，而弦诵亦安矣。楫奉职无状，敢侈为己功？惟不敢忘张公雅意振兴，与各守土者佽助之力，宜勒石志不朽。至诸生赞画，敦事勤劳，例得附书。捐俸严州府知府、今升太常寺卿张公，讳芳；邑令王公仕源、姚公梦鲤、董公懿，司训沈君绍淇，县尉曹君铨。襄事诸生邵翽，敦事公正陈宗器、郑迪君。

紫阳书院记

刘世宁

古圣王之造士也，闾塾党庠州序，以逮国学，其法甚备。秦汉而后，或阙矣。士大夫往往作精舍于郊外，所谓春夏读书，秋冬射猎者，即于其所。唐宋以来，或因朝廷赐书，或因故家积书之多，学者就其所在，敬业乐群，因号为书院，相沿日盛。鹿洞、嵩阳、岳麓、石鼓外，其称名者甚繁。淳虽一邑，而蜀阜、石峡，名贤有芳规，青溪、宾兴，长吏有胜迹也。其得人，有时过于学校，譬犹军家选锋，别为一队，而更加训练，宜其精锐无前也。我朝列圣相承，各省有书院。皇上御极之初，即颁谕旨，慎选生徒肄业其中，并令酌仿朱子白鹿洞规，立之仪节，仿分年读书法，予之课程。即小州下邑，聚英才而教育之，莫不惟朱子为宗师。朱子产于婺，而淳为歙之东乡，去新安不二百里，其后裔分居于淳，先河后海，祭川之义则然。淳人之祀先生有由矣。予一行作吏，崇奖兴怀，欲俾邑中德造，深哜其味，而极造其旨。若居肆之有成，谋于学博，袁君以为然。于是捐俸为倡，众相劝助，遂于泽宫之旁，前令杨公廷杰建义学之旧所，破础颓垣仅有存焉者，易其旧而新是图，阅三月告成。疏棂洞，启学舍，共二十四座，周遭以垣，面南有门，匾曰“紫阳书院”。遴士之懋勉彝训者，丽泽依之。夫亦曰令者民之师帅。不施启迪，而惟以治之，是有帅无师。此则区区之意所不容已者。一时捐助学田，投牒踵至，共若干亩。于此见懿德之好，人有同心矣。嗟乎！人心陷溺，而道学不明。佻达者既目为迂腐，玩愒者复惮其烦难，斫轮发冢之喻，所以起于庄周也。顾当日学规具在，自敦伦修身，以至于应事接物，皆布帛菽粟之理，人人当知当行，人人易知易行，下学之功在是，上达之效亦在是。得之可以希圣贤，而失之即无以成其为士。至于文章亦经国大业，古之弦诵咏歌，纳言而飏之，其去业文也无几，而成材迥异。若使文以行合，而本忠信以出之，圣门四教，岂其偏废？淳地溪山环叠，英贤辐辏，至今故家弟子豪于文者不乏，讵俾昔人专美于前？《诗》曰：“维岳降神，生甫及申。”余于扶舆有钟灵毓秀之思焉。又曰：“高山仰止，景行行止。”余于多士有绍芳踵美之望焉。明体达用，有志竟成，余其歌薪槱棫朴之章，以上佐圣天子作人之化于万一矣。

修城隍庙记

刘世宁

筑斯城也，凿斯池也，设险以守，有国者类然。后世遂祀之为城隍神。隍即池也，取《周易》“城复于隍”名之也。淳故有城，《舆地记》云贺齐所筑。而其后毁，遂不复有城。之屏之翰，为冈为陵，而所谓池者，亦无待凿之使深取，前临新安江水以当之，左缭右洄，与冈峦相起伏。故淳之城隍，即山川也。国主山川，其神益尊，则其庙祀亦宜肃。今其庙在县署东，义井之上。有司履任之初，必斋宿，然后莅政。春秋必祭，朔望必谒。而前此废兴不一书矣。书其近者，盖自康熙戊子重构后，又渐颓。乾隆癸酉，前令赵君曾任兴修而功亏半途。余为率董是役者，以既厥事，落成于甲戌之冬，栋宇飞翚，丹碧相映，高可以栖神，广可以行礼。于是邑之士民洗爵而祝曰：“通天下皆得祀者，城隍与社稷。然社稷以坛，而城隍以庙，且邑人得源源而来，非如社稷之春秋二祀，惟守土者是司也。自今以始，罔怨恫，俨然实式凭之。”再祝曰：“神之为灵昭昭也。自高齐萧梁，以逮元明，纪于史，彰于艺文，互见于昌黎考亭之牒，莫不知其为灵也。不可度，不可射，微神之灵，谁与归？”三祝曰：“淳之有祠，其由来旧矣。李阳冰《缙云记》谓，唐以前唯吴越有之。淳非吴越奥区乎？夫居歆既久，降福必穰，是以霖则晴应，旱则雨施，虎出旋驱，成民致力之效可见如此矣。若矫举以祭，而曰神必据我，当不其然。余闻之，叹曰：‘神之为德盛矣乎。’当熙洽之世，众志成城，不藉有形之金汤，而藉无形之灵爽。体朝廷礼祀之意，与令相助为理，捍卫劝惩，有贤于百雉长蛇者矣。”庸书以为记。

应氏重新城西义塾记

方棨如

乾隆甲子之秋，雨三日以往，至七夕前二夕，则海水群飞蔽于天。杭自歙东下所过，人民庐舍皆累累随水行。已而忽若影靡时隐见鼋鼍窟中，弥二昼夜，乃始湍减棱生，得其仿佛，则城西应氏义塾仅有存者，如江陵一柱观云。嗟夫！是塾之成毁数矣。自前代封御史公创，意为古城书屋，而塾始萌芽。自朝明公为川之原以邛浦而塾始大作。其颠末具前令戴氏记中。铜驼荆棘，鹊有巢而鸠居之，并都养之田亦鬻馀子。于是，五世孙唯庵偕其子漪园，以力复之，归于整顿，方欲为永永计，而水厄又见告矣。大抵天下事成毁相寻，而成之难每不敌毁之易。平津客馆坏为厩库，东观学舍鞠为园蔬，国庠故庭垦为老圃，彼皆王公卿大夫，权力十此，然且不承权舆，又况河伯不仁，玄黄血战，天也，非人也。《传》云：天之所坏不可支。后有作者，虑无不怠以止，而累趾于渊，斗起匪渐，其难视前时十之百之，则将益怠以止。然而应君星一，方鸠僝功。星一者，唯庵文孙，漪园之家子也。已于事而竣，则视前记所云崇而为堂者今加敞，邃而为房者今加靓，翼而为廊者今加舒，重而为楼者今加峻，伉而为门者今加壮，凡而器用周寝适偃靡不举者，副墨洛诵之子可以于于然来矣。余惟公无私之谓义。割田以赡族人衣食，而及其嫁娶凶葬，命曰义田，又曰义庄。共财同爨，或三世，或四世，甚者九世，则题之曰义门，皆公也。虽然，犹不出乎宗也。若乃循家有塾之制，广之而列屋间居，不惟族子弟之教而已，凡愿学者许造焉，则尤公之大者。是故子朱子义之，尝为刘德华记之。然而刘氏建学，不知成毁相寻何似，其后人又何似。而应氏乃有星一。《传》曰："文王基之，武王凿之，周公内之。"是塾也，基之者朝明，凿之者唯庵漪园，内之者星一。而应氏群从，行且缘前人雅意，损负郭之田，增置廪给，招致弟子，则又开古之义田、义庄胜事，而兼之。晚近世有是，是不当题以义门耶？今敞庠邃序遍天下，然而隅奥庳反，庭庑下陋，讲诵之堂，休宿之庐，雨隳潦毁，十常八九，安得有如应氏世贤，起而扶以大材，助国家化民成俗之万一者乎？援笔记此，为三叹也。

贞烈祠碑记

万　言

余自庚申分纂《明史》，自庄烈皇帝本记、诸王世表、部院大臣年表而外，有烈女一传。余取十六朝实录、崇祯长编、两京各省府州县志及诸家文集翻阅之，其间节烈之女不下万人，采其尤奇尤难者，得三百四十余人，上之总裁。而淳安方夫人在焉。夫人项氏，讳淑美，锦溪里人，适茶坡方公希文。方公好学能文，多蓄古图籍。丙戌之夏，方国安溃兵掠江浒，数百里无宁宇。方公避地西坑，牙签万轴，悉载而往，结茅十数楹以居。会幼子病疹，方公延医百家坪，夫人与一妪一婢处。是夕，兵突至，纵火肆掠，将及其庐。婢挽夫人衣，欲与俱出。夫人正色曰："出则死于兵，不出死于火，等死耳。死火不辱。若不能死，可亟将稚子去。"于是，婢以被裹幼子而逸，时妪已先去。见火炽甚，复入呼曰："火已封舍矣，比落某某皆匿他所矣，奈何弗出？"夫人不应，惟急取书堆左右，高与身等，坐其中，须臾，火逼书尽焚，夫人遂卒。诸避火而出者，多不免。贼退，方公归，则余烬旋而成堆，若护其骨然。问婢，得其状，呼妻一恸，灰则散，乃收骨瘗先兆云。余所得于淳安新志方霞庄文稿者如此。

方余之传夫人，初不知为谁氏母也。比岁壬戌，同门方锡公瑞合既隽礼闱，以留待殿试，翱翔都下，过余，索览《明史》诸篇，读《列女传》将终，忽呜咽流涕，曰："不意吾母惨死，乃幸为君子所收也。"余惊问，知状，为之太息良久。方子遂以贞烈祠碑为请，将因需次余暇筑室，祠夫人青溪之上，伐石大书，以垂之永久焉。余观夫子之系坤，以臣道妻道并称，则臣之为君保国，固当如妻之为夫保身也，乃国安。身为大将，不能摧锋陷阵，卫此未丧之师，而顾逞其兵威，流祸国土，其视夫人之守身不二，甘灰烬而如饴者，相去宁有等级乎？今夫人幽贞既阐，吾侪之载笔者且藉以芬其齿牙而国安，亡国俘囚不旋踵即蒙显戮，以此知泰山鸿毛之别，所争止俄顷间，人亦何苦而为彼，不为此也。然则后之过夫人祠者，不特景思芳烈，即有明亡国之故，亦考而知之矣。

连山阁记

沈廷桂

连山阁者，赋溪王乐伊之别墅也。王于赋溪为右族，与方氏门第相颉颃。余来淳访方朴山前辈，登皆山楼，疏棂洞，启空翠，迎眸绝巘横峦，四望皆揽而有之，余乐而忘归焉。未浃岁，余又以公务至，过王子简臣，见有阁岿然岌嶪，面柏峰峙若笔架，背朱山环若屏风，月台花榭，曲槛回廊，胜概殊绝。余曰："皆山楼之胜甲于青溪，阁复名连山者，何居？"简臣曰："此先子之所建也，先子游于朴山师之门者久矣，阁名连山，其学山而欲至于山之意乎？生自祖而下，兄弟子侄率诵弦其中，至今掇甲科、游庠序者二十余人焉。地之灵，与皆山楼相埒也。顾皆山楼一赋，艺林珍之，而连山阁未有片语表章。父肯堂而子弗克肯构，生滋惧焉。”余曰：“阁之美，诚争胜皆山楼矣。方氏有朴山前辈绳其祖武，而楼愈加重。兹阁之建，藉非诸君联翩鹊起，栽芸贮菌，朝吟夕哦于其上，不过供樵夫耕叟，山妻馌妇之憩息已耳，谁复知有斯阁而过之者？极盛难为继，亦能继而盛，始极地之灵，其足恃哉？人弗杰，地奚以灵？即人之杰，亦安足恃哉？代有杰人，人乃称杰，而地亦效灵也。”简臣欣然曰：“请记之。”遂书其语于连山阁。

光绪淳安县志卷之十四

艺文志三　序　传　书　跋

序

政事录序

明·海　瑞

君子何为而仕于人哉？天生一物，即所以生万物之理。故一人之身，万物之理无不备焉。万物之理备于一人。举凡天下之人，见天下之有饥寒疾苦者，必哀之；见天下之有冤抑沉郁不得其平者，必为忿之。哀之，忿之，情不能已，仕之所由来也。然君子居穷，应一身一家其事易。及应举人官，事为胶葛，人为奸欺，日临于前而不能操吾明且刚者以应之，谓能应事之善焉？不可也。且身当利害得丧之冲，始于执义，终于舍义随俗。宾客之怂恿，室人之交谪，始于为人，终于舍人为己。初仕，良心扩充之未能，私心梏丧而可哀可忿之在民者，与我不相关矣。吁，仕云乎哉！

瑞自海滨入中州之淳安县事，初阅册籍，民之逃亡者过半。问之，则曰疲困不能堪赋役，朴直不能胜奸强使之。而予之心恻然痛矣！剥人以媚人，多科而厚费使之，可为民忿，可为民慨之事，日临于目，日闻于耳。而吾不平之气，愤然生矣！问识者以所处方，则曰："在今日不可能也，在今日又不可为也；宁可刻民，不可取怒于上；宁薄下，不可不厚于过往。"彼自为一说，而不能当于予心也。

尝欲自为一编，以记钱粮，以节财费，以酌事，使节文，昭国制日月之明，扩吾心体备万物之理，使淳得户晓焉。吏不能缘为奸弊，民得安其业，乐其生。予亦得以常目在之，俨有师法。而又念秀才发轫仕途，知识有几，将笔复辍，迟疑三年有奇矣！壬戌入觐归，缘道服思，恍如有得。因取故籍，参考博访，以订所思。自信或可以究竟利弊，粹乎圣贤中正之道，公己公人之理。我祖宗朝颁行画一之制，一毫世俗之论不与焉。民风士习，借此发明，回心而易向，或有在也夫！彼上司，彼过客，万物之理，赋予于造化，犹之我也，独无为民哀忿之心哉！时乎为己，见己不见人；一觉悟焉，而同归于道矣。

政之大者曰政，政之小者曰事。是帙淳之利弊，兼有巨细，因撮其要，名曰《淳安政事录》。予曩家贫，著严师教戒，以警昏怠。今政事有记，亦严师教戒意也！谆谆然，欲吾民去其竞利争胜，私己罔上之故，而以善新焉。是亦与吾民为严师教戒也。益己益人，举于是册，赖之其可得而已乎！用是梓之，复为序，以告吾民，使知是编之意。

嘉靖淳安县志序

明·黄　讲

吾莆姚君鸣鸾，宰淳之三年为嘉靖甲申，乃秋九月，谋诸邑倅溧水邵君九畴，将梓行其手所笔削邑志，付长教巴陵余君坤修润，以其同邑曲川黄讲佐之，二君皆负三长宿望，何有于志一邑。然虽有丝麻，不弃菅蒯，故不以黄子迂疏谫陋而委之就役。志既成，观其事以类分，统纪秩然，不可易置错陈。黄子虑或者不知其说，乃为叙之。曰：志皆事也，事皆理也。理出于天，有自然之秩，作者因之而已。盖分野，天也。沿革、疆域属乎地，天先乎地，故首志分野，而次沿革，次疆域。入国而问俗，又次以风俗。知其俗，不可不知其山川险夷，又次以山镇、水利。山水之间，户口萃焉，土田在焉，贡赋出焉，有人有土有财，国之所恃以立，民之所赖以生，莫重于是，故又递次之。生人之具，又必有物产以资其生，有坊乡以奠其居，有公署以出其治，有学校以施其教，有诸祀之坛壝当严者，有特创之宫室当记者，有名人之冢墓当表者，有相传之古迹不可泯者，又皆次之。而寺观方外之教亦类书者，不得已焉。任治教之寄，有职于县若学者也，故次以秩官。官举其职，政敷教洽而人才可用，故科贡次之。继之以恩典者，由科贡而推之也。科贡所收，或不皆才，而亦有才或非科贡之所能收也，故又著人物。人物有传，则其德业志节概可见矣。而见于著述题咏者，亦不可不传，然文艺末也，故以是终焉。呜呼！览斯志者，能得其序，则天下之理，其亦庶几矣夫。

纂修淳安县志序

梁浩然

郡邑之有志也，所以垂久而征信也。其体裁，贵明备而不乱。其纪载，贵简核而不诬。匪独兹土文献攸关，即采风辅轩、珥笔史林者，将于是乎取之，不可谓不重且巨。我朝抚御区宇休养生息者三十年于兹，黎庶晏安，礼乐涵泳，车书之盛，海隅率俾，爰命天下各修志书上之史馆，以备采择。严郡辖邑者六，淳安号为巨擘，金紫峰高，青溪流驶，其间贤士大夫承督修之令，搜辑邑乘，删烦补阙，较字订句，寸度而毛析之，增益尽善，以告成于余。余披览竟作而言曰：凡邑之奉职以牧民者，则其令也。率教而正德者，则其人士也。治化清浊之端视乎令，风俗醇疵之概视乎人。治化征乎风俗之间，而风俗本于治化之大。阅千百世莫有易已。邑以淳称，将徒取其名欤？抑以思永副其实也。夫沃瘠有常形，良楛无恒势。淳之俎豆于忠介，华衮乎蛟峰、素庵者，非一日矣。为今日之淳，为之上者，果若忠介之廉而威乎？惠而慈乎？冰霜之凛冽，河岳之直方乎？生其邑者，果若蛟峰之读书穷理，上法朱程周邵，以表山斗，以淑后进乎？果若素庵之文章则烜赫前后，功业则度越古今，归于理学而底于大成乎？诚于是，则上为朝廷庆，下为桑梓光，跻高位而无惭，享崇名而不泐，辉耀于一时，而声施于奕世，无疑也。海则俪焉，方与商则鼎焉。唯山川之灵，将国家实嘉赖之。余其拭目跂足于淳矣，诸君其有意乎？

纂修淳安县志序

张三让

从来采风问俗，陈诗纳价，命太史巡方以省者，圣天子之治也。修举废坠，赓扬先烈，征文献而敦雅化者，良有司之责也。三让承乏淳安甫逾年，会逢恩诏纂修大一统志，特谕省臣部抚藩臬诸宪采取州郡县志，博征名宿，接古续今，裒集成书，驰贡中秘，恭呈御览，甚盛典也。三让初膺民牧，簿书鞅掌，惴惴焉，以不克负荷为惧。爰周咨诹时，则有若学博闵圻申、丞尉尚居易、周懋麟暨邑之缙绅先生高践猷、任际昌，博士弟子程士宏、周上治、方士骅、邵嘉珍等，共诣先师庙，相与披图征史，酌古准今，取前后诸志而公核之。其奉令纂修者，业已三易厥梓矣。大约以嘉靖令姚本为宗，博雅醇正，典则不淆，固当尊为昆仑宿海也。其次，万历吴本，简略明净，堪为续修规式。顺治令张本，搜罗弘辑，颇称一时备观。然揆之古本，不无醇疵之议焉。予折衷三者之间，而溯源竟委，芟繁就简，殚心商确，栉比鳞次而总之，比事毋摭其繁，属词毋撷其藻，凛凛乎存真去伪，咀华佩实，一以接古续今，仰体宪令采取盛意，一以振流俗，登大雅，俾后之阅斯志者，灿然若日月之经天，沛然若江河之行地，斯亦极一邑之大观，而无复有遗憾者矣。异日太史登风俗之书，而淳邑之政事文学，炳炳麟麟，载诸郡志之末，上告天子。方且黼黻舆图，笙簧坟典，三让虽属长令，乎窃自树立以附良有司之侧，而诸君子宏才博识，行将不负所学，以为文献光昌之一助。兹志也，又岂特为一邑光哉！

肯堂序

宋・何梦桂

蜀阜钱君鉴匾其新居之室，曰“肯堂”，示不忘亲也。不忘亲，非孝子不能也。孝之道非一端，莫大于继志述事。父有志而事未卒功者，子能继述而成之，夫是谓孝。厥考作室既底法，而子肯堂犹以为善。况未底法而子肯构其肯堂，孰大于是！君子是以嘉钱氏之有子也。《记》曰：“幸哉有子！”《书》曰：“予有后，弗弃基兹。”匪不辨贤否而概谓之有子，惟其克笃前人成烈，为子克家，而后谓之有子也始宜。房、杜家辛苦立门户，不能保身后之不贻笑。平园花木，至拳拳为后世子孙之托，而不吾置，则前人之所望于其后也，盖可知。故子能以其父之心为心，则孝矣。为人子止于孝，君其懋哉！

《思台文集》叙

方道叡

吾友姜君，弱冠有志，古道经史诸子百家靡不窥涉，非古不好也。于陶诗韩文，嗜若饮食，其行已亦以古人自期。母丧，苫庐墓下，饥寒不恤，无贵贱以孝子称之。屡辞辟举，耽情丘壑余四十年。故其诗闲适少雕刻，有陶之意趣。为文气宏意新，语无蹈袭，不失韩之法度。每云："吾文章获山水之助为多。"身既老，而志益坚，文益富，从之游者裒次成集，凡若干卷，征序以传。君之好古善学，深得于文者。盖言之有其实，惟无愧于古人，斯能传于后世也。吾郡山水闻天下，以严名州，子陵高节故也。翰墨之传，不过答侯霸之两语，顾瞻江上，辉映千古，清风一丝，仪型如在。观感而兴起者，初不以文章之有无为轻重也。姜君之里为卢溪，居钓台上游，水尤清激。旁小阜特起，宛与钓台类。君之终丧未归，犹旦暮登涉其上，遥望隔浦松柏，向墓号恸，以写蓼莪无穷之戚。表其台曰"孤苦望思"。太守覃怀薛公起吾为之记。迨今舟人过客，道出其下，辄指点相谓曰："姜孝子哭母之台在是矣。"又姜君之善学子陵者也。他日所传，将不独在其文与诗，益信。君名兼，字大民，淳安人。文集以思台名，君所自题云。

《怀归稿》序

徐尊生

洪武元年冬十有一月，诏选遗逸之士修《元史》。官前朝者不得与。明年春正月，使者至淳安，起尊生，以三月至京同局十有八人。致期甚迫。八月癸酉，讫事进呈，赐银带除官者大半。不愿仕者听。尊生乞归，既陛辞。翰林院臣以壬申事实未备，奏留之。俟遣使搜访，久之未至。既而被旨编礼书。又明年春正月，遂入礼局，同事复二十余人。七月书成，不待进即告归。以八月至家。于是阅月十有七矣。方在局时，无一日不怀归。国子、翰林、太常咸欲举为其属，余岂为诸人笔札役哉？愈益怀归。凡见于文字，皆怀也。因目曰《怀归稿》。

送汪一初东归养亲序

宋　濂

余有幽忧之疾，方升锺山，远望芙蓉峰白云飞处，慨遥情之高驰，伤白日之易流，乃赋望云之操，其辞曰："白云英英兮于岩之幽矣，有木维乔兮其色浮浮矣，群雏和鸣兮其音周周矣，登高骋望兮聊以写吾忧矣。"歌已将还，忽睦之汪一初氏来别，曰："走也，不敏以觚翰之故得厕于群英间。上官才之，欲荐以官，我易布韦而投章绂，岂不为身荣。虽然，大父年八秩矣，慈亲之发亦种种矣，吾敢外求哉？夫体仁以事亲，是谓天则；敦爱以训宗，是谓人行。乘天之则，爽人之行，无乃不可乎？我马已秣，我车已脂，执事宁能无一词乎？”予谢曰：“予何词为一初饯哉！窃闻之，绍陵季年，襄樊受围，贾似道不以上闻。尝以周公自居，中外栗栗，无一人敢言者。一初之曾大父昌辰先生，因从祖大理少卿方牒试国子监，遂率同舍人七千人，伏阙，极论其非。似道怒，遂投袂而归。当是时，有礼部尚书方公者，于先生为同里，亦上疏言海州丧师事，拂似道意，屏居石峡山，诛茅建塾，倡明正道，以致知力行名堂，仁义礼智名斋，先生慕之而从学焉。公之学，学孔子者也。孔子之教，一曰孝焉，再曰孝焉。苟能是，则移之事君，立朝蹇谔，不失于臣节矣。公与先生实以之。昔人虽不可作，颇闻石峡之山犹前日也。道德光华，衣被木石，葱茜而清润，极可爱者。公之遗书藏于山中，亦有光焕然如虹，连昼夜不灭。太史氏以愚公曾孙也，抱道弗仕，恒往来其间。一初之还也，尚蹑履而寻之，以讲夫孝亲之道焉，则一初不坠夫家学矣。余何词为一初饯哉！然于一初之行，不无感也。予大父即世已三十春秋，慈亲之弃诸孤亦五十一甲子。独幸严君之存，较一初之大父，其龄又三加矣。乌鸟私情，中心恋恋，无一夕不梦见之。近有书来曰‘吾耄且极，汝忍不一归觐我乎？’一初引矣，予有疾疢而未能从，惟涕泗汍澜而已。有自芙蓉峰来者，初或见焉，幸语之曰：‘上之人方以孝道治国，吾且还。宋君当不能久淹也。’严君闻之，庶几少慰乎？”于是送一初秦淮河上，取双清琴，以弹望云之操，白云英英飞过锺山之外，遂与一初泣然而别。

送汪一初东归养亲后序

刘　基

昔李令伯以祖母年老，上陈情表辞免。当时之辟读其辞，至今令人孝义之心油然而生。况当时之目其人，接其辞者乎？睦之汪一初，以觚翰之故，为时称荐，亦以大父年将八秩，慈亲皆耳顺，身居长适，固不可舍朝夕之养，以就升斗之禄。一初之行，可谓不违于古人矣。时有宋君景濂者，亦以荐来，其尊君之齿，较一初大父又长，故其序一初之行，深有所感，于令伯之情无少异也。世尝说古今人，同不同固不必论，而孝道感人千载，犹一日也。夫孝者，百行之原，苟能是，则忠可移于君，治可移于官，而人道立矣。一初之行，既合古人之孝，又可感夫今人之孝，而人道之立，将其所感者乎？《传》谓“求忠臣必于孝子之门”，一初有焉。一初，余良友也，箴戒之词，宋君之序已及。余故序其可以感发人心者，置诸卷末，使观者有所兴起，毋徒以词章视之。

《富山先生遗稿》序

周　瑄

吾淳古称文献，代有名儒著述。去古既远，湮没失传者多。若宋融堂钱先生倡明道学，蛟峰方先生、警斋黄先生、潜斋何先生，又皆以所学魁天下，其著述虽多，亦鲜有全书存者。但于五经四书编集中见其姓氏附录耳。特《春秋》之学，素号专门。若元之吴先生暾著《麟经赋》，鲁先生渊著《集传节要纂疏》，汪遁斋之有《大义》，方愚泉之有《集解》，徐大年之《立王论》，张书隐之撰《中的》，此其全书虽存，亦皆未有梓传者。其它儒先之书，或沉于宗戚，或厄于兵燹，不能无憾也。间有诗文存者，率多残编断稿，犹为可憾。瑄也，酌水忆源，曾欲裒集诸老之稿，以锓诸梓，奈羁宦辙而未果。正统辛酉，适予居忧于家，始得与友人方尚本搜访集之。逾时，尚本偕族人文杰，持富山先生遗稿以示予。虽未暇究竟其编，然喜其全稿弗失，乃告之曰：“以若贤胤，盍锓梓以传？”文杰唯而退。越明年，予释服趋朝，承乏秋官，尚本致书谓文杰工梓已具，愿序以彰之。嗟予晚学，固不可以轻议，然景行之心曷已乎？先生讳一夔，字时佐，号知非子，幼承家训，壮与潜斋诸老游，学问该博，行谊笃醇，初攻举子业，不利于有司，被荐领教郡庠，继荐考试官。未几，退隐富山之麓，扁堂绿猗，授徒讲学。学者因称之曰富山先生。暇则倘徉丘壑，抚景怡情，外无苟贱之机，内有自得之乐，由是见诸文词，春容雅澹，不必奇摭为工，发之声律，亦不为体裁音节之所拘，要皆深适夫理趣，有非后学所得而议也。虽然，道本一致，心无古今，苟即是编以求之，则先生之为人可知矣。曾孙宗大既尝编次，今五世孙文杰复能珍藏校正，以寿诸梓，可谓克世其家者矣。呜呼！使吾淳诸老文献皆有足征，则为厥胤者，宁不有缘此而兴起者乎？

《蛟峰先生文集》序

商　辂

君子之道修于己，而用舍凭实时，故伊尹弗遇成汤，终耕莘野；太公弗遇文王，甘钓于渭滨。而孔孟所以授徒讲道，开示来世者，时为之也。宋蛟峰先生学圣贤之学，期以行圣贤之道，制科首选，才猷已概见矣。自是而入参法从，可也；进秉钧辅，可也。而乃使之低回于群僚中，位不副其名，而才弗竟其施，遂使致君泽民之术，徒见于书疏文字之间。夫然后浩然而归，与一二同志，举圣贤之道，讲而明之，以诏示方来。此石峡书院之名，所为与洙泗同传于悠久也欤！予生也晚，素勤想慕。往岁家食时，尝敬造石峡山中，追寻先生遗躅，而断烟落日，惟见残碑数片，欹斜于芳草之间而已。兹先生裔孙淹来京，偕其侄辅，持先生遗文见示，俾为之序。噫！先生之文，如秋霜烈日，类其为人。览者当自有得，奚俟予言。特以用世之志，有未尽遂，人固无能知者。此予之言，所以不容已也。先生所著有《孝经章句》《易外传图说》《尚书中庸大学释传》《名物蒙求》诸书，是皆文集所未载者。黄文献公晋卿撰先生阡表有曰："公之道虽不行于当时，而其学有以传于后世。"真名言云。时景泰四年也。

南峰书舍序

商　辂

淳安邑治之南，群峰秀峙，一水萦带。峰之麓多良田美地，宜禾麻菽麦，宜桑竹，宜桃榴，宜枣柿栗梨，宜梅。凿方池引泉，宜鱼，宜菱荷。凡养生之物，殆无所不宜。邑之士陈君本能，因筑室于此以居，而匾其楣曰"南峰书舍"，其意盖欲耕稼之余，教子孙以诗书礼乐，而使之进于仁义，而求以窥夫圣贤之门墙而造焉者也。舍之旁，远近田地联塍接畛，使子孙勤力其中，足以供衣食，与凡人齐。此本能之初心。所谓人皆遗之以危，吾独遗之以安者也。舍之中，左右图书盈箱积笥，使子孙潜心其中，足以广聪明，与凡人殊。此又本能之素心。所谓遗子黄金满籯，不如教以一经者也。由是为子孙者，居焉有养，以良田美地之足以赡其身也；出焉有教，以诗书礼乐之足以养其心也。然则南峰书舍之名，岂徒然哉？且本能之祖鼎新尝仕为邑学职，其诗书之教有自来矣。父均仁由青溪徙居学宫之旁，匾其堂曰"亲贤"，则诗书之习，非一日矣。本能筑室之麓，而复以书舍名，岂非不忘先训，而善贻厥后者哉。异时，陈氏子孙有翘然于士林中而为乡党出色者，得非南峰之秀所钟，即书舍之教之所玉成也。至是而南峰书舍之泽弘矣远矣，予因其子志安请，用为之序，以期之。

《商文毅公文集》序

金学曾

当景泰易储之议兴，商文毅公甫以史馆修撰入内阁，辅机政次第六，辄毅倡大义，吐昌词，深明其不可，卒虽见格，然风概凛凛，为四海所韪。英庙复正大位，首召对，许以忠义，有意大用之。以尝忤石亨辈，见诬毁，遂被废者八年。宪圣嗣统，即家起公，仍入辅政，历尚书学士，晋少保。自参密勿，熙泰符忠，结人主之知，而以身任天下重业，光叙三辰，陶冶万汇，裒然一代名臣矣。比公引疾，得请归卧淳安山中，士大夫即仰其弼亮之功，犹惜未尽公深醇之学。迄于今百五十年，去公甚久，而学士慕公残膏賸馥以为鸾龙之辉，吉光之羽，可闻不可易见，盖希世一人也。而公实暗然不自耀。生平所有述作，一切刊削，稿草不甚传，又洊经兵燹，亡者十九，仅存遗文若干卷。盖子孙搜故牍笥中得之，而邑侯郑君刻之以不朽今者岁月浸久，板亦就敝。楚刘侯宰淳邑，政教具举，犹惧文献之渐湮，慨然僝工校缮重锓之木，属不佞为之序。不佞因得卒业，三复于公诸疏草，而益叹成化初政之美也。我明列圣相承，道化亦既熙洽矣。至宪皇时而鸿昌茂明，不翅登三皇而咸五帝也。乃今指数所由称辅弼贤佐、经邦纬国、远猷辰告、动称祖训以防人主之欲，引正阙失，令宫府肃穆、海宇晏谧者，文毅之力居多。若早定国本，开弘治十有八年至治，公首启之，社稷实式灵焉。公归而刘、万诸公继之，政亦少渝，不敢望公后尘，乃中外更群然思公，然后知公为社稷臣也。公于他诗文，冲然于中而不甚为藻，泊然于思而不甚为刿，典雅有则，若清庙之瑟，朱弦疏越，一唱而三叹，余音足以鸣国家之盛矣。公由省元上春官，遂大魁天下，公车对策第一人，海内所欣艳之，以此顾此乃文士奇遇耳，非国家所重也。宋时以三元称者无虑数人，独王沂公文章政术为真、仁两朝名宰相。公歘历三朝，精诚贯日月，而事业表于旂常，瑰奇卓绝，国史纪为邦家光，后先与沂公相辉映，以为不愧科名。然公实重科名也，假令公仅以三元称，余无所表见于世，身灭名亦泯矣，顾足重耶？是故论文毅之不朽在社稷，不在文章，知文毅哉。

《青溪诗集》序

徐　楚

青溪者，本歙县东乡永平新定里地，淳安之旧名也。建安之世，吴将贺齐平定山越，乃置始新之县，隶郡新都。暨晋平吴，郡改新安，而县仍旧治。隋开皇间，郡废，而县以新安名。仁寿三年，郡称睦州。大业之初，改邑雉山之下。唐武德后，郡复为睦。文明元年，州号新安。厥后州治徙于建德，县名还淳，或名青溪，或名淳化，而后改为淳安矣。

盖歙、睦二州，昔尝并建，既乃歙属徽州，并于直隶。而睦更为严，淳属如故。虽建置沿革时代不同，然江山人物见于名贤赋咏。如刘长卿之为司马，杜牧之为刺史，罗江东之登县楼，邢歙州之寄长卿，皆睦州新安，而实淳安之故地。第文翰事类志多阔略，观者不察，徒知今之歙郡为新安，而不知睦州之在新定，青溪一带之为新安江也。夫淳西界街口，遂名黄江，直达青溪，接桐庐，皆所谓新安江。李白诗称“青溪胜桐庐”者，是已。

窃观淳志凡例，谓诗文不关于淳者，一切削去。然沈约《渡新安江》诗，《一统志》载在淳安之下，县志果何所据，而竟削之？昔程篁墩志新安文献，恐未免有彼此牵制处。今姑以今昔名贤篇什，及其人其事，凡有关于淳者，则采录类分，以记其实；其志中不可存者，亦稍删之。闻有所得，敢窃附于诸篇之末，用志遗忘，以备采择。集名青溪，存旧史也。於乎！孔子观夏商之礼，而叹杞宋之无征，以文献不足故尔。愚生文献之邦，而不能存十一于千百，可不为深惧乎？尚冀我同志精择而嗣葺之，庶前辈流风余韵，为不泯也！

续镌青溪诗集序

李　高

顷余不佞莅睦郡，久慕青溪文献之盛，乃摄寿后，旋复摄淳。簿书稍暇，即取诸先达集读之。先代如同馆联及第方蛟峰、黄谨（警）斋、何潜斋三公集，嗣近者如商文毅公三元集，徐康懿公馀力稿，胡庄懿公仕优录，下逮累累名家，率斌斌乎质有其文矣。至阅青演诗集，秃没者几半，且自嘉靖丙寅，七十余年以来，及今不续，后将何考？爰属汪生献图汇订成帙，捐俸镌刻。工竣，周生人瑞、徐生绍官偕汪生请余叙弁首。夫古者诸侯采诗，贡于天子，列于乐官，于以考俗尚而知政治，至用之闺门乡党邦国，而化天下，其风厉岂鲜尠哉！则诗教所从来已迨传汉、唐、宋，或藉词赋晋用，或黜词赋试士，或易词赋以经义，总之不遗乎诗教。比入国朝，明经取士，大约如宋制。肆发榜锡宴，文举则歌《鹿鸣》，武举亦歌《彤弓》，功令之重诗教若此。它如宇内诸郡邑学士家各摭其部内赋咏，并外郡之有关地方者，用表文献，岂不嚣然争雄。第秉笔纂辑者，夸侈则涉浮，徇情则妨直，即孔氏删诗仅仅三百余篇。讵今日我为政而可漫无取裁乎？惟是参知徐吾溪公所辑旧集，一字不敢增减，其余后贤诸名家，则广为搜，而严为选，宁简毋繁，宁质毋饰，或庶几哉参知公慎重遗意耶！矧汪生者修文砥行，斤斤醇谨，更以余力善诗，余固敦琢属之耳。抑余文忆吾乡先达杨文襄公马上口占、奉旨恭和诸集，至今海内传诵。督学关陕，躬授经传，一时人文遂盛。愧予不韵，奚敢窃比杨公。傥此集一行，淳士之能兴于诗者必多，安知畴昔之文献不可复振？即余不佞且藉以不朽也已。

《青溪先正诗集》序

鲍　楹

青溪邑为浙上游，其地崇山邃岭，千溪万隧，蓄泄云雨，故多瑰伟之士出乎其间。盖自皇甫持正以韩门弟子导其源，沿宋迨明，于时沉酣道术，枕漱经籍，崇先而启后，则融堂、蛟峰为之魁，词宗册府，含章吐藻，秀发而挺生，则警斋、潜斋、山房、玄同、介夫之属为之长。至于脱屣荣利，违俗高蹈，则道原、愚潜、仲由诸公，气节狷洁，固罕及也。奋蹑风云，争光日月，则素庵、敬所、原一、许村、吾溪诸公，勋猷炳烂，尤难跂也。楹司训是邑，景仰前哲，兴千载之思，而其遗文旧集多半不存，又或传刻失真，移易面目，几令风流顿尽仆，甚惜焉。课读之余，勤心采辑，大抵覆酱瓿、障纬萧之余，漆污油渍，编绝纸弊，不可竟读，为手自写录，正其为谬，不可意解者则仍之以阙疑，汇集所得，总为一部，题曰《青溪先正诗集》。或者后生小子取是集读之，鸿文骏业，昔之声施不朽者，吾之高曾族党姻戚也，某水某丘，昔人之所赋咏，钓游出入杖屦者，吾之里居巷陌也。岁时风物，禽鱼花木，昔人之所俯仰寄托者，吾之寝沐宴嬉、耳萦目击也。诗可以兴而教人之法，必自近而与竞者始，毋亦有读而思、感而奋者乎？前哲令德，继序不忘，或以兹为嚆矢也夫。

颂刘邑侯平寇序

周上治

为人牧者，当承平宣化之时，簿书钱谷外，清静而已。一旦变起仓卒，盗兴而民散，井邑丘墟，外逼于狂邻，内劫于亢卒，当是时，非有什百兼人之材力，不可以发愤而有为，即有之，而或需以岁月。中怀观望，不肯以身试大难，即以其身试大难，而或始勤终怠，一发不再继，终以玩寇而养奸，亦不旋踵之祸也。我侯之莅淳也，政当民散城墟、兵骄盗冗之时。南邻遂壤，通开化、常山诸境，实为三衢后门。其间桀傲之夫啸聚而起者，千百为群，与闽中相望。东南重山洞壑深邃，与寿相接。盗日夜薮匿其中，破毁城邑实从兹始。东北则往往川原百里，深林穷谷，狐鼠出没不常。西通徽歙，土寇窃发，遥相声援。以是民散城墟日日已甚，而其时客兵往来，动为民害，凌傲官长，不一而足。非有什百兼人之材力，孰能堪此？及侯甫下车，士民庆喜，以为侯年少英果，足以扶衰振弊，而又私相祝，冀侯之优游徐竢为，观衅而后动，乃侯则奋不顾其躯，策一马，缚其酋豪而归。老幼填街巷，以手加额，谓侯之神勇天锡也。侯自此料贼不足平，遂谢去客兵，简练乡勇，朝训而夕抚之，无事则骑射为乐，闻寇则躬先士卒，跨越险阻，出其不意，若劲风之刷靡草，无不折仆者。以此不数月，群凶荡平，略无遗种，民享康宴，士习弦诵，安居乐业如其初。在昔大有为之才，不遇盘根错节，无以别利器。建大功者不立小名，敷大德者不行小惠。值淳之乱，使稍稍文懦者为之，观望而不进，则利器无以施矣。即或煦呕濡沫，小不忍而乱大谋，吾未知其终能为否也。而侯一鼓作气，百发不暇止，为民除大难，为国家奠危疆。自时厥后，群奸闻声而遁，遂、寿诸境之蘖寖以衰亡，三衢、徽、歙亦不闻桴鼓，皆我公启其烈，张其势也。吾闻古之人有大功于民，则祀之，有大德于民，则民从而祠焉，以志不忘。君报功，民怀德，其义一也。甘棠之树所以铭召公，岘山之碑所以志羊叔，侯能禁民之不尸祝乎？于是缙绅子衿之流，衢谣巷歌之作，并时而兴，以传当世，志不朽。且以卜侯将大用于时，立金石旂常之巨勋，不区区建功于一隅已也。于是乎书。

《迎养诗集》序

姚士在

嵩邑徐敏庵使君，东越才人，南州名士。商文毅钟灵之地，学有渊源；海忠介筮仕之乡，风传高洁。文雄董贾，早攀桂子之香；赋并班杨，更酌杏花之宴。第一官需次，暂栖南亩以优游；半菽承欢，聊奉北堂之色笑。乃当代致严良牧，而有司先重书生。既奉简书，兼遵慈命。捧毛义之檄，当思服古何心；着祖逖之鞭，勿以为贫而仕。缘向长安试吏，单衫破帽，不改寒儒；因而伊阙之官，襆被蹇驴，谁知令尹。况地值茧丝之后，千村尽属荒凉；然才非袜线之微，百里何难卧治。下车太息，较广州之二苦，殆有甚焉；揽辔澄清，咏河清之十奇，固所愿也。是以南阳太守，治重农桑；西蜀文翁，化同齐鲁。效少卿之买犊，渤海名高；慕兴祖之悬鱼，庐江望重。操严杨震，夜辞昌邑之金；志切范丹，时冷莱芜之甑。重以讼庭寂寞，官阁幽闲。记室何人，一弟暇时同驯鹤；衙斋片地，两奴终日课锄蔬。所由人号神君，民推佛子，早歌廉范之来暮，预卜谢安之去思矣。独是清比邓攸，尚载吴江之米；情如考叔，未遗颍谷之羹。且韩氏夫人不悍和丸于昔日，而淄州刺史敢忘执辔于斯时。只以陶鲊难封，潘舆无力，有怀爱日，徒切瞻云。此徐君之所以萦怀，而嵩民乃代为迎养也。但见欢腾绅士，喜溢农商，不待一句，早输百两。星言夙驾，三千里之跋涉奚辞？惠然肯来，四五月之驰驱亦易。用涉杨子之水，旋过夫差之城。睹明圣之清波，登严陵之旧址。萧何第宅，不废桑麻；谢氏门庭，居然诗礼。因登堂而拜请，随置酒以酬劳。相期致语，吾儿须识事君以孝；莫谓不遑，将母自来为国忘家。诚终始之不移，即晨昏之罔替。父老乃持金而进曰："请以此为寿乎？"太君即正色而言云："不敢闻斯语矣。"征夫返旆，传来慈母之箴；远道开函，重拂使君之意。敬谢黎庶，益凛清操。惟廉吏乃感良民，而贤母方生令子。以故银台前辈，吟成六尺吴绫；金马先生，书就数行蜀纸。因及伊洛瀍涧之士，秦齐燕赵之儒，靡不笔写乌丝，词调黄绢，志千秋之盛事，标三异之芳踪也。士在江左布衣，山陬贱子，当日豫章之榻，争夸徐稚之名；今兹司隶之门，殊愧孔融之座。矧以晋城作宰，芳播仙乡；王勃省亲，路经胜地。叹家君之宦况，久无皂白之分；喜明府之仕声，雅慰青蓝之望。自此西风匹马，父兮生我，敢辞雨雪之劳；所期北阙征书，君亦择臣，早正台垣之席。

严州救灾图序

方桑如

今上御极之九年秋，大水，严郡五邑一所罹其灾，而建德、淳安为甚，淳安又甚焉。盖郡接新安江，上游与歙州趾错，十丈蛟翻，难始于歙。而新安江形束壤制，无所发其怒，则横肆旁击。凡居民缘江而近者，夜半壑移，包庐舍，被坟桴，决田亩，坏祠庙，挟之而走，尸骸撑拄，人鬼杂糅，放溜如凫鹥，蔽江而下，环数百里无际。微闻水中有呜咽声，而不可没振。时七夕前数夕也。顾念灾虽甚特，郡之偏邑耳，其在浙西东，如黑子之著面，回视数年以往淮阳间情形，差有间，然疑无足过廑宸衷者。然乃飞章一达，巽命遄申，绘图不待于监门，矫节无烦于长孺。大启帑庾，假之便宜，方维大臣思所以称上德意，则又布为章程，度室而乞之缗钱，结口而赋之廪粟。恐赘聚也，则分里而授之，恐守株也，则期会以要之，恐中饱也，则遣干吏监临之，恐诡请也，则严保甲识别之。始而啖之糜，则鱼不索于枯肆矣。继而给之种，则田不卒于汙莱矣。而又有百堵之作，则丁壮得以力食矣。而又有一月之展，则来牟得以续生矣。拯溺者濡，至纤至悉，凡富郑公青州之所行，赵清献越州之所议，变而通之，一切具举，卒之沮洳既去，逾年而麦与禾俱大有秋，以生以养，渐还旧观。《传》所云"阳感天不旋日"者，此也。往者康熙壬戌、己卯间水厄，尝两见告矣。刻其涨痕所至，较今兹什不及二三，而按之故志，亦无有。然则事异变而成功大，例之太史所录，固当特书。而以区区郡邑之偏灾，靡金钱至六万二千三百三十缗有奇，庾米至二万八千一百十三斛有奇。湛恩汪濊，未有前比。而自督抚监司，下逮诸守吏，星往星还，不遑启处，惟恐一夫内沟、上负天子者，吾侪小人沐浴膏泽，歌咏勤苦，宁可忘所自邪？是用条举件击，摹画之而联为巨轴。盖痛定而思当痛，姑以志其崖略而已。若乃圣主贤臣，经纬密勿之妙，则固所谓一点灵台丹青莫状也。谨叙。

传

廉宪吴倬传

方象瑛

吴倬，字克大，淳安人。明成化十二年进士，授南京刑部主事。王恕巡抚江南，荐之理苏松诸郡刑狱，听断明允。十三年，升贵州按察司佥事。贵多军卫，生徒无廪饩，亦无站军额粮。公始为经画，设学田赡师生，及廷对道里费，又为站军奏请月给粟三斗。改建新添卫学，通关索岭道路，修举废坠，务求民便。尝与诸生讲学，适寇警，讲论不息，微使人觇之，人服其量。安庄卫都督扬铭，镇宁安抚萧节并豪恶，公悉绳以法。程番盗起，守遁走。三司议发兵，莫敢前。公曰："此可抚也。"单车谕降之。都匀地险，土僚跳梁且百年，屡征不克，民苦之。弘治三年，巡抚邓廷瓒荐公才，擢都匀兵备副使。黑苗乜富、架子富等僭号猖獗，朝命镇远侯及廷瓒会四省兵讨之。公上方略，且请引兵先。会岁暮，微服间行，至贼所。贼假商贾贸于场，遂获其魁，歼数百人。于是先驱深入，败之于杨安河，分兵袭答干，擒贼首顺天王等，斩首八十六级。进克鸡肠、国定等寨。贼围湖广云南兵于合江州，复率兵援之。贼解围走保刘镇寨。时公威名大著，闻其至，逃溺死者过半。莱兰、和壁、犁田诸洞悉下，招附平麻六洞九名九姓等熟苗，设府州县控驭之。贼平，廷瓒上公功第一，得旨进三级。七年，升云南按察使。会推巡抚，以父丧归。服阕，补广西。十四年，入觐，卒于兴安驿。赏未酬功，时论惜之。公廉明有威，贵人畏爱，与诸葛武侯并祀。子钦，湖广佥事。钦孙一栻，广东副使。并起家进士。而钦抚剿荆南盗，一栻赈荒济南，皆有政绩世其家。

北海程翁传

周上治

北海程翁者，启祯时人，少负才不羁。属鼎革之际，弃去儒冠，为儿医，所至家不择有无贱贫，为视儿，儿愈，不索钱，或馈之，则受。性嗜弈，胜则喜，不胜亦不戚。家居空四壁，爱晴苦雨。尝居一小楼，杂书册数种，而哦自如。一巾袍，寒暑不易，故无恙。翁见人无少长，尝笑欢。人见翁亦笑欢。百年强半欢笑中也。然翁自以为前时人，心未尝忘前。有时怒，瞋目裂眥，发萧萧，指危刓，亦不晓何怒为也。余尝谓翁苦难笑，翁偏笑，翁宜不必怒，翁复怒，亦怪矣哉。然翁卒艰于子，顾笑曰："吾自赖人传，不须己传也。"晚益为诗杂，谑浪自娱。翁虽通尚乎，然实有分寸，能辨识贤豪，贤豪故多称之。周子六云曰："夫人真则传，程翁有二焉。"其居贫自逸，庶乎楮冠之亚，心耿耿念不忘旧，一老巾衫耳，乃如受国厚恩。如翁者，岂古逃隐之遗耶？

义仆阿寄传

田汝成

阿寄者，淳安徐氏仆也。徐氏昆弟别产而居：伯得一马，仲得一牛，季寡妇得阿寄。阿寄年五十余矣，寡妇泣曰："马则乘，牛则耕，踉跄老仆，乃费吾藜羹！”阿寄叹曰：“噫！主谓我力不若牛马耶！”乃画策营生，示可用状，寡妇悉簪珥之属，得金一十二两界寄，寄则入山贩漆，期年而三其息，谓寡妇曰：“主无忧，富可立至矣。”历二十年，致产数万金，为寡妇嫁三女，婚两郎，赍聘皆千金。又延师教两郎，皆输粟为太学生，而寡妇阜然财雄一邑矣。顷之，阿寄病且死，谓寡妇曰：“老奴马牛之报尽矣。”出枕中二楮，则家计巨细悉均分之，曰：“以此遗两郎君！君可世守也。”言讫而终。徐氏诸孙或疑寄私蓄者，窃启其箧，无寸丝粒粟之储焉。一妪一儿，仅敝缊掩体而已。田汝成曰：“阿寄事，予盖闻之俞鸣和云。夫臣之于君也，有爵禄之荣；子之于父也，有骨肉之爱。然垂缨曳绶者，或不讳为盗臣，五都之豪为父行贾，匿良献苦，否且德色也。阿寄，村鄙之民，非素闻诗礼之风，心激宠荣之慕也，乃肯毕心殚力，毙而后已。呜呼！不可及已。鸣和又曰：‘阿寄老矣，见徐氏之族，虽幼必拜，骑而遇诸途，必控勒将数百武以为常。见主母不睇视，女使虽幼，必传言，不离立也。’若然，则缙绅读书明礼义者，何以加诸？以此奉君亲，虽谓之大忠纯孝可也。李秃翁曰：‘父子天性也。子而逆天，天性何在？夫儿尚不知有父母，尚不念昔者乳哺顾复之恩矣，而奴反能致孝以事其主。然则其天定者虽奴亦自可托，而况友朋；虽奴亦能致孝，而况父子。彼所谓天性者，不过测度之语；所谓读书知孝弟者，不过一时无可奈何之辞耳。奴与主何亲也？奴与书何尝识一字也？是故吾独于奴焉三叹。’”

大父惺斋公传

吴　璋

大父讳敦叙，字眉五，惺斋其号也。幼禀夙慧，过目成诵。高王父都谏公甚器重之。年十三，补弟子员，嘘气成云，摛藻扬华，诸前辈靡不让一头地。值时事孔棘，奋螳臂拒辙者遍山谷。大父散家赀，练义军，以捍乡井。寇至辄败去。乃合各巢洞渠魁哨党千余人，乘义军稍懈，魆夜围山庄，直欲得而甘心。大父度势不敌，登楼屋脊，寇追甚迫，从高跳下，遇老妪丐者，素受恩，匿之草堆中，得免难。然已呕血数升，成嗽逆，遂致不起矣。大父生于崇祯癸未，终于康熙丙午，年二十四。大母商氏，顺治初名进士知汲县事讳民宗女，幼娴内则，通经史大义，少大父三岁，年十六来归，二十一丧所天，哀毁瘠甚。终丧后，遂病殁，年亦二十四。大父殁时，伯父讳茂泰，才五岁。父讳遂玉，才三岁。故不能述大父音容。大母牵膝前，含泪与言，仅能记大概。老仆婢时言及吾父，辄喑呜不自胜。今璋亦仅以老仆婢口语，含泪具述之而已。呜乎！吾家世积仁厚，大父于行道负贩，靡不加惠。即贼党中受沾溉者，谅亦有之。贼非与大父真有积怨，特以护一乡不能肆剽掠为忌，度当时，即为所得，必不忍遽置死地。至从楼跳下，非受恩者多，亦未必一面网开以纵之逃，然竟以此致血疾而亡。天乎？人乎？璋与吾父能不椎心而泣血也乎？

仲弟莹石偕弟妇何氏合传

吴　璋

弟讳琇，字莹石，缓予一年而生，自六岁就外傅，至于殁之年，予两人未尝一息离也。犹忆弟当八九岁时，即昂藏有大志。予家自高王父都谏公去后，稍衰微矣。先是曾祖父及祖父辈大率不能永年。永年者又恒踬于遇而不得一展其底蕴。岁丁丑，弟与予读书云起斋，言及未尝不感愤流涕，终岁坐一榻，足不出乡间，篝灯夜读，至鸡鸣不辍。尝倚槛大呼曰："何时得振此积弱气。"其志量过人有如此。越三载，年十二，始学为时文，笔下超越若神仙，同事诸君子常拟其文如出水芙蕖。今阅之信然。又嗜书，书日工，五经子史及秦汉唐宋诸大家文，凡所诵览，皆手抄一过。岁丁亥，从学于叔祖孝廉芝园先生，先生甚器之。而惜乎其终不得一遇也。予父甚严，座右立家训十则。予兄弟试归，一不当心，切责之。辛卯秋，吾弟抱病应试，竟欲作破釜沉舟之计，谓此行必成吾名，以惬父心，乃卒不录而志益恚，志恚而病遂从此剧矣。吾弟天性纯挚，事父母奉令惟谨，兄弟笃天显而尽鞠哀。于朋友义以诚，接人蔼蔼，若和风甘雨。卒之日，乡里甚叹惋之。娶何氏，氏来吾家凡七年，敬执妇道，终始无倦容，以弟之殁也，誓不欲生，哀毁骨立，日茹水浆数口，越三月亦卒。

赵夫人舍上善观地纪略

元・鲁　渊

赵君致中，以府掾奉檄来辑宁吾乡。一日，持状恳余为先人舍观记。余阅其状，施舍始于詹氏宜人，成于詹氏恭人，均出遂阳宦室。宜人适宋赵二千石公崇，恭人乃宜人孙女，适仲郎副使梦铣。崇于宝祐四年中文文山榜，历仕至二千石而殁。长子梦魁，潜德弗耀。次梦铣，登咸淳王龙泽第，官至枢密副使。之时也，地盖倒翻，江山惨乱，沙场青冢，千古南音，复尚可仕乎？两郎君奉宜人匿隐旧居，惟日为菟裘菑畬之计。自松风泉石外，一切付之虚舟。其所营多在南山别墅。旧邑越青溪渡，登南涯不数百武，有观在焉。前嘉定六年，道士唐师直请龙山里废额，所建故址，原出其颠，与邑北金紫、鱼桂诸峰相对峙而遥临焉。

雉城多火灾，用术士言，迁今址。澿回环，风气藏聚，真不愧洞天福地，以故主席此山者，相与伏墀，恳求宜人，欣然曰可。恭人因以其介于观之前后左右者，山与田地悉舍之。宜人卜阴宅于观之后，两郎君偕厥配祔葬焉。竖祠于庑，令观之人岁时扫奠，以志不朽。夫牛鬼蛇神，枭声鸠眼之世，象貌非族，吾嘅吾道之杂糅。此天之沦丧，达人君子得销声穷谷，铲迹幽崖，斯亦已矣。而宜人恭人均幸春秋九十有奇，睠焉维桑，乐善务施，且雅好为身后之名。二千石父子至今有生气。睹此观者，咸颂施舍之功于不衰。吾且卜其后之多昌炽也，援毫纪之，以复请旨。至正十有三年癸巳冬十月上浣之吉。

剿抚实迹

徐士讷

淳当浙之上游，襟带新安江，无城郭壁垒可恃。崇冈峻岭，哨聚易生。父母我邦者，自非以循良兼胆识，鲜云有济。时甲寅，邻封变动，揭竿竞起，旬日间聚众至万数，一时猬集蜂拥，而淳邑失守。此诚智不及谋，勇不及施者也。督抚两台闻报，调镇兵迅剿，群盗败入山谷，县治乃复。然寇党滋蔓，经年未下。各台以用民劳民，亟开招抚之路，而诿其任于守令。乙卯秋，我侯刘公以文武才小试兹土。甫下车，务宣朝廷好生之德，暨各宪招抚至意。乃属绅士耆庶，相与运筹一切。首严保甲之防，凡盗寇出没，按图款略，一一悉其聚散，而揣度其形势巢穴。侯辗然曰："寇在吾目中矣，得不为之筹万全耶？"于是，团练乡兵数百，而以侍从家勇，日夕娴习，精锐之卒皆士饱马腾，随所发而指使焉。一闻警报，单骑星驰，谋惟独断，机不外泄。旌纛一挥，斩获无数。迄今纪其所历之地，若鳅源，若洪村，若朱径，若灵岐，此贼之蟠踞于东隅者；若赋溪，若双川，若直坑，若石缸顶，此贼之巢穴于南麓者；至若息航、威平、文源，山深谷邃，尤为贼所负嵎而窃发。侯皆亲至其处，穷岩绝壁，临阵先登，获其渠魁以归。自秋徂冬，兵凡七出，数月而望风革面，延颈举踵者，连络青溪道上，动以数千计。俾两载颠危，悉登衽席矣。以是知侯之文德武功，两有其胜，而智勇天锡，即拟古方虎周召，未能仿佛其识胆之卓绝也。方今圣天子宵旰南顾，授敕亲藩分部，人臣相助为理，以侯参稽帷幄，发谋定策，立见廓清荡平之勋，异日佐天子宰天下亦如是，岂区区作百里之屏翰也。侯讳可仕，号伯升，三韩人，由骧黄旗贡监出身。丁艰回籍。

邑侯胡公赈饥状

任际昌

淳土瘠，稍水旱则耕田者无以活。要未有如壬戌之甚者也。值是岁，谷与粟既两殪，民无升斗需。今癸亥，麦又萎，无一粒可疗饥者。于是民尽疲，至不能担粪，稍稍虞挺险，或相携负往他乡，沿街巷丐食者，不可胜数也。噫！岂非大凶之年与？邑侯胡公，仁牧也。既闻状，泣数行下，搯手为计，曰：“可得月余食，即早谷升矣。”于是亟上请发仓米，得四十九石，为簿劝输，令各乡就近便给。申宪借地丁银并公俸金及同僚所输俸共一千余金，先后下省城易米，米至，与民约某日官有粥，幸赴东西两庙食。两庙者，邑之坛庙也。自东源来者予东庙食便，自西乡来者予西庙食便。盖自六月十一日起始。先期公至庙选二人公正者，掌粥事，釜洁而薪燥米净。白丁口姓名，则簿记次第，行以签，若男女无混淆。二人许诺，因举火自昏彻旦，共成粥数十斛，而民之饥者已半至，皆鹄面尪形，奄奄无气色，有僵仆者，仓皇救乃更苏。女子障颜面，羞向人，或产儿草间，弗忍睹。盖数百年来未有之奇怆也。公至庙，尝粥泣，民尽泣。因唱名予签，签至给粥，率口三满器，皆浓厚美甘，得之者作欢喜状，无不愿公世世昌者。而公又问家几口，或老弱不能至，则人予数签，使担其粥而归，以故数千人无不如愿去者。向之疲尪始浸浸有起色矣。而公于给粥时，又丁宁劝勉，令饱食归农，无犯法。于是民泣，公又泣。然自时厥后，民日仆仆来，数益多，米益不给。公方俯仰间，已有男女数百人号呼于县庭。公益不能忍，至出夫人簪珥衣服换米散，始罢去。而早谷已渐黄熟矣。民亦谢公，不复来矣。噫！匪公之仁，何以救此奇怆哉。夫天下事无不可为，特患无至诚恻怛者为之耳。有如公者，行真慈于实惠之中，一以为父母，一以为师长，饥者饱，困者苏，散者聚，稍稍梃险者为良民，而使百里之中安堵如大有年。昔太史公循良传首子产，言老人儿啼。以今揆古，讵非儿啼之验与？余故喜为志其略，以俟观风者采焉。侯讳就臣，号瓯庐，楚之玉沙人，由丁酉举人，康熙十九年授今职。

淳邑清丈纪略

王行建

国家之赋税出于田亩。田亩之多寡悉于版图。然年远籍湮，有隐占即有赔累，有冲涨即有虚税。清丈之系民生休戚，大矣哉！第豪强侵隐，有产无税者，惟恐其丈。若先富后贫之民，产已鬻而粮未尽去，粮或输而役未尽除，非虚税之家不特苦赋也，抑且受苦役，故惟恐其不丈也。先朝神宗初年，江陵当国，请于清丈，始于八年庚辰，以十年壬午竣役。知邑事者顾公云也。本朝议行，以艰烦旋报罢。越今八十余年，陵谷变迁，旧籍淆乱，豪猾巧避，奸胥上下其手，又以前此丁亥秋，图册被毁，并府籍亦罕存者。民望丈量视他邑尤急，抑视他邑尤难。岁甲辰，邑侯赵公恪遵宪式命，履亩而丈，务与民休息，期足原额而止。山源水滨有涨没，酌量蠲之。卒岁丈完，鱼鳞册解司，简明册达部，嗣则归户急矣。如或惮繁剧，仅取旧籍而更其名，欲公务速竣易耳。侯独轸念民瘼，虑丈正之作奸，吏胥之骫法也，欲吾辈董其成，而属庠友分任之。昔刘士安以为辩集众务在于得人，勾检细事必委之士类，吏惟书符牒而已。侯殆仿此意焉。健于丙午九月至邑，维时置局于城隍庙，遴邑庠友八人厘剔之，探筹责成无旁诿也。取鱼鳞册与归户册，磨勘画一，果无讹。随令依原分图甲人户，摘号而汇成册，为黄册张本，防改易滋弊也。侯听政之余，即诣庙谆谕，总公正暨各役，加毖无少怠，有争讼，即庙除为嘉肺，秉公立断之。盖于国计民生殚心力、施实德如此。越丁未孟夏，告成。继自今版籍清厘虚实可考。由此为造册权舆，守而弗失，赋不亏额，役不偏累，贫富乐输，报最亦易也。不永颂升平盛事哉？侯莅吾淳，嘉惠滋多，此尤福泽之大者。史称海忠介令疲邑，抚三吴，皆以清丈为急，俾征徭不至重困，以为美谈。侯且学海至海矣，不惟嗣绩顾侯也。愿今后神明之宰，悉如此实心行政，正己率下，则治法与治人均足千古，而淳民犹虞凋敝乎？健躬逢其盛，敢因裒阖邑之总而志其略焉。时为康熙丁未之仲夏月。

人物辨

程　夔

岁戊午秋仲，客有谓余者曰："城阛自辛酉后不出人物者近六十年，甚哉寂寞也。"余笑曰："如君之谭，所谓入邓林而不知有美材者也。前代无论矣。本朝来，如周右子上臣之贞厉，六云上治之清真，采均上羽之浑古，家北海鹏举之高蹈，固足扶树教道，标的来兹矣。至于孝谨如汪受一逵；潇洒如汪深仲若浚、周汝石上如；侠骨如应子悱自发；苦节如应尚述圣运、汪非雨度、邵仲亨祯、余逢伯家骐，家龙，士云，庸庵奇，风德雅重如方因之培元，周恒可复初，汪雨若世泽，邵兰若荃，余俊升彝，应源浩澎，宋又升允登，家毅庵士弘，斯皆清标玉映，不杂纤尘者也。若汪文石汉，以布衣遨游王侯，华岳峨嵋收拾笔底，周长宜孙振，逸情远性，靡妙不研，大非风流人豪，萧然物表者与？君将以诸公不得一举，如败叶衰草，随风零落耶？唯科第中人，俨然苍松古柏，经霜雪而不凋耶？然以余闻见所到，科第中一二巨公外，居乡居官都无善状。诸公远者百年，近者数十年，瑰望硕德，高才古思，津津尚在人口，年运而往，必不与败叶衰草随风零落，则真经久之松柏也。翻谓城中不出人物，夏虫不可语冰，其若之谓乎？"客无以应，逡巡而退。

书　跋

修魁星楼引

孟士谟

学宫之祀文昌也，必兼祀魁星，其义何居？或曰："天文志北斗七星，四为魁，三为杓，是魁者，所以佐斗成功而居其首者也。"或曰："文昌六星在北斗魁前。盖以文明天下，必资魁杰巨儒，以弁冕一世。故祀之义，虽未有专属，大约不离文教者近是。若夫壁为图书之府，奎居武库之司，文武异宿也，而世乃以奎为魁，则误矣。"淳邑自文毅商公以三元魁天下，文章功业炳耀今古，故凡学皆祀魁星。而建楼以祀，前断自淳安始。然则淳邑之祀魁星，宜比他邑为更虔。而魁星楼之建于淳邑，尤宜宏敞巨丽，坚固完好，旷百世而如新也。今乃睠言顾之，楼日益圮，墙日益圮，榱椽楶桷日益朽腐，而不可问，上雨旁风，岌岌乎其不能支矣。邑侯胡公进不佞而语之曰："兹楼之建，淳邑人士为之也。兹楼之倾，独非淳邑人士之责乎？请以微俸为尔诸人士倡，尔人士亦宜体斯意，或输木值以佐飞革之需，或供瓦甓以助丹雘之用，或捐青蚨白镪以给营造工匠之费，积微成钜，覆实为山，魁星有灵，将必能继文毅而佑其科名之盛者，不足为淳邑后先争辉乎？"邑人士辗然而喜曰："是诚吾侪之责也。夫敢乞师言引其首。"不日落成，不佞将拭目俟之矣。

跋皇甫先生文集

宋·陆　游

右一诗在浯溪中兴颂旁石间。《持正集》中无诗。诗见于世者，此一篇耳，然自是杰作。近时有《容斋随笔》亦载此诗，乃曰："风格殊无可采。"人之所见恐不应如此。或是传写误尔。庆元六年五月十七日龟堂书。

再跋皇甫先生文集后

陆　游

司空表圣论诗有曰："愚尝览韩吏部诗，其驱驾气势，掀雷决电，撑抉于天地之垠，物状其变，不得鼓舞而掏其呼吸也。其次，《皇甫祠部文集》外，所作亦为遒逸，非无意于深密，盖或未遑尔。"据此，则持正自有诗集孤行，故文集中无诗，非不作也。正如《张文昌集》无一篇文，《李习之集》无一篇诗，皆是诗文各为集耳。表圣直以持正诗配退之，可谓知之。然犹云未遑深密，非笃论也。予读之，盖累叹云。开禧丁卯四月二十一日某再书。

贺蛟峰先生提刑江东书

宋·文天祥

某当公在螭坳时，尝奉一纸书于阁下。书上，未几而公归石峡矣。譬诸草木，臭味实同，瞻望云山，临风切切。某兹者，恭审升撰秘丘，宣威直指，西台与政，盖尝识颍滨之文；东路洗冤，亦以行濂溪之志。六丝初驾，一佛欢传。恭惟某官，色正而芒寒，扬休而山立，言语妙天下，材称一代之奇；出处重本朝，望在诸公之右。自夹侍玉皇香案，等而上之，胡不均弘？俾执事枢，国家重更迭之制，江湖一节，烦公驱驰，式敬由狱，以长我王国。公所学在此，归哉归哉。中诏在道，某山林之下静观世故，其于君子进退，安得不致其惓惓？芝山父老，迎拥星轺，以时考之可矣。辄驰一介，自附于门下燕雀，江水东西，心期天远，临纸欲飞。

上宰相荐皇甫湜书

唐韦处厚

相公阁下，伏以燕国张公说登翊圣明，底宁泰阶，推心旁求，虚己下纳，房大尉由布衣振起于门下，张曲江自蓬户发挥于岭底，而继播休名，袭佩相印，克懋勋德，不忝揄扬。后之朝望，因以兴劝。不多二公而推燕国者，以杂居群伦，齐齿下辈，崇构栋干，则杪忽方轻；琢饰珪璋，则蒙昧未耀。器用既光，持之于耳目之前，垂后而无配；名节兼大，用之于身世之后，希古而绝伦。夫岂推策考步之为乎？藏往知来之兆乎？盖合以尺牍片言，申以考迹定貌。灵异，五行之钟粹也；文章，心灵之造形也。著诚居业，本隐以之显，观心择术，自粗以之微。以是而求，则坐决万方之内，立断百代之下，其术既定，其道甚明。窃见前进士皇甫湜，年三十二，学穷古训，词秀人文，脱落章句，简斥枝叶。游百氏而旁览，折之以归正；襄六义以疾驰，讽之以合雅。苟坚其持操，不恐于嚣嚣之讪；修其践立，不诱于藉藉之誉。孟轲黜杨墨之心，扬雄尊孔颜之志，形乎既立，果于将然。至于用心合论，操毫注简，排百氏之杂说，判九流之纷荡，摘其舛驳，趋于夷途，征会理轴，遣训词波，无不蹈正超常，曲畅精旨，置之石渠，必有刘向之刊正群言；列之东观，必有孟坚之勒成汉史；施之奏议，必有贾谊之兼对诸生。天既委明于斯人，苟回险其道，未得按轮而驱，则必混翼于天池，餐精于沆瀣，秉矰缴者从而道之，固无及矣。傥得游门下，信其才能，相公得徇公之名，有摭奇之实。后进幸甚。舍人骖御贱役也，犹能达扫门之事；祢衡雕虫薄技也，犹能遇非常之荐。今某辱奉恩顾，实百于舍人之俦；皇甫湜蕴积才志，固百于正平之量。处厚百舍人之势，不能达百正平之心。方切恃私于门馆，明者观之，其耻非一也。惧愚瞽不尽，谨缮其书论赋各八首，用卜可否。轻渎严威，下情不任，战惧之至。

光绪淳安县志卷之十五

艺文志四诗　赋　铭　吟

诗

五言古诗

渡新安江诒京邑游好

梁·沈　约

眷言访舟客，兹川信可珍。洞彻随深浅，皎镜无冬春。十仞泻乔树，百丈见游鳞。沧浪有时浊，清济涸无津。岂若乘斯去，俯映石粼粼。纷吾隔嚣滓，宁假濯衣巾。愿以潺湲水，霑君缨上尘。

新安江路

唐·权德舆

深滩属浅滩，万转出新安。人远禽鱼静，山深古木寒。啸起青蘋末，吟瞩白云端。即事遂幽赏，何必挂儒冠。

寄皇甫湜

韩　愈

敲门惊昼睡，闻报睦州吏。手把一封书，上有皇甫字。折书放床头，涕与泪垂泗。昏昏还就枕，惘惘梦相忆。悲哉无奇术，安得生两翅。

送皇甫湜赴举

马　异

马蹄声特特，去入天子国。借问去是谁，秀才皇甫湜。吞吐一腹文，八音兼五色。主文有崔李，郁郁为朝德。青铜镜必明，朱丝绳必直。称意太平年，愿子长相忆。

古松感兴

皇甫松

皇天后土力，使我生此身。贵贱不我均，若为天地情。

我家世道德，旨意匡文明。家集四百卷，独立天地经。

寄言青松姿，岂羡朱槿荣。昭昭大化光，共此遗芳馨。

《旧唐书》不传皇甫湜。《新唐书》有之，传中载其殴子事，而子无名。今以松为湜子，初不见于他书。窃疑以水木相生，臆之耳。然海盐胡孝辕集《唐诗统签》，采及松诗，径注为湜子，钱牧斋尝推孝辕读万卷书，则所注必有从来矣。仍之。

寄题淳安陈令君读书林

宋·吴　儆

能吏事深刻，商利谨毫厘。俗吏趋期会，簿书自羁縻。寥寥弦歌声，千古空余思。还淳山水邑，令君丘壑姿。邑民本无事，君亦何所为。治己物自治，化行风渐移。君复何所欲，读书常不足。拄腹五千卷，插架三万轴。曾未出毫芒，万室已蒙福。堂东松竹林，昔时闷荒榛。堂中灯烛光，昔时照红裙。今何声吾伊，萧萧风雨晨。问君有社稷，亦复有人民。奈何徒自苦，学道则爱人。

义　役

汪师旦

管窥当世务，如见肺与肝。惟有差役法，立判最为难。姑以一乡论，利病胡可殚。地里有宽狭，户籍有耗繁。富者产日聚，贫者税不拨。懦者畏如鼠，强者虎而翰。选以流水法，物力匪一般。否则白脚差，又有丁户单。龃龉当不齐，可充凡若干。今之凫鹙辈，舞文过于残。往往凭一纸，火急追至官。曰汝充保副，结奸不停鞍。曰汝任户长，催科不容餐。稍或稽听命，怒诃裂巾冠。长官一不察，扬波助其澜。箠械微完肤，路行为悲酸。平民如冤苦，回睇生理乾。事势不获已，交兴争论端。甲寻乙之后，乙搜甲之瘢。碎家犹未平，宁复生聚欢。仁人一动心，不作秦越看。奏曰举义役，少舒民力刓。而我贤令尹，风流谢家兰。和气春可掬，冰壶照人寒。一班试政事，暂辍登金鸾。譬如奏庖刀，所至悉髀髋。黄童共白叟，环坐相团圞。不徒见良法，喧哗绝愁叹。顾愚庸且陋，未学事邯郸。所恨乏良策，持以赞识韩。一部淳熙书，井井不可刊。更观义役行，始自陈淳安。

送淳安括田省委贾都事

何梦桂

白马何方来，青丝红锦韀。手持省府檄，身著从事衫。分麾莅属邑，衔命司括田。一见为鸾凤，不肯为鹰鹯。视民如有疾，见客似无官。疲民得贾父，僻壤戴苏天。群情有欲诉，百口难具宣。君来五阅月，熟察民颠连。严为浙偏垒，淳在严万山。按图览舆地，邑境若斗然。一分布阡陌，九分奠山川。垦亩杂沙砾，劚土见水泉。桑不结茧丝，农不供粥饘。耕凿地力尽，租税民用殚。江南享有国，钱塘余百年。地偏费实浩，额外赋益繁。和买非正绢，茶役皆赢钱。民穷未忍死，上慈政令宽。三年输未足，一榜逋悉蠲。遗爱戴白叟，尚能话兴元。天朝大一统，地域跨八埏。中邦定成赋，远民均受廛。吁嗟天地仁，岂使雨露偏。君归勿委蛇，禁中需牧颇。愿言述民劳，海表同恩波。相彼西人好，东人争奈何。

送自然子夏德甫

何梦桂

子以自然名，诘我自然理。至理本无言，有言已非是。畏佳时怒号，厉风从何起。晚得复怒生，春风果谁使。使然与不然，万化谁与纪。君诘我不知，不如两忘已。君苟未忘言，请问柱下史。

贺山房先生入新居

方一夔

紫阳从西来，孤峰望吴越。自昔有佳人，高蹈造理窟。雉山走其下，清淑郁未发。吾家紫阳居，秀挺鸾凤骨。家学印大程，南北斗柄揭。迩来卜新斋，佳气渺葱郁。天香生桂兰，野性老薇蕨。嬉游独乐园，翛然立清绝。我来坐庭隅，幽草澹风月。图书有真趣，为指掌中诀。

题徐敏庵嵩斋治略

国朝·鲍楹

公禀山川秀，卓荦为人杰。文章撼江涛，经术亦敏决。初秉伊州符，布衣跨蹇劣。辟土招流亡，功多劳亦竭。气凌中岳高，名傍西台列。任城一驱马，东路冰霜冽。开河接禹艰，赈米效梁哲。志广业未终，中道哀鸿咽。皇皇桢干臣，春秋时祀设。

六先生咏

刘世宁

皇甫侍御

有唐三百年，文章成一代。萧李及张苏，渐次开芜秽。三变得昌黎，卓荦迈流辈。侍御生同时，拔戟成一队。永和策贤良，声名冠廷对。裴相福先碑，酬字以缣赍。其论进奉书，委婉含慷慨。因缘为赃私，灼见奸臣肺。吉州刺史厅，庐陵刻石记（公有吉州刺史厅记，又有庐陵县令厅壁记，自云堙厄，斥置于此）。余素所服膺，宝贵等珠琲。何止序顾集，为足传海内。乃知经世篇，强半犹韬晦。论世知其人，恍若聆声欬。岂以不羁评，谓足定梗概。

钱融堂

吾道在天壤，溯源孔孟长。潜流逮有宋，的派周程张。朱陆最后起，闻风而景行。鹅湖讲太极，择精语以详。岂为立门户，同异各分疆。后人互讥评，邈焉若参商。慈湖衍陆绪，青溪授融堂。经籍恣翻缬，性理无尽藏。迪德务精进，研理穷毫芒。奥旨一契合，意象两俱忘。洵云入窔奥，不仅窥宫墙。千秋思古哲，清风漉琳琅。斯人今已往，岩壑余辉光。

方蛟峰

雉水自西来，龙山自东至。百滩发迅湍，川原一结萃。石峡开书院，道脉渊源地。前哲虽云遥，尚可挹风致。缅怀方蛟峰，淳祐取上第。慷慨见直言，屡阻于当事。时势不可为，急流成勇退。传注作功臣，讨论皆正谊。其余记序文，贞心托锦字。讲学有同人，山房称难弟。风潭潭上风，飘然远俗累。警斋先一科，同方爰合志。潜斋亦并时，四隽共把臂。继往以开来，砥砺臻纯粹。余生虽恨晚，百里忝作吏。愿言附闻知，穆然怀仰企。

商素庵

三元占高选，一代焕嘉猷。落落信难合，几人能兼收。宋惟王文正，不愧令闻悠。子京及当世，还应逊一筹。伟哉文毅公，芳躅绍前修。春秋冠两榜，联翩作状头。出则佐耆定，入则赞垂旒。竟阻南迁议，终回北狩驺。力拯言官厄，推毂词臣优。其道既蹇蹇，其心亦休休。景泰号仍复，万妃愧不留。直节岂波靡，文章与事侔。请革西厂疏，欲为豺虎投。柱石二朝荷，常变砥中流。晚岁辞轩冕，归作赤松游。勋名垂竹帛，经术付箕裘。返朴守其素，宠利肯居不？淳固多人望，公更足千秋。

海刚峰

宣圣未见刚，申枨非所及。性以欲而绵，安能坚自立。论事或风生，操下如束湿。仓猝遇非常，手板乃倒执。猗欤海琼州，出宰莅淳邑。其忠非色取，其介非义袭。其用若有殊，其趋本合一。保赤以诚求，四野哀鸿集。齐云禁佚游，政谱自编辑。上疏切批鳞，壮烈鬼神泣。十渐不克终，堪与元成匹。廷杖严遣呵，霜棱未肯戢。南方建节来，畏爱并深入。还朝已暮年，尚欲破积习。直道固难容，淮阳终卧汲。棠荫系淳思，庙貌勤修葺。浮桥显寒烟，远峰当户屹。仰止孰无情，学海殊难缉。

史印心

天柱立不摧，地维亘不圻。古来忠荩臣，精神贯金石。淳自定鼎初，史公始飞舄。子惠爱斯民，教思启坟籍。其时大乱平，余孽未尽革。天目倚负嵎，尚弄潢池戟。豕突蹂邻封，渐度青溪陌。素无城百雉，据险失上策。寡弱形已单，披猖寇甚迫。县治付烟煤，徒手未可格。但持寸心丹，捐躯罔顾惜。子孝共臣忠，相随为毅魄。双节在一门，血痕皆化碧。堪回草昧屯，以辅景运辟。癣疥久矣爬，百里日安宅。清风荡氛尘，正气光典册。

游狮子口（水口狮象守门，系方腊祖茔）

成廷楫

狻猊张渴吻，下饮清溪水。复有蹲象形，长鼻横江涘。造物设此奇，聊以为戏耳。上有假王坟，人云发祥始。霸图究不成，徒贻先人耻。是否灵气钟，矿砀五云起。我来增长叹，荒烟吊蒿里。人生有定分，天位安可儗。惟有忠孝名，千秋垂信史。

重修海公祠

马文炳

公非百里才，小试青溪尹。芳祠俯丹崖，遗爱勿陵陨。大名灌耳闻，清高肃堪引。珠树接重岩，疏烟披绣畛。憩石挹涧泉，探幽摘松菌。赤舄留人思，甘棠系民诊。碧草满晴阶，春色无乎隐。残碑剔藓看，记事或未尽。坚白不涅磨，显晦异朝冥。丹青落翠微，榛芜集孤岭。轮奂在今时，结构藉绳准。秩秩咏斯干，嗣葺谢不敏。鸟鼠稍攸除，风雨锢深迥。向由膏泽敷，鸠工集趋紧。保赤同饥溺，如伤侔疾疢。治理以诚求，弹琴坐调轸。台谏难端倪，作宰睹真境。仰止百炼刚，化成惟不忍。勋实焉可几，学制虑贻哂。临风怀昔贤，慨然发深省。

题胡丹书家传后

成廷楫

人生贵闻道，讵论达与穷。达则可兼善，穷则善厥躬。存顺没亦宁，俯仰无怍容。读书志圣贤，内念毋憧憧。存诚而主敬，动静有全功。以此垂家训，以此迪愚蒙。哲士虽云亡，后生沐余风。至今梓潼里，子弟鲜顽凶。自我来青溪，硕德佩乃公。形疏情自治，謦欬常相通。故于耆旧内，推荐为儒宗。鹿鸣既式燕，拜楣礼必恭。子幸能式縠，文孙才更雄。积善有余庆，结驷门将崇。藤笈有遗书，程朱理折衷。易箦录西铭，拳拳著心胸。是真圣人徒，高朗宜令终。

锦沙村呈王判官

周上治

缘溪访古村，烟林散一水。白鸟窥镜潭，岸沙含清泚。昔贤爱丘壑，幽探从此始。雪涧闻琴筑，园鸡限邑里。扪萝觅主人，坐石编花史。高兴接明霞，朱门忘岁纪。仙令同兹怀，垂帘控鹤倚。

涉溪观雉山作

周上治

大江何弥弥，隔岸清晖发。舟行一里余，兹山卓秀骨。石气尝欲飞，幽人暂来谒。下有空潭绿，鸳鸯游未歇。樵苏暮言归，把钓依明月。

小金山

方士颖

孤屿兀中流，巑岏石为骨。苍翠难以名，黝然如古铁。自非巨灵开，片片何曾叠。大哉造化功，思镂而神划。激湍漱崖根，嵌空下多隙。其际窅而深，或言龙所宅。石转微径通，崎岖步倾仄。及巅乃渐平，拓址构禅室。扶疏古木乔，左右参差立。盘根网石牢，不藉土膏植。数窞泉勿枯，泠泠注寒碧。

七言古诗

仁和里杂叙皇甫湜

唐　李贺

大人乞马癯乃寒，宗人贷宅荒厥垣。横庭鼠径空土涩，出篱大枣垂朱残。安定美人截黄绶，脱落缨裾瞑朝酒。还家白笔未上头，使我清声落人后。枉辱称知犯君眼，排引才升强绯断。洛风送马入长关，阖扇未开逢猰犬。那知竖都相草草，客枕幽单看春老。归来骨薄面无膏，疫气冲头鬓茎少。欲雕小说干天官，宗孙不调为谁怜。明朝下元复西道，崆峒叙别长如天。

官不来题皇甫湜先辈厅

李　贺

官不来，官庭秋，老桐错干青龙愁。书司曹佐走如牛，叠声问佐官来否。官不来，门幽幽。

田父吟

宋　方逢辰

清溪渺如斗大邑，万山壁立土硗瘠。百分地无一分田，九十九分如剑脊。一亩之地高复低，节节级级如横梯。畈心一畦可一亩，边旁一亩分数畦。大家有田仅百亩，三二十亩十八九。父母夫妻子妇孙，一奴一婢成九口。一口日啖米二升，茗鹾醯酱菜与薪。共来日费二三斗，尚有输官七八分。小民有田不满十，镰方放兮有菜色。曹胥乡首冬夏临，催科差役星火急。年年上熟犹皱眉，一年不熟家家饥。山中风土多食糜，两儿止肯育一儿。只缘人穷怕饿死，可悲可吊又如此。有司犹曰汝富民，手执鞭敲目怒视。今年淫雨天作难，汹涌澎湃四五番。浮尸蔽屋环江下，迸山裂地如鲸奔。半山都成水泽国，平地皆作龙蛇窟。水头晚退早复来，屋角朝出夕又没。呰然令丞簿尉衙，下视四境无人家。水平归家无屋住，有屋住者无生涯。农民抛家认亩陇，担砂翻石肩皆肿。百千一亩判晚秧，一丘分作两丘种。收来一亩无百千，买秧已费半百钱。眼前插种已剜肉，后头丰歉犹在天。晚田再种未可保，早田无秧为出草。皂衣旦暮来槌门，今年苗税催得早。打快织机趁头网，作息籴米输苗仓。更有一言牢记取，断不许人言灾荒。

题卢文峰十二知丞文集

方逢辰

骊珠一颗千仞渊，渔翁探得遭骊眠。一朝吹堕千万颗，恐是蛟骊卧半天。骈花丽叶妙天下，文赋直追古班马。手扶长河裂锦章，写在诗歌轧骚雅。大篇赤手捕长蛇，不须控勒骑生騧。短篇任意起忽伏，苍江浩浩涛中槎。文章妙手压场屋，到底亡羊还得鹿。庐陵方买载月舟，清淡又展朝天轴。军将打门书一封，呼起醉翁为醒忪。只怕至宝不肯留山中，雷霆风雨取去还蛟龙。

寄题淳安方山长观云斋

元·马　臻

书长倚槛书眼开，一片两片山中来。无心不肯作霖雨，转觉清风生钓台。

淳安棹歌

明·汪广洋

淳安县前江水平，越女唱歌兰叶青。山禽只顾唤春雨，不道愁人不愿听。

钓台歌送徐大年著作

贝　琼

子陵台下江千尺，山削芙蓉半江出。子陵已去白云孤，潇洒尚爱如方壶。山风山月只依旧，何人更钓桐江鲈。先生读书万山里，前年暂入金陵市。青溪看月忽思乡，逢人苦说桐江美。酌我手中酒，浣君身上衣。桐江秋来鱼正肥，子陵台前君早归。

送大年先生

雷　璲

徐君浩气凌秋旻，满襟冰雪无织尘。放情林壑四十载，居然自号山中人。山中之人何所服，蒹带荷依佩芳菊。笑携明月弄潺湲，木石同居友麋鹿。有时高卧北窗风，梦回爽气生前峰。当轩落笔写佳句，铿然金石鸣黄钟。平生著述期元绍，黄卷青灯耿相照。麟经已究圣人心，鸟篆能临苍颉妙。去年诏促来天都，编摩元史先群儒。文字岂在欧宋后，议论直与班扬俱。书成晓进明光殿，喜动龙颜春满面。辞官不受拂衣回，赏赉从容蒙厚眷。明时礼乐方制作，况是夷夔集阿阁。长材又复数月淹，曲台旧典新删削。昨宵闻君得告还，多君喜色浮眉间。持帆南下遂初志，某丘某水穷跻攀。君家住近严陵濑，清节高风久心会。富春山下田可耕，桐庐江头驻堪鲙。嗟予史馆相与深，凤台操悬辞离心。何时乞身湖海去，扁舟雪夜来相寻。

腊日洪仲柔邀诣密山寓居

徐　晅

青鞋踏山入村坞，闲身爱作梅花主。天寒旭日消林霏，残雪茆檐响晴雨。故人家住山之阿，满山樵牧禽猿多。提壶十里出沽酒，酒薄不醉如情何。

送胡存润致政归淳安

洪　玙

忆昔胡君见我于歙乡，欢然一笑俱相忘。酒酣大叫山月白，举头四顾天苍苍。只今别来经几载，华发萧萧更精采。况复天恩许赐归，林猿野鹤遥相待。漫有藏书解满床，松花落处纸微香。课儿读诵神欲倦，芳醪时复陶一觞。门外催租耳莫听，青山为画白云屏。怡颜适意了生计，虚名未必垂千龄。

新安山水歌

余敷中

君不见新安山水天下稀，金山绣壑锦为溪。层峦复嶂隔尘滓，灵秀歆歆钟神奇。双溪回环清澈底，白石粼粼堪砺齿。当年摘老此盘桓，雅好此中好山水。高人仕隐非慕荣，廊庙恒兼丘壑情。好山好水看不足，不知此外多要津。此去天都才咫尺，浮盖层层插天碧。青莲浮水出龙宫，日照云蒙巧相射。曾闻灏气开芝山，相业科名今第一。我来访古兼询今，寻仙几误桃源行。沧浪有清还有浊，何如此水常澄清。青溪得名本因此，时时取涤缨上尘。

山堂丛桂歌

国朝·徐元粲

我来青溪之山堂，颓垣败壁多荒凉。草长过人苔满径，蟏蛸在户鼠在床。庭前顾盼得双树，扶疏枝叶非寻常。老干礧砢半空腹，疑为柽榆与楮樟。询之居者曰犀桂，作花金粟飘天香。我闻正人如松柏，后人每以植宫墙。不令春华吹寒木，依贤侍圣生神光。今看此桂正奇绝，势欲干云负坚节。未拟河阳一县花，曾夸庾岭千层雪。虎嗥狷啸生悲风，树亦受之无夭折。歌呼山鬼绿溪迷，空庭浩浩余明月。我思古人护我心，淮南小山何处寻。金门避世浪语耳，招隐将无在孔林。七松处士谁得似，阑干风雨无相侵。纵使浮沉伤老大，所欣之子照清襟。殷勤更与双树约，早晚诸君越林壑。携汝同依香案云，婆娑紫薇与红药。护汝崔家锦绣幡，秋容千里无零落。毋为凄清伴老夫，山中之人何所乐。

宿皆山楼

于栋如

桐江之水数百里，一行作吏偶至此。千岩直接黄岳山，中有名流难屈指。我今解组赋归来，访胜空林涉烟水。取次层层入翠微，参差楼阁空中起。锁户玲珑面面开，群山拱揖环相峙。不羡金钗十二行，翠屏螺黛烟鬟昵。澄澄涧水碧于蓝，昔有幽人曾洗耳。老树扶疏压画楹，风声谡谡书声里。满架牙签三万余，名山旧业饶经史。俯瞰千村烟霭中，慨想前贤深仰止。平泉无恙始者谁，蓁阿先生之旧址。

淳署古松歌和桐乡仲改庵

鲍　楹

淳安古治据山麓，官署周遭荫乔木。瑰材已觉巨樟雄，奇姿更叹孤松独。挺然高格自周秦，下视群材比僮仆。高枝蜿蜒低屈盘，蛟龙攫拏熊虎蹜。翠鬣全凭颢露滋，苍鳞每藉山云沐。俨如耆硕老复尊，穆若圭璋贵还肃。烟霞气质肯尘垢，神仙精神不夭殰。托根此地知何年，不异幽人遁空谷。品题无人知才希，多矣阅人皆碌碌。改庵先生静者侣，偶客青溪憩官屋。便揖樟公拜松老，急写新诗为表暴。晚行新月影离离，晓听寒涛声谡谡。叹息孤根几雪霜，婆娑尽日忘炎燠。诗中感慨言此松，阅历千年如转毂。几见繁华风雨摧，多有脂膏斤斧劚。岂是天年老不材，但逊贞心坚抱璞。古言庖丁得养生，我味此诗三四复。古松古松如有灵，无忘改庵汝鲍叔。

山堂丛桂歌和徐道力学博

方一镳

天香满院傍书台，馥气疑从海上来。逸兴秋飙雨相值，高人那得不衔杯。金英翠萼荡轻风，丰韵清奇迥不同。草木性情造化理，晦堂得意忘言中。一经化雨绽仙葩，云外飘香透绛纱。战秋得隽雄为干，浥露无声淡在花。德有邻馨自古鱼，子伊兰差堪作伍。茵芳藉卉有诗虎，□酹风姨歌且舞，伫看桃李芬芳争此土。

拜海忠介公祠

徐士讷

南山突兀青溪浒，溪碧山寒谁与伍。浩气磅礴阴崖间，遗殿巍峨此终古。叹息前朝嘉靖年，奸谋噬人猛于虎。上下相蒙不畏天，区区县令那自主。公以南平司铎来，芒鞋一到天地开。官舆此身了勿顾，恻恻穷黎心所哀。尺书顿使权奸避，父老争传砥柱材。其他异政不胜纪，总如慈母护婴孩。入朝抗疏正君身，字字血忱泣鬼神。直令吾道日星朗，千载昌黎又一人。杖血淋漓随诏狱，龙性由来不肯训。余生得出更慷慨，秉钺陪京肃秋旻。孤忠耿耿廷难立，卒老淮阳社稷臣。气塞苍旻神塞地，而淳尤荷公抚字。庙食年年俎豆新，千村万户公之嗣。我来瞻拜仰前徽，霜风日落从空至。

登龙山绝顶歌

周孙振

谁唤苍龙拔地起，含精默化聿雄哉。右抱峡源万壑之沆漭，左带溪流百折以潆回。迤东横北几蟠屈，遥迎雉岫，鱼峰兀距相排推。俯窥烟市笼阛阓，仰矗霄衢挂斗台。纡盘仄径摩崖出，缥缈萝悬拂雾回。抠衣蹑磴浩遄往，放睇沉吟忆昨来。太邱潇洒倾襟抱，芜城风韵轶天才。扶携笑指跻我上层台，飘若凌空藐八垓。荏苒无端惊泡幻，十载园居空蒿莱。经帐才披分藻泮，春风已遍桃李栽。争识荆门欣有托，独怜樗植老非材。跂予景行何嗟及，中肠宛转车轮催。却望奎芒灼烁入夜垂，恢恢星占漫向太史猜，陟言龙山兮重徘徊。

六先生咏

马文炳

青溪之水清见底，我来酌之甘如醴。地灵人杰岂偶然，后先贤达若同契。皇甫文章昔共传，笔花落纸烟云起。慷慨常存经世篇，梗概难评称绝艺。融堂道学溯渊源，不为坚白分同异。脉宗朱陆深景行，力穷性理本一制。蛟峰遇事为知几，著述不没胸中字。退老林泉远俗氛，以文会友相把臂。素庵一代多庙谟，得人不愧三元第。请开言路心休休，直节于今挹风致。刚峰议论遭坎坷，浩然正气终无累。批鳞一疏振朝野，昌黎之后赖有是。印心忠尽更无伦，捐躯化碧全臣谊。草昧闻风亦胆寒，守御功堪著青史。诸公遇合各有时，禹稷颜渊在易地。道同何必事亦同，只要不朽垂奕世。

题程韶一《竹溪檥櫂图》

成廷楫

谁何客住筼筜谷，风叶烟条翠盈目。翩然乘兴子猷来，不问主人谁看竹。君亦风流澹荡人，肯向红尘日驰逐。买得渔篷当草庐，时泛青溪狎鸥鹭。钓竿高插蓑笠间，相随只有樵青仆。起来苔石坐移时，忘却斜阳下乔木。炉中榾柮火通红，似候茶香乳花熟。问津何必桃花源，如此芳邻真可卜。劝君牵船上岸居，增值庭前松与菊。竹溪六逸可追踪，迸地龙孙将聚族。

五言律诗

白云溪

唐·吴　巩

山径入修篁，深林蔽日光。夏云生嶂远，瀑布引溪长。秀迹逢皆胜，清芬坐转凉。贪看玉尊月，归路赏前忘。

泛　溪

许　浑

疑与武陵通，青溪碧嶂中。水寒深见底，松晚静闻风。遁迹驱饥吏，冥心失马翁。才应婚嫁毕，从此息微躬。

新安江行

章八元

江源南去远，野饭暂维梢。古树悬鱼网，空林露鸟巢。雪晴山脊露，沙浅浪痕交。自笑无媒者，逢人作解嘲。

送康判官往新安

皇甫冉

不向新安去，那知江路长。猿声比庐霍，水色胜潇湘。驿路收残雨，人家带夕阳。何须愁旅泊，使者有辉光。

送崔主簿赴青溪

宋・梅尧臣

舟轻不畏险，逆上子陵滩。七里峡天翠，千重云木寒。古祠鸣野鸟，乱石濑春湍。正与高怀惬，宁叹行路难。

青溪行

梅尧臣

山色碧于溪，扁舟泛落晖。水烟帆界破，沙鹭桨惊飞。岛屿随流曲，渔灯隔岸微。月明何处宿，待访子陵矶。

我爱淳安好（其一）

陈　烨

我爱淳安好，溪山壮县居。锦文光璀璨，雉羽势轻徐。比屋兴弦诵，多田力耨锄。廓然无一事，林下自诗书。

青溪晚霁

吴　涟

天晚雨初霁，隔溪闻碓舂。山僧归夜月，幽鸟落长松。风静砧声急，花欹露气重。良宵思沅芷，尊酒话从容。

越中避难适周桥

元·鲁渊

丧乱今如此，漂零岂偶然。有身长作客，无地可归田。兵火凄凉夜，风尘黯淡天。故人能爱我，同棹鉴湖船。

迎銮诗（上明太祖以此诗称旨辟召）

明·许鲁同

我后来何晚，家家怨欲号。闾阎多草莽，田亩半蓬蒿。官吏鸬鹚颈，乡民翡翠毛。太平今立见，有幸得亲遭。

青溪图

沈　周

两旬方一出，门外事纷拏。鱼促春波溅，鸟争林日斜。老夫倾竹叶，稚子捉杨花。小坐聊乘兴，尤堪咏物华。

石田自题云：诗在图外，图在诗外。正不在皮骨里许也。沈周自能知之。

送龙冈郑先生之任淳安

沈一贯

邑有英贤迹，君传忠孝家。遥知宣圣泽，定自讨官邪。树密千峰合，滩高七里赊。政成春暮矣，一县野棠花。

淳安，今主政海公始仕之地，不畏上官，甚有政声。乃今果以直谏震人主，天下归其忠，而先生尊人黄门公亦以直谏显当世，人章章能道之。先生仰先人之承，理海公之后，吾知可观矣。

送吴克大廉宪入觐

李　韶

盛世鸣孤凤，边勋汗血驹。功名卑管晏，筹策失孙吴。劲节操霜刃，雄风起懦夫。人才归藻鉴，此去沐恩波。

赠别吴缵敬还朝

袁中道

叔子崇明德，江南讵忍亡。宽仁虞竭泽，简澹爱披香。金石镌遗迹，云霞贮去装。汉家三事贵，多著待清郎。

甲戌秋仲行部过青溪宿东寺

吴载鳌

重重太古色，蒙蒙花雨时。好山行不尽，流水语相随。黑壤生红木，黄猿领白儿。因思石桥路，曾与道人期。

浮桥晚眺

汪若濬

叠嶂列云屏，长虹卧晚汀。川光摇鸭绿，山影没鸦青。游女喧桥路，骚人醉野亭。暝还津树黑，岸火乱秋星。

石峡书院

汪若浚

理学传衣地，先儒晦迹乡。御书题石峡，讲席映林塘。古壁松阴瘦，空窗竹意凉。高山何兀嵂，仰止在余芳。

登老鹰岩

汪若浚

空岩悬百尺，俯映碧波微。石险疑将压，亭危势欲飞。路缘青壁上，衣惹白云归。回首登临处，秋猿叫夕晖。

安溪闲步

汪若浚

暝寺依猿鸟，秋山远虎狼。悬灯摇佛影，落叶响僧房。霜月三更苦，风泉一夜凉。亦知空寂妙，幽感独难忘。

西湖古梅

汪若浚

古色映西湖，寒梅瘦影孤。蕉深怜岁久，花少觉枝枯。老更宜霜雪，真堪入书图。愧非林处士，佳句独踯躅。

晚翠园对竹

汪若浚

还家窥竹圃，新箨满风扉。拥翠迎人入，成竿待主归。笋鞭穿石儿，粉节映春衣。不学轻狂絮，无情却尽飞。

小金山

汪万顷

青溪一柱石，今古砥中流。僧驾鸥波上，寺开鳌背头。禅灯明隔浦，清磬逐行舟。谁说金山小，名公选胜游。

九里湾瀑布

徐大成

曲渚玉龙浮，悬崖喷碧流。雪飞寒欲堕，珠溅雨还收。清映山头月，光摇树影秋。那逢庄叟侣，纵步与神游。

春晚步龙山麓

吴达和

布谷催耕急，水田犹积沙。童搜雷后笋，妇抢雨前茶。燕舞偏临水，蜂喧只匝花。阳和鼓万物，是处有韶华。

青溪舟中

国朝·赵吉士

渐与故乡近，归程莫再期。狂奴仍故态，估客有新诗。水静滩声转，云空树影移。山山相对峙，最觉片帆迟。

茶　园

蔡　佩

遥望茶园近，寒烟澹远村。人家千树暗，野菊一灯昏。山应林中鼓，更传月下屯。披衣惊梦起，前路又滩喧。

赠胡邑侯

吴　宏

筮仕龄方壮，忧民鬓欲斑。青溪瞻北斗，紫气绕南山。帘卷花开落，庭间雀往还。他年膺宠诏，琴鹤慰天颜。

泛舟青溪

徐士讷

春日溪光好，山山尽著花。小桥通别涧，嫩草发新芽。怪石侵欹岸，澄潭浸白沙。扁舟逢胜侣，何异泛仙槎。

新安道中

方叔元

初发新安路，遥闻古寺钟。水无不怒石，山有别高峰。竹里飞孤鹤，林间出老松。野花开处处，游兴与春浓。

小金山

汪　汉

龙宫一片石，秀拔出澄泓。积翠中流见，空青水面平。松阴摇刹影，鸟语杂钟声。不压波涛险，金山共得名。

游尹山

徐懋功

名岩秋色溶，登眺共扶筇。巅系玲珑石，云连缥缈峰。危桥侵碧汉，飞瀑咽青松。胜地扳题跋，何当彩笔逢。

冬晚步青溪江上

吴　华

寒野殊空阔，茏葱逐望生。轻帆移雾影，枯树矗霜棚。草冻行无迹，泥疏履有声。江村人未起，处处感鸡鸣。

赠小有源隐者

吴敬修

郎署初投笔，团营早挂弓。饔飧寻地果，时节验天风。问字输泥拆，翻书倚桂丛。白云堪赠客，谁解与君同。

游鹤鸣寺咏菊

何令范

落叶催秋暮，寒山接远天。桂华藏月殿，菊蕊斗霜笺。康柏知同秀，逋梅尚后妍。白衣频载酒，一别又经年。

登屏风岩

吴　愫

绝壁悬空起，振衣兴颇悠。雁归千壑冷，蝉噪一山秋。俯视云如马，遥看水不舟。禅房坐定后，疑是御风游。

七言律诗

青溪村居

唐・戴叔伦

年来越客寄禅扉，多话贫居在翠微。黄鸟数声催柳变，青溪一路踏花归。空林野寺经过少，落日深山伴侣稀。负米到家春未尽，烟萝闲却钓鱼矶。

青溪兰若

戴叔伦

西看叠翠几千重，秀色孤标此一峰。丹窟久闲荒宿草，碧潭深处有潜龙。灵仙已去空岩室，山静唯闻古寺钟。远对白云幽隐在，年年不离旧杉松。

青溪口送人归岳州

刘长卿

洞庭何处雁南飞，江菼苍苍客去稀。帆带夕阳千里没，天连秋水一人归。黄花裛露开沙岸，白鸟衔鱼上钓矶。歧路相逢无可赠，老年空有泪沾衣。

新安道中玩流水

吴　融

一渠春碧弄潺潺，密竹繁花掩映间。看处便须终日住，算来争得此身闲。萦纡似接迷春洞，清冷应知有雪山。却上征车再回首，了然尘土不相关。

题法华寺绝顶禅家壁

方　干

苍翠岧峣逼窅冥，上方雷雨下方晴。飞流便向砌边挂，片月影从窗外行。驯鹿不知谁结侣，野禽都是自呼名。只因禅者无来去，日看千山白发生。

始迁青溪望吴兴故里

周·吴　党

平生愿嗣叔庠徽，谁识飘零事已非。霅水远从云外隔，澄江独向月中归。烟横野渡行舟隐，露下衡门步屐稀。潮汐不通音问杳，故乡冷落钓鱼矶。

送李陶赴青溪宰

宋·苏　轼

文忠文正二大老，苏李广平三舍人。喜见通家贤予弟，自言得邑少风尘。从来势利关心薄，此去溪山琢句新。肯向西湖留数月，钱塘初识小麒麟。

冬窝夜语

钱　时

幽人只合卧林丘，不觉心幽境更幽。青汗有时昭帝则，黑甜余暇伴宾游。黄花粲粲冬窝夜，丹叶萧萧蜀阜秋。会得个中消息理，两眉不著世间愁。

上融堂先生时在史馆

吕人龙

济时自合及丁年，不必行歌慕绮园。无地可耕虚度日，有天堪补谩高言。山中许我蒙头过，天下期师以手援。便欲执鞭攀逸驾，白茅红树锁秋源。

次方虚谷迁居

邵桂子

家住千峰落照边，舟移三乡白鸥前。东陵旧圃秦侯隐，西路新巢卫叟还。当日钓游频入梦，何时婚嫁遂归田。会须共跨青溪鹤，点易寒窗伴老仙。

征不赴

方逢辰

万里皇华遣使轺，姓名曾覆御前瓯。燕台礼重金为屋，严濑风清玉作钩。丹凤喜从天外落，白驹须向谷中求。敲门不醒希夷梦，休怪山云著意留。

石峡山茶盛开

方逢辰

水厓赤骨物俱老，火树生阳我不孤。铁叶几经寒暑战，丹心不为雪霜枯。扎根峡里老居士，加号花中烈丈夫。颜色不淫枝干古，洛阳牡药只为奴。

卜筑清风潭次卢月山

方逢辰

瞰雪营巢近岁除，樵奴溪友落成初。卜邻喜有玉川子，作计拼为陶隐居。架上多储韩杜卷，案头不着老庄书。乾坤自有开心事，非是幽人偏爱庐。

贺方蛟峰入宅

何梦桂

富贵朱门盖里闾，先生斩石此山居。一区自足子云宅，三径何妨靖节庐。万壑风云生几席，四山花木入庭除。乾淳岂少高官爵，自是寒泉要著书。

赠边县尹二律

何梦桂

君家久富五经储，更有儿孙读祖书。事究麟经明亥豕，理穷羲得筌鱼。枳丛不是栖鸾处，花县来观展骥初。北道主人今有托，华山应得老骑驴。

声价中州第一流，双凫飞下锦溪头。隐微去处求民莫，潜伏中间破吏媮。暮雨烟村无吠犬，去年荒土有耕牛。昼帘余暇浑无事，好去栽花待胜游。

送李县尹

何梦桂

河阳桃李是谁栽，怕说春归叠鼓催。止好鸣琴看锦水，俄惊飞诰下金台。一堤烟柳离亭路，雨岸风花送客杯。百里桑麻正生意，为言来者好重培。

和阮梅仙尉衙初成

何梦桂

梅仙贵介出侯门，庭砌犹传有紫荆。黄绶铜章官小试，青溪花县室初成。公衙好作三年计，少府香留百代名。田野近闻多犬吠，夜深刁鼓要分明。

嵩山下至德祠

吴文忠

脱屣岐阳迹已幽，默全忠孝复何求。文身幸获辞姬祚，端委犹能化列侯。无语存商先叩马，有心迓命待归牛。象贤再见延陵季，十字碑题至德侔。

送仇伯寿之淳安教谕

元·马　臻

蚤年名字动乡闾，细数乡闾总不如。已肃师模先孝弟，更承家学赡诗书。桐江水远转帆疾，芹泮春香仕路初。好展长材规后学，伫看他日际公车。

送方道睿赴春闱

何景福

汉家天马遍流沙，始见神驹出渥洼。凤阙今年新进士，蛟峰此日大方家。鞭摇金水桥边柳，帽压琼林宴上花。辛苦平生读书眼，春风得意看京华。

云山楼

鲁　渊

峦气氤氲曳碧空，小楼春色有无中。苍龙暮卷西山雨，只鹤朝抟北海风。翠袖拂开云母帐，青莲浮动水晶宫。苍苍烟树微茫里，睡熟羊裘老钓翁。

和彭使君

吴伯庸

兵后为官自是难，片帆飞雨下淳安。丁亡灶冷鸣蛙闹，人散梁空乳燕寒。已念疮痍终岁苦，还期租税一分宽。哀鸿还定知多少，莫遣栽桑纸上看。

送徐大年先生

明·郑思先

六月将车向远途，归心应不惮驰驱。高风已见追种放，直笔还闻似董狐。石坞松深留夜鹤，瓦盆尊滑荐秋鲈。知君賸有山中乐，底用逍遥赋白驹。

奉送徐大年还山兼简道原高尚

刘　俨

曲台相与共论心，忧患唯令白发侵。官况不如归去好，交情偏向别离深。邻翁爱客尝兼味，山鸟迎人载好音。羡杀鲁连天下士，清风兰雪为相寻。

饯大年聘君东还兼奉道原先生

马　弓

自昔声名属老苍，儒林谁复擅才长。纂修大展春秋笔，瞻戴方依日月光。设醴上尊分海色，赐衣什袭带天香。如何早识知还意，不逐层台紫凤翔。

分携未已忆重逢，不觉离情似水东。且共天边千里月，又添江上一帆风。鱼羹米饭常时有，茆屋园林到处同。若见山中鲁夫子，想如头白杜陵翁。

闻方以愚被召

徐尊生

舆疾年来起涧阿，江城远别恨如何。乍疑德凤摧毛羽，终喜冥鸿脱网罗。结屋树根人迹少，读书岩穴鬓丝多。青溪他日论风节，千古蛟峰共不磨。

寄方以愚太史

徐尊生

贱子生涯爱住山，姓名常恐落人间。牛羊禾黍清秋乐，枕几图书白昼闲。闻道幽寻来栗里，已令终日扫柴关。昔年天上飞霞佩，肯与渔樵任往还。

别县学中

徐　晅

鸡声拍月度邻墙，倦客披裘不下床。归梦只如秋草短，别情多似曙云长。愁分席上留人酒，忍见沙头载客航。迢递驿亭三十里，故人应许借归装。

留别淳安刘尹仲和兼呈胡司空应大参诸公

程敏政

淳安曾是歙东乡，地主相留合尽觞。梅雨势添溪涨恶，竹禽声助野歌长。坐惭师席亲元老，语及名途笑漫郎。他日重来定乡约，一廛容我寄渔榔。

送商素庵归淳安

程敏政

昭代衣冠第一人，三元声价重麒麟。苍生自昔瞻伊傅，圣主方今赖甫申。环佩恳辞金殿晓，图书缓载玉堂春。到家应是秋凉后，笑倚桐江看白云。

送商素庵归里

李东阳

两朝三事屡登崇，冠佩巍然长者风。霖雨帝思商傅说，科名人比宋沂公。光华咫尺瞻依地，礼义从容进退中。归着锦袍环玉带，白头林下几人同。

送徐司空致政归淳安

何梦阳

引年疏奏达彤闱，昼锦争看太傅归。圭璧完名知故在，鲈鱼高兴可能违。匣藏魏阙新颁诏，梦绕严陵旧钓矶。为报桐江江上鸟，海翁今日已忘机。

送王韶州致政归淳安

张　弼

王郎元是绣衣郎，白简曾飞六月霜。韶郡南归思茂叔，青溪东下忆严光。松花酿酒吟秋月，枫叶题诗醉夕阳。从此唤醒尘土梦，笑将缨绂濯沧浪。

送辰阳太守徐吾翁年丈

闵如霖

岁暮霜郊五马驱，帝乡重郡付名儒。朝天尚忆含鸡舌，选士行看合虎符。二酉晴云连楚岳，诸溪春水下巴渝。风流应继庾公后，明月楼中兴不孤。

毒热有怀用少陵执热怀李尚书韵寄年兄程守夫吟伯

王守仁

晓来梅雨望沾凌，坐久红炉天地蒸。幽朔多寒还酷烈，清虚无语漫飞升。此时头羡千茎雪，何处身依百丈冰。且欲泠然从御寇，海桴吾道未须乘。

端阳日次陈时雨写怀寄程克光金吾

王守仁

艾老蒲衰春事阑，天涯佳节得承欢。穿杨有技饶燕客，赐扇无缘愧汉官。自笑独醒还强饮，贪看竞渡遂忘餐。苍生日夜思霖雨，一枕江湖梦未安。

寄题徐大参池馆

戴庭槐

别业遥连第宅开，春风绿野起高台。看花流水池边过，把酒青山席上来。长健百年龟鹤算，象贤五子凤麟才。思公扫榻能相待，醉后扁舟带月回。

赠别望山方老师

黄士俊

十年仙令比南都，帝命漳江剖玉符。马首竞传鞭竹骑，童心犹记护桑雏。青天塔峭芙蓉出，碧水壶生海月孤。自是千秋衔畏垒，思君岂谓一孺无。

送吴缵敬赴内召

李当泰

莫向明时叹积薪，姓名久已著朝绅。高天沆瀣官中况，匝地阳和仗外春。誉起寒茅干气象，行依紫闱迥风尘。广陵柳暗征车色，愁煞攀辕卧辙人。

送邑宰洪侯北上

周　瑄

奏最曾看拜玉墀，炉烟袅袅袭朝衣。花明蓟北双旌远，草绿江南一骑归。天上故人多缱绻，客边尊酒惜分违。青溪此去相思夜，奎壁连辉映紫薇。

送应侍御还里

周　瑄

送别都门御柳稀，关河秋色照征衣。凤雏喜向天边见，鸿雁惊随海上归。尊酒慰劳情未洽，客乡话旧愿多违。倚门老母家千里，心逐云帆到故扉。

山水二首

商　辂

江上群山翠欲流，扁舟闲系渡东头。抱琴远访知音去，载酒同招野老游。一段风流如洛社，四时佳致胜瀛洲。太平到处人行乐，何用兰亭禊事修。

云山叠叠树高低，景色苍茫望欲迷。江上有舟人荡桨，林间无路石成蹊。柴门昼掩车尘杳，茅屋春来野鸟啼。昭代征贤勤束帛，高才未许学幽栖。

游凉坑仙洞

徐　贯

大钟山瞰石岩东，洞口萦纡一径通。绿树林边无暑气，碧桃花底有清风。数声仙犬浮云外，百尺寒泉古涧中。自是人间奇绝景，更从何地问崆峒。

闻胡司空青溪新居成赋此以寄

徐　贯

年来高卧白云乡，附郭新成绿野堂。一代功名昭汗竹，百年心事付沧浪。梦回禁阙云霄迥，兴在山林清昼长。三径萧然无个事，黄花老圃有余香。

呈云峰吴夫子

徐　贯

独向明时早拂衣，急流勇退古来稀。朝云作雨还山去，旦鸟投林背阙飞。南亩秋深香稻熟，西池春满锦鳞肥。黄金台畔重回首，迢递云峰倚落晖。

寄胡司空

程文楷

退傅萧闲乐太平，诗坛文价日星明。衣冠儒雅耆英会，几杖逍遥真率盟。翠竹黄花秋雨霁，青山绿水晓风轻。浮华尽付流尘外，一饭犹悬老去情。

春日郊行回舟长潭经赤石抵白沙而返

徐　楚

野外茅堂有几家，春风何地不桑麻。一溪松影回青嶂，十里江声走白沙。朝吐洞云泉漱玉，晚酣山雨石成霞。归来月色银光动，疑是山阴雪后槎。

长潭泛舟

徐应簧

锦里幽居近白沙，轻航荡桨落藤花。千山古木迎秋气，十里澄潭浸晚霞。远浦云帆低雁阵，横江网罟集渔家。归来烟暝不知处，笑指岭头松月斜。

南山书院

应　颢

清秋滴露洒琼珠，初日光摇架上书。霁色遥分青嶂晓，琴尊聊共碧窗虚。文光午夜惊飞雉，汗简朝来落蠹鱼。老我杖藜溪上叟，茂陵秋雨病相如。

题应广文古城书屋

程　愈

封君结屋旧宫墙，不贮囊金号墨庄。晓对南山云散彩，夜看西郭月生光。朝仪尽说青箱氏，诗梦频回绿草堂。莫道广文官独冷，池芹犹并紫薇香。

游小金山仙人峒

汪若濬

携僧遥上碧参差，萝薜阴阴峒口垂。绝壁云行飞鸟道，断崖松偃挂猿枝。幽处宛然摩诘画，惊人安得杜陵诗。忘机细听山头瀑，空翠沾衣总不知。

游小金山简吴宾南

汪若浚

鳌背楼台树影疏，如来常在镜中居。钟闻彼岸人皆觉，门对慈航渡不虚。水鹤衔枝频相木，山僧洗钵静窥鱼。逃禅欲借珠林隙，石上闲翻贝叶书。

西寺胜迹

汪若浚

新安江绕寺门前，太祖曾经泊御船。黄钺拥兵屯净土，翠华礼佛到诸天。风驰虎旅山河肃，云捧龙宫日月悬。自沐都团恩敕后，衣冠常此祝尧年。

鹿鸣书院

汪献图

灌木千章护杏墙，碧天深处景初长。云移窗竹分朝绿，风动园花落晚香。绕阁啼莺求友韵，穿帘语燕引雏忙。湖滨秀色余佳致，逸兴挥戈返夕阳。

太平山庄

吴达和

冷烟薄雾霭西东，石齿扶梁一径通。夹岸人家喧汲水，残阳木叶舞回风。荞花着雪田田白，柿子迎霜树树红。乐事此间谁独占，黄牛背上卧儿童。

长　岭

国朝・孟士模

登山从此叹孤撑，五岭曾无一岭平。路绕羊肠云外出，径悬马首日边行。村村水碓随流转，处处溪田带雨耕。九折王阳非得已，敢言劳瘁不徂征。

青溪道中

成廷楫

寒烟湿翠一村村，水折沙回古戍屯。峰势插天遮日影，溪流彻底露山根。纤船有路登云栈，伐木无梯缒剑门。好鸟送音时入耳，篷窗稳坐绝尘喧。

赋得为政心闲物自闲赠赵明府

吴　宏

高风何似古循良，昼日垂帘绩更长。雅操只宜琴鹤伴，冰心不觉簿书忙。花城秀色含疏雨，雁野春声憩夕阳。闲寂堂阶人不到，使君静夜自焚香。

送杨倡九师升任蓬州

徐廷彦

自公七载治还淳，政简刑清俗一新。白鹤岭头人啸月，锦沙村里鸟啼春。彤廷异数推侯霸，赤子空劳借寇恂。寄语歌思充路者，三台指日福吾民。

南山怀古

吴　愫

烟波缭绕古祠前，揖罢残碑思渺然。此后清风谁足继，当年劲节共称贤。参差人影桥南北，断续渔歌舟后先。惆怅年年溪水碧，只今余得月盈川。

金紫峰

潘士音

何年天半耸琅玕，鼻祖黄山势远盘。雪委数峰睛亦雨，霜凝六月暑犹寒。茯苓深护龟龄永，琥珀高浮鹤影团。应有飞仙遗药灶，凭谁探得紫金丹。

题甲子救生图

应秉仁

箜篌鼓罢漫悲歌，双树津梁佛顶摩。自有作舟来传说，不烦张盖幻公阿。随风柁转千金堰，击水轮飞一苇河。觉岸登时齐合掌，茫无涯处是恩波。

五言排律

太平乐

明·商辂

玉帛来王会，山河拱帝京。日行黄道正，星列泰阶平。人醉笙歌地，山围锦绣城。宫花留舞燕，御柳着啼莺。蛮貊全归化，羌胡已罢兵。愿书封禅稿，虎拜颂河清。

发新安江

成廷楫

新安建瓴水，齐汇入桐江。岸矗双台影，潮回七里泷。林灯迷远浦，渔笛送孤艭。鸥鹭情应喜，鱼龙气欲降。角声飘古戍，月色冷篷窗。客意方牢落，僧钟何处撞。

七言排律

恭纪乙酉南巡蠲免浙省地丁银米兼谕民以安分节用二十韵

方蓁如

遥看辇道起祥烟，敬捧霞觞进御筵。是处文明真有象，此邦赋役且重蠲。王言恭听如丝出，优诏欣从隔岁宣。念切苍生施已博，地经翠盖泽尤湍。咸知勋业超三五，试问仓箱几万千。遍野雨零桑沃若，平畴风动黍油然。君黎历数丰穰久，旷典均沾十六年。解愠阜财同舜世，瞻云就日戴尧天。圣颜曾喜生蕃庶，睿虑犹防室磬悬。共庆闾阎饶酒醴，莫辞手足困胝胼。深宫礼尚惩奢也，节用民宜力勉旃。覆载难名原荡荡，经纶焉倚信渊渊。恩膏沛自盈宁后，宸翰颁来誓诰篇。远异汉唐频赐复，岂因水旱荷陶甄。老人击壤歌耕凿，比屋征诗入管弦。独创吁谟为可继，任夸伟绩总无前。倾阳幸比葵心早，拂旆欢迎柳色鲜。袅袅碧霄传风吹，霏霏紫气绕龙船。安澜水映红旗转，率土山呼绮陌连。献赋微臣惭彩笔，矢音祝嘏效陈编。

五言绝句

青溪泛舟

唐·张　旭

旅人倚征棹，薄暮起劳歌。笑览青溪月，清辉不厌多。

新安送李穆三首

刘长卿

渡口发梅花，山中动泉脉。芜城春草生，君作扬州客。

雁还空渚在，人去落潮翻。临水独挥手，残阳归掩门。

狎鸥携稚子，钓鱼终老身。殷勤嘱归客，莫话桃源人。

皇甫判官溪居

裴　度

门迳俯青溪，茆檐古木齐。红尘飞不到，时有水禽啼。

登小金山

明·高　鹏

性癖耽山水，兰桡过小金。层岚天尺五，好鸟送春音。

小金山

钱　贡

中流一撮土，兀峙几千年。莫谓金山小，鸢鱼一样天。

苍岭樵歌

徐　贯

幽径通翠微，山深白云绕。时有伐木人，长歌振林杪。

晚翠园对竹二首

汪若浚

寒碧影萧萧，新梢过旧梢。山禽不问主，自构竹间巢。

片石苔钱古，修篁翠幄开。不愁微雨至，时觉好风来。

七言绝句

题周处士青溪别业

唐·方干

细泉出石飞难尽，孤烛和云湿不明。何事懒于稽叔夜，更无书札到公卿。

人日新安道中见梅花

罗　隐

长途酒醒腊天寒，嫩蕊香英扑马鞍。不上寿阳公主面，怜君开得却无端。

送邵炳赴召

宋·范仲淹

凤凰衔诏入烟萝，喜得从容半月过。多谢东君壮行色，轻雷一夜起清波。

泛清溪

陈　轩

晓烟如练曳平津，一擢东风两岸春。岛鹭沙鸥休恋我，北堂归有白头亲。

溪居夜月

何　洪

茆屋濒溪只数椽，护篱黄犬枕沙眠。柴扉不掩松梢月，恐有山阴访客船。

送徐生克明原一兄弟归淳安

明·姚夔

妙尔英姿济世才，携书还过钓鱼台。门迎腊雪从归去，满座春风好复来。

送郑龙冈之任淳安

徐　寅

左带灵岩右锦沙，淳安城里万人家。东风报道春消息，满县绯桃尽着花。

云息道中口占二首

国朝·于栋如

重峦径峻地无多，油幕临崖蘸绿波。香草袭衣浑不识，鸟声啼破碧山阿。

麦陇青黄半未匀，朝来唤雨憎鸠声。民生艰飡情何限，默向山灵祝晚晴。

皆山楼诗十二首和方菉阿先生

于栋如

千峦匝翠

漫说桐江百尺矶，何如此地扃双扉。重重岚色迷岐路，拥住军持不放归。

一鉴涵青

群从经过笑语频，轻风蹙浪细于鳞。使君尘坌聊湔洗，领略春光一倍新。

古木干云

深谷何年一径通，拂云曾驻橘中翁。山灵不许樵夫问，问渡还须倩牧童。

幽泉咽石

不辨松声与涧声，扶藜闲看石棱明。花香鸟语都忘却，岂识人间有宦情。

林隈樵语

黄庭半卷即蓬山，岂必彭聃觅大还。野老不知何甲子，樵歌常和鸟绵蛮。

溪畔农蓑

烟雨迷离白似湖，青青遍地润蘼芜。一溪蓝玉披蓑看，不问夷门旧日屠。

后坞松涛

长风猎猎动高坰，静夜犹闻过雨腥。为爱岁寒知己在，凌霜欺雪倍青青。

孤亭梧雨

满岫枫林尚未丹，清斋水簟已生寒。飘零碧玉堪题字，不付长沟付急湍。

四山晴雪

地炉暖拥乱书堆，斫脍还宜鲈四腮。片片白云飞不起，山中压折数枝梅。

三径野芳

枳篱疏竹自成围，春雨才过新笋肥。绕屋菜花黄间绿，野棠枝上蝶双飞。

村舍午烟

登山到处是游踪，早稻新收水碓舂。一缕渐连岚气白，却成薄雾隐高峰。

塔峰残照

壮游何必凤凰台，兴到登临倦即回。点点暮鸦山外落，隔峰已有月飞来。

青溪道中杂咏

成廷楫

一滩高比一滩高，水急声喧上小舠。只有渔翁眼不起，饶他鸥梦骇飞涛。
几阵西风掠客桅，蒲帆今日未曾开。下滩莫羡来舟驶，我亦曾从上水来。

南山夕照

程　夔

青溪阁上晚来凭，望里西山夕照澄。孤鹜落霞天界阔，江风渐飐打渔灯。

东庙云帆

程　夔

寺楼高敞俯晴沙，沙际人牵上水槎。岂是樵风能送客，往来帆影各横斜。

东堤步月

程　夔

晚来天水共澄鲜，散策长堤月正圆。净洗林塘秋倍好，露蛩絮语欣婵娟。

南山有物外亭

刘世宁

青溪恍在翠屏间，物外亭空气象闲。恰对公堂供极目，悠然吾亦见南山。

东　山

刘世宁

飞翠如烟踞歙东，扶桑每迓日初红。虽非孔子登临处，丝竹犹堪卧谢公。

安乐山

刘世宁

云树清阴洞壑宽，蒙泉棋石许盘桓。欲知邵子名窝意，试就兹山指点看。

尹　山

刘世宁

南峙峰联跨石桥，为棋为室并岧峣。不须紫气青牛绕，关令居然姓氏标。

合　山

刘世宁

漫嗔青嶂合西东，左右依然有路通。入去身如离世界，窥来天乃在山中。

狮子山

刘世宁

毶毶青毛挺异形，铜头铁色骕山灵。松声怒响涛千斛，犹作威音一吼听。

云濛山

刘世宁

高耸青霄五百寻，巅崖云髻不胜簪。滃濛一片知将雨，幽咽泉流似鼓琴。

百桂山

刘世宁

怪来月殿乏天香，上界移根下界芳。行遍此山山畔路，满山丛桂放丹光。

佛岭庵前有峰，名道士尖

刘世宁

曾传有佛现金容，道士尖标又一峰。耸秀下连清沘映，烟岚不断景重重。

梅花峰

刘世宁

青峰谁实见萌芽，五点偏惊放物华。要学陇头春色好，一株寒艳缀琼葩。

仙女洞

刘世宁

幽深何似小蓬莱，仙女祠前洞壑开。出岫阴云随祷见，膏苗灵雨遍山来。

青　溪

刘世宁

青水青山晓镜涵，乾坤清气许谁探。我来对此澄心性，不碍舠行石上潭。

赋

石峡书院赋

宋·方回

历故鄣之遗区兮，溯桐江而西上。百滩跳以湍驶兮，万峰阒其清朗。挹寒碧以濯缨兮，睨空青而倚桨。维还淳之古邑兮，割歙封之东壤。昔固尝郡于斯兮，犹民稠而土广。予家于紫阳之下兮，揽此邦之来长。虽视之若桑梓兮，愧曾微于善状。七阅岁曷不归兮，骇童颜而槁项。赖多士之孅俗兮，遵砥途之坦荡。犹阡陌以劝耕兮，嘉农畔之洵让。伟深衣与大带兮，劳予行之鞅掌。日肄业于精庐兮，新石峡之塏爽。领袖者予同宗兮，又同登于龙榜。郁经纶其未竟兮，聊思淑乎吾党。眷吾宗之婵嫣兮，扣古初而遐想。古雷氏之媲轩后兮，实得姓之攸昉。至姬周而昌大兮，叔佐宣而善将。参召南之雅什兮，咏其猷之克壮。伯牙之师子春兮，弦山水之幽响。奕两都之九卿兮，字君实而名赏。纷猬起以锄新兮，有平陵之相望。成败之不可以论人兮，亦一时之倜傥。猗真应之仙翁兮，知驾鹤其焉往。叹异代之陵寝兮，孰不凄迷于烟莽。彼金碗岂人间兮，此独岿然而无恙。群云仍之簪缨兮，谨岁时而来享。隐鸬原者曰干兮，守雉山者曰亮。一则保土宇以绥靖，一则擅诗名而高尚。皆贤良之苗裔兮，匪郡乘之私奖。予君王之好修兮，鼓斯文而为倡。昆季俨其连璧兮，迈坡颍之超放。出寸云必为霖兮，宁退处而孤抗。肯斯堂于傍近兮，奉圣贤之遗像。聚学徒而莅止兮，咸摄齐于函丈。俾扫松而释菜兮，契予衷之歆仰。摭鹿洞之故实兮，谓升堂而授讲。嗟予学之久荒兮，艰弄斤于般匠。拾朱子之糟粕兮，切有闻于畴曩。情之动贵乎省察兮，性之静在乎存养。未发固无所偏倚兮，发则欲其各有攸当。致知以进其识兮，居敬以除其妄。如鸟翼之必双兮，如车轮之必两。日用饮食无非道兮，勿驰情之惚恍。一念不念之间兮，分圣狂之克罔。噫！近世之不古兮，罥名场之罝网。科举之坏人心兮，竞区区之得丧。厉夜生子而取火兮，幼尝视以无诳。以干禄为始教兮，将终身其奚仗。天或者恶其然兮，斯革弊而矫枉。无所为而为学兮，真儒庶其可访。声乃心于希瑟兮，槃厥躬于陋巷。颜曾固何必仕兮，胜齐鲁之卿相。或塾居而授书兮，或野芸而植杖。君子粹盎以润身兮，小人给夫一饷。化铦锋而牛犊兮，息鉅篙之鹬蚌。春斸酒以介眉寿兮，岂太平之无象。婴更徽而弗予脱兮，言及兹而泚颡。予固将引而去之兮，畴敢卜邻于思旷。时辛巳孟夏十有七日。

蜀阜十景赋

明·徐　楚

东海生世居蜀阜，伐竹为桥，结茅为宇，�坡为榻，峨眉为户。以虹峡为坳堂，研田为环堵，西涉则仰而观濠，东登则俯而小鲁。固将侈河伯而渺两涯，役山灵而傲千古。于是南州氏闻而过之曰：“子之长蜀阜而狎齐盟有年矣，十景之胜可得闻与?”曰：“吾于融堂则师之，于司空方岳则友之，历数百载，更数主人，而兹十景莫吾易者，谓选胜博而取数宏也。吾登楼而眺吾岭，梯云石磴，碧树丹枫。吾凭栏而睇吾沼，天光云影，秋水芙蓉。三峡壮瞿塘之胜，东山埒泰岱之雄。乌石摩空，修翎翼翼。萧斋万竹，清风习习。石涧流玉，照潭涵碧。香雪散于梅坞，桃屿献乎西池。令和靖策蹇而来，曼倩引领而跂。其它残山剩水，未可殚悉。昔贤撮要以标奇，兹景袭八而为十。”南洲氏掀髯笑曰：“子之景未备也。夫灵池如偲，泉不盈掬，泠泠石涧，渐成乎陆。寒坞无梅，高斋无竹，景之已去者四。子何不重题而更仆?”东海生怃然为问曰：“有说，仆愿闻也。”乃与扶杖而西，蹑危石，穷回溪，入丰林，度平堤，于虹梁之上栖焉。第见高原绿绕，晴光可眺，广陌平芜，残烟野烧，夕阳欲下，众山尤妙，或如黛横，或如金耀，或如含颦，或如献笑，万井楼台总入兹山之夕照。是可以朝而耕，夕而钓矣。迤逦而为中桥，潭光彻底，灏影连霄，长虹与秋烟而出没，银河亘凉夜之迢遥，玉人吹箫兮呜咽，仙人倚剑兮泬漻。于斯夕也，安得载袁宏，呼庾亮，而与我共招邀乎？前溪一带，为原为隰，山水亭台，若金若碧，往来行旅，如络如绎。晚山翠兮含烟，牛羊下兮景夕，远市村舂，声在萝薜。宁戚叩角而长歌，桓伊临风而弄笛。于是主人划然长啸，声振高冈，寻声而往，在涧之阳。仰而观，讶虬龙之飞舞；俯而听，闻天籁之琳琅。傍而睨之，非烟非露，非翱非翔，悠悠乎舒悬崖之锦绣，而奏隔水之笙簧。弘景遇之而怡悦，梁公望之而傍徨，轩辕氏乘之而御帝乡。虽然，景犹未也。西涧之西，龙门万仞，瀑布飞空，陵谷为震，如雷斯轰，如电斯迅，如川斯决，如潮斯迅，倒挂庐山之岑，横奔吕梁之峻，注彼清池，盈科而进，汇于重渊，可鉴须鬓，人谓龙湫之雨，我云天河之润。而犹未也，林皋之胜，古称辋川，牧庄广塾，后坞似焉。垂萝古柏，曲涧平泉，村巷犬声如豹，柴门溪水沦涟。林外若无若有，乍灭乍然，非寒山之野火，则桑柘之余烟。邻翁野叟，或鸡黍而饷，或耒耜而田，樵歌互答，何殊管弦！而便便，而轩轩，以击壤于尧天，此亦田间之至乐也。余又东菑遥望，千畦膴膴，一曲清江，抱村之浒，沿堤细草，幽花遍野，柔条平楚，茅屋午鸡，枫林社鼓，晴看万木青葱，晦即一溪烟雨。白沙翠竹，恍游锦里之乡；春树暮云，堪入少陵之谱。卜居兮何人，考槃兮兹土。缘溪而出，南浦之涯，一湾碧渌，数里晴沙，浩白拟昆冈玉屑，璀璨埒二白丹砂。令湘渚风回而落雁，芦汀月冷而啼鸦。水鸟忘机，似博浪之偶语；远帆夜渡，疑支石之浮槎。盖鲛人之窟而渔父之所家。乃若岞崿嶙峋，禅宫缥缈，下界林疏，上方月晓，晨钟断续，殷殷云表。催行客而披衣，惊池边之宿鸟。声闻隔岸，铿鍧水国之滨；霜落乌啼，彷佛寒山之晓。乐哉斯丘，足以老矣。然而幽赏未已，余兴转赊，陟彼山椒于岭之隈，披蒙茸，观璚瑰，群峰龙骧而北驻，众壑马突而南来。灵龟屹立，锦浪潆洄，鼋鼍望而辟易，鲸鲵过而邅回。当关扼险，或云象马，山节藻棁，或云龙堆。阅百千万劫，而长作波澜之砥柱；不七十二钻，而能卜景运之重开。兹川从此遍埏垓。呜呼，此石何壮哉。夫是十景者，星霜几易，萃此一方，孰表而出，孰闷而藏，谁能抉扶舆之密藏，发潜德之幽光，予将暂辞其旧而来此乎徜徉。”东海生軈然而笔曰：“有是哉，子之癖也。佳景尔益，佳名尔锡，摛而藻，惟子之笔；镌而铭，惟子之石；美而谥，亦惟子之职。吾将俾山灵珍函而副墨。”

皆山楼赋

方士颖

自夫天开别境，邈隔尘喧。峦围嶂叠，竞翠争蓝。构疏亭而揽胜，爰卜址于其间。庶环滁之可拟，还自署以皆山。当吾先子之置此楼也，解绂抽簪，旷然清洒。栗里归园，香山结社，依泉石而情陶，就烟霞而意写，墅欲仿于蓝田，堂思规夫绿野。爰乃循往迹，拓新图，芟棘蔓，辟茅芜，程材庀物，度日鸠徒，应坎离而正位，绿丘壑而经模。其为制也，绣栱交承，雕楣互结，密瓦铺鳞，危檐耸翮。棂灿列兮疏笼，桷森罗兮比栉。梁蝀栋偃以窔寥，櫺螭昂而崛岉。尔其支空直上，百尺堪齐，光分八面，烱若琉璃。纵登临而适意，时徙倚以忘几。极诸山之万状，胥即目而无遗。其前则绝巘嵚崟，村庐是宅，郁郁钟灵，岿然特立，疑落雁之峰高，通帝座于呼吸。其后则林幽坞曲，夹水洄漩，苍松偃盖，古轶秦先。譬窈深之盘谷，有茂树与清泉。于东则秀展横峦，含光若黛，竹影围墙，人烟淡霭，俨当户之翠屏，堪据床而晚对。于西则青痕浅抹，半亩坪开，轻岚易卷，岧嵬名台，凭拄颊以高视，致爽气于朝来。若夫岭断冈连，岩空岫补，或密倚而疏陈，或孤标而并举，或峻插于青冥，或斜拖于碧宇。色非深而非浅，光若有而若无。近瞩则纷纭莫数，遥瞻则杳缈难摹。云外萧疏，仿佛展倪君之画；雨中灭没，依稀披宋氏之图。诚令人应接之不暇，比山阴之胜概而非殊。他如溪水带环，野畴棋画，秀木交罨，新禾被陌，桥锁泽以崰嶆，塔穿云而岌嶪。耕蓑钓笠，微茫古道之烟；牧唱樵歌，隐跃平林之樾。凡若兹之景物，皆掩映乎山光。虽环眺其或远，总入槛而迎窗，斯为幽人之托处，而啸嗷以倘徉者欤？则有峻宇深通，平廊侧倚，旷圃高斋，若唇依齿。云漪浅漾，清开洗墨之池；石瀑飞悬，曲引流觞之水。复有阶封绿藓，壁网苍藤，柳荫先生之宅，梅横处士之亭，绕疏篱兮菊瘦，盘古井兮梧阴，兰馥馥兮湘畹，竹萧萧兮晋林，泾冷露兮桂郁，蒸晴霞兮榴明，杂芳菲之异卉，纷绕砌而欣荣。但逍遥而日涉，胡逸趣之难成？方其律届青阳，群葩斗色，嫩绿迷莺，浓香醉蝶。登斯楼也，则宜夫花飘满座，会飞英而举白。及其朱明序转，昼景初长，荷箫却暑，薤簟邀凉。登斯楼也，则宜夫微风入牖，乐高卧于羲皇。至若溽气初收，金擎改秩，叶落敲檐，虫吟响壁。登斯楼也，则宜夫月浸遥空，兴方豪而著屐。又若云阴惨淡，节反玄冥，空林鸟寂，静水鱼沉。登斯楼也，则宜夫寒霏素雪，夸快赏于龙门。尔乃棐几绳床，悠然自逸，濡碧镂之纤毫，指红丝之润石，展素笺于雪藤，滋元液于香壁，游笔海与书岩，任穷渔而纵猎，忆文选之佳名，景风流于在昔。间有醉客骚人，幽寻偶适，玉麈谈玄，楸枰对弈，爇鹧鸪之斑，浮仙掌之碧，随剧饮以飞筹，抑联吟而击钵，陶陶然一咏而一觞，又何逊乎兰亭之盛集。爰为歌曰："层楼峭峙兮高嶙峋，亘彼空翠兮天为邻，搴云揽月兮摘星辰，坐拥奇书兮拟百城，金石动操兮众山鸣，超然旷领兮怡我神，溯兹遗泽兮无忘先人。"

铭

淳安县学斋堂六铭

罗　颂

实焉而若虚，有焉而弗恃。一谦四益，光亦大矣。若夫当仁不避，见义敢为，则舍我其谁。谦光斋

汤之新，文之纯。师圣主，善吾身。蒙果行，蛊振民。学而仕，两相因。育德斋

行有玉，居有琴。散烟郁之积，防非僻之侵。今皆无此具矣，独大经大法之可寻。维孝弟之真乐，在涵养之日深，充德性之纯和，象祈招之愔愔。毁誉不能动，富贵不能淫，然后见士之常心。养心斋

发轫诗书，问津贤智，游翰墨场，处名教地。既窥圣域，亦上天衢，英贤所志，万古同途。致远斋

壮哉，县非十室。选其英，为士率，答问者，教之一，善诱人，亦多术。待问堂

肃群贤之蔼蔼，为从容之文会。刮造化其铺张，包古今其淘汰。厌流俗之论卑，嘉吾儒之道大。无轩冕而体胖，不鼓钟而心泰。幸朋友之相渐，故说言乎泽兑。悟天地之两间，惟乐此之为最。兑轩

吟

十禽吟呈曾明府

宋进士·邵定翁

归去乐

归去乐，归去乐，山上山花红灼灼，山下山酒香漠漠。折花自插还自酌，说渠万贯扬州鹤。乐莫乐兮此一归，禽知我知渊明知。三者之外知者谁，劝君缄吻藏高枝。

麦饭熟

麦饭熟，儿莫哭，阿爷捣麦煮麦粥。煨一虾，配麦粥，饱儿腹。去年春梢馎麦田，驼儿走窜青山巅，归来破灶无晨烟。儿孩不知今岁强，床头二釜又一囊，俭惜可补两月粮。老夫展拜妻烧香，谢苍苍。

插　田

明朝蚤蚤起插田，东方未明云漫漫。阿婆拊床呼阿三，阿三莫学阿五眠。汝起烧火烧破铛，麦饭杂菽炮畚羹，邱嫂拔秧哥去耕。田家何待春禽劝，一朝蚤起一年饭。饭箩空，愁杀侬。

行不上也哥哥

青泥坡，一坡高一坡。毒蟒寄穴虎作窠，风酸日黯云嵯峨抵死欲上将如何。上头莫有牡丹紫玉丸，袴带黄金千万罗。高堂阿婆雪皤皤，妻炊戾瘆颦翠蛾。儿懒失学岁月蹉，纵得金玉丧已多。山禽笑汝汝莫呵，行不上也哥哥。

缫　车

缫作缫作急急作，东家煮茧玉满镬，西家卷丝雪满箩，汝家蚕迟犹未箔。小满巳过枣花落，夏叶食多银瓮薄。待得女缫渠已着，懒妇儿听禽言，一步落人后，百步输人先。秋风寒，衣衫单。

提胡芦

提胡芦，既不挂于寂静之丘墟，又不浮之汗漫之江湖，又不持之骑龙两八区，胡为唤人挈登酒垆。桀纣以烟莽其都，李杜以风沙厥躯。前人醉倒后人扶，万世一醉何年苏。矧今斗米抵斗珠，方坊刊章标私壶。杖头有金何处沽，何况杖头金又无。我家瓦盆三年枯，借姑胡芦复我姑，请姑提取湘江水，去饮三闾楚大夫。

婆饼焦

婆饼焦，罪在妾。妾不能家，家道缺。冬裘不完夏粮绝，愁得鬓成雪。朝看婆鬓兮眼滴血，暮思婆鬓兮心刮铁。草枯东风吹不活，妾哀事姑无岁月。行人误听贱妾言，谓鬓殊不然，婆鬓不复玄。偶焦一饼尚可煎，别煎好饼供婆飧。饼焦自择饤下盘，留取来年补漏天。

脱却布裤

前年粜麦得匹布，糠妻一衫侬两裤。去年县公索浇赋，剥绔贯钱寄官库。一裤着穿两膝露，餮虱爷孙浩无数。昨朝作劳汗如珠，脱挂田头老桑树。仓茫失收红日暮，偷郎不惜持将去。脱裤儿，谢汝说，老夫颇亦知时节，无奈吾裤无可脱。

姑　恶

姑恶姑恶，姑不恶，新妇恶。不闻姑声骂妇错，但闻妇声数姑虐。汝夫汝天汝所严，汝姑又如天之天。高高在上胡可言，纵有可言当自冤。以天感天天自还，姜妇愈敬姑复怜。胡愤而死鱼龙渊，至今谇语春风前。姑恶鸟，家私休与外人道。道与外人人转疑，去妇何尝说姑好。

吕望非熊

吕望非熊，伟哉西伯与太公。千千岁，无此逢。使伯蚤而出猎兮，公方沽酒割肉之匆匆。使伯迟而出猎兮，公已埋骨乎东海之东。潦倒龙钟，齿豁头童，谁知而韬略胸，谁知而千戈功。邂逅一笑芦花中，未语肝膈先玲珑。望杀我家白头翁，我车辘辘公我同，盍归乎来造我丰。公亦当哀人命穷，霜髯一掀许之从。毕郢宰木悲我风，嗟嗟往事随飞鸿，宇宙飘忽未有终，波涛汹涌愁拍空。鸥边多少闲英雄，黄馘著书钓夕红。夜半梦起搥蛟龙，岂不欲往烟雾重，西山日断无来踪。伯之来兮民之福，伯不来兮公何哭。鲈鱼肥，莼菜熟。

光绪淳安县志卷之十六

杂撰志祥异　寇盗　遗事

祥　异

和气致祥，无和气以致则非祥。乖气致异，无乖气以致则非异。天难谌，命不易也。故春秋书异，初不言事应。至刘向五行传出，乃分五事而为之说，颇多穿穴矣。然径省于祥而罗缕于异，则犹闻之足以戒之义也。圣朝生祥产瑞无休期而概不受贺，遇小灾异则蠲恤频仍。淳虽蕞尔邑，阴雨之膏，获赐侈矣，转灾为祥，敢忘敬天勤民至意耶。志祥异。

三　国

永安五年，黄龙见于灵岩山。

南北朝

元嘉二十年，白熊见于新安，守臣刘公元度以献。

宋

嘉定三年五月，大雨，水圯田庐，市郭首种皆腐。

嘉定六年六月丙子，地震。

元

大德四年秋，瑞粟生。

方逢振《瑞粟图序》：

青溪之近郊，有粟一茎而两穗者，三四穗者。民若士合辞，以庆于长官。学正宫大用率诸生以其图来谂，俾予叙其岁月。予曰："异哉！邑之嘉瑞也！昔张君之治渔阳，雨旸时若，嘉谷生，百姓歌之曰：'张君为政，麦穗两岐。'载在简册，吏治烨然有光。观史者诵之而已，未尝得于目击。今粟穗两岐，秀出于素，当年盛美复见于兹，得非善政感召而然欤？"民曰："续我大命，时尹之休。"士曰："大和，尹实有之。"尹不自有，归之太守。太守曰："於戏！非守若尹之力，圣君贤相之德。"予闻之喜，于是乎书，以备观风使者之采录云。

周遇圣诗：

淳居万山巅，土瘠稀良田。丰歉系饥饱，民命悬于天。异哉粟四穗，一干生南阡。岂无连理木，亦有双花莲。维兹孕瑞粟，庶补民艰鲜。嘉生本协气，此事非偶然。窃闻野老说，守令仁且贤。官清简案牍，刑省空扉圜。农耕士力学，工肆商充廛。午鸡桑树鸣，夜犬花村眠。君不见，渔阳歌秀麦，善政青史编。又不见，中牟书嘉禾，德化今古传。猗欤际圣代，奇祥药珠员。愿言叫阊阖，入奏冕旒前。

徐孟高诗：

协气嘉生，百谷斯茂。彼莲而双，彼芝而九。只悦吾目，莫馂我口。维糜维芑，厥瑞非偶。猗欤令尹，恺悌父母。树我良苗，薙彼稂莠。吏肃而栗，秋霜贸贸。民恬以嬉，春风飕飗。乃名大和，雨不愆候。乃有秋穰，瑞粟何富。或四其颖，或二而耦。我行其野，黄童白叟。曰昔庚子，均一宇宙。昔胡而饥，今胡何否。系尹之德，宜天之佑。令尹不有，归之太守。张君为政，两岐麦秀。太守不有，归之我后。周有嘉禾，同颖异亩。明明我后，夔龙左右。百嘉之会，天锡万寿。

明

成化十年，春多雨，蚕麦无收。

嘉靖五年，县民项狗家鸡卵十数，抱出皆化为蝘蜓。

嘉靖十三年，大水，坏居民庐舍。

嘉靖十八年，大水，漂没田产，洪涛中有物如牛，乘浪出入，人以为龙。

嘉靖三十年二月初八日，大风，飘瓦如叶，舟覆没不可胜算。

嘉靖三十七年春，民间讹言黑眚至，皆惶惑，鸣锣达旦，匝月始罢。是年闰七月，雨雹。

嘉靖三十九年春，大饥，斗米二钱二分，饿殍相枕藉。

万历甲申，鹿鸣书院产灵芝，邑令萧公元冈匾其堂曰“人瑞”。

万历三十九年，大有春麦。

国　朝

顺治己丑初夏，久雨，淹烂豆麦。夏秋间又亢旱，田禾焦死。秋霜早降，杀粟。三灾荐至，斗米价至五钱。

顺治十八年，大水，漂没田庐无算。

康熙七年，地震，生白毛。

康熙九年，县署产灵芝。

王兴禹《瑞芝赋》：

逢景运之熙洽，蔚嘉瑞之骈臻。分畿辅之清光，托别驷于严陵。维姑洗之应律，暂民社其子膺。冰清涟而漂碧，山委宛而嶙嶒。亩秀两岐之穗，谷垂万岁之藤。嘱三辰之式序，詹千耦其倍登。是皆重熙之协应，实由帝德之遐蒸。臣之公署，有亭数间，堪吮毫以琢句，时柱笏而看山。步樾阴之闲旷，揽异卉兮斑斓，似仙掌之仰承，抑洛女之盘鬟。若乃亦紫亦黄，方舒方葆，千亭亭以仍覆，色鲜鲜其美好。俪紫桂其失芳，觉丹琼之非宝。在汉记为芝英，实万年之神草。稽图披牒，有道斯生，揽甘泉之连叶，挹神雀之九茎，肆珊瑚之光耀，殆零陵之紫英。兹之所见，迥迈众荣。虆虆兮如缀，灿灿兮上擎，非楚骚之三秀，煌人瑞之五瑛。或言有云翔其上，或以为瑶光之精见，则当王者之圣瑞，而非近代之凡祯臣也。舆分斗刺，俎代山城，愧化行于三月，觐箫韶之九成，美景禧之咸萃，答繁祉于隆平，安得沈鄞之椽，达瑞卉于承明。

康熙十年，旱蝗伤禾，民掘草根，山石至落填衢路，虎入城。

康熙二十一年五月，洪水，没郡城，淳田成溪者约四顷有余。秋大蝗，禾无收。康熙二十二年，饥民日数千口，就食官粥。

康熙二十三年正二月，连雨伤麦。

康熙二十六年，大旱。

康熙三十年，县东南大蝗。

康熙三十七年冬，雪四十余日，溪不冰者一线，老树多僵死。

雍正八年十月，地震，门环自响。

乾隆四年六月十五亥刻，月食，既忽下五色祥云，至天半，金光四散。

乾隆五年，牛大疫，委死牛溪中，无敢饮溪水者，鱼鳗皆不可食。

成廷楫《牛疫行》：

农家视牛如子孙，耕锄负戴能酬恩。一家八口咸托命，刍秣惟谨群趋奔。朝携黄犊卧沙岸，暮跨牧童归烟村。牛栏汛扫吪复寝，骞奔无患安晨昏。天灾流行俄降沴，浙东三郡牛尽毙。牛医无药持其危，颠蹶须臾横草际。举室悲号似所亲，弃之水中不胜瘗。澄江秽浊流腥膻，蝇蚋虫蛇争嘬嗟。田畴荒芜生荆棘，人代牛劳日匍匐。手足胼胝汗流浆，人力焉能比牛力。穷日唯开寻丈田，原隰如何遍力穑。纵教十雨并五风，播种无由仍艰食。仰叹天心胡不仁，弗病鸡豚杀牡犉。星精下降岂无意，欲尽殄灭残吾民。讹言日至真莫凭，云是百牢神所征。虽然上界足官府，必夺农具将何惩。今岁秋禾虽已登，明年东作谁为兴。我欲呼龙来下助，鞭霆驾雨犁田塍。

乾隆八年十二月，连数夜彗星出西方，白光如帚者数十丈，识者以为水氛。

乾隆九年六月廿九，立秋，大雷雨连至。七月初五日，江涛怒涨，城市漂没，所不浸者唯县治学宫及城隍庙。男妇骑屋，危号呼者声相闻。县令刘公希洙急出库银，募舟子绕屋救之，日不暇给。江南北岸并各乡村落，共坏民居万余间，田二顷八亩有奇，地三顷三十亩有奇，计淹死有名姓者三百六十八人，余不可计数。大使飞檄，粮储道程公光巨齐帑金赈之，而抚军常公临勘得实状，连章上请，奉恩旨蠲赈并施。至次年秋成乃止。

乾隆十二年五月，东南乡大水，漂坏田舍，淹死男妇十余口，被旨蠲赈。是年十月，南门城楼火，延烧三十余家。

乾隆十六年，自夏至冬不雨，川竭苗枯，草根树皮掊剥几尽。或掘观音粉杂糠核食之。又致涩肠以毙。抚军永公减从骑亲至邑慰谕，请旨蠲赈。

寇　盗

虽善养生者不能使无疾，虽善治国者不能使无盗。弭患于未萌，上也。图大于其细，次也。不幸而奸宄窃发，非赋诗之可退，非颂仁王经之可消。若药不瞑眩，厥疾不瘳，前车所当鉴也。淳初置县为始新，本自盗穴启辟之，而又无城可倚，则居斯土者益当以古自镜矣。志寇盗。

东　汉

建安中，山越寇据丹阳黟歙之地。吴主孙权遣将军贺齐讨之。贼中有善标者，每交战，官军刀剑不得拔，射矢还自向辄不利。齐选精卒，以白棓击之，大破其众。黟帅陈仆等皆死。即其地置新都郡，分歙新定为始新县焉。

唐

永徽中，女子陈硕真有妖术，妄言仙去，自天还，化为男子，能役使鬼物，转相荧惑，举兵反，自称文佳皇帝。以私姻章叔胤为仆射，破睦州，攻歙，残之，遣其党围婺州。刺史崔义元发兵拒之，其下争言硕真有神灵，犯之辄灭宗，惧不用命。参军崔元藉曰：“仗义诛贼，何惧乎妖人？元藉敢为先锋，统众攻贼。”至下淮戍，擒其谍数十人。有星坠贼营。义元曰：“贼必亡。”诘朝奋击，左右有以盾障者，义元曰：“刺史而避，谁肯死？”叱去盾。由是众用命，斩首数百级。降其众万余。贼平，拜义元御史大夫。

宋

方腊世居县西堨村，托左道以惑众。初唐永徽中，青溪女子陈硕真反，自称文佳皇帝，故其地相传有天子墓，腊因得凭藉以自信。县境梓桐、帮源诸处，山谷幽险，民物繁夥，有漆楮杉松之饶，富商巨贾多往来。腊有漆园，造作局屡酷取之。腊蓄怨未敢发。时吴中困朱勔花石之扰，比屋咨怨。太学生邓肃进诗讽谏，帝不听，放肃归田里。勔益横。腊因民不忍，阴聚贫乏游手之徒，以诛勔为名，遂作乱。自号圣公，建元永乐，置官吏将帅，以巾饰为别，自红巾而上凡六等，无弓矢介胄，以神鬼秘诡事相扇怵，焚庐舍，掠金帛子女，诱胁良民为兵，民狃于安，闻金鼓声即敛手听命，不旬日，聚众数万。两浙都监蔡遵、颜坦击之，皆败死于息航。攻青溪，克之，遂陷睦、歙州。东南将郭师中战死，遂北掠桐庐、富阳，进逼杭州。郡守赵霆弃城走，州陷。杀制置使陈建、廉访使赵约，纵火六日，死者不可胜计。凡得官吏必断脔肢体，探其肠，熬以膏油，或丛镝乱射，备尽楚毒以偿怨心。奏至京师，时方聚兵以图北伐，王黼匿不以闻。于是，凶日炽，附者益众，东南大震。淮南发运使陈遘上言，腊众强，东南兵弱，乞调京畿兵及鼎澧枪牌手，兼程以来，使不至滋蔓。帝得疏，大惊，乃罢北伐之议，而以童贯为宣抚使，谭稹为两浙制置使，率标旅及秦汉蕃汉兵十五万讨之。前锋至青河堰，水陆并进。腊复焚官舍、府库、民居，乃宵遁还青溪帮源洞。诸将刘延庆、王禀、王涣、杨惟忠、辛兴宗、王渊等相继至，尽复所陷城。四月贯等合兵击腊于帮源洞，腊众尚二十万，与官军力战而败，深据岩屋为三窟，诸将莫知所入。王渊裨将韩世忠潜行溪谷，问野妇得径，即挺身仗戈直前，捣其穴，格杀数十人，擒腊以出。辛兴宗领兵截洞口，掠为己功，并取腊妇子及伪相方肥等五十二人于峒石穴中，杀贼七万余人。其党皆溃。腊之乱，凡破六州五十二县，戕平民二百万，所掠妇女自贼洞逃出，倮而缢于林中者相望。八月，腊伏诛。改睦州为严州。青溪为淳化县。

元

童承孙，淳安进贤乡人。至元十三年二月十四日，与其族童曾、童万六等，反。夜焚县市三之一。主簿权县赵孟庄率乡夫捕获，童曾、童万六伏诛。是月二十七日，黄头先锋诸军哨至合阳而退。守臣方回往，行中书省公参在道。其夜承孙复出，焚县治、民居一空。孟庄出走，杀死县丞李弼通。三月下旬，均房孙招讨嗣来为镇守，同议且招且捕，以土人黄载权县。闰三月半，招承孙等入城降。四月，衢、婺兵变。五月，徽州戍将李世达反。承孙阴与交通，无日不肆焚掠。唆都宣抚令承孙入城听调遣，实羁縻之也。而其族童兴宗等啸聚二三万众，筑立七寨，以迎邪神叶天将为名，表裹叛逆。唆都宣抚谂之得实，以七月十六日斩承孙于市。兴祖等不受招，焚戮弥甚。唆都宣抚进兵衢、婺，就以偏师击之。兴祖走险固守。大军退下山，每二千人为一队，稍追其巢，终未下。至奥鲁赤参政提军入闽。十月初三日，分赤速帅骑步万人，会杜同知荣、王总管显、陈千户显，千余骑，共击之。一日而七寨俱破，渠魁童兴祖、童轰等窜逸，孙招讨立重赏购之。至十一月，权县黄载，权港口巡检胡元始，擒获兴祖及轰，解府。

明

梁万户，於潜人，元末聚众数千人，以红巾为号，劫掠淳安、建德诸乡，聚烧毁民居，石村徐家试刀石柱，其痕尚存。太祖命常遇春讨平之。

国　朝

顺治五年八月一日，天目山寇乘虚焚掠，淳无城堞，会销兵之令，严民无器仗可御。寇突毁县治。先是县令史可证以鼎新甫尔，残黎初出水火，而奸民犹颇观望，彰善瘅恶，泾渭分明，又稍彻去防兵之湍悍者。于是，无赖子弟寇至辄起应之。证闻而叹曰："吾不能空拳冒敌，惟死社稷耳。"遣其子淳逃，淳曰："为臣死忠，为子死孝，忍背父偷生耶?"俱遇害。贼劫库盗印以去。镇标闫飞虎闻警，飞骑追蹑，夺印还，民得免于难。

顺治十二年乙未，岁祲，遂、寿多盗，震邻洊警。淳令张一魁严保甲，侦谍有警，即同防守易廷秀提兵剿之。淳赖以宁。民谣曰："张勇射豹，易力剸犀，历险驱，负嵎孔，遽可怙恃。"（易字兰石，锦州人）

康熙十三年甲寅，耿藩叛，盗贼蜂起。淳之受伪札者六七辈，倡乱焚劫，四出掠乡鄙数百里，鸡犬为之不宁。县令张三让遁走不敢敌。逾年，而邑令刘可仕来，有胆决，精骑射，练乡勇，入山搜伏，且剿且招，渠魁皆稽，愿请死。会严协镇鲍虎提兵四捕，余党以平。

遗　事

世有遗人，人有遗事。遗事，非齐谐志怪、虞初九百之比，无是公、良非子也。固实有之，而从残杂碎，识大者语议有所不及。事间不经，人少所见，多所怪，则概从削略。然幽夜逸光，时时出现，过而存之，亦道在稊稗之类也。志遗事。

唐

《涌幢小品》：邵仁安，睦之青溪人。贞观初，与弟仁应俱隐嶓山，诵《道德经》，深得其奥。没而为神。有巫何氏，虚谈祸福惑人。神恶之，现形，以一木荷二大石，重各万斤，至山之颠，折所荷之木植于地，枝叶生焉。巫者惊走。人名其树曰虬，锡立庙以祀。庙前有池，岁旱，致祷水涌沸，山上二石云起，有蛇出于池，入庙升屋，雨随大注。山下一小儿失已三日，途遇老人，呼曰："随我闭目，勿得开。"从之，闻风雨声甚厉，少顷，抚其背曰："至矣。"开视，果其家曲巷中也。

《锦绣万花谷》：皇甫松，湜之子。尝作《醉乡日月》三卷，有云："凡酒，以色清味重为圣，色如金而苦醇者为贤，色黑酸醨者为愚。以家醪糯酿醉人者为中人，以巷醪黍酿醉人者为小人。"又云："凡醉有所宜，醉花宜昼，袭其光也；醉雪宜夜，消其洁也；醉夜宜暑，资其清也；醉水宜秋，令其爽也。"

《谭苑醍醐》：皇甫松《大隐赋》云："书抽虎仆，射用牛蠡。"《博物志》云："有兽能缘木，文似豹，名虎仆，毛可为笔。今俗名九节狸，试之甚佳。"牛蠡见《淮南毕术》。

《唐诗纪事》：松有《登郭隗台》诗云："燕相谋在兹，积金黄巍巍。上者欲何颜，使我千载悲。"《怨回纥》歌云："白首南朝女，愁听异域歌。收兵颉利国，饮马胡卢河。毳布腥膻久，穹庐岁月多。雕巢城上宿，吹笛泪滂沱。"《抛球乐》一首云："红拨一声飘，轻裘坠越绡。带翻金孔雀，香满绣蜂腰。少少抛分数，花枝正索饶。"又云："金蹙花球小，金珠绣带垂。几回冲蜡烛，千度入春怀。上客终须醉，觥杯自乱排。"又有《劝僧酒》云："劝僧一杯酒，共看青青山。酣然万象灭，不动心印闲。"右张为取作《主客图》。

宋

《严州府志》：方闾与从兄闳、弟闻，卒业太学，每试迭为之魁。一日，闾与兄弟方食藕，忽一士来，曰："一枝西子臂。"先是一夕，兄弟俱梦，人吟云："七窍比干心。"于是，同声以"七窍比干心"对。士乃取几间纸书姓名以去，特赐进士出身。乃知士即徽宗临幸也。

《严州府志》：杨次山，字仲甫，淳安人，恭圣仁烈太后之兄也。后少与兄相失，入慈福宫。太后深爱之。后初封郡夫人，进婕妤，又进贵妃。嘉泰二年，立为皇后。学士傅伯寿当制词曰：“洪惟文母，念我神孙，美其冠于后庭，俾之见于内殿。”后既贵，密遣内珰访其家。时次山为右庠生，既而宣入诏见，指他事为验，言与泪俱下。随即补官。后以诛韩侂胄功拜开府仪同三司，进少保，封永阳王。制词有“蔓掩前闻”之语，盖殊命也。次山能避远权势，不预人事，咸以为得外戚之体。子谷、石，皆封王。墓在仁寿乡。其故居，今号皇后坪。

（附《弘简录·杨后传》：杨氏，会稽人，自少以姿选。庆元元年，封平乐夫人。三年，进婕妤。五年，进婉仪。六年正月己亥，子坦生，加封贵妃。坦至八月而夭。先是后与曹美人俱有宠。自韩后崩，中宫未有所属。侂胄见后任权术，而曹美人性柔顺，劝帝立曹。帝以后颇涉书史，知古今，性复机警，竟立之。族兄次山客王梦龙，知其谋，密以告后。后衔之，因与次山谋诛侂胄，使皇子入奏。帝不答。后从傍赞之甚力，亦不答。恐事泄，乃令次山择廷臣可任者，共图侂胄。史弥远素与有隙，欣然奉命转告，参政钱象祖、礼部尚书卫泾、著作郎王居安、右司郎官张镃，皆预其谋。密遣中统制夏震栖杀之。帝初不知，自此弥远日贵用事，后亲信之。及皇子询薨，国嗣未定，养宗室子竑为皇子，与弥远不相协，阴蓄异志，欲立他宗子昀。帝大渐日，弥远遣后兄子谷与石入，白废立事。后不可，曰：“皇子，先帝所立，岂敢擅变。”是夜，凡七往反，后终不可听。谷等拜且泣曰：“今已召昀入宫，内外军民又皆归心，苟不从，祸变立至。杨氏且无噍类矣。”后初不知，默然良久，召昀入，拊其背，曰：“汝今为吾子矣。”遂矫诏废竑为济王，立昀为子，即皇帝位，是为理宗。尊后曰皇太后，同听政。以五月十六生日为寿庆节，名所居殿曰慈明。宝庆三年，上尊号曰寿明。绍定元年，复加慈睿。四年，寿七十五，帝率百官朝慈明殿，行庆寿礼，加尊号寿明仁福慈睿，大赦，赐宰执弥远等爵秩有差。不豫，祷于天地宗庙社稷宫观，赦天下。明年，崩，谥曰寿恭仁烈。

《新定续志》：乡会所以笃枌榆之谊，唯唱第毕，乡之位于朝与仕于京者，张宴湖山，为新贵者庆，最为盛集。严为恭圣仁烈皇后毓庆之乡，后兄杨惠节王次山，（字仲甫），后侄敏肃王谷，（字声之），忠宪王石，（字介之），每集必为统盟其后，节钺蝉联，缨绂辉映，率继先志。今节使蕃孙之子镇，以尚帝姬益贵，期集益有光焉！

《山房日记》：方蛟峰逢辰之得元恩命也，方一夔时佐贺之以诗，云："飞凤翩翩下九阍，先生出处重斯文。不将钟鼎易朱绂，要卧桐江看白云。处士一生浑是晋，逸民千载尚为殷。皇家恩义如天大，定把三峰乞与君。"后蛟峰坚卧不出，虽所守素定，而前辈责善之风亦可想见矣。（《青溪诗集》此诗载"何昭善"名）

《严州府志》：宋制，进士先进诗谢恩。上有赐诗，复和之以进。蛟峰方逢辰中理宗淳祐十年状元。理宗赐闻喜宴诗，云："肆予临御九宾兴，蔼蔼盈庭俊乂升。喜赖谠言条八事，欲乘景运进三登。摅忠社稷惟名节，济用邦家必器能。丰芑涵濡盛今日，勉思德意共钦承。"

《三朝野史》：四月八日，谢太后常寿节。九日，度宗乾会节。贾似道属黄蜕致语，中一联云："神母圣子万寿无疆亦万寿无疆，昨日今朝一佛出世又一佛出世。"

《严州府志》：叶文庄盛云：胡参政拱辰藏其乡先生宋融堂钱时子是《周易释传》一册十二卷，《两汉笔记》一册六卷，皆不完之书，录其省札之详，见宋虽衰季，而其君臣之间崇儒重道如此，人心所以不能负宋而遽亡也。且以融堂著述之多，去今仅三百年，参政又世儒家，所见止此，良可叹已。虽然，班孟坚《艺文志》所列，今存者几何？岂独融堂也哉。

元

《睦州诗派录》：姜大民以孝行闻，方愚泉称其耽情丘壑，笃志古道，其于陶诗韩文，嗜若饮食。每云："吾文章获山水之助为多，"是以身益老而志益坚，文益富，无愧于古人也。洪遂良自京师东归，大民赠之诗云："故山西郭有园林，之子东归抱短琴。衣锦未论当日事，首邱先识阿翁心。春风桑梓欢娱甚，雨露松楸感慨深。莫写渭阳图画里，令人披阅重沾巾。"其爱人以德如此。

《草木子》：洪扬祖，淳西养村人。入太学，以三舍法释褐。嘉熙庚子，为京局官。一日，偕人泛湖，至三贤堂登岸，纵步得小径，松竹萧然，颇讶前是未睹，行数武，新宅一所，青衣立于门，曰："娘子待官人多时。"众与俱入。主人延客啜茶于堂，则姣然少妇也。谓洪曰："别来安否？"洪恍然曰："子谁氏？"妇人曰："官人遽忘妾耶？"洪谛视良久，念亲戚间无有，而其貌绝类旧所狎妓，谩曰："子非某乎妇人？"曰："是也。"洪曰："子下世久矣，吾尝烧香送丧湖上。

今乃不死，岂而家给我乎?”妇人曰：“妾果死矣。今天时人事，与承平时异。此时人鬼出没，问死何以在是日？世间如我者甚多，特人不识耳。”因相与道故旧。临别谓洪曰：“世事可知，得嬉且嬉，三十年后，此为血池。”众出门，大惊“吾曹乃白日见鬼耶?”使仆插竹枝记路。明日，率十余友再往，则其迹不见矣。其甥黄宗仁为洪撰墓志，不敢尽言。但云遇异人告之曰：“世事可知，得嬉且嬉”，遂以诗酒自娱。世事罕撄抱云。

《睦州诗派录》：何景福，介夫，屡辞征辟，雅好作诗，其集号铁牛翁，诗格奇伟，咏柳絮云：“绣床渐觉香球满，鱼艇初疑雪月多。”极体物之妙。他如：“龙吟五夜霜飞瓦，鼍吼三更月满城。”“青山自此诗名重，采石于今酒价低。”“荒祠书掩无人到，苦竹聚中春鸟啼。”“风景不殊豪杰尽，新亭谁复泪沾衣”，亦铮铮佼佼者。

《睦州诗派录》：鲁道源，出丞华亭，甫欲之官，适徽寇构乱，道源为其所得，置之白石吴伯善家，从容赋咏，预作祭文附归，以示必死。明年，寇平，乃得脱归。其集曰《征行集》，多慨切之语。五言如：“旧读忠臣传，宁为妾妇谋。西风红叶恨，暮雨菊花愁”：七言如：“虹影截开千嶂雨，雁声惊破一天秋。”“白云亲舍终天恨，红叶联山两地愁。”“分手弟兄今日别，钟情妻子此时休”，亦可谓慷慨激烈之士矣。

《静志居诗话》：鲁道源，为沈原昭之师，尝与杨廉夫、张光弼校文贡院。其题入贡图诗云：“九州文轨车书混，万里梯航玉帛齐。”《感怀诗》云：“越裳悲翠供输少，辽海云航漕运通。”盖犹及见元盛时者。其后几死于寇，极其颠沛。《晚宿新岑》诗云：“杜鹃山外家千里，姑恶声中泪两行”，诵之亦可悲矣。

明

《静志居诗话》：识曲者目荆、刘、拜、杀为元四大家，《杀狗记》则徐仲由所撰也。其言曰：“吾诗文未足品藻，惟传奇词曲不多让古人。”盖自知之审矣。《叶儿乐府·满庭芳》云：“乌纱裹头，清霜篱落，红叶林邱。渊明彭泽辞官后，不事王侯。爱的是青山旧友，喜的是绿酒新笃。相拖逗金尊在手，烂醉菊花秋。”比于张小山、马东篱亦未多逊。

《鸣缶集》：徐尊生大年之赴恩命也，素无宦情，不胜簪组，其授翰林供奉，赋诗见意，寻以老乞归。姑苏高季迪为之序云：“先生之学宜备顾问，先生之文宜掌纶綍，先生之经术操履宜在成均为学者师，先生以齿发非壮，厌载驰之劳，恋考槃之乐，抗辞引归。上之人不违其请者，盖将纵之山林，使其鸟飞鱼泳于至化之中，以明吾天子之仁，又将崇退让而息躁竞也。先生之归，著书立言，以淑诸人，咏歌赋诗，以扬圣泽，非洁身独往而无补也，尚何疑哉！”

《怀归稿》：大年书烈妇俞童传后云：“予为童烈妇传，既而与修《元史》，太祖至宁宗三十六年，事迹未有载籍，无从纂修，方遣使采搜，久之未至，至则予在礼局。于是，史馆及礼部相争予。予卒为礼部所留，史馆莫得，而夺修礼之隙，私过史馆，求观所采则烈妇在焉。盖至正之乱，妇女死者几三百人，史官以其不可胜纪，多删去不录。予因劝择其尤明伟者存之，仅十之一，而烈妇遂牵连得书。歙人郑征君以死节在采中，诸公亦有病其不远，割而削之者。予曰：‘如此，龚胜、谯玄不登前史矣。’总裁宋景濂是之，乃为立传。歙睦邻郡，一时死节诸人载在信史，岂易得哉。然士君子讲贯素明，妇人恒少，刚烈则童比于郑为尤难也。史虽刻板而未远播。烈妇之夫士渊俞君以旧卷写成一通，予复题其后如此。使观者详其始末焉。”

《静志居诗话》：徐大年诗格清老，譬诸画手，绝无铅粉之节。顾诸选家多不甄录，何也？其《怀归集》中有授翰林应奉诗云：“布衣昨日孤寒士，翰苑今朝已授官。幼有文章淹滞久，老无筋力进趋难。随班香案晨簪笔，列坐宫门午赐餐。早晚归休宜引分，免教白发点金銮。”则当日业通籍矣。又呈崔尚书五古，则礼部尚书亮也。大年虽自引求去，而省臣留之，续修庚申君史，又编集礼乐书，迨三年九月，大明集礼书成，乃始得归。故归舟诗云“两年留滞帝王州”也。至六年九月，诏编日历，复与纂修之列，又因辞还山，拂帝意，出为陕西教授，未行而卒。钱受之谓曾授翰林待制不就，误矣。

《水东日记》：商宏载辂，家藏宋时公牒一纸，内凡朝廷语言皆朱书。盖其先本西夏人，以献密有功，送浙中，意与今安插降人相类。所居淳安，族颇繁衍，盖四百年于兹矣。

《菽园杂记》：商文毅公辂父为府吏，公生时，知府夜遥见吏舍有光，迹之非火也。翌日，问郡吏，云商某生一子。知府异之，语其父善抚之。后仕至大学士。天顺初罢归。有医，善太素脉。公命诊之，云：“歇禄十年当再起。”成化初，复起，入阁数年，致仕。

《玉剑尊闻》：商文毅公致政归，刘文安定之见其子孙多贤，叹曰："吾与公同处，未尝见笔下杀一人，宜子孙若是。"

《集虚斋述闻》：邑前新安江溯游而东二十里许，遂安有一水自南来汇之，维舟纵横，村居民绾其口，久之成走集，是名文武双港口，中有古刹曰普安寺，商文毅公故读书处。公既迹，犹系心中不忘。中年罢相归及晚里居，常所憩茇也。骑箕天上，寺僧遂肖像社而稷之。古妆法服，尊严若神。自家人俎豆外，岁时伏腊并走村翁，如是者百数十年。明崇祯十七载三月十八日向晦，像忽自堕落，成百杂碎，无一寸正方员者。寺惊报其家，家人群咎寺僧不缮完葺，雨淋日炙，以及此忧也。就而视之，则屋墙持持，上盖旁障，鸟鼠攸去，而法座亦如故。私心窃怪之。阅再旬余，乃知三月十九，神州陆沈，鼎湖龙去，而公先一夕以土木之身殉云。昔宋德祐间，谢叠山知信州，经铅山分水岭，下僧舍宿焉。有疾声大呼于堂上，自昏至丙夜不绝，询之则寺旁即辛稼轩墓也。于是，叠山炳烛作文以祭之。盖是时宋将亡矣。辛故暗呜叱咤，鸣其不平。如此以视文毅，颇复相似，而文毅尤奇古大臣，死而不亡。虽土偶桃梗，亦栖神明，过庙思敬，良有以也。夫世乃有居此世而奄奄如泉下人者，何也?

《广舆记》：胡拱辰，字共之，淳安人。仕至工尚，历官以清慎著。尝绘古圣贤名臣像数十幅，日悬一幅于堂，三日一换，每日焚香再拜，景行先哲之心始终不懈。卒谥庄懿。

《严州旧志》：淳人邵大参新、王韶州宾，皆宣德壬子生，后先登第。及致政归田，为同甲会于青溪灵瑞院。盖仿宋文潞公居洛故事也。二老用潞公韵赋诗，诸缙绅赓和甚多。胡尚书拱辰为之序。

《山越纪闻》：徐参政楚，初举于乡，饮一显者家。席间，请乩仙曰竹仙人者至，谓楚曰："君性颖善，属对，请以一联相属。"因指座间一穿蟒服者，云："蟒上蟠龙，龙附体，体动龙飞。"楚良久不获偶。仙曰："予固知君之不能即对也，后当于某年月日得之。"及楚后隽礼闱，与宴日，忽对之，曰："帽檐簪凤，凤缠头，头摇凤舞。"年月日恰如仙所定者。

《涌幢小品》：徐楚，淳安人，为辰州太守。甲寅，疫疠大作，公亦昏聩恍惚，觉身著金绯坐殿上，两楹间幡幢飘摇，署曰威灵。几前大鼎焚香，黄冠在前，问曰："此何地，我何在此?"曰："此城隍庙也，郡人请公生为之。"公怒曰："谁为此议？我肯向汝作土偶邪?"道士忽不见，幡幢殿宇一时都没。翌日，士民苦旱，祈雨，执牒请公署名。公曰："有如梦，我当应祷。"才出署，大雨如注，三日夜不绝，疫疠顿苏。先是公以内艰归。山东闸，有高孝廉争舟，怒骂，后举大石掷公，几中额，且曰："异日见我廷谒，毋悔乎?"公笑而谢之。后至辰州，高乃补沅陵令，辰之附郭邑也，大为局蹐。高顿颡愧泣，公怡然答曰："乃公吞云梦者八九，愿勿复言。"

国　朝

《雪潭纪闻》：雍正九年，翰林院庶吉士吴璋摄御史，奉旨陕西宣谕，至榆林病卒。同差御史朱凤英等回，至延绥驻传舍，夜闻空中宣谕，声若洪钟，惊曰："此吴太史语音也，胡为在此?"答云："吾奉帝敕来化导耳，问我等何时可回京?"答曰："某月某日初疑太迟，及留宣三月又疑太早。"后得旨著来京，期果不爽。同事诧为神奇。

图书在版编目(CIP)数据

严州文献集成. 第四册 / 徐吉军主编. —杭州：
杭州出版社，2020.10
(钱塘江学·严州文化全书)
ISBN 978-7-5565-1296-6

Ⅰ.①严… Ⅱ.①徐… Ⅲ.①地方文献—汇编—杭州
—古代 Ⅳ.①K295.51

中国版本图书馆 CIP 数据核字(2019)第 123172 号

Yanzhou Wenxian Jicheng Di-si Ce

严州文献集成(第四册)

徐吉军 主编

责任编辑 祁睿一
文字编辑 何智勇
封面设计 王立超
出版发行 杭州出版社(杭州西湖文化广场 32 号 6 楼)
电话:0571—87997719 邮编:310014
排　　版 浙江时代出版服务有限公司
印　　刷 浙江广育爱多印务有限公司
经　　销 新华书店
开　　本 710mm×1000mm 1/16
印　　张 35.5
字　　数 640 千
版 印 次 2020 年 10 月第 1 版 2020 年 10 月第 1 次印刷
书　　号 ISBN 978-7-5565-1296-6
定　　价 110.00 元